20세기 한국사회와 천주교회
- 대한제국기·일제강점기를 중심으로-

20세기 한국사회와 천주교회
- 대한제국기·일제강점기를 중심으로-

윤선자

경인문화사

머리말

　한국천주교회사는 한국천주교회가 걸어온 길을 보여주고, 앞으로 가야 할 방향을 제시한다. 지난날을 말하는 것은 지난날을 어떻게 볼 것인가 그리고 오늘의 역사가 뜻하는 무엇인가를 결정한다. 과거를 기억하고 기념하는 것은 진실을 존중한다는 것이다. 한국천주교회사는 한국천주교회 신앙 선조들의 기억과 증언을 토대로, 한국사와의 밀접한 관계 속에서 한 걸음씩 나아간다.
　근대 시기의 한국천주교회사는, 전근대의 박해 시기에 비해 상대적으로 연구자가 적고 그래서 연구성과도 소략하다. 국권 상실 후 한국 근대사의 명제는 독립과 근대화였고, 한국천주교회사도 이 명제에서 예외가 아니었다. 이러한 명제들과 연관하여 이 책은 기왕에 발표한 12편의 논문을 실었다. 멀리는 몇 년 전에, 가까이는 작년에 발표한 것이다. 발표한 논문들을 한 권의 책으로 묶으면서 각주와 본문을 포함해 형식을 통일하였고, 문맥과 단어를 조금 다듬고 수정하였다.
　이 책은 다섯 장으로 구성되어 있다. 제1장은 한국천주교회의 기관지 『경향잡지』에 수록된 '법률문답'과 '관보적요'를 분석하여 1910~1920년대의 일제식민통치권력과 한국천주교회의 관계를, 1940년대 일제의 한국천주교회 통제 양상을 추적한 논문들이다. 제2장은 제1차 세계대전과 한국천주교회의 3·1운동, 파리외방전교회 홍콩대표부와 한국천주교회의 관계를 추적하여 국제사회와 한국천주교회의 관계를 규명하였다.

제3장은 안중근전기를 통하여 안중근 의거와 안중근의 천주교 신앙을, 1925년의 한국 천주교 순교자 시복에 적극 활용된 규장각 자료를, 1925년 한국천주교회의 만국전교박람회 출품을 연구하여 선교, 시복, 신앙을 파악하였다. 제4장은 양로원 설립과 운영, 천주교회의 의료계몽활동을 연구하여 한국천주교회의 사회봉사와 의료계몽을 다루었다. 제5장은 파리외방전교회 선교사들의 한국 선교 여행, 1925년 한기근 신부의 '로마 여행일기', 1933년 신학생 김필현의 유럽행 여행기를 분석하여 한국천주교회가 보고 듣고 느낀 국내외 상황을 파악하였다.

이상은 이 책에 수록한 논문들에 대한 간단한 소개이다. 기존 연구에서 주목하지 않은 주제, 언급하지 않은 내용이 대부분이다. 이 책이 한국근대사와 함께 걷는 한국근대천주교회사를 이해하고 연구하는데 도움이 될 수 있기를 바란다.

역사학은 사료를 근거로 변화를 밝혀가는 학문이다. 교회사학도 마찬가지이다. 한국천주교회사 연구의 토대가 되는 각종 사료들은 교황청 문서고, 한국천주교회의 각 교구와 수도회들에 소장되어 있는데, 일반에게도 차츰 공개되어가는 중이다. 한국인 성직자들과 선교사들이 라틴어, 프랑스어, 독일어, 영어 등 다양한 언어로 작성한 각종 보고서와 편지들이 한글 번역 간행되고 있다. '한국천주교사료목록화사업'도 추진 중이다. 연구자들 간의 교류도 활발해지고 있다.

필자가 이 책에 수록한 논문들을 작성할 수 있었던 것은 교회가 작성한 각종 사료들을 활용할 수 있었기 때문이고, 연구의 틈을 함께 나누고 같이 걸었던 연구자들이 있었기 때문이다.

오랜 연구 생활을 하는 동안 부모님 두 분 모두 세상을 떠나셨고, 한국교회사학을 이끄셨던 최석우 신부님과 김진소 신부님도 이승을 하직

하셨다. 부모님과 신부님들의 평온한 쉼을 소망한다. 조 광 교수님께 받은 학은은 말로 다 하기 어려울 정도로 크고 깊다. 이만열 교수님께도 감사드린다. 교회사 연구에 매진하고 있는 많은 분들의 도움도 넘칠 만큼 받았다. 깊이 감사드린다.

이 책의 출판을 기꺼이 맡아준 경인문화사의 한정희 사장님과 편집부에게도 감사드린다.

2025년 1월 필자

목 차

- 머리말

제1장 국가권력과 한국천주교회

Ⅰ. 1910~1920년대 『경향잡지』의 「법률문답」·「관보적요」 분석 ····3
   1. 머리말 ···3
   2. 『경향잡지』의 「법률문답」 ···5
   3. 「관보적요」의 토지규제 법령 ··11
   4. 「관보적요」난의 포교계출 기사 ··19
   5. 「관보적요」의 민사 법령 ···25
   6. 맺음말 ···34
Ⅱ. 1940년대 일제의 한국천주교회 통제 양상 ·························36
   1. 머리말 ···36
   2. 감시와 감금 ··41
   3. 추방과 연금 ··49
   4. 재판에 회부 ··55
   5. 맺음말 ···68

제2장 국제사회와 한국천주교회 ···71

Ⅰ. 제1차 세계대전과 한국천주교회의 3·1운동 ······················73
   1. 머리말 ···73
   2. 천주교 신자들의 만세운동 ··74
   3. 성직자들의 만세시위 금지 조치 ······································95

  4. 제1차 세계대전과 선교사들의 징집 ················104
  5. 맺음말 ················113
 Ⅱ. 1880~1930년대 파리외방전교회 홍콩 대표부와
  한국천주교회 ················115
  1. 머리말 ················115
  2. 베타니 요양소와 파리외방전교회 한국선교사 ················117
  3. 나자렛 인쇄소와 한국천주교회의 출판물 ················128
  4. 맺음말 ················138

제3장 선교, 시복, 신앙

 Ⅰ. 1910~1920년대 안중근전기(傳記)들에 기술된
  안중근의거와 천주교 신앙 ················143
  1. 머리말 ················143
  2. 그리스도교인 저술의 안중근전기 ················147
  3. 김택영·박은식 저술의 안중근전기 ················156
  4. 박은식 저술 안중근전기의 변형전재(變形轉載) ················163
  5. 맺음말 ················170
 Ⅱ. 1925년 한국 천주교 순교자 시복과 규장각자료 ················173
  1. 머리말 ················173
  2. 뮈텔의 규장각자료 등사(謄寫) ················175
  3. 『Documents』의 규장각자료 ················186

4. 『경향잡지』 수록 규장각자료 ···193
　　5. 맺음말 ···202
Ⅲ. 1925년 한국천주교회와 만국전교박람회 ·······························204
　　1. 머리말 ···204
　　2. 한국물품 준비 ··206
　　3. 출품한 한국물품들 ··214
　　4. 한국물품 전시 ··226
　　5. 맺음말 ···232

제4장 사회봉사와 의료계몽

Ⅰ. 1880~1940년대 천주교회의 양로원 설립과 운영 ··············237
　　1. 머리말 ···237
　　2. 블랑 주교의 양로원 설립 ···239
　　3. 천주교 양로원 침체 ··244
　　4. 천주교 신자의 양로원 운영 ·····································249
　　5. 메리놀회 선교사들의 양로원 설립 ····························260
　　6. 맺음말 ···268
Ⅱ. 1910년대 『경향잡지』를 통해서 전개한
　　천주교회의 의료계몽활동 ··270
　　1. 머리말 ···270
　　2. 민간약재와 치료방법 제시 ·······································272
　　3. 전염병과 위생을 경고 ···283
　　4. 질병치료 전문가와 종교적 설명 강조 ······················290
　　5. 맺음말 ···300

제5장 국내·외 견문기

I. 1870~1900년대 파리외방전교회 선교사들이 본
   서울과 전남 ···305
   1. 머리말 ···305
   2. 서울 - 교회·정치의 중심 ···307
   3. 전남 - 외지고 배타적인 지방 ···319
   4. 맺음말 ···334

II. 1925년 한기근 신부의 「로마여행일기」 ·····························336
   1. 머리말 ···336
   2. 한국 순교자 시복식 참가 경위 ·····································338
   3. 시복식 참가와 로마의 성당·성지 방문 ······················344
   4. 프랑스의 성모 발현지들과 성인들의 생가 방문 ······352
   5. 팔레스티나 성지 순례 ···359
   6. 맺음말 ···367

III. 1933년 천주교신학생 김필현의 유럽행 여행기 속
   아시아 경유지 기록 ···369
   1. 머리말 ···369
   2. 종교시설 방문과 관찰 ···373
   3. 피부색과 문명·야만 ···380
   4. 제국주의 침략과 경제발전 ···388
   5. 맺음말 ···400

● 참고문헌 ··403
● 게재지 ··420
● 찾아보기 ··422

● 표 차례

제1장

〈표 1〉 경향잡지 의 「법률문답」 8
〈표 2〉 「관보적요」난의 토지 관련 법령 16
〈표 3〉 「관보적요」난의 포교계출 21
〈표 4〉 「관보적요」난의 민사 법령 25
〈표 5〉 1940~1941년 한국천주교회 현황 39

제2장

〈표 1〉 3·1운동으로 수감된 천주교 신자의 감옥별 현황 76
〈표 2〉 3·1운동으로 각 재판소에 수리 처분된 천주교 신자 77
〈표 3〉 3·1운동으로 검사 처분된 천주교 신자(1919.3.1~1919.12.31) 78
〈표 4〉 1911~1921년 한국천주교회의 교세 110
〈표 5〉 한국에 파견된 파리외방전교회 선교사 현황 112

제3장

〈표 1〉 기해 순교자에 대한 관찬 기록 188
〈표 2〉 병오 순교자에 대한 관찬 기록 191

제4장

〈표 1〉 1925~1950년 양로원 수용인원 및 재정 253
〈표 2〉 연도별 애긍사업비 내력 258

제1장
국가권력과 한국천주교회

Ⅰ. 1910~1920년대 『경향잡지』의 「법률문답」·「관보적요」 분석

1. 머리말

한국천주교회가 1906년 10월 19일 창간한 『경향신문』(京鄕新聞)은 순수 종교신문으로서의 발행만을 강요한 일제의 압력[1]으로 1910년 12월 30일자 220호를 마지막으로 폐간되었다.[2] 그리고 『경향잡지』로 제호를 바꾸고 종교잡지를 표방하며 『경향신문』의 호수를 이어 1911년 1월 15일자를 221호로 발간하였다. 또한 『경향신문』의 별지(別紙) 『보감』(寶鑑)에 수록하였던 「법률문답」난(欄)[3]을 221호부터 계속하고,[4] 251호(1912.4.15)부터 「관보적요」(官報摘要) 난을 신설하였다. 일제의 탄압으로 종교잡지를 표방하면서 제호까지 바꾸어 간행한 『경향잡지』는 그 첫호인 221호부터 318호(1915.1.30)까지 약 4년 동안 「법률문답」을, 그리고 251호부터 612호(1927.4.30)까지 약 15년 동안 「관보적요」를 수록되었다. 그런데 여기에 수록된 것들은 종교적인 내용의 것들도 있지만 대부분은 종교와 직접 관계가 없다.

따라서 한국천주교회가 종교잡지를 표방하면서 간행한 『경향잡지』에

---

1) 1910년 4월 22일자 「금수같은 헌병과 보조원」이라는 기사가 문제되어 한 차례 압수처분을 받았다.
2) '한일합병' 이전까지 약 40종의 잡지가 있었다고 한다.(황민호, 「일제의 식민지 언론정책과 법률 관련 논설의 경향-1895~1945년까지의 잡지자료를 중심으로-」, 『정신문화연구』 26-2, 한국학중앙연구원, 2003 여름, 215쪽)
3) 책, 신문, 잡지 따위의 지면에 글이나 그림 등을 싣기 위하여 마련한 자리.
4) 「법률문답」 외에도 「논설」·「대한성교사기」·「천주교회보」·「우연히 수작」 등 『보감』의 난들이 계속 연재되었다.

1911년부터 1927년까지, 「법률문답」과 「관보적요」에 무엇을 수록하였으며 그 이유는 무엇이었는가 의문이다. 일제는 수많은 법령들을 제정, 『조선총독부관보』(朝鮮總督府官報)에 공포하였는데,5) 「법률문답」과 「관보적요」에는 그중 일부가 수록되었다. 따라서 「법률문답」과 「관보적요」 난을 분석함으로써 한국인의 삶을 지배하였던 조선총독부의 법령, 그 법령들에 대한 외국인 성직자와 한국인 성직자·신자들을 아우르는 한국천주교회의 인식을 추적할 수 있다. 아울러 천주교 신자는 아니지만 『경향잡지』를 구독한 한국인들의 인식을 통하여 일제의 식민통치법령의 실상을 밝힐 수 있을 것이다.

『보감』에서 시작한 「법률문답」을 1915년까지 계속한 것은 법의 대중화를 위해서였는데, 그것은 천주교회가 사회윤리와 법규범에 관심이 높은 종교라는 내재적 이유, 한국인들이 법에 대한 무지로 피해를 당하는 현실적 이유라는 결론을 도출한 선행 연구가 있다.6) 그러나 통감부 설치 이후라도 한반도의 통치권이 대한제국에 있었던 경술국치 이전과, 명실상부하게 일제가 한반도의 주권을 강탈한 국치 이후는 비교 분석이 요구된다. 『보감』의 「법률문답」난에 수록된 법령은 대한제국과 통감부가 제정한 법령들이었고, 『경향잡지』의 「법률문답」난에 수록된 법령들은 조선총독부가 제정, 공포한 것들이었다. 또한 「법률문답」난이 있는데도 「관보적요」난이 마련되어 동시에 두 개의 난이 있었을 때와 「관보적요」난만 있었을 때의 수록 법령들에 대한 비교 분석이 필요하다. 이러한 분석은 종교잡지를 표방한, 종교단체에서 발간한 간행물이지만 그것을 통하여 일제강점기의 역사상을 추적해낼 수 있기에 연구방법론에서는 물론 자료의 활용면에서 의미가 있다.

---

5) 정긍식, 『조선총독부 법령체계 분석』, 한국법제연구원, 2003년 12월 31일 참조.
6) 최종고, 「한말 '경향신문'의 법률계몽운동」, 『한국사연구』 26, 한국사연구회, 1979.

2. 『경향잡지』의 「법률문답」

『경향신문』은 1호 「논설」에서 법률문답의 연재 필요성과 취지를 다음과 같이 기술하였다.

> 백성이 자기 본 나라 법대로 행할 것이라 대저 백성이 되어 본나라 법을 모르면 어떻게 될꼬. 그 법을 모르면 자연히 악한 자의 속임을 당할 것이요, 또 악한 사람의 해를 받고도 국법을 의지하여 송사할 줄을 모르면 어떻게 그 억울한 것을 펴리오. 이런즉 이 신문에 법률문답을 세워 대한 『형법대전』 차례로 제목을 두고 풀림도 하여 줄 것이요, 또 만약 국법이 새로 나면 그 뜻과 지킬 모양까지 풀어 줄 것이요.[7]

자기 나라의 법을 몰라 악한 사람에게 속고 피해입는 것을 막기 위해 법률문답을 연재한다는 것이다. 그리고 '이식규례(利息規例)'를 법률문답의 첫 법령으로 『보감』 1호(1906.10.19)에 수록하였다. 한글로 '변리규구'라 제목하고 9월 18일에 반포되었고, 6조로 구성되었으며, 각 조항의 내용이 무엇이라는 것을 문답 형식으로 설명하고, 이어 '법률 제오호 이식규구(法律 第五號 利殖規矩)'를 국한문으로 수록하였다. 이후 「법률문답」에는 『형법대전』[8] 중에서 사법(私法)적 측면을 많이 수록하여 각자의 권익을 스스로 지키는 무기로 삼게 하고자 하였다. 또한 일제에 의해 변해가는 법 현실에 법 주체로서의 한국민에게 보다 투철한 법 의식을 심어주고자 하였다. 통감부 법령은 원칙적으로 일본 법령이지만 일본에 위탁한 사무는 통감부가 법령 제정권을 갖고 있어서 통감부 법령이 한국인에 대해서도 효

---

7) 『경향신문』 1호, 1906년 10월 19일, 「논설 : 경향신문을 내는 본 뜻이라」.
8) 1905년 4월 29일 공포된 『형법대전』은 680조로 이루어졌는데, 『明律』, 『大典會通 刑典』, 갑오 이후의 개별 형사법령을 국한문 혼용체로 근대적 법전체제로 편찬한 것이었다.(정긍식, 『통감부 법령체계 분석(연구보고 95-7)』, 한국법제연구원, 1995년 12월, 38쪽)

력을 가졌다. 통감부 설치 이후 1910년 '한일합병'까지 총 315건의 통감부 법령이 한국인에게 적용되었다.9) 선행 연구에 의하면, 1906년부터 '한일합병' 때까지 5년 동안 공포된 법령이 1894년부터 1905년까지 12년 동안 제정된 법령보다 숫적으로 2배 가까이 많았다. 그런데 그 법령들은 그때그때 고식적으로 편찬된 법령집에 수록되었을 뿐 대부분의 한국인들은 그 내용을 알기 어려웠고 법률지식을 활용한다는 것도 기대하기 어려웠다.10) 따라서 법령을 소개하고 설명하는 『경향신문』의 「법률문답」은 의미가 컸다.

『경향신문』은 1910년 12월 30일자 220호를 마지막으로 폐간되었는데, 220호는 '보감사권 목록'이라는 제목 아래 1910년 1월 1일 간행된 169호부터 1910년 12월 23일 간행된 219호에 수록된 것들의 목록을 정리한 것이기에 내용 면에서 마지막 호는 219호이다. 219호의 「법률문답」에는 '압수한 책'11)이라는 제목 아래 『강자(强者)의 권리경쟁(權利競爭)』(1책, 劉文相) 등 17권의 책자와 저자의 이름이 수록되었다. 그동안 법령들을 소개하였던 「법률문답」에 압수당한 책들을 수록한 것은 이례적인데, 신문을 통하여 한국인을 계몽시키고자 하는 『경향신문』에 압제를 가하는 것과 한국인의 의식을 일깨우는 책자들을 압수한 일제의 행동이 같다고 판단한 때문이라 생각된다.

---

9) 정긍식, 『통감부 법령체계 분석(연구보고 95-7)』, 71쪽.
10) 이상욱, 「'보감'과 '경향잡지'의 '법률문답'을 통한 천주교회의 법률계몽운동」, 『가톨릭교육연구』3, 대구효성가톨릭대학교 교육연구소, 1988, 7쪽.
11) 216호(1910년 12월 2일)부터 수록하였다. 216호에는 「문 : 본월 19일에 경무총감부에서 치안방해로 인정하는 책을 압수하였다. 어떠한 책이뇨? 답 : 그 책의 이름과 그 책을 만든 자의 이름은 다음과 같으니라"라는 설명 아래 『初等大韓歷史』(鄭寅琥) 등 7권의 책명과 저자 이름이 제시되어 있다. 217호(1910년 12월 9일)에는 『問答大韓新地誌』(博文書館編輯) 등 13권의 책명과 저자 이름이, 218호(1910년 12월 16일)에는 『初等小學修身書』(柳瑾) 등 14권의 책명과 저자 이름이 수록되어 있다.

'한일합병' 이후 일제의 언론통제가 강화되자 대부분의 잡지들은 조선총독부가 실시한 법령을 직접 언급·논평하는 논설을 게재하지 못하였다.[12] 그런데 『경향잡지』는 『경향신문』을 이어 「법률문답」난을 계속하였다. 『경향잡지』로 제호가 바뀐 첫 호인 221호(1911.1.15)에 마련된 「법률문답」에는 "천주십계 중 나라 권리에 순명하라신 제4계가 있은즉 이에 대하여 우리 교우들이 다른 사람보다 열심히 순명하여야 할지라. 이러므로 본 잡지가 세속 일을 상관치 아니하나 교형자매가 나라 법을 알고 그대로 준행하는데 편리하게 하는 일이 본 목적이 될 수 있음을 알고 이전 『보감』에와 같이 요긴한 법이 있으면 「법률문답」으로 풀어 게재하겠음"이라며 「법률문답」난 수록 이유를 설명하였다. 그리고 이러한 설명을 238호(1911.9.30)까지 18회, 9개월 동안 계속하였다. 그런데 『보감』에 「법률문답」난을 수록하는 목적은 "자기 나라 법을 모르면 악한 자의 속임을 당하고 피해를 입을 수 있으니 그러지 않도록 하려는 것"이었는데, 『경향잡지』에 「법률문답」난을 수록하는 이유는 "나라 권세에 순명, 천주교 신자가 나라 법을 알고 준행"하게 하기 위해서로 바뀌었다. 더구나 대한제국이 일제에게 망하였기에 '나라'란 작게는 조선총독부, 조금 더 넓게는 일본제국주의를 의미하고 일제는 정당하지 못한 통치 권력이고 나라이기에 그 나라의 권리는 올바르지 못한 권리인데도 천주십계를 거론하며, 다른 사람들보다 천주교 신자들이 더 열심히 따라야 한다고 강조하였다. 따라서 『경향잡지』의 「법률문답」난 수록 이유는 『보감』에서 시작된 법률문답 수록의 긍정적인 목적을 훼손하고 퇴색시켰다.

「법률문답」난은 『경향신문』 1호(1906.10.19)부터 『경향잡지』로 명칭 변경된 후 318호(1915.1.30)까지 10년 동안 계속되었다. 선행 연구에 의하면 토지가옥매매(39회), 세금 관계(25회), 형법대전의 살인율 해설(21회),

---

12) 황민호, 「한국 근대 잡지의 법학 관계 논설 기사목록」, 『법사학연구』 28, 한국법사학회, 2004, 290~291쪽.

악습폐지를 위한 계몽(21회), 묘지관계(15회), 변리와 돈쓰는 법답(9회), 호적 및 혼인관계(7회), 송사하는 법(5회)에 대한 「법률문답」난의 수록 빈도수가 많다.13) 이중 『경향잡지』에 수록된 「법률문답」은 다음과 같다.14)

〈표 1〉 『경향잡지』의 「법률문답」

연도	수록된 법령
1911	재무관리의 사무 볼 때의 주의할 점(2), 철도용지 중 금하지 아니하는 곳(2), 두 고을의 위치를 고침(2), 우두약 파는 규칙(1), 교과서 정가 개정(1), 면장협의회에 관한 규정(1), 회사령(4), 사냥규칙 등(8), 토지수용령 등(5), 토지 신고 기한(2), 숙박과 거주 규칙(4), 변리 규칙(2), 조선인이름 고치는데 관한 것(1) : 36건
1912	토지수용령(1), 삼림령 등(4), 보고 아니한 산림 산야(1), 토지 신고 기한(1), 묘지와 매장과 화장에 관한 규칙(2) : 9건
1913	토지 신고 기한(14), 묘지 규칙(2), 숙박과 거주 규칙 개정(2) : 18건
1914	토지 신고 기한(개정)(5), 연초세령(2), 부세(1) : 8건
1915	묘적 신고(1) : 1건

* (   ) 안의 숫자는 수록 건수.

「법률문답」난에 법령 수록은 1911년 24회(36건)15), 1912년 9회(9건), 1913년 16회(18건), 1914년 8회(8건), 1915년 1회(1건) 등 58회(72건)였다. 가장 빈도수가 많은 것은 '토지 신고 기한(개정)'으로 1911년 2건, 1912년 1건, 1913년 14건, 1914년 5건 등 22건이다. 1913년에 전년 대비 크게 증

---

13) 최종고, 「한말 '경향신문'의 법률계몽운동」, 138쪽.
14) 법률문답은 정치적인 목적으로 제정된 법령에 대해서는 언급을 하지 않았다. 1907년 7월 제정된 신문지법과 보안법의 경우, 많은 신문들이 비판을 하였는데 『경향신문』은 어떠한 논평도 하지 않고 '관보대개'(1907년 8월 2일)에 법령의 공포 사실만을 언급하였다. 그러다가 1910년 4월 22일자 기사 「금수같은 헌병과 보조원」이 문제되어 압수처분을 받았다.
15) 『경향잡지』는 격월간으로 연 24회 발행되었다. 여기서 '회'는 발행 횟수를 말하고, 하나의 법령이 여러 '회'에 나누어 수록되는 일이 많았지만 매회 수록되는 숫자를 각각의 건으로 계산하였다. 또한 한 '회'에 하나의 법령에 관한 것이지만 사안별로 각각 수록하였으므로 『경향잡지』의 한 '회'에 「법률문답」난에 각각 수록된 것들을 '건'으로 계산하였다.

가한 것은 1912년에 '토지조사령'이 공포되었고 지역마다 토지 신고 기한(개정)이 다르게 고시된 때문이다. 1914년에는 전년 대비 상당히 감소하였는데 토지 신고 기한(개정)이라는 같은 제목으로 「관보적요」 난에 7건이 수록된 때문이다. 토지 신고 기한(개정)에 이어 빈도수가 많은 것은 사냥에 관한 것 8건, 토지수용령(제령 3호)과 숙박과 거주 규칙(개정)이 각각 6건, 삼림령에 관한 것 5건이다. 그런데 『보감』 때부터 『경향잡지』까지 10년 동안의 「법률문답」난과 『경향잡지』의 「법률문답」난에 수록된 법령은 차이점을 보인다. 10년 동안의 「법률문답」난에서는 토지가옥매매, 세금, 『형법대전』의 살인율 해설, 악습 폐지를 위한 계몽, 묘지, 변리와 돈쓰는 법, 호적 및 혼인, 송사에 관한 것들의 수록 빈도수가 많은데, 『경향잡지』의 「법률문답」난만을 보면 토지 신고 기한(개정), 사냥, 토지수용령, 숙박과 거주 규칙, 삼림령에 관한 것들의 수록 빈도수가 많다. 일제의 통치법령이 전적으로 모든 분야에 적용되기에 『형법대전』은 더 이상 거론되지 않고, 일제의 토지조사사업 때문에 토지 신고 기한(개정)의 빈도수가 많다. 즉 『경향잡지』의 「법률문답」난은 사법상의 권리에 대한 내용은 축소하고 행정규제와 관련된 문제를 중심으로 법령을 소개하는데 그쳤는데 그것도 종교적 내용이 아니므로 폐지하라는 강요가 거듭되자16) 폐지하였다.

 한편 대부분의 법령은 공포된 후 상당 기간이 지난 후에야 「법률문답」난에 수록되는 것이 일반적이었는데 그것은 『경향잡지』가 격주간으로 발행된 잡지라는 데서 이유가 찾아진다.17) 토지수용령은 1911년 4월 17일자 『조선총독부관보』에 공고되었고 이튿날 『매일신보』에 수록되었는데 「법률문답」난에는 약 5개월의 시간이 지난 후에 게재되었고 "4월 14일 관보"

---

16) *Bulletin* : 윤선자, 「1910년대 일제의 종교규제법령과 조선천주교회의 대응」, 『한국근현대사연구』 6, 한국근현대사학회, 1997, 79쪽.

17) 묘지와 매장과 화장에 관한 규칙(부령 123, 1912년 6월 20일)이 「법률문답」난에 수록된 것은 공포된 지 4개월의 시간이 흐른 후였다.(『경향잡지』 264호, 1912년 10월 31일, 476쪽, 「법률문답 : 묘지와 매장과 화장에 관한 규칙」)

라 오기(誤記)되었다. 묘지에 대해서는 '묘지와 매장과 화장에 관한 규칙'이라는 제목으로 1912년에 2회(2건)와 1913년에 1회(1건), '묘지 규칙에 대한 해답'이라는 제목으로 1913년에 1회(1건) 수록되었다. 특히 1913년에는 천주교인들만의 묘지를 마련할 수 있는지, 묘지 규칙을 천주교회와 관련하여 문답하였다.

> 문 : 우리 천주교인들이 따로 묘지를 정할 수가 없겠느뇨?
> 답 : 우리 천주교인들만이 쓰기 위하여 묘지를 정하려면 교우들이 한 곳에 모여 사는데 그곳이 공동묘지와 상거가 멀어서 그 공동묘지에 매장하기가 불편하다고 인정함으로 이로 인하여 특별히 묘지를 베푸는 것이 요긴하다는 경우가 아니면 정하지 못할 것이오. 총(總)히 그곳 공동묘지에 매장할 것이나 그러나 공동묘지 구역 안에서 교우들이 서로 일정한 구역을 따로 정하여 쓰는 것은 관계가 없으니 이러한 경우에는 그 묘지 관리자의 승인(허락)을 받아 경찰서장의 허가를 받을지니라.[18]

성당에 딸린 집도 세금을 내야 하는지, 부세(府稅)도 천주교회와 관련하여 문답하였다. 성당에 딸린 집, 공소 건물을 숙소로 사용하는 일이 많았을 공소와 공소 신자들에게 이 세금 부과는 특히 혼돈을 많이 초래하였을 것이다.

> 문 : 성당에 딸린 집에도 이 위에 세(필자 주 : 부세로 받을 수 있는 시가지세의 부가세와 가옥세의 부가세와 특별세)를 물어야 하느뇨?
> 답 : 금년 1월 25일 부제 시행세칙 제5조에 신사·사원·사우·불당(神社·寺院·祠宇·佛堂)으로 쓰는 건물과 및 그 지경 안에 따라 올라 교회소·설교소로 쓰는 건물과 및 그 구내 땅에 대하여는

---

18) 『경향잡지』 272호, 1913년 2월 28일, 91~92쪽, 「법률문답 : 묘지규칙에 대한 해답」.

부세를 받지 아니하되 만일 그런 것이라도 유료(有料)로 쓰는 것 즉 수익이 있는 것이거나 사람이 거처하는 집으로써 교회소·설교소로 쓰는 것에 대하여는 부세를 받는다 하였느니라. 그러므로 성당에 딸린 집이라도 사람이 거처하는 집이면 세를 물 것이오 강당이나 공소집이라도 온전히 강당이나 공소집으로만 쓰지 아니하고 사람이 거처하면 위에 세를 낼지니라.19)

즉 『경향잡지』의 「법률문답」난은 토지 신고 기한(개정)과 토지수용령을 중점적으로 다루었는데 이는 강점 이후 일제가 추진한 토지조사사업 때문이었다. 대부분의 한국인들이 토지조사사업의 실체와 숨겨진 의도를 빠르게 간파하지 못하였다. 국권 상실이라는 역사의 큰 소용돌이 속에서 새로운 통치자로 자리매김해가는 일제를 대적하기 위해서는 그들에 대한 정확한 인식이 먼저 요구되었다. 「법률문답」난은 그러한 시대 상황과 모순점과 해결 방안을 정확하게 제시하지 못하였다. 그러나 일제가 만들어가는 식민통치기반인 법령들을 소개함으로써 한국인들에게 그러한 상황을 알리고 대처할 수 있도록 희망하였다는 점에서 긍정적인 의미 부여가 가능하다.

3. 「관보적요」의 토지규제 법령

『경향잡지』는 251호(1912.4.15)부터 「관보적요」난이 마련되어 새로운 각종 법령 등이 수록되었다. 『경향신문』은 논설을 통하여 법의 근대화를 찬성하지만 일본주의의 강압적·급속적 법 개혁을 경계하면서, 법을 빨리 정확하게 알아야 침해를 방지한다면서 「관보대개」난을 마련하고 새로 제정 공포된 법령들을 신속하게 소개하였다.20) 「관보대개」난은 관보의 내용

---

19) 『경향잡지』 308호, 1914년 8월 31일, 377~378쪽, 「법률문답 : 부세에 대하여」.
20) 최종고, 「한말 '경향신문'의 법률계몽운동」, 142쪽.

중 기본적인 것들을, 「관보적요」난은 요점을 뽑아 수록한다는 의미로 이해할 수 있다.

'관보적요'라는 용어는 『경향잡지』에서 처음 사용한 것이 아니었다. 『대한자강회월보』(大韓自强會月報)1호(1906.7.31)에 「관보적요」난이 마련되어 광업법 반포를 포함하여 주로 관리의 임면을 언급하였다.21) 2호(1906.8.25)·4(1906.10.25)~9호(1907.3.25)에도 「관보적요」난을 두어 이민보호법·토지가옥증명규칙 등의 법률과 관리의 임면을 수록하였다. 『대동학회월보』(大東學會月報) 2호(1908.3.25)에도 「관보적요」난이 마련되어 '인장(印章)에 관한 규칙' 등을 국한문으로 수록한 이래 15호(1909.9.25)까지 계속 법령들을 수록하였다. 『서북학회월보』(西北學會月報)에는 1호(1908.6.1)~3호(1908.8.1)에 「법령적요」(法令摘要), 4호(1908.9.1)부터는 「관보적요」난이 마련되었다. 또한 『교남교육회잡지』(嶠南敎育會雜誌) 5호(1909.8.25)에도 「관보적요」난이 마련되어 '농상공부소관농림학교규칙'(農商工部所管農林學校規則) 등 법률을 수록하였다.

이렇게 한말의 많은 학회지들이 「관보적요」난을 마련하고 법률을 소개한 것은 일제의 통치 권력이 강화되고 많은 법률이 제정 공포되어 그 통치 권력을 뒷받침한다고 인식한 때문이었을 것이다. 그래서 『대동학회월보』

---

21) "6월 20일 정1품 趙秉鎬 任 議政大臣, 21일 명동 京城學堂을 관립 한성 제이 일어학교로 정함. 22일 각 관찰부에 경무관 1인을 置ᄒ고 摠巡 2인을 4인으로 순검 30인을 수시 증감케 ᄒ고 각도 樞要地에 경무분서를 배치ᄒ고 서장은 총순으로 보충ᄒ고 각도의 순검 총액은 1,273인을 배치ᄒ기로 칙령 반포ᄒ다. 28일 정3품 宋秉畯 任 西京 役費 督刷官ᄒ고, 29일 광업법 32조를 법률로 반포혼 바 其 전문은 後報에 讓홈. 30일에 학부협판 金奎熙 任 법부협판ᄒ다. 7월 2일 평북관찰사 李根豊 任 侍從院副卿ᄒ고 법부협판 閔衡植 任 학부협판ᄒ다. 3일 제실 회계 심사국장 朴鏞和 황해관제사 高永喜 相換ᄒ고 경북관찰사 申泰休 任 평북관찰사ᄒ고 禮式副卿 李根湘 任 경북관찰사ᄒ고, 參領 李敏和ᄂᆞᆫ 誤薦人才致損國體ᄒ고 尙膳 姜錫鎬ᄂᆞᆫ 從中周旋頗多爽實ᄒ니 爲先免懲 判事有 詔. 4일 황태비 초간택ᄒ다. 7일 官禁令 반포ᄒ야 以杜閑雜人出入ᄒ고 의정대신 趙秉鎬 疏遞. 8일 특진관 閔泳奎 命 가례도감 도제조(미완)."

1호(1908.2.25)는 권보상의 '법률학'과 두천생의 '법률 발생의 원인'을 수록하였고, 『서북학회월보』 1호(1909.6.1)는 한문언의 '아한(我韓)의 최급(最急)이 법률(法律)에 재(在)함'이라는 논설을 실었으며, 『교남교육회잡지』 1호(1909.4.25)는 '사립학교령과 학회령' 등을 수록하여 법률에 대한 관심을 적극적으로 표현하였다.22)

조선총독부 법령에 가장 빠르게 반응한 것은 『매일신보』였다. 1910년 10월 6일자에 「조선총독부 공문」이라는 난을 마련하였고 첫 번째로 "제2호 조선총독부 도령 공문식(道令 公文式), 제3호 경무총감부령 공문식, 제4호 조선총독부 경무부령 공문식, 제5호 조선총독부에 제출하는 원계서(願屆書) 등, 제6호 도의 위치와 관할구역"을 수록하였다. 이후 매일 1면에 난을 마련하여 조선총독부 법령들을 게재하였다. 1910년 12월 21일자부터는 '총독부 공문', 1913년 3월 2일자부터는 '조선총독부령'이라는 제목 아래 『조선총독부관보』에 공포된 법령들을 수록하고 설명하였다.

『경향잡지』에 「관보적요」난이 개설된 것은 제호가 변경되고 15개월의 시간이 지난 후 251호(1912.4.15)로 조선부동산증명령(제령 15)이 가장 먼저 실렸다. 그런데 『경향신문』에서 『경향잡지』로 제호가 바뀌고 「법률문답」난을 계속하면서는 계속하는 이유를 설명하였는데, 「관보적요」난에 대해서는 그것이 무엇인지, 무엇을 목적으로 하는지 등 아무런 설명 없이 일제가 공포한 법령들을 순한글로 수록하였다. 254호(1912.5.31)에는 조선부동산증명령을 252·253호에 이어 부칙까지 수록하고, 순한글로 '시가지토지 신고할 기한'을 문답 형식으로 수록하였는데, 『보감』 4권(1910년)의 「법률문답」난을 언급하였다.23) 그러나 255호(1912.6.15)에는 '조선등록세

---

22) 대한제국기 잡지에서는 주로 '법학, 법률학, 민법 총론, 법률 개론' 등을 제목으로 하는 논설들이 반복적으로 게재되었다.(황민호, 「한국 근대 잡지의 법학 관계 논설 기사 목록」, 290쪽)
23) "문 : 시가지토지 신고할 기한이 고시되었다 하니 그 구역과 기한이 어떠하며 신고하는 법이 어떠하뇨? 답 : 보감 제4권 276장부터 317장까지 토지조사법과 토지

령(朝鮮登錄稅令)'이 설명 없이 국한문으로 수록되었고 이후「관보적요」 난는 국한문으로 수록되었다.

한편「관보적요」난이 시작된 251호(1912.4.15)부터 262호(1912.9.30)까지 12회는「관보적요」난만 있고「법률문답」난은 없다. 263호에는「관보적요」난과 함께「법률문답」난이 마련되고 순한글로 '토지 신고할 기한'이 수록되었다. 264호(1912.10.30)·265호(1912.11.15)에는「관보적요」난이 없고,「법률문답」난만 있다. 266호(1912.11.30)~268호(1912.12.31)에는 「관보적요」난은 있고,「법률문답」난은 없다. 즉「관보적요」난이 시작된 251호(1912.4.15)부터는 263호(1912.10.15)에만「관보적요」난과「법률문답」난이 모두 있고, 251~262호와 266~267호에는「관보적요」난만, 264(1912.10.31)·265호(1912.11.15)에는「법률문답」난만 있다. 또한「법률문답」난은 순한글로 수록하였는데,「관보적요」난은 조선부동산증명령(4회)을 순한글로 수록하고 이후에는 국한문으로 수록하였다.

「관보적요」난에는 1912년 15회[24](16건), 1913년 18회[25](18건), 1914년 23회[26](36건), 1915년 22회[27](28건), 1916년 6회[28](6건), 1917년 9회[29](12건), 1918년 20회[30](37건), 1919년 16회[31](26건), 1920년 17회[32](29

조사시행세칙과 신고할 자의 명할 것과 지주 총대의 직분이라 한 제목에다 자세히 말하였으니 그 법과 규칙을 찾아보고 그대로 할지니 5월 20일에 고시한 시가지토지 신고할 구역과 기한은 다음과 같으니라.(후략)"

24) 1912년 251호(1912.4.15)부터「관보적요」난이 마련되었는데, 이후 264호(1912.10.31)·265호(1912.11.15)에「관보적요」난이 없다.
25) 1913년에는 272호(1913.2.28), 284호(1913.8.31)~288호(1913.10.31)에「관보적요」난이 없다.
26) 1914년에는 314호(1914.11.30)에「관보적요」난이 없다.
27) 1915년에는 318호(1915.1.30), 323호(1915.4.15)에「관보적요」난이 없다.
28) 1916년에는 342호(1916.1.30), 347호(1916.4.15), 355호(1916.8.15)~357호(1916.9.15)에「관보적요」난이 수록되었다.
29) 1917년에는 376호(1917.6.30)~380호(1917.8.31), 385호(1917.11.15)~388호(1917.12.31)에「관보적요」난이 수록되었다.
30) 1918년에는 407호(1918.10.15), 410호(1918.11.30)~412호(1918.12.31)에「관보

건), 1921년 12회[33](16건), 1922년 16회[34](41건), 1923년 18회[35](40건), 1924년 4회[36](8건), 1925년 0회, 1926년 2회[37](2건), 1927년 3회[38](7건) 등 201회(313건)가 수록되었다. 이상 16년 동안 「관보적요」난에 수록된 법령들은 크게 토지 관계 법령, 포교규칙 관련 법령, 민사 법령으로 나눌 수 있다.

일제는 통감부 설치 이후 한국인의 정치적 결사와 독립운동을 탄압하기 위한 형사법 분야와 일본의 경제적 침략의 법적 기초를 마련하기 위해 토지 관계 입법을 급증시켰다.[39] 그리고 이러한 태도는 국치 이후에도 계속되었다. 조선부동산증명령을 시작으로 「관보적요」난에 수록된 토지 관련 법령은 다음과 같다.

적요」난이 없다.
31) 1919년에는 414호(1919.1.30), 416호(1919.2.28), 418호(1919.3.31), 422호(1919.5.31), 426호(1919.8.15)~429호(1919.9.15), 432호(1919.10.31)에 「관보적요」난이 없다.
32) 1920년에는 437호(1920.1.15), 445호(1920.5.15), 452호(1920.8.31), 454호(1920.9.30), 457호(1920.11.15), 458호(1920.11.30), 460호(1920.12.31)에 「관보적요」난이 없다.
33) 1921년에는 462호(1921.1.30), 467호(1921.4.15)~471호(1921.6.15), 474호(1921.7.31), 475호(1921.8.15), 477호(1921.9.15)~479호(1921.10.15), 483호(1921.12.15)에 「관보적요」난이 수록되었다.
34) 1922년에는 485호(1922.1.15)~488호(1922.2.28), 500호(1922.8.31), 502호(1922.9.30), 503호(1922.10.15), 505호(1922.11.15)에 「관보적요」난이 없다.
35) 1923년에는 519호(1923.6.15), 521호(1923.7.15), 523호(1923.8.15), 524호(1923.8.31), 529호(1923.11.15), 531호(1923.12.15)에 「관보적요」난이 없다.
36) 1924년에는 535호(1924.2.15), 539호(1924.4.15), 542호(1924.5.31), 544호(1924.6.30)에 「관보적요」난이 수록되었다.
37) 1926년에는 585호(1926.3.15), 587호(1926.4.15)에 「관보적요」난이 수록되었다.
38) 1927년에는 610호(1927.3.31)~612호(1926.4.30)에 「관보적요」난이 수록되었다.
39) 정긍식,『한말 법령체계 분석(연구보고 91-14)』, 한국법제연구원, 1991.12, 31쪽.

〈표 2〉「관보적요」난의 토지 관련 법령

1912년	조선부동산증명령(4), 조선등록세령(2), 토지조사령시행규칙(2), 시가지토지 신고 기간(1) : 9건
1913년	시가지건축취체규칙(3), 도로취체규칙(4) : 7건
1914년	토지신고(개정)(7), 묘지규칙시행(8), 지세령(3), 시가지세령(1) : 19건
1915년	토지신고(14), 묘지규칙시행(2), 토지대장열람(1), 인감증명규칙(2), 조선여자인감증명(1), 대서업규칙(2) : 22건
1916년	토지신고(1), 조선등록세령 개정(1) : 2건
1918년	조선임야조사령(3), 지세령 개정(4), 시가지세 개정(1), 묘지규칙 개정(1) : 9건
1919년	묘지규칙 개정(1), 인지세(2) : 3건
1927년	부동산취득세부과규칙(7) : 7건

* ( ) 안의 숫자는 수록 건수.

    1912년 9건, 1913년 7건, 1914년 19건, 1915년 22건, 1916년 2건, 1918년 9건, 1919년 3건, 1927년 7건 등 78건이다. 이중 토지신고(개정)가 22건으로 빈도수가 가장 많은데 '토지조사령'과 긴밀하게 연결된다. 그런데 「관보적요」난은 토지조사령이 아니라 토지조사령시행규칙을 수록하였다. 토지조사령시행규칙을 수록한 후 "제1호 양식은 보감 4권 301장에 게재한 양식과 대개 동일한 고로 기재치 아니함"이라고 덧붙였다.40) 『보감』 4권 301장41)에는 '토지신고서' 양식이 게재되어 있고, 다음 면의 법률문답에 "토지조사 시행세칙과 신고자의 명심할 것"이 수록되어 있다. 모법(母法)은 문제가 되는 부분만 언급하여 주의를 환기시키고 시행세칙을 먼저 수록한 것은 시행세칙이 한국인들의 실생활에 직접 이해관계를 미치기 때문이었다.42)

    토지조사령에 이어 많이 수록된 것은 묘지규칙이다. 1912·1913년 「법

---

40) 『경향잡지』 266호, 1912년 11월 30일, 524쪽, 「관보적요 : 토지조사령시행규칙」.
41) 『경향신문』 206호, 1910년 9월 23일, 『보감』.
42) 이상욱, 「'보감'과 '경향잡지'의 '법률문답'을 통한 천주교회의 법률계몽운동」, 16~17쪽.

률문답」난에서 다루었던 묘지 문제가 1914년 이후에는 「관보적요」난에 수록되었다. 1914년에 묘지규칙 수록 빈도수가 많은 것은 도별로 시행되었기 때문이다. 또한 묘지규칙 개정을 1918년과 1919년에 수록한 것은 많은 한국인들이 묘지를 소중하게 인식한 때문이었다. 유교에 토대한 효의 강조는 한국인들에게 제사와 더불어 묘지에 깊은 관심을 갖도록 하였다.

지세령(개정)은 7건 수록되었는데 그동안 결수연명부에 의거하여 부과하던 지세를 지가(地價)에 근거한 과세로 변경한 것이었다. 시가지세(개정)는 2건 수록되었는데 시가지세는 처음부터 지가에 과세하였다.[43] 또한 배타적 소유권에 입각하여 등기부상의 소유권자에게 과세 부담의 법적 책임을 부과하였다.[44] 조선등록세령 개정은 "명치 45년 6월 16일 제255호 및 6호 잡지에 조선등록세령을 게재한 바 대정 5년 3월 23일에 개정된 세령이 공포되어 4월 1일부터 시행하기로 다음과 같이 게재함"이라는 간단한 설명을 한 후 수록하였다.[45] 조선등록세령이 교회 재산과도 밀접한 관계가 있었음은 1935년 『가톨릭청년』의 기사에서도 확인된다.[46] 지세 징수

---

[43] 1914년 결당 20전~8원(13등급)에서 2~11원(7등급)으로 변경되었고, 1918년에는 지가의 3/1,000으로 지가 과세제로 변경되었으며, 1922년에는 지가의 17/1,000으로 37%가 인상되었다. 시가지세는 1914년에 지가의 1/1,000로 지가 과세제가 적용되었고, 1922년 35.7% 인상한 9.5/1,000의 지가를 과세하였다.(김생기·오문석, 「일제강점기 조세제도 연구-1910년대의 조세구조를 중심으로-」, 『한국민족운동사연구』 22, 1999, 172쪽)
[44] 윤선자, 「일제하 종교단체의 경제적 기반 확보 과정」, 『한국근현대사연구』 24, 한국근현대사학회, 2003, 69쪽.
[45] 『경향잡지』 347호, 1916년 4월 15일, 161쪽, 「관보적요 : 조선등록세령 개정건」.
[46] "다음에 揭한 자에게는 등록세를 課치 아니함…(중략)…社寺 혹은 당우의 부지 또는 분묘지에 관한 등기…(중략)…중 기독교회당이라는 문구가 없으나 명치 45년 6월 관통첩 제213호에 의하면 '기독교회당 부지의 등기는 조선등록세령 제7조 중 사사·당우의 등기 중에 포함한다' 하였고 또 대정 6년 1월 관통첩 4호 등록세를 파치 아니하는 사사·우 부지의 인정 방법에 관한 건에 의하면 '등록세령 제7조에 의하여 등록세를 파치 아니하는 地種目 중 전기 사사·당우의 부지라는 것은 법령에 의하여 사사·당우의 소재지 됨을 인허된 장소를 지칭하므로 신사 사원에

증대를 위한 일제의 여러 조치로 과세 대상지는 토지조사사업이 마무리되었을 때 토지조사사업 이전보다 46%가 증가하였고, 지세 징수액도 1911년 대비 1919년에 거의 두 배 증가하였다.47)

한편 인감증명규칙, 조선여자인감증명건, 대서업규칙, 인지세 등은 토지와 직접 연관되는 법령은 아니지만 토지 매매와 밀접한 관련이 있다. 조선여자인감증명건은 공사 문부(文簿)에 이름을 기록할 때는 여자도 "김조이"[金召史]나 "김씨"가 아니라 이름을 기록해야 한다는 내용이다.48) 『경향잡지』가 많은 법령 중에서도 이 법령에 주목한 것은 천주교 신자 중 여자 신자가 많은 때문이었을 것이다. 그리고 이 내용을 수록한 때문인지 327호(1915.6.15)·328호(1915.6.30)에 공포된 지 약 1년이 지난 인감증명규칙(부령 제110호, 1914.7.7)을 수록하였다.

부동산취득세부과규칙이 「관보적요」난의 마지막을 장식하였다. 『경향잡지』 612호(1927.4.30)의 「관보적요」난에 경상북도·평안북도·함경남도의 부동산취득세부과규칙을 언급하였는데, 610호(1927.3.31)에 "근일 각도에서 도령으로 부동산취득세부과규칙을 반포하는데 이미 충청북도·강원도·경기도·황해도에서 이 규칙을 반포하여 4월 1일부터 시행할 터인데 그 규칙은 각 도가 다 같은 고로 경기도 규칙을 이에 게재하고 이후에 다른 도에서 또 취득세규칙을 반포하면 반포되는 대로 아무 도에서 반포하여

있어서는 신사사원규칙 제1조 제2조 제7조에 의하여 또 교회당·설교소·강의소의 유에 있어서는 <포교규칙> 제9조·제10조에 의하여 그 창립, 설립 또는 이전의 허가를 受한 자에 限한다' 하였고 그 허가를 얻은 자에 대해서는 社殿·당우의 造營 未了의 경우라도 사사·당우의 부지로 취급할 旨를 명백하게 하였다. 그런고로 이상 제1조 제1항 제2호, 제7조 제6호 중에는 교회당·설교소·강의소도 포함하는 것으로 실제 취급을 한다."(『가톨릭청년』 1935년 3월, 12쪽, 「종교에 대한 법령 (2)」)

47) 김생기·오문석, 「일제강점기 조세제도 연구 - 1910년대의 조세구조를 중심으로 -」, 172쪽.
48) 『경향잡지』 322호, 1915년 3월 31일, 139쪽, 「관보적요 : 조선여자의 인감증명에 관한 것」.

아무 날부터 시행하는 것만 게재하여 독자 제씨에게 아시게 할 터이기로 이미 말씀하나이다"라는 설명 아래 경기도의 부동산취득세부과규칙을 수록하였다. 그리고 611호(1927.4.15)에 경상남도·함경북도·전라북도, 612호에 경상북도·평안도·함경북도의 부동산취득세부과규칙을 수록하였다. 즉 부동산취득세부과규칙(도령 3호, 1926.3.8)은 도별로 발표되었고 충청북도·강원도·경기도·황해도에서 이 규칙을 반포하였지만 그러한 사실을 수록하지 않았다. 그리고 1년여가 지난 후『경향잡지』에 7개 도의 규칙을 며칠 자 관보에 수록되었다며 소개하였다. 그런데 「관보적요」난에 어떠한 설명도 분석도 없는데 비해『동아일보』·『중외일보』는 이 법령이 시장세 폐지로 감소한 세입을 확충하기 위한 것이라 설명하였다.49)

「관보적요」난의 토지 관련 법령은 토지신고(개정)와 세금에 모아졌다. 그런데 이러한 것들이 토지조사사업을 위한 토지조사령을 토대로 진행되었는데 그에 대한 어떠한 설명도 하지 않았다. 토지신고(개정)가 전국적으로 수년 동안 진행되는데 그에 대한 전체적인 조망이나 설명 없이 단지『조선총독부관보』의 내용을 전재(轉載)하였다. 그러나 이렇게라도 종교잡지에 수록함으로써 그 법령이 얼마나 중요하고 한국인들의 삶에 영향을 미치는가, 따라서 자신의 권익을 지켜야 한다는 것을 천주교 신자는 물론 잡지를 구독하는 모든 한국인들에게 보여주었다는 점에서 의의가 있다.

4. 「관보적요」난의 포교계출 기사

포교규칙이 공포된 후, 「관보적요」난은 '포교계출(布敎屆出)'에 주력하

---

49) 『동아일보』 1926년 9월 21일, 「부동산취득세와 細民課稅의 減額」; 『중외일보』 1926년 12월 8일, 「경북지방비 예산의 新재원, 시장세 폐지 代에 부동산취득세」; 『동아일보』 1927년 3월 3일, 「부동산취득세, 시장세 폐지 代로 신설 4월 1일부터 시행」.

였다. 1915년 8월 16일 공포된 포교규칙은 『경향잡지』 336호(1915.10.31)
~338호(1915.11.30)에 수록되었다. 그리고 342호(1916.1.31)에 '기부금품
모집에 주의'라는 제목 아래 "포교규칙에 의하여 성당이나 강당을 설립,
이전, 축소, 확장할 경우에는 조선총독의 허가를 받아야 하는데 이에 대하
여 돈이나 물품을 거두려면 관할 경찰서의 허가를 받아야 한다"는 경무총
감부훈령(갑 제2호)을 수록하였다.

한국천주교회는 포교규칙에서 요구하는 서류들을 조선총독부에 제출하
였고, 그중 일부가 『조선총독부관보』에 수록되었으며, 다시 그중 일부가
『경향잡지』의 「관보적요」난에 전재되었다.[50] 385호(1917.11.15)에 포교
계출을 처음 수록[51]한 이후 다음과 같이 계속하였다. 1917년 7건, 1918년
27건, 1919년 20건, 1920년 24건, 1921년 12건, 1922년 28건, 1923년 30
건, 1924년 8건 등 총 156건을 소제목 아래 수록하였다.

---

50) 포교계를 제출한 것 중 얼마나 『조선총독부관보』에 수록되었는지, 그리고 『조선
총독부관보』에 수록된 것 중 얼마나 『경향잡지』의 「관보적요」난에 전재되었는지
알 수 없다. 다만 이 가운데 『조선총독부관보』에 수록된 것 중 「관보적요」난에
전재된 것의 비중은 비교가 가능하다.
51) 대정 6년 11월 6일 관보를 본즉 새로 서임된 박신부와 안신부의 포교계출은 다음
과 같이 반포되었다.

屆出年月日	布教者住所	布教者氏名
10월 10일	당진군 합덕면 합덕리	박우철
10월 1일	공주군 공주면 본정 31	백남희
同	서산군 팔봉면 금학리	안학만

〈표 3〉「관보적요」난의 포교계출

연도	내용	건수
1917년	포교담임자 계출(3), 포교담임자 변경(2), 포교자 거주지 이전(1)	7건
	포교소 설립 허가(1)	
1918년	포교담임자 계출(8), 포교담임자 변경(2), 포교자 거주지 이전(2)	27건
	포교소 설치계(11), 포교소 폐지(4)	
1919년	포교담임자 계출(8), 포교담임자 변경(4), 포교자 거주지 이전(3)	20건
	포교소 설립(2), 포교소 폐지(3)	
1920년	포교담임자 계출(7), 포교담임자 변경(8), 포교자 거주지 이전(5), 송신부 포교 폐지(1)	24건
	포교소 설립(3)	
1921년	포교담임자 계출(3), 포교담임자 변경(2), 포교자 거주지 이전(3)	12건
	포교소 설치(2), 포교소 위치 변경(1), 포교소 폐지(1)	
1922년	포교담임자 계출(10), 포교담임자 변경(4), 포교자 이전(7)	28건
	포교소 설치(6), 포교소 폐지(1)	
1923년	포교담임자 계출(10), 포교담임자 변경(4), 포교자 이전(7), 이경만 포교 폐지(1)	30건
	포교소 설치(5), 포교소 폐지(3)	
1924년	포교담임자 계출(5), 포교자 거주지 이전(1)	8건
	포교소 설치(2)	

* ( ) 안은 수록 건수

　　포교규칙은 포교자와 포교소 규제를 목표로 하였다. 그런데 포교자 통제는 포교소 설립에 제한적인 요소로 작용하며, 포교소 설립 통제는 포교자 통제로 연결된다. 그리고 포교자와 포교소 통제는 신자수 증가에 영향을 미친다. 포교자들에게는 포교담임자계(계출연월일, 소속 교·종파 및 포교소의 명칭, 소재지, 포교담임자 주소, 포교담임자의 이름), 포교담임자 변경계(변경연월일, 소속 교·종파 및 포교소의 명칭, 소재지, 구포교담임자 이름, 신포교담임자 주소, 신포교담임자 이름), 포교자 거주지 이전계(이전연월일, 소속 교·종파, 구거주지, 신거주지, 포교자 이름), 포교자 사망계(사망연월일, 소속 교·종파, 주소, 포교자 이름)가 요구되었다. 이를 통하여 일제는 포교자의 이력 및 거주지, 이동 상황 등 모든 것을 감시망 안에 둘 수 있었다.52) 포교소 규제는 설치와 폐지로 구분되었는데 설립을 허가 받기가 쉽지 않았다. 포교규칙이 공포되자 한국천주교회는 일제가 요구하는 보고서 제출을 위해 오랜 동안 관련 자료를 수집 작성하느라 어려움을 겪었다.53) 대한민국임시정부의 기관지 『독립신문』은 포교규칙이 종교의 자유를 구속하는 제재 목적의 법이라 비판하였다.54) 그러나 『경향잡지』에는 포교규칙에 대한 천주교회의 공식적인 의견이 표명되어 있지 않다.

글자에 이·출입이 있지만,55) 「관보적요」난에는 포교규칙에 의한 포교계출과 관련하여 포교자에 해당하는 것으로 포교담임자 계출·포교담임자 변경 계출·포교자 거주지 이전계를, 포교소에 해당하는 것으로 포교소 설립과 폐지가 수록되었다. 특히 포교계출은 관보에 고시된 날짜를 명기하였다. 438호(1920.1.31)부터는 포교자 이름과 포교소 이름을 직접 명시하는 방식을 취하였다.56)

---

52) 윤선자, 「1915년 '포교규칙' 공포 이후 종교기관의 설립 현황」, 『한국기독교와 역사』 8, 한국기독교역사학회, 1998, 113·116쪽.
53) 윤선자, 「1915년 '포교규칙' 공포 이후 종교기관의 설립 현황」, 119쪽.
54) "종교의 압박 : 日人은 정치의 멸망을 與하며 인물에 타격을 與한 후에는 其 毒手를 종교에 延하야 대외의 세력이 多한 耶蘇敎에 대하야 일본조합교회를 수입하야 교권을 制奪하고 포교규칙을 공포하야 포교에 제재를 가하고 천도교는 대내의 세력을 多하나아 즉 세계적이 되지 못함으로 日人의 敢爲의 멸망을 與할 자라 그럼으로 종교는 姑舍勿論이요 유사단체로도 不認하야 하시라도 해산을 명하게 하고 기타 불교 대종교의 멸망정책은 일일히 진술할 수 업스나 심령의 량식을 絶하며 인생의 위안을 방해하야 최후의 악마굴로 추낙케 하도다."(『독립신문』 1919년 8월 29일, 「일본虐政史」)
55) 「포교계출」, 「포교담임자 계출」은 혼용하고 있는데 이는 「포교담임자 계출」이다. 이와 같이 글자에 이출입이 있다.
56) 대정 9년 1월 13일 관보. 柳신부 포교계출. 경북 영천군 화산면 용평동 柳興模는 대정 8년 11월 24일에 포교계를 제출한 旨 게재됨/蘇柳 兩담임자 변경. 蘇世德의 담임되었던 청도군 운문면 정상동 九龍천주당, 영천군 화산면 용평동 永川천주당, 同郡 대창면 신광동 芝日천주당은 영천군 화산면 용평동 柳興模의 담임으로 변경된 旨 게재됨.

포교소에는 본당은 물론 공소, 강당 등도 포함되기에 포교규칙에서 요구하는 요건을 갖추지 못할 경우 폐지되었다고 생각된다. 그러나 「관보적요」난에 수록된 내용만으로는 왜 폐지되었는지 알 수 없는 것이 대부분이다. 포교자의 경우도 마찬가지였다. '송 신부 포교 폐지'와 '이경만(李景萬) 포교 폐지'라는 소제목이 있는데 "경북 대구부 남산정 송덕망의 포교 폐지는 4월 25일에 계출함", "전남 나주군 노안면 양천리 이경만은 5월 1일 포교 폐지된 지(旨)를 계출하다"[57]라고 하여 이 기록만으로는 왜 두 성직자의 포교를 폐지하였는지 알 수 없다.[58] 그런데 교회 내 기록을 보면 송 신부 즉 샤르즈뵈프(Chargeboeuf, Joseph Marie Etienne, 한국명 宋德望) 신부는 1920년 4월 23일 사망하였고,[59] 이경만 신부는 1923년 5월 1일 사망하였다.[60] 즉 두 성직자의 포교 폐지는 사망 때문이었다.

포교규칙에 따른 포교계출 때문에 어려움을 겪고 있던 한국천주교회는 402호(1918.7.31)부터 409호(1918.11.5)까지 '법률론'을 수록하였다. 법률은 공공단체를 다스리는 으뜸이 그 단체의 공번된 이익을 위해 반포하는 분부이니 성교회의 교황은 모든 교중의 공익을 위하여, 일국의 제왕은 온

---

57) 『경향잡지』 520호, 1923년 6월 30일, 288쪽, 「관보적요 : 이경만 포교 폐지」.
58) 2014년 3월 8일 부산교회사연구소에서의 발표 때 필자는, 『경향잡지』의 이 기록만으로는 "포교소는 변함 없는데 포교담당자인 송신부와 이경만의 포교를 폐지한다는 것인지, 포교소를 폐지한다는 것인지 판단하기 어렵다. 그러나 대구부 남산정에는 대구본당이, 노안면 양천리에는 계량본당이 있었고 이들 본당이 이 시기에 폐지되지 않았으므로 포교담당자인 송신부와 이경만이 변경된다는 의미이다"라고 설명하였다. 이에 대하여 『조선총독부관보』에 게재된 천주교 관련 기사를 조사, 번역하여 『부산교회사보』에 '조선총독부관보'라는 항을 작성하고 있는 김용기 선생께서 두 성직자가 사망하였다는 사실을 지적해 주었다. 원고를 정확하게 기술할 수 있게 됨에 감사드린다.
59) 『뮈텔주교일기』 1920년 4월 23일 ; 『드망즈주교일기』 1920년 4월 26일.
60) 이경만 신부는 1922년 9월 23일 사제서품을 받은 후 나주의 계량본당과 제주 홍로본당의 주임으로 두 본당을 오가며 사목하다가 1923년 4월에 병에 걸려 치료를 받다가 1923년 5월 1일 사망하였다.(『드망즈주교일기』 1922년 9월 23·24일, 1923년 4월 30일, 5월 1일)

나라 백성의 공익을 위하여 법을 반포한다고 하였다. 그리고 사람이 할 수 있는 법을 세우고, 천주의 계명과 정리와 착한 풍속과 공의에 맞는 법을 세워야 한다고 주장하였다.61) 또한 성경에 "너희는 왕에게 복종하고 또 왕이 보내신 대관들에게 복종하라" 하였으니, 제왕들은 천주께 권을 받아 백성을 다스릴 권도 있고 법률을 세울 권도 있으니 그 국민은 누구나 국법을 지킬 본분이 있으며, 국법은 지극히 어려운 행실이라도, 전장에서 포탄과 탄환이 비 오듯 할지라도 앞으로 나가기를 명할 수 있듯이 명할 권리가 있다고 하였다.62) 또한 법률을 반포한 후에는 시행할 의무가 있으니 혹 반포한 줄을 몰랐던 사람도 반포한 법률에 복종해야 한다고 하였다.63) 그리고 "법률의 첫째는 본성 법률, 둘째는 천주의 법률, 셋째는 성교회 법률, 넷째가 나라 법률이라고64) 강조하였다.

포교규칙이 공포되었을 때 한국천주교회에서 활동 중이던 프랑스인 선교사들은 그들의 모국이 제1차 세계대전 중이었으므로 상당수가 징집당하였다. 또한 전쟁은 프랑스를 비롯한 유럽에서의 선교후원금도 기대하기 어렵게 하였다. 그런 중에 일제가 강요한 포교규칙은 교회에 큰 타격이었기에, 나라 법률이 본성 법률과 천주의 법률은 물론 성교회의 법률보다 순위가 낮은 법률이라고 강조하였다. 즉 포교규칙은 나라 법률인데, 교회는 성교회 법률에 따라야 한다는 것을 강조한 것이다. 이는 포교규칙을 직접 비판하지는 않았지만 국법이 교회법보다 순위가 낮다는 것을 언급함으로써, 국법이 교회법과 배치될 경우 국법을 따르기 어렵다는 것을 의미하는 것이었다. 포교규칙은 일본종교인 신도와 일본불교의 전파와 확산, 반면 서구 선교사들이 주도하고 있던 그리스도교계 억압을 목표로 하였다. 따라서 교회는 포교규칙에서 요구하는 조건을 갖추어 포교계출을 하면서 많은 어

---

61) 『경향잡지』 402호, 1918년 7월 31일, 313~316쪽, 「법률론」.
62) 『경향잡지』 403호, 1918년 8월 15일, 337~340쪽, 「법률론(속)」.
63) 『경향잡지』 404호, 1918년 8월 31일, 361~364쪽, 「법률론(속)」.
64) 『경향잡지』 408호, 1918년 10월 31일, 457~458쪽, 「법률론(속)」.

러움을 겪었지만, 포교규칙을 포함하여 일제의 법령들이 결코 교회법보다 우위일 수 없음을 강조하였다.

5. 「관보적요」의 민사 법령

「관보적요」난에는 토지에 관한 법령, 포교계출 법령, 그리고 한국인들의 생활 전반 통제를 목표로 하는 민사 법령들이 다수 수록되었다.

<표 4> 「관보적요」난의 민사 법령

1912년	조선민사령(5), 조선민사소송인지령(2), 재판소령개정(1)	8건
1913년	경찰범처벌규칙(4), 부제(5), 면경비부담방법(2)	11건
1914년	의사규칙(4), 의생규칙(2), 도의 위치변경(11)	17건
1915년	사립학교규칙개정(1), 사립교원시험규칙(1), 군을 도로 변경(1)	3건
1916년	주세령(3)	3건
1917년	면제(시행규칙)(5)	5건
1918년	서당규칙(1)	1건
1919년	주세령개정(1), 조선인여행취체규칙(1), 군폐합(1)	3건
1920년	사립학교규칙개정(3), 우편위체규칙 중 개정(1), 주세령개정(1)	6건
1921년	연초전매령(4)	4건
1922년	조선호적령(1), 보통학교규정(10), 사립학교규정개정(2)	13건
1923년	조선호적령(10), 종두령(1)	11건
1926년	조선농회령(2건)	2건

민사 법령들은 토지에 관한 법령이나 포교계출에 관한 법령들과 달리 신체적인 통제와 처벌을 포함하여 교육·여행·위생·통신 등 한국인들의 삶을 모든 면에서 규제, 간섭, 통제하는 것들이었다. 민사령과 호적령은 한국의 호적제도를 일본식의 가(家) 제도로 바꾸어 한국인의 삶을 총체적으로 통제하고자 한 법령이었다. 특히 호적령은 한국을 계속하여 식민 지배하기

위한 통제 방법의 하나로 제정되었는데65) 이에 대해 「관보적요」난은 한 줄의 설명도 덧붙이지 않았지만, 11회에 걸쳐 수록함으로써 그 중요성을 강조하였다. 또한 '경찰범 처벌규칙'이 무엇을 목표로 하는지 언급하지 않았지만, 법령을 거의 한글로 수록하고 '입찰(入札)'은 "물건 매매할 때에 여러 사람에게 알리고 희망인에게 투표케 하여 팔 때는 값 많이 보는 자를 구하고 살 때는 값싼 자를 구하는 법", '신입(申込)'은 "청구함"이라고 단어 설명을 하였다.66) 사람들이 이해하기 어려운 단어를 설명하는 이러한 태도는 「법률문답」난에서도 보인다. 1911년 11월 공포된 이식제한령을 설명하는데 '예금(禮金)'은 "빚 주는데 그 예로 주는 돈", '할인금(割引金)'은 "빚 주는데나 물건을 파는데 그 돈수에서 십분의 몇분을 감하는 돈"이라고 설명하였다.67) 한국천주교회는 한국인의 삶을 크게 통제하였던 경찰범 처벌규칙을 20여 년의 시간이 흐른 후인 1930년대에 종교에 관한 법령들을 거론하면서 다시 언급하였다.68)

빈도수에서 볼 때 행정구역 변동을 수록한 횟수가 많다. 부제(府制)와 면제(시행규칙)가 각 5회, 도의 위치변경이 11회, 군을 도로 고침과 군 폐합이 각각 1회씩 수록되었다. 지방행정구역 재편성은 1912년 1월 각 도 내무부장 회의에서 총독이 동리(洞里)의 정리를 지시한 후 1년여의 준비를 거쳐 1914년 부·군·면(府郡面) 폐합이 시작되어 1918년 토지조사사업의

---

65) 이승일, 「조선호적령 제정에 관한 연구」, 『법사학연구』 32, 한국법사학회, 2005, 65쪽.
66) 『경향잡지』 269호, 1913년 1월 15일, 20~21쪽, 「관보적요 : 경찰범 처벌규칙」.
67) 『경향잡지』 242호, 1911년 1월 1일, 521쪽, 「법률문답 : 변리규칙(속)」.
68) "다음에 해당하는 자는 구류 또는 과료에 처함. 신사, 불당, 예배소, 묘소, 비표, 형상 기타 此에 類한 물건을 汚瀆한 자가 오독의 정도가 예배소 및 분묘에 관한 죄의 불경행위 정도에 이르게 된 때는 그 重한 형법 규정에 의하여(상상적 경합범) 처벌을 받을 것이오 그 정도에 이르지 아니하는 자 혹은 그 불경행위가 公然치 아니한 자는 본 규칙에 의하여 처벌을 당할 것이다.(구류기간은 1일 이상 30일 미만이오 科料의 금액은 10전 이상 20원 미만이다)"(『가톨릭청년』 1935년 3월, 10쪽, 「종교에 대한 법령(2)」.)

종료와 함께 마무리되었다.

행정구역 개편의 기준은, 부는 종래 일본 거류민단 및 거류지의 지역을 포함하여 시가지세시행지역과 일치하게 하고, 군은 면적 약 40방리(方里)·인구 약 1만으로 하고, 면은 면적 약 4방리·인구 800호를 표준으로 하였다. 그 결과 부·군·면 모두가 이전보다 숫적으로 감소하였다.69) 부제는 일본인과 한국인의 융화라는 표면적인 목표 아래 일본인과 한국인을 차별하고, 부(府)라는 상징적 제도를 통해 종전의 '한국 내의 일본'이 아닌 한국을 일본의 식민지로 하겠다는 것이었다. 또한 부·군을 폐합한 것은 지세액, 즉 재정을 평균화하기 위해서였다.70) 그리고 면제는 면장과 면리원(面吏員)의 말단행정조직을 식민 통치에 이용하려는 것이었다. 행정구역 통폐합으로 일제는 한국 고유의 향촌 질서를 해체시키되, 그 방향은 철저하게 하부단위에서의 자치적인 결속 관계를 배제하고 개별화시켜 최하 단위까지 조선총독부의 중앙통제가 가능하게 하였다.71)

행정구역 변동은 선교사와 한국인 성직자들, 천주교 신자들은 물론 한국인 모두에게 큰 영향을 미치는 것이었다. 선교사와 한국인 성직자들은 각기 선교구역을 담당하였고 그 선교구역에서의 선교활동 보고서를 매년 작성 보고할 의무가 있었기에 행정구역 변동은 그들의 사목활동구역에 변화를 초래하였고 사목활동보고서 작성에 혼란을 가져왔다. 한국인 모두에게 끼친 영향은 교회가 감당해야 했던 부담 내지 변화보다 훨씬 컸으리라는 것은 충분히 짐작된다.

보통학교규정(10회), 사립학교규칙개정(3회), 사립교원시험규칙(1회), 서당규칙(1회)은 교육에 관한 법령들이다. 개재 빈도수는 보통학교규정이 많

---

69) 김운태, 『일본제국주의의 한국통치』, 박영사, 1998(개정판), 185~186쪽.
70) 김연지, 「1914년 경상남도 지방행정구역의 개편과 성격」, 『역사와 세계』 31, 효원사학회, 2007, 60·69쪽.
71) 최원규, 「한말 일제초기 토지조사와 토지법 연구」, 연세대학교 사학과 박사학위 논문, 1994, 222~224쪽.

지만 천주교회와 긴밀한 관련이 있는 법령은 사립학교규칙개정(부령24)이었다. 그런데 「관보적요」난에는 1회만 수록하였고, 그것도 "대정 4년 3월 24일"이라는 법령 공포 날짜를 제시하고 변경된 항목(제3조, 제3조의 2, 제6조의 6, 제10조의 2, 제16조)만을 수록하였다.72) 사립학교규칙개정은 모든 학교의 교과목에서 성서를 제외할 것, 교사들은 5년 내에 일본어 학습 의무, 교명(校名)은 고등보통학교로 변경하는 것을 강요하였다. 교사자격기준 강화는 재정이 빈약한 사립학교의 설립을 불가능하게 하고, 상급학교 입학 자격을 고등보통학교 졸업생으로 규정한 것은 미인가 교회학교들을 정규교육에서 도태시키는 것이었다.73) 그러나 교회는 이 법령이 교회와 어떤 관련이 있는지 언급하지 않았다. 또한 이 법령이 1920년에 개정되었는데, 개정된 법령을 3회에 걸쳐 수록하였을 뿐74) 무엇이 바뀌었는지 지적하지 않았다. 이러한 자세는 1922년에도 마찬가지로 '사립학교규칙(개정 전문)'이라 하여 2회에 걸쳐 전문을 수록하였을 뿐75) 무엇이 어떻게 바뀌었는지 언급하지 않았다. 따라서 1922년의 사립학교규칙이 어떻게 달라졌는가를 파악하기 위해서는 이전의 법령을 찾아보아야 가능했다.

주세령에 대해서는 "대정 5년 7월 25일에 주세령이 반포되어 9월 1일부터 시행하는데 그 대개를 들어 말하건데 다음과 같더라"라고 한 후 주세령을 한글로 번역 수록하였다.76) 그리고 1919년에 주세령이 개정되자 "대정 5년 7월 25일에 반포된 주세령이 금(수)에 개정된 바 그때 동 세령을 본지에 원문대로 기재치 않고 언문으로 대개만 역재(譯載)하여 조수(條數)가

---

72) 『경향잡지』 325호, 1915년 5월 15일, 207~209쪽, 「관보적요 : 사립학교규칙 중 개정건」.
73) 윤선자, 「1910년대 일제의 종교규제법령과 조선천주교회의 대응」, 84쪽.
74) 『경향잡지』 441호, 1920년 3월 15일, 120쪽 ; 442호, 1929년 3월 31일, 143~144쪽 : 443호, 1920년 4월 15일, 166~168쪽, 「관보적요 : 사립학교규칙개정」.
75) 『경향잡지』 491호, 1922년 4월 15일, 161~163쪽 : 492호, 1922년 4월 30일, 183~187쪽, 「관보적요 : 사립학교규칙(개정 전문)」.
76) 『경향잡지』 356호, 1916년 8월 15일, 352쪽, 「관보적요 : 주세령」.

없으므로 대조키 어려우나 금(今)에 개정 원문을 좌에 기재하여 참고케 함"이라고 기록하였고 개정된 주세령을 부칙까지 수록하였다.77) 주세령은 일제가 식민지재정을 확보하기 위하여 제정한 것이었다.78) 한국 술은 한국 농민에게 필수품화되어 있었고, 특히 가장 많이 소비되던 탁주는 식량 대용이었기에 주세 부과는 가혹한 것이었다.79) 술과 더불어 담배도 한국인들의 일상과 밀접한 관계가 있었다. 특히 한국인들은 오랜 동안 연초를 자급해 왔기 때문에, 연초전매령은 주세령보다 한국인들에게 더욱 가혹한 법령이었다. 담배를 재배하는 신자공동체들이 있었으므로80) 연초전매령은 천주교회를 긴장하게 하는 것이었다. 따라서 주세령과 마찬가지로 연초전매령도 설명 없이 수록하였지만 그 법령이 천주교 신자를 포함하여 많은 한국인들에게 매우 중요한 법령임을 교회는 강조하고자 하였다는 것을 알 수 있다. 조선인여행취체규칙(경무총감부령 3호)은 "조선 외에 여행하고자 하는 자는 거주지 소관 경찰서(경찰서의 사무를 취급하는 헌병분대, 헌병분견소를 함(含)함. 이하 동) 또는 경찰관 주재소(헌병주재소를 함함. 이하 동)에 여행의 목적 및 여행지를 신고하여 여행증명서의 하부(下付)를 수(受)하고 조선 최종의 출발지의 경찰관(헌병을 함함. 이하 동)에게 제시함이 가함"이라 하였다.81) 이는 한국인 성직자나 회장 등이 간도천주교회를 방문하거나 해외 유학을 할 경우 제재와 통제를 받는다는 것으로 교회가 특히 주의를 기울여야 할 법령이었다. 이처럼 「관보적요」난에 수록된 민

---

77) 『경향잡지』 419호, 1919년 4월 15일, 162~165쪽, 「관보적요 : 개정된 주세령」.
78) 조선총독부의 조세 수입은 지세, 주세, 관세가 총수입의 80~90%를 점하였는데 주세액은 1910년 1.8%에서 1924년 지세에 이어 두 번째로, 1934년에는 첫 번째의 수입원이 되었다.(이승연, 「1905~1930년대 초 일제의 酒造業 정책과 조선 주조업의 전개」, 『한국사론』 32, 서울대 국사학과, 1994, 80쪽)
79) 이승연, 「1905~1930년대 초 일제의 酒造業 정책과 조선 주조업의 전개」, 84쪽.
80) 이석원, 「수리산 교우촌(공소)의 변화 과정과 역사적 의의」, 『교회사학』 6, 수원교회사연구소, 2009, 53쪽.
81) 『경향잡지』 420호, 1919년 4월 30일, 188~189쪽, 「관보적요 : 조선인여행취체에 관한 건」.

사 법령들은 『보감』과 달리 사법(私法)상의 권리에 대한 내용은 크게 감소하고 주로 행정규제와 관련된 문제들이었고, 소개에 그쳤다.82)

612호(1927.4.30)를 마지막으로 「관보적요」난은 폐지되었다. 그 이유는 『경향잡지』의 내·외적 측면에서 찾을 수 있다. 내적 이유는 포교규칙과 1925년의 한국순교자 시복이다. 포교규칙 공포 이후 한국천주교회는 포교계출에 집중하였고, 제출한 포교계출이 『조선총독부관보』에 수록되면 그중 일부를 「관보적요」난에 수록하였다. 그러나 제출한 포교계출 모두가 『조선총독부관보』에 수록되는 것은 아니었고, 그것을 「관보적요」난에 수록하는 것도 시간이 흐르면서 감소하였다. 또 다른 내적 이유는 한국순교자의 시복이다. 1925년 7월 5일 로마의 성베드로 대성전에서 한국순교자 79위의 시복식이 거행되었다.83) 한국천주교회는 1838년 말부터 순교자들 자료수집을 시작하였고,84) 『보감』에 1호부터 '대한성교사기'를 수록하는 등 순교자에 깊은 관심을 표명하였다. 시복식이 있었던 1925년에 발행된 『경향잡지』에는 「관보적요」난이 없다.

외적인 이유는 『경향잡지』가 종교단체에서 발행하는 격주간 종교잡지라는 데서 찾을 수 있다. 1920년 『동아일보』· 『조선일보』 등 많은 한국어 신문들이 창간되어 매일 신속하게 그리고 설명을 곁들여 보도하기에85) 종교단체에서 발행하는 『경향잡지』의 기사는 신속성에서 늦고, 내용 전달에서도 뒤떨어졌다.86) 예를 들면 도로취체규칙에 대하여 『경향잡지』로서는

---

82) 이상욱, 「'보감'과 '경향잡지'의 '법률문답'을 통한 천주교회의 법률계몽운동」, 24쪽.
83) 『뮈텔주교일기』 1925년 7월 5일 ; 『드망즈주교일기』 1925년 7월 5일.
84) 윤선자, 「일제강점기 한국천주교회와 만국전교박람회」, 『교회사학』 10, 수원교회사연구소, 2013, 208쪽.
85) 1920년대에는 200여 종의 다양한 잡지들이 간행되었고, 법률적 관점에서 조선총독부의 시책을 비판하는 경향의 논설도 다수 수록되었다.(황민호, 「한국근대 잡지의 법학 관계 논설 기사목록」, 293쪽)
86) 1920년대 종교계 잡지들의 영향력은 크게 감소하는 경향을 보였지만, 기독교계의 『活泉』, 『神學世界』, 천도교의 『新人間』, 『東學之光』, 불교계의 『佛教』, 『佛日』 등은 여전히 종교 문제와 관련하여 정치적인 논설이나 법률 관계 논설을 수록하

매우 빠른 시간인 법령 공포 약 한 달 후에 「관보적요」난에 수록하였다. 그런데 『매일신보』는 공포 3일 후인 6월 1일자에 "도로취체하는 규칙. 일반이 불가불 알아야. 금번에 총독부령으로서 도로취체규칙을 5월 29일에 반포하였는데 그 내용은 일반 인민이 모두 널리 알 바로서 법령과 규칙에 범촉되지 않도록 함이 가하더라"라는 설명을 하고, 3~6일자 신문에 법령의 항목들을 수록하였다.87) 보도의 신속성과 내용 설명은 시간이 갈수록, 그리고 한국어 신문들이 발간되면서 강화되었다. 1921년 4월 1일 조선연초전매령이 공포되자 『매일신보』는 물론이거니와 한국어 신문들도 법령 소개에 적극적인 태도를 보였다. 『동아일보』는 법령이 공포되기 전인 3월 21일자에 연초전매령이 4월 1일 공포되리라는 기사를,88) 4월 2·4·5일자에는 연초전매령 전문을,89) 4월 3일자에는 정무총감 미즈노 렌타로[水野錬太郎]와의 대담을 실었다.90) 또한 1926년 1월 25일 조선농회령이 공포되자 『동아일보』는 1월 23일자에 「조선농회령, 25일 발포」라는 제목의 기사를 실었고, 1월 26일자에는 법령 전문, 26~28일자에는 시행세칙을 수록하였다. 또한 2월 12~16일 「농회령의 정체(正體), 그 근본 정신은 안지(安之)?」라는 제목 아래 5회에 걸쳐 농회령의 목적이 일본의 부족한 식량 문제를 해결하기 위한 것으로 조선총독부의 소위 문화통치와 무단통치가 다를 것이 없다며 일제의 기만적인 문화통치정책을 분석, 비판하였다. 『매일신보』도 1월 24일자에서 「조선농회령의 발포와 그 강령 제령으로써 25일 공포」라는 제하의 기사를 실었고, 2월 2일부터 4회에 걸쳐 「조선농회령의 발포에 대하여 식산국 발표」라는 제목 아래 환영하는 글을 실었다.

였다.(황민호, 「일제의 식민지 언론정책과 법률관련 논설의 경향-1895~1945년까지의 잡지자료를 중심으로-」, 221쪽)
87) 『매일신보』 1913년 6월 1·3~6일, 「도로취체규칙(1), 도로를 취체하는 규칙, 일반이 불가불 알아야」.
88) 『동아일보』 1921년 3월 21일, 「煙草專賣令, 發布期는 4월 1일, 民間營業者買收」.
89) 『동아일보』 1921년 4월 2일·4일~5일, 「연초전매령 발포」.
90) 『동아일보』 1921년 4월 3일, 「연초전매에 대하여」.

신속성에서 『경향잡지』는 일간 신문들을 좇아갈 수 없었으며, 종교잡지를 표방하였기에 내용면에서도 종교적인 내용이 아닌 일제의 법령들을 분석 비판하지 못하였다.

『경향신문』·『경향잡지』의 구독자 수는 1907년 5,503명, 1908년 5,800명, 1909~1910년 5,101명,[91] 1920년 5,700부를 기록하였고 "6천명 구독운동"을 10여 년간 전개하였으나 1천명이 감소하였다.[92] 그런데 1920년 이후 한국어 일간신문들은 증가하였고 그 구독자 수도 증가하였다.[93] 즉 「관보적요」난은 교회 내적인 이유와 교회 외적인 이유가 맞물려 폐지되었다.[94] 「관보적요」난을 폐지한 『경향잡지』는 1932년부터 「법규」난을 개설하고 "전조선 성교회 법규"를 수록함으로써 교회 내의 문제에만 집중하였다.

종교잡지를 표방하였지만 『경향잡지』에 일제는 감시의 눈길을 거두지 않았다. 간도총영사 스즈키 요타로[鈴木要太郞]가 훈춘(琿春)에서의 신문

---

91) 『보감』 1907년 10월 11일, 1908년 10월 16일, 1910년 12월 16일 : 최기영, 『대한제국시기 신문 연구』, 일조각, 1991, 12쪽. 1907년의 구독자수가 4,700부였다는 연구자도 있다.(최종고, 「한말 '경향신문'의 법률계몽운동」, 120쪽)
92) 최석우, 『한국교회사의 탐구』, 한국교회사연구소, 1982, 369쪽.
93) * 한국어 신문 구독자

연도	조선일보	동아일보	시대일보·중외일보	매일신보	계	비고
1920	455	3,267		2,878	6,601	
1921	569	1,217		5,029	6,815	
1922	715	2,008		4,786	7,509	
1923	983	1,965		4,483	7,421	7.17 시대일보 허가
1924	1,039	2,195	992	5,658	9,884	
1925	2,300	2,567	1,263	3,340	8,865	
1926	2,408	2,145	1,005	3,259	9,209	11.15 중외일보 허가
1927	2,012	1,895	1,812	5,392	11,361	

출전 : 경상북도경찰부 편, 『暴徒史編輯資料 高等警察要史』, 대구 : 경상북도경찰부, 1934, 346쪽

94) 「관보적요」난이 폐지된 1927년, 그해 4월 1일 대구대목구 천주공교청년회에서 4·6배판 4면 분량으로 월간 『가톨릭신문』 창간호를 발행하였다.

잡지 구독 현황을 조사하여 1922년 12월 27일자로 외무대신에게 보고한 기밀문서95)에 의하면 『경향잡지』는 한국인 48명이 구독하였다. 구독자 수가 많은 것은 아니지만 일제의 기밀조사자료에 포함되었다는 것은 『경향잡지』가 천주교 신자를 포함하여 한국인들이 구독하는 주요 잡지 중 하나였고 영향을 미치고 있었다는 것을 의미한다. 이러한 상황은 국내에서도 마찬가지였다. 1924년 경성지방법원 검사국 고등경찰과에서 작성한 자료에는 한국인이 구독하는 19개 신문잡지들96)의 구독 매수가 조사되어 있는데 『경향잡지』도 포함되어 있었다. 이 조사에 의하면 『경향잡지』의 경성 관내 구독자 수는 1910년 278명, 1921년 154명, 1922년 321명, 1923년 216명, 1924년 165명이었다.97)

『경향잡지』 구독자의 상당수는 천주교 신자였겠지만 신자 아닌 구독자도 적지 않았을 것이다. 일제가 종교잡지를 표방한 『경향잡지』의 구독자 수에 계속 관심을 두고 조사하였다는 것은 이 잡지가 천주교 신자는 물론 한국인들에게 적지 않은 영향을 미쳤다는 것을 의미한다. 그리고 천주교 신자를 포함하여 한국인들의 『경향잡지』 구독에 일제가 관심을 둔 것은 수록 내용 때문이었을 것이다. 특히 『조선총독부관보』에 수록된 법령 중 일부를 수록하였다는 것은, 설명을 덧붙이지 않았지만, 구독자들에게 일제의 식민통치법령에 대한 관심 제고를 의미하였기 때문이다.

---

95) 「間島琿春地方ニ 於ケル 內鮮人ノ 購讀新聞雜誌의 槪數調査ノ件」, 機密第39號, 1922년 12월 27일, 『不逞團關係雜件-朝鮮人의 部-在滿洲의 部(35)』(국사편찬위원회 한국사데이터베이스, 국내외항일운동문서)
96) 大阪每日新聞, 大阪朝日新聞, 京城日報, 朝鮮新聞, 警務彙報, 朝鮮警察新聞, 法制時報, 警察新報, 社友, 新聞, 東亞日報, 每日申報, 朝鮮日報, 開闢, 天道敎月報, 京鄕雜誌, 時兆月報, 南監理派宣敎百年紀念會報, 朝鮮農會報, 朝鮮(한국어).
97) 「主購讀新聞雜誌表(조선인)」, 『大正 13年 管內 狀況』, 경성지방법원 검사국 고등경찰과, 1924년 7월(국사편찬위원회 한국사데이터베이스, 국내외항일운동문서)

6. 맺음말

　순 종교잡지를 표방하며 1911년부터 발간된『경향잡지』에「법률문답」난과 더불어「관보적요」난이 마련되었다.「법률문답」난은 법을 몰라 속고 피해 입는 것을 막기 위한다는 이유로『경향신문』의『보감』에서 시작되었는데,『경향잡지』에서는 나라권세에 순명하기 위해 수록되었다. 따라서『보감』에서 시작된「법률문답」난의 긍정적인 목표가 변화되었다.『경향신문』과『경향잡지』의「법률문답」난에 수록된 법령은 빈도수에서 토지가옥매매, 세금 관계, 형법대전의 살인율 해설, 악습 폐지를 위한 문답 순인데,『경향잡지』의「법률문답」난에는 토지신고기한(개정), 사냥에 관한 것, 토지수용령, 숙박과 거주규칙 순이다. 일제의 완전한 식민지로 전락한 이후에는『형법대전』이 더 이상 거론되지 않고, 일제의 토지조사사업 때문에 토지신고기한(개정)의 수록 빈도수가 많다. 그러나 식민통치법령들을 소개함으로써 일제의 식민통치 현실을 인식하고 그에 대처할 수 있도록 희망하였다는 점에서 긍정적인 의미를 부여할 수 있다.

　'관보적요'는 한말 학회지들이 자주 사용한 용어인데, 법령들을 수록한 것은 일제의 식민통치권력이 강화되고 다수의 법령들이 제정 공포되어 그 통치권력을 뒷받침한다고 인식한 때문이었다.『경향잡지』에는 1912년부터 1927년까지 16년 동안「관보적요」난이 마련되었는데, 토지 관계 법령, 포교규칙 관계 법령 그리고 민사 관계 법령들이 수록되었다. 토지 관계 법령은 토지신고(개정)와 세금에 모아졌다. 그런데 이러한 것들은 토지조사령을 토대로 진행되었는데 그에 대한 전체적인 조망이나 설명 없이『조선총독부관보』를 전재(轉載)하는 아쉬움을 보였다. 그러나 이렇게라도 일제의 식민통치법령들을 알림으로써 그 법령들이 한국인의 삶에 얼마나 영향을 미치고 중요한가를 보여주었다는 점에서 의의를 갖는다.

　포교규칙 공포 이후 한국천주교회는 포교규칙에서 필요로 하는 서류들을 작성 제출하느라 곤욕을 치렀다. 천주교회가 제출한 서류들 중 일부가 『조선총독부관보』에 수록되었고, 그중 일부가 『경향잡지』의 「관보적요」난에 수록되었다. 1917년부터 1924년까지 130회에 걸쳐 천주교 측의 포교계출에 관한 『조선총독부관보』의 기사들을 전재하였는데, 국왕들은 천주로부터 권(權)을 부여받아 백성을 다스를 권이 있지만 나라 법률은 천주의 법률은 물론 교회의 법률보다 순위가 낮다는 것을 강조하였다. 즉 포교규칙에서 요구하는 조건들을 갖추어 포교계출을 하면서도 일제의 법령이 교회법보다 낮다는 것을 강조한 것이다.

민사 관계 법령들은 신체적인 통제와 처벌을 포함하여 교육, 여행, 위생, 통신 등 한국인의 모든 면을 규제 간섭하고 통제하였다. 행정구역 변동을 수록한 횟수가 가장 많은데 그것은 선교사와 한국인 성직자들, 천주교 신자들은 물론 한국인 모두에게 큰 영향을 미치는 것들이었다. 교회로만 한정하더라도 행정구역 변경은 교회 지도자들에게 그들의 사목 활동 내지 사목활동보고서 작성에 변화를 요구하였다. 한국인 모두에게 미치는 영향력은 천주교회가 감당해야 했던 변화보다 훨씬 컸을 것임은 분명하다.

16년 동안 조선총독부가 공포한 법령들을 수록한 「관보적요」난은 폐지되었다. 교회 내적으로는 포교규칙과 1925년의 한국 순교자 시복 때문에, 교회 외적으로는 격주간으로 발행되는 종교잡지라는 것이 폐지 이유였다. 천주교회가 제출한 포교계출의 일부가 『조선총독부관보』에 수록되고, 그중 일부가 「관보적요」난에 수록되었는데, 그 의미가 시간이 흐를수록 퇴색하였다. 또한 한국천주교회는 순교자 문제와 순교자 시복에 더 많은 관심을 표명하고 신자들을 교육시키는데 『경향잡지』의 지면을 할애하였다. 거기에 1920년대에 많은 신문잡지들이 발간되면서 신속성에서는 물론 내용 전달에서도 뒤지면서 「관보적요」난은 폐지되었다.

Ⅱ. 1940년대 일제의 한국천주교회 통제 양상

1. 머리말

1831년 9월 9일 조선대목구 설립 이후 태평양전쟁이 발발할 때까지 한국천주교회의 교구들은 일제 강점 이후 설립되었고, 외국 선교회들이 한국에 들어와 선교 활동을 펼쳤다. 1911년 4월 8일 조선대목구가 서울대목구와 대구대목구로 분리 설립되었고, 1920년 8월 5일 원산대목구(베네딕회 : 독일), 1927년 3월 17일 평양지목구(메리놀외방전교회98) : 미국), 1928년 7월 19일 연길지목구(베네딕도회 : 독일), 1937년 4월 13일 광주지목구(성골롬반외방선교회99) : 아일랜드)와 전주지목구, 1939년 4월 25일 춘천지목구(골롬반회 : 아일랜드), 1940년 1월 13일 원산대목구가 함흥대목구와 덕원면속구로 분리 설립되었다. 8개 교구 중 한국인 교구장 관할인 전주지목구 외에는 프랑스·독일·미국·아일랜드를 본국으로 하는 외국인 교구장·선교회들이 선교권을 가지고 있었다.

일제의 한국 강점 이후, 일제는 서구열강들과 대적하지 않기 위해, 천주교회는 한국선교권을 보장받기 위해 서로를 견제하였지만 직접적·총체적으로 충돌하지는 않았다. 그러나 제2차 세계대전(이하 2차대전으로 약칭) 발발 이후 일제의 대(對) 천주교회 정책은 매우 다른 모습을 보였다.

2차대전의 발발과 함께 한국천주교회에서 활동 중이던 선교사들도 전쟁에 동원되었다. 본국으로부터 소집령을 받은 파리외방전교회의 프랑스인 선교사들은 서울대목구에서 6명[100], 대구대목구에서 7명[101] 등 13명이었

---

98) 이하 메리놀회로 약칭.
99) 이하 골롬반회로 약칭.
100) 서정리의 몰리마르(Molimard, J., 한국성 牟) 신부, 용산신학교의 꼴랭(Colin, Jean Antoine 한국성 高) 신부와 할러(Haller, François, 한국성 河) 신부, 서산

는데 1939년 9월 12일 텐진[天津]으로 출발하였다.102) 당시 한국천주교회에서 활동 중인 프랑스인 선교사들이 44명103)이었으므로 약 30%의 선교사들이 소집된 것이었다. 텐진으로 출발한 선교사들 중 11명은 "텐진 주둔 프랑스군 당국과 도쿄의 프랑스대사의 호의로 프랑스 외무성과의 교섭이 순조롭게 진행되어 신부들에 대한 소집령이 해제되어" 1939년 9월 하순 한국으로 돌아왔다.104) 그러나 천주교 선교사들의 참전은 일제의 긴장감을 높였다.

일제는 2차대전이 발발한 1939년 9월 1일 '국제정세의 긴박'을 내세우며 한국에서도 「국경취체법」을 실시한다고 공포하였다.105) 그리고 두 달 후인 11월 1일 「외국인의 입국, 체재 및 퇴거에 관한 건」을 공포하고, 11월 15일부터 시행하였는데 만주국민과 중국인은 이 법령의 대상이 아니라

바로(Barraux, P., 한국성 范) 신부, 서울 혜화정 싱어(Singer, Pierre, 한국명 成載德) 신부, 당진 프로망투(Fromentoux, E., 한국명 包萬壽) 신부.
101) 부감목 보드뱅(Beaudevin, Emile, 한국명 丁道平) 신부, 대구 명치정[계산동] 리샤르(Richard, Robert, 한국명 李東憲) 신부, 신학교 토크뵈프(Toqueboeuf, Pierre, 한국성 宋) 신부, 부산 베르트랑(Bertrand, Jules, 한국명 韓聖年) 신부, 영천 용평 델랑드(Deslandes, Louis Léon, 한국명 南大榮) 신부, 하양 아몽(Hamon, Jean-Marie) 신부, 왜관 를뢰(Leleu, Pierre Carlos, 한국성 盧) 신부.
102) 대구대목구, 「공문 제3호 : 순교복자 100주년 행사」, 1939년 9월 12일.(대구가톨릭대학교 부설 영남교회사연구소, 『(초대부터 6대까지) 교구장 공문 및 문서』, 대구가톨릭대학교 부설 영남교회사연구소, 2006, 153쪽) ; 『경향잡지』 909호, 1939년 9월 15일, 404쪽, 「회보 : 파리외방전교회 여러 신부 소집령을 받고 천진에」.
103) 서울대목구는 주교를 포함하여 23명, 대구대목구는 주교를 포함하여 21명.
104) 『경향잡지』 910호, 1939년 9월 30일, 430쪽, 「회보 : 소집된 신부들 귀환」. 프랑스령 인도차이나로 가서 종군한 할러 신부와 토크뵈프 신부는 「프랑스와 프랑스령 인도차이나에 전운이 걷혔으므로" 소집령이 해제되어 1941년 6월 하순에 한국으로 돌아왔다.(『경향잡지』 936호, 1941년 7월 12일, 154쪽, 「회보 : 소집되었던 신부 귀선」)
105) 『동아일보』 1939년 8월 20일, 「국경취체법 시행 9월 1일부터 조선에서 실시」; 『동아일보』 1939년 9월 23일, 「국경취체법 來月부터 실시」.

고 하였다.106) 이 법령이 공포되기 약 8개월 전인 1939년 2월 기준 한국 체재 외국인은 3만 6백여 명이었다. 그중 약 3만명은 중국인과 만주국민으로 농업에 종사하였고, 6백여 명은 미국과 영국 등 각국 인으로 선교사업과 의료·사회사업, 학교 등에서 활동 중이었다.107) 6백여 명의 각국 인은 1938년 12월 말 기준 미국인 222명(52.9%), 영국인 123명(29.3%), 프랑스인 45명(10.7%), 독일인 22명 순이었다. 6백여 명 중 그리스도교 선교사가 420명이었는데 ① 조선예수교장로회 156명(미국인 103명, 영국인 53명 : 37.1%), ② 천주교 127명(프랑스인 44명, 미국인 40명, 영국인 21명, 독일인 20명, 스위스인 2명 : 30.2%), ③ 기독교조선감리회 67명(미국인 65명, 영국인 2명 : 16%) 순이었다.108)

1940년 7월 27일 일제는 「세계정세의 추이에 따른 시국처리요강(時局處理要綱)」109)을 결정하였는데 독일·이탈리아와의 정치적 결속 강화, 동남아시아로의 무력남진이었다. 미국·영국을 아시아에서 손 떼게 하고, 일제가 동남아시아를 제압하여 대동아 신질서를 건설하겠다는 것이었다.

---

106) 『동아일보』 1939년 11월 10일, 「外國人取扱法 15일부터 개정 실시」 ; 『동아일보』 1939년 11월 15일, 「外人取締의 법령 입국 체재 퇴거를 엄중히 단속, 수日 부터 공포 실시」.
107) 『동아일보』 1939년 2월 8일, 「외국인 동정에 비상 取締 외국인에 관한 법규 개정 近日 발포 5월 실시 입국 체재 퇴거 등을 엄중 취체 조선에서도 동시 시행, 입국 통과에 수수료 지방장관 권한 확대코 벌칙 강화」. 1930년에는 11개 국 53,320명의 외국인이 거주하고 있었는데 중국 52,054명 미국 1,232명, 영국 210명, 프랑스 68명, 러시아 29명, 독일 92명, 瑞典(스웨덴) 13명, 若威(노르웨이) 11명, 瑞西(스위스) 1명, 丁抹(덴마크) 1명, 기타 6명이었다.(『매일신보』 1931년 3월 20일, 「조선 내 거주 외국인의 범죄건수와 경향」) 국가 수도 체재 외국인의 수도 크게 감소하였다.
108) 神寶長浩(학무과), 「朝鮮に於ける基督教の活動」, 『朝鮮』 299, 1940년 4월, 88~89쪽 : 윤선자, 『일제의 종교정책과 천주교회』, 경인문화사, 2001, 300쪽.
109) 大本營政府連絡會議, 「昭和 15年 7月 27日 世界情勢の推移に伴ふ時局處理要綱」, 昭和15年 7月 27日.(國立公文書館 アジア歷史資料センタ : https://www.jacar.archives.go.jp/das/meta/C12120237300 : 2020년 10월 28일 검색)

1941년 7월에는 미국 내 일본자산이 동결되자 8월에 외국인 관계의 취인취체(取引取締)규칙을 공포하여 외국인의 입국·체재·퇴거를 더욱 강화하였다.110) 한국천주교회의 기관지『경향잡지』에서 1941년 9월 이후 한국에 새로이 들어온 외국인 선교사의 소식을 찾을 수 없는 것은, 선교회들의 본국이 2차대전에 참전한 때문이었지만, 일제의 이 법령도 크게 영향을 미쳤을 것이라 생각된다.

2차대전 발발 이후 일제의 천주교회 정책은 1920년대의 회유111)에서 통제로 달라졌고, 태평양전쟁 발발 이후에는 압박의 강도가 더욱 심해졌다. 태평양전쟁 발발 직전 한국천주교회의 교세는 다음의 <표 5>와 같았다.

〈표 5〉 1940~1941년 한국천주교회 현황

교구	주교	교구장	외국인신부	한국인신부	외국인수녀	한국인수녀	전도사
경성	1		27	64	15	186	19
대구	1		20	29	4	52	48
덕원·함흥	1		33	5	21	22	41
평양	1		35	8	15	24	112
연길	1		24	6	18	22	45
전주		1		19		4	11
광주		1	16	3			32
춘천		1	14	5			11
합	5	3	169	139	68	315	320

* 출전 :『경향잡지』제939호, 1941년 10월 16일, 190쪽,「조선천주교회 현세(現勢) 약요」.

일제는 천주교회를 감시하였고, 외국인 선교사들을 추방하였으며, 한국

---

110)『매일신보』1941년 7월 27일,「외국인 관계의 取引 취체규칙을 제정-금일 공포 실시」;『조선총독부관보』1941년 8월 23일,「外國人ノ入國, 滯在及退去ニ關スル件中改正」;『매일신보』1941년 8월 27일,「外人의 入國, 滯在, 退去 取締를 더욱 强化 - 入國許可期限을 六箇月로 短縮」.
111) 윤선자,『일제의 종교정책과 천주교회』제4장 참조.

인 신부들과 신자들을 감금하고 재판에 회부하였다. 필자는 그 내용을 파악함으로써 1940년대 전반기 한국천주교회의 실상이 어떠했는가를 규명하고자 한다.

2차대전 발발 이후의 한국천주교회에 대해서는 각 교구사(敎區史)들에서 간략하게 언급되었다.112) 1940년대 일제의 전시종교정책 아래 한국천주교회가 예속되었음을 규명한 연구와 1940년대 메리놀회의 모습을 분석한 논문도 있다.113) 그러나 2차대전 발발 이후 일제가 한국천주교회를 통제하기 위해 지도급 인물들에게 취한 태도는 무엇이었고, 한국천주교회는 어떤 모습이었는지는 알 수 없다.114) 필자는 지도급 인물들에게 취한 다양한 통제 방법을 규명함으로써 1940년대 일제의 한국천주교회 통제 양상을 파악하고자 한다. 이는 1940년대 전반기 한국천주교회의 모습이 어떠했는가를 규명하는 것이다. 천주교회의 대응 양상에 대해서는 별고에서 다루고자 한다. 자료의 한계로 인해 외국인 선교사들과 한국인 성직자, 그리고 재판기록이 남아 있는 몇몇 신자들의 사례만을 분석 대상으로 하였다.

---

112) 평양교구사편찬위원회 편, 『천주교 평양교구사』, 분도출판사, 1981 ; 천주교광주대교구, 『광주대교구 50년사』, 빛고을출판사, 1990 ; 한국교회사연구소 편, 『황해도 천주교회사』, 한국교회사연구소, 1995 ; 김진소 지음, 『전주교구사』 I, 빅벨, 1998 ; 대구가톨릭대학교 부설 영남교회사연구소, 『(초대부터 6대까지) 교구장 공문 및 문서』, 대구가톨릭대학교 부설 영남교회사연구소, 2006.
113) 윤선자, 『일제의 종교정책과 천주교회』 ; 최선혜, 「1940년대 천주교회의 한국선교와 대한민국 정부 수립 - 메리놀외방전교회의 활동을 중심으로」, 『교회사연구』 47, 한국교회사연구소, 2015.
114) 김진소 지음, 『천주교 전주교구사』 I, 빅벨, 1998 ; 윤선자, 『태평양전쟁 발발 이후 일제의 인적 지배와 그리스도교계의 대응』, 집문당, 2005 ; 서종태, 「근대 전주지역의 천주교와 개신교」, 『전주학연구』 12, 전주역사박물관, 2018 등에 부분적인 언급은 있다.

2. 감시와 감금

태평양전쟁 발발 이전부터 한국천주교회의 성직자들과 회장 등 지도급 인물들은 일제의 감시와 미행에서 벗어날 수 없었다. 일제는 1941년 2월 12일 「조선사상범예방구금령」(朝鮮思想犯豫防拘禁令)을 공포하고 그해 3월 10일부터 시행하였다.115) 이 법령은 실질 행위가 없을지라도 범죄를 일으킬 수 있다고 일제경찰이 자의적으로 판단하여 체포, 구금할 수 있게 하였다.116) 1941년 5월 3일 선교사들의 연례 피정 후 하양본당으로 돌아가던 대구대목구 하양본당의 파리외방전교회 선교사 아몽(Hamon, Jean Marie, 한국성 河) 신부가 대구역 개찰구에서 대구헌병분대로 끌려가 4시간 동안 조사를 받았다.117) 평양지목구 마산성당의 메리놀회 선교사 펠릭스(Felix, W. R.) 신부도 태평양전쟁 발발 이전부터 일제경찰이 그의 모든 움직임을 미행했고, 일제경찰의 미행은 그를 매우 긴장하게 만들었다고 하였다.118) 「조선사상범예방구금령」을 근거로 한 통제였다.

광주지목구 나주본당의 골롬반회 선교사 헨리(Henry, H., 한국성 玄) 신부는 1941년 6월119) 나주성당에 찾아온 형사로부터 이제부터는 매일 24

---

115) 『조선총독부관보』 1941년 2월 12일, 「제령 제8호 조선사상범예방구금령」; 1941년 3월 1일, 「조선사상범예방구금령 시행기일」; 1941년 3월 7일, 「조선사상범예방구금령 시행규칙」.
116) 1936년 12월 12일 공포되어 그해 12월 21일부터 시행된 <조선사상범 보호관찰령>의 내용을 더욱 강화한 것이라 할 수 있다.
117) 천주교대구대교구, 『천주교 대구대교구 100년사 : 1911~2011 : 은총과 사랑의 자취』, 천주교대구대교구, 2012, 211쪽.
118) 펠릭스 화이트, "Kim Gabriel of Chuwa", *The Field Afar* 4, 1944.1, pp.129~130 : 최선혜, 「1940년대 천주교회의 한국 선교와 대한민국 정부 수립 - 메리놀외방전교회의 활동을 중심으로」, 130쪽. *The Field Afar*는 메리놀회의 소식지인데, 한국 관계 기사들은 "Articles on Korea"라는 제목으로 2007년 한국천주교주교회의 문화위원회에서 9권으로 간행되었다.
119) 1941년 6월 22일 독일군의 러시아 침공이 시작되었다. 독소전쟁은 그 전까지 유럽에서 벌어지고 있던 내전 성격의 전쟁이 세계대전이자 전면전으로 치닫게 된,

시간 감시받게 된다는 통보를 들었다. 성당을 방문한 사람들은 모두가 성당을 나가자마자 헨리 신부에게 한 말을 일제경찰에게 해야 했고, 헨리 신부도 형사가 적을 수 있도록 대화 내용을 말해야 했다.120) 일제는 한국인 신자들을 감시, 조사하였고 회유도 하였다. 태평양전쟁 발발 이전 나주공소의 김 마태오는 경찰서에 불려가 몇 번의 조사를 받았는데, 외국인 신부 그리고 성당과의 관계를 단절하면 좋은 자리를 주겠다는 제안을 받았다.121)

태평양전쟁 발발 후인 1941년 12월 30일, 프랑스인 교구장이 관할하고 있던 대구대목구의 모든 신부와 선교 종사자들은 경찰서에 거취를 사전 보고하라는 명령을 대구경찰서로부터 받았다. 이미 미행·감시하고 있었지만, 전쟁 발발 이후에는 공개적으로 천주교회의 동향을 철저히 통제하기 위해서였다.122) 한국인 교구장 관할이었고 모든 성직자들이 한국인이었던 전주지목구에서도 주교 이하 모든 신부와 회장, 전교회장이123) 경찰서 고등계 형사부에 출두해 일일이 활동을 보고하도록 명령받았다.124)

제2차 세계대전의 분수령이 된 전쟁이라 이해된다.(존 루카치 저, 이종인 역, 『히틀러와 스탈린의 선택 : 1941년 6월』, 책과 함께, 2006 참조)
120) Edward Fischer, *Light in the Far East : Archbishop Harold Henry's Forty-Two Years in Korea*, New York : Seabury Press, 1976 : 에드워드 핏셔 지음, 백선진 옮김, 『헨 하롤드 대주교 일대기 : 동방의 빛』, 빛고을출판사, 1989, 85~86쪽.
121) 해롤드 헨리, *The Far East*, 발행일 미상.(성 골롬반외방선교회 지음, 박경일·안세진 편역, 『극동 : 천주교 선교사들이 기록한 조선인의 신앙과 생활』, 살림, 2017, 373쪽)
122) 『김영은 일지』, 1941년 9월 30일, 11월 28일, 12월 30일.
123) 「1939-1940 조선천주교회 현세(現勢)」에 의하면, 남회장은 서울대목구 629, 대구대목구 287, 덕원면속구 55, 평양지목구 ?, 연길대목구 139, 전주지목구 181(남녀 합), 광주지목구 ?, 춘천지목구 152(남녀 합)명이었고, 여회장은 서울대목구 105, 대구대목구 12, 덕원면속구 12, 평양지목구 ?, 연길대목구 76명이었으며, 전도사는 총 336명(서울대목구 41, 대구대목구 43, 덕원면속구 34, 평양지목구 112, 연길대목구 45, 전주지목구 15, 광주지목구 35, 춘천지목구 11)이었다. (『경향잡지』 928호, 1940년 11월 15일, 272쪽, 「조선천주교회 현세 1939-1940」)
124) 김진소 지음 『전주교구사』 I, 931쪽.

이런 상황은 전국적이었다. 그래서 서울대목구장서리125) 노기남(盧基南) 신부는 지방 순시를 떠날 때면 적어도 한 달 전에 조선총독부 치안국에 계출(屆出)하여 지방 순시 일정을 보고해야 했고, 치안국에서는 즉시 노기남 신부의 순시를 해당 지방 경찰서에 연락하였다. 그래서 노기남 신부가 어느 지방에 가든지 이미 2~3명의 고등계 형사들이 대기하고 있었으며, 노기남 신부가 그곳을 떠날 때까지 감시하였다. 이 때문에 노기남 신부는 일제경찰과의 충돌을 피하고 순시를 무난히 하기 위해, 어느 지방에 가든지 먼저 그 지방 신사에 가서 참배하고, 경찰서장·군수 등 그 지방 주요 관리들을 만난 후 성당을 찾았다.126)

천주교회에 대한 일제의 통제는 감시와 미행에 그치지 않았다. 많은 한국인 신부들이 체포되고 구금되었다. 1941년 3월 3일 대구대목구 예천본당의 권영조(權永兆, 마르코) 신부가 예천경찰서에 구속되었고,127) 대구대목구 언양본당의 정수길(鄭水吉, 요셉) 신부도 체포 감금되었다.128) 대구대목구 함양본당의 박재수(朴在秀, 요한) 신부는 1941년 9월 27일자 대목구회람 제17호(라틴어)에 회람의 본문과 관계없이 자신의 의견을 첨가한 때문에 그해 10월 28일 함양경찰서에 구금되었다.129) 그리고 이로 인해

---

125) 1942년 1월 8일 서울대목구장서리로 임명되었고, 1942년 12월 20일 제10대 서울대목구장 주교로 축성되었다.(『경향잡지』 945호, 1943년 1월, 2쪽, 「반도 가톨릭의 광영 경성에 오까모도 주교 축성식」.
126) 노기남 저, 『나의 회상록』, 266쪽.
127) 『경향잡지』 978호, 1946년 9월 1일, 24쪽, 「그동안에(2)」;『천주교 대구대교구 100년사 : 1911~2011 : 은총과 사랑의 자취』, 211쪽.
128) 『경향잡지』 978호, 1946년 9월 1일, 24쪽, 「그동안에(2)」. 정수길 신부는 1940년 9월부터 1943년 2월 25일까지 언양본당 주임(천주교언양성당, 『신앙전래 이백년사』, 1993 : 언양성당 홈페이지http://eonyang.pbcbs.co.kr/Program/Content.asp?Pcode=41&BDIV=%EC%97%AD%EB%8C%80%EC%8B%A0%EB%B6%80%EB%8B%98&MENUDIV=5 : 2020년 10월 28일 검색), 1943년 4월 통영본당 주임(『한국가톨릭대사전』, 「정수길」, 7540쪽)을 역임하였다.
129) 『경향잡지』 978호, 1946년 9월 1일, 24쪽, 「그동안에(2)」.

대구대목구장 무세(Mousset, G., 한국명 文濟萬) 주교도 그날 대목구 사무장 김영호와 함께 대구경찰서에 소환되어 40분간 심문을 받았다. 대목구 회람 제17호에 시국에 관한 언급이 들어있다는 혐의였다.130) 무세 주교는 11월 15일에도 대목구 사무장 김영호와 함께 대구경찰서에 불려가 심문을 받았는데, 주일교황대사 마렐라(Marella, P.)의 1941년 9월 22일자 서한에 대한 조사를 받기 위해서였다. 일제는 교회와 성직자들, 이름있는 신자들의 공적·사적 문서와 편지들을 은밀히 검열하고 있었다.131) 주일교황대사의 서한을 문제 삼았다는 것은 일제가 교회와 신자들의 공적·사적 편지들을 검열하고 있었다는 의미였다.

 태평양전쟁 발발 이후 일제의 통제는 더욱 강화되었다. 전쟁 발발 당시 평양지목구의 한국인 성직자는 8명이었는데132) 평남 순천(順川)본당의 홍용호(洪龍浩, 프란치스코) 신부, 신의주본당의 김필현(金泌現, 루도비코) 신부와 평양 대신리본당의 박용옥(朴龍玉, 디모테오) 신부가 전쟁 발발과 함께 평양지목구에서 활동 중이던 메리놀회 선교사들과 함께 체포되어 3개월간 감금당하였다. 외국어에 능통하고 미국 국적인 메리놀회 선교사들과 가깝다는 것이 이유였다. 김필현 신부와 박용옥 신부는 평양지목구장 모리스(Morris, J. E., 한국성 睦) 주교의 지목구 성직자 양성정책에 따라 로마에 유학하여 울바노대학을 졸업하고 1939년 3월 18일 성바오로대성당에서 사제서품을 받았다. 이어 프랑스·영국의 주요 도시들, 일본의 교회시설들을 돌아본 후 그해 10월 22일 대구, 10월 23일 서울을 거쳐 10월 24일 평양에 도착하였다.133) 그리고 김필현 신부는 대신리본당 보좌신부,134) 박용옥 신부는 신의주본당 보좌신부로 임명되었다.135) 두 신부는

---

130) 『천주교 대구대교구 100년사 : 1911~2011 : 은총과 사랑의 자취』, 211쪽.
131) 『천주교 대구대교구 100년사 : 1911~2011 : 은총과 사랑의 자취』, 212쪽.
132) 『천주교 평양교구사』, 150쪽.
133) 『경향잡지』 912호, 1939년 10월 28일, 483쪽, 「회보 : 금춘 로마에서 서품된 김, 박 양위 신부 금의환향」.
134) 『경향잡지』 914호, 1939년 11월 27일, 530쪽, 「회보 : 평양 김 신부 환영회」.

오랜 동안의 유학생활로 국제정세에 상당한 정보와 지식을 가지고 있었을 것이며, 그러한 두 신부가 일제에게는 상당히 부담스러웠을 것이다. 평남 순천본당의 홍용호(洪龍浩) 신부도 미국인 신부들과 가깝다는 이유로 순천경찰서에 구속되었다가136) 1942년 2월 4일 '평양지목구감목대리'로 임명되면서137) 풀려났다.138) 미국 국적의 메리놀회 선교사들이 선교권을 가지고 있었던 평양지목구에서 활동한 한국인 성직자들이 메리놀회 선교사들과 가까운 것은 당연한 일이었다. 그럼에도 일제가 그런 이유를 대며 홍용호 신부를 감금한 것은 1933년 사제로 서품된 이후 『가톨릭 연구』 편집장 겸 주필, 평양지목구 가톨릭운동연맹의 의장 등으로 활동한 홍용호 신부의 이력 때문이었을 것이다.139) 김필현 신부와 박용옥 신부도 홍용호 신부가 평양지목구감목대리로 임명된 후 풀려났다.140)

1941년 12월 8일 서울대목구 황주군 겸이포(兼二浦)본당의 유재옥(劉載玉, 프란치스코) 신부가 한국인 최 형사에 의해 겸이포경찰서로 연행되었다. 평양지목구의 메리놀회 선교사들과 연락하여 군수공장으로 지정된 겸이포 제철소141)의 기밀을 탐지하려 했다는 것이 체포 이유였다. 일제경찰

---

135) 「박용옥」, 한국가톨릭대사전편찬위원회, 『한국가톨릭대사전』 5, 한국교회사연구소, 2006, 3141~3142쪽.
136) 홍연주, 「홍용호」, 『한국가톨릭대사전』 12, 2006, 9748쪽.
137) 『경향잡지』 943호, 1942년 2월, 10쪽, 「별보 : 평양, 춘천, 광주교구」.
138) 『천주교 평양교구사』, 451쪽.
139) 홍용호 신부의 활동에 대해서는 김수태, 「1930년대 평양교구의 가톨릭운동」, 『교회사연구』 19, 한국교회사연구소, 2002 ; 우요한, 「'하느님의 종' 홍용호(프란치스코 보르지아) 주교의 삶과 사목활동에 관한 연구」, 가톨릭대학교 석사학위논문, 2019 참조.
140) 『천주교 평양교구사』, 324~325쪽. 1943년 3월 21일 평양교구장으로 착좌하였다.(『경향잡지』 957호, 1943년 4월, 26쪽, 「회보 : 평양에 교구장 착좌식」)
141) 1917년 미쓰비시[三菱]제철(製鐵)에 의해 황해도 송림군 겸이포에 건설된 겸이포제철소는(『시대일보』 1917년 9월 18일, 「겸이포 : 제철소 용광로」) 일제말기에 일본 해군성이 주도한 '전시계획조선(戰時計劃造船)'에 조선용 강재를 조달하는 일본 국내외 주요 공장 12개에 포함된 핵심 군수공장이었다.

은 그럴 가능성이 있을 것으로 가정하고 예비검속하였다. 다음날 겸이포본당의 박봉금(루시아)이 사리원본당으로142) 황해도감목대리143) 김명제 신부를 찾아가 유재옥 신부의 구금을 알렸다. 김명제 신부는 유재옥 신부가 평양지목구의 메리놀회 선교사들과 왕래가 있었느냐 물었고, 없었다고 하자 별일 없을 것이라 말했다. 유재옥 신부는 감금된 지 131일만인 1942년 4월 18일 "천주교신부 유재옥은 기독교 만능주의를 배격한다"는 등의 내용으로 각서를 쓰고 석방되었다. 겸이포본당의 회장 민병간(閔丙侃, 아우구스티노)도 경찰서로 호출되어 조사받았고 성당도 수색당하였다.144)

박봉금에게 염려 말라고 했던 그 날 김명제 신부는 형사들에게 연행되어 사리원경찰서 유치장에 감금되었다. 15일 후 석방되었는데, 잔등에 채찍질로 고문당한 흔적이 뚜렷이 남아 있었고, 양쪽 귀는 동상에 걸려 부어 있었다. 당시 사리원성당의 수녀들은 "하느님이 더 높으냐, 천황이 더 높으냐"라는 유도 신문에 말려든 것 같다고 회상하였다. 김명제 신부가 연행되어 감금된 날 청원수녀 최진옥(마티아)도 사리원경찰서 유치장에 수감되었는데, 그의 아버지이며 당시 평양유지이던 최익찬(崔益燦, 바오로)의 노력으로 이튿날 석방되었다.145)

대구대목구 영천군 자천(慈川)본당146)의 최재선(崔再善, 요한) 신부는 시국강연회의 내용 중 "천황이 가장 높다"는 주장에 "하느님이 더 높은 분이다"라고 반박했다 하여 천황 불경죄로 1942년 6월 1일 체포되었다.147)

---

142) 1936년 5월부터 1942년 1월까지 사리원본당의 4대 주임으로 재임.(『황해도 천주교회사』, 367쪽)
143) 한국인 교구로 설립을 준비하던 황해도감목대리구는 노기남 신부가 서울대목구장이 되면서 1942년 1월 폐지되었다.(『경향잡지』 943호, 1942년 2월, 14쪽, 「회보 : 황해도감목대리제도 폐지」)
144) 『황해도 천주교회사』, 544~546쪽.
145) 『황해도 천주교회사』, 380쪽.
146) 1926년 공소 설립. 1942년 5월 20일자 계출로 (경북 영천군 화북면 자천동 180-6) 루이 델랑드에서 佳山岡夫(최재선)로 변경되었다.(『조선총독부관보』 1943년 2월 8일, 「휘보 : 포교담임자 변경계」)

대구대목구장 하야사카 규베이[早坂久兵衛] 주교148)가 영천경찰서를 찾아가 최재선 신부의 석방을 교섭하였고, 최재선 신부는 감금된 지 6개월여 후인 1943년 1월 13일경 병 보석으로 풀려났다.149)

"천황폐하가 더 높으냐, 너희가 공경하는 천주가 더 높으냐"는 질문은 일제 강점 동안 학교선생이나 경관들이 종종 하던 질문이었다. 중일전쟁 도발 이후 일제는 국민사상의 통일에 주력하였는데 천황은 국민사상통일의 귀결점이었다. 천황을 신으로 믿고 천황을 위해 살고 죽으라는 것이었는데, 이러한 강요는 그리스도교 신앙을 저버리는 것이었으므로 천주교회는 받아들일 수 없었다.

강원도 춘천의 한 노인은 이 질문을 받자 서슴없이 천주가 높다고 대답하였고 그 때문에 유치장에 감금되었다. 경찰이 같은 질문을 여러 번 하였지만 노인의 대답은 변함이 없었고, 대답한 후에는 유치장 속에서 묵주 기도를 하였다. 얼마 후 춘천경찰서도 도경찰부도 어쩌지 못하여 노인을 방면하였는데150) 이 사례는 천황제 이데올로기로 일제가 천주교회를 굴복시키려 하였음을 잘 보여준다.

한국인 교구장 관할이었던 전주지목구는 태평양전쟁 발발 당시 교구장을 포함하여 20명의 한국인 성직자들이 활동하고 있었다. 그런데 1941년 12월에는 교구장 김양홍(金洋洪, 스테파노), 부주교 이상화(李尙華, 바르톨로메오), 전주본당 최민순(崔玟順, 요한 사도) 신부, 부안본당 이기순(李基

---

147) 영천천주교회, 『본당 50년사』, 1986, 99~101쪽 ; 『천주교 대구대교구 100년사 : 1911~2011 : 은총과 사랑의 자취』, 228쪽.
148) 1942년 8월 29일 제3대 대구대목구장으로 임명되어(『경향잡지』 952호, 1942년 11월, 82쪽, 「별보 : 대구교구에 새 감목」), 10월 8일 대구에 도착, 12월 25일 대구대목구 주교좌성당에서 착좌식을 거행하고 대구대목구장으로 취임.(『경향잡지』 954호, 1943년 1월, 4쪽, 「대구에 하야사까 주교 축성식」 ; 『천주교 대구대교구 100년사 : 1911~2011 : 은총과 사랑의 자취』, 226쪽)
149) 『경향잡지』 978호, 1946년 9월, 24쪽, 「그동안에(2)」 ; 『천주교 대구대교구 100년사 : 1911~2011 : 은총과 사랑의 자취』, 228쪽.
150) 『경향잡지』 980호, 1946년 11월, 55~56쪽, 「그동안에(4)」.

順, 도미니코) 신부, 김제본당 석종관(石鐘寬, 바오로) 신부와 주교복사 한영기 등이 경찰서로 연행되어 고초를 겪었는데, 석종관 신부는 체형을 받고 몇 달간 옥고를 치렀다. 안대동본당 서병익(徐丙翼, 바오로) 신부는 천황의 사진을 훼손하고 일본이 망할 것이라는 횡설수설 욕을 했다 해서 구금되었다가 중풍에 걸려 석방되었다.151) 1942년에는 교구장 주재용(朱在用, 바울로),152) 교구당가 최덕홍(崔德弘, 요한), 전주본당 김후상 신부,153) 진안본당 이기수(李基守, 야고보) 신부가 이리·전주·김제 경찰서로 연행되어 심문을 받았다.154) 전주지목구는 소속 성직자의 절반 가량이 감금될 만큼 압박을 받았다.

골롬반회가 관할하고 있던 광주지목구에는 태평양전쟁 발발 당시 한국인 성직자가 3명 있었다. 여수본당의 이민두(李敏斗, 타대오) 신부는 군기보호법 위반으로 감금되었고, 보성본당의 김창현 신부는 골롬반회 선교사들과 교류하였다는 이유로 목포형무소155)에 감금되었다가 풀려나 1943년 5월 15일 보성성당에서 장성천주당으로 포교지를 이동하였다.156) 영광본당의 김재석(金在石, 요셉) 신부도 골롬반회 선교사들과 접촉하였다는 이유로 수감되었다가 풀려났다.157) 골롬반회가 관할하던 광주지목구에서 한

---

151) 『전주교구사』 I, 841·932쪽.
152) 1941년 11월 21일 김양홍 신부가 전주지목구장을 사임하였고, 1942년 1월 7일 주재용 신부가 새 전주지목구장으로 착좌하였다.(『경향잡지』 943호, 1942년 2월, 11쪽, 「별보 : 평양, 춘천, 광주교구」)
153) 1942년 5월 15일 전동본당 부임. 1926년 5월부터 신설 통영 옥포본당 주임. 1942년 1월 20일까지 옥포에서 일제의 감시와 경찰서에 여러 번 호출됨.(김진소, 「김후상」, 『한국가톨릭대사전』 2, 1995, 1233쪽)
154) 『전주교구사』 I, 932쪽.
155) 1923년 5월 5일 감옥을 형무소로, 분감을 지소로 개칭.(기록정보서비스부 기록편찬문화과, 『국가기록원 일제문서해제 -행형편-』, 26쪽) 1961년 '행형법'을 개정하여 형무소를 교도소로 개칭.(『마산일보』 1961년 12월 16일, 「矯導所로 개칭」)
156) 『조선총독부관보』 1944년 1월 18일, 「휘보 : 포교담임자 변경계」. 보성성당은 1943년 5월 15일 계￦로 김창현 신부에서 임현차랑으로 변경.(『조선총독부관보』 1943년 7월 17일, 「휘보 : 포교담임자 변경계」)

국인 성직자들이 골롬반회 선교사들과 교류하는 것은 당연한 일이었음에 도 일제는 그것을 트집잡아 한국인 신부들을 체포 감금하였다.

서울대목구에서도 종현본당의 조인환(曺仁煥, 베드로) 신부, 강원도 대화본당의 윤예원(尹禮原, 토마스) 신부가 일제경찰에 피검되어 여러 달 동안 감금되었다가 풀려났다.158) 이와 같이 한국인 성직자들은 외국인 선교사들과의 교류를 이유로, 스파이 혐의로, 천황에 대한 불경죄 혐의로 체포되어 고문당하고 감금당하였다.

한국천주교회의 구성원들은 성직자이건 평신자이건, 성직자들은 외국인이건 한국인이건 상관없이 일제의 감시대상이 되어 미행당했고 감시를 받았으며 체포되어 경찰서 유치장에 감금당하였다. 간첩 행위를 할 것이라 의심받았고, 천황 신앙에 굴복할 것을 강요받았으며, 고문을 받기도 하였다. 그러나 성직자들과 신자들은 모든 회유를 물리치고 협박을 견뎌냈다.

3. 추방과 연금

일제의 천주교회에 대한 압박은 체포와 감금에서 멈추지 않았다. 태평양전쟁이 발발하였을 때 평양지목구에서 활동 중인 메리놀회 선교사는 교구장을 포함한 16명의 신부와 15명의 수녀였다.159) 교구장 오세아(O'Shea, W., 한국성 吳) 주교는 보좌수사와 함께 서포(西浦)주교관에 연금되고, 나머지 신부들은 각 지방경찰서에 연행되어 감금당하였다. 오세아

---

157) 『광주대교구 50년사 : 1937~1987』, 127쪽 ; 윤선자, 「김재석」, 『한국가톨릭대사전』 2, 1995, 1209쪽.
158) 『경향잡지』 978호, 1946년 9월 1일, 24쪽, 「그동안에(2)」; 「대화성당」, 『한국가톨릭대사전』 9, 2005, 6844쪽 ; 최기영, 「조인환」, 『한국가톨릭대사전』 10, 2006, 7703쪽.
159) 『경향잡지』 939호, 1941년 10월 16일, 190쪽, 「조선천주교회 現勢 약요」.

주교가 미국으로의 철수를 약속한 후 일제경찰은 평북에서 활동 중이던 신부들은 신의주에, 평남에서 활동 중이던 선교사들은 평양에, 15명의 수녀들은 영유 수녀원에 감금하였다.160) 1942년 6월 1일 평양지목구의 메리놀회 선교사들은 모두 미국으로 강제 추방되었다.161) 교회가 정교분리를 아무리 강조할지라도 일제 통치자들에게 외국인 선교사들은 스파이 행동을 할 가능성이 있는 존재들이었을 뿐이다.

많은 외국인 선교사들이 추방되고 연금당하였다. 광주지목구와 춘천지목구에서 선교 활동 중이던 골롬반회 선교사들은 대부분 아일랜드인이었다. 전쟁이 발발하였을 때 광주지목구에는 교구장을 포함하여 17명의 골롬반회 선교사들이 활동하고 있었다. 1941년 12월 8일(월) 저녁, 목포의 광주지목구 주교관에서 교구장 맥폴린(M'cpolin, O., 한국성 林), 나주본당의 헨리(Henry, H., 한국성 玄) 신부, 작은 일본인 성당의 오브라이언(O'brien, J., 한국성 吳) 신부, 모나한(Monaghan, P., 한국성 牟) 신부, 길렌(Gillen, H., 한국성 吉) 신부, 도슨(Dawson, P., 한국성 孫) 신부 등 6명의 선교사들은 일본이 2차대전에 참전하면 교회는 어떻게 해야 할 것인가를 의논하고 있었다. 곧이어 선교사들은 진주만이 폭격당했다는 라디오 방송을 들었다. 22시 30분경 사복을 입은 약 20명의 일본인과 한국인 형사들이 주교관에 와서 일본이 개전(開戰)했으며, 선교사들을 경찰서로 데려가겠다고 통보했다. 맥폴린·도슨·모나한·헨리 등 4명의 선교사들이 지목되었고, 잠시 후 경찰서 유치장에 감금되었다. 다음날인 12월 9일 길렌·오브라이언·멀컨(Mulkern, Thomas)162) 등 3명의 선교사들이 연행되어 와 7명

---

160) 『천주교 평양교구사』, 144쪽.
161) 『경향잡지』 949호, 1942년 8월, 62쪽, 「회보 : 백 신부 별세」; 『천주교 평양교구사』, 145쪽. 42명의 메리놀회 선교사들이(오세아 주교, 신부 30명, 수사 1명, 수녀 10명) 추방되었다는 논문도 있다.(최선혜, 「1940년대 천주교회의 한국 선교와 대한민국 정부 수립 - 메리놀외방전교회의 활동을 중심으로」, 129쪽)
162) 매간(McGann, F., 한국성 한), 매긴(McGinn, J. P., 한국성 陳), 메카티(McCarthy, M., 한국성 갈) 신부와 함께 1936년 11월 21일 대구대목구 주교관

의 선교사들이 함께 있게 되었다.163)

12월 9일 도슨 신부는 제주도로 이송되었고, 6명의 선교사들은 목포경찰서에서 나주경찰서로 이송되었는데 그곳에 미국 시카고에서 온 칸(Kane, T.) 신부가 있었다. 12월 10일 아침 9시부터 시작된 심문은 매일 17시경까지 그해 12월 24일까지 보름 동안 계속되었는데164) 교구장 맥폴린은 한국말을 하지 못했다.165) 1942년 2월 초 선교사들은 나주경찰서에서 광주로 이송되었고, 광주본당 사제관에 광주지목구의 모든 골롬반회 선교사들이 연금되었는데 제주도에 있던 3명의 선교사들 외에 14명166)이었다.167)

1942년 봄168) 미국 국적인 헨리 신부와 칸 신부, 호주 국적인 망간 신부 외에, 아일랜드169) 국적의 선교사 11명은 연금에서 풀려났다. 1942년 5월 말경, 일제는 미국의 일본인 수감자들과 헨리·칸·망간 신부를 교환하기로 했다고 말했고, 세 선교사들은 1942년 6월 1일 부산항을 출발하였다.170) 1942년 11월경 11명의 선교사들은 연금에서 풀려난지 5개월만에

에 도착.(『드망즈주교일기』 1936년 11월 21일 ; 『경향잡지』 843호, 1936년 12월, 727쪽, 「회보 : 목포에 신부 네 분이 새로 도착」)
163) 패트릭 도슨, The Far East, 1946년 5월호.(『극동 : 천주교 선교사들이 기록한 조선인의 신앙과 생활』, 354쪽)
164) Edward Fischer, Light in the Far East : Archbishop Harold Henry's Forty-Two Years in Korea, New York : Seabury Press, 1976 : 『현 하롤드 대주교 일대기 : 동방의 빛』, 90~99쪽.
165) 노기남 저, 『나의 회상록』, 279쪽.
166) 길렌(Gillen, Henry, 한국성 吉), 델빈(Delvin, P., 한국성 丁), 망간(Mangan, K., 한국성 만), 멀컨, 메카티(McCarthy, M.), 맥폴린, 모나한(Monaghan, P., 한국성 牟), J. 스위니(Sweeney, J., 한국성 徐), 오브라이언(O'Brien, J.), 우드(Woods, F., 한국성 禹), 캐롤(Carroll, V.), 칸(Kane, T.) 쿠삭(Cusack, T., 한국성 高), 헨리.
167) 『현 하롤드 대주교 일대기 : 동방의 빛』, 103~104쪽.
168) 오브라이언, The Far East, 1946년 8월호.(『극동 : 천주교 선교사들이 기록한 조선인의 신앙과 생활』, 364쪽)
169) 영국 연방국이지만 일제는 아일랜드를 준 적국으로 낙인찍고 추방은 하지 않았다.(노기남 저, 『나의 회상록』, 가톨릭출판사, 1968, 251쪽)

목포의 선교본부에 다시 연금되었고,171) 그중 2명의 선교사에게만 목포본당에서의 선교 활동이 허용되었다. 오브라이언 신부도 목포의 일본인 천주교 신자들172)을 상대로 한 선교 활동을 허용받았는데173) 일본인 신자들과 오브라이언 신부는 그들의 만남 이유를 주기적으로 일제경찰로부터 조사받았다. 일본인 신자들은 오브라이언 신부를 집에 들여놓으면 엄중 처벌할 것이라는 위협도 받았다.174)

춘천지목구에는 태평양전쟁이 발발하였을 때 교구장을 포함하여 15명의 골롬반회 선교사들이 활동하고 있었다.175) 선교사들은 1942년 2월 2일

---

170) 『현 하롤드 대주교 일대기 : 동방의 빛』, 107~108쪽.
171) 맥폴린, *The Far East*, 발행일 미상.(『극동 : 천주교 선교사들이 기록한 조선인의 신앙과 생활』, 408쪽)
172) 1939년 목포에 일본인 신자들을 위한 성당이 건립되었고, 당시 광주지목구에는 약 60명의 일본인 신자들이 있었는데 그중 절반 가량이 목포에 있었다.(오브라이언, *The Far East*, 발행일 미상.(『극동 : 천주교 선교사들이 기록한 조선인의 신앙과 생활』, 383쪽)
173) 오브라이언, *The Far East*, 1946년 8월호.(『극동 : 천주교 선교사들이 기록한 조선인의 신앙과 생활』, 365쪽) 한국에 파견되기 전 일본에서 2년 동안 선교활동을 하였고 일본어를 할 수 있었기 때문에 맥폴린 교구장은 광주지목구의 일본인 신자들 사목을 맡겼다.(오브라이언, *The Far East*, 발행일 미상.(『극동 : 천주교 선교사들이 기록한 조선인의 신앙과 생활』, 384쪽)
174) 오브라이언, *The Far East*, 발행일 미상.(『극동 : 천주교 선교사들이 기록한 조선인의 신앙과 생활』, 385쪽)
175) 『경향잡지』 939호, 1941년 10월 16일, 190쪽, 「조선천주교회 現勢 약요」. 그런데 *The Far East*, 1941년 2월호에 실린 필자 미상의 글에는 춘천지목교구에서 활동 중인 선교사들이 퀸란(Quinlan, T., 한국명 具仁蘭) 교구장을 포함하여, 브렌난(Brennan, P., 한국성 安), 매리난(Marinan, 한국성 梅), 게라티(Geraghty, B., 한국성 池), 넬리간(Neligan, T., 한국성 간), 도일(Doyle, J., 한국성 도), 맥간(McGann, F.), 매긴(Maginn, J., 한국성 진), 갤러거(Gallagher, F., 한국성 갈), 헐리히(Herlihy, F.), 요셉 다이버, 콜리어(Collier, A., 한국성 고), 헤이워드(Hayward, H., 한국명 오남성), 디어리(Deery, P.), 맥고완(McGowan, P.), 크로스비(Crosbie, P., 한국명 조선희) 등 16명이라고 기록되어 있다.(필자 미상, *The Far East*, 1941년 2월호.(『극동 : 천주교 선교사들이 기록한 조선인의 신앙과 생활』, 310쪽)

서울대목구장 노기남이 방문하였을 때 춘천의 도경찰국에 함께 감금되어 있었는데, 도지사와 경찰국장을 만난 노기남의 요청으로 춘천·홍천·횡성·강릉의 4개 지방교회에 3~4명씩 분산 감금되었다.176) 1942년 8월 21일 춘천지목구의 아일랜드인 선교사 10명은 강원신사를 참배하였는데, 퀸란 지목구장은 일본의 전승과 세계의 평화를 위해 천주교 신자들에게 신사참배를 권유해왔는데 신부들이 솔선 시행하여 신자들에게 모범을 보이기 위해서라고 하였다. 또한 태평양전쟁은 일본과 독일이 승리할 것이고, 교황은 공산주의를 반대하므로 종교적 입장으로 보아 일본과 독일이 전쟁에 승리하여 세계 신질서를 세우기 바란다고 하였다.177)

춘천지목구에서 활동 중이던 골롬반회 선교사들 중 미국 국적의 브렌난 신부와 매긴 신부, 호주 국적인 크로스비 신부, 뉴질랜드 국적의 헤이워드 신부 등 4명의 선교사들은 1943년 2월 9일 본국 송환되었다.178) 광주지목구에서 3명, 춘천지목구에서 4명 등 7명의 골롬반회 선교사들이 본국으로 추방되었다.179)

서울대목구 천안본당에서 활동 중이던 네델란드 국적의 파리외방전교회 스넬(Snel, 한국명 徐來弴)180) 신부는 태평양전쟁 발발 후 적국민이라는 이유로 검거되어 공주에 수용되었다가 해방 후 풀려났다. 1937부터 1940년에 한국에 들어온 디그아이어(Deguire, Jean Joseph) 등 4명의 캐나다인 선교사들도 대전 수도원에 억류되었다가 1942년 7월 1일 공주의 외딴 집으로 이송되어 해방이 될 때까지 연금되었다.181)

---

176) 노기남 저, 『나의 회상록』, 256~260쪽.
177) 『매일신보』 1942년 8월 24일, 「일본 전승을 기원-애란인들 강원신사 참배」.
178) Our Missionaries in Korea, *The Far East* 26-4, 1943.4 : 최선혜, 「1940년대 천주교회의 한국 선교와 대한민국 정부 수립 - 메리놀외방전교회의 활동을 중심으로」, 129쪽.
179) 오기백 신부, 『한국선교 60년』, 10~12쪽.
180) 1939년 5월~1942년 9월 재임.(「천안오룡동본당」, 『한국가톨릭대사전』 10, 2006, 8109쪽)

1944년 1월까지는 헌병대 외에는 일본 군인들이 별로 보이지 않았는데, 1944년 6월부터는 쏟아지듯 일본 군인들이 한국의 남부지역에 배치되었다.182) 1945년 4월 1일 미군의 오키나와[沖繩] 공격 이후 일제는 한국의 남부지역에 미군이 상륙할 수 있다며,183) 1945년 4월 25일 서울대목구장 노기남에게 목포에 있는 아일랜드인 선교사들을 충청도 이북으로 이동 수용하라 명령하였다. 목포는 항구이기에 외국인은 간첩 노릇을 할 위험이 있다는 것이었다.184) 목포에 있던 골롬반회 선교사들은 홍천으로 이동하였고, 홍천에서의 감금 생활 동안 길렌 신부가 이질에 걸려 1945년 8월 6일 사망하였다.185)

대구대목구의 프랑스인 파리외방전교회 선교사들도 연금되었다. 태평양전쟁이 발발한 1941년 12월 8일 밤 대구대목구 영천본당의 프랑스인 델랑드(Deslandes, L., 한국명 南大榮) 신부가 영천경찰서에 연행되어 구속되었는데,186) 프랑스인 선교사들은 메리놀회나 골롬반회 선교사들보다는 선교활동에 제약을 덜 받았다. 그러나 프랑스의 비시(Vichy) 정부가 해체되자 프랑스 국적의 선교사들도 일본의 적성국민이 되었다. 일제는 1945년 3월 31일 무세 주교, 보드뱅 부주교겸 경리 신부, 페네(Peynet, Jean-Charles, 한국명 裵嘉祿) 은퇴 신부, 경주본당 카다스(Cadars, F., 한국명 姜達淳) 신부, 영천 용평본당 뤼카(Lucas) 신부, 왜관본당 베르트랑(Bertrand, 한국명 韓聖年) 신부, 신학교장 리샤르 신부, 남산본당 파이에(Paillet, E.) 신부, 신

---

181) 『경향잡지』 978호, 1946년 9월호, 「그동안에」, 21쪽 ; 작은형제회 홈페이지 (http://www.ofmkorea.org/ofmkhistory_1) 2020년 7월 17일 검색.
182) 오브라이언, *The Far East*, 1946년 8월호.(『극동 : 천주교 선교사들이 기록한 조선인의 신앙과 생활』, 367쪽)
183) 오기백 신부, 『한국선교 60년』, 10~12쪽.
184) 노기남 저, 『나의 회상록』, 298쪽.
185) 『경향잡지』 978호, 1946년 9월, 21~22쪽, 「애란인 신부들의 입경」; 노기남 저, 『나의 회상록』, 298~299쪽.
186) 『천주교 대구대교구 100년사 : 1911~2011 : 은총과 사랑의 자취』, 213쪽.

학교 교수 토크뵈프 신부, 비산본당 를뢰 신부, 화원본당 코르데스 신부 등 11명의 프랑스인 신부들은 대구 남산성당[성요셉본당]에 함께 살도록 결정되었다. 원로 타게 신부는 수녀원, 베르몽 신부는 가실본당, 델랑드 신부는 영천본당, 앙샹(Anchen, P. H., 한국성 宋) 신부는 삼립정의 일본인 성당에서 거주제한 생활을 하였다.187)

4. 재판에 회부

몇몇 신부들과 신자들은 태평양전쟁 발발 이후 재판에 넘겨져 형을 선고받았다. 1942년 2월 24일 광주지목구 여수본당의 이민두188) 신부가 광주지방법원에서 군기보호법 위반으로 징역 2년을 선고받았다. 이민두 신부 판결문189)에 의하면, 1941년 7월 하순경부터 9월 상순경까지 여수항에서 군사상 비밀을 요하는 일본육군의 작전용병(作戰用兵)사항인 군사(軍事)수송이 행해지고 여수항 일대에 특별경계가 실시되었다.190) 이민두 신

---

187) 『천주교 대구대교구 100년사 : 1911~2011 : 은총과 사랑의 자취』, 235~237쪽.
188) 1902~1955. 1929년 5월 25일 대구(현 계산동)본당에서 뮈텔 주교 주례로 고군삼(高君三, 베네딕도), 김영구(金榮九, 베드로), 김창현(金昌鉉, 바오로 : 1902~1969), 송남호(宋南浩, 요셉), 장순도(張順道, 바르나바), 허일록(許日錄, 타대오) 등과 함께 사제서품을 받았다. 이어 전주본당 보좌신부(『뮈텔주교일기』 1929년 5월 25일), 통영본당 주임신부(『조선총독부관보』 1931년 7월 8일, 「휘보 : 포교자 거주지 이전계」)를 거쳐 1936년 6월 29일 신설된 여수본당의 주임으로 임명되어(『드망즈주교일기』 1936년 6월 29일) 7월 20일 여수본당에 부임하였다.(『조선총독부관보』 1936년 9월 5일, 「휘보 : 포교자 거주지 이전계」)
189) 「昭和十七年 刑公合第一一號 : 1942년 2월 24일」(국가기록원 독립운동관련 판결철). 판결문에는 '李本敏斗'라는 창씨개명한 이름이 사용되었다. 창씨개명은 1939년 11월 10일자 '조선인 씨명에 관한 건'을 공포하여 강요되었는데, 당시 우리나라 호적 총수는 4,283,756호였고, 6개월 후 창씨율은 74.7%였다.(『전주교구사』 I, 918쪽) 신고 마감된 1940년 8월 10일까지 81.2% 호수가 창씨 개명을 하였다.

부는 이러한 상황을 목격하고 ① 1941년 9월 15일[월]경 여수군 여수읍 동정 1207번지 여수성당에서 전북 익산군 이리읍 서정(曙町) 195번지 이리성당 김영구(金榮九, 창씨개명 金光大建) 신부[191])에게 여수에는 8월 중순 커다란 산 같은 배 1척 내지 2척이 군대를 수송해 와서 군대와 군마(軍馬)로 가득하여 특별경계가 이루어졌다고 말했다. 그리고 ② 그해 10월 6일[월]경에는 전남 보성군 보성읍 보성리 200번지 보성본당[192])에서 김창현(金昌鉉, 창씨개명 金光土磨須)[193]) 신부에게 같은 내용의 말을 하였다. 또한 ③ 10월 9일[목]경에는 전남 순천군 순천읍 저전리(楮田里) 99번지 순천본당[194])에서 영국인 토마스 쿠삭(Thomas Cusak, 한국성 高)[195]) 신부에게 같은 내용의 말을 하였다. 일제는 ①과 ②는 군사상의 비밀을 타인에

---

190) 1941년 9월 9일부터 1942년 6월 30일까지 일반 선박의 여수항 항행·정박이 금지되었다.(『조선총독부관보』 1941년 9월 9일, 「조선총독부고시 제1430호 : 조선공유수면취체규칙에 의해 여수항 확장공사를 위해 일반 선박의 항행 및 정박을 금지」)
191) 1929년 5월 25일 뮈텔 주교 주례의 사제서품을 이민두 신부와 함께 받았다. 1941년 5월 12일자 계출로 남원천주당(남원군 남원읍 죽항리 53)에서 이리천주당(익산군 이리읍 서정 195-2)으로 거주지가 변경되었다.(『조선총독부관보』 1941년 11월 19일, 「휘보 : 포교자 거주지 이전계」; 1941년 11월 25일, 「휘보 : 포교담임자 변경계」)
192) 보성성당의 포교담임자는 1941년 5월 26일자 계출로 토마스 쿠삭 신부에서 김창현 신부로 변경되었다.(『조선총독부관보』 1941년 11월 25일, 「휘보 : 포교담임자 변경계」)
193) 1929년 5월 25일 뮈텔 주교 주례의 사제서품을 이민두 신부와 함께 받았다. 1941년 5월 26일자 계출로 나주군 노안면 양천리 750에서 보성군 보성면 보성리 200으로 거주지가 변경되었다.(『조선총독부관보』 1941년 11월 19일, 「휘보 종교 : 포교자 거주지 이전계」)
194) 순천천주당의 포교담임자는 1939년 6월 18일 계출로 넬리간 신부에서 토마스 쿠삭 신부로 변경되었다.(『조선총독부관보』 1939년 11월 25일, 「휘보 : 포교담임자 변경계」)
195) 델빈(Delvin, P., 한국성 정 : 호주인), 우즈(Woods, F., 한국성 우 : 미국인), 스위니(Sweeney, A., 한국성 서 : 영국인) 신부와 함께 1935년 11월 21일 대구대목구 주교관에 도착.(『드망즈주교일기』 1935년 11월 21일)

게 누설한 것이고, ③은 군사상의 비밀을 외국에 누설한 것이라 하였다.196)
　여수는 1930년 12월 25일 광주까지의 철도가 개통됨으로써 한국 쌀의 운반 및 그 운송 기간을 단축시킬 수 있을 뿐 아니라 유사시에는 경부선과 호남선에 의한 군대 수송의 편리를 꾀할 수 있다고 평가되었다.197) 여수-광주 간 철도 개통 5일 전인 1930년 12월 20일에는 여수-시모노세끼[下關] 간 정기 연락선인 '관려(關麗)연락선'이 취항하였는데198) 일본 본토와 한반도를 연결하는 부산-시모노세키의 주항로의 보조항로로 여수-시모노세키 간 새 항로가 개설된 것이었다. 여수는 관려연락선 취항과 여수-광주 간 철도 개통으로 산업적으로 뿐 아니라 군사적으로 높이 평가되었다.199) 그래서 1933년 9월 태풍으로 여수항 시설이 파괴200)된 이후 1936년에 여수항 대정비 공사가 시작되었는데201) 여수의 항만 확장 공사는 군사적으로 매우 중요하게 여겨졌다.202) 1936년 12월 16일에는 여수-이리 간 전라선이 개통되어203) 여수의 산업적·군사적 중요도는 더욱 높아졌다.
　중일전쟁의 확대로 대륙침략을 위한 물자수송이 중요해지면서 일제는

---

196) 헨리 신부는, 외국인 신부들과 접촉했다는 이유로 수감된 한국인 신부들 중에 이민두 신부가 2년 동안 수감되었던 이유를 "한국에 있는 골롬반회의 토마스 쿠삭 신부에게 엽서를 보냈다는 이유였"다고 하였다. 또한 "여수 거리에서 많은 군마들을 보았다고 했는데 그것이 군사비밀을 누설시키는 것이라 했"다고 하였다.(『헨 하롤드 대주교 일대기 : 동방의 빛』, 106쪽)
197)『동아일보』1930년 12월 28일,「여수선 개통, 그 의의 여하」.
198)『부산일보』1931년 4월 20일,「南鐵の開通と關麗航路の開始」; 주철희,『일제강점기 여수를 말한다』, 흐름출판사, 2015, 31.
199) 안종철·김준·정장우·최정기,『근현대의 형성과 지역사회운동』, 122~123쪽.
200)『매일신보』1935년 5월 26일,「신계획에 의한 항만수축의 개요 : 여수항」.
201)『동아일보』1936년 5월 7일,「총공사비 1천여 만원을 투입, 부산 마산 여수항 대정비공사 착수」;『조선중앙일보』1936년 5월 7일,「남조선 3대港 改修공사에 착수」.
202)『동아일보』1936년 8월 12일,「二千萬圓 경비로 부산 水港 修築」.
203)『매일신보』1936년 12월 17일,「전라선 全通 축하식 성대」;『부산일보』1936년 12월 29일,「여수에서 이리 간 가장 빠른 경로 전라선의 전통」.

한반도의 서남해안 항로들에 임시 요새(要塞) 설치를 계획하였다. 임시요새 설치 예정지는 여수, 목포, 안면도, 인천, 백도였는데 임시요새가 건설된 곳은 여수뿐이었다.204) 부산경남지역 연안항로의 안전은 진해만 요새205)가 담당하고 있었고, 여수 임시요새 설치는 그 서쪽 항로의 안전을 확보하기 위해서였다.206)

1941년 7월 7일 일본 다이혼에이[大本營]는 여수요새사령부, 여수요새 중포병연대, 기타 부대를 임시 편성하라 명령하였다.207) 여수요새사령부는 1941년 7월 18일 편성이 완료되었는데, 1941년 9월 17일 조선군사령부가 일본육군차관에게 보고한 자료에 의하면, 편성 병력은 589명(장교 27명, 하사관/병 562명), 말 7필이었다.208) 여수요새사령부는 현 여수중학교 자리에 목조 병사로 건립되었는데, 기마대209)도 같이 있었다.210) 요새 공

---

204) 신주백,「1945년도 한반도 남서해안에서의 '본토 결전' 준비와 부산, 여수의 일본군 시설지 현황」, 263~264쪽.
205) 1905년 설치.(김경남,「한말 일제의 鎭海灣要塞 건설과 식민도시 개발의 변형」, 27·30쪽)
206) 이완희,『한반도는 일제의 군사요새였다-이완희 PD의 일본군 전쟁기지 탐사보고』, 186쪽.
207) 이완희,『한반도는 일제의 군사요새였다-이완희 PD의 일본군 전쟁기지 탐사보고』, 186쪽 ; 주철희,『일제강점기 여수를 말한다』, 108쪽.
208) 이완희,『한반도는 일제의 군사요새였다-이완희 PD의 일본군 전쟁기지 탐사보고』, 186~187쪽 ; 주철희,『일제강점기 여수를 말한다』, 111쪽.
209) 제1차 세계대전 이후에도 일본육군의 기계화[현대화?]는 계획처럼 진행되지 않았고, 말에 대한 의존상태에서 벗어날 수 없었다. 만주사변 이후의 전쟁에 "참가한 군마 및 현지 징용마는 수십만 마리"였다. 1941년 육군동원계획령에서 보병연대의 편제를 보면, 갑 편제의 연대는 총 인원 5,546명에 군마 1,242마리[필자 계산 : 약 4.5:1의 비율], 을 편제의 연대는 총 인원 3,928명에 군마 693마리[약 5.7:1]였다.(戰歿軍馬慰靈祭連絡協議會 編,『戰歿軍馬鎭魂錄』, 偕行社, 1992 ; 요시다 유타카 지음, 최혜주 옮김,『병사의 눈으로 본 근대일본 : 일본의 군대』, 197~198쪽)
210) 김계유,『여수·여천발전사』, 반도문화사, 1988, 295쪽 ; 주철희,『일제강점기 여수를 말한다』, 112쪽.

사가 마무리된 1942년 4월 28일 육군부대가 마산에서 여수로 이동했다.211) 이민두 신부는 이러한 움직임을 가까이에서 볼 수 있었다.

이민두 신부에게 언도된 '군사기밀보호법'(약칭 '군기보호법')은 일본에서 1899년 7월 15일 공포되었고, 1901년 대만, 1907년 사할린, 1908년 관동주(關東州) 그리고 1913년 9월 23일부터 육군형법·육군형법시행법·해군형법·해군형법시행법·해군치죄법(海軍治罪法)·육해군군법회의 사소재판강제집행법(私訴裁判強制執行法)·육군군인군속 위경죄(違警罪)처분법·계엄령·군용전신법(軍用電信法) 등과 함께 한국에도 적용되었다.212) 군기보호법은 1937년 8월 13일 개정되었고,213) 1941년 3월 10일에도 개정되었는데214) 군사기밀의 대상 범위가 확대되고 형벌이 강화되었다.

이민두 신부가 형을 선고받은 후인 1943년 5월 15일 여수본당은 포교책임자가 이민두에서 임현차랑(林賢次郎)으로 변경되었는데215) 임현차랑은 맥폴린 신부인 듯하다. 맥폴린 신부는 1942년 가을 도쿄[東京]로 가서 주일교황사절에게 광주지목구장 사표를 제출하였고, 1942년 11월 21일 와끼다 아사고로오[協田淺五郎] 신부가 광주지목구장으로 임명되어216) 1943년 2월 7일 착좌식을 거행하였다.217) 즉 1943년 5월 맥폴린 신부는 광주지목구장이 아니라 광주지목구에서 활동 중인 골롬반회 선교사들 중 한

---

211) 김계유,『여수·여천발전사』, 295쪽 ; 김인덕,「일제시대 여수지역 강제 연행에 대한 고찰」, 17쪽 ; 신주백,「일제강점하 전적지 시설조사」, 24쪽 ; 국무총리소속 일제강점하 강제동원피해진상규명위원회 조사1과 2007,『제주도 군사시설 구축을 위한 노무·병력동원에 관한 조사』, 14쪽 ; 이완희,『한반도는 일제의 군사요새였다-이완희 PD의 일본군 전쟁기지 탐사보고』, 187쪽.
212)『조선총독부관보』1913년 9월 30일,「조선에 시행할 법률에 관한 건」.
213)『동아일보』1937년 10월 10일,「개정된 軍機保護法, 明日부터 조선도 실시 전시체제하의 군사기밀 철저보호를 경무국 각 도에 시달」.
214)『조선총독부관보』1941년 4월 12일,「군기보호법 중 개정」.
215)『조선총독부관보』1943년 7월 17일,「휘보 : 포교담임자 변경계」.
216)『경향잡지』954호, 1943년 1월 15일, 4쪽,「광주교구에 새 교구장」.
217)『경향잡지』956호, 1943년 3월, 22쪽,「회보 : 광주교구장 착좌식」.

명이었다.

1943년 말 이민두 신부는 나주군 노안면 양천리 750번지로 거주지를 이동하였는데[218] 여전히 여수본당의 선교책임자였다. 1944년 9월 19일자 계출은 이민두 신부가 여수본당에서 나주 노안의 계량본당으로 포교지를 이동한 것으로 되어 있다.[219]

1942년 9월 25일 사립 매괴(玫瑰)학교 교사 고강순(高江順, 창씨 高山江順)[220]이 대전지방법원에서 불경(不敬)과 보안법 위반으로 징역 1년 6월을 언도받았다. 고강순의 형량은 1942년 12월 28일 경성복심법원을 거쳐 1943년 3월 31일 고등법원 형사부에서 징역 1년으로 감형되었고, 미결구류일수 중 60일이 본형에 산입되었다.[221]

판결문[222]에 의하면, 고강순은 강화군수 고청룡(高青龍)[223]의 차녀로 1927년 3월 서울 진명여자고등보통학교를 졸업하고 천주교에 입교하여 신자가 되었다. 1929년 4월부터 1934년 3월까지 약 5년 동안 경기도 안성군 안성읍 동리(東里)의 천주교회 운영 사립 안법(安法)학교 교사로 재직하였

---

218) 이민두 신부는 1943년 12월 6일 재단법인광주구유지재단의 이사 5명 중 한 명으로 등기하였는데, 주소가 나주군 노안면 양천리 750번지였다. (『조선총독부관보』 1944년 10월 12일, 「광고 : 법인조합 등기」)
219) 『조선총독부관보』 1944년 12월 7일, 「휘보 : 포교담임자 변경계」; 1944년 12월 8일, 「휘보 : 포교자 거주지 이전계」.
220) 1909년 10월 6일생.(국사편찬위원회 한국사 데이터베이스 → 일제감시대상인물카드 : 2020년 10월 28일 검색)
221) 국사편찬위원회 한국사 데이터베이스→ 일제감시대상인물카드에 의하면, 고강순은 1942년 10월 9일 서대문형무소에 입소하였고, 1943년 7월 28일 출소하였으니 총 247일 동안 수감되어 있었다.
222) 「昭和十七年 刑公第四〇一號 : 1942년 9월 25일」, 「昭和十七年 刑控第四四一號 : 1942년 12월 28일」, 「昭和十八年 刑上第八號 : 1943년 3월 31일」 고강순[高山江順].(국가기록원 독립운동관련 판결문)
223) 대한제국직원록 1908년도, 강화군 군수.(국사편찬위원회 한국사데이터베이스 : 2020년 10월 28일 검색) 일진회에 가입했다가 강화군수가 되었다고 한다.(『공립신보』 1908년 5월 20일, 「일진회 출신 고 군수」)

고, 1934년 4월부터 1935년 3월까지 일본 오카야마[岡山]현(縣) 다카하시[高梁]여자정교원양성소 강습회를 수료하였다. 이어 1941년 3월 말까지 함남 원산부 명석정(銘石町) 베네딕도회 수녀원 및 서울 명치정 샬트르성바오로수녀원에서 수련자로 생활하였다. 그리고 1941년 4월 충북 음성군 감곡면 왕장리 장호원성당의 프랑스인 부이용(Bouillon, 한국명 任佳彌) 신부가 설립한 사립 매괴학교 교사로 취직하여 여자부 6학년을 담임하였다.

그리고 ① 1941년 4월경부터 1942년 1월 22,23일경까지 여러 번 매괴학교 여자부 6학년 교실에서 지전종준(池田鍾俊)과 이삼경자(伊森慶子) 등 20명에게 "천주는 우주만물의 창조자이지만 일 천황은 나무 하나, 풀 한 포기 만들 수 없는 미미한 존재이다. 사람은 죽으면 천주의 심판을 받는데 천황도 예외일 수 없다"라고 말했다. ② 1942년 3월 20일 17시경에는 거주하는 집의 대문 안에서 매괴학교장대리224) 신정용길(新井龍吉), 동교 교원 평전배균(平田配均)과 아동교육의 방침 등을 토의한 끝에 "우리들 조선민족은 황국신민을 연성(鍊成)할 필요없다"고 말했다.

일제는 ①은 천황에 대한 불경이고, ②는 황국신민 연성을 근본으로 하는 시설을 비방하고 정치에 관해 불온언동을 하여 치안을 방해한 것이라 하였다. 일제는 한국인의 일본인화를 추구하였지만 일본의 '황민(皇民)'과 다른 '황국신민(皇國臣民)'이라는 국민상을 강요하였다.225) 황국신민은 신민(臣民)의 덕목에 군국주의적 실천 덕목이 추가된 것으로 일본 천황제국가에 대한 일방적 복종과 희생을 요구받았다.226) 불경과 치안 방해는 전쟁에 몰두하고 있던 일제에게 한국천주교회의 신자가 기꺼이 보여준 저항이었다. 고강순은 '여러 번' 천황의 신성성을 부인하였고, 교사들에게는 황국신민 연성의 불필요함을 역설하였다. 일제의 통제가 극심하였지만 그녀는

---

224) 태평양전쟁이 발발하면서 장호원본당 주임이자 매괴학교 교장이던 부이용 신부는 용산신학교에 연금되었다.
225) 김정인, 「일제 강점 말기 황국신민교육과 학교 경영」, 111쪽.
226) 박명규, 『국민·인민·시민』, 소화, 2009, 103쪽.

확고한 믿음을 표현하였던 것이다.

1942년 10월 24일에는 도슨(Dawson, P., 한국성 孫)·라이언(Ryan, T. D., 한국성 羅)·스위니(Sweeney, A., 한국성 徐) 신부 등 아일랜드인인 3명의 골롬반회 선교사들과 강군평(姜君平 : 농업), 강붕해(姜鵬海 : 잡화상, 경성일보와 매일신보 분국), 김남식(金南植 : 세탁업), 김중현(金仲鉉 : 미싱 상), 변태우(邊太佑 : 公醫), 윤기옥(尹奇玉 : 이발사), 이응범(李應範 : 천주교 전도사), 하성구(河成九 : 인부 감독, 제주성당의 전교회장), 허봉학(許鳳鶴 : 米商 판매점원) 등 제주도의 천주교 신자 9명이 광주지방법원에서 육군형법·해군형법·보안법 위반, 불경죄, 국방보안법, 군기보호법 등으로 징역 2년 6월부터 징역 10월까지를 선고받았다.227)

1941년 12월 9일 목포의 선교본부에서 제주도로 이송되어 제주경찰서 독방에 감금된 도슨 신부는, 4일 후 옮겨진 감방에서 라이언 신부와 스위니 신부를 만났고, 세 명의 선교사들을 체포 이유가 제주도에 중국 폭격을 위한 비행장 등 대규모 해군 군사시설들이 있기 때문이라는 것을 알았다.228) 1942년 7월 4일 세 선교사들과 제주도의 신자들은 광주로 이송되었고, 10월 24일 재판에서 형을 선고받았는데 수감되었던 11개월 [1941.12~1942.10]은 구형량에 포함되지 않았다.

일제는 세 선교사들과 천주교 신자들이 모슬포비행장의 사진을 찍어 외국잡지에 게재함으로써 적성 국가에 군사기밀을 누설하는 반전죄를 저질렀다고 하였다. 또한 중일전쟁에서 일본이 승리하면 동양에서 천주교 선교가 불가능해지고 유럽인은 동양에서 구축(驅逐)될 것이며, 일본이 패망하면 한국은 해방되고 동양평화를 얻을 수 있을 것이라며, 일본의 패전을 바라는데 그것은 유언비어의 유포이고 전쟁에의 비협조라고 하였다.

---

227) 「昭和十七年 刑公合第四三ノ二號 : 1942년 10월 24일」.(국가기록원 독립운동 관련 판결문)
228) 패트릭 도슨, *The Far East*, 1946년 5월호.(『극동 : 천주교 선교사들이 기록한 조선인의 신앙과 생활』, 355~357쪽)

그러나 일제가 선교사들과 지도급 신자들을 체포하여 재판에 회부한 것은 ① 중일전쟁 이후 제주도가 중국 내륙 폭격 거점으로 부각되었는데 외국인 선교사들은 외국과의 통신이 가능하고, ② 다양한 매체를 통하여 많은 정보를 수집할 수 있었던 선교사들의 국제정세 인식은 한국인 신자들에게 영향을 미칠 수 있으며, ③ 지도급 천주교 신자들의 정세 인식은 제주도민들에게 영향을 미칠 수 있기 때문이었다.229) 특히 도슨 신부와 강봉해·김중현·변태우·이응범·하성구·허봉학 등 6명의 천주교 신자들에게는 국방보안법230)과 군기보호법 위반죄가 적용되었는데, 1941년 3월 7일 공포되어 그해 5월 10일부터 시행된 국방보안법에 의하면 모든 것이 국가기밀의 대상이 될 수 있었고, 어떤 행위라도 스파이 혐의를 받을 수 있었다.

금고 2년을 언도받았던 라이언 신부는 건강이 나빠져 1943년 7월 목포의 맥폴린 신부에게 보내졌고, 1944년 10월 형기를 마친 스위니 신부도 목포의 선교본부에 연금되었다. 도슨 신부는 1945년 8월 17일 풀려나 광주의 일본인 주교관을 찾아갔다.231)

1943년 1월 16일 전주지방법원에서는 익산군의 사립 계명(啓明)학교232) 교원 김종국(金鍾國, 창씨개명 金山敏夫)이 보안법·육군형법·해군형법 위반과 불경으로, 농부 김종군(金鍾郡, 창씨개명 金山正一)은 보안법 위반과 불경으로 각각 징역 2년을 선고받았다.

판결문233)에 의하면 김종국은 1939년 3월 서울의 동성(東星)상업학

---

229) 윤선자, 「1940년대 전시체제와 제주도천주교회」, 『한국독립운동사연구』 25, 한국독립운동사연구소, 2005 참조.
230) 『매일신보』 1941년 5월 10일, 「기밀 보호에 철벽진 국방보안법 금일부터 전국 실시」.
231) 패트릭 도슨, The Far East, 1946년 5월호.(『극동 : 천주교 선교사들이 기록한 조선인의 신앙과 생활』, 358~361쪽)
232) 1908년 9월 15일 부국강병과 정신계몽을 목적으로 설립된 나바위(화산)천주당의 학교.(『전주교구사』 I, 711쪽)
233) 「昭和十七年 刑公合第七五六號 : 1943년 1월 16일」.(국가기록원 독립운동 관련 판결문)

교234)를 졸업하고 그해 4월 대구의 성유스티노신학교에 입학했으나 병 때문에 1940년 6월 중퇴하고 1941년 9월 30일부터 계명학교의 교원으로 근무하였다. 김종군은 1940년 3월 동성상업학교를 졸업하고 그해 4월 성유스티노신학교에 입학했으나 병 때문에 그해 6월 중퇴하고 익산군 망성면 화산리의 집에서 요양하였다.

일제는 종형제(從兄弟)인 두 사람이 "예전부터 민족의식을 품고 있었"다고 하였다. 그리고 구체적인 행동으로 ① 김종국은 1941년 8월 하순 11시경 계명학교 사무실에서 김종군, 교원 서정수(徐廷秀, 바르톨로메오, 창씨개명 達城忠雄)235)와 이야기 중에 만주이민에 대하여 "일본은 한국을 빼앗았는데 장래 만주도 중국도 한국과 같아질 것이다"라고 말했다. 이어 김종군은 "한국인은 모두 이민하는 것이 어떠냐. 한국인은 만주로 보내버리고 살기 좋은 한국에는 일본인이 와서 살게 될 것이다"라고 말했다. 그리고 ② 1942년 1월 상순 11시경 계명학교 사무실에서 김종국은 김종군, 서정수, 대구부 남산정 75번지 남상인(南相仁)과 이야기 중에 일본 역사에 대하여 "일본 역사가 웃기는 역사인 것이 아마테라스 오미카미[天照大神]가 있다든지, 다까마노하라[高天原]가 있다든지 말하는데, 그런 것은 없다고 생각한다. 그것은 후대의 역사가가 만든 것이다. 다까마노하라는 남양(南洋)이라거나 조선의 어느 곳이라고 말하고 또 니니기노미고도[天孫瓊瓊杵尊]가 구름을 타고 내려왔다고 말하는데 믿을 수 없다"고 말했다. 이어 김종군은 "명치 천황은 이토[伊藤博文]로 하여금 아버지 효명 천황(孝明天皇)을 ○하게 하여 스스로 즉위하였다. 그것은 어느 날 효명 천황이 식을 마치고 옷자락이 긴 옷을 입고 어전에서 어전으로 건너가는 도중에 연못 위의 복도에서 이토기 천황의 의복의 옷자락을 발로 ○하여 연못 속으로 ○○하여 ○○한 것이다. 이토는 그 공로로 낮은 신분에서 위인신

---

234) 1931년 남대문상업학교에서 동성상업학교로 교명이 변경되었다.
235) 일제의 감시반원 밀정이었다.(『전주교구사』 I, 932쪽)

(位人臣)으로 올라가게 된 것이다"라고 말했다. 또한 ③ 1942년 1월 상순 11시경 계명학교 교실 입구의 앞마당에서 김종국은 서정수, 남상인, 대신학교 학생 강본분도(岡本芬道)236)에게 "신문기사는 웃긴다. 신문에서는 일본군의 손해를 적게 쓰고, 적군의 손해를 크게 쓰고 있는데, 일본군의 전사상(戰死傷)은 신문발표 이외에 많이 있다. 또한 적 함선의 격침 수는 신문에 발표된 것과 같이 많지 않다. 신문은 국민을 안심시키기 위해 일본군의 손해를 적게 발표한다"라고 말했다.

일제는 ①은 정치에 관해 불온한 말을 함으로써 치안을 방해, ②는 황조(皇祖)와, 황조(皇祖)의 존엄을 모독함으로써 천황에 대해 불경한 행위, ③은 태평양전쟁의 시기에 군사(軍事)에 관해 조언비어를 한 것이라고 주장하였다.

1943년 6월 22일에는 계명학교 교사 서정수의 고발로 화산리본당 김영호(金永浩, 멜키올)237) 신부가 전주지방법원에서 불경죄 및 육군형법과 해군형법 위반 혐의로 징역 3년을 선고받았다. 1943년 8월 12일 대구복심법원에서도 같은 형량이 선고되었고, 1943년 8월 26일 고등법원은 상고를 기각하였으며, 미결구류일수 중 90일을238) 본형에 산입하였다.239)

---

236) 강윤식(姜允植, 베네딕도)인 것 같다. 강윤식은 익산에서 태어나 1925년 성유스티노신학교에 입학, 예과 1년을 마친 후 1932년 동성상업학교 을조에 입학, 1937년 졸업하였고, 그해 유스티노신학교에 입학하여 1944년 6월 3일 사제서품을 받았다.(『한국가톨릭대사전』 1, 1994, 272쪽)

237) 2009년에 건국포장 추서.(공훈전자사료관 → 독립유공자 공훈록.(https://e-gonghun.mpva.go.kr/user/ContribuMeritList.do?goTocode=20002) 2020년 10월 28일 검색)

238) 일제 검찰은 <조선형사령>에 의해 예심에 허용된 무제한의 피의자 구류권을 활용할 수 있었다. 즉, 예심에서의 미결 구류 기간이 일본 본토에서는 2개월이고 매 1개월마다 갱신할 수 있었던 데 비하여 한국에서는 구류기간이 3개월, 갱신기간이 매 2개월로 연장되었다.(도면회, 「서평 : 일제하 변호사의 독립운동 변호는 어디까지 가능했을까?(한인섭 저, 식민지 법정에서 독립을 변론하다 : 경인문화사, 2012)」, 『한국독립운동사연구』 49, 259쪽)

239) 1943년 6월 22일 전주지방법원, 1943년 8월 12일 대구복심법원 형사제2부,

판결문240)에는 김영호 신부가 열렬한 천주교 신자 집에서 성장하였고, 1926년 9월 부산 목지도(牧之島) 공립보통학교 6학년을 중퇴하고 같은 달 대구 성유스티노신학교에 입학한 이후 12년 동안 라틴문학, 철학, 신학 등을 공부하였다. 1938년 6월 졸업과 동시에 11일에 천주교 신부로 임명되어 1938년 7월 전북 익산군 망성면 화산리(全北 益山郡 望城面 華山里) 1158번지 화산리본당신부가 되었고, 10월에는 화산리본당 경영 계명(啓明)학교의 교장을 겸무하였다. 판결문은 김영호 신부가 성유스티노신학교에서 "외국인 신부와 한국인 신부에게서 항상 편협한 민족적 사상을 받아들여 점차 농후한 민족적 반황민(反皇民) 배외사상을 깊이 품게 되었다"고 하였다. 복심법원 판결문에는 김영호 신부가 "신학교에서 외국인 신부와 한국인 신부의 영향 아래 편협한 민족 사상을 품고 조선의 독립을 열망한 나머지 그 수단으로 일본의 패전을 기구(冀求)하고, 국체 관념을 흠(欠)하고, 황실에 대해 봉(奉)하고 신사에 대해 존숭의 마음을 흠(欠)하였"고, "만주사변, 중일전쟁에 이어 계속 전쟁을 하여 국력이 상당히 손실하였기에 영·미와 전쟁을 시작하면 질 것이고, 성서에 말한 공심판의 날이 올 것이"라 말했다고 하였다.

그리고 구체적인 죄의 내용을 다음과 같이 지적하였다. ① 1941년 1월 서정수가 익산군 망성면 사무소에서 계명학교 교사로 전임하면서 신궁대마(神宮大麻)241)를 가지고 와서 "일체(一體)의 가격은 10전인데 학교에서

1943년 8월 26일 고등법원.(국가기록원, 독립운동 관련 판결문) 판결문에는 '砂原淸井'이라는 창씨로 기록되어 있다.
240) 「昭和十八年 刑公第一三七號 : 1943년 6월 22일」, 「昭和十八年 刑公第一九七號 : 1943년 8월 12일」.(국가기록원 독립운동 관련 판결문)
241) 일본의 황조신(皇祖神) 아마테라스 오미카미[天照大神]를 모신 이세신궁(伊勢神宮)에서 매년 전국에 배포하는 신찰(神札). 식민지 한국에서는 1938년부터 관할행정기관에 소속된 신궁대마봉제회를 통해 전국적으로 보급되기 시작.(문혜진, 「1930~1945년 신궁대마의 배포와 가정제사」, 『한국문화인류학』 48-2, 2015, 266쪽)

입체(立替)하였다"고 보고하면서 교부하자, 김영호 신부가 대마봉대전(大麻奉戴殿) 안의 옛 대마를 꺼내 새 대마로 교체한 후 옛 대마를 손에 들고 "이것이 무엇인가, 안에 무엇이 들어있는가 보라" 하고는, 대마의 표면 포지(包紙)를 찢어 신체(神體)를 꺼내 "이런 판(板)으로 만든 것이 10전의 가치가 있을까? 이는 돈을 벌기 위해 반포하였다"며, 대마를 거실 책상 아래에 있는 난로에 던졌다. ② 1941년 12월 중순 사제관에서 서정수, 계명학교 교사 김종국(金鍾國, 金山敏夫)에게 "일미전쟁이 시작되었으나 일본이 무엇을 할 수 있을까? 일본은 결국 동서에서 협공을 받고 경제전에 패할 것이고, 그리스도가 예언한 불의 비가 내리는 때가 왔다"고 하였다. 그리고 ③ 1942년 1월 2일에는 계명학교 교정에서 김종군(金鍾郡, 金山正一)에게 "명치 천황은 이토를 시켜 아버지 효명 천황을 살해하고 즉위하였다. 이토도 일국의 천황을 살해하고 그 지위를 차지한 것을 보면 대단한 야심가이다"고 하였다. 또한 ④ 1942년 1월 하순, 서정수가 익산군 망성면 사무소에서 계명학교로 배부해 온 신궁대마 일체를 가져오자 "또 교체하는가"라면서 신/구 대마를 교체한 후 구 대마를 거실 스토브 안에 던져버렸다.

일제는 ①과 ④는 신궁에 대한 불경, ②는 태평양전쟁 때의 군사에 대한 조언비어, ③은 천황에 대한 불경 행위라고 주장하였다. 김영호 신부는 전주교도소에 수감되었고, 이질에 걸려 전주 적십자병원에 입원하였다. 병이 나은 후 다시 수감되었고 대구교도소로 이감되어 1945년 해방이 된 후 석방되었다.242)

일제가 죄목으로 내세운 것은 보안법, 불경죄, 치안 방해, 군기보호법·국방보안법·해군형법·육군형법 등 다양하였다. 일제는 천주교회의 성직자들과 신자들을 스파이 혐의로 의심하였고, 비국민이라며 비난하였다. 그들의 천황 신앙에 동조하지 않았고, 그들의 침략전쟁에 함께 하지 않은 때문이었다.

---

242) 『전주교구사』 I, 932쪽.

5. 맺음말

외국인 선교사들과 한국인 성직자들, 지도급 신자들에 대한 일제의 감시와 구금, 추방과 재판은 한국천주교회를 크게 위축시켰다. 2차대전의 발발과 일제의 통제로 1941년 9월 이후 새로운 선교사의 입국은 중단되었다. 외국인 선교사 수는 1940~1941년 176명(서울대목구 28, 대구대목구 21, 덕원대목구/함흥면속구 34, 평양지목구 36, 연길대목구 25, 광주지목구 17, 춘천지목구 15)에서 1943~1944년 116명(서울대목구 프랑스인 선교사 22, 대구대목구 프랑스인 16, 덕원면속구 독일인 21, 함흥대목구 독일인 11, 연길대목구 독일인 23, 춘천지목구 아일랜드인 10, 광주지목구 아일랜드인 14)으로 크게 감소하였다. 외국인 수녀도 68명에서 50명으로 감소하였다. 한국인 신부는 139명에서 138명으로 줄었고, 남녀전도사는 320명에서 143명으로 급감하였다.[243]

선교 인력의 감소는 신자수 증감에 영향을 미쳤다. 1940~1941년, 1942년 11월(평양/춘천/광주 지목구의 통계표 없음), 1943~1944년[244]의 통계표를 살펴보면, 서울대목구·평양지목구·연길대목구의 신자수는 적은 숫자이지만 증가하였다. 서울대목구는 64,655명에서 64,891명, 65,795명으로 증가하였다. 1943~1944년에도 프랑스인 신부 22명이 있었고, 그보다 훨씬 많은 숫자인 52명의 한국인 신부가 있어 선교 활동을 펼친 때문일 것이다. 평양지목구는 1940~1941년 26,424명에서 1943~1944년에 28,400명으로 증가하였다. 평양지목구의 신자수 증가는 가톨릭운동의 영향이 크다고 생

---

243) 1943~1944년 전주지목구와 광주지목구의 통계는 없다. 1939~1940년 통계표는 전주지목구 15명, 광주지목구 35명의 전도사를 기록하였고, 1940~1941년에는 11명과 32명을 각각 기록하였다.
244) 『경향잡지』 928호, 1941년 10월, 190쪽, 「조선천주교회 현세」; 제952호, 1942년 11월, 86쪽, 「회보 : 작년도의 통계표」; 974호, 1945년 1월, 6~7쪽, 「조선천주교회 통계표 1943~1944」.

각된다. 평양지목구의 가톨릭운동은 1936년 7월 이후 약화되었지만, 1920년대 후반부터 시작되어 1934년 8월 평양지목구 가톨릭운동연맹이 조직되었는데, 평양지목구의 모든 신자들이 참여하도록 권유받았고, 한국천주교회의 완전 자립을 목표로 하였다.245) 그래서 메리놀회 선교사들이 모두 추방되었고, 전도사 수도 112명에서 36명으로 급감하였지만 신자수 증가를 기록할 수 있었다고 여겨진다. 연길대목구의 신자수는 1940~1941년 16,333명에서 1942년 16,855명, 1943~1944년 17,764명으로 증가하였다. 연길대목구의 신자수 증가는 선교 구역이 간도지역이기에 일제의 식민통치권력이 직접 영향을 미치지 않았기 때문이라 생각된다.

한국인 교구장 관할이었던 전주지목구는 19,173명에서 18,794명, 그리고 18,615명으로 감소하였다. 초대 교구장 김양홍 신부가 일제의 압박과 통제를 견디지 못하고 교구장직을 사임한 것은 전주지목구의 한국인 성직자들이 겪어야 했던 일제의 압제를 충분히 짐작하게 한다. 화산리본당 김영호 신부와 교회학교 교사, 그리고 신자들의 재판과 구금, 많은 신부들의 체포와 연행은 전주지목구 신자들을 압박하기에 충분했고, 그것은 신자수 감소로 나타났을 것이다. 대구대목구의 신자수는 27,736명에서 28,587명, 그리고 27,148명으로 감소하였다. 프랑스인에서 일본인으로 교구장이 바뀌었지만, 대구대목구의 신자수는 감소하였다. 당시의 상황에서 일본인 교구장과 한국인들은 민족적으로는 물론 신앙적으로도 공감대를 형성하기 어려웠다는 의미로 이해된다. 춘천지목구의 신자수도 11,266명에서 10,548명으로 감소하였다.246) 4명의 골롬반회 선교사들이 추방되고 교구장을 비롯하여 10명의 선교사들이 연금되었으며, 7명이라는 적은 숫자의 한국인 신부들이 선교를 책임져야 했기 때문이다.

베네딕도회 선교사들이 관할하고 있던 덕원면속구/함흥대목구의 신자수

---

245) 김수태, 「메리놀외방전교회의 진출과 활동」 ; 김수태, 「1930년대 평양교구의 가톨릭운동」 참조.
246) 윤선자, 『일제의 종교정책과 천주교회』, 325쪽의 <표 6-3> 참조.

도 12,005명에서 12,324명, 그리고 1943~1944년에는 10,844명(덕원 5,370명, 함흥 5,474명)으로 감소하였다. 일본과 동맹 관계를 구축하고 있던 독일을 본국으로 하는 베네딕도회 선교사들도 다른 선교회들만큼은 아니었지만 그렇다고 일제 식민통치자들로부터 환영받은 것은 아니었다. 게다가 독일과 일본의 동맹 관계는 한국인들에게 선교 활동을 전개하는데 결코 유리한 조건이 아니었다.

　전쟁에 광분한 일제의 압박 앞에 한국천주교회는 무력하였다. 한국천주교회는 교회를 지키기 위해 일제에 협력하였고, 때로는 저항하였다. 일제가 한국천주교회의 관할권을 장악하려 하였지만, 서울대목구의 프랑스인 교구장은 한국인 신부를 후임 서울대목구장으로 추천하여 한국인 교구장이 서울대목구를 관할하게 되었다. 평양지목구는 미국인 교구장이 평양지목구를 지키기 위해 메리놀회 선교사들 모두와 함께 추방되었고, 한국인 교구장이 관할하게 되었다. 광주지목구와 춘천지목구의 골롬반회 선교사들 중 미국·호주·뉴질랜드 국적의 선교사들은 추방되었지만, 연금당하고 재판을 받았지만 한국 선교지를 떠나지 않았다. 대구대목구의 프랑스인 선교사들도 일본인 교구장을 받아들이고 한국을 떠나지 않았다. 전주지목구는 한국인 교구장의 관할권을 지켜냈다. 외국인 선교사들은 한국천주교회를 지키기 위해 추방되었고, 한국 선교지에 남아 연금되고 감금되었다.

　한국인 성직자들은 외국인 선교사들의 공백을 감내하면서 선교에 주력하였다. 일제는 한국인들에게 일본인이 될 것을 요구하였고, 그들의 전쟁에 협력할 것을 강요하였는데 신부들과 신자들에게도 마찬가지였다. 그러나 한국천주교회의 성직자들과 신자들은 불경죄, 치안방해 죄, 군기보호법 위반 등의 죄목으로 처형되기까지 일제에 항거하였다. 그렇게 1940년대 전반기의 한국천주교회는 일제의 압박으로부터 교회를 지켜냈다.

제2장
국제사회와 한국천주교회

I. 제1차 세계대전과 한국천주교회의 3·1운동

1. 머리말

　3·1운동은 종교 성향을 뛰어넘어 전민족적으로 추진되었고, 한국의 종교계는 3·1운동의 초기 계획과 확산에 큰 역할을 하였다. 3·1운동에 종교의 역할이 상당했다고 인식한 일제가 작성한 문서들에는 3·1운동 당시 한국천주교회의 태도에 대해서도 언급되어 있다. 그러므로 계획부터 추진까지 3·1운동에 큰 역할을 하였던 개신교와 천도교에 비교할 정도는 아니지만, 천주교회가 어떤 태도를 취하였고 천주교 신자들은 3·1만세운동에 어떤 역할을 하였는지 일제가 작성한 자료들에서 파악할 수 있다.
　천주교회 측 자료에서도 3·1운동 당시 천주교회가 취한 모습을 확인할 수 있다. 주교를 비롯하여 외국인 선교사들과 한국인 신부들까지 한국천주교회의 성직자들은 대부분 천주교회와 천주교 신자들의 만세운동 참여를 부담스러워 하였고 경계하였다. 신자들의 만세운동 참여를 금지하면서 성직자들이 내세운 것은 정교분리였다. 그런데 3·1운동이 일어나기 4년여 전인 1914년 8월 제1차 세계대전(이하 1차대전으로 약칭)이 발발하자 한국에서 선교 중이던 프랑스인 선교사들은 그들의 모국에서 내린 징집령에 따라 귀국하였고 병원과 전장(戰場)에서 활동하였다. 그들은 전장에서 성직자·수도자로서의 성무(聖務)를 수행하였지만, 동시에 군인으로서의 역할도 하였다. 그런데 군인으로서의 임무 수행은 그동안 천주교회가 내세웠던 정교분리와 상당한 거리가 있었다. 모국의 징집 명령에 응하고, 적으로부터 조국을 지키기 위해 싸우는 것을 종교적이라고는 말하기 어렵기 때문이다. 그럼에도 한국에서 선교활동을 펼치던 많은 선교사들이 모국의 징집령에 따라 귀국하여 전장에 투입되거나 병원에서 군인들을 돌보았다. 그리고 그러한 일을 수행하는 4년여 동안 몇 명의 선교사는 전사하거나 병사하였다. 따라서 많은 선교사들이 1차대전에 직·간접으로 참여하였던 한국 천주교회가 3·1운동 때 정교분리를 내세우며 신자들의 만세운동 참여를 금지하였던 이유가 무엇이었는지를 규명할 필요가 있다.

한편 성직자들이 금지하였지만 일부 천주교 신자들이 만세운동에 참여하였고, 그로 인해 체포되었고 수감생활을 하였다. 천주교 신자들은 만세운동을 탄압하는 일제로부터, 그리고 만세운동 참여를 금지하는 교회(성직자들)로부터, 즉 이중의 고통을 받았다. 그러므로 그러한 상황에서도 만세운동에 참여하였던 천주교 신자들의 만세운동 참여 동기가 무엇이었는지도 살펴보아야 한다.

3·1운동에 대한 천주교회의 태도와 천주교 신자들의 만세운동 참여 현황 그리고 천주교회 3·1운동의 한계 등은 필자가 정리했었다.[1] 필자는 여기에서 한 걸음 더 나아가 한국천주교회의 3·1운동을 1차대전과 관련하여 규명해 보려 한다. 3·1운동의 발발 중요 원인으로 민족자결주의가 언급되는데, 민족자결주의는 1차대전의 전후 처리 방안으로 채택되었다. 따라서 3·1운동과 민족자결주의의 관계를 이해하기 위해서는, 3·1운동을 1차대전과 관련하여 파악할 필요가 있다. 특히 한국천주교회의 많은 선교사들이 1차대전에 참여하였으므로 한국천주교회의 3·1운동은 1차대전과 관련하여 추적할 필요성이 제기된다.

2. 천주교 신자들의 만세운동

일제의 자료에 의하면 3·1운동으로 1919년 3월 1일부터 5월 10일까지

---

1) 윤선자, 「3·1운동기 천주교회의 동향」, 『역사학연구』 11, 호남사학회, 1997.

7,972명이 입감(入監)되어 1,391명이 석방되고 790명이 형을 언도받았으며 930명이 타감(他監)으로 이감(移監)되었다. 그리고 5,879명 중 4,115명이 공판 중, 655명이 예심 중, 1,109명이 검사조사 중이었다. 입감자 중 천주교 신자는 53명(남 45, 여 8)이었는데, 서대문감옥에 25명(남 18, 여 7), 공주감옥에 1명(남 1), 원산분감에 4명(남 4), 평양감옥에 7명(남 7), 해주감옥에 4명(남 4), 대구감옥에 11명(남 10, 여 1), 군산분감에 1명(남 1)이었다.2)

50여 일 후인 1919년 6월 30일까지는 약 900여 명이 증가하여 8,886명이 입감되었는데 기결수 2,247명, 미결수 4,2901명(남 4,231, 여 59)이었다. 입감자 중 천주교 신자는 미결수 57명(남 49, 여 8)으로3) 서대문감옥에 25명(남 18, 여 7), 원산분감에 4명(남 4), 평양감옥에 7명(남 7), 신의주분감에 1명(남 1), 해주감옥에 4명(남 4), 대구감옥에 15명(남 14, 여 1), 군산분감에 1명(남 1)이었다.4) 입감자의 종교에 대해서는 5월 31일, 6월 10일자의 통계에도 기록되어 있는데 천주교 신자 수는 같다.5) 이후 6월 30일까지의 통계에서 변화를 보였는데 공주감옥에서 1명이 풀려나고, 신의주분감에 1명이 새로 입감되었으며, 대구감옥에 3명이 새로 입감되어 6월 10일의 통계 대비 4명의 천주교 신자가 증가하였다.

---

2) 密 第102號 其281 騷擾事件報告 臨時報 第22, 『大正8年乃至同10年 朝鮮騷擾事件 關係書類 共7冊 其4』, 조선총독부 → 長谷川好道(朝鮮總督) 외, 1919년 5월 22일.
3) 『朝鮮彙報』 1919년 9월 : 『독립신문』 1919년 10월 6일, 「독립운동에 관하여」.
4) 密 第102號 其371 朝鮮騷擾事件報告月報 第1號, 『大正8年乃至同10年 朝鮮騷擾事件關係書類 共7冊 其4』, 조선총독부 → 長谷川好道(朝鮮總督) 외, 1919년 7월 31일.
5) 密 제102호 其317, 騷擾事件報告 旬報 제18, 『大正8年乃至同10年 朝鮮騷擾事件關係書類 共7冊 其4』, 조선총독부 → 長谷川好道(朝鮮總督) 외, 1919년 6월 10일 ; 密 第102號 其339 騷擾事件報告 旬報 第19, 『大正8年乃至同10年 朝鮮騷擾事件關係書類 共7冊 其4』, 조선총독부 → 長谷川好道(朝鮮總督) 외, 1919년 6월 20일.

<표 1> 3·1운동으로 수감된 천주교 신자의 감옥별 현황

감옥소 날짜	서대문감옥			공주감옥			원산분감			평양감옥			신의주분감		
	남	여	계	남	여	계	남	여	계	남	여	계	남	여	계
1919.5.10	18	7	25	1		1	4		4	7		7			
1919.6.30	18	7	25				4		4	7		7	1		1

감옥소 날짜	해주감옥			대구감옥			군산분감			계		
	남	여	계	남	여	계	남	여	계	남	여	총계
1919.5.10	4		4	10	1	11	1		1	45명	8명	53명
1919.6.30	4		4	14	1	15	1		1	49명	8명	57명

입감된 천주교 신자들 중 각 재판소[법원][6)]에서 수리(受理) 처분된 숫자는 1919년 4월 30일까지 18명이었다. 즉 경성지방법원 본청에 7명, 함흥지방법원 원산지청에 1명, 평양지방법원 본청에 1명, 해주지방법원 본청에 3명, 해주지방법원 서흥지청에 1명, 대구지방법원 본청에 5명이었다.[7)] 이어 5월 20일까지 각 재판소에 수리 처분된 천주교 신자는 19명으로, 경성지방법원 본청에 7명, 함흥지방법원 원산지청에 1명, 평양지방법원 본청에 1명, 해주지방법원 본청에 4명, 해주지방법원 서흥지청에 1명, 대구지방법원 본청에 5명이었다.[8)] 4월 30일까지 수리 처분된 숫자와 비교하면, 해주지방법원 본청에서 1명이 증가하였다. 그리고 6월 30일까지 각 재판소에 수리 처분된 천주교 신자는 17명으로, 경성지방법원 본청에 7명, 함흥지방법원 원산지청에 1명, 평양지방법원 본청에 1명, 해주지방법원 본청에 4명, 해주지방법원 서흥지청에 1명, 대구지방법원 본청에 3명이다.[9)] 5월 20

---

6) 강제병합 이후 일제는 1910년 10월 1일자로 통감부재판소를 조선총독부재판소로 개칭하고, 「조선총독부 재판소의 명칭, 위치 및 관할구역」(조선총독부령 제9호)을 공포. 조선총독부 재판소는 고등법원 1(경성), 공소원 3, 지방재판소 8, 지방재판소지부 12, 區재판소 68개 등 92개로 조직되었다.
7) 密 第102號 其281 騷擾事件報告 臨時報 第22, 『大正8年乃至同10年 朝鮮騷擾事件關係書類 共7冊 其4』, 조선총독부→ 長谷川好道(朝鮮總督) 외, 1919년 5월 22일.
8) 陸軍省, 『朝鮮騷擾事件關係書類』 4, 109~111쪽.

일까지 수리 처분된 숫자와 비교하면, 대구지방법원 본청에서 2명이 감소하였다.

〈표 2〉 3·1운동으로 각 재판소에 수리 처분된 천주교 신자

재판소 날짜	경성지법 본청	함흥지법 원산지청	평양지법 본청	해주지법		대구지법 본청	계
				본청	서흥지청		
1919.4.30	7	1	1	3	1	5	18명
1919.5.20	7	1	1	4	1	5	19명
1919.6.10	7	1	1	4	1	3	17명

1919년 3월 1일부터 12월 31일까지 각 재판소에 수리 처분된 인원은 검사 처분된 수가 19,054명(여 471), 예심 처분된 수가 1,696명(여 64)이었다. 검사 처분된 19,054명은 기소 9,255명(여 186), 불기소 7,712명(여 215), 타청 송치 1,953명(여 18) 등 종국(終局) 18,920명(여 419), 미종국(未終局) 134명(여 52)이었다. 예심 처분된 1,696명은 부(付)공판 1,085명(여 38), 면소(免訴) 248명(여 14), 관할위(管轄違) 219명, 소멸 6명 등 종결 1,558명(여 52), 심리 중 138명(여 12)이었다. 검사 처분에 천주교 신자는 54명이 있었는데 종국 53명, 미종국 1명이었다. 종국 53명은 기소유예 9명(여 1), 기타 13명 등 불기소 22명(여 1), 타청 이관 31명이었다.[10]

---

9) 密 第102號 其371 朝鮮騷擾事件報告月報 第1號,『大正8年乃至同10年 朝鮮騷擾事件關係書類 共7冊 其4』, 조선총독부 → 長谷川好道(朝鮮總督) 외, 1919년 7월 31일.
10) 朝鮮總督府 法務課,『妄動事件處分表』, 大正 9年 1月.

〈표 3〉 3·1운동으로 검사 처분된 천주교 신자(1919.3.1~1919.12.31)

종국	불기소	기소유예	9	22	53명
		기타	13		
	타청 이관			31	
미종국					1명
합					54명

신문기록·판결문 등 일제 측 자료와 천주교회 측 기록 등을 통하여 확인된, 3·1만세운동으로 체포되어 수감되고 검사 처분되고 그리고 재판에 회부된 천주교 신자들은 다음과 같이 정리할 수 있다. 만세운동에 참여한 날짜순이다.

최정숙(崔貞淑)[11]은 18세로 경성여자고등보통학교 졸업반이던 1919년 3월 1일 만세운동에 참여하였다가 체포되었다. 1919년 11월 16일자 경성지방법원 판결문을 보면 최정숙의 주소는 '경성부 본정 2정목 27번지 수녀원기숙사[12] 내'였는데 이 판결문에 종교는 표기되어 있지 않다. 그러나 3월 5일자 경성지방법원 검사국의 신문조서와 6월 26일자 경성지방법원 신문조서에는[13], 최정숙이 천주교 신자이고 프랑스교회에 나가고 있으며 푸아넬(Poisnel, Victor Louis, 한국명 朴道行)[14] 신부로부터 신앙지도를

---

11) 1902-1977. 1993년 대통령표창 추서.(독립유공자공훈록편찬위원회 편, 『독립유공자공훈록』 11, 1994 참조) ; 공훈전자사료관(http://e-gonghun.mpva.go.kr/user/ContribuReportDetail.do?goTocode=20002 : 2019년 11월 5일 검색).
12) 1908년 서울수녀원에 기숙사를 마련하여 지방의 여학생들까지 수용.(샬트르성바오로수녀회125년사편찬위원회, 『한국샬트르성바오로수녀회 125년사』, 샬트르성바오로수녀회, 2014, 32쪽)
13) 국사편찬위원회 한국사데이터베이스 『한민족독립운동사자료집』 14(3·1운동 IV), 3·1독립시위 관련자 신문조서(검사조서), 崔貞淑 신문조서, 1919년 3월 5일 (http://db.history.go.kr/id/hd_014_0010_0290) ; 17(3·1운동 VII), 3·1독립시위 관련자 예심조서, 崔貞淑 신문조서(제2회), 1919년 6월 26일.(http://db.history.go.kr/id/hd_017_0010_0770) 2019년 11월 5일 검색.
14) 1892년부터 종현(현 명동)본당 주임신부.

받는다고 기록되어 있다. 그녀는 한국이 독립할 수 있게 되었으므로 학생들이 독립만세를 외친다고 생각하였고, 그래서 한국인으로서 기꺼이 만세 군중들과 함께 만세를 불렀다고 하였다. 또한 남의 압박받는 것은 누구라도 좋아하지 않고 자유를 바라기에 한국도 자유의 나라가 되고 싶어 독립을 원하며, 학교선생으로부터 재일한국인유학생들이 독립운동을 했다는 말을 들었고, '일한병합' 이후 일본인과 한국인이 동등한 대우를 받지 않았다고 진술하였다. 그리고 파리강화회의에서 민족자결주의가 제창되고 있으므로, 일본인과 민족이 달라 동화될 수 없는 한국인이 독립하고자 궐기하면 파리강화회의에서도 알게 될 것이고, 일본정부도 한국의 독립을 승인해 줄 것이라 생각했으며, 민족자결에 대해서는 신문을 통해 알았다고 하였다.

최정숙의 이러한 진술은 다른 학생들에게서도 확인되는데, 경성의학전문학교 학생들이 독립을 바란 가장 직접적인 이유가 일제의 민족차별이었다. 경성의학전문학교 학생들은 신문·잡지의 기사를 통해 미국대통령 윌슨이 정의와 인도주의를 바탕으로 발표한 민족자결주의를 알았고,[15] 파리강화회의에서 한국에 민족자결주의의 원칙을 적용시켜 주리라 기대하였다. 한국민족의 독립선언이 발표되고 만세시위를 통해 한국인들의 독립의사가 대외적으로 알려지면 파리강화회의에서 한국 문제가 논의될 것이고, 일본정부도 '이성'에 의해 또는 '대세'에 따라 한국의 독립을 허용하게 될 것이라 생각했던 것이다.[16]

이기풍(李基豊)[17]은 24세로 황해도 봉산군 서종면 단장리(鳳山郡 西鍾面 丹墻里)의 교사였는데, 사리원(沙里院) 장날인 3월 11일 태극기를 준비하여[18] 주민 130여 명과 함께 만세를 부르면서 사리원시장을 향해 가던

---

15) 김상태, 「경성의학전문학교 학생들의 3·1운동 참여 양상」, 『한국민족운동사연구』 100, 한국민족운동사연구회, 2019, 139쪽.
16) 김상태, 「경성의학전문학교 학생들의 3·1운동 참여 양상」, 160~161쪽.
17) 1895~1976. 1977년 대통령 표창.(『독립유공자공훈록』 3, 1987)

중 단장리 부근에서 체포되었다.19) 그는 천주교회 측 기록에 의하면 세례명이 루도비코인 천주교 신자이다.20) 해주지방법원 서흥지청 및 평양공소원에서 징역 1년 6월을 언도받았고, 1919년 5월 3일 평양복심법원 판결에 불복하여 상고하였는데, 1919년 5월 29일 고등법원에서 상고를 기각당하였다. 그는 파리강화회의에서 민족자결론과 역사가 있는 국가 및 인구 500만 명 이상의 국가는 독립할 것이라는 선언이 있어 한국인의 한국임을 표시했고, 일제하에서 10여 년 교육을 받은 결과 자립자지(自立自志)를 표시한 것이라고 주장하였다.21) 상고를 기각당한 1919년 5월 29일 서대문감옥에 수감된 그는 1920년 2월 28일 '은사(恩赦)'로 출옥하였다.22)

이윤문(李允文)23), 신태윤(申泰允)24), 신태의(申泰義)25)는 판결문26)에 모두 천주교 신자로 기록되어 있고, 각각 경기도 강화군 부내면 관청리(江華郡 府內面 官廳里), 길상면 길직리(吉祥面 吉稷里) 147, 길상면 길직리 146에 거주하였다. 세 사람은 강화읍내 장날인 3월 18일 강화군 부내면 읍내시장에서 1만여 명의 군중과 함께 한국독립만세를 불렀고, 「독립선언서」와 「국민회보」를 배포하였으며, 군청과 경찰서 등에 몰려가 순사를 구타하였다. 이윤문은 37세의 미상(米商), 신태윤은 36세의 농부, 신태의는 19

---

18) 大正 9年 刑上第22號 박기영(朴基永) 판결문, 1920년 3월 28일, 고등법원.
19) 朝鮮總督府 內秘補 210 ; 秘第183號, 不穩事件ニ關スル報告, 大正八年 騷擾事件ニ關スル道長官報告綴 七冊ノ內二, 申應熙(황해도장관) → 長谷川好道(조선총독), 1919년 3월 18일.
20) 최석우, 『한국종교운동사-천주교-한국현대문화사대계』 V, 고려대 민족문화연구소, 1981, 232쪽.
21) 大正 8年 刑上第117號 이기풍(李基豊) 등 판결문, 1919년 5월 29일, 고등법원.
22) 국사편찬위원회 한국사데이터베이스 '일제감시대상인물카드' 이기풍(http://db.history.go.kr/id/ia_3645_2829) ; 2019년 11월 5일 검색.
23) 1882~1922. 1992년 대통령 표창.(『독립유공자공훈록』 10, 1993)
24) 1884~1932. 2019년 대통령표창. 독립유공자 공적조서(관리번호:1220) 공훈전자사료관(http://e-gonghun.mpva.go.kr/diquest/Search.do) : 2019년 11월 15일 검색.
25) 1901~1974. 2003년 대통령 표창.(『독립유공자공훈록』 15, 2003)
26) 大正 8年 刑第930號 유봉진 등 39명 판결문, 1919년 12월 18일, 경성지방법원.

세의 잡화상이었는데 1919년 12월 18일 경성지방법원에서 이윤문과 신태의는 각각 태(笞) 90에 소요는 무죄를, 신태윤은 검사의 기소가 없어 공소불수리를 언도받았다. 이 판결문에 기록된 39명 중 38명의 종교가 기록되어 있는데, 예수교도 즉 개신교신자 22명, 무종교 13명, 천주교 신자 3명이었다. 이 재판 결과는 『매일신보』에도 소개되었다.27)

김교영(金敎永)28)은 62세로 광주군 동부면 망월리(廣州郡 東部面 望月里)의 구장(區長)으로 농업에 종사 중이었다. 3월 27일 한국독립운동의 방법으로 한국독립만세를 부른다는 것을 알고 망월리에서도 독립만세를 불러야 한다고 생각하여 직접 그리고 마을 소사(小使) 김용문(金用文) 등을 시켜 모은 9명을 인솔하여 동부면사무소 앞에 가서 한국독립만세를 불렀다.29) 당시 동부면은 천주교 구산공소(龜山公所) 관할지역이었고, 구산공소는 약현본당(藥峴本堂) 소속이었는데,30) 천주교회 측 기록에 의하면 위의 9명 중 5~6명이 천주교 신자였고, 1명을 제외하고는 모두 매를 맞고 풀려났다. 1명은 서대문감옥에 수감된 김교영이라 생각되는데, 약현본당의 비에모(Villemot, Marie Pierre Paul, 한국명 禹一模) 신부는 풀려나지 못한 1명이 10여 년 전부터 냉담 중이라 하였고, 수감된 것이 숙고의 기회가 되기를 바란다고 하였다.31) 김교영 신문기록을 찾을 수 없어 자세한 내용은 알 수 없으나, 판결문에 '천주교도'라고 기록되어 있고, 9명 중 5~6명이 천주교 신자라는 것을 보면 천주교회 측 기록과는 달리 당시 김교영의 천주교 신앙은 분명했다고 생각된다. 김교영은 1919년 4월 49일 경성지방법

---

27) 『매일신보』 1919년 12월 20일, 「'江華騷擾犯, 십팔일에 판결 언도」.
28) 1858~1929. 1994년 애족장 추서.(『독립유공자공훈록』 11, 1994)
29) 大正 8年 刑第1291號 김교영 판결문, 1919년 4월 29일, 경성지방법원 ; 「大正 8年 刑控第354號 김교영 판결문」, 1919년 6월 2일, 경성복심법원.
30) 수원교구50년사편찬위원회, 『수원교구50년사 자료집 4 : 수원교구 교세통계표』, 천주교수원교구, 2019, 536~599쪽 참조.
31) 「뮈텔문서」 1919-5, 비에모 신부가 뮈텔 주교에게 약현에서 보낸 1919년 5월 20일자 편지.

원에서 보안법 위반으로 징역 1년 6월을 언도받아, 1919년 6월 2일 경성복심법원에 공소하였으나 기각당하여 1919년 6월 4일 서대문감옥에 투옥되었고, 1920년 4월 28일 '은면(恩免)'으로 출소하였다.32)

한영규(韓榮圭)33)와 김운식(金云植)은 용인군 내사면 남곡리(龍仁郡 內四面 南谷里)에 거주하는 각각 37세와 21세의 농부로, 3월 29일 한영규가 만든 태극기를 앞세우고 100여 명의 마을 사람들을 인솔하여 만세를 부르면서 내사면 양지리(陽智里)로 행진하였다. 이들은 한국민족으로서 정의와 인도에 근거하여 만세시위를 하였다며 징역 10월을 언도한 1919년 5월 13일의 경성지방법원 판결34)에 불복하여 공소하고 상고하였으나 기각당하였다.35) 정의와 인도주의는 민족자결주의의 중요 단어였으므로 두 사람이 민족자결주의를 알고 있었을 가능성이 크다. 일제는 두 사람의 신분을 '양반'이라 하였는데, 8월 21일 서대문감옥에 투옥되었고, 1920년 4월 28일에 은면(恩免)으로 출소하였다.36) 경성지방법원 판결문에 '천주교'라 기록되어 있고, 이후 경성복심법원과 고등법원형사부에는 종교에 대한 언급이 없다. 한영규와 김운식이 살던 내사면 남곡리는 천주교 은이[隱里]공소 구역으로 미리내[美里川]본당 강도영(姜道永, 마르코) 신부의 관할이었다.37)

---

32) 국사편찬위원회 한국사데이터베이스 '일제감시대상인물카드' 김교영(http://db.history.go.kr/id/ia_0480_0349) : 2019년 11월 15일 검색 ; 박경목, 『식민지근대감옥 서대문형무소』, 일빛, 2019, 358쪽.
33) 1882~1954. 1990년 애족장 추서.(『독립유공자공훈록』 9, 1991)
34) 한영규 외 1인 판결문, 1919년 5월 13일, 경성지방법원.
35) 大正 8年 刑控第四五四號, 한영규 외 1인 판결문, 1919년 7월 5일, 경성복심법원 ; 大正 8年 刑上第六六二號, 한영규 외 1인 판결문, 1919년 8월 21일, 고등법원 형사부.
36) 국사편찬위원회 한국사데이터베이스 '일제감시대상인물카드' 한영규(http://db.history.go.kr/id/ia_5904_4578) / 김운식(http://db.history.go.kr/id/ia_1149_0891) : 2019년 11월 15일 검색 ; 박경목, 『식민지근대감옥 서대문형무소』, 482쪽.
37) 수원교구50년사편찬위원회, 『수원교구50년사 자료집4 : 수원교구 교세통계표』, 524~525, 556~557, 588~589, 618~619쪽 참조.

강도영 신부도 자신의 관할구역에서 일어난 만세운동을 뮈텔(Mutel, Gustave Charles Marie, 한국명 閔德孝) 주교에게 보고하였으리라 생각되는데, 한영규와 김운식의 만세운동을 언급한 교회 측 보고서는 찾을 수 없다.

박성행(朴聲行)38)은 27세의 의사로 황해도 해주군 해주면 북욱정(海州郡 海州面 北旭町)에서 일신병원을 운영 중이었다. 3월 30일 해주군 남문 내 종로통에서 100여 명의 군중과 함께 태극기를 흔들며 한국독립만세를 부르다가 경관의 명령에 해산하였다. 그리고 해주면에서 약 1리 정도 거리인 영동면 석계리(泳東面 石溪里)의 위독환자에게 왕진을 가기 위해 인력거 부(夫)를 기다리던 중 독립만세 주창자로 체포되었다. 박성행은 징역 6월을 언도한 1919년 4월 해주지방법원의 판결에39) 불복하여 공소하였고, 1919년 5월 21일 평양복심법원의 판결에 불복하여 상고하였으나 1919년 7월 5일 고등법원에서 기각당하였다.40) 천주교회 측 기록에 의하면 박성행은 천주교 신자였고, 그날의 만세운동에 참여한 최희원과 최준표도 천주교 신자였다.41)

이순모(李順模)42)는 경기도 수원군 장안면 수촌리(水原郡 長安面 水村里)에 거주하는 28세의 농부로, 4월 3일 수원군 우정면(雨汀面)·장안면 일대의 만세운동을 지휘하였다. 그는 만세운동을 계획했던 차희식(車喜植) 등에게서 몽둥이를 가지고 장안면사무소로 집합하라는 연락을 받고 장안

---

38) 1892~1950. 1914년 3월 조선총독부의원 부속 의학강습소 졸업. 1916년 해주에서 일신의원(日新醫院) 개업. 1920년 7월 대한독립단 황해지단에 가입, 그해 8월 대한독립단 파견대 구월산대(九月山隊)의 은율군수 최병혁(崔丙赫) 사살 사건 등에 연루되어 평양복심법원에서 징역 3년 6월을 선고받고 복역. 3·1운동과 대한독립단 사건으로 1982년 건국포장, 1990년 애국장 추서. 친일행적으로 2011년 4월 서훈 취소.(「박성행」, 『한국민족문화대백과사전』 [http://encykorea.aks.ac.kr/Contents/Index?contents_id=E0020797] : 2019년 11월 15일 검색)
39) 『매일신보』 1919년 4월 25일, 「해주 소요 공판」.
40) 大正8年 刑上第三四八號, 김시용 외 1인 판결문, 1919년 7월 5일, 고등법원.
41) 최석우, 『한국종교운동사-천주교-한국현대문화사대계』 V, 232쪽.
42) 1893~1975. 1963년 독립장 추서.(『독립유공자공훈록』 2, 1986)

면사무소로 달려가 200여 명 군중의 선두에서 투석과 몽둥이로 면사무소를 부수고 공문서를 파기하였다. 군중이 1,000여 명으로 증가하자 쌍방산(雙方山)으로 군중을 인솔하여 독립만세를 외쳤고, 군중이 2,000여 명으로 증가하자 차인범(車仁範) 등과 군중을 인솔하여 우정면사무소로 가서 앞장서서 면사무소의 유리창을 부수고 집기류를 파기하였다. 이어 군중을 인솔하여 우정면 화수리(花樹里)의 화수경찰관주재소로 달려가 투석하고 주재소 뒤편에 불을 질렀다. 이때 일본인 순사 카와바타 토요타로우[川端豊太郞]가 만세군중에게 발포하자 군중들과 함께 추격하여 붙잡고 곤봉과 돌로 격살하였다. 1919년 8월 8일 예심이 종결되었고,[43] 경성지방법원의 1920년 3월 22일자 판결[44]에 불복하여 1920년 8월 9일에 공소하였으며,[45] 1920년 12월 9일 경성복심법원에서 징역 10년을 언도받았다.[46]

이순모는 『천자문』, 『동몽선습』, 『통감』, 『격몽요결』을 14·15세부터 3~4년 동안 공부하였다.[47] 1919년 6월 30일 수원군 향남면(鄕南面) 발안(發安)심상소학교에서의 임의 진술 때는 종교가 없다고 하였는데[48] 공판시말서에서는 '이전에는 천주교를 믿었다'고 하였고,[49] 1919년 8월 27일 고등법원 신문조서에는 "작년까지는 천주교를 믿고 있었으나 그

---

43) 『매일신보』 1919년 8월 8일, 「수원소요사건 예심종결 결정」.
44) 大正8年 特豫第二號, 김현묵 외 26인 판결문, 1920년 3월 22일, 고등법원.
45) 大正8年 刑公第四00號, 김현묵 외 26인 판결문, 1920년 8월 9일, 경성지방법원.
46) 大正9年 刑豫第壹二七號, 김현묵 외 26인 판결문, 1920년 12월 9일, 경성복심법원.
47) 국사편찬위원회 한국사데이터베이스 『한민족독립운동사자료집』 21(3·1운동XI), 고등법원 신문조서, 이순모 신문조서, 1919년 8월 27일(http://db.history.go.kr/item/level.do?itemId=hd&levelId=hd_021r_0020_0260&types=r) : 1919년 11월 5일 검색.
48) 국사편찬위원회 한국사데이터베이스 『한민족독립운동사자료집』 20(3·1운동X), 3·1독립시위 관련자 예심조서, 李順模 청취서.(http://db.history.go.kr/item/level.do?itemId=hd&levelId=hd_020r_0010_0880&types=r) : 2019년 11월 5일 검색.
49) 국사편찬위원회 한국사데이터베이스 『한민족독립운동사자료집』 21(3·1운동XI), 복심법원 공판시말서(제2회), 被告 李順模.(http://db.history.go.kr/item/level.do?itemId=hd&levelId=hd_021_0030_0020_0180&types=o) : 2019년 11월 5일 검색

뒤에는 그만두었다"고 하였다.50) 면사무소 파괴는 물론 일본인 순사까지 격살하였으므로 계속하여 천주교를 믿고 있다고 했을 때 천주교회에 미칠 부정적인 상황을 생각하여 이렇게 진술한 것이 아닌가 생각된다.

우정면·장안면의 4월 3일 만세시위 및 일본인 순사 참살에는 갓등이본당 장안공소의 신자들인 김삼만(金三萬),51) 김선문(金善文), 김여춘(金汝春), 안경덕(安敬德), 최경팔(崔敬八) 등도 연루되어 체포되었다. 김삼만은 29세의 농부로 무학이고 부모 때부터 천주교 신자였고,52) 김선문은 45세의 농부로 무학문맹이고 3대 조부터 천주교 신자였으며,53) 김여춘은 52세의 농부로 무학문맹이고 1911·1912년부터 천주교 신자였다.54) 안경덕은 36세의 농부로 서당에서 한문 공부를 하였고 천주교 신자였으며,55) 최경

---

50) 국사편찬위원회 한국사데이터베이스『한민족독립운동사자료집』21(3·1운동XI), 고등법원 신문조서, 李順模 신문조서(http://db.history.go.kr/item/level.do?itemId=hd&levelId=hd_021_0020_0260&types=o) : 2019년 11월 5일 검색.
51) 천주교회기록에는 김광옥으로 되어 있다.(「뮈텔문서」1919~25, 김원영 신부가 갓등이에서 뮈텔 주교에게 보낸 1919년 6월 22일자 편지 : 왕림본당사편찬위원회·한국교회사연구소 편,『천주교 왕림(갓등이)교회 본당 설립 100주년 기념집』, 천주교왕림교회, 1990, 270~271쪽)
52) 국사편찬위원회 한국사데이터베이스『한민족독립운동사자료집』20(3·1운동X), 3·1독립시위 관련자 예심조서, 金三萬 조서(1919년 6월 6일, 서대문감옥). (http://db.history.go.kr/item/level.do?itemId=hd&levelId=hd_020_0010_0310&types=o) : 2019년 11월 5일 검색.
53) 국사편찬위원회 한국사데이터베이스『한민족독립운동사자료집』20(3·1운동X), 3·1독립시위 관련자 예심조서, 金善文 조서(1919년 6월 3일 서대문감옥) (http://db.history.go.kr/item/level.do?itemId=hd&levelId=hd_020_0010_0110&types=o) : 2019년 11월 15일 검색.
54) 국사편찬위원회 한국사데이터베이스『한민족독립운동사자료집』20(3·1운동X), 3·1독립시위 관련자 예심조서, 金汝春 신문조서(1919년 4월 26일 수원경찰서) (http://db.history.go.kr/item/level.do?itemId=hd&levelId=hd_019_0020_0560&types=o) ; 金汝春 조서(1919년 6월 3일, 서대문감옥)(http://db.history.go.kr/item/level.do?itemId=hd&levelId=hd_020_0010_0120&types=o) : 2019년 11월 5일 검색.
55) 국사편찬위원회 한국사데이터베이스『한민족독립운동사자료집』20(3·1운동X),

팔은 44세의 농부로 무학문맹이고 1916년경부터 천주교 신자였다.56)

이들은 수원경찰서에서의 피고인 신문조서와 경성지방법원 수원지청 검사분국 검사의 신문조서에 4월 3일의 만세시위와 일본인 순사 참살에 참여하였다고 인정하였다.57) 그러나 경성지방법원[서대문감옥] 예심판사의 신문조서 때는 수원에서의 진술 모두가 강압과 폭력 때문이었다며 부인하였다. 안경덕은 5월 3일 경성지방법원 예심판사의 조서에, 4월 3일 김선문·김여춘·김학구(金學九 : 김여춘의 아들)와 넷이서 새로운 공소 건물에 사용하기 위해58) 문두곡(文斗谷)이라는 곳에 가서 구들장을 캐어 가지

3·1독립시위 관련자 신문조서, 安敬德 신문조서(1919년 4월 29일 수원경찰서). (http://db.history.go.kr/item/level.do?itemId=hd&levelId=hd_019r_0020_0810&types=r) : 2019년 11월 5일 검색.

56) 국사편찬위원회 한국사데이터베이스『한민족독립운동사자료집』20(3·1운동X), 3·1독립시위 관련자 예심조서, 崔敬八 조서(1919년 4월 26일 수원경찰서) (http://db.history.go.kr/item/level.do?itemId=hd&levelId=hd_019_0020_0590&types=o) ; 崔敬八 조서(1919년 6월 4일, 서대문감옥)(http://db.history.go.kr/item/level.do?itemId=hd&levelId=hd_020_0010_0170&types=o) : 2019년 11월 5일 검색.

57) 김삼만[大正8特豫第8號 피고인신문조서(金三萬), 수원경찰서 警部 平山利治, 1919년 4월 15일 / 大正8特豫第8號 피고인신문조서(김삼만), 조선총독부재판소서기 金進重 ; 조선총독부검사 北村直甫, 1919년 4월 18일] ; 김선문[大正8特豫第8號 피고인신문조서(김선문), 수원경찰서 警部 平山利治, 1919년 4월 15일 / 大正8特豫第8號 피고인신문조서(김선문), 조선총독부재판소서기 金進重 ; 조선총독부검사 北村直甫, 1919년 4월 26일] ; 김여춘[大正8特豫第8號 피고인신문조서(김여춘), 수원경찰서 警部 平山利治, 1919년 4월 15일 / 大正8特豫第8號 피고인신문조서(김여춘), 조선총독부재판소서기 殿山十太郎 ; 조선총독부검사 北村直甫, 1919년 4월 26일] ; 안경덕[大正8特豫第8號 피고인신문조서(안경덕), 수원경찰서 警部 平山利治, 1919년 4월 15일 / 大正8特豫第8號 피고인신문조서(안경덕), 경성지방법원수원지청검사분국 조선총독부재판소서기 金進重 ; 조선총독부검사 北村直甫, 1919년 4월 29일] ; 최경팔[大正8特豫第8號 피고인신문조서(최경팔), 수원경찰서 警部 平山利治, 1919년 4월 15일 / 大正8特豫第8號 피고인신문조서(최경팔), 조선총독부재판소서기 殿山十太郎 ; 조선총독부검사 北村直甫, 1919년 4월 26일] 이상 국사편찬위원회 삼일운동 데이터베이스.

제2장 국제사회와 한국천주교회 87

고 왔다고 하였다.59) 김선문도 6월 3일과 7월 22일 예심판사의 조서에, 안경덕과 같은 내용의 말을 하였다. 그리고 4월 3일 저녁에 마을의 소사 박복룡(朴福龍)이 부르러 와서 나갔지만 장안면 독정리(篤亭里)에 이르렀을 때 돌아오는 사람들을 만나 그도 집으로 돌아갔다고 하였다.60) 김여춘도 6월 3일 예심판사의 조서에, 김선문과 같은 취지의 말을 하였다.61) 최경팔은 6월 4일 예심판사의 조서에, 수원에서의 검사신문 때 끓는 물을 얼굴에 끼얹고 수비대로 보내 총살한다고 협박하였기에 만세시위와 주재소 방화를 시인하였다며 수원에서의 진술을 부인하였다. 그는 4월 3일 제염소(製鹽所)에서 일했다며 화수리주재소 방화와 관련 없다고 주장하였다.62) 김삼만도 6월 6일 예심판서의 조서에, 제염소에서 일하고 있는데 아내가 와서 마을의 소사 박선제(朴善濟)가 장안면·우정면의 면사무소 및 주재소에 몰려가 한국독립만세를 부르고 면사무소를 부술 것이니 나오라고 했다는 말을 했지만 해가 졌기에 가지 않았다며, 고문 때문에 인정한 것이라며 수

---

58) 이들이 언급한 장안공소의 경당 건물은 1919년 11월 30일에 완공, 강복되었다. (왕림본당사편찬위원회·한국교회사연구소 편, 『천주교 왕림(갓등이)교회 본당 설립 100주년 기념집』, 275쪽)
59) 국사편찬위원회 한국사데이터베이스『한민족독립운동사자료집』20(3·1운동X), 3·1 독립시위 관련자 예심조서, 安敬德 조서.(http://db.history.go.kr/item/level.do?itemId=hd&levelId=hd_020_0010_0140&types=o) : 2019년 11월 5일 검색.
60) 국사편찬위원회 한국사데이터베이스『한민족독립운동사자료집』20(3·1운동X), 3·1 독립시위 관련자 예심조서, 金善文 신문조서(제2회)(http://db.history.go.kr/item/level.do?itemId=hd&levelId=hd_020_0010_0130&types=o) ; 3·1독립시위 관련자 신문조서, 金善文 신문조서(제2회)(http://db.history.go.kr/item/level.do?itemId=hd&levelId=hd_021_0010_0250&types=o) : 2019년 11월 5일 검색.
61) 국사편찬위원회 한국사데이터베이스『한민족독립운동사자료집』20(3·1운동X), 3·1 독립시위 관련자 예심조서, 金汝春 조서(1919년 6월 3일, 서대문감옥)(http://db.history.go.kr/item/level.do?itemId=hd&levelId=hd_020_0010_0120&types=o) : 2019년 11월 5일 검색.
62) 국사편찬위원회 한국사데이터베이스『한민족독립운동사자료집』20(3·1운동X), 3·1 독립시위 관련자 예심조서, 崔敬八 조서(http://db.history.go.kr/item/level.do?itemId=hd&levelId=hd_020_0010_0170&types=o) : 2019년 11월 5일 검색.

원에서의 조서 내용을 부인하였다.63)

당시 장안공소의 사목(司牧)을 맡고 있던 김원영(金元永, 아우구스티노) 신부는 이들이 면사무소와 주재소의 방화 및 일본인 순사 참살에 혐의가 없다고 뮈텔 주교에게 보고하였다.64) 이들은 증거 불충분으로 1919년 8월 7일 경성지방법원 예심에서 면소 방면되었다.65) 그러나 이들이 체포되어 약 4개월 동안 고문당하고 협박당한 것은 일본인 순사가 참살되어 당시의 사건이 중대하였고, 4월 3일의 만세시위 참여자가 많았는데 이 지역 천주교 신자들의66) 만세운동 참여가 많았기 때문이라 여겨진다.

약현본당 남 마태오 전교회장의 아들인 천주교 신자도 독립선언 유인물 배포에 연루되어 징역 10월을 선고받았다.67) 전주에서는 나바위[羅岩]본당의 계명학교 학생들이 만세시위에 참여하고자 태극기를 만들었는데 태극기를 만든 중심 인물 중 한 사람이 학생 박노익(아우구스티노)이었다. 그러나 이 사실이 발각되어 주재소로 끌려가 모진 매를 맞고 석방되었다.68)

---

63) 국사편찬위원회 한국사데이터베이스 『한민족독립운동사자료집』 20(3·1운동X), 3·1독립시위 관련자 예심조서, 金三萬 조서(1919년 6월 6일, 서대문감옥) (http://db.history.go.kr/item/level.do?itemId=hd&levelId=hd_020_0010_0310&types=o) : 2019년 11월 5일 검색.
64) 「뮈텔문서」1919-25, 김원영 신부가 갓등이에서 뮈텔 주교에게 보낸 1919년 6월 22일자 편지.(왕림본당사편찬위원회·한국교회사연구소 편, 『천주교 왕림(갓등이)교회 본당 설립 100주년 기념집』, 270~271쪽)
65) 『매일신보』 1919년 8월 8일, 「수원소요사건 예심종결 결정」; 朝憲密警 제126호 騷擾犯人豫審終結에 관한 件, 兒島物次郞(朝鮮憲兵隊司令官) → 田中義一(陸軍大臣), 1919년 8월 18일.
66) 1918~1919년 장안공소의 천주교 신자는 73명. 그리고 우정면에는 은행정리공소에 36명, 배곶공소에 18명, 장안면에는 사랑리공소에 15명의 천주교 신자가 있었다.(수원교구50년사편찬위원회, 『수원교구50년사 자료집4 : 수원교구 교세통계표』 572~573쪽)
67) 「뮈텔문서」1919-5, 비에모 신부가 약현본당에서 뮈텔 주교에게 보낸 1919년 5월 20일자 편지.
68) 김진소, 『전주교구사』 I, 빅벨, 1998, 873~874쪽.

만세시위를 권유한 천주교 신자도 있었다. 경기도 고양군 송포면(高陽郡 松浦面)의 면장과 서기 그리고 면민들에게 만세시위를 권유한 1919년 3월 21일자 「경통(敬通)」69)은 천주교 신자가 작성한 것이었다.

「敬通
우리 二千萬 동포로서 독립하기 위하여 京城 시내에서 大勢의 학생과 천주교인과 노동자까지 모두 만세를 부르는데 단지 고양군 송포면에서 만세를 부르지 않는 것이 무슨 이유인가. 면장과 서기가 백성 등을 團集하여 금월 27일에 만세를 부르시오. 만세를 부르지 않으면 큰 변을 당할 것이니 잘 생각하시고, 나머지는 모두 쓰지 않겠음. 대정 8년 3월 21일 천주교회원"

이 경통은 송포면민이 보냈을 가능성이 크다. 국사편찬위원회의 '삼일운동 데이터베이스'에 의하면, 고양군에서는 12개 면70) 중 1919년 3월 21일까지 연희면(延禧面 : 3월 1일), 용강면(龍江面 : 3월 5일), 한지면(漢芝面 : 3월 9일), 뚝도면(3월 12일) 등 4개 면에서 만세시위가 있었다. 송포면에서는 3월 23일부터 만세시위가 있었는데, 만세군중이 면사무소에 침입하는 것을 방관했다는 이유로 당직 면서기 1명과 소사 1명이 연루 혐의로 체포되었다가 풀려났다.71) 3월 24일에는 송포면사무소 부근에서 만세시위가 있었고,72) 3월 25일에는 송포면 덕이리(德耳里)에서 200여 명이

---

69) 국사편찬위원회 삼일운동 데이터베이스, 격문·선언서.(http://db.history.go.kr/samil/home/manifesto/select_manifesto_detail.do) : 2019년 8월 23일 검색.
70) 뚝도면, 벽제면, 송포면, 숭인면, 신도면, 연희면, 원당면, 용강면, 은평면, 중면, 지도면, 한지면.
71) 朝鮮總督府 內秘補 299 ; 秘第170號 騷擾ニ關スル件報告, 道長官 報告 大正八年 騷擾事件ニ關スル道長官報告綴 七册ノ內二, 松永武吉(경기도장관) → 山縣伊三郎(조선총독부 정무총감), 1919년 3월 27일.
72) 大正8年刑第1094號 이용 등 2명 판결문, 1919년 5월 2일, 경성지방법원 ; 大正8年刑控第362號 이용 등 2명 판결문, 1919년 6월 19일, 경성복심법원.

만세를 불렀는데 면서기 2명을 포함하여 10명이 체포되었다.[73] 3월 27일에는 송포면 대화리(大化里)에서 만세시위가 있었고,[74] 3월 28일에도 송포면에서 만세시위가 있었다.[75] 이처럼 송포면에서는 23일 이후 만세시위가 계속되었고, 이는 「경통」이 송포면민들의 만세시위에 상당한 영향을 미쳤다고 생각하게 한다.

천주교회 측 기록에 세례명이 요한인 김경두(金慶斗)[76]는 22세로 평양 숭실학교 재학 중 3·1운동이 일어나자 고향 신천군(信川郡)으로 돌아와 만세운동에 참여하였다.[77] 4월 7일 만세군중과 함께 황해도 신천군 용천면 사창리(龍川面 司倉里) 헌병주재소 부근에서 만세를 불렀다. 1919년 7월 19일 평양복심법원의 2년 6월형 판결에 불복하여 상고하였고, 1919년 9월 27일 고등법원형사부에서 상고를 기각당하였다.[78] 그는 한국 혈족으로 병합 이후 날마다 독립을 생각하며 살았고, 국민의 의무는 자국을 보유(保有)하고 혈족을 지배하는데 있다며 상고하였다. 판결문에서는 찾을 수 없는데, 천주교회 측 기록에 의하면 특사로 석방이 결정되자 거부하였는데 강제 출옥되었다.[79]

대구 장날인 3월 8일에 군중들과 함께 만세를 부르다가 체포된 대구의 사립 해성(海星)학교 졸업생으로 17세였던 이남숙(李南淑)도[80] 천주교 신

---

73) 高第8946號 獨立運動에 관한 건(제28보), 소요사건서류 朝鮮騷擾事件關係書類 共7冊 其7, 朝鮮總督府 警務總監部 高等警察課 → 長谷川好道(朝鮮總督) 외, 1919년 3월 27일.
74) 高 第9351號 獨立運動에 관한 건(제30보), 소요사건서류 朝鮮騷擾事件關係書類 共7冊 其7, 朝鮮總督府 警務總監部 高等警察課 → 長谷川好道(朝鮮總督) 외, 1919년 3월 29일.
75) 朝特報 第9號 騷擾事件에 관한 狀況(1919년 3월 26일-1919년 4월 5일), 소요사건서류 朝鮮騷擾事件關係書類 共7冊 其7, 朝鮮軍參謀部, 1919년 4월 7일.
76) 1898~1994. 1990년 애족장 추서.(『독립유공자공훈록』 3, 1987)
77) 한국교회사연구소 편, 『황해도천주교회사』, 한국교회사연구소, 1984, 128쪽.
78) 大正8年 刑上第810號 이치재 등 12명 판결문, 1919년 9월 27일, 고등법원 형사부.
79) 『황해도천주교회사』, 128쪽.
80) 이만집 외 75인 판결문, 1919년 4월 18일, 대구지방법원.

자일 가능성이 크다. 판결문에 천주교 신자라는 표기는 없지만, 해성학교가 천주교학교였기 때문이다. 또한 3월 8일 대구의 만세시위로 수백명이 체포되었는데,81) 대구대목구장 드망즈(Demange, Florian, 한국명 安世華) 주교도 대구본당의 해성학교 학생들이 체포되었다고 기록하였기82) 때문이다. 3·1운동 당시 드망즈 주교의 복사(服事)였던 윤광선에 의하면 만세운동으로 약 20명의 천주교 신자들이 체포되었다.83) 이러한 천주교회 측 자료를 볼 때 이남숙은 천주교 신자일 가능성이 높다. 강원도에서도 천주교 신자 8명이 만세운동에 참여하여 즉결 처분을 받았고,84) 충남에서도 천주교 신자들이 만세운동에 참여하였으며,85) 인천에서도 2명의 천주교 신자학생들이 만세운동으로 투옥되었다.86)

신학생들도 만세시위를 하였다. 3·1운동 당시 한국천주교회에는 경성에 용산 예수성심신학교, 대구에 성유스티노신학교 등 2개의 신학교가 있었다. 3월 5일 저녁 성유스티노신학교의 신학생들이 학교운동장에서 독립을 위한 노래를 불렀다.87) 3월 9일은 일요일이었고 사순(四旬)시기가 시작되

---

81) 「朝鮮總督府 內秘補 151 ; 慶北官秘432號, 騷擾事件ニ關スル件報告", 鈴木隆 (경상북도장관), 1919년 3월 9일, 『도장관보고 大正八年 騷擾事件ニ關スル道長官報告綴 七冊ノ內二』; Korean Independence Parade in Taiku, My dear folks, H. M. Bruen, 1919.5.1., 『재한선교사보고자료』. 이상 국사편찬위원회 삼일운동 데이터베이스 ; 이만집 외 76인 판결문, 1919년 4월 18일, 대구지방법원.
82) 『드망즈주교일기』 1919년 3월 8일.
83) 윤광선, 「3·1운동과 대구신자들」, 『교회와역사』 103, 한국교회사연구소, 1984.1, 15~16쪽.
84) 朝鮮憲兵隊司令部, 『朝鮮騷擾事件狀況. 大正八年』(大正8年6月 憲兵隊長 警務部長 會議席上報告), 1919, 187쪽 : 독립운동사편찬위원회 편, 『독립운동사자료집』 6(3·1운동사자료집), 독립유공자사업기금운용위원회, 1984, 621쪽.
85) 朝鮮憲兵隊司令部, 『朝鮮騷擾事件狀況. 大正八年』, 302쪽 : 『독립운동사자료집』 6(3·1운동사자료집), 701쪽.
86) 「뮈텔문서」1920연말보고서, 드뇌 신부가 제물포에서 뮈텔 주교에게 보낸 1920년 4월 26일자 편지 : 한국교회사연구소 편, 『자료로 본 천주교인천교구사 제2집 파리외방전교회 선교사 서한문』, 한국교회사연구소, 1986, 400쪽.
87) 『드망즈주교일기』 1919년 3월 7일.

는 날이었는데, 성유스티노신학교의 신학생들은 윌슨(Wilson, Thomas Woodrow) 미국대통령에게 편지를 보내고, 그날 오후 신학교 문을 나가 대구 시내에서 만세시위행진을 하기로 결정하였다.[88] 당시 신학생은 대신학생[신학반] 11명, 소신학생[라틴어반] 46명(상급반 24명, 하급반 24명) 등 57명이었다.[89] 훗날의 증언에 의하면, 해성학교 교사였던 김하정의 동생 김구정(金九鼎)[90]이「독립선언서」와 유인물 복사, 서정도(徐廷道, 벨라도)[91]가 태극기 제작을 맡았고, 신학교 교사 홍순일이 사회단체와의 연락을 담당하였다. 그러나 이러한 내용들이 교장신부 샤르즈뵈프에게 알려져「독립선언서」와 태극기 등을 압수당하였고, 만세시위는 무산되었다. 교장신부는 '나라가 독립되는 것은 좋은 일이지만 독립운동은 신학생들이 하지 않아도 잘 될 것이니, 신학생들은 독립되는 나라의 동포들 영혼을 구하는 것에만' 주력하라고 강조하였다.[92] 3월 9일은 사순시기가 시작되는 첫날이었다. 다른 나라, 다른 민족에게 나라를 빼앗기고 압제받는 상황에서 벗어나는 것이야말로 복음이었다. 유대인들이 로마인들에게서 해방되는 것이 '복음'이었듯이 한국인 천주교 신자들에게는 한국이 일제의 통치와 압제에서 해방되는 것이 진정한 '복음'이었다. 4월 3일 성유스티노신학교

---

88)『드망즈주교일기』1919년 3월 9일.
89) 대구관구대신학원 편,『성유스티노신학교 : 1914-1945』, 대구관구대신학원, 2013, 82·102쪽.
90) 용산신학교에서 라틴어 과정을 3년 수료하고 1914년 성유스티노신학교에 상급 라틴어반으로 입학, 신학반(1917년 9월 시작, 1922년 9월 졸업) 1년 수료.(대구관구대신학원 편,『성유스티노신학교 : 1914-1945』, 106~107쪽)
91) 용산신학교에서 라틴어 과정을 3년 수료하고 1914년 성유스티노신학교에 상급 라틴어반으로 입학, 1923년 5월 26일 신학반을 졸업하고 사제서품을 받았다.(대구관구대신학원 편,『성유스티노신학교 : 1914-1945』, 106~107쪽 ;『드망즈주교일기』1923년 5월 26일)
92) 1979년 김구정 씨와 김진소 신부의 인터뷰(최석우,『한국교회사의 탐구』Ⅲ, 한국교회사연구소, 2000, 286~287쪽) ; 윤광선,「삼일운동과 대구 신자들」, 16쪽 ; 윤광선,「성유스티노신학교」,『영남교회사연구월보』16, 1993년 2월 20일, 4쪽 : 대구관구대신학원 편,『성유스티노신학교 : 1914-1945』, 174쪽.

의 신학생들은 또다시 만세시위를 시도하였는데 행동으로 실현하지는 못했다.93)

용산 예수성심신학교의 학생들은 3월 23일(일) 밤에 만세를 불렀다. 밤 9시, 대신학생들이 잠자리에 들려고 할 때 - 소신학생들은 8시에 취침 -, 삼호정(三湖亭) 언덕 위에서 횃불을 든 만세시위군중의 '독립만세' 소리가 들렸고, 동시에 새남터[沙南基] 쪽에서도 횃불을 든 군중의 만세 함성이 들렸다. 대신학생들은 이에 감동하여 창문을 열고 만세를 불렀다.94) 동포들이 전개하는 만세시위에 마음이 아팠던 신학생들은 다음날 신학교를 방문한 뮈텔 주교에게, 나라가 학대받고 있는데 가만히 있을 수 없다면서 울었고 발을 굴렀다. 그리고 만세시위를 하려면 신학교를 나가라는 뮈텔 주교의 말에, 몇몇 신학생은 신학교를 떠나기로 결심하였다.95) 신학교에서 8년 동안 공부한 풍수원본당의 박 마르코도 만세를 불렀다는 이유로 퇴학 당하였다.96)

이상에서 확인할 수 있듯이 만세운동에 참여한 천주교 신자들은 경성, 인천, 대구, 강원도, 충남, 전북, 황해도의 봉산군과 해주군, 경기도의 강화군·광주군·수원군·용인군 등 거주지역이 전국적이었다. 나이는 18세부터 62세까지였고, 직업은 농부, 학생, 교사, 의사, 미상(米商), 잡화상 등 다양하였다. 그들 중 상당수는 1차대전을 마무리하기 위한 파리강화회의에서 강조된 민족자결주의를 알고 있었고, 민족자결주의에 힘입어 한국의 독립을 이룰 수 있다고 생각하여 만세운동에 참여하였다. 천주교 신자들 중에 민족자결주의와 베르사유회담 등을 알고 있었던 이들은 많지 않았고 교회

---

93) 『드망즈주교일기』 1919년 4월 3일.
94) 『뮈텔주교일기』 1919년 3월 23일.
95) 『뮈텔주교일기』 1919년 3월 24·25일.
96) 「뮈텔문서」 1919-58, 정규하 신부가 풍수원에서 뮈텔 주교에게 보낸 1919년 10월 14일자 편지.(천주교원주교구문화영성연구소, 『풍수원에서 온 편지 : 정규하 아우구스티노 신부 서한집』, 한국교회사연구소, 2019, 183쪽)

내에서도 영향력이 없었다고 주장한 선교사도 있었지만97) 만세운동으로 체포된 천주교 신자들의 신문기록과 판결문은 그렇지 않다는 것을 보여준다. 그들은 민족자결주의를 직접 언급하였고, 국민의 의무는 자기 나라와 민족을 보존하고 지배하는 것이라 주장하였다. 곧 민족자결주의를 실천한 것이다.

천주교 신자들의 만세운동 참여를 반대한 성직자들과 신자들은 만세운동에 참여하기보다는 참여하지 않음으로써 그리스도의 가르침을 잘 실현한다고 믿었다. 그러나 만세운동에 참여한 천주교 신자들은 만세운동에 참여하는 것이 그리스도의 가르침을 실현하는 것이라 이해하였다. 그들의 만세운동 참여 이유를 그리스도의 가르침 실현이라는 측면에서 적극적으로 이해하고 실천하였다는 분명한 자료는 없다. 그러나 그들의 만세운동 참여는 의(義)롭게 살라는 그리스도의 가르침을 실천한 것이었다고 적극적으로 해석할 수 있다. 일제가 대한제국을 강점하고 지배한 것은 불의(不義)였다. 천주교 신자가 된다는 것은 그리스도의 가르침을 따르는 것인데, 그리스도의 가르침은 하느님 앞에 올바른 인간이 되어야 하는 것이다. 올바른 인간이 되기 위해서는 바르게 생각하고 행동해야 하며, 불의한 것을 외면하지 않아야 한다. 일제가 한국을 강점 지배한 것은 불의이고, 일제의 지배로부터 해방되고자 하는 독립운동은 의를 실천하는 것이었다. 따라서 천주교 신자들의 만세운동은 천주교 신앙의 측면에서도 충분한 참여 이유와 의미를 부여할 수 있다.

---

97) 「뮈텔문서」 1920연말보고서, 드뇌 신부가 제물포에서 뮈텔 주교에게 보낸 1920년 4월 26일자 편지 : 한국교회사연구소 편, 『자료로 본 천주교인천교구사 제2집 파리외방전교회 선교사 서한문』, 399쪽.

3. 성직자들의 만세시위 금지 조치

3·1운동이 일어난 2년 후 조선총독부는 『朝鮮の統治と基督敎』라는 책을 발행하였는데 기독교가 3·1운동의 배후라고 하였다. 그리고 "영국의 성공회, 프랑스의 천주교, 구세군에 속한 신자는 3·1운동 관계자 중에 거의 보이지 않는다"고 하였다.[98] 일제의 이러한 인식은 1919년에도 비슷하였다.

1919년 6월 각 도의 일본인 헌병대장·경무부장(警務部長) 연석회의에서 보고된 3·1운동 상황을 조선헌병대사령부에서 편술한 『조선소요사건상황(朝鮮騷擾事件狀況)』에도 "영국성공회, 천주교, 구세군, 시천교 등은 거의 초연한 태도를 지녀 방관"했다고 하였다.[99] 그리고 각 도별로 '만세운동과 종교의 관계'를 분석하였는데, 천주교에 대해서는 강원도와 경상북도에서의 상황만을 언급하였다. 즉 경상북도의 프랑스 천주교는 교회당 수 26호, 신도 7,988명으로 3월 8일 대구만세시위에서만 천주교 신자들 몇 명이 참여하였는데 5명의 천주교 신자들이 사법 처분되었다"[100] 하였고, 강원도에서는 만세운동으로 검거된 천주교 신자 8명이 즉결 처분되었다고[101] 하였다. 이어 천주교 선교사들의 태도를 각 도별로 다음과 같이 분석하였다.

- 충남의 천주교신도 중에 일시 약간 만세운동에 참가한 자가 있었으나, 프랑스인 선교사의 훈계에 따라 그 후 만세운동에 참여하는

---

98) 朝鮮總督府 編, 『朝鮮の統治と基督敎』, 朝鮮總督府, 1921(1923년 개정 4판), 13쪽.
99) 朝鮮憲兵隊司令部, 『朝鮮騷擾事件狀況. 大正八年』, 152쪽 : 『독립운동사자료집』 6(3·1운동사자료집), 587쪽.
100) 朝鮮憲兵隊司令部, 『朝鮮騷擾事件狀況. 大正八年』, 167쪽 : 『독립운동사자료집』 6(3·1운동사자료집), 605쪽.
101) 朝鮮憲兵隊司令部, 『朝鮮騷擾事件狀況. 大正八年』, 187쪽 : 『독립운동사자료집』 6(3·1운동사자료집), 621쪽.

신자가 없다.102) 충남 아산군에 프랑스 선교사가 1명 있지만 태도가 지극히 온건하다. 전에는 다소 수상한 언동이 있어 시찰을 해왔는데 1차 세계대전 이후 특히 사이온지[西園寺公望] 후작이 도불103)한 후로는 태도가 변했다.104)
- 전북의 프랑스인이 경영하는 천주교는 만세운동과 관계없다.105)
- 전남의 프랑스 천주교 선교사는 만세운동 전과 변화 없이 불편부당한 태도이다.106)
- 경북의 프랑스 천주교 선교사는 일·불 양국의 국교에 비추어 대체로 신중한 태도를 견지하였으며, 신도들에게 '우리 신도는 절대로 정치운동에 참가하면 안된다'고 훈계한 사례가 있다. 미국 북장로파의 근저가 뒤엎어지려는 기회를 틈타 교세 확장에 노력하고 있다.107)
- 경남의 프랑스 천주교 선교사가 거주한 곳은 부산 및 마산으로서 신자들 중에 이번 만세운동 참여자는 한 사람도 없다. 그 선교사가 만세운동 발발에 즈음하여 신자들에게 '종교와 정치와는 구별이 있다. 우리 교도는 이번의 만세운동과 같은 정치적인 일에는 일절 관여해서는 안된다'고 훈유하였기 때문인 것 같다.108)

---

102) 朝鮮憲兵隊司令部, 『朝鮮騷擾事件狀況. 大正八年』, 302쪽 : 『독립운동사자료집』 6(3·1운동사자료집), 701쪽.
103) 파리강화회의 일본전권대사로 선임되어 1919년 1월 11일 고베[神戶]를 출발하여(『매일신보』 1919년 1월 12일, 「西園寺侯 出發」), 3월 5일 파리에 도착하였고(『매일신보』 1919년 3월 5일, 「西候一行 着巴」), 베르사유조약에 조인하고 8월 23일 고베로 돌아갔다.(『매일신보』 1919년 8월 24일, 「西候 歸朝」)
104) 朝鮮憲兵隊司令部, 『朝鮮騷擾事件狀況. 大正八年』, 304쪽 : 『독립운동사자료집』 6(3·1운동사자료집), 704쪽.
105) 朝鮮憲兵隊司令部, 『朝鮮騷擾事件狀況. 大正八年』, 304쪽 : 『독립운동사자료집』 6(3·1운동사자료집), 704쪽.
106) 朝鮮憲兵隊司令部, 『朝鮮騷擾事件狀況. 大正八年』, 307쪽 : 『독립운동사자료집』 6(3·1운동사자료집), 706쪽.
107) 朝鮮憲兵隊司令部, 『朝鮮騷擾事件狀況. 大正八年』, 315쪽 : 『독립운동사자료집』 6(3·1운동사자료집), 712쪽.
108) 朝鮮憲兵隊司令部, 『朝鮮騷擾事件狀況. 大正八年』, 319쪽 : 『독립운동사자료집』 6(3·1운동사자료집), 716쪽.

- 강원도의 천주교 선교사들은 시종 자중하는 태도를 취하고 신도의 경거망동을 훈계하였는데, 여러 번 유고를 내놓아 정교가 원래 다른 것임을 유시하고 미연 방지에 노력한 흔적을 얼마쯤 볼 수 있었다. 그들은 미국 선교사들의 경거망동을 냉소하고 은근히 자기 교의 발전을 꾀할 기회가 도래하였다고 생각하는 듯하다.[109]
- 함남 안변의 천주교 선교사인 프랑스인 선교사 프와요는 만세운동 발발 전부터 친일적인 언사를 하여, 영국과 미국 선교사에 대한 일본 관헌의 주의를 촉구하였으나, 3·1운동이 발발하자 '나의 예고가 적중하였다. 모름지기 일본 관헌은 반성해야 한다'고 하며 친일적인 태도를 더욱더 지속하고 있다.[110]

개신교회를 미국과 연계하여 인식하는 것과 마찬가지로, 일제는 천주교회를 프랑스와 연계되는 세력집단으로 생각하였다. 3·1운동과 관련한 천주교회의 태도에 대한 일제의 분석은 상당히 정확한데, 천주교회 측 자료에서도 그 내용을 확인할 수 있다. 천주교회의 구조상 주교들의 생각과 지침은 상당히 중요하고, 신부들과 신자들에게 미치는 영향력도 크다. 3·1운동이 일어났을 때 한국천주교회에는 서울대목구장 뮈텔 주교와 대구대목구장 드망즈 주교 등 2명의 주교가 있었다.

뮈텔 주교는 1919년 3월 1일 오후 거리에서 군중이 외치는 소리를 들었고, 학생들처럼 보이는 젊은이들이 여러 열을 지어 독립만세를 외치면서 종로에서 남대문 쪽으로 대한문(大漢門) 앞으로 가는 것을 보았다. 그리고 고종의 장례식 날을 계기로 또는 그 후에 중대한 일이 일어날 것이라는 소문이 전국에 돌고 있는데, 독립이 불가능함에도 독립을 요구하려 할 것이라고 하였다.[111] 3월 23일 용산 예수성심신학교의 신학생들이 만세를 불

---

109) 朝鮮憲兵隊司令部, 『朝鮮騷擾事件狀況. 大正八年』, 322쪽 : 『독립운동사자료집』 6(3·1운동사자료집), 729쪽.
110) 朝鮮憲兵隊司令部, 『朝鮮騷擾事件狀況. 大正八年』, 324쪽 : 『독립운동사자료집』 6(3·1운동사자료집), 731쪽.
111) 『뮈텔주교일기』 1919년 3월 1일.

렸는데 뮈텔 주교는 '불행한 망동'이라고 책망하였다.112) 그리고 '나라가 학대받고 있는데 가만히 있을 수 없다'는 신학생들에게 만세운동을 외면하거나 신학교를 떠나라고 하였다.113)

3월 20일 학무국의 오쿠야마 센조[奧山仙三]114)가 만세시위에 대한 의견을 묻자 뮈텔 주교는 한국인 상점들이 큰 손해를 입으면서도 오랜 동안 문을 닫고115) 있는 것이 놀랍다고 하였다. 그러나 그러한 시위가 깊은 감명을 주지는 못한다고 생각했고, 자신의 인터뷰가 보도될 위험성도 없다고 하였다.116) 3월 23일(일) 종현성당에서 거행된 성체강복 참석자들 중에 예식을 마치고 나올 때 만세시위를 하려고 온 젊은이들이 있었으나 예식 참석자들이 평온하고 만세시위를 할 것 같지 않아 하지 않았다고 보았다.117) 4월 2일에는 비밀정보를 듣기 위해 왔다는 도쿄[東京] 주재 미국신문협회 회장 샤르키(Sharkey)에게 독립운동에 대한 자신과 프랑스 선교사들의 견해를 말하였다.118) 부활주일 다음날이었던 4월 21일 뮈텔 주교는 한 식민지회사의 사장이 베푸는 만찬에서 경기도지사 마츠나가 다케요시[松永武吉]119)로부터 천주교회와 천주교 신자들이 독립운동에 참여하지 않은 데 대해 칭찬을 들었다고 자신의 일기에 기록하였다.120) 그리고 5월 29일, 개

---

112) 『뮈텔주교일기』 1919년 3월 23일.
113) 『뮈텔주교일기』 1919년 3월 24일.
114) 1913~1927년 학무국 학무과 직원.(조선총독부 편, 『일본제국직원록』, 1913 : 국사편찬위원회 한국사데이터베이스)
115) 3월 8일 철시를 요구하는 격문이 배포된 이후 3월 9일부터 서울 상인의 폐점이 늘어 점차 시내 거의 모든 상점이 철시.(高第6335號 獨立運動에 관한 건(제10보), 『朝鮮騷擾事件關係書類 共7冊 其7』, 조선총독부 경무총감부 고등경찰과 → 長谷川好道(朝鮮總督) 외, 1919년 3월 9일 : 국사편찬위원회 삼일운동 데이터베이스)
116) 『뮈텔주교일기』 1919년 3월 20일.
117) 『뮈텔주교일기』 1919년 3월 23일.
118) 『뮈텔주교일기』 1919년 4월 2일.
119) 1916년 3월부터 경기도장관. 관제 개정으로 1919년 8월부터 경기도지사.
120) 『뮈텔주교일기』 1919년 4월 21일.

인적으로 이야기하고 싶어서 왔다는 학무국장 세키야 데이자부로[關屋貞三郎]에게 만세운동, 천주교 신자들이 만세운동에 참여하지 않은 것에 대한 생각 등을 1시간 동안 말하였다.[121] 6월 4일에는 용산에서 거행된 조호시[淨法寺五郎]의 제20사단장 취임식에서 한 여단장으로부터 천주교 신자들이 독립운동에 참여하지 않은 데 대해 칭찬을 들었다고 일기에 기록하였다.[122]

한국천주교회의 대표라 할 수 있던 뮈텔 주교는 학무국장과 학무국 직원, 경기도지사, 군인 등 일본인 통치자들에게 그리고 미국신문협회장에게까지 만세운동에 대한 그의 태도를 표명하였고, 천주교 신자들이 만세운동에 참여하지 않는다고 말하여 칭찬을 듣기도 하였다. 뮈텔 주교는 만세운동이 대중적이었기 때문에 종교인들에게 만세시위를 못하게 할 수는 없었지만, 천주교회는 만세시위에 참여하지 않음으로써 일제당국에 충성의 좋은 모범을 보였다고 자평하였다. 그리고 천주교회가 만세운동에 참여하지 않은 것은 교회의 규율과 교리 때문이었고 예외적이었기에, 일제당국이 더욱 관심을 쏟았다고 하였다.[123]

대구대목구장 드망즈 주교는 신문들을 통하여 만세시위 상황을 파악하였다.[124] 『조선총독부관보』 1919년 3월 5일자 호외에 고종의 장례식을 계기로 서울 등에서 만세시위가 있었음을 인정하는 조선총독의 「유고」가 발표되었다.[125] 그리고 3월 6일자 『경성일보』에 그동안의 만세시위들이 보도되었고,[126] 『경성일보』의 그 기사들은 3월 7일자 『서울프레스』에 전재

---

121) 『뮈텔주교일기』 1919년 5월 29일.
122) 『뮈텔주교일기』 1919년 6월 4일.
123) *Compte Rendu de la Société des M.E.P. de Seoul (1878~1938)*, 1919(한국교회사연구소, 『서울교구 연보(Ⅰ), 1878~1906』, 1984 ; 『서울교구 연보(Ⅱ), 1904~1938』, 1987) 이하 C-R-S, 1919로 표기함.
124) 『드망즈주교일기』 1919년 3월 8일.
125) 『조선총독부관보』 1919년 3월 5일 호외, 「諭告」.
126) 『드망즈주교일기』 1919년 3월 6일.

되었다.127)

　드망즈 주교는 성유스티노신학교 신학생들이 3월 5일 학교운동장에서 독립을 위한 노래를 불렀고, 3월 9일 오후 대구 시내에서 행진하기로 했다는 소식에 만세운동은 신학생들과 상관없는 일이므로 만세시위를 한다면 신학교 문을 닫겠다고 하였다.128) 그리고 대구의 만세운동으로 체포된 사람들 중에 성유스티노신학교의 신학생이 있다는 기사가 『경성일보』에 수록되자 1915년에 신학교를 떠나 결혼한 사람이라며 경성일보사에 강력 항의하였다.129)

　『매일신보』 3월 31일자에 '종교가의 태도는 마땅히 이러 할 일'이라는 제목으로 천주교 신자들에게 만세운동 참여를 금지한 드망즈 주교의 태도를 칭찬하는 글이 수록되었다.130) 드망즈 주교는 이 신문기사를 만세시위 때 그의 태도, 정치가 천주교회와 상관없고, 천주교회도 정치와 상관없다고 한 그의 선언을 찬양하는 기사라고 자평하였다.131) 이 신문기사는 『경성일보』에 전재되었고, 『서울프레스』는 두 신문을 인용하며 드망즈 주교의 이름을 언급하고 개신교신자들의 태도와 비교하면서 천주교회의 태도를 논평하였다.132)

　그런데 4월 3일(목) 성유스티노신학교에서 또 만세시위가 시도되자 드

---

127) 『드망즈주교일기』 1919년 3월 7일.
128) 『드망즈주교일기』 1919년 3월 7·9일.
129) 『드망즈주교일기』 1919년 3월 13일.
130) "요사이 야소교인의 망동을 듣고 본 대구 사는 프랑스인 선교사 '후도리안 드망즈'씨는 대단히 유감으로 생각하고 자기의 신도에 대하여 신중히 종교와 정치와는 엄정한 구별을 하고 신도로서 정치적 의미를 가진 이번 소요에 참예하는 것은 결코 안될 일이라고 열성으로 타일러서 감화를 시킨다는데 인심의 구제를 목적으로 하는 이런 종교가로는 참으로 신앙하겠다는데 이 선교사는 프랑스 파리에 본적을 두고 일찍이 한 몸을 천주교의 포교에 바치고 한국에 건너와서 십여 년을 하루와 같이 포교에 열심하는 터이라더라."
131) 『드망즈주교일기』 1919년 3월 31일.
132) 『드망즈주교일기』 1919년 4월 3일.

망즈 주교는 만세시위가 일어난다면 즉시 신학생 모두를 집으로 돌려보내 겠다고 다시 강조하였다. 그리고 교장신부에게 신학생들에 대한 인명카드 작성을 요구하고, 5월 1일부터의 조기방학을 결정하였다.133) 2개월이나 학업 일정을 단축하였고,134) 신학생들의 만세시위 시도를 '어리석은 짓'이 라 힐난하였으며,135) 회개해야 용서할 수 있다고 하였다.136) 6월 17일에 는 천주교 신자들의 인척인 상당한 재력가의 면회 요청을 거절하였다. 정치 이야기를 하러 온 것이라 생각한 때문이었다.137)

드망즈 주교는, 일본정부가 합법적인 정부이므로 시이저의 것은 시이저 에게 돌려주라는 말씀에 따라 천주교 신자들은 만세시위에 참여하지 않았 다고 하였다. 그리고 그 때문에 만세시위의 선봉에 섰던 개신교 측에서, 천주교회의 이런 태도를 애국심의 결여라고 비난하는 곤란한 일이 생겼다 고 하였다. 또한 한국인들의 만세시위가 '한일합병' 이후 출판의 자유가 제한되어 모든 비평을 억압당한 때문에 자발적으로 일어난 감정이라고 판단했다.138)

그런데 뮈텔 주교와 드망즈 주교의 이상과 같은 생각과 행동은 상당한 고민을 하게 한다. 두 주교의 행동은 교도권(敎導權) 행사였다. 주교들에게

---

133) 『드망즈주교일기』 1919년 4월 3일.
134) 성유스티노신학교의 학사일정은 1914년 개교 때부터 1931년까지 1학기는 9월 중순에 개학하여 이듬해 2월 상순까지 5개월(140~150일)정도, 2학기는 2월 중순에서 6월 중순까지 4개월(123일~126일)정도였다.(『성유스티노신학교 : 1914-1945』, 82쪽) 성유스티노신학교의 여름방학은 1915년 7월 3일~9월 14일, 1916년 7월 4일~9월 18일, 1917년 7월 4일~9월 18일, 1918년 7월 4일~9월 16일, 1920년 6월 16일~, 1921년 6월 16일~9월 18일이었는데, 1919년에는 5월 1일~9월 15일이었다.(『성유스티노신학교 : 1914-1945』, 184~185쪽)
135) 『드망즈주교일기』 1919년 4월 24일.
136) 『드망즈주교일기』 1919년 4월 30일.
137) 『드망즈주교일기』 1919년 6월 17일.
138) *Compte Rendu de la Société des M.E.P. de Taikou (1912-1940)*, 1919. 이하 C-R-T, 1919로 표기함.

교도권이 주어지는 것은, 만민에게 계시된 진리 자체는 시대와 지역을 초월하지만, 시대와 지역에 따라 사람들이 잘 알아들을 수 있도록 진리의 본질을 유지하면서 계속하여 새롭게 설명해 주어야 하기 때문이다. 진리 자체와 진리의 전달 방법은 서로 다르기 때문이다.139) 두 주교의 생각과 태도는 일제의 한국 점령과 통치가 불의하고 불법적인 것임을 외면하는 것이었다.

대부분의 선교사들도 두 주교와 같은 생각·행동이었다. 강원도 내평본당(內坪本堂)에서 활동 중이던 뤼카(Lucas, François Marie Ange, 한국명 陸嘉恩) 신부는 한국인신자들에게 정교분리원칙을 내세우며 만세운동에 참여하지 말라고 하였다.140) 함경도 안변본당(安邊本堂)에서 활동 중이던 프와요(Poyaud, Gaston, 한국명 表光東) 신부는 한국의 독립을 소망하는 것은 헛된 기다림이고, 신자들이 만세운동에 참여하지 않은 것은 모든 것을 하느님의 뜻에 맡겼기 때문이라고 주장하였다. 그러나 만세 열기를 억제할 수 없었고, 만세운동에서 강조되는 자결권이 교회 안으로 들어와 영향을 미칠까를 걱정하였다.141)

선교사들은 대부분 천주교 신자들의 만세운동 참여가 천주교 선교에 장

---

139) 배문한, 「교도권」, 『한국가톨릭대사전』 1, 1994, 585쪽.
140) "선교사들은 시종 자중하는 태도를 취하고 신도의 경거망동을 훈계하였는데, 이를 위해 유고(諭告)를 내놓아 정교(政敎)가 원래 다른 것임을 유시(諭示)하고 미연 방지에 노력한 흔적을 얼마쯤 볼 수 있었다"(「朝鮮騷擾事件狀況」, 1919년 6월 : 『독립운동사자료집』 6(3·1운동사자료집), 729쪽). "한국에서 10년 동안 체류하면서 1910년 이래 현 질서에 대해 한마디도 비난한 적이 없습니다.…(중략)…(영동)신자들은 저의 권고에 복종하여 제가 아는 한, 한 사람도 소요에 가담하지 않았습니다".(「뮈텔문서」 1919-내평본당 연말보고서, 뤼카 신부가 내평에서 뮈텔 주교에게 보낸 1919년 6월 6일자 편지 : 한국교회사연구소 역편, 『함경도선교사서한집II : 안변(내평)본당 편 : 1887-1921』, 함경도천주교회사간행사업회, 1995, 325쪽).
141) 「뮈텔문서」 1920년 연말보고, 프와요 신부가 원산에서 뮈텔 주교에게 보낸 1920년도 원산본당 연말보고서.

애가 된다고 주장하였다. 그러나 만세운동에 참여하지 않음으로써 오히려 선교에 장애가 되고 있다고 생각하는 선교사도 있었다. 그는 만세운동이 사람들을 천주교 신자가 되게 하는 데 도움이 되지 않는 이유는, 독립운동 지도자들 중에 천주교 신자가 없기 때문이고, 개신교신자들과 일반인들이 천주교 신자들은 애국심이 없다고 비난하기 때문이라 하였다. 또한 그는 천주교 신자들의 만세운동 불참을 일본인들이 감사해 한다고 믿는 것은 오해라고 하였다.142)

인천본당의 드뇌(Deneux, Eugène, 한국명 全學俊)143) 신부는 3·1운동에 인천의 천주교 신자들이 셋으로 나누어진다고 하였다. ① 수가 적고 영향력이 없는 사람들로 베르사유나 워싱톤이 대한(제국)의 복구를 도울 것으로 설득되어 바라던 정체(政體)를 세우기 위해 당장에 필요한 일을 해야 한다고 확신하는 사람들, ② 믿음이나 열성은 덜하지만 가장 많은 숫자의 사람들은, 본당의 명예를 위해 신자들 중 몇 명이 만세운동에 참여하는 것이 좋을 것이라는 사람들, ③ 만세운동을 비난하거나 무관심한 사람들이다.144) 이러한 분류는 당시 대부분의 천주교 신자들에게 적용하여도 무리가 없을 것이다.

한국인 신부들도 서양인 선교사들과 같은 태도를 취하였다. 평안북도 의주(義州)본당에서 선교 중이던 서병익(徐丙翼) 신부는, 신자들에게 만세운동에 참여하지 말라고 하여 개신교신자들로부터 살해 위협까지 받았

---

142) 「뮈텔문서」1919년 연말보고, 비에모 신부가 성요셉성당에서 뮈텔 주교에게 보낸 1919년 5월 20일자 편지 : 약현성당100주년사 편찬위원회, 『약현성당100주년사 기념자료집 제3집 : 성직자 사목서한과 약현 관계 자료』, 천주교중림동교회, 1991, 267~268쪽.
143) 1896년 사제서품, 1902년 한국에 입국, 1904년 4월 14일부터 인천본당에서 선교활동 중.
144) 「뮈텔문서」1920년 연말보고, 드뇌 신부가 제물포에서 뮈텔 주교에게 보낸 1920년 4월 26일자 편지 : 한국교회사연구소 편, 『자료로 본 천주교인천교구사 제2집 파리외방전교회 선교사 서한문』, 399쪽.

다.145) 그는 만세운동이 천주교 선교에 도움이 안된다 생각하였고,146) 일본인들이 천주교 신자들에게 매우 관대하여 체포되더라도 천주교 신자라고 하면 석방된 경우가 많다고까지 하였다.147) 그리고 만세군중이 위협적으로 강요하면 만세를 부르라고 천주교 신자들에게 말했다.148) 이종순(李鍾順, 요셉) 신부는 한국의 독립이 불가능하다고 생각하였기에 신자들이 만세운동에 참여하지 않는 것을 다행으로 생각하였다.149) 윤예원(尹禮源, 토마스) 신부도 신자들의 만세운동 참여를 반대하였다.150) 한국인 성직자들의 이러한 태도는 교계제도상 주교의 명령에 순명해야 하기 때문이었고, 현실 문제에 참여하는 것은 영성(靈性)생활을 해치는 위험한 것이라 생각하는 이원론적인 신앙구조에 함몰되어 있었기 때문이다.151)

4. 제1차 세계대전과 선교사들의 징집

3·1운동이 일어났을 때 한국천주교회는 1차대전의 영향을 받고 있었다. 1914년 6월 28일 사라예보에서 오스트리아의 제위 계승자 프란츠 페르디

---

145) 「뮈텔문서」1919-12, 서병익 신부가 의주에서 뮈텔 주교에게 보낸 1919년 3월 9일자 편지 ; 김진소, 『전주교구사』 I, 872~873쪽 ; 「뮈텔문서」1919-39, 서병익 신부가 의주에서 뮈텔 주교에게 보낸 1919년 8월 20일 편지.
146) 「뮈텔문서」1919-16, 서병익 신부가 의주에서 뮈텔 주교에게 보낸 1919년 4월 4일 편지.
147) 「뮈텔문서」1919-33, 서병익 신부가 의주에서 뮈텔 주교에게 보낸 1919년 7월 29일 편지.
148) 「뮈텔문서」1919-15, 서병익 신부가 의주에서 뮈텔 주교에게 보낸 1919년 3월 30일 편지.
149) 「뮈텔문서」1919-17, 이종순 신부가 충청도 비룡에서 뮈텔 주교에게 보낸 1919년 4월 8일 편지.
150) 「뮈텔문서」1919-67, 윤예원 신부가 은율에서 뮈텔 주교에게 보낸 1919년 11월 15일 편지.
151) 윤선자, 『일제의 종교정책과 천주교회』, 경인문화사, 2001, 120~123쪽.

난트(Franz Ferdinand) 대공 부처가 암살되자, 독일은 8월 3일 프랑스에 선전포고를 하고 공격하였다. 그러자 영국이 참전하였고 1차대전이 시작되었다. 뮈텔 주교는 8월 3일에, 드망즈 주교는 8월 4일에 주한프랑스영사 게랭(Guérin)으로부터 총동원령을 통고받았다.152) 당시 한국에는 두 명의 주교를 포함하여 51명(서울대목구 32명, 대구대목구 19명)의 파리외방전교회 선교사들이 있었는데,153) 1873년 이후 출생자들이 징집된다는 주일 프랑스대사의 전보에154) 의하면 징집 대상자는 33명이었다.155) 전체 선교사의 약 65%였다.

뮈텔 주교는 선교사들에게 총동원령에 관한 회람 편지를 보냈고,156) 드망즈 주교는, '프랑스의 예비역 총동원령(제1차) 통지 건'이라는 제목의 공문을 보냈다.157) 이어 한국인 신부들에게 선교사들의 징집을 알리고,158)

---

152) 『뮈텔주교일기』·『드망즈주교일기』 1914년 8월 4일.
153) 한국인 신부는 서울대목구에 14명, 대구대목구에 4명 등 18명.
154) 『뮈텔주교일기』 1914년 8월 11일.
155) 프랑스는 1792년 4월 20일 오스트리아와 전쟁을 시작하고 1793년 2월 24일 30만명 동원령을 공포하여 18~40세 남성에게 징집령을 내렸다. 이어 1793년 8월 23일 국민공회가 남성, 여성, 노인, 어린이 등 각 계층이 조국에 해야 할 임무를 나열하면서 '총동원령'(Levée en masse)를 선포하였다. 그리고 1798년 9월 5일 징병에 관한 '주르당 법'(loi de Jourdan : Jourdan, Jean-Baptist)[주르당 원수·델브렐 의원 법]을 제정하여 미혼의 20~25세 남성의 의무복무를 제도화하였다.(홍태영, 「프랑스 공화주의의 전환 : 애국심에서 민족주의로」, 『사회과학연구』 20-1, 서강대학교 사회과학연구소, 2012, 242~247쪽)
156) 「뮈텔문서」1914-59, 부이수 신부가 강원도에서 뮈텔 주교에게 보낸 1914년 8월 10일자 편지.(춘천교구 교회사연구소, 『강원도 프랑스 선교사 서한집 II : 부이수 신부 편』, 2015, 205쪽)
157) 「대구대목구 공문 제21호」, 1914년 8월 4일, 「프랑스의 예비역 총동원령(제1차) 통지 건」, 『대구대교구 초대교구장(1911-1938) 안세화주교 공문집(대구대교구 설정 100주년 기념 기초자료집③)』, 대구가톨릭대학교 부설 영남교회사연구소, 2003, 81~82쪽.
158) 「뮈텔문서」1914-154, 정규하 신부가 풍수원에서 뮈텔 주교에게 보낸 1914년 8월 26일자 편지.(천주교원주교구문화영성연구소, 『풍수원에서 온 편지 : 정규하 아우구스티노 신부 서한집』, 145쪽)

함께 공동교서를 발표하여, 전쟁으로 많은 선교사들이 징집되어 유럽으로 떠나게 된 상황을 알렸다.159)

1914년 9월 말까지 대구대목구에서는 19명의 선교사들 중에 드망즈 주교를 포함하여 12명의 징집대상 선교사들이 프랑스를 향해 가던 중 홍콩에서 프랑스 군의의 검사를 받고 카다스(Cadars, Joseph François, 한국명 姜達淳) 신부 외에는 모두 징집을 유예받아160) 한국으로 돌아왔다. 서울대목구에서는 32명의 선교사들 중에 14명의 징집대상 선교사들이 출발하였다가 11명이 징집되고 3명은 한국 선교지로 돌아왔다.161) 이어 1914년 11월 8일 2명의 선교사가 프랑스로 출발하였고,162) 1915년 11월 30일,163) 1916년 1월 24일,164) 5월 28일에 각각 1명의 선교사가 징집되었다.165)

그런데 선교사들 중에는 프랑스 국민으로서 기꺼이 1차대전에 참여하고자 한 이들도 있었다. 홍콩에서 징집유예를 통고받은 선교사들 중에 카넬

---

159) 『경향잡지』 307호, 1914년 8월 15일, 337쪽, 「별보 : 신공 반포」.
160) 『드망즈주교일기』 1914년 8월 27일 ; 『경향잡지』 310호, 1914년 9월 30일, 410~411쪽, 「천주교회보 : 주교신부의 회정」.
161) 『경향잡지』 310호, 1914년 9월 30일, 410~411쪽, 「천주교회보: 주교신부의 회정」. 기요(Guillot, Joseph : 한국명 吉安세. 1887~1916.5.13), 드브레드(Devred, Emile Alexandre Joseph : 한국명 兪世竤, 1877~1926), 르레드(Lereide, Jules 한국명 申숭겸, 1883~1917년 탈회), 멩(Meng, Jean : 한국명 明약일, 1874~1918), 불로(Boulo, Jean : 한국명 吳, 1889~1915.4.23)
162) 『뮈텔주교일기』 1914년 11월 8일. 2명의 선교사는 카넬(Canelle, Maurice-Joseph : 1884~1918 : 한국명 簡弘模) 신부와 페네(Peynet, Jean-Charles : 1873~1948 : 한국명 裵嘉祿) 신부.
163) 공베르(Gombert, Julien : 한국명 孔安世, 1877~1950) 신부.(『뮈텔주교일기』 1915년 11월 30일 ; 『경향잡지』 339호, 1915년 12월 15일, 530~531쪽, 「천주교회보 : 차 공신부 귀국」).
164) 보댕(Bodin Joseph : 1886~1945 : 한국명 邊若瑟) 신부.(『드망즈주교일기』 1916년 1월 24일 ; 『경향잡지』 343호, 1916년 2월 15일, 53~54쪽, 「천주교회보 : 변 신부 귀국」)
165) 라크루(Lacrouts, Marcel : 1871~1929 : 한국명 具瑪瑟) 신부.(『드망즈주교일기』 1916년 5월 2·28일)

신부와 뤼카 신부는 프랑스로 떠나지 못한 것을 후회하며 드망즈 주교에게 프랑스로 가고 싶다고 말했다.166) 카넬 신부와 페네 신부는 한국으로 돌아온167) 이후 주한프랑스영사에게 징집유예 사유가 없어졌다는 즉 군복무에 적합하다는 진단서를 보냈다.168) 또한 페네 신부는 드망즈 주교에게 즉시 프랑스로 떠나고 싶다며, 프랑스로 가기 위해서라면 대구대목구와 파리외방전교회를 떠나겠다는 편지를 보내기까지 하였다.169) 그들은 곧 프랑스를 향해 출발하였는데,170) 선교사였지만 프랑스 국민으로서의 의무를 하기 위해서였다. 한국천주교회의 드망즈 주교와 뮈텔 주교는 이 선교사들의 행동에 불만이었는데,171) 카넬 신부는 "프랑스 군인의 고통은 인내와 희생의 본보기로 추천되는 성인들이 겪는 고통을 능가"한다고 주장하였다.172) 뤼카 신부도 징집유예를 받은 약 1년 후 "무척 건강해서 병역에 적합하다는 판결을 받을 가능성이 높고, 조국을 수호하러 가기에 적합하다고 판정이 난다면 두려움 없이 떠나겠다"고 뮈텔 주교에게 편지하였다.173) 1915년 9월 2일자 관보에 발표된 돌비앙 법에 따라174) 11월 5일자로 병역이 면제되었기에 프랑스로 떠나지 않았으나 전쟁 중인 모국을 지키겠다는 그의 의지는 충분히 확인할 수 있다. 보댕((Bodin Joseph, 한국명 邊若瑟) 신부도 모국을 위해 싸우고 싶다는 편지를 뮈텔 주교에게 보냈고,175) 그의 징집유예를 받아들인 게랭 부영사를 비난하였다.176)

---

166) 『드망즈주교일기』 1914년 8월 29일.
167) 『드망즈주교일기』 1914년 9월 12일.
168) 『드망즈주교일기』 1914년 10월 9일 ; 『뮈텔주교일기』 1914년 10월 28일.
169) 『드망즈주교일기』 1914년 10월 15일.
170) 『드망즈주교일기』 1914년 11월 8일.
171) 『뮈텔주교일기』 1914년 10월 28일 ; 『드망즈주교일기』 1914년 11월 8일.
172) 『드망즈주교일기』 1916년 4월 11일.
173) 뤼카 신부가 내평에서 뮈텔 주교에게 보낸 1915년 9월 28일자 편지 : 한국교회사연구소 역편, 『함경도 선교사 서한집 II-안변(내평)본당편(1887-1921)』, 함경도천주교회사간행사업회, 1995, 320쪽
174) 『뮈텔주교일기』 1915년 10월 16일.

천주교회는 선교사들이 징집되어 프랑스로 떠나는 상황을 한국인 신자들에게 다음과 같이 설명하였다. 프랑스에는 법률에 의해 군인에게 성사(聖事)를 주는 신부들이 있는데, 1차대전이 일어나자 군인들을 따라다니며 성사를 줄 수 있도록 육군성에서 250명의 신부를 소집하였다.177) 그리하여 세계 여러 나라에 가 있던 프랑스의 성직자와 수도자들이 귀국하여 전장과 병원 등에서 성사를 주고 병자를 치료하는데,178) 종군 성직자가 63,000여 명(주교 26명 포함)이고, 수도자는 그보다 훨씬 많다.179)

전쟁에 관한 교황의 훈령도 소개하였다. '법다운 전쟁을 하는데 구적(仇敵)을 죽이는 것은 부득이한 일'이라는 내용이었다.180) 또한 1차대전이 '천주가 온 세계를 벌하심'이고, '온 세상이 받는 혹독한 벌은 변하여 온 세상에 유익함이 될 것'이라고 한 프랑스 리옹에서 발행된 『전교회보』의 글도 소개하였다.181) 그리고 교황의 뜻에 따라 3년이나 평화의 기도를 하는데도 효과가 뚜렷하게 드러나지 않는 것은, 기도하는 사람에게 성의가 없기 때문이라고 하였다.182)

그러나 한국인 신자들은 선교사들과 교회의 설명과 주장을 납득하기 어려웠다. 한국인 신학생들은 1차대전에 참전 중인 프랑스에 대해 선교사가 말할 때마다 부정적으로 반응하였고, 프랑스인 선교사가 독일을 험담하면

---

175) 『뮈텔주교일기』 1915년 7월 27일.
176) 『뮈텔주교일기』 1915년 8월 1일.
177) 『경향잡지』 312호, 1914년 10월 31일, 461~462쪽, 「천주교회보 : 군무 신부」.
178) 『경향잡지』 315호, 1914년 12월 15일, 531~532쪽, 「천주교회보 : 법국 성교회의 다행한 일」.
179) 『경향잡지』 318호, 1915년 1월 31일, 31쪽, 「천주교회보 : 전쟁에 종군하는 성직자의 수」.
180) 『경향잡지』 321호, 1915년 3월 15일, 102쪽, 「천주교회보 : 전쟁에 관한 교황폐하의 훈시」.
181) 『경향잡지』 325호, 1915년 5월 15일, 195~196쪽, 「천주교회보 : 전쟁시에 전교회 상황」.
182) 『경향잡지』 381호, 1917년 9월 15일, 385~386쪽, 「평화 기구 고유」.

'어디든 마찬가지'라고 하였다.183) 드망즈 주교는 한국의 지식인들 중에 천주교 신자들은 선교사들과 마찬가지로 프랑스의 승리를 희망하지만, 많은 한국인들이 일본의 동맹국 프랑스의 승리를 환영하지 않는다고 하였다.184) 선교사들도 1차대전이 선교에 큰 장애라는 것을 인정하였다. 그리스도교 국가들간의 전쟁이 이교도와 새신자들이 천주교 신앙을 받아들이는데 장애가 된다는 것이었다.185)

한국 선교지에서 징집된 17명의 프랑스인 선교사들은 대부분 간호병으로 근무하였는데 2명이 전사하고,186) 1명이 포탄의 파편에 의한 부상으로 사망하고,187) 1명은 장티푸스에 걸려 병사하였으며,188) 한 선교사는 탈회하였다.189) 1918년 4월 29일 현재 서울대목구에서 활동 중인 선교사는 뮈텔 주교까지 합하여 18명이었고,190) 한국인 신부는 19명이었다.191) 대구

---

183) 「뮈텔문서」1915-130, 부이수 신부가 강원도에서 뮈텔 주교에게 보낸 1915년 9월 28일 편지.(춘천교구 교회사연구소, 『강원도 프랑스 선교사 서한집 II : 부이수 신부 편』, 205쪽)
184) 대구대목구 공문 제33호, 1916년 8월 16일, 「1915-1916년도 통계표와 활동보고서 송부 건」, 『대구대교구 초대교구장(1911-1938) 안세화주교 공문집(대구대교구 설정 100주년 기념 기초자료집③)』, 146~147쪽.
185) 「뮈텔문서」비에모 신부가 약현 성요셉성당에서 뮈텔 주교에게 보낸 1918년 5월 1일 편지 : 『성직자 사목서한과 약현 관계 자료』, 260~261쪽.
186) 1915년 4월 13일 불로 신부 전사(『경향잡지』 327호, 1915년 6월 15일, 243쪽, 「천주교회보 : 오 신부 별세」), 1916년 5월 13일 기요 신부 전사.(『뮈텔주교일기』 1915년 5월 30일, 6월 14일 ; 『경향잡지』 352호, 1916년 6월 30일, 269~271쪽, 「천주교회보 : 길 신부 별세」)
187) 1918년 6월 16일 카넬 신부 사망.(『드망즈주교일기』 1918년 6월 23일, 8월 12일 ; 『경향잡지』 402호, 1918년 7월 31일, 316~318쪽, 「천주교회보 : 별세하신 간 신부 약전」)
188) 1918년 3월 13일 멩 신부가 장티푸스에 걸려 마르세유에서 병사.(『뮈텔주교일기』 1918년 3월 21일 ; 『경향잡지』 395호, 1918년 4월 15일, 153~154쪽, 「천주교회보 : 명 신부의 약전」)
189) 1917년 12월 르레드 신부가 탈회.(『뮈텔주교일기』 1917년 12월 8일)
190) 『뮈텔주교일기』 1918년 4월 29일. 「교세통계표」에는 서울대목구의 프랑스인 신부가 주교와 27명의 선교사로 기록되어 있다.(『경향잡지』 405호, 1918년 9월

대목구는 1918년 3월 31일 현재 선교사 16명, 한국인 신부 4명이었다. 1918년 1월 6일 라크루(Lacrouts, Marcel, 한국명 具瑪瑟) 신부의 한국 도착을 시작으로[192] 독가스에 감염되어 요양 중이던[193] 보댕 신부의 1920년 5월 20일 서울 도착까지[194] 징집되었던 17명 중 12명의 선교사들이 한국 선교지로 돌아왔다.

1차대전이 한국천주교회에 미친 영향은 상당하였다. 4년여의 전쟁 동안 17명의 선교사들이 징집되었지만 새로운 선교사는 1명도 한국에 파견되지 않았다. 1918년에 휴전이 선언되고 베르사유회담이 시작되었지만 종전이 선언되지 않았고 그래서 많은 선교사들이 여전히 돌아오지 못한 상황인데 1919년 3·1운동이 일어났다. 선교사들의 약 33%가 징집되어 선교인력난을 겪고 있는 상황에서, 천주교 신자들이 만세운동에 참여한다면 박해시대보다 천주교 선교에 더 많은 어려움을 당하리라 주교들을 비롯하여 많은 성직자들은 생각하였다. 그래서 정교분리를 앞세우며 신자들의 만세시위 참여를 금지하였다.

다음의 「교세통계표」는 1차대전으로 한국천주교회가 겪은 어려운 상황을 보여준다.

〈표 4〉 1911~1921년 한국천주교회의 교세

연도	대목구	A	B	C	D	E	F	ⓐ	ⓑ	ⓒ	ⓓ	ⓔ
1911	조선	50	15	59		1,037	70	76,211	3,967	3,477		4,357
1912	서울	32	10	40		621	129	51,649	2,016	1,906		2,824

15일, 388~390쪽, 「천주교회보 : 조선 성교회 사무」)
191) 『뮈텔주교일기』 1918년 5월 13일.
192) 『드망즈주교일기』 1918년 1월 6일 ; 『경향잡지』 390호, 1918년 1월 31일, 30쪽, 「천주교회보 : 구 신부 환당」.
193) C-R-S, 1919.
194) 『뮈텔주교일기』 1920년 5월 21일 ; 『경향잡지』 447호, 1920년 6월 15일, 262쪽, 「천주교회보 : 변 신부 환당」.

연도	대목구	A	B	C	D	E	F	ⓐ	ⓑ	ⓒ	ⓓ	ⓔ
	대구											
1913	서울	35	12	42		679	130	53,118	1,864	524		2,739
	대구	16	5	19		392		26,949	676	222		810
1914	서울	33	13	41	2	684	120	55,602	2,261			2,547
	대구	19	5	12		409		27,382	1,235			991
1915	서울	31	13	38	2	552	119	55,026	1,685			1,973
	대구	18	5	18	10	399	29	27,843	1,101		869	1,205
1916	서울	30	14	40	1	643	174	57,442	1,036	398	1,858	1,766
	대구	18	4	18	8	396	45	28,963	560	342	951	883
1917	서울	29	14	38	16	663	178	57,914	1,448	390		1,581
	대구	18	4	16	7	384	55	29,356	725	265	1,094	630
1918	서울	28	19	39	15	669	171	58,838	1,002	486	1,940	1,951
	대구	17	4		7	399	66	29,727	236	236	1,227	599
1919	서울	27	18	39	15	662	172	58,945	827	466	2,057	1,466
	대구	17	5	16	9	396	70	29,608	397	354	1,011	481
1920	서울	26	23	40	15	683	173	59,331	1,207	454	2,041	1,377
	대구	17	7	16	7	398	67	30,002	337	294	1,076	528
1921	서울	25	26	42	15	692	175	59,671	1,015	585	2,094	1,562
	대구	17	7	17	7	403	71	30,672	405	303	859	691

* A. 프랑스인 신부. 서울대목구, 대구대목구 각 1명의 주교 포함. / B 한국인 신부 / C 신부거주지방 / D 전교회장 / E 공소 / F 성당 / ⓐ 신자수 / ⓑ 성인영세 / ⓒ 성인대세 / ⓓ 냉담자 / ⓔ 예비교우
** 출전 : 『경향잡지』.

1914년 부활(4월 12일)까지 1년 동안의 통계와, 1919년 부활(4월 20일)까지 1년 동안의 통계를 비교하면 다음과 같다.[195] 신자수는 82,984명(서울 55,602명, 대구 27,382명)에서 88,553명(서울 58,945명, 대구 29,608명)으로 5,569명(서울 3,343명, 대구 2,226명) 증가하였는데 이는 연평균

---

195) 『경향잡지』 312호, 1914년 10월 31일, 462~464쪽, 「천주교회보 : 조선성교회 사무(작년 부활부터, 금년 부활까지)」; 31호, 1919년 10월 15일, 443~445쪽 「천주교회보 : 조선성교회 사무(작년 부활부터, 금년 부활까지)」.

1,113명 증가이다. 본당은 61개소(서울 41, 대구 20)에서 55개소(서울 39, 대구 16)로 6개소(서울 2, 대구 4) 감소하였다. 공소 수도 1,103개소(서울 694, 대구 409)에서 1,058개소(서울 662, 대구 396)로 45개소(서울 32, 대구 13) 감소하였다. 이는 전쟁 동안 선교후원자금 중단 그리고 그보다 훨씬 심각하였던 선교사 파견 중단 때문이었다. 1914년 6월 3일 불로(Boulo, Jean, 한국성 吳) 신부 도착196) 이후 선교사 파견이 중단되었다가 1920년 8월 21일 파르트네(Partheney, Théophile Joseph, 한국명 朴德老) 신부가 도착하였고,197) 1922년 1월 24일 피숑(Pichon, Léon : 한국명 宋世興) 신부가 도착하였다.198) 한국에 파견된 파리외방전교회 선교사들은 다음과 같다.

〈표 5〉 한국에 파견된 파리외방전교회 선교사 현황

연도	선교사수	연도	선교사수	연도	선교사수	연도	선교사수	연도	선교사수	연도	선교사수	연도	선교사수	연도	선교사수
1836	1	1837	2	1845	2	1852	1	1854	1	1856	3	1856	1	1861	4
1863	1	1865	4	1868	2	1875	1	1876	2	1877	2	1880	2	1883	2
1885	3	1887	3	1888	2	1889	6	1890	2	1891	3	1892	3	1893	1
1894	4	1895	2	1896	2	1897	2	1898	4	1899	2	1900	7	1902	3
1903	3	1905	4	1906	1	1907	4	1909	2	1910	4	1911	3	1913	1
1914	2	1920	1	1922	1	1923	1	1925	1	1926	2	1927	1	1928	2
1929	1	1930	2	1931	1	1932	1	1933	1	1936	1	1937	1	1938	1

* 출전 :「파리외방전교회 사망 선교사 명단」,『한국가톨릭대사전(부록)』, 한국교회사연구소, 1985, 102~105쪽.

1900~1914년에는 34명을 파견하여 11년(1901, 1904, 1908, 1912년 제외) 동안 평균 3명, 1922~1933년에는 매년 1명씩의 선교사를 파견하였으

196)『뮈텔주교일기』1914년 6월 3일.
197) 홍연주,「파르트네, 테오필 조제프」,『한국가톨릭대사전』11, 2006, 8786쪽.
198)『뮈텔주교일기』1922년 1월 24일.

니 현저히 감소하였다. 1차대전 중에는 선교사가 파견되지 않았고, 전쟁이 끝난 후에도 선교사 파견은 매우 적었다.199)

5. 맺음말

 제1차 세계대전이 발발하자 한국에서 선교 중이던 프랑스인 선교사들은 그들의 모국에서 내린 징집령에 따라 귀국하여, 전장에서 성직자·수도자로서의 성무(聖務)를 수행하였고, 동시에 군인으로서의 역할도 하였다. 그런데 군인으로서의 임무 수행은 그동안 천주교회가 내세웠던 정교분리와 상당한 거리가 있었다. 모국의 징집 명령에 응하고, 적으로부터 조국을 지키기 위해 싸우는 것을 종교적이라고는 말하기 어렵기 때문이다.
 3·1운동이 일어나자 천주교 신자들은 만세운동에 참여하였고, 그로 인해 체포되었고 수감생활을 하였다. 만세운동에 참여한 천주교 신자들의 만세운동 참여는 의(義)롭게 살라는 그리스도의 가르침을 실천한 것이었다. 천주교 신자가 된다는 것은 그리스도의 가르침을 따르는 것인데, 그리스도의 가르침은 하느님 앞에 올바른 인간이 되어야 한다는 것이다. 올바른 인간이 되기 위해서는 바르게 생각하고 바르게 행동해야 하며, 불의한 것을 외면하지 않아야 한다. 일제가 한국을 강점 지배한 것은 불의이고, 일제의 지배로부터 해방되고자 하는 독립운동은 의를 실천하는 것이었다. 따라서 천주교 신자들의 만세운동은 천주교 신앙의 측면에서도 충분한 참여 이유와 의미를 부여할 수 있다.
 주교를 비롯하여 대부분의 선교사들 그리고 한국인 성직자들도 천주교 신자들의 만세운동 참여를 금지하였다. 그러한 교회의 태도에는 1차대전

---

199) 한국인 신부들이 배출되었지만, 선교사들의 부족한 자리를 메꾸어 나가기에 충분하지 않았다.

이라는 이유가 있었다. 1차대전이 한국천주교회에 미친 영향은 매우 컸다. 4년여의 전쟁 동안 17명의 선교사들이 징집되었지만 새로운 선교사는 1명도 한국에 파견되지 않았다. 1918년에 휴전이 선언되고 베르사유회담이 시작되었지만 많은 선교사들이 돌아오지 못한 상황인데 3·1운동이 일어났다. 선교사들의 약 33%가 징집되어 선교인력난을 겪고 있는 상황에서, 천주교 신자들이 만세운동에 참여한다면 박해시대보다 더 어려움을 당하리라 주교들을 비롯하여 성직자들은 생각하였다. 그래서 그들은 정교분리를 앞세우며 신자들의 만세운동 참여를 금지하였다.

한국천주교회는 1차대전으로 인해 3·1운동에 큰 영향을 받았다. 천주교 신자들은 1차대전의 종전을 위해 제기된 민족자결주의에 고무되어 만세운동에 참여하였다. 반면 모국을 지키기 위해 1차대전에 참전하였던 프랑스인 선교사들은 1차대전으로 인해 많은 것을 잃었는데, 특히 선교인력이 크게 감축된 상황에서 천주교회가 만세운동에 참여함으로써 선교활동에 타격을 받을까 염려하여 한국천주교회의 만세운동 참여를 금지하였다. 1차대전이 한국인 천주교 신자들에게는 만세운동에 참여하는 이유가 되었고, 성직자들에게는 만세운동 참여를 금지하는 이유로 작용하였다.

II. 1880~1930년대 파리외방전교회 홍콩 대표부와 한국천주교회

1. 머리말

아시아 지역 선교를 목적으로 1658년 프랑스에서 설립된 파리외방전교회(Société des Missions Ertangères de Paris)는 1666년 시암(Siam)의 수도 아유티아(Ayuthia)에 첫 번째 극동 대표부를 설립하였다. 이어 1685년 중국 광저우[廣州]에 두 번째 극동 대표부를 설치하였다가 1732년 추방당하여 마카오(Macau, 澳門)로 이전하였고, 1847년에는 홍콩[香港]으로 이전하였다.

홍콩은 아편전쟁으로 1841년 1월 26일 영국에게 할양되었고,200) 그 해부터 영국·미국·독일에서 개신교의 각 종파가 홍콩에 들어와 선교 활동을 펼쳤다.201) 중국에서 포르투칼 선교보호권 축소작업을 진행하고 있던 교황청도 1841년 4월 22일에 홍콩지목구를 설정하여202) 홍콩을 마카오교구203)에서 분리하였다. 그리고 1843년 6월의 교황청 월례 모임에서 홍콩

---

200) 신승하, 『중국근대사』, 대명출판사, 2000, 81~82쪽.
201) Groffrey Robley Sayer, *Hong Kong : Brith, Adolescence, and Coming of Age*, London : Oxford Univ. Press, 1937, 195쪽 ; 임계순, 「19세기 후반기 국제 항구도시, 홍콩의 서양인사회」, 『중국사연구』 44, 중국사학회, 2006, 262쪽.
202) 이영춘, 「중국에서의 포르투칼 '선교 보호권' 문제 및 조선대목구 설정에 관한 연구」, 『민족사와 교회사』, 최석우 신부 수품 50주년 기념 사업위원회 엮음, 한국교회사연구소, 2000, 206쪽. 대목구로 승격한 것은 1874년이었다.("香港", 『カトリック大辭典』, 東京 : 富山房, 昭和 15 및 천주교 홍콩교구 홈페이지 (http://www.catholic.org.hk)의 'Introduction to Catholic Diocese of Hong Kong'.(2014년 6월 5일 검색)

선교를 파리외방전교회에 맡길 것인가를 논의하였고,204) 1847년 교황 비오 9세(1846~1878년 재위)가 파리외방전교회의 홍콩 선교를 결정하였다.205) 그리하여 파리외방전교회는 1847년 포르투칼 지배지였던 마카오에서 홍콩으로 극동 대표부를 이전하였다.206)

1831년 교황 그레고리오 16세(1831~1846년 재위)가 조선대목구(朝鮮代牧區)를 설정하고 파리외방전교회에 조선 선교를 맡겼다. 이후 1909년 베네딕도회(Order of St. Benedict), 1923년 메리놀회, 1933년 골롬반회(Missionary Society of St. Columban)가 한국 선교에 합류하였는데 모두 파리외방전교회의 직·간접 초청에 의해서였다. 그리하여 1941년 노기남(盧基南) 신부가 서울대목구장으로 임명될 때까지 파리외방전교회가 한국천주교회 선교의 중심 역할을 하였다.

1847년 극동 대표부가 마카오에서 홍콩으로 이전됨으로써 파리외방전교회는 보호권 문제로 포르투갈과의 갈등을 피하고, 중국 및 그 이웃 나라들과의 연락도 좀 더 쉽게 할 수 있게 되었다. 조선대목구 설정 이후 한국천주교회는 마카오 대표부와, 1847년 이후에는 홍콩 대표부와 긴밀한 관계를 유지하였다. 홍콩 대표부에는 선교사 요양소가 있어 많은 한국 선교사들이 치료·휴양하였고, 인쇄소에서는 한국천주교회의 많은 서적들이 출판되었다.

---

203) 1576년 극동 최초의 지목구로 설정되었다.
204) KELOON, LOUIS EDWARD, 「THE FOUNDATION OF THE CATHOLIC MISSION IN HONG KONG, 1841~1894」, Hong Kong : UNIVERSITY OF HONG KONG, 1998, p.81.
205) KELOON, LOUIS EDWARD, 「THE FOUNDATION OF THE CATHOLIC MISSION IN HONG KONG, 1841~1894」, p.53. 그리하여 파리외방전교회원이 1847년부터 1850년까지 홍콩지목구의 3대 지목구장이 되었으나 그 기간뿐이었다. 천주교 홍콩교구 홈페이지(http://www.catholic.org.hk)의 'Introduction to Catholic Diocese of Hong Kong'.(2014년 6월 5일 검색)
206) 이영춘, 「중국에서의 포르투칼 '선교 보호권' 문제 및 조선대목구 설정에 관한 연구」, 207쪽 ; 顧衛民, 『中國天主敎編年史』, 上海 : 上海書店出版社, 2003, 367쪽.

그동안 한국천주교회와 홍콩 대표부의 관계를 추적한 논문은 없다. 그래서 홍콩 대표부와는 어떤 관계가 있었는지, 요양소에서는 얼마나 많은 한국 선교사들이 체류하였는지, 인쇄소에서 출판된 간행물들은 무엇이고 왜 그곳에서 출판되었는지가 궁금하다. 파리외방전교회 한국 선교사들의 활동은 한국천주교회사이고, 한국천주교회사는 한국사의 중요한 분야이다. 따라서 한국천주교회와 파리외방전교회 홍콩 대표부의 관계를 규명하는 이 글은 한국천주교회의 공백을 메우는 데 기여할 것이며, 한국근대사의 내용을 풍요롭게 하는 밑바탕이 될 것이다. 또한 한국근대사의 중요한 자료들임에도 연구자들에게 그다지 활용되지 않은 천주교회의 자료들을 소개하고 적극 활용함으로써 한국근대사 연구의 지평을 넓히고 깊이 있게 하는데 도움이 될 것이다.

천주교회 내 자료로 열람이 제한되어 있기에 현재 접근 가능한 자료들을 적극 활용하여 이 글의 목표를 달성하고자 한다. 활용할 주요 자료들은 『뮈텔주교일기』(Journal de Mgr. G. Mutel : 1890~1933)와 『드망즈주교일기』(Journal de Mgr. F. Demange : 1911~1938) 그리고 『경향잡지』(1911~1945)와 『천주교회보』(1927~1933)이다. 마카오 대표부, 상하이[上海] 대표부, 싱가포르 대표부 등은 후고에서 다루고자 한다.

2. 베타니 요양소와 파리외방전교회 한국선교사

홍콩 섬의 왼쪽에 있는 한 산비탈에 파리외방전교회 동양 총본부, 즉 홍콩 대표부와 나자렛 인쇄소, 그리고 베타니 요양소가 위치해 있었다.[207] 한국천주교회는 홍콩 대표부와 밀접한 관계를 유지하였다. 리브와(Libois,

---

[207] 『경향잡지』 863호, 1937년 10월 12일, 520~521쪽, 목포 S.K생, 「마닐라 벼락여행기(10)」.

N.) 신부가 대표로 있던 1847년 페레올(Ferréol, J., 한국성 高) 주교가 보낸 『기해(己亥)·병오(丙午)박해 순교자들의 행적』을 최양업(崔良業) 부제(副祭)가 라틴어로 번역하였고,208) 1854년 조선 신학생 3명209)이 임시로 설립된 신학교에서 리브와 신부로부터 라틴어를 배웠으며,210) 1857년 풍랑으로 영국 배에 구조되어 온 김기량(金耆良 : 1816~1867)이 루세이(Rouselle, Jean Baptiste) 부대표 신부로부터 교리지도를 받고 세례를 받았다.211)

그리고 파리외방전교회의 많은 한국 선교사들이 베타니 요양소에서 치료를 받으며 요양하고 휴식을 취하였다. 1917년 일본 외무성 통상국이 편찬한 『향항사정』(香港事情)에 'French Mission Senatorium'은 폭풀람(Pokfulam)에 있는데 병든 선교사와 나이든 선교사를 위한 것이라 하였다.212) 천주교회 자료들에 '베타니(Bethanie) 새나토리엄(Sanatorium)'213), '양생원'(養生院)이라214) 소개되었던 곳이다.

베타니 요양소에서 내려다보이는 연안 풍경은 아름다웠다.215) 2010년 3월의 홍콩 현지 조사와 파리외방전교회 중국지부장 부르노 르페(Bruno Lepeu) 신부의 진술을 토대로 기술한 오영환에 의하면 베타니 새나토리엄, 즉 베타니 요양소는 "139 Pokfulam Road, Hong Kong(香港 薄扶林道 139

---

208) 차기진, 「최양업 신부의 생애와 선교활동의 배경」, 『교회사연구』 14, 한국교회사연구소, 1999 참조.
209) 이만돌(바울리오, 22세), 김 사도 요한(19세), 임 빈첸시오(17세).
210) 임충신·최석우 역주, 『최양업 신부 서한집』, 한국교회사연구소, 1984, 152~155쪽.
211) 샤를르 달레 저, 임충신·최석우 역, 『한국천주교회사』 하, 분도출판사, 1980, 279~280쪽.
212) 外務省通商局 編, 『香港事情』, 東京:啓成社, 1917, 339쪽.
213) 『뮈텔주교일기』와 『드망즈주교일기』 그리고 선교사들의 서한에서 이렇게 기록하였다.
214) 『경향잡지』 398호, 1918년 5월 31일, 227쪽, 「천주교회보 : 피정 소식」.
215) 『경향잡지』 863호, 1937년 10월 12일, 520~521쪽, 목포 S.K생, 「마닐라 벼락 여행기(10)」.

號)"에 위치하였다.216) 베타니는 한자로 '伯大尼'라 표기되는데, 폭풀람 거리 139에 있는 "香港 伯大尼 演藝學院 古蹟校園(Hong Kong Academy of Performing Arts Landmark Heritage Campus Bethanie)", "法國巴黎銀行 伯大尼博物館(The Bnp Paribas Museum of Bethanie)"에서 흔적이 보인다.

베타니 요양소는 1875년 파리외방전교회 홍콩 대표부의 오수프 신부와 파트리아(Patriat, 1838~1887) 신부가 설립하였고, 파트리아 신부가 요양소 책임자가 되었다. 홍콩 최초의 요양소 건물로 파리외방전교회뿐 아니라 아시아에서 선교 활동 중이던 신부들의 열대성 질환을 치료해 주었다. 설립 초기에는 치료하기 어려운 결핵 확산과 미숙한 치료 기술 때문에, 1875~1886년에 50세 이하의 신부들 11명이 사망하였다.217) 오수프 신부는 요양소 건립 이듬해인 1876년 일본 북부 대목구(北部 代牧區)218)장으로 가고,219) 파트리아 신부는 1887년 병에 걸리자 프랑스로 돌아가 사망하였다.220) 파트리아 신부에 이어 1887년부터 올란(Holhann, L. J.) 신부가 요양소를 책임 맡았고, 당시 주치의는 제르라(Gerlach) 박사였다.221) 1908년 요양소의 책임자는 마리(Marie) 신부였고 10여 명의 환자들이 있

---

216) 오영환·박정자 지음,『순교자의 땅 : 해외편』, 가톨릭출판사, 2012, 160쪽.
217) 오영환,「파리외방전교회 극동 대표부 탐방 보고」,『교회사학』7, 수원교회사연구소, 2010, 199쪽.
218) 1846년 일본대목구 설정, 1876년 일본 남부대목구를 분리하고 일본대목구는 북부대목구라 개칭하였다. 1891년 교계제도 설립으로 북부대목구는 도쿄대목구가 되었다.(L'eglise Catholique dans l'empire Japonais 大日本帝國內 公敎會, TYPIS TENSHI-IN, SAPPORO, 1935, p.4)
219) 1876년 일본 북부대목구장, 1891년 일본 도쿄대목구장, 1906년 6월 27일 사망하였다.(L'eglise Catholique dans l'empire Japonais 大日本帝國內 公敎會, p.5)
220) "오메트르 신부가 조선 손골에서 싱가포르의 경리부장 파트리아 신부에게 보낸 1864년 9월 21일자 편지",『上敎友書』35, 수원교회사연구소, 2012 여름, 39쪽.
221) 장동하,「빌렘(Wilhelm, 홍석구) 신부의 활동과 對韓認識 : 1883년부터 1895년까지」,『인간연구』13, 가톨릭대학교 인간학연구소, 2007, 260쪽.

었다.222)

　홍콩 대표부가 설립된 이래 파리외방전교회 선교사들은 홍콩을 경유하여 중국 변문을 통하여 한국에 들어왔고, 1886년 한불조약 체결 이후에는 홍콩에서 상하이, 일본의 나가사키[長崎]나 고베[神戶]를 경유하여 한국에 도착하였다. 자료에 의하면, 베타니 요양소에 가서 건강을 회복하고 돌아온 파리외방전교회의 첫 한국 선교사는 로(Rault, J., 한국명 盧若望) 신부였다. 그는 방광염에 걸려 베타니로 갔고 건강이 회복되자 1889년 한국으로 돌아왔다.223) 1891년 12월 마라발(Maraval, J., 한국명 徐若瑟) 신부는 왼쪽 폐가 상하여 좀 더 따뜻한 곳으로 떠나지 않고 한국에서 지낸다면 생명이 위험할 것이라는 의사224)의 진단에 베타니로 출발하였고, 1년 3개월 후 한국으로 돌아왔다.225) 마라발 신부가 베타니에 있었던 시기에 르 비엘(Le Viel, E., 한국명 申三德) 신부도 베타니에 있었다.226) 누관을 수술하였지만 더 이상 치료할 수 없었기에 한국을 출발하여 1892년 10월 12일 베타니에 도착하였다.227) 그러나 한국에서의 두 번 수술에 이어 홍콩에서의 수술도 성과를 거두지 못하여 베타니에 도착한 6개월 후인 1893년 4월 사망하였다.228) 류마티즘으로 고생하던 파스키에(Pasquier, P., 한국명 朱

---

222) 『뮈텔주교일기』 1908년 2월 3일.
223) 이유림, 「로, 장 루이」, 『한국가톨릭대사전』 4, 한국교회사연구소, 1997, 2141쪽.
224) 1890년 한국에 도착한 와일즈 박사.(김원모, 『근대 한국외교사 연표』, 단국대출판부, 1984, 132쪽)
225) 『뮈텔주교일기』 1891년 12월 1·23일, 1892년 1월 17일, 1893년 4월 20일 ; 마라발 신부가 베타니 요양소에서 뮈텔 주교에게 보낸 1893년 3월 8일자 서한.(한국교회사연구소 역편, 『함경도 선교사 서한집』 I, 한국교회사연구소, 1995, 96쪽)
226) 『뮈텔주교일기』 1892년 12월 7일.
227) 『뮈텔주교일기』 1892년 2월 13일, 6월 15일, 10월 1일 ; 올란 신부가 베타니에서 1893년 4월 25일 뮈텔 주교에게 보낸 르 비엘 신부 임상일지.(한국교회사연구소 편, 『자료로 본 천주교 인천교구사 제2집 : 파리외방전교회 선교사 서한문』, 한국교회사연구소, 1988, 32쪽)
228) 『뮈텔주교일기』 1893년 4월 20일.

若瑟) 신부는 1894년 유럽으로 가려다 뮈텔 주교의 제안으로 베타니에서 요양하였다.[229] 1901년에도 파스키에 신부는 베타니에서 요양하고 한국으로 돌아왔다.[230]

1902년 일종의 우울증에 걸린 드망즈(Demange, F., 한국명 安世華) 신부가 분쉬[231] 박사의 진료를 받았으나 차도가 없어 베타니로 가 요양하고 4개월여 후인 1903년에 돌아왔다.[232] 같은 해 페네 신부도 정신 상태가 혼란해져 나가사키를 거쳐 베타니에 도착, 휴양하고 4개월 후 한국으로 돌아왔다.[233] 1903년 투르뇌(Tourneux, V., 한국명 呂東宣) 신부는 이질에 걸렸고 홍콩으로 가야 한다는 미국인 의사와 일본인 의사의 의견에 나가사키의 성벨라도 병원에서 치료받은 후 베타니로 가 요양하고 돌아왔다.[234] 같은 해 그리자르(Grisard, A., 한국명 池安德) 신부는 후두궤양에 걸려 치료를 받았는데, 한국보다 홍콩의 공기가 후두궤양에는 더 낫고 베타니에서는 세심한 간호를 받을 수 있다며 홍콩행을 권하여 갔는데 두 달 후 사망하였다.[235] 1893년 르 비엘 신부가 사망한지 10년만에 또 한 명의 한국 선교사가 베타니에서 목숨을 잃었다. 1904년 9월 파스키에 신부는 이질 때문에 베타니로 출발하였고, 이어 프랑스로 귀국하여 이듬해 탈회하

---

229) 『뮈텔주교일기』 1894년 9월 6·19일, 10월 23일, 언제 돌아왔는지는 알 수 없다. 1895년 4월 29일까지는 한국에 돌아오지 않았다.(『뮈텔주교일기』 1895년 4월 29일)
230) 『뮈텔주교일기』 1901년 4월 22일, 10월 6일. 1901년 한국에서 활동 중이던 파리외방전교회 선교사는 뮈텔 주교를 포함하여 40명이었다.(한국교회사연구소, 『한국가톨릭대사전(부록)』, 한국교회사연구소, 1985, 322쪽)
231) 분쉬(Wunsch, Richard, 1869~1911) : 1901년 11월 2일 제물포 도착, 1905년 4월 초까지 3년 6개월 동안 활동.(이영석, 「구한말 내한 독일인의 한국 이해 -오페르트, 묄렌도르프, 분쉬의 경우」, 『독일어문학』 37, 한국독일어문학회, 2007, 274쪽)
232) 『뮈텔주교일기』 1902년 9월 24일, 10월 2·26일, 1903년 2월 6일.
233) 『뮈텔주교일기』 1902년 4월 20·22일, 8월 26일.
234) 『뮈텔주교일기』 1903년 8월 8·17·25일, 1904년 4월 26일.
235) 『뮈텔주교일기』 1903년 4월 20일, 5월 4·16·17일, 6월 6·10·19일, 8월 11·17일.

였다.236)

1906년 4월 기낭(Guinand, P., 한국명 陳普安) 신부는 신경 쇠약으로 베타니에서 요양하고 3개월여 후에 돌아왔다.237) 같은 해 5월 폐 기능이 약한 미알롱(Mialon, A., 한국명 孟錫浩) 신부도 베타니로 떠났다가 이듬해 8월에 돌아왔다.238) 같은 해 12월 포리(Faurie, Jean Bpt., 한국명 方소동) 신부는 간 때문에 상하이 병원에서 한 달여 동안 치료하다가 베타니로 가 치료하였고, 낫지 않아 프랑스로 귀국하였다.239)

중병에 걸려 베타니로 갈 것을 권유받았지만 떠나지 못한 경우도 있었다. 1908년 브레(Bret, A., 한국명 白類斯) 신부는 중병에 걸렸고 베타니로 갈 것을 권유받았지만 한국에서 치료해 보겠다며 일본인 의사와 미국인 의사의 치료를 받다가 상태가 나빠지자 베타니로 떠나겠다고 결심하였는데 미처 떠나지 못하고 사망하였다.240)

경술국치 이후 그리고 대구대목구가 설정된 이후 베타니로 간 파리외방전교회 한국 선교사는 다음과 같다. 1911년 6월 크렘프(Kremff, H., 한국명 慶元善) 신부는 신경성으로 베타니에서 요양하고 6개월 후 돌아왔다.241) 같은 해 10월 페네 신부는 기침을 심하게 하고 식욕을 잃고 잠을

---

236) 『뮈텔주교일기』 1904년 9월 8·24일 ; 김선미, 「파스키에」, 『한국가톨릭대사전』 11, 2005, 8808쪽.
237) 『뮈텔주교일기』 1906년 3월 12·29일, 4월 3·30일, 7월 4일. 1906년 한국에서 활동 중이던 파리외방전교회 선교사는 뮈텔 주교를 포함하여 46명이었다.(한국교회사연구소, 『한국가톨릭대사전(부록)』, 322쪽)
238) 『뮈텔주교일기』 1906년 5월 15일 ; 이유림, 「미알롱, 장 루이」, 『한국가톨릭대사전』 5, 1997, 2968쪽.
239) 『뮈텔주교일기』 1906년 10월 25·26·28일, 12월 4일, 1907년 4월 20일 ; 『보감』 180호, 1910년 3월 25일, 91쪽, 「부고」.
240) 『뮈텔주교일기』 1908년 1월 13일, 11월 9일 ; 브레 신부가 원산에서 두세 신부에게 보낸 1908년 8월 3일자 및 30일자 서한.(『함경도 선교사 서한집』 I, 484~486쪽)
241) 학교 사정으로 인하여 병이 중히 들었다고 한다.(『뮈텔주교일기』 1911년 6월 18일 ; 『경향잡지』 234호, 1911년 7월 31일, 317쪽, 「회보: 경 신부 병환」)

이루지 못하여 베타니로 가서 치료하였는데 폐병이었다. 1902년에 이어 두 번째 베타니 행이었고, 베타니에서 지낸 지 4개월 후 한국으로 돌아왔다.242) 1913년 12월 줄리앙 공베르(Gombert, J., 한국명 孔安世) 신부는 베타니에서 이질을 치료하고 6개월 후 돌아왔다.243)

제1차 세계대전 징집 검사 이후 한동안 베타니 행이 없다가 1917년 투르뇌 신부가 장티푸스와 폐렴으로 인하여 베타니로 가 치료를 받고 6개월 후 돌아왔다.244) 1903년에 이어 두 번째 베타니 행이었다. 1918년 부이용(Bouillion, C., 한국명 任加彌) 신부는 폐병 때문에 베타니로 가서 한양(閑養)하고 5개월여 후에 돌아왔다.245) 1919년 8월 로베르 신부는 스프루(spru) 병이 재발하여246) 베타니로 가 치료하고 8개월 후에 돌아왔다.247)

1921년 9월 비에모(Villemot, P., 한국명 禹一模) 신부는 세브란스병원에서 진료를 받았으나 전지 요양이 필요하다는 의견에 상하이로 가 성모병원에서 한동안 지내다가 베타니로 갔고, 이어 프랑스로 가 치료한 후 한국으로 돌아왔다.248) 1922년 미알롱 신부는 폐병이 다시 악화되어 베타니

    1911년 12월 12일에 돌아왔다.(『뮈텔주교일기』 1911년 12월 12일)
242) 『드망즈주교일기』 1911년 10월 2·7일, 11월 23일, 12월 6·21일, 1912년 3월 22일.
243) 『뮈텔주교일기』 1913년 12월 19일, 1914년 6월 3일 ;『경향잡지』 292호, 1913년 12월 31일, 558쪽, 「천주교회보: 공 신부 홍콩에 감」; 302호, 1914년 5월 31일, 219쪽, 「천주교회보: 서울 피정소식」; 303호, 1914년 6월 15일, 245쪽, 「천주교회보: 새 신부와 옛 신부가 동행」.
244) 『드망즈주교일기』 1917년 10월 11·15·16·22·27일, 12월 18·22일, 1918년 4월 13일, 7월 30일 ;『뮈텔주교일기』 1917년 12월 18일.
245) 『뮈텔주교일기』 1918년 2월 11·19·22일, 3월 3·4일, 5월 5·13·18일, 10월 28일 ;『경향잡지』 398호, 1918년 5월 31일, 227쪽, 「천주교회보: 피정 소식」.
246) 1911년 스프류라는 병에 걸렸고, 프랑스의 공기가 치료에 필요하다고 하여 프랑스로 가서 요양하고 1913년 돌아왔는데 병이 재발한 것이다.(『드망즈주교일기』 1911년 6월 29일, 7월 3·9·11·22일, 8월 10·23일, 10월 11일, 1912년 2월 21일 ;『뮈텔주교일기』 1913년 5월 5일)
247) 『드망즈주교일기』 1919년 8월 22일, 11월 4·10일, 12월 12일 ;『뮈텔주교일기』 1920년 5월 13일.

에서 요양하고 6개월 후 돌아왔다.249)

　1925년 페네 신부와 라크루 신부는 폐렴 치료를 위해 베타니로 갔다가, 페네 신부는 7개월 후인 1926년 2월에, 라크루 신부는 1926년 4월에 한국으로 돌아왔다.250) 1927년 8월 크렘프 신부는 베타니로 건강 휴가를 떠났다가 5개월 후에 돌아왔다.251) 1911년에 이어 두 번째 베타니 행이었다. 1927년 9월에는 드뇌 신부가 베타니로 떠나 한양(閑養) 치료하고 1년 5개월 후 돌아왔다.252) 1927년 10월에는 폴리(Polly, D., 한국명 沈應榮) 신부가 발제(髮際) 종기, 간(肝) 병, 말라리아로 고생하다가 상하이로 가 3개월 이상 치료하였고, 이어 베타니로 가서 치료를 계속한 후 1928년 4월에 돌아왔다.253) 당시 폴리 신부가 본당신부로 활동하였던 원주본당의 신자들은 폴리 신부를 돕고자 청년회 제안으로 모금을 하였다.254) 1928년 4월에

---

248) 『뮈텔주교일기』 1921년 9월 22·27·29일, 10월 3·24일, 11월 16일, 1922년 10월 26일 ; 『경향잡지』 479호, 1921년 10월 15일, 449쪽, 「회보:우 신부 치료차로 여행」; 505호, 1922년 11월 15일, 497쪽, 「회보 : 우 신부 환당」.
249) 『드망즈주교일기』 1922년 9월 28일, 10월 19일, 1923년 3월 14·25일, 4월 28일 ; 『경향잡지』 504호, 1922년 10월 31일, 475쪽, 「회보: 대구 신부 여행」.
250) 『드망즈주교일기』 1925년 7월 25일, 1926년 2월 17일, 4월 24일 ; 『뮈텔주교일기』 1926년 2월 17일.
251) 『뮈텔주교일기』 1927년 8월 13일, 1928년 1월 14일 ; 『드망즈주교일기』 1927년 8월 14일 ; 『경향잡지』 620호, 1927년 8월 31일, 377쪽, 「회보: 경 신부 한양여행」; 630호, 1928년 1월 31일, 32쪽, 「회보: 경성교구에 신부 전임」.
252) 『뮈텔주교일기』 1927년 9월 26·29일, 1928년 4월 14일, 1929년 3월 28일, 4월 8일 ; 『드망즈주교일기』 1927년 10월 10일 ; 『경향잡지』 623호, 1927년 10월 15일, 450쪽, 「회보: 전 신부 여행」; 659호, 1929년 4월 15일, 152쪽, 「회보: 전 신부 환당」;『천주교회보』 1929년 5월 1일, 「인사」.
253) 『드망즈주교일기』 1928년 4월 12일 ; 『뮈텔주교일기』 1927년 10월 24일, 1928년 4월 14일 ; 『경향잡지』 625호, 1927년 11월 15일, 493쪽, 「회보: 양위 신부 치료차로 여행」; 629호, 1928년 1월 15일, 13쪽, 「회보: 병환 중에 계신 본당신부를 위하여」; 635호, 1928년 4월 30일, 175쪽, 「회보: 심 신부 환귀」.
254) 『경향잡지』 629호, 1928년 1월 15일, 13쪽, 「회보 : 병환 중에 계신 본당신부를 위하여」.

는 뤼카 신부가 베타니로 가서 위장병, 이질, 빈혈을 치료하고 약 1년 후에 돌아왔다.255) 그러나 다시 베타니로 가서 1930년 10월 이전 베타니에 머물다가, 1931년 2월 프랑스를 향하여 출발하였고, 1932년 5월에 한국으로 돌아왔다.256)

1932년 몰리마르(Molimard, J., 한국성 牟) 신부는 베타니에서 휴양하고 한 달여 후에 돌아왔다.257) 1934년 9월 파르트네(Parthenay, T., 한국명 朴德老) 신부는 장티푸스에 걸려 베타니로 갔는데 병이 악화되어 1935년 3월 18일 프랑스로 귀국하였다.258) 1937년 10월 리샤르(Richard, R., 한국성 蔡) 신부는 베타니로 가서 휴양하였다.259)

1836년 1월 모방(Maubant, P., 한국명 羅伯多祿) 신부가 입국한 이래 1937년 를뢰(Leleu, P., 한국성 노) 신부까지 124명의 파리외방전교회 선교사들이 한국에 들어와 선교 활동을 전개하였다.260) 그리고 1888년 로 신부부터 1937년 리샤르 신부까지 44년 동안 27명의 파리외방전교회 한국 선교사들이 베타니로 가서 머물렀으니 1/10 이상의 선교사들이 질병 때문에 베타니로 간 것이다. 파스키에 신부는 1894·1901·1904년 세 번, 투르뇌·페네·크렘프 신부는 두 번씩 갔다. 성직자 요양소이니 베타니에서는

---

255) 『뮈텔주교일기』 1928년 4월 29일, 5월 3·27일, 10월 21일, 12월 12일, 1929년 3월 28일 ; 『경향잡지』 637호, 1928년 5월 15일, 201쪽, 「회보: 류 신부 병환 치료차 향항 여행」; 659호, 1929년 4월 15일, 151쪽, 「회보 : 류 신부 환당과 차정」; 『천주교회보』 1929년 5월 1일, 「인사」.
256) 『드망즈주교일기』 1930년 10월 27일, 1931년 2월 18일, 1932년 5월 26·27일 ; 『천주교회보』 1932년 7월 1일, 「류 신부 귀선」.
257) 『뮈텔주교일기』 1932년 1월 15일, 2월 24일 ; 『경향잡지』 726호, 1932년 1월 31일, 34쪽, 「회보: 모 신부 홍콩 여행」.
258) 『드망즈주교일기』 1934년 9월 17·23·27일, 11월 15일, 1935년 1월 29일 ; 홍연주, 「파르트네, 테오필 조제프」, 『한국가톨릭대사전』 11, 2005, 8786쪽.
259) 『드망즈주교일기』 1937년 10월 5·10·14·27일 ; 천주교대구대교구, 『천주교 대구대교구 100년사 1911~2011, 은총과 사랑의 자취』, 천주교대구대교구, 2012, 194쪽.
260) 『한국가톨릭대사전(부록)』, 102~104쪽.

세심한 간호를 받을 수 있으리라 기대하였고, 홍콩의 의료 환경이 한국은 물론 나가사키나 상하이보다 좋다고 생각한 때문이었다. 1915년 8월까지 홍콩에는 법적인 등록 개업의가 37명 있었는데 중국인 3명, 일본인 2명, 인도인 1명을 제외하고는 모두 유럽인이었다. 13개의 공립병원에 861개 병상(病床)을 갖춘 13개의 공립병원 외에도 많은 사립병원들이 있었다.261) 특히 샬트르성바오로회 수녀들의 병원은 1917년 극동에서 가장 좋은 병원이었다고 한다.262)

베타니로 가기 전 선교사들은 한국과 가까운 곳에서 치료를 받았다. 투르뇌 신부는 나가사키의 병원에서, 포리 신부는 상하이 병원에서 치료를 받고 베타니로 갔다. 또한 포리 신부는 베타니에서의 치료로도 낫지 않아 프랑스로 귀국하였다. 비에모 신부도 상하이 성모병원에서 한동안 치료를 받고 베타니로 갔다가 프랑스로 귀국하였으며, 파르트네 신부도 베타니에서 병이 치료되지 않아 프랑스로 귀국하였다. 베타니로 갔지만 르 비엘 신부와 그리자르 신부는 사망하였다. 드뇌·몰리마르·리샤르 신부는 휴양의 목적으로 베타니에 머물렀다. 베타니로 간 선교사들이 앓은 질병은 신경성 질병이 가장 많았고(6명), 이어 폐병(5), 이질(4), 폐렴(3), 장티푸스(2), 말라리아, 후두궤양, 누관, 류마티즘, 방광염 등으로 폐 질환이 많았다.263)

한국 선교사들은 한국에서 치료하고 이어 상하이로 갔으며, 그곳에서 치료되지 않을 경우 홍콩으로 가서 베타니에 머물며 치료하였다. 그리고 홍콩에서도 치료가 안 되면 프랑스로 귀국하였다. 즉 한말·일제강점기 홍콩은 한국 선교사들이 극동에서 치료를 가장 잘 받을 수 있는 곳이었다. 그럼에도 치료를 목적으로 베타니에 간 한국 선교사들의 숫자는 그리 많

---

261) 外務省通商局 編, 『香港事情』, 39~40쪽.
262) 샬트르성바오로수녀회, 『한국샬트르성바오로수녀회 100년사』, 분도인쇄소, 1991, 1099쪽.
263) 폐병 때문에 한국의 사망률이 1위였다고 한다. 『삼천리』 제2호, 1929년 9월 1일, 의학박사 鄭錫泰, 「민족보건의 공포시대, 폐병 요양소의 설치 제의」 참조.

지 않았다. 선교사의 숫적인 부족 때문에 치료 시기를 놓치는 경우가 많았고, 순교에 대한 열망도 일정 부분 작용하였으리라 생각된다.

성직자들의 질병은 선교 활동을 펼치는 데 큰 장애였다. 많은 선교사들과 한국인 성직자들이 질병으로 사망하였고, 병을 치료하고자 상하이와 나가사키 그리고 홍콩과 프랑스로 떠났다. 그래서 1887년 『조선교회 관례집』에서는 "각 선교사는 자신의 건강에 유의"264)할 것이, 1923년 『서울대목구 지도서』에서는 모든 선교사와 한국인 신부들이 건강에 신경 쓸 것이 강조되었다.265)

1928년부터 2년 이상 프랑스에서 요양하였던 드망즈 주교는 1930년 11월 성직자들을 위한 병원을 대구대목구 주교관 옆에 건립하였고,266) 1931년 여름에는 대구대목구 성직자 요양소를 마산본당 내에 건축하였다.267) 홍콩으로 가서 치료받고 베타니에서 요양하는 것을 한국에서 할 수 있도록 하겠다는 것이었다. 대구대목구의 성직자 병원 건립 이후 한국천주교회 차원에서 '조선교구 설정 백주년 기념사업'으로 병원 설립이 결정되었다.268) 그리하여 1936년 5월 1일 성모(聖母)병원이 개원하였다.269)

---

264) 한윤식·박신영, 『조선교회 관례집』(부산교회사연구소 연구총서 12), 부산교회사연구소, 2013, 67쪽.
265) 한윤식, 「뮈텔 주교의 '서울대목구 지도서(Directorium Missionis de Seoul, 1923)' 연구」, 『교회사연구』 37, 2011, 52~53쪽.
266) 『천주교회보』 1931년 7월 1일, 「대구에 성직자 전용 병원 건축」; 『천주교회보』 1931년 12월 1일, 「대구교구 수녀원 내 병원 강복식」.
267) 『천주교회보』 1931년 7월 1일, 「대구교구 성직자 요양소 신축」; 『김영은 일지』(문산천주교회, 『文山聖堂八十年史 : 문산선교 122주년 기념』, 1983) 1932년 2월 2일.
268) 『천주교회보』 1931년 10월 1일, 「백주년 기념으로 병원 설립 계획」; 『경향잡지』 719호, 1931년 10월 15일, 447~449쪽, 「기서 : 백주년 기념병원에 대하여」.
269) 『동아일보』 1936년 5월 10일, 「박애정신으로 聖母病院 창설, 11일 오후 5시 개원식 거행, 간호는 수녀의 봉사로」; 『매일신보』 1936년 5월 13일, 「성모병원 개원식」; 『경향잡지』 829호, 1936년 5월 15일, 281쪽, 「성모병원 강복식」.

3. 나자렛 인쇄소와 한국천주교회의 출판물

1917년에 편찬된 『향항사정』에 'Nazareth Printing Office'라 언급되어 있는270) 나자렛 인쇄소(Nazareth Press, 納匝助靜院)는 1885년 4월 28일에 공식으로 문을 열었다.271) 나자렛 피정의 집 부설 인쇄소였다. 나자렛 피정의 집은 유서에 의해 상당한 금액을 받은 루세이 신부가 베알(Beal, A.)·올란·모니에(Monnier) 신부들과 함께 1884년 12월 17일 마카오의 상치안 섬[上川島]272)을 방문하면서 시작되었다. 이들은 1895년에 홍콩의 두 지역을 방문하였고, 1895년에 폭풀룸 지역에 부지를 매입하여 나자렛 피정의 집을 건립하였다. 건립 이듬해인 1896년 이곳에는 16명의 신부와 30명의 협력자가 머무르고 있었다.273)

나자렛 평의회는 1923년 1월 페랭 신부를 협력자로 보내달라고 대구대목구장 드망즈 주교에게 편지를 보냈다.274) 드망즈 주교는 그해 5월 페셀(Peschel, P., 한국명 白鶴老) 신부를 보냈고, 페셀 신부는 1년 3개월 후 한국으로 돌아왔다.275) 1930년에는 페네 신부가 '나자렛 정원(靜院)', 즉 피정의 집 원장으로 임명되어 활동하고 1933년 한국으로 돌아왔다.276)

---

270) 外務省通商局 編, 『香港事情』, 339쪽.
271) 천주교 홍콩교구 홈페이지(http://www.catholic.org.hk)의 'Introduction to Catholic Diocese of Hong Kong'.(2014년 6월 5일 검색)
272) '인도와 일본의 사도'로 불리우는 사베리오(Xaverius, Francis)가 1552년에 사망하여 임시로 안치된 곳. 그의 시신은 1553년에 말라카로, 그해 겨울에는 고아로 옮겨졌다.(변희선, 「사베리오, 프란치스코」, 『한국가톨릭대사전』 6, 1998, 3952쪽)
273) 「香港」, 『カトリック大辭典』, 東京 : 富山房, 昭和 15.
274) 『드망즈주교일기』 1923년 1월 15·19일.
275) 『드망즈주교일기』 1923년 5월 27·30일, 1924년 9월 9·25일 ; 『경향잡지』 520호, 1923년 6월 30일, 278쪽, 「회보: 대구교구에 새 신부 차정」; 『김영은 일지』 1923년 5월 27일.
276) 『드망즈주교일기』 1930년 8월 5일, 10월 27일, 1933년 5월 23일 ; 『경향잡지』 692호, 1930년 8월 31일, 371쪽, 「회보: 대구교구 배 신부 전임 소식」.

인쇄소는 피정의 집과 동시에 시작되었는데, 피정의 집을 건립한 신부들 중 모니에(1914년 이래 원장) 신부가 인쇄기술자였기 때문이다. 모니에 신부는 1914년부터 나자렛 피정의 집 원장으로 활동하였는데 근대적 인쇄기를 구입하고 최신의 인쇄 기술을 받아들여 나자렛 인쇄소를 극동 최대의 인쇄소로 발전시켰다.277) 1937년 마닐라 성체대회에 가는 길에 나자렛 인쇄소를 방문한 한국천주교회의 성직자와 신자들은 활자 제작소, 선자소, 작판소, 인쇄소, 지물 저장소, 제본소, 성서 저장소 등을 구비한 인쇄소의 큰 규모에 경탄을 금치 못하였다.278)

나자렛 인쇄소는 1924년 라틴어, 프랑스어, 영어, 이탈리아어, 독일어, 포르투칼어, 중국어, 아나미테어(Annamite),279) 타이어, 눙(Nung)어, 롤로(Lolo)어, 일본어, 캄보디아어, 라오스어, 바나르(Bahnar)어,280) 말레이어, 티베트어, 차모르어, 팔라우어, 카나크(canaque)어 등 20개 언어로 출판이 가능하였다.281) 1923년 파리외방전교회의 선교 지역은 일본에 4, 한국에 2, 청국과 서장(西藏)282)에 14, 안남 동경283)·코친차이나에 8, 인도에 4, 섬라(暹羅)284)·라오스·말라가·면전(緬甸)285)에 5곳 등 37곳이었는데286) 선교 지역 대부분의 언어로 출판이 가능하였다. 한글이 언급되지 않은 것

---

277) 「香港」, 『カトリック大辭典』, 東京 : 富山房, 昭和 15. 1923년 파리외방전교회는 극동 선교지에 42개의 인쇄소를 가지고 있었다.(『경향잡지』 615호, 1923년 4월 15일, 165~166쪽, 「바리외방전교회」)
278) 『경향잡지』 863호, 1937년 10월 12일, 520~521쪽, 목포 S.K생, 「마닐라 벼락 여행기(10)」.
279) 영어.
280) 베트남의 소수민족인 바나르 어.
281) Societe des Missions Etrangeres de Paris, *Imprimerie de Nazareth : Catalogue 1924~1925,* Hong Kong : Nazareth, 1925의 표지에 20개 언어가 표기되어 있다.
282) 티베트
283) 베트남 통킹[東京].
284) 타이.
285) 미얀마.
286) 『경향잡지』 615호, 1923년 4월 15일, 165~166쪽, 「바리외방전교회」.

은 1910년 이후 한국이 일본의 식민지였고 따라서 국제적으로 공식 언어가 일본어였기 때문일 것이다. 1934년 나자렛 인쇄소의 출판 언어는 28개로 증가하였다.287)

나자렛 인쇄소는 1934년까지 성서, 철학, 호교, 윤리, 사목, 수덕, 교리서, 설교집, 신심서, 역사, 지리, 언어, 사전 등 703종, 약 300만부를 발행하였다.288) 한편 1940년 일본에서 간행된『カトリック大辭典』에 의하면 1,300책 이상이 출판되었다.289)

한국천주교회는 1859년 서울에 목판 인쇄소를 설립하고 1864년 두 곳으로 확대하여290) 교회 서적들을 간행하였다.291) 그러나 병인박해(丙寅迫害)로 중단하였다가 1880년과 1881년에 일본 요코하마[橫濱]의 레비(Lévy) 인쇄소에서『한불자전』(韓佛字典 : Dictonnaire Coréen Français)과 『한어문전』(韓語文典, Grammaire Coréenne)을 활판으로 간행하였다.292) 이어 1881년 9월 한국천주교회의 인쇄소로 요코하마 인쇄소를 설립하고,293) 1882년 2월 인쇄소를 나가사키로 옮겨 '성서 활판소'라 이름하였으며,294) 1886년 서울로 옮겼다.295) 그리고 1887년『조선 교회 관례집』(COUTUMIER DE LA MISSION DE CORÉE)296)을 서울의 성서 활판소

---

287) 최석우,「나자렛 인쇄소」,『한국가톨릭대사전』2, 1995, 1283~1284쪽.
288) 최석우,「나자렛 인쇄소」,『한국가톨릭대사전』2, 1283~1284쪽.『나자렛의 1924~1925년 인쇄 목록』(*Imprimerie de Nazareth : Catalogue 1924~1925*)에 의하면 805번까지 인쇄물의 목록이 수록되어 있다. 중간중간 빠져 있는 번호들이 많기는 하지만 1925년까지 간행물은 805종이라고 보아야 할 것이다.
289) 上智大學 編,『カトリック大辭典』1-2, 東京: 富山房, 1940-1942.
290) 샤를르 달레 저, 임충신·최석우 역,『한국천주교회사』하, 296~298, 363쪽.
291) 조선 손골,『上敎友書』35, 1864년 9월 21일, 41쪽, "오메트르 신부가 싱가포르의 경리부장 파트리아 신부에게 보낸 편지."
292) 장동하,「개항기 조선교구 인쇄소 연구」,『가톨릭 신학과 사상』57, 신학과 사상학회, 2006, 169~172쪽.
293) 장동하,「개항기 조선교구 인쇄소 연구」, 175쪽.
294) 장동하,「개항기 조선교구 인쇄소 연구」, 166·178~179쪽.
295) *C-R*, 1886.

에서 프랑스어로 간행하였다.297) 간행 전년인 1886년 한국천주교회에 한국인 성직자는 없었고298) 파리외방전교회 선교사 13명이299) 선교 활동을 펼치고 있었다.

서울의 성서 활판소에서 『조선 교회 관례집』을 간행한 1887년 조선대목구장 블랑(Blanc, Marie Jean Gustare, 한국명 白圭三) 주교에 의하여 정하상(丁夏祥)의 약전을 첨부한 『상재상서』(上宰相書)가 나자렛 인쇄소에서 출판되었다.300) 나자렛 인쇄소에서 간행된 한국천주교회의 첫 번째 서적이었다. 『나자렛의 1924~1925년 인쇄 목록』(Imprimerie de Nazareth : Catalogue 1924~1925)의 334번에 『상재상서』는 다음과 같이 언급되어 있다. 프랑스어 발음으로 'Cháng tsài siáng chêu'라고 표기한 후 "1839년에 순교한 한국인 정 바오로의 호교서. 재판관에게 줄 호교서로 준비한 것. 1책 36쪽 분량." 값은 0.04프랑이었다.301) 성서 활판소가 있음에도 불구하고 『상재상서』를 나자렛 인쇄소에서 출판한 것은 중국·일본·베트남 등 한자문화권에서 널리 통용되어 선교에 도움이 되기를,302) 또한 그러한 호교

---

296) "SEOUL / TYPOGRAPHIE LA MISSION CATHOLIQUE 1887"라 표지에 기록되어 있다. 이 책자를 그동안 교회사가들은 '블랑 주교의 조선교회 지도서'라 하였는데, 한윤식·박신영이 번역하여 『조선교회 관례집』이라는 이름으로 2013년에 '부산교회사연구소 연구총서 12'로 간행되었다.
297) 배현숙, 「조선에 전래된 천주교 서적」, 『한국교회사논문집』 1, 한국교회사연구소, 1984, 23쪽.
298) 한국인 최초와 두 번째인 김대건(1821~1846)·최양업(1821~1862) 신부 이후 한국인 성직자가 배출된 것은 1896년이었다. 강도영(姜道永), 강성삼(姜聖參), 정규하(鄭圭夏) 등 3명이 사제서품을 받았다.(『뮈텔주교일기』 1896년 4월 26일)
299) 『한국가톨릭대사전(부록)』, 102쪽.
300) 최석우, 『한국천주교회사의 탐구』, 한국교회사연구소, 1982, 235쪽 ; 차기진, 「상재상서」, 『한국가톨릭대사전』 6, 4220쪽.
301) Imprimerie de Nazareth : Catalogue 1924~1925, p.17.
302) Imprimerie de Nazareth : Catalogue 1924~1925(나자렛의 1924~1925년 인쇄 목록)에는 850번까지 책자가 소개되어 있는데, 301번부터 505번까지가 중국어 책자들이고 그중 330번부터 350번까지가 호교서이다.

서(護敎書)를 만들어낸 한국천주교회를 알리기 위해서였을 것이다.

한국천주교회가 나자렛 인쇄소에서 간행한 두 번째는 1891년 『나선소자전』(羅鮮小字典, Parvum Vocabularium Latino-Coreanum)이다. 한국 신학생들을 위해 약 1만 개의 단어를 수록하였는데303) 한글 자모는 서울의 성서 활판소에서 가져갔는지 나자렛 인쇄소에서 제작하였는지 알 수 없다.

나자렛 인쇄소에서 간행된 한국천주교회의 출판물로 주목되는 세 번째는 교회 지도서들이다. 1914년 『대구대목구 지도서』(Directorium Missionis Taikou), 1923년 『서울대목구 지도서』(Directorium Missionis de Seoul), 1932년 『한국 교회 공동지도서』(Directorium Commune Missionum Coreae)가 나자렛 인쇄소에서 출판되었다.

대구대목구장 드망즈 주교는 품절되었고 효력을 상실한 블랑 주교의 1887년 『조선 교회 관례집』을304) 대신하고자 대구대목구 성직자회의에서 『대구대목구 지도서』 초안을 라틴어와 프랑스어로 작성하였다. 이어 라틴어 초안은 한국인 성직자들이, 프랑스어 초안은 파리외방전교회 선교사들이 검토한 후 1912년 5월 25일 공포하였다.305) 그리고 투르 신부306)가 한국에 왔을 때 자신이 요구하는 비밀을 지키면서 『대구대목구 지도서』를 나자렛 인쇄소에서 인쇄할 수 있다고 확언하였기에 원고를 보냈다.307) 그리고 1914년 프랑스어판은 "*Directoire de la Mission de Taikou*"으로, 라틴어판은 "*Directorium Missionis Taikou*"로 출판된308) 『대구대목구 지도서』

---

303) 1936년 尹乙洙 편으로 서울의 성니콜라오신학교에서 780쪽 분량의 『羅鮮辭典』 (*Directorium Latino-Coreanum*)이 간행되었다. 약 5만개의 어휘가 수록되었다. (차기진, 「나선사전」, 『한국가톨릭대사전』 2, 128~1281쪽)
304) 『드망즈주교일기』 1912년 1월 24일.
305) 『드망즈주교일기』 1912년 5월 25일.
306) 나자렛 인쇄소에서 일하고 있던 신부가 아닌가 생각된다.
307) 드망즈 주교가 요구한 '비밀'이 무엇이었는지는 알 수 없다.(『드망즈주교일기』 1913년 11월 13일)
308) 이 지도서의 번역본은 대구가톨릭대학교 부설 영남교회사연구소에서 2006년에 『대구대목구 사목지침서(대구대교구 설정 100주년 기념 기초자료집 5)』란 제목

를 대구대목구의 성직자들에게 배부하였다.309) 1914년 대구대목구의 성직자는 프랑스인 파리외방전교회 선교사 16명, 한국인 성직자 5명이었다.310)

『서울대목구 지도서』는 1922년 5월 2일 드브레드(Devred, Emile Alexandre Joseph, 한국명 兪世竣) 서울대목구의 보좌주교가 편집한 초안을 서울대목구 성직자들이 토의하였다.311) 9월 21일 공포되었으며, 1923년 나자렛 인쇄소에서 라틴어로 간행되었다.312) 1914년에 간행된 『대구대목구 지도서』, 1917년에 공포된 『교회법전』, 그리고 1921년 홍콩에서 개최된 파리외방전교회 총회의 결정 사항들이 고려되었다. 『서울대목구 지도서』가 인쇄된 1923년 서울대목구에는 28명의 프랑스인 선교사와 30명의 한국인 신부들이 선교 활동을 하고 있었다.313)

『한국 교회 공동지도서』는, 1931년 9월 13~25일 개최된 '전 조선 지역 공의회'에서 결정하였고, 1년 이상 작업한 결과물로 1932년 5월 4일 공의회 기록과 함께 나자렛 인쇄소로 보내졌다.314) 그리하여 한국교회 공의회 기록은 "*Acta et Decreta Primi Concilii Regionalis Coreani 1931*"라는 이름으로, 『한국 교회 공동지도서』는 "*Directorium Commune Missionum Coreae 1932*"315)라는 이름으로 1932년에 간행되었다.316) 당시 한국천주

으로 출판하였다.(이송섭, 「한국천주교회의 회장에 대한 고찰 : '한국천주교회 지도서'들을 중심으로」, 부산가톨릭대학교 석사학위논문, 2013, 41쪽의 각주 3)
309) 『드망즈주교일기』 1914년 4월 27일~5월 3일.
310) 『경향잡지』 288호, 1913년 10월 30일, 462쪽, 「조선 성교회 사무」.
311) 『뮈텔주교일기』 1922년 5월 2일.
312) 『대구대목구 지도서』처럼 프랑스어판도 간행되었는지는 알 수 없다.
313) 『경향잡지』 548호, 1924년 8월 31일, 380쪽, 「회보 : 조선 성교회 현상」.
314) 『드망즈주교일기』 1932년 5월 4일
315) 312쪽 분량. 이 지도서의 원 제목은 "*Directorium commune Missionis Coreae jussu Concilii Regionalis 1931 editum*"(1931년 한국 지역 공의회의 명에 따라 간행된 한국 교회 공동 지도서)이다.(한윤식, 「뮈텔 주교의 '서울대목구 지도서 (Directorium Missionis de Seoul, 1923)' 연구」, 44쪽의 각주 6)
316) 『드망즈주교일기』 1932년 9월 21일.

교회에는 프랑스인 44명(서울대목구 25, 대구대목구 19), 한국인 78명(서울대목구 42, 대구대목구 33, 평양지목구 3), 독일인 39명(원산대목구 22, 연길지목구 17), 미국인 22명(평양지목구)의 신부들이 활동하고 있었다.[317]

교회 생활 전반에 관한 규범집들인[318] 지도서들에서 주교들이 강조한 것은 신자 교육, 교리교사, 선교사의 정치적 중립, 본당 등록대장, 한국인 사제 양성이었다.[319] 그런데 라틴어로 되어 있기에 신자들이 지도서들에 접근하는 것은 쉽지 않았다. 이에 대구대목구는 지도서의 회장들에 관한 내용인 201~206장을 보완하고 체계화하여 1913년 9월 10일 『회장의 본분』을 간행하였다.[320] 서울대목구도 신자들이 알아야 할 부분, 특히 회장들에 대한 사항을 묶어 한글판 『회장직분』을 1923년 10월 31일 서울 성서 활판소에서 간행하였다. 또한 『한국 교회 공동지도서』는 한글로 번역하여 『경향잡지』 743호(1932.10.5)부터 795호(1934.12.21)에 '젼죠선 셩교회 법규'라는 표제로 2년여 동안 수록하였다.[321]

지도서들에 이어 나자렛 인쇄소에서 출판한 한국천주교회의 인쇄물로 주목되는 것은 1925년의 한국 순교자 시복(諡福)과 관련되어 인쇄한 것들이다. 순교자 시복을 위한 증거 자료로 제출하기 위한 1922년 규장각자료 필사본들과 이 필사본들을 번역한 『Documents Relatifs aux Martyrs de

---

317) 『경향잡지』 747호, 1932년 12월 15일, 547쪽, 「조선 성교회 사업 현상」. 이 지도서는 1945년 경향잡지사에서 『한국가톨릭지도서』라는 이름으로 한글로 간행되었고 이후 1954·1956·1958년 계속 간행되었다.
318) 한윤식, 「뮈텔 주교의 '서울대목구 지도서(Directorium Missionis de Seoul, 1923)' 연구」, 43쪽.
319) 『서울대목구 지도서』는 『대구대목구 지도서』의 1부 목차를 그대로 따랐다고 한다.(한윤식, 「뮈텔 주교의 '서울대목구 지도서(Directorium Missionis de Seoul, 1923)' 연구」, 51쪽)
320) 이송섭, 「한국천주교회의 회장에 대한 고찰 : '한국천주교회 지도서'들을 중심으로」, 45쪽.
321) 이송섭, 「한국천주교회의 회장에 대한 고찰 : '한국천주교회 지도서'들을 중심으로」, 79쪽의 각주 245.

Corée de 1839 et 1846』(『1839·1946년 자료집』)은 1924년 1월 28일 인쇄가 끝났다.322) 145쪽 분량으로 서언, 목차에 이어 기해(己亥)·병오(丙午) 순교자 82명을 세례명과 법적인 이름을 병기하여 수록하였다. 그리고 『승정원일기』 기해년, 『일성록』 기해년, 『헌종실록』 기해·병오년, 『승정원일기』 병오년, 『일성록』 병오년 순으로 각 자료의 기록을 날짜순으로 기록하였다. 여기에 수록한 82명 중 79명이 1925년 7월 5일 시복되었다.323)

드브레드 주교의 『*Le Catholicisme en Corée : Son origine et ses Progres*』(『한국의 천주교』)도 1924년 나자렛 인쇄소에서 간행되었다.324) 한국 순교자들의 시복을 준비하면서 한국천주교회를 유럽인들에게 알리기 위해, 그리고 1925년 로마에서 열리는 전교 박람회를 위해 간행하였다. 특히 영어판은 제1차 세계대전 이후 미국의 위상이 세계적으로 부상하고 미국을 모국으로 하는 메리놀회가 한국에 진출한 것도 고려한 것이라 생각된다. 뮈텔 주교 등 시복식에 참석하기 위해 유럽을 방문한 한국 선교사들은 많은 사람들에게 이 책자를 줌으로써 한국천주교회를 홍보하였다.325)

『황사영백서』(黃嗣永帛書)의 프랑스어 번역본 『*Lettre D'alexandre Hoang a Mgr de Gouvea : Eveque de Pekin(1801)*』326)도 나자렛 인쇄소에서 1925년에 간행되었다. 비단 천에 썼던 황사영의 편지는 「북경의 구베아 주교에게 보낸 황 알렉산더의 편지」로 프랑스어 번역되어 56쪽 분량의 책자로 간행되었다.327) 1894년 의금부의 옛 문서들이 소각될 때 우연

---

322) 『뮈텔주교일기』 1924년 2월 11일.
323) 윤선자, 「1925년의 한국 천주교 순교사 시복과 규장각 자료」, 『한국근현대사연구』 64, 한국근현대사학회, 2013, 50·55쪽.
324) 영어본 *The Catholic Church in Korea*도 간행되었다.(『뮈텔주교일기』 1925년 5월 21일, 1927년 3월 29일)
325) 『뮈텔주교일기』 1925년 6월 5·9·25일, 7월 3·4·6·13일 참조.
326) 「황사영백서」는 1862년 다블뤼 주교가 『闕衛編』에 수록되어 있는 것을 채록하였고(Notes pour l'histoire des Martyrs de Corée), 이것이 달레의 『한국천주교회사』에 수록되었다. 따라서 뮈텔 주교는 다블뤼 주교의 채록을 참조하였을 것이다.
327) 여진천, 「이본백서의 성격과 내용 비교」, 『黃嗣永帛書와 異本』, 국학자료원,

히 발견되어 그에게 전달된328) 황사영의 편지를 뮈텔 주교는 프랑스어로 번역하여 나자렛 인쇄소에서 간행하였다. 그리고 1925년 7월 5일 로마에서 거행된 한국순교복자 79위 시복식 전날 원본과 함께 교황 비오 11세에게 봉정하였고 다음 날 교황은 『Lettre D'alexandre Hoang a Mgr de Gouvea : Eveque de Pekin(1801)』를 읽고 깊은 관심을 가졌다며 뮈텔 주교에게 감사를 표하였다.329) 그로부터 3년의 시간이 지난 1928년부터 1930년까지 「백서 : 알렉산더 황 진사 사영의 백서」라는 제목으로 한글 번역되어 『경향잡지』에 수록되었고,330) '가백서(거짓 백서)'도 소개되었다.331)

프랑스어판 『한국의 천주교』와 『황사영백서』, 영어판 『한국의 천주교』가 나자렛 인쇄소에서 간행된 것은 자모가 서구 언어이기 때문이기도 하지만, 한국 천주교 순교자 시복 준비 자료를 나자렛 인쇄소에서 간행한 것과 관련이 있을 것이다. 『Documents Relatifs aux Martyrs de Corée de 1839 et 1846』(『1839·1946년 자료집』)을 인쇄하고 이어 『Le Catholicisme en Corée : Son origine et ses Progres』(『한국의 천주교』)와 『Lettre D'alexandre Hoang a Mgr de Gouvea : Eveque de Pekin(1801)』(『황사영백서』)가 나자렛 인쇄소에서 인쇄되었는데 모두 1925년의 시복을 준비하면서였다.

한국인 성직자들을 대상으로 용산 예수성심신학교에서 1912년 6월 1일 등사판으로 발행을 시작한 라틴어 월간지 『예수 성심의 타벨라』(Tabella

---

2003, 29~30쪽 참조. 이 책자(『황사영백서』의 프랑스어 번역본)는 한국교회사연구소에 소장되어 있다.
328) 여진천, 「황사영백서 이본에 대한 비교 연구」, 『교회사연구』 28, 한국교회사연구소, 2007, 8쪽.
329) 『뮈텔주교일기』 1925년 7월 4·5일.
330) 『경향잡지』 648호(1928년 10월 30일)~678호(1930년 1월 31일), 「백서: 알렉산더 황 진사 사영의 백서」.
331) 『경향잡지』 679·680·681호, 1930년 2월 15일·2월 28일·3월 15일, 「가백서(거짓 백서)」.

SS. Cordis Jusu)도 1923년 3월호부터 나자렛 인쇄소에서 인쇄되었다. 로마 소식, 세계 교회 소식, 서울대목구와 대구대목구의 소식, 신학교 소식 등을 싣는 소식 난과, 이단 반박의 역사, 토론, 강론 지침, 과학 난 등의 학문 난으로 구성되었다.332) 외국에서도 열람 희망자가 많았기 때문에333) 나자렛 인쇄소에서 간행하였는데 이후 한국 교회 소개 부분이 없어져 1933년 4월호부터 다시 용산 예수성심신학교에서 간행하였다.334)

드망즈 주교의 라틴어판 『Instructiones Dominicales』(『주일 훈화집』)도 1937년 나자렛 인쇄소에서 출판되었다.335) 드망즈 주교는 1931년 개최된 '전조선 지역 공의회'의 결정에 따라 1935년 1월 12일부터 8월 3일까지 대구대목구 사제들에게 주일 훈화를 보냈고, 이것을 묶어 1937년에 간행하였다. 이 책은 성직자용이었고, 체계적으로 교리 강론을 할 수 있도록 한국에서 처음 만든 자료였다. 고해성사, 혼인성사, 노자성사, 대사, 셋째와 넷째 계명, 교무금, 신사참배 등도 다룬 이 책은 교리의 일반적인 내용보다 당시 한국 교회의 상황을 의식해서 작성되었다.336)

이상 나자렛 인쇄소에서 한국천주교회와 관련하여 간행된 서적들은 한문본 『상재상서』, 프랑스어판 『한국의 천주교』와 『황사영백서』, 영어판 『한국의 천주교』, 라틴어와 한글 복합본 『나선소자전』, 라틴어판 『대구대목구 지도서』·『서울대목구 지도서』·『한국 교회 공동지도서』·『주일 훈화집』 등이다. 한국천주교회의 가장 핵심적이고 중요하고 가치있는 것들이 나자렛 인쇄소에서 간행되었다. 언어는 한문, 한글, 영어, 프랑스어, 라틴어 등 다양하지만 서구어, 특히 라틴어가 중심이었다.337) 그래서 한국천주

---

332) 『교회와 역사』 55호, 1980년 3월, 1쪽, 「TABELLA, 따벨라」.
333) 京城天主敎靑年會聯合會 編, 『朝鮮天主公敎會 略史』, 京城天主敎靑年會聯合會, 1931, 63~64쪽.
334) 편찬실, 「타벨라」, 『한국가톨릭대사전』 11, 8597~8598쪽.
335) 『드망즈주교일기』 1937년 10월 27일.
336) 천주교대구대교구, 『천주교 대구대교구 100년사 : 1911~2011 : 은총과 사랑의 자취』, 156~157쪽.

교회의 신자들 대부분은 볼 수 없었는데, 신자들에게 필요한 내용을 한글로 번역 출판하거나 교회잡지에 수록함으로써 한국천주교회는 그러한 한계를 극복하였다.

4. 맺음말

1847년 마카오에서 홍콩으로 옮겨간 파리외방전교회 홍콩 대표부에는 베타니 요양소와 나자렛 인쇄소가 있었는데 한국천주교회는 이들과 밀접한 관계를 유지하였다.

1838년부터 1937년까지 한국에 파견된 파리외방전교회 한국 선교사들의 1/10 이상인 27명이 베타니 요양소로 가서 치료를 받으며 요양하였다. 그들은 한국에서 치료를 받고 이어 상하이로 갔으며, 상하이에서 치료가 되지 않을 경우 홍콩으로 가서 베타니에 머물며 치료하였다. 그리고 홍콩에서도 치료가 안 되면 프랑스로 귀국하였다. 즉 베타니는 홍콩이 영국의 식민지이기에 극동에서 의료 환경이 가장 좋아 선교사들이 치료를 받으면서 머물고자 하였다. 그렇지만 치료를 목적으로 베타니에 간 한국 선교사들은 그리 많지 않았다. 선교사의 숫적인 부족 때문에 치료 시기를 놓쳤고, 순교 열망도 일정 부분 작용하였을 것이다. 성직자들의 질병은 선교 활동을 펼치는 데 큰 장애였다. 그래서 성직자들이 자신의 건강에 유의할 것이 지도서들에서 강조되었고, 성직자 병원과 성직자 요양소가 건립되었으며, '조선교구 백주년' 기념으로 성모병원이 설립되었다.

나자렛 인쇄소에서는 한문본 『상재상서』, 프랑스어판 『한국의 천주교』와 『황사영백서』, 영어판 『한국의 천주교』, 라틴어와 한글 복합본 『나선소

---

337) 특히 라틴어는 2세기부터 1800년간 천주교회 내에서 행정, 설교, 전례, 신학과 철학, 성서, 신심문학의 언어로 통용되었다.(성염, 「라틴어」, 『한국가톨릭대사전』 3, 1996, 2068쪽)

자전』, 라틴어판 『대구대목구 지도서』·『서울대목구 지도서』·『한국교회 공동지도서』·『주일훈화집』 등이 한국천주교회와 관련하여 간행되었다. 한국천주교회의 가장 핵심적이고 중요하고 가치로운 것들이었다. 한문, 한글, 영어, 프랑스어, 라틴어 등 다양하지만 서구어, 특히 라틴어가 출판의 중심 언어였다. 그래서 신자들에게 필요한 내용은 한글로 번역 출판하거나 교회잡지에 수록함으로써 한계를 극복하였다.

　한국천주교회는 한국인 신자들의 열망으로 시작되었고, 거기에 파리외방전교회 한국 선교사들의 열정이 더하여 꽃을 피웠다. 한국 선교지의 생소한 환경과 조건들은 선교사들의 건강을 헤치기도 하였다. 베타니 요양소는 건강을 잃은 선교사들이 건강을 회복하기 위해 요양하던 곳이었다. 한편 2차 바티칸 공의회 이전 천주교회의 공적 언어는 라틴어였고 한국천주교회의 중요한 문서와 책자들도 라틴어로 간행되었다. 한국천주교회는 성서활판소에서 한국 신자들을 대상으로 한글 책자들을 간행하는데 주력하고, 라틴어 등 서구 언어로 출판할 책자들은 나자렛 인쇄소에서 간행하였다. 그리하여 한국천주교회는 베타니에서의 치료와 요양 경험으로 한국에 병원과 요양소를 건립하여 성직자들은 물론 한국 사회에 도움이 되었고, 성서 활판소를 통한 한글 서적 출판으로 한국인 신자들의 신앙을 풍부하게 하였으며 한글 보급과 발전에도 기여하였다. 즉 한국천주교회는 홍콩 대표부와의 긴밀한 관계 속에서 의료와 출판의 많은 부분을 혜택받고 배워 한국 교회와 한국 사회에 긍정적인 영향을 미쳤다.

제3장
선교, 시복, 신앙

Ⅰ. 1910~1920년대 안중근전기(傳記)들에 기술된 안중근의거와 천주교 신앙

1. 머리말

전기(傳記)는 그 전기가 저술·간행된 시점의 해당 인물에 관한 담론구조를 간직하고 드러낸다. 따라서 전기를 분석함으로써 그 전기가 저술·간행된 시기의 해당 인물에 대한 인식과 이미지, 담론이 만들어지고 소비되는 방식, 또 그것이 가진 의미를 이해할 수 있다.[1]

1909년 10월 26일 하얼빈 역에서 이토 히로부미[伊藤博文]를 처단한 안중근(安重根)의 의거(義擧)와 의거를 단행한 안중근은 많은 이들에게 관심의 대상이 되었다. 그래서 의거 직후부터 한국과 중국, 일본은 물론 세계 여러 나라의 언론매체들이 안중근과 안중근의거를 보도하였다.[2] 그런데 안중근이 일제에 의하여 처형당한 다음날인 1910년 3월 27일자 신문에 프랑스인 천주교 선교사가 안중근의 친척과 함께 안중근전기를 편찬 중이라는 기사가 실렸다.[3] 그리고 1910년 4월 15일 발간된 『근세역사』(近世歷史)를 시작으로 많은 안중근전기들이 저술·간행되었다.

전기를 저술하기 위해서는 대상 인물에 대한 자료 수집이 먼저 해야 할 일이다. 안중근은 여순 옥중(旅順 獄中)에서 『안응칠역사』(安應七歷史)라

---

1) 정용욱, 「홍보, 선전, 독재자의 이미지 관리-1950년대 이승만의 전기」, 『세계정치』 28-2, 2007년 가을·겨울, 13~14쪽.
2) 이상일, 「안중근의거에 대한 각국의 동향과 신문논조」, 『한국민족운동사연구』 30, 한국민족운동사학회, 2002 참조.
3) "天主敎會牧師 法國人 李輔德氏는 安重根의 親戚 某와 安의 傳記를 編纂 中이라 더라."(『황성신문』 1910년 3월 27일, 「傳記編纂」)

는 제목의 저술로 자신의 일생을 정리하였고,4) 『동양평화론』(東洋平和論) 이라는 저술로 자신의 이상을 정리하려 했으나 마무리하지 못하였다.5) 이 작품들은 안중근의 순국 직후 일제에 압수되었고, 활용이 불가능하였다.6) 안중근전기 저자들은 안중근의거의 이유를 설명하고자 안중근의 이력에 관심을 쏟았다. 그리하여 언론매체들에 언급된 내용들, 『안중근사건공판속 기록』(安重根事件公判速記錄),7) 안중근 관련 인물들의 증언을 토대로 안중근전기를 저술·간행하였다. 그러나 그렇게 하여 저술·간행된 안중근전기들은 물론 관련 논술들도 탄압대상이 되어 압수되고 '불온문서'로 유포가 금지되었다.8)

1946년 4월 박성강(朴性綱)이, 1910년 3월 28일 만주일일신문사(滿洲日日新聞社)에서 발행한 『安重根事件 公判速記錄』을 그대로 한글 번역하여 『독립운동선구 안중근선생 공판기』(獨立運動先驅 安重根先生 公判記)로 경향잡지사(京鄕雜誌社)에서 출간하였다.9) 그리고 1969년 최서면이 일본 도쿄[東京]의 고서점에서 『안중근자서전』(安重根自敍傳)이라 표제된 일역본(日譯本) 책자를 입수하였다.10) 이 전기는 1970년 2월 26일부터 3월 21

---

4) 『安應七歷史』는 1909년 12월 13일 저술을 시작하여 1910년 3월 15일 탈고되었다. 책 첫머리에 "1909년 舊 11월 1일 12월 13일 始述", 마지막에 "1910년 경술음 2월 초 5일 양 3월 15일 여순 옥중 대한국인 안중근 畢書"라고 명기되어 있다.(安重根, 『안응칠역사』: 윤병석 역편, 『安重根傳記全集』, 국가보훈처, 1999, 64·130쪽)
5) 「序」와 본문 중 「前鑑 一」은 쓰고 「現狀 二」, 「伏線 三」, 「問答 四」는 목차를 제시하였는데(安重根, 『東洋平和論』: 윤병석 역편, 『安重根傳記全集』, 국가보훈처, 1999, 186쪽) 완성하지 못하고 사형당하였다.
6) 윤병석, 「안중근의사의 하얼빈의거의 역사적 의의」, 『한국학연구』21, 인하대학교 한국학연구소, 2009, 346쪽.
7) 滿州日日新聞, 『安重根事件公判速記錄』, 大連 : 滿州日日新聞社, 1910.
8) 윤병석, 「안중근의사의 하얼빈의거의 역사적 의의」, 346쪽.
9) 박강성, 『안중근선생 공판기』, 경향잡지사, 1946.
10) 崔書勉, 「安應七自傳」, 『外交時報』1970년 5월호, 東京 : 外交時報社, 53~70쪽 : 윤병석, 「해제 안중근전기전집(安重根 傳記 全集)」, 윤병석 역편, 『安重根傳記

일까지 15회에 걸쳐「60년만에 발견한 안중근의사 옥중자전(安重根義士獄中自傳)"이라는 제목으로『한국일보』에 연재되었고, 같은 해 안중근의사숭모회에서『안중근의사 자서전』이라는 제목으로 간행되었다. 이후 1979년 9월 1일 김정명(金正明)이 일본 국회도서관 헌정연구실『七條淸美關係文書目錄』중에서「安重根傳記及論說」을 발견했는데, 그 표제 속에『安應七歷史』,『安重根傳』,『東洋平和論』이라는 제목이 붙은 필사본이 있었다.11) 안중근의사숭모회는 이때 발견한『安應七歷史』를 한글로 번역하여『안중근의사 자서전』이라는 제목으로 1979년 12월에 간행하였다.12)

그리고 이러한 자료들에 천주교 신자로서의 안중근이 강조되어 있기에13) 안중근/안중근의거와 천주교 신앙과의 관계를 적극적으로 기술한 전기들이 저술·간행되었다.14) 이에 필자는 안중근이 직접 저술한『안응칠역사』·『동양평화론』등을 접할 수 없던 시기에 저술·간행된 안중근전기들

全集』, 국가보훈처, 1999, 37쪽.
11) "나는…(중략)…이번에 일본국립국회도서관 헌정자료실 소장문서 중「七條淸美關係文書目錄」에서「安重根傳記及論說」이 있는 것을 발견했다. 이같은 표제 속에『安應七歷史』,『安重根傳』,『東洋平和論』의 제목이 붙은 필사본이 나왔다."(『동아일보』 1979년 9월 18일,「金正明 교수의 평가와 분석」;"'東洋平和論'이…(중략)…지난 1일 일본국회도서관 헌정자료실에서 발견된 이 새로운 자료는「七條淸美關係文書目錄」가운데『安重根傳記 및 論說』이라는 책자 속에서『安應七歷史』,『安重根傳』과 함께 수록돼 있다."(『경향신문』1979년 9월 1일,「安重根의사 최후의 著述『東洋平和論』日서 발견」; 윤병석,『안중근전기전집』, 34쪽.
12)『安應七歷史』는 이은상이 한글 번역하였다.(노산 이은상,「발간사」,『안중근의사 자서전』, 안중근의사숭모회, 1979년 12월 14일) 여기에『安應七歷史』한문본, 안중근의사 공판기 한글 번역문,『대한매일신보』기사 등을 합하여 간행하였다.
13) 물론 애국계몽운동가, 의병장으로서도 형상화되어 있다.(황재문,「안중근의 문학적 형상화 양상 연구:주체-타자 관계에 대한 분석을 중심으로」,『국문학연구』15, 2007, 194쪽)
14) 津留今朝壽,『天主敎徒 '安重根': 私の中の安重根·日本と韓國』, 東京: 自由國民社, 1996; 박노연,『安重根과 平和』, 을지출판공사, 2000; 황종렬,『안중근 토마스』, 대구가톨릭대학교출판부, 2013 등은 책 제목에 안중근/안중근의거와 천주교 신앙의 긴밀한 관계를 드러냈다.

에서 안중근/안중근의거와 천주교 신앙의 관계가 어떻게 기술되었는가를 분석하고자 한다. 그것은 안중근이 저술한 기초 자료를 접할 수 없고, 안중근에 대한 연구도 없던 시기에 저술·간행된 안중근전기들이 안중근/안중근의거의 사상적 기반을 어떻게 이해하였는가를 파악할 수 있기 때문이다.

그동안 안중근전기들에 대해서는 윤병석 교수와 황재문이 전체적으로 검토하였고,[15] 한시준이 박은식·정원 저술의 안중근전기를 비교하였다.[16] 왕원주가 정원 저술의 안중근전기 분석을 시도하였고,[17] 윤선자가 정원 저술과 섭천예 저술의 안중근전을 비교 분석하였다.[18] 최영옥이 김택영 저술의 안중근전기를 분석하였고,[19] 김종철이 김택영과 박은식이 저술한 안중근전기를 비교하였다.[20] 그러나 전기 자체의 흐름과 논조가 어떤지에 관심을 두었기에, 전기들에 천주교(신앙)가 왜 어떻게 수록되었는지는 분석하지 못하였다. 필자는 이런 점에 관심을 두고자 한다.

---

15) 윤병석, 「안중근의사 전기의 종합적 검토」, 『한국근현대사연구』 9, 1998 ; 윤병석, 「해제 안중근전기전집(安重根 傳記 全集)」, 윤병석 역편, 『安重根傳記全集』, 국가보훈처, 1999 ; 윤병석, 「안중근전기의 종합적 검토」, 『1세기만에 보는 희귀한 안중근전기』, 국학자료원, 2010 ; 황재문, 「안중근의 문학적 형상화 양상 연구: 주체-타자 관계에 대한 분석을 중심으로」, 『국문학연구』 15, 2007.
16) 韓詩俊, 「중국인이 본 안중근 -朴殷植과 鄭沅의『安重根』을 중심으로-」, 『충북사학』 11·12, 2000 ; 한시준, 「안중근에 대한 중국학계의 연구성과와 과제」, 『한국근현대사연구』 59, 2011년 겨울.
17) 王元周, 「안중근과 중국 -청위(程淯)의 저서 『安重根』을 중심으로」, 『동아시아의 지식교류와 역사기억』, 동북아역사재단·동아시아사연구자포럼, 2008.
18) 윤선자, 「중국인 저술 '안중근전기' 연구」, 『교회사학』 9, 수원회사연구소, 2012.
19) 최영옥, 「김택영의 안중근 형상화 검토-『安重根傳』의 이본 검토를 중심으로-」, 『동양한문학연구』 35, 동양한문학회, 2012.
20) 김종철, 「김택영(金澤榮)의 '안중근전(安重根傳)' 입전(立傳)과 상해(上海)」, 『한중인문학연구』 41, 2013.

2. 그리스도교인 저술의 안중근전기

프랑스인 천주교 선교사 이보덕(李輔德)이 안중근의 친척과 함께 안중근전기를 편찬 중이라는 『황성신문』 1910년 3월 27일 기사는21) 『대한매일신보』 3월 29일자에 '프랑스인 천주교 선교사가 안중근전기를 편집 중'으로,22) 미국 하와이에서 간행된 『신한국보』 4월 19일자에는 '프랑스인 천주교 선교사가 안중근의 친속과 안중근전기를 편찬 중'으로 언급되었다.23) 그런데 선교사 이보덕이 누군지는 알 수 없다. 4월 23일에는 한 일본인이 안중근의 역사, 안중근의거의 이유, 안중근 재판의 공판 전말 등을 수록한 책자를 발간·판매하는데 안중근과 이토 히로부미의 사진이 포함되어 있다는 기사가 『황성신문』에 게재되었다.24) 같은 내용이 미국 샌프란시스코에서 간행된 『신한민보』 5월 18일자에도 수록되었다.25) 5월 11일자에는 안명근(安明根)이 안중근전기를 편찬 발간한다는 설(說)이 있다고 『황성신문』에 게재되었고,26) 같은 내용이 『신한민보』 6월 22일자에 수록되었다.27) 안중근전기의 편찬·편집자로 프랑스인 천주교 선교사, 안

---

21) 『황성신문』 1910년 3월 27일, 「傳記編纂」.
22) "천주교회목사 법국인 모씨는 안중근씨의 전기를 편집하는 중이라더라."(『대한매일신보』 1910년 3월 29일, 「안씨전기편집」)
23) "천주교회목사 법국인(프랑스인) 모씨는 안중근 씨의 친속 안모와 같이 안씨의 전기를 편찬 중이라더라."(『신한국보』 1910년 4월 19일, 「안전편찬」)
24) "일본인이 故伊藤公 살해ᄒ던 안중근의 공판 顚末과 行凶ᄒ 이유와 안중근의 역사를 편찬 발천 發售ᄒᄂ듸 該册子中에 故伊藤公과 안중근의 사진을 揷畵ᄒ얏다더라."(『황성신문』 1910년 4월 23일, 「安犯歷史發刊」)
25) "어떤 일인 하나가 안중근씨가 이등을 죽인 목적과 안씨의 역사를 쓰고 안씨와 이등의 사진을 박혀서 책을 판다더라."(『신한민보』 1910년 5월 18일, 「안씨의 사적」)
26) "안중근의 從弟 安明根氏ᄂ 去七日에 入京ᄒ얏다ᄂ듸 該氏가 其從兄 역사를 편찬발간ᄒ다ᄂ 說이 有ᄒ야 某處에서 其眞假를 조사ᄒ다더라."(『황성신문』 1910년 5월 11일, 「編纂與否調査」)
27) "안의사의 종제 안명근씨는 그 종형 의사의 역사를 편찬 발간한다 하므로 일본관리는 그 진가를 정탐하는 중이더라."(『신한민보』 1910년 6월 22일, 「그것까지 방

명근, 일본인까지 거론되었다는 것은 그만큼 안중근과 안중근의거에 많은 사람들이 관심을 집중하고 있었으며, 많은 안중근전기들이 저술되고 있었다는 것을 말한다.

이 신문기사들과 관련하여 현재 확인 가능한 안중근전기 중 관심이 가는 것은, 첫 머리에 '大韓 隆熙 四年 四月 十五日(明治四十三年)'라고 쓰여 있는 『근세역사』이다. 1910년 4월 15일 국내에서 간행된 최초의 안중근전기로 통감부 경찰이 압수하여 일역(日譯) 필사하였다는데[28] '大韓 隆熙 四年 四月 十五日(明治四十三年)'이 이 전기를 저술한 날짜인지 일역(日譯) 필사한 날짜인지 알 수 없으나 상당히 빠른 시기에 저술된 전기로 의미가 있다. 이 전기는 와다 카나에[和田香苗]가 가지고 있었는데 히라카와 키이치[平川綺一]가 1966년에 간행된 자신의 논문[29]에 전재하였다고 한다.[30]

1995년 9월 12일 한일근세사연구가 최서면(崔書勉)은 일본 외무성 외교사료관에서 『不逞事件ニ依ツテ得タル朝鮮人ノ側面觀』라고 표제한 비밀보고서에서 이 전기를 발견하였는데 8절지 83장 분량이었다. 조선총독부 경무총장(警務總長) 아카시 겐지로[明石元二郎]가 1911년 7월에 작성한 보고서는, 이 전기를 "흉도(凶徒) 안중근의 행동을 기술한 사본이 불령분자들 사이에 애독되고 있으며 불손하게도 '근세역사'라는 제목을 달고 있다. 흉도의 의중을 헤아리게 하는 자료"라고 덧붙였다.[31] 그런데 이 책을 천주교 신자들도 애독한다고 하였다.[32]

해하나」)
28) 윤병석 역편, 『안중근전기전집』, 413~432쪽에 일어 역문(譯文)이, 433~441쪽에 한글 번역문이 수록되어 있다.
29) 平川綺一, 「伊藤博文ノ暗殺をめぐって」, 『工學院大學硏究論叢』 5, 工學院大學, 1966, 128~134쪽.
30) 신운용, 「한국가톨릭계의 안중근기념사업 전개와 그 의미」, 『역사문화연구』 41, 한국외국어대학교 역사문화연구소, 2012, 48쪽의 각주 22.
31) 『동아일보』 1999년 9월 13일, 「安重根의사 최초傳記 발견」.
32) "이것은 흉행자 안중근의 행동을 기술한 사본으로 불령자 간에 애독된 것이다…(중략)…각 교도의 强情도 역시 이 사본을 본받는데 있다."(日本 外交史料館, 「不

단지동맹의 시기가 잘못 기술되어 있고, 일부 과장된 듯한 서술도 있지만, 국채보상운동 참여·일본 순사와의 충돌·1907년 송별회 장면·일본 포로를 석방한 일 등은 다른 전기들에는 잘 안 보이는 일화들이 소개되어 있는33) 이 전기의 가장 큰 특징은 안중근을 '천주교 신자'로 부각시킨 것이다. 그래서 안중근 가계 내의 인물 또는 드망즈(Demange, 安世華) 신부를 중심한 천주교회 인물이 저술하였으리라 추측하기도 한다.34)

이 전기에는 안중근이 17세에 천주교에 입교하였고, 어려움에 처하면 천주를 배신하는 사람들이 많다는 데에 분개하였고, 부친상(父親喪)을 치른 후 천주께 기도를 올렸다고 기술되어 있다.35) 17세에 세례를 받았다는 것은 『대한매일신보』·『황성신문』·『신한국보』에 수록되었기에,36) 『안중

選事件ニ依ッテ得タル朝鮮人ノ側面觀」, 『內外地』 第1卷 : 신운용, 「한국가톨릭계의 안중근기념사업 전개와 그 의미」, 49쪽에서 재인용)
33) 황재문, 「안중근의 문학적 형상화 양상 연구:주체-타자 관계에 대한 분석을 중심으로」, 198쪽.
34) 최서면은 "이 전기가 안 의사 순국 직후 나온 것임에도 가족사와 천주교 신앙 등에 관해 매우 깊이 있고 사실적으로 기술한 점 등으로 보아" 안중근 가계 내의 인물일 것이라 추정하였다.(『동아일보』 1995년 2월 13일, 「安重根 의사 최초 傳記 발견」) 한편 신운용은 "천주교회 목사 법국인 모씨는 안중근씨의 전기를 편집하는 중이라더라"(『대한매일신보』 1910년 3월 29일)는 신문기사와 『近世歷史』에 수록된 40일 봉재 기간 등 천주교 규율 내용, "각 교도의 强情도 이 사본을 본받는데 있다"는 일제자료(日本 外交史料館, 「不選事件ニ依ッテ得タル朝鮮人ノ側面觀」, 『內外地』 第1卷) 등을 토대로 안중근의 구명운동을 펼친 드망즈(Demange, 安世華) 신부를 중심한 천주교회 세력의 작품일 가능성이 높다고 하였다.(신운용, 「한국가톨릭계의 안중근기념사업 전개와 그 의미」, 49~50쪽)
35) "17세에 천주교의 세례를 받은 뒤로는 행동에 있어 천주교 교리를 잘 지켰다. 그는 한국 천주교 역사에서 평소 열심인 신자도 難을 맞아 官의 협박을 받으면 살기 위해 천주를 배반하고 살 길만을 찾는 사례를 볼 수 있으니 慨惜한 일이라고 하였다…(중략)…부친이 세상을 떠난 뒤였다…(중략)…3개월 묘 밑에서 侍墓를 하면서 지성으로 천주께 기도를 올렸다."(作者不明, 『近世歷史』 : 윤병석 역편, 『안중근전기전집』, 434[415]쪽) 이하 [ ] 안의 숫자는 원문 수록 쪽수.
36) "천주교 선교사 법국인에게 법어를 배우고 천주교에 입교하여 17세에 세례를 받았다 하며"(『대한매일신보』 1910년 2월 12일, 「안중근씨의 공판」) ; "17세에 천

근사건공판속기록』에도 언급된 내용이기에, 안중근전기 저술자라면 충분히 파악할 수 있는 내용이다. 한편 의병전쟁을 치르는 과정에 성모 마리아가 나타나 땅에 쓰러진 안중근을 어루만지고 깨우쳤으며,37) 그런 중에도 함께 한 의병들이 천주교 신앙을 받아들이도록 천주교 교리를 설명하였다고 했다.38) 그리고 뤼순[旅順]감옥에서는 "영성(靈性)이 높아서" 음식과 잠자리를 평소와 같이 할 수 있었고,39) 사형 판결이 내려진 이후 예수께서 돌아가신 날 죽기를 법원에 부탁하였고, 감옥 안에서 홍(洪) 신부 주례의 천주교 의식을 하였으며, 판결을 받은 때가 봉재 기간이었기에 천주교 신자로서의 절개를 지키고 기도를 올렸다고 했다. 또한 두 동생에게는 냉담 신자들의 신앙심을 고양시킬 것을 부탁했다고 서술하였다.40) 즉 저자는

주교에 入ᄒ야 세례를 受ᄒ고 동시에 佛人宣敎師에게 약간 佛語를 학습ᄒ얏다 ᄒ고"(『황성신문』 1910년 2월 13일, 「잡보:安重根의 公判(一)」) 같은 내용이 『신한국보』에도 실렸다. "17세에 천주교회에 들어가 세례를 받고 법국(프랑스) 선교사에게 약간 법어(프랑스어)를 배웠다 하고"(『신한국보』 1910년 3월 8일, 「安重根氏 公判 第一報」)

37) "전투에 밀리기 시작하여…(중략)…드디어 안중근씨는 쓰러져 인사불성이 되었다. 그때 홀연히 한 줄기 빛이 하늘에서 비치더니 성모 마리아가 나타나시어 등을 어루만지며 '여보게! 일어나라. 지금은 죽을 때가 아니다. 이 재를 넘으면 네 동지들을 만나게 될 것이다'라고 하시더니 사라졌다."(作者不明, 『近世歷史』: 윤병석 역편, 『안중근전기전집』, 435[418]쪽)

38) "안중근씨의 뒤를 따르는 자는 불과 두 명에 지나지 않게 되자 그들을 돌아보며 '자네들과는 죽음의 길까지도 같이 걸어왔는데 아직 자네들이 천주를 모르고 있으니 참으로 애석한 일이다. 천주교 교리에 따라 같은 신앙을 갖자'고 했더니 둘 다 이에 따랐다."(作者不明, 『近世歷史』: 윤병석 역편, 『안중근전기전집』, 436[419]쪽)

39) "안중근씨는 靈性이 높아 보통을 넘는 터이므로 음식을 먹는 것이나 뇌성같이 코를 골면서 자는 것이나 평상시와 다름없이 호탕한데 모두 놀랐다."(作者不明, 『近世歷史』: 윤병석 역편, 『안중근전기전집』, 437[421]쪽)

40) "두 동생에게…(중략)…오직 하나 중대한 것을 부탁하니 그것은 우리 주 예수께서 돌아가신 날 죽기를 바란다고 하여 법원에 청하여 그렇게 되도록 허가를 받았다. 프랑스인 홍 신부가 3월 7일 旅順에 도착하여 천주교의 예절에 따른 의식을 감옥 안에서 행했다…(중략)…안중근씨는 '평소의 소원을 오늘 이루었으니 또 무

제3장 선교, 시복, 신앙 151

안중근이 의병전쟁 중에는 물론 판결을 받고 사형당하기까지 천주교 신자로서의 자세를 지켰고 의무를 다하였다고 평가하였다. 그랬기에 천주교 신자들이 이 책을 애독하였고, 안중근과 같은 신앙인의 자세를 본받고자 하였을 것이다. 물론 천주교 신앙이 안중근 의거에 어떠한 영향을 미쳤는지, 천주교 신앙과 의거의 관계를 명쾌하게 설명하지 못한 점은 한계라고 해야 할 것이다.

안중근 의거가 일어났을 때 재미 동포들은 샌프란시스코에서 국민회 북미지방총회의 기관지인 『신한민보』(新韓民報, The New Korea), 하와이 호놀룰루에서는 국민회 하와이지방총회의 기관지인 『신한국보』를 각각 발행하고 있었는데[41] 1911년 8월 호놀룰루 신한국보사에서 애산자 홍종표(哀汕子 洪宗杓)의 『대동위인 안중근전』(大東偉人 安重根傳)이 간행되었다.[42] 표지 뒷면에 단지(丹脂)한 왼 손을 가슴에 올린 안중근의 사진이 수록되어 있고, 안중근의 생애·의거·재판 등이 기술되어 있다. 한글로 쓰여진 16면 분량의[43] 이 전기는 안중근을 한국의 독립과 동양평화를 위하여

슨 원이 있겠습니까' 홍 신부에게 감사의 뜻을 표했다…(중략)…40여 일 봉재 기간 천주교 신자로서의 절개를 지키고 기도만을 올리니 안중근씨의 지성은 하늘에 이른 듯 그 용모를 바로 볼 수 없을 만큼 성스러워 보였다. 3월 25일…(중략)…두 동생에게 타이르기를 '…(중략)…냉담해서 교회를 멀리하고 있는 신자들에게 신앙심을 높이도록 하라'고 하였다."(作者不明, 『近世歷史』: 윤병석 역편, 『안중근전기전집』, 433~440[429~430]쪽)

41) 한상권, 「안중근 의거에 대한 미주 한인의 인식」, 『한국근현대사연구』 33, 2005, 82쪽.
42) 국민회 시베리아지방총회에서도 1913년 안중근전기를 간행하려 했다.("본년 5월 28일에 개회하여 6월 7일에 폐회한 동 지방[시베리아] 총회 결안…(중략)…제8조. 안의사 전기를 간행하며 유족을 구조하기 위하여 의사기념표를 제조방매케 할 수"('이갑이 황사용에게 보낸 보고 제1호, 1913년 6월 28일, 도산안창호기념사업회, 『미주국민회자료집』 제18권 대한인국민회 하와이·시베리아·만주지방총회, 경인문화사, 2005, 383쪽)
43) 표지에는 "建國紀元 四千二百四十四年 一月 日"로, 책 마지막 쪽에는 "建國紀元 四千二百四十四年 八月 日"로 기록되어 있다. 왜 1월과 8월로 다른지 알 수 없는

헌신 애국한 "대동위인(大東44)偉人)"으로 예찬 논술하였다.45)

천주교에 관한 기술로는 안중근이 부친 안태훈을 천주교에 입교하게 하였고,46) 신부를 청하여 섭회를 행하고47) 예수가 십자가에 못 박힌 날에 처형당했는데 그 이유는 안중근이 예수를 모범이라 생각한 때문이라 하였다.48) 안중근이 안태훈을 입교하게 하였다고 잘못 기술하였고, 안중근의 거와 천주교 신앙을 연결하여 설명하지도 않았다. 홍종표49)는 1904년 7월 하와이에 도착하였고, 이후 미주에서 여러 언론매체의 편집자와 기고자로 활동하였다. 또한 1907년 기독교 감리회의 학습을 받고 이듬해에 세례를 받았으며, 1909년 하와이 한인기독청년회에 입회하였다.50) 즉 홍종표는 그리스도교신자였지만 안중근의거와 천주교와의 관련성을 언급하지 않았고 '장군으로서의 안중근'을 형상화하였다.51) 홍종표가 "교회를 중심으로

데 윤병석 교수는 8월에 간행되었다고 한다. 윤병석 역편, 『안중근전기전집』, 470~478에 국문 전문이, 479~490쪽에 한글 번역문이 수록되어 있다.
44) 헌종대 洪敬謨가 저술한 『大東掌攷』에서 서명에 등장한 '大東'이라는 제명은 한말 근대교육 실시와 함께 많은 교과서에 채택되었다.(박걸순, 「朴殷植의 歷史認識과 大東史觀」, 『국학연구』 11, 국학연구소, 2006, 70~71쪽.
45) 윤병석, 「안중근전기의 종합적 검토」, 174쪽.
46) "안태훈이 방황할 때에 중근이 그 부친을 인도하여 천주교에 나아가 구세주의 십자가에 바치니…(하략)"(哀汕子 洪宗杓, 『大東偉人 安重根傳』: 윤병석 역편, 『안중근전기전집』, 481[472]쪽) 안중근이 부친 안태훈을 천주교로 이끌었다는 것은 사실과 다르다.
47) "3월 하순에 이르러 刑期가 가까운지라 장군이 그 종제 명근을 명하여 평일에 경애하던 신부를 청하여 섭회를 행하고 하얼빈 강머리에 장사함을 유탁…(중략)…조용히 의에 나아가 해를 받으니 이때는 건국기원 4243년 3월 25일이요 구세주가 십자가에 못박히던 날이다."(哀汕子 洪宗杓, 『大東偉人 安重根傳』: 윤병석 역편, 『안중근전기전집』, 489[478]~490쪽)
48) "이는 박애주의가 풍부한 인걸이 골고다에 흘린 피가 진실로 나의 모범이라 하여 고상한 믿음에 뜻을 결단함이더라."(哀汕子 洪宗杓, 『大東偉人 安重根傳』: 윤병석 역편, 『안중근전기전집』, 481[472]쪽)
49) 『신한민보』에 「'홍종표'에서 '홍洪언焉'으로 개명"한다는 광고가 실려 있다.(『신한민보』 1911년 11월 27일, 12월 4일, 「改名廣告」)
50) 최기영, 「미주지역 민족운동과 洪焉」, 『한국근현대사연구』 60, 2012, 7·15쪽.

한 이민 사회에서 다른 이민자들과 마찬가지로 기독교에 입교"하였다는 최기영의 언급은52) 그 이유를 추측하게 한다. 즉 현실적인 이유에서 그리스도교에 입교한 홍종표는 그리스도교 신앙과 민족의식을 조화시키지 못하였기에 안중근의거와 천주교 신앙의 관계를 서술하지 않았다고 생각된다. 1916년 로스앤젤레스 리 일이 『신한민보』에 수록한 『안중근전』 광고53)는 홍종표의 『대동위인 안중근전』을 지칭하는 것 같다.

1914년 6월부터 8월까지 러시아 연해주에서 간행된 『권업신문』에 단선(檀仙)의 『만고의亽 안중근전』이 10회에 걸쳐 연재되었다.54) 『만고의亽 안중근전』(10)이 수록된 이후 『권업신문』이 발행 금지된55) 때문인지 하얼빈 의거, 옥중 투쟁, 순국 관련 논급이 없는데 『만고의亽 안중근전』 저술은 계속되었던 것 같다. 1914년 8월 1일 한인 망명객에 대한 러시아의 퇴거령으로 계봉우(桂奉瑀 : 1880~1959)가 북간도(北間島)의 왕청현 합마당(王淸縣 蛤蟆塘)으로 옮겨 교회와 소학교에서 일하다 1916년 11월 일제 경찰에 검거되어 국내로 구인되었다.56) 그때 간행 준비가 거의 된 『안중근전』의 원고를 압수당하였다.57) 그리고 1916년 7월 『안중근전』 발간

---

51) 황재문, 「안중근의 문학적 형상화 양상 연구」, 198~200쪽.
52) 최기영, 「미주지역 민족운동과 洪焉」, 15쪽.
53) "하르빈 정거장 풍설이 비비한데 一성 벽력 세계를 진동하는 힙사 그 뉘뇨. 려순 구언덕 명월이 고고한데 유유영혼한 고국을 잊지 못하는 의사 그 뉘요. 만천하 사람들 천추에 공경하는 안중근공이라. 태백광로 우리 선생님 통쾌 림리한 필법으로 공의 慷慨한 일생을 그려내었나니 이것이 귀중한 안중근전이라. 공의 유풍을 흠앙하는 우리 동포들은 기회를 잃지 마시고 사보시오. 또한 한국통사도 여전히 발매하옵니다. 라셩 리일 고백."(『신한민보』 1916년 10월 5일, 「안중근전」.)
54) 윤병석 역편, 『안중근전기전집』, 492~509쪽에 전문이, 510~528쪽에 한글 번역문이 수록되어 있다.
55) 『매일신보』 1914년 9월 16일, 「在海蔘威 排日朝鮮人의 恐惶, 勸業會는 해산, 李鍾浩는 命退」.
56) 리영일, 「리동휘 성재선생」, 『한국학연구』 5별집, 인하대학교 한국학연구소, 1993, 204~207쪽 ; 조동걸, 「北愚 桂奉瑀의 생애 및 연보와 著述」, 『한국학논총』 19, 국민대학교 한국학연구소, 1997, 134~135쪽.

을 위해 블라디보스토크에 가서 하루 머문 사실에 대하여 집중 추궁을 받았다.58)

한글로 저술된 이 전기는 편장(編章)을 나누어 활동의 정신적 덕목을 중시하는 분류 방식의 기술을 하였다. 그리하여 안중근을 '대종교가의 안중근'59)이라는 제목 아래 도마라는 세례명을 받은 천주교 신자의 측면에서도 기술하였다.60) 계봉우는 예수교의 위대함을 설명하고 지구상의 모든 제왕장상과 영웅호걸이 예수교 신자라고 하였다. 이어 안중근이 홍석구 신부로부터 세례를 받고 계명을 잘 지켰으며,61) 잘못된 변호를 한 일본인 변호사들에게도 천주를 믿으라 했다고 하였다.62) 프랑스 신부의 명령에 무

---

57) 윤병석, 「계봉우의 민족운동과 한국학」, 『한국학연구』 22, 인하대학교 한국학연구소, 2010, 428~429쪽.
58) 계봉우, 『꿈속의 꿈』 하권, 175~178쪽 : 반병률, 「러시아혁명 전후 시기 계봉우(桂奉瑀)의 항일민족운동, 1919~1922 : 기독교 민족주의자에서 사회주의자로」, 『한국학연구』 25, 인하대학교 한국학연구소, 2011, 15쪽.
59) 『권업신문』 1914년 7월 12일, 갑인 윤 5월 20일 제119호, 「만고의소 안중근전 3」.(윤병석 역편, 『안중근전기전집』, 514~515쪽)
60) 계봉우는 안중근을 큰 尙武家, 대종교가, 대교육가, 大詩家, 大여행가, 事君以忠·事親以孝·交友以信·臨戰無退한 인물로 항목을 편재하여 서술하였다.
61) "예수교는 평등주의며 진화(進化)주의며 부강(富强)주의며 단합(團合)주의며 자유주의며 중혼(重魂)주의며 겸선(兼善)주의며 박애주의니라. 그러므로 동서지구상에 제왕장상(帝王將相)과 영웅호걸이 다 여기서 나아오고 여기서 뛰놀고…(중략)…하나님께서 가시밭길 가운데서 이스라엘 족속의 인도자 모세를 택하듯 다마식에서 외방사람의 구원자 보라를 부르듯, 공이 열일곱 살에 천주교에 들어가 신부 홍석구(洪錫九)에게 영세를 받고 모든 가족과 더불어 계명(誡命)을 정성껏 지켜 진리를 자세히 연구."(檀仙, 『만고의소 안중근전』 : 윤병석 역편, 『안중근전기전집』, 514쪽)
62) "두 동생을 대하여 서로를 믿는 사람들을 잘 믿도록 권면하라고 유언할 때에 일본 변호사들이 무슨 말을 하는지 알고자 왔거늘 공이 웃으며…(중략)…일본 변호사들이 부끄러움을 머금고 대답하되 우리가 온 것은 공이 천국에 올라가실 날이 멀지 아니하므로 그 마음을 위로하고자 하여 온 것이고 우리는 먼 후일에 하늘에 올라가 공에게 보이려 하노라 하거늘 공이 가로되 그대들은 다만 세상 법률만 알고 천국 법률은 알지 못하니 천국에 들어가고자 하거든 마땅히 천주를 믿고 그 법

조건 순종하여 국민의 의무를 하지 못하는 교우, 천국의 영생만 미신하고 교육을 반대하여 영웅준걸이 될 만한 청년자제를 몽매무지케 하는 교우, 남의 종 되기를 거부하지 않는 교우, 나라에 큰 이익을 전혀 돌보지 않고 자기의 이익만 밤낮 생각하는 교우를, 안중근은 한숨짓고 통곡하고 탄식했다고 하였다. 그리하여 계봉우는 국민의 의무를 다하는 신자, 안중근과 같은 종교인이 되어야 한다고 강조하였다.63) 계봉우가 형상화하고자 한 안중근은, 예수를 믿되 맹목적으로 순종하지는 않는, 전통적인 덕목을 지키는 인물이었다.64) 계봉우는 안중근이 민족과 교회를 조화한 진정한 한국인이요 종교인이었다고 결론지었다.

한편 간도에서는 천주교 신자들이 신부의 명령으로 자신에게 협력하지 않았다고 안중근이 안타까워 하였다는데65) 다른 전기들에서는 찾기 어려운 내용이다. 1913년 8월 10일 안정근(安定根)으로부터 안중근전기 편찬에 필요한 사료들을 넘겨받았기에 이러한 내용도 수록할 수 있었을 것이다.66) 계봉우는 보안법이 시행되면서 국권 수호를 위한 한국인의 자유와 인권이 유린되는 사태를 살피고는 개신교 신자가 되었다.67) 그리고 만주

　　률을 잘 지키라 함은 겸선주의니라. 조용히 형벌을 받는 당장에 3분 동안 기도하고".(檀仙,『만고의亽 안즁근젼』: 윤병석 역편,『안중근전기전집』, 514~515쪽)
63) "누구든지 예수를 믿고자 하거든 공과 같은 종교가가 되어라. 또 누구든지 종교가가 되어 남을 위하여 피를 흘리고자 하거든 공과 같이 죽어라. 공은 영생의 면류관을 썼나니라. 공은 에덴동산의 生命果를 받았느니라. 공은 영원무궁토록 영화스러운 寶座에 예수와 함께 앉았으니라."(檀仙,『만고의亽 안즁근젼』: 윤병석 역편,『안중근전기전집』, 515쪽)
64) 황재문,「안중근의 문학적 형상화 양상 연구 : 주체-타자 관계에 대한 분석을 중심으로」, 207쪽.
65) "공은 생각하기를 이곳은 우리의 활동무대라 하여 두 달 동안을 애쓰고 일하고자 하나 하늘이 時勢를 허락지 아니하사 신부 명령하에 제 나라 정신이 마구 없어진 천주교인들은 同情을 표하는 자 한 사람도 없고".(檀仙,『만고의亽 안즁근젼』: 윤병석 역편,『안중근전기전집』, 517쪽)
66) 윤병석,「안중근의사 전기의 종합적 검토」, 121~123쪽.
67) 계봉우,『꿈 속의 꿈(上)』, 133~134쪽 : 윤병석,「李東輝와 桂奉瑀의 民族運動」,

북간도와 러시아 연해주에서 교회 설립, 민족 교육, 집필 활동을 통하여 한인동포사회를 조직하고 민족의식 고취 항일활동을 전개하였다.68) 그랬기에 계봉우는 국권 상실의 시기에 교회가 어떤 역할을 해야 하는지를 고민하였고, 그래서 신앙과 민족의식을 잘 조화한 안중근을69) 본받으라 강조하였다고 생각된다.

3. 김택영·박은식 저술의 안중근전기

1910년 김택영(金澤榮 : 1850~1927)이 통주(通州)70)에서『안중근전』을 저술하였는데 이 전기는 1만부가 간행 유통될 만큼 많은 사람들에게 읽혔다. 김택영은 안중근의거를 듣고 '문의병장 안중근 보국수사'(聞義兵將 安重根 報國讐事, 1909)라는 시를 지었고, '의제안해주문'(擬祭安海州文, 1910)이라는 안중근을 위한 제문(祭文)을 지었으며, '오호부'(嗚呼賦, 1910)에서는 안중근의 기상이 늠름하였음을 기술하였다. 그리고 1910년에『안중근전』을 저술하였는데, 안중근의거를 "천하에 광대준절(廣大俊節)을 세운 것이고…(중략)…자고로 충신의사의 죽음에는 늘 그 뜻을 이루지 못했거늘 지금 안중근의 죽음에는 그 뜻마저 이룬 것이다"라고 평하였다.71) 이 전기는 1912년에 간행된 김택영의 첫 문집인 초간본『창강고』(滄江稿)에 수록되었다.72) 따라서 작자불명의『근세역사』와 같은 해에 저술되었지

『한국학연구』6·7, 인하대학교 한국학연구소, 1996, 296쪽.
68) 반병률,「러시아혁명 전후 시기 계봉우(桂奉瑀)의 항일민족운동, 1919~1922 : 기독교 민족주의자에서 사회주의자로」, 15~16쪽.
69) 윤선자,「安重根의 愛國啓蒙運動」,『역사학연구』15, 전남사학회, 2000, 96~97쪽.
70) 상하이 인근으로 上海圈에 속하는 공간이다.(김종철,「김택영(金澤榮)의 '안중근전(安重根傳)' 입전(立傳)과 상해(上海)」, 25쪽)
71) 윤병석,「안중근전기의 종합적 검토」, 167~168쪽.
72) 최영옥,「김택영의 안중근 형상화 검토-『安重根傳』의 이본 검토를 중심으로-」,

만 김택영의 『안중근전』은 간행 시기가 늦다.

김택영은 『호보』(滬報)에 의거하여 『안중근전』을 저술하였다는데73) 『호보』에는 안중근과 천주교의 관계가 한 번 언급되어 있다. 안중근의 본명이 안응칠(安應七)이고 가톨릭교도[加特力敎徒, 卽 耶蘇敎]인데, 가톨릭교도라는 것은 안중근이 체포되었을 때 십자가를 품에 안았기 때문이라고 전해지며, 그러나 한성의 로마교 대신정(大信正, 이는 神甫라고 한다)은 그를 교도로 인정하지 않고 전보를 보내 변명했다는 것이었다.74) 그런데 『안중근전』에는 안중근이 14세에 어머니를 따라 천주교에 입교하였고, 천주교 입교는 일본인의 전횡을 모면하기 위한 하나의 방편이었을 뿐 교율(敎律)에 구애되지 않고 사냥을 좋아하였으며,75) 서북간도 지역을 다닐 때 일본인에게 저지당할까 염려하여 선교사와 함께 했다고 기술되어 있다.76) 즉 『호보』에 언급된 천주교 관련 내용이 『안중근전』에는 없다. 『호보』는 가톨릭교와 예수교를 구분하지 못하였고, 다묵(多默)이 천주교 세례명 토마스라는 것도 알지 못하였다. 그러나 경성(京城)의 천주교 대표자가 안중근을 천주교 신자로 인정하지 않고 전보를 보내 변명했다는 내용을 수록함으로써77) 한국천주교회에서 활동 중이던 서양인 선교사들에게 부정적

366쪽.
73) 윤병석 역편, 『안중근전기전집』, 450쪽. 『滬報』는 1907년 4월 2일 상하이에서 창간된 『神州日報』인데 안중근에 대하여 사진과 삽화까지 51편의 기사가 실렸다. 이 기사들에 대해서는 독립기념관 한국독립운동사연구소, 『중국신문 안중근의거 기사집』, 2010, 170~206쪽(한글 번역문), 90~115쪽(한문 원문) 참조.
74) 『神州日報』 1909년 11월 22일, 「如是我聞 : 자객 안중근 총설」: 독립기념관 한국독립운동사연구소, 『중국신문 안중근의거 기사집』, 201[111]쪽.
75) 金澤榮, 『安重根傳』, 『滄江稿』, 1910 : 최영옥, 「김택영의 안중근 형상화 검토-『安重根傳』의 이본 검토를 중심으로-」, 369쪽.
76) 金澤榮, 『安重根傳』, 『滄江稿』, 1910 : 최영옥, 「김택영의 안중근 형상화 검토-『安重根傳』의 이본 검토를 중심으로-」, 371쪽.
77) 조선대목구장 뮈텔 주교는 일본 요코하마 텐슈도 뮈가비르(Mugabure, 1850~1910) 주교로부터 이토 암살자가 천주교 신자인지를 묻는 1909년 10월 28일자 전보를 받고 "결코 아님"이라는 답전을 했다.(『뮈텔주교일기』 1909년 10월 28일)

인 시각을 보였다. 즉 김택영이 언급한 안중근과 천주교의 관계에 대한 자료는 그가 두루 접한 신문들에서 확보하였을 것이다.78) 한편 『안중근전』에 언급된 안중근의 입교 나이와 이유, 어머니를 따라 입교하였다는 것은 모두 사실과 다르다. 그렇지만 김택영은 안중근과 천주교의 관계를 인정하였고, 『안중근전』에 그렇게 기술하였다.

1911년 김택영은 『안중근외전』(安重根外傳)79)을 저술하였고, 1914년에는 황현(黃玹)의 기록과 박은식(朴殷植 : 1859~1925)의 변정(辨正)에 의해 1910년에 저술한 『안중근전』의 일부 내용을 수정하였다. 이어 1914년에 수정한 『안중근전』의 오류를 바로잡아 11면 분량의 『안중근전』을 1916년에 간행하였다.80) 그리고 제목 아래 작은 글씨로 "병진년(丙辰年). 처음 경술(庚戌)년 호보(滬報)에 의거하여 이 전(傳)을 지었다. 근래 안열사(安烈士)의 벗 박은식이 기록한 한 편을 얻어 고찰하니, 사실과 어긋나는 점이 매우 많아 고쳐 쓴다"라고 하였다.81) 그런데 1916년에 수정 간행된 『안중근전』에서 천주교 관련 내용은 모두 삭제되었다.

따라서 그 이유가 무엇인지 궁금한데, 유교 질서를 회복해야 현실 문제를 해결할 수 있다고 여긴 때문이라는 주장이 있다.82) 그러나 1910년 『안중근전』에 언급한 안중근과 천주교 관련 내용은, 현실 문제를 해결하는데 천주교가 역할을 한 것이라고 평가하기 어렵다. 일본인의 전횡을 모면하기 위해, 일본인에게 저지당할까 천주교에 입교하였고 선교사와 함께 했다는

---

78) 김택영은 통주의 출판사에 근무하였으므로 『神州日報』는 당시 상하이에서 발행되는 신문들을 두루 보았을 가능성이 컸다.(최영옥, 「김택영의 안중근 형상화 검토-『安重根傳』의 이본 검토를 중심으로-」, 366쪽)
79) 안중근의 일화들을 모은 것 : 「安重根外傳」, 『滄江稿』 1, 권11, 1912년(국립중앙도서관본) : 김종철, 「김택영(金澤榮)의 '안중근전(安重根傳)' 입전(立傳)과 상해(上海)」, 27~28쪽.
80) 김종철, 「김택영(金澤榮)의 '안중근전(安重根傳)' 입전(立傳)과 상해(上海)」, 28쪽.
81) 金澤榮, 『安重根傳』 : 윤병석 역편, 『안중근전기전집』, 450[444]쪽.
82) 최영옥, 「김택영의 안중근 형상화 검토-『安重根傳』의 이본 검토를 중심으로-」, 363쪽.

것이 결코 김택영이 생각했던 현실 문제 해결방법은 아니었을 것이기 때문이다. 또한 김택영이 참고하였다는 '한 편'을 기록한 박은식도 유학자의 입장을 견지하였지만 박은식의『안중근전』에는 천주교 관련 내용이 상당하다. 그러므로 다른 설명이 필요하다.

 1910년 김택영이『안중근전』을 저술할 당시 활용한 주요 자료는,『호보』에 의거하여 저술하였다는 그의 기록에서 확인할 수 있듯이 신문기사들이었을 것이다. 그런데 신문기사들에는 안중근과 천주교의 관계가 종종 언급되었다. 따라서 1910년 저술 당시는 신문기사의 그러한 내용들이 반영된 것이라 생각된다. 한편 당시에도 김택영은 안중근과 천주교의 관계에 부정적인 시각을 가지고 있었다. 김택영이 1910년에 저술한「안열사중근 참회변」(安烈士重根懺悔辨)에 안중근과 천주교의 관계는 상당히 부정적으로 기술되어 있다. 고해성사는 천주교의 상례이고, 멀리서 온 신부가 고해성사의 예(禮)를 권하기에 거절할 수 없어서 받은 것뿐이라고 하였다. 김택영은 안중근이 일본의 압제를 모면하기 위한 방편으로 서양의 힘에 기대기 위해 천주교에 거짓으로 이름을 걸어놓았다고 보았다.[83] 1910년의『안중근전』에 기술한 안중근의 입교 이유와 같은 서술이다. 즉 김택영은 1910년『안중근전』을 저술할 때도 천주교와 안중근의 관계에 부정적이었는데, 당시 활용한 신문들에서 언급되었기에 천주교 관련 내용을 기술하였다고 생각된다. 따라서 1916년에 김택영이 자신의 1910년『안중근전』을 수정하면서 천주교 관련 내용을 삭제한 이유는, 김택영이 고찰하였다는 박은식의 '기록 한 편'에서 찾아야 할 것이다. 연구자들은 '기록 한 편'이 1916년에 간행된 창해노방실(滄海老紡室)의『안중근전』이라고 보는데, 박은식은 1915년에『한국통사』(韓國痛史)를 상하이에서 출판하였고, 그 책에 안중근의거가 기술되어 있는데 천주교에 대한 언급은 없다.[84] 그러므

---

83)『滄江稿』卷8,「安烈士重根懺悔辨」: 최영옥,「김택영의 안중근 형상화 검토-『安重根傳』의 이본 검토를 중심으로-」, 383쪽.
84) 朴殷植,『韓國痛史』, 1915,「第五十六章 安重根狙擊伊藤博文」.

로 1916년에 김택영이 보았다는 박은식의 기록 한 편은 1916년에 간행된 『소호당집』(韶濩堂集)에 수록된 수정본 『안중근전』일 가능성도 있지만, 1915년 6월에 간행된 『한국통사』85)일 가능성도 있다. 그리고 후자일 경우 김택영의 1910년 『안중근전』에 천주교 내용이 없는 이유는, 김택영이 평소 지녔던 천주교에 대한 부정적인 인식, 거기에 천주교 관련 내용을 전혀 언급하지 않은 『한국통사』의 영향일 것이다.

1912년 박은식이 중국 베이징[北京]에서 한문으로 『안중근전』을 저술하였고, 『동서양 위인총사』(東西洋偉人叢史)에 수록되었다.86) 당시 박은식은 중국인들이 안중근을 숭배하니 안중근전기를 간행하면 수만부가 팔릴 것이라 기대되는데 자금 문제로 간행을 준비도 하지 못함을 안타까워 하였다.87)

박은식은 『안중근전』에서 안중근과 천주교의 관계를, 안태훈이 동학농민전쟁 때 사용한 나라 양곡 때문에 천주교에 입교하였고, 안중근도 그로 인하여 천주교 신자가 되었다고 했다.88) 그리고 안중근이 의병전쟁 중 패

---

85) 「韓國痛史 序」, 『韓國痛史』, 民國 4年 6月, 상해 : 大同編譯局印行本 : 裵京漢, 「中國亡命시기(1910~1925) 朴殷植의 언론활동과 중국인식 : 『향강잡지』, 『국시보』, 『사민보』의 분석」, 『동방학지』 121, 연세대학교 국학연구원, 2003, 250쪽.
86) 「曾刊行東西洋偉人叢史斯安重根義士傳".(滄海老紡室 稿, 『安重根』: 윤병석 역편, 『안중근전기전집』, 204쪽)
87) "북경에 있을 때 안의사전을 지었는데 중국 인사들이 안군을 숭배하는 정으로써 만약 이 傳을 인쇄하여 간행한다면 수만부가 팔릴 것도 용이할 테지만 낭패를 당한 나머지 처리 자금을 구하지 못하여 아직 착수하지 못했다고 하니 불만족스럽고 탄식할 따름입니다."(박은식이 홍콩에서 미국의 안창호에게 보낸 4369년 12월 편지 : 백암박은식선생전집편찬위원회 편, 『白巖朴殷植全集』 제5권 시문, 2002, 136쪽) '4369년'이 언제인지 모르겠다. 안창호에게 보낸 또 다른 편지에는 '天祖降世 4370년'이라 되어 있다.(141쪽) 박은식이 서간도에서 베이징(北京)으로 옮겨간 것은 1912년 5월이었다.(裵京漢, 「中國亡命시기(1910~1925) 朴殷植의 언론활동과 중국인식 : 『향강잡지』, 『국시보』, 『사민보』의 분석」, 233쪽)
88) "재상 가운데 나라 양곡을 개인사리로 점유한 것이 있었는데 안태훈이 그 곡식의 일부를 군비로 사용하였다. 난이 평정된 후 재상의 핍박이 급하니 안태훈은 불란

퇴하는 중에도 의병들에게 세례를 주었고,[89] 일본인 변호사들에게는 그들의 행동이 올바르지 못하고, 자신은 천국 법률을 지켰으므로[90] 천국에 갈 것이며, 천국에서도 한국독립을 위해 진력하겠다고 했다고 서술하였다.[91] 그러나 홍석구 신부의 여순감옥 면회 내용이 없고, 안중근의거와 천주교 신앙과의 관계를 고민한 흔적도 찾아볼 수 없다.

1911년 6월 서간도로 망명한 박은식[92]은 국내·만주·베이징 등에서 자료를 얻을 수 있었고, 안중근과 친한 사이였기에 안중근의 동생들로부터도 자료를 확보하여 정확하고 풍부한 사실들을 『안중근전』에 수록할 수 있었다.[93] 따라서 안중근과 천주교의 긴밀한 관계도 충분히 파악할 수 있었을

서 천주교당으로 들어갔다…(중략)…안중근도 천주교인이 되었다."(滄海老紡室 稿,『安重根』: 윤병석 역편,『안중근전기전집』, 280쪽)

[89] "안중근을 따라나선 자는 단 2명뿐이었다…(중략)…두 사람을 보고 말하기를 '사람이란 의에서 태어나 의에서 죽는다. 우리들은 나라를 위하여 진력하고 이 의에 죽는 것이니 무엇이 한스럽겠는가! 오늘 육체로 인간 세상을 위해 일한다는 것은 그 능력을 잃었지만 영혼으로 천국의 일을 구함이 좋지 않은가?'고 하여 세례를 주고 함께 기도하였다."(滄海老紡室 稿,『安重根』: 윤병석 역편,『안중근전기전집』, 292~293쪽)

[90] "사형 받을 때 변호사 두 사람이 와서 참관하니…(중략)…안중근이 말하기를 '당신들이 내가 천국에 가는 것을 축원하니 감사하다 하겠다. 나는 천국 법률을 준수하고 나라를 위해 의에 죽으니 영혼이 천국에 올라가는 것은 지당한 것이다. 하지만 당신들은 본래 천국 법률에 어둡고 세상의 법률도 공정히 지킬 수 없으니 천국에서 당신들을 허락하겠는지 알 수 없다. 만약 훗날 서로 만난다면 천국의 법을 믿고 배우며 公理를 지키도록 힘써야 할 것이다'고 하였다."(滄海老紡室 稿,『安重根』: 윤병석 역편,『안중근전기전집』, 308~309쪽)

[91] "안병찬에게 감사하여 말하기를, '…(중략)…국가 독립을 회복하였다는 소식이 천국에 전해오면 나는 춤추며 만세를 부르겠습니다' …(중략)…사형받는 날 두 동생이 최후의 면회를 청하니 안중근이 유언을 말하기를 '내가 천국에 가도 우리 국가를 회복하기 위하여 진력할 것이다…(중략)…대한독립의 소리가 천국에 이르는 것이 나의 마지막 소원이다'고 하였다."(滄海老紡室 稿,『安重根』: 윤병석 역편,『안중근전기전집』, 309~310쪽)

[92] 「與島山安昌浩書」, 1913년 1월 : 裵京漢,「中國亡命시기(1910~1925) 朴殷植의 언론 활동과 중국 인식 :『향강잡지』,『국시보』,『사민보』의 분석」, 230쪽.

것인데 안중근의거와 천주교 신앙과의 관련성을 기술하지 않았다. 그것은 박은식이 유교문화에 뿌리를 둔 계몽운동가였기 때문이다.94) 안중근의거는 한국을 위한 복수가 아니라 동양평화와 세계평화를 위한 것이었고, 동양평화·세계평화에 대한 안중근의 인식은 천주교를 통하여 형성되었다. 그러나 한국·중국에서 선교하고 있던 천주교 선교사들의 모국이 제국주의 국가들이었기에 천주교 신앙과 민족의식을 잘 조화한 안중근/안중근 의거를 유학자 박은식으로서는 기술할 수 없었다고 생각된다.

박은식은 『안중근전』에 대한 중국인들의 서(序)를 모았는데 주호(周浩)의 서는 1912년 5월,95) 반상루(潘湘欒)의 서는 1913년,96) 고관오(高冠吾)의 서는 1914년에 작성된97) 것에서 확인할 수 있듯이 상당한 시간이 걸렸다. 그랬기 때문인지 박은식은 1913년 1월 20일 중국 혁명당 계통의 정치잡지 『민국휘보』(民國彙報)98)에 백산포민(白山浦民)이라는 이름으로 『삼한의군 참모중장 안중근전』(三韓義軍 參謀中將 安重根傳)99)을 게재하였다. 『안중근전』을 축약하고 약간의 수정을 하였다. 그런데 이 전기에 수록된 천주교 기록은 안태훈이 동학군에게서 얻은 군량미의 상환 문제로 천주교에 입교하였고, 안중근은 아버지 때문에 천주교 신자가 되었다는 것뿐

---

93) 김종철, 「滄江 金澤榮과 白巖 朴殷植의 上海에서의 入傳 活動」, 44쪽.
94) 김종철, 「滄江 金澤榮과 白巖 朴殷植의 上海에서의 入傳 活動」, 49~53쪽.
95) 周浩의 '안중근 서'를 보면 "중화민국 2년 2월 주호가 申江 여행 중에 쓰다"라고 하였다.(滄海老紡室 稿, 『安重根』: 윤병석 역편, 『안중근전기전집』, 269) 즉 1912년에 탈고된 『安重根傳』을 읽고 서를 썼다는 것이다.
96) 潘湘欒, 「安重根序」, 滄海老紡室 稿, 『安重根』: 윤병석 역편, 『안중근전기전집』, 275[227]쪽.
97) 高冠吾, 「安重根序」, 滄海老紡室 稿, 『安重根』: 윤병석 역편, 『안중근전기전집』, 273[226]쪽.
98) 중국 혁명당 계통의 정치잡지로 『三韓義軍參謀中將 安重根傳』가 수록된 1913년 1월 20일 창간되었다.(윤병석, 「해제: 『삼한의군참모중장안중근전』」, 『1세기만에 보는 희귀한 안중근 전기』, 17쪽)
99) 윤병석 역주, 『1세기만에 보는 희귀한 안중근전기』, 300~289쪽에 한문 전문이, 29~52쪽에 한글 번역문이 수록되어 있다.

이다.100) 『안중근전』에 수록된 천주교 내용 대부분이 삭제된 것은 전체 원고가 축약된 때문이기도 하고 게재지 『민국휘보』가 혁명당 계통의 잡지 였기 때문일 것이다.

1914년 말에서 1915년 초 박은식은 『안중근전』에 중국인들의 서(序), 선록(選錄), 부록을 합하여 『안중근』이라는 제목으로 상하이 대동편역국 (上海 大同編譯局)에서 간행하였다. 저자를 창해노방실로 명기한101) 이 책에는 안중근과 정대호(鄭大鎬), 유동하(劉東夏), 우덕순(禹德淳), 이토 히로부미와 안중근을 재판한 일본인 재판장·검찰관·변호사·법원장·경찰청장, 일관동도독부지방법원(日關東都督府地方法院), 그리고 대한독립문 사진이 실려 있다.102) 이 사진들은 1910년 3월 38일 발행된 『안중근사건공판속기록』에 수록된 사진들과 같은 것이 많다.103)

4. 박은식 저술 안중근전기의 변형전재(變形轉載)

1917년 12월 러시아 블라디보스토크 신한촌 한인신보사(韓人新報社)에서 옥사 편서(玉史 編書)의 한글 『애국혼』이 석판(石版)으로 간행되었는데 하권에 『만고의사 안중근전』104)이 있다. 그런데 1918년 7월의 재판 간행

---

100) "동학군 토벌시에 재상이 公穀으로 사놓은 것을…(중략)…안태훈이 뺏어서 군량으로 썼다. 난이 평정되자 상환하라 핍박하여 급히 천주교에 들어갔다…(중략)…이로 말미암아 안중근도 천주교인이 되었다."(白山浦民, 『三韓義軍參謀中將 安重根傳』, 「第一章 家政之遺傳」: 윤병석 역주, 『1세기만에 보는 희귀한 안중근전기』, 33[298]쪽).
101) 윤병석 역편, 『안중근전기전집』, 203~261쪽에 한문 전문이, 262~359쪽에 한글 번역문이 수록되어 있다.
102) 윤병석 역편, 『안중근전기전집』, 212~220·223쪽.
103) 滄海老紡室 稿의 『安重根』에 수록된 사진 중 『安重根事件公判速記錄』에 수록된 사진과 쪽수는 다음과 같다. 溝淵 검찰관(107쪽), 謙田 변호사(129쪽), 眞鍋 재판장(185쪽), 관동도독부지방법원(120쪽) 유동하(141쪽).

본에 '해삼위에서 1918년 6월에 단옥생(檀玉生)'이 쓴 「머리말」에 의하면 『만고의사 안중근전』은 "겸곡 선생이 편술한 전기에서" 옮긴 것이다.105) 그러나 박은식의 글을 그대로 번역한 것은 아니고 일부 오류는 바로잡았다.106) 그런데 초간(初刊)이 1917년 12월인데, 단옥생(檀玉生)의 머리말이 1918년 6월이니 초간(初刊)에는 머리말이 없었을 것이다. 옥사는 한인신보사 주필이었던 김하구(金河球)로 추정된다.107) 일제의 정보기록에 의하면 1917년 800부가 초판 간행 보급되었다.108)

천주교 관련 내용을 보면, 안태훈이 "마지 못해" 천주교에 입교하였고,109) 안중근이 의병전쟁 중 함께 산길을 헤매던 두 명의 의병에게 위로를 하였다고 하여110) 박은식의 『안중근전』과 차이를 보인다. 그리고 북간도에서는 신부의 명령으로 천주교 신자들이 안중근을 멀리하였다고 한 서

---

104) '애국혼 목록'에는 '안중근전'이라 되어 있고, 본문에 '만고의사 안중근전(萬古義士安重根傳)'이라 되어 있다. 윤병석 역편, 『안중근전기전집』, 362～396쪽에 국문 전문이, 397～412쪽에 한글 번역문이 수록되어 있다.
105) "이 책은 남이 편술한 것을 그대로 옮긴 것이니…(중략)…안중근전은 겸곡 선생의 편술한 전기에서 간단하게 추리고".(「머리말」, 『애국혼』: 윤병석 역편, 『안중근전기전집』, 398쪽)
106) 황재문, 「안중근의 문학적 형상화 양상 연구:주체-타자 관계에 대한 분석을 중심으로」, 203쪽.
107) 윤병석, 「해제 안중근전기전집(安重根 傳記 全集)」, 41쪽.
108) 일본외무성사료관 문서, 「在魯不逞鮮人報告」, 鈴本總領事가 외무대신에게 보낸 공문, 기밀 제37호, 1918년 10월 1일 : 윤병석, 「안중근전기의 종합적 검토」, 165쪽.
109) "이 싸움에 쓴 군량은 어느 참판의 公穀을 취한 것이니 그 후에 참판이 관청의 세력을 믿고 독촉이 심하여 진사공은 마지못해 천주교에 들어가고 의사도 이로부터 천주교인이 되었더라."(玉史 編書, 『만고의사 안중근전』, 『愛國魂』 하권 : 윤병석 역편, 『안중근전기전집』, 401[368]쪽)
110) "의사는 두 사람에게 위로하는 말로 사람은 의에서 나고 의에서 죽나니 우리 무리가 이제 나라를 위하여 힘을 다하다가 여기서 죽은들 모슨 한이 있으리오. 저 세상 사람들은 육신을 위하여 일을 하나 우리는 영혼으로써 천국사업을 구하리라 하며 인하여 엎드려 하나님께 간절한 기도를 올리더라."(玉史 編書, 『만고의사 안중근전』, 『愛國魂』 하권 : 윤병석 역편, 『안중근전기전집』, 404[375])

술은111) 박은식의 『안중근전』이 아니라 단선의 『만고의ᄉ 안즁근젼』에 있는 내용이다. 안중근이 사형당함을 예수의 골고다 사형당함과 같다고 하였는데, 이 역시 박은식의 『안중근전』이 아니라 애산자 홍종표의 『대동위인 안중근전』에서 비슷한 내용을 찾을 수 있다. 안중근의 죽음을 예수의 죽음에 비견한 옥사도 그리스도교신자일 개연성이 크다. 저자는 예수의 죽음이 포악하고 간악한 인간들에 의한 죽음이었지만 인류를 구원하는 것이었기에, 안중근의 죽음도 잘못된 재판에 의한 것이고 국가를 구하기 위한 죽음이라는 것을 강조하였다. 뿐만 아니라 안중근의 사형 결정이 잘못이라는 것은 안중근의거가 올바른 것이고, 천주교 신앙을 토대로 단행되었다는 서술이다.112)

중국인들에 의해서도 안중근전기가 저술되었는데 매현 섭천예 찬(梅縣 葉天倪 撰)의 『안중근전』113)은 1919년경 저술되었고, 1919년 이후 간행되었으리라 추정된다.114) 섭천예는 안중근을 '세계 위인'이라 평가하였고, 안중근의거는 아시아 평화를 위한 계책이고 세계평화를 위한 계책이라고 의미 부여를 하였다. 안중근 의거 이후 국망한 것은 안중근의거 때문이 아

---

111) "의사는 서울서 떠나 북간도에 당도하고 사회와 교육을 많이 권면하고 배일사상을 크게 고동하여 심지(어) 천주교 목사는 의사를 멀리 하라고 그 교인들에게 신칙한 일이 있었더라."(玉史 編書, 『만고의사 안즁근젼』, 『愛國魂』 하권 : 윤병석 역편, 『안중근전기전집』, 403[373]쪽)
112) 안중근을 예수와 비견한 것은, 예수의 사상과 안중근의 사상을 대응시킨 것이라기보다는 예수와 같은 최상급의 영웅성을 안중근에게 부여한 것이라는 주장(황재문, 「안중근의 문학적 형상화 양상 연구 : 주체-타자 관계에 대한 분석을 중심으로」, 203쪽), 예수가 제시한 사랑의 하느님을 '평화의 하느님'으로 안중근이 재해석한 것이라는 주장(신운용, 「한국가톨릭계의 안중근기념사업 전개와 그 의미」, 46쪽)도 있다.
113) 윤병석 역주, 『1세기만에 보는 희귀한 안중근전기』, 286~204쪽에 한문 전문, 55~145쪽에 한글 번역문이 수록되어 있다.
114) 윤선자, 「중국인 저술 '안중근전기' 연구」, 257쪽. 윤병석은 1914년 말에서 1915년 초 사이에 대동편역국에서 창해노방실의 『안중근』이 간행될 무렵으로 추측하였다.(윤병석, 「해제: 『삼한의군참모중장안중근전』」, 185쪽)

니라 당시의 상황과 시세 때문이었다는 것이다. 섭천예의 이러한 평가는 백산포민의 『삼한의군참모중장 안중근전』의 평가와 같다.115)

　천주교 관련 내용은 중국인들의 서(序)를 다수 게재한 창해노방실의 『안중근전』과 매우 비슷하다.116) 즉 안태훈과 그 가족들의 천주교 입교는 관리들의 시기 때문이었는데, 안중근은 천주교 교리를 수용하면서 지식과 사상이 높아지고 국가주의와 세계주의가 충만하여 민족운동으로 나갔다고 하였다.117) 또한 안중근이 함께 어려움에 처해 있던 두 명의 의병들에게 천주교를 설교하고 세례를 주었으며,118) 천국에 가서도 나라를 위해 최선을 다하겠노라 말했다고 하였다.119) 민족운동을 하게 된 동기가 국가주의와 세계주의를 함양한 때문인데, 그것은 천주교에 입교하여 지식과 사상이 풍부해진 때문이라고 천주교의 역할을 부각시켰다. 즉 안중근의 민족운동이 천주교 수용으로 시작되고 성장하고 실현되었다는 것으로, 안중근의거와 천주교 신앙의 관계가 적극적으로 기술되었다.

---

115) 윤선자, 「중국인 저술 '안중근전기' 연구」, 266~267·269쪽.
116) 윤선자, 「중국인 저술 '안중근전기' 연구」, 259쪽.
117) "그 아버지는 이로 인해 조정의 고관에게 시기를 받아 드디어 가족을 이끌고 천주교에 입교해 피난하였다. 안중근은 점점 교리에 배어 들어가서 지식은 날로 풍부해지고 사상도 날로 높아갔고 국가주의와 세계주의가 머리에 충만할 즈음 나라 일을 위한 운동에 전진했다."(梅縣葉天倪 撰, 『安重根傳』: 윤병석 역주, 『1세기만에 보는 희귀한 안중근전기』, 64[275]쪽)
118) "안중근이 기유 6월…(중략)…두 사람에게 말하기를 '무릇 사람은 의에 살고 의에 죽는 것이다. 우리들이 나라를 위해 힘을 다하고 여기에서 죽는다면 진실로 의에 합당한 것이니 더 무슨 유감이랴. 한갓 육체를 귀중하게 여겨서 세상 사람들의 부림에 이바지하는 것은 매우 어리석은 것이다. 어찌 그 영혼을 고쳐서 뒤에 천국에서 오는 즐거움을 바라지 않는가' 하였다. 그래서 세례를 주고 같이 기도하였다."(梅縣葉天倪 撰, 『安重根傳』: 윤병석 역주, 『1세기만에 보는 희귀한 안중근전기』, 78~79[260~261]쪽)
119) "형을 받는 날에 두 아우가 최종 면회를 청하니 안중근이 다시 말하기를, '나는 천국에 가서도 마땅히 우리나라를 위해 온 힘을 다하고 대한국민임을 알리겠다…(하략)'"(梅縣葉天倪 撰, 『安重根傳』, 「成仁 第九」: 『안중근전』: 윤병석 역주, 『1세기만에 보는 희귀한 안중근전기』, 109[229]쪽)

양명학자 이건승(李建昇 : 1858~1924)도 서간도(西間島)에서 한문으로 9쪽 분량의『안중근전』을 저술하였다.120) 황재문은 경술국치 후 곧바로 서간도에 망명한121) 이건승이 만주 회인현에 정착한 1910년 12월 이후 저술하였다 하였고,122) 조광은 1919년으로 보았는데 이유는 설명하지 않았다.123) 전통적인 전(傳) 양식을 취한『안중근전』은 간행되지 못하고 이건승의 자필 유고『경재당수초』(耕齋堂收草)에 수록되었다.124) 이건승은 홍도촌에서 박은식과 처음 만나 교유하면서 박은식의 역사서에 관심을 가졌고, 김택영과도 많은 서찰을 주고받았다.125) 그러므로 이건승의『안중근전』은 유교지식인 박은식·김택영의 시각과 비슷한 점이 많다.126) 천주교 관련 내용으로는 안태훈의 천주교 입교 동기가 동학농민전쟁 때 군량으로 사용한 곡식 때문이었고, 그때 안중근도 천주교 신자가 되었다는 서술127) 뿐이다. 신천이라는 지명을 명기한 외에 박은식의 안중근전기에 수록된 내용과 같다.

박은식의『안중근전』은 안중근 순국 10주년인 1920년『독립신문』에 국한문으로 번역 수록되었다.128)『독립신문』은 안중근을 '아주제일의협'(亞

---

120) 윤병석 역편,『안중근전기전집』, 458~462쪽에 한문 전문이, 463~468쪽에 한글 번역문이 수록되어 있다.
121) 1910년 12월 7일 悔仁縣 興道村에 도착.(안영길,「耕齋 李建昇의 삶과 문학」,『우리文學硏究』39, 우리문학회, 2013, 124쪽)
122) 황재문,「안중근의 문학적 형상화 양상 연구:주체-타자 관계에 대한 분석을 중심으로」, 205쪽.
123) 조 광,「安重根 연구의 현황과 과제」,『한국근현대사연구』12, 2000, 182쪽.
124) 윤병석 역편,『안중근전기전집』, 457. 이건승은『安重根傳』을 포함하여 7편의 傳을 저술하였다.(안영길,「耕齋 李建昇의 삶과 문학」, 134쪽)
125) 안영길,「耕齋 李建昇의 삶과 문학」, 134쪽.
126) 윤병석,「안중근전기의 종합적 검토」, 169쪽.
127) "안태훈이 동학난 토벌 때 재상이 모아둔 곡물이 신천에 있어 이를 빼앗아서 군량으로 충당하였다. 난이 평정되자 재상이 다그침이 심히 급하였는데 그는 천주교에 입교, 그 다급함을 완화시켰고 이때 안중근도 천주교인이 되었다."(李建昇,『安重根傳』: 윤병석 역편,『안중근전기전집』, 463[458]쪽)

洲第一義俠)이라며, 중국에서 간행된 지 오래인 박은식의 『안중근전』이 영웅호걸의협을 연구하는 좋은 재료이고 동아시아 정세를 파악할 수 있는 책이라고 소개하였다.129) 그리고 83호(6월 10일)부터 86호(6월 24일)까지 4회에 걸쳐 '안중근전'이라는 제목으로 게재하였다.130) 그런데 6월 하순 『독립신문』이 정간되면서131) '안중근전' 연재도 중단되었고 12월 18일 속간 이후에도 연재는 계속되지 않았다. 따라서 『독립신문』에 소개된 천주교 내용은 "난(亂)이 정(定)한 후에 해재상(該宰相)이 늑색(勒索)을 급히 하는지라 태훈은 부득이 법국인(法國人) 천주교당(天主敎堂)에 입(入)함에 교인 등은 그 성명을 듣고 환영하니 중근은 차시(此時)로부터 천주교인이 되었다"132)라는 것뿐이다.

1920년에는 장사 정원(長沙 鄭沅)의 『안중근』(46쪽 분량)이133) 중국 상하이에서 간행되었다.134) 장사 정원이 정육(程淯)의 「안중근전」과 24명 중국인들의 「제사」(題辭) 등을 모으고, 「약사」(略史) 등을 저술하여 묶은

---

128) 『독립신문』 1920년 6월 10·17·22·24일, 「安重根傳」.
129) "此書는 白巖 朴殷植 선생의 著述로 중국에서 발간된 지 임의 數年이라…(중략)…實로 近世에 英豪義俠을 연구하는 好材料요 東亞風雲의 關係를 詳示한 良史이다, 동시에 배달민족을 위하야 대한국을 위하야 우리를 위하야 신성한 血로 조국강산을 물들이고 정의의 彈으로 세계만국을 놀내인 亞洲第一義俠 安重根氏의 약력이라".(『독립신문』 1920년 6월 10일, 「安重根傳」)
130) 83호(1920년 6월 10일)에 羅南山의 「安重根序」, 84호(6월 17일)에 第一章 重根의 出世와 高冠吾의 「安重根序」, 85호(6월 22일)에 第二章 重根의 幼年과 第三章 重根의 尙武主義와 曾鏞의 「安重根序」, 86호(6월 24일)에 第四章 重根의 義俠과 周浩의 「安重根序」와 潘湘纍의 「安重根序」를 게재하였다.
131) "本報가 지난 6월 하순에 불행히 정간의 厄運을 당한 후로…(중략)…本報의 속간을 단행하는 금일".(『독립신문』 1920년 12월 18일, 「本報續刊에 臨하야」)
132) 『독립신문』 1920년 6월 22일, 「安重根傳(三)」.
133) 윤병석 역편, 『안중근전기전집』, 530~555쪽에 한문 전문이, 556~613쪽에 한글 번역문이 수록되어 있다.
134) 한시준·윤병석·김춘선·왕원주 등 연구자들은 모두 안정근의 '血淚語'를 근거로 長沙 鄭沅의 『安重根』이 1920년에 출판되었으리라고 주장한다.(윤선자, 「중국인 저술 '안중근전기' 연구」, 255~256쪽)

것으로135) 창해노방실의 『안중근』과 제목·구성이 비슷하다.136) 상편, 중편, 하편, 부록으로 구성되어 있는데 상편에 정육의 「안중근전」, 중편에 「약사」·「기관」(機關)·「행자」(行刺)·「송옥」(送獄)·「공판」(公判)·「취의」(就義)가 있다. 중편은 곧 장사 정원이 저술한 안중근전기이다. 상편과 중편 사이에 '안중근 이토 히로부미'(安重根 伊藤博文)의 흉상 사진이 있는데137) 사진이 타원형으로 재단되어 있을 뿐 창해노방실의 『안중근』에 수록된 사진들과138) 같다.

정육의 「안중근전」은 안중근이 자객의 신분으로 죽었지만 자객으로 보아야 하는지 한탄하였다. 그러나 정육·채원배 등 장사 정원의 『안중근』에 글을 실은 26명의 중국인들은 안중근의거를 '자객 행위'로 파악하면서 안중근이 이토 히로부미를 죽인 것은 결과적으로 한국의 국망을 촉진시킨 것으로 설명하였다. 즉 안중근의거를 부정 평가하였다.139)

천주교 관련 서술로, 정육의 「안중근전」에는 안중근의 부친이 천주교를 믿었고,140) 안중근이 감옥에서 한인 홍모(韓人 洪某) 신부를 면회하고 실질적인 독립을 위해 노력할 것을 전해달라 부탁했다고 기술되어 있다.141) 물론 홍모 신부는 한국인이 아니라 프랑스인 홍석구 신부이고, 홍모 신부에게 부탁했다고 서술한 내용은 정근·공근에게 유언한 내용으로 잘못된

---

135) 윤병석 교수도 같은 주장을 하였다.(윤병석 역편, 『안중근전기전집』, 529쪽) 그러나 그 이유가 무엇인지는 설명하지 않았다.
136) 윤선자, 「중국인 저술 '안중근전기' 연구」, 261쪽.
137) 長沙 鄭沅, 『安重根』 : 윤병석 역편, 『안중근전기전집』, [539]쪽.
138) 滄海老紡室 稿, 『安重根』 : 윤병석 역편, 『안중근전기전집』, 212[215]쪽.
139) 윤선자, 「중국인 저술 '안중근전기' 연구」, 263쪽.
140) "부친 태훈은 천주교를 신앙하며".(程淯, 「安重根傳」, 『安重根』 上篇, 1 : 윤병석 역편, 『안중근전기전집』, 558[532]쪽)
141) "천주교신부 한인 洪某가 그를 위하여 친히 참세(懺洗)를 하였다. 안중근이 그의 손을 잡고 결별을 하며 '2천 5백만 동포에게 항상 평화롭고 정당한 수단으로 조국의 실질적인 독립을 유지하여야 한다고 전해주시오'라고 하였다."(程淯, 「安重根傳」, 『安重根』 上篇, 3쪽 : 윤병석 역편, 『안중근전기전집』, 560[533]쪽)

서술이다. 「약사」·「기관」·「행자」·「송옥」·「공판」·「취의」로 구성된 중편에는 안중근이 아버지의 유전(遺傳)을 이어받아 천주교 신자가 되었고 열심히 믿었으며,142) 17세에 세례를 받았다고 되어 있다.143) 또한 홍 신부를 만나 한국인들에게 평화적인 수단으로 독립을 지킬 것을 전해달라고 했다는데144) 이는 정육의 「안중근전」과 비슷한 내용이다. 다만 정육은 '실질적인 독립'이라 하여 독립의 형태를, 정원은 '평화적인 수단으로 독립을 지킬 것'이라 하여 독립의 수단을 강조하였다는 차이가 있다.

5. 맺음말

안중근의거가 일어난 이후 많은 사람들이 안중근의거가 왜 일어났는지, 안중근은 누구인지에 관심을 집중시켰다. 수없이 많은 신문보도들은 사람들의 그러한 관심을 반영하여, 많은 소식을 수록하였는데, 그중에는 안중근이 천주교 신자이고 사형선고를 받은 이후 천주교 성직자가 여순감옥을 방문하였다는 내용들도 있었다. 안중근전기들은 신문들에서 잠깐씩 언급

---

142) "안군의 부친은 천주교 신도로서 그 신앙이 매우 돈독하여 예수의 진정한 뜻을 수행하였다…(중략)…안군의 사상신앙은 부친의 유전(遺傳)을 이어받아 부친과 다를 바가 없었다…(중략)…빈궁한 향촌에서 생활하면서 교육훈련을 받지 못했으나 천주교는 열심히 믿었다."(「略史」, 『安重根』 中篇, 1쪽 : 윤병석 역편, 『안중근전기전집』, 582[540]쪽)
143) "안중근이 제1차의 심문에 대하여 다음과 같이 말하였다. '…(중략)…천주교 선교사로부터 프랑스어를 배웠다. 고향인 신천지방에서 공부하면서 17세에 천주교의 세례를 받았다.'"(「公判」, 『安重根』 中篇, 16~17쪽 : 윤병석 역편, 『안중근전기전집』, 598[547~548]쪽)
144) "안중근은 홍신부에게 최후의 결별을 하면서, '마땅히 평화수단으로 한국의 독립을 보호해야 한다는 것을 모국의 동포들에게 전해주기 바란다'고 말하였다…(중략)…홍 신부는 안중근의 참회 의식을 거행한 후 12일에 대련을 출발하여 한국으로 돌아갔다."(「就義」, 『安重根』 中篇, 20쪽 : 윤병석 역편, 『안중근전기전집』, 601[549]쪽)

되었던 안중근의 삶과 의거를 총체적으로 이해하려는 목적에서 저술, 간행되었다. 안중근이 직접 저술한 『안응칠역사』・『동양평화론』은 일제 패망 이후에도 한참 동안 구하기 어려웠다. 그러므로 그런 조건에서 저술, 간행된 안중근전기들은 의미가 크다.

해방 이전 저술・간행된 안중근전기들은 저자・편역자에 따라 셋으로 구분된다. 첫째 그리스도교신자들이 저술한 『근세역사』, 홍종표의 『대동위인 안중근전』, 계봉우의 『만고의ㅅ 안중근전』이다. 『근세역사』는 천주교 신자들도 본받고자 할 만큼 모범적인 천주교 신자로 안중근이 수록되어 있고, 『대동위인 안중근전』과 『만고의ㅅ 안중근전』에도 안중근의 죽음이 예수의 죽음에 비견될 만큼 긍정적으로 기술되어 있다. 그러나 안중근의거와 천주교 신앙의 관계를 분명하게 서술하지는 못하였다는 한계가 있다. 즉 안중근의거의 사상적 토대로서의 천주교를 정연한 논리로 풀어내지 못한 것이다.

김택영과 박은식은 유학자의 입장에서 안중근의 삶을 기술하였다. 그랬기에 김택영은 초간본에 안중근과 천주교의 관계를 언급하였지만 부정적인 시각을 보였고 수정본을 만들면서는 그조차도 삭제해버렸다. 그리하여 천주교 신앙이 안중근의 삶과 안중근 의거의 사상적 토대였음에도 그 사실 자체를 부정하고 왜곡하는 결과를 낳았다. 박은식은 역사학자로서 많은 자료들을 얻어 안중근과 천주교의 관계를 부정하고 전기에 언급하였다. 그러나 그 역시 유학자, 유교구신론(儒敎求新論)의 입장에서 안중근의 삶과 의거를 이해하고자 하였기에 천주교 신앙과 안중근 의거의 관계를 설명하지 못한 아쉬움을 남겼다.

박은식의 안중근전기는 많은 사람들에게 읽혔고, 활용되었다. 옥사 편서의 『애국혼』에 수록된 『만고의사 안중근전』은 박은식의 저술을 축약・편술한 것이고, 중국인 섭천예의 『안중근전』, 장사 정원의 『안중근』에 수록된 정육의 「안중근전」과 장사 정원의 「약사」 등도 박은식의 저술을 적극 활용한 것이다. 양명학자 이건승의 시각도 박은식과 비슷하다. 그러므로 이들이 활용 변형전재한 안중근전기들에 언급된 천주교의 의미는 제대로 분석될 수 없었다.

  1910년부터 1920년까지 한국·중국·러시아·미국 등에서 10명이 11편의 안중근전기를 저술하여 대부분 간행하였다. 그들이 안중근전기를 저술한 목적은 안중근의거의 가치와 소중함을 알리기 위해서였다. 그리고 안중근의거가 귀중하고 의미 있다는 것을 주장하기 위해 그 의거를 단행한 안중근의 삶을 추적하였다. 그러나 안중근이 천주교 입교 이후 종교심성과 민족의식을 조화롭게 인식하였고, 그 위에 동양평화를 추구하였으며 의거를 단행하여 동양평화를 실천하고자 했다는 설명을 이끌어내지는 못하였다.

Ⅱ. 1925년 한국 천주교 순교자 시복과 규장각자료

1. 머리말

1925년 7월 5일 로마의 성 베드로 대성전에서 79명 한국순교자의 시복식(諡福式)이 거행되었다.145) 이날의 시복식은 1838년 말부터 시작된 순교자 자료 수집 노력의 결과였다. 앵베르(Imbert, Laurent Joseph Marius, 한국명 范世亨) 주교의 순교 사적 보고서인 『1839년 조선 서울에서 일어난 박해에 관한 보고』(1838.12.31-1839.8.7), 현석문(玄錫文)의 『기해일기』, 김대건의 『조선 순교자들에 대한 보고서』, 페레올(Ferréol, Jean Joseph, 한국성 高) 주교의 『증보판 기해일기』(1847, 라틴어판)가 작성되었다. 파리외방전교회는 교황청 예부성성(현 시성성)에 라틴어판 『기해일기』를 제출하였고, 1857년 9월 24일 한국순교자들에 대한 조사심리를 위한 법령이 제정되었다. 그리고 1882년 5월부터 교황청 조사를 위한 교회재판이 서울에서 시작되었다.146)

그리하여 1883년부터 1887년까지 기해·병오박해 순교자들과 관계가 있던 신자들의 증언으로 『기해·병오박해 순교자 증언록-시복재판 기록』(한글필사본)(=기해·병오 박해 순교자 목격 증언록=기해·병오 박해 순교자 시복 조사 수속록)147)(이하 『증언록』으로 약칭)이 작성되었다.148) 순교

---

145) 『뮈텔주교일기』 1925년 7월 5일 ; 『드망즈주교일기』 1925년 7월 5일.
146) 차기진, 「기해·병오 순교자 시복 조사 수속록」, 『교회사연구』 12, 1997, 225~227쪽.
147) 이 자료를 2004년 한국교회사연구소에서 영인하면서 『기해·병오박해 순교자 증언록』(상·하 2책)이라는 명칭을 사용하고 '시복재판 기록'이라는 부제를 붙였다. 이 영인본을 판독하여 수원교회사연구소에서 2011·2012년에 『기해·병오

자들의 생애와 순교 행적, 체포 사실과 순교 사실, 처형 장소와 처형 종류, 순교자의 시신 안장이나 무덤·유품, 순교가 위주치명인지 등 증언자들에게 한 질문은 공통적이었다.149) 즉 『증언록』에는 순교자들이 어디서 태어났고, 어떤 계기로 신앙을 갖게 되었으며, 어떻게 신앙생활을 하다가 체포되었는지 등이 상세하게 기록되었다.150)

서울에서의 재판이 마무리된 후 교황청은 1921년에 첫 번째 단계인 전(前) 예비회의, 1923년 5월 예비회의,151) 1924년 3월 18일 교황 어전 회의를152) 개최하였다. 1924년의 회의에는 『Documents relatifs aux Martyrs de Coree de 1839 et 1846』(이하 『Documents』으로 약칭)라는 자료집이 추가되었다. 기해·병오박해 순교자들에 관한 조선정부측의 기록을 모은 것이었다.

조선정부측 기록을 활용한 한국천주교회사 연구는 일찍부터 언급되었다. 야마구치[山口正之]는 "조선정부측의 기록에는 역대의 『실록』(實錄), 『승정원일기』(承政院日記), 『일성록』(日省錄) 등이 있는데 거기에 한국기독교사 연구의 귀중한 사료가 잠재하고 있다"153)고 하였다. 홍연주는 "『증언록』에서 증언된 순교자들 대부분이 참수형을 받고 순교했기에 관찬 사료인 『추안급국안』, 『승정원일기』, 『일성록』 등을 통해서 그 이름이 확인된다"154)고 하였다. 조광도 "천주교가 전래된 이래의 많은 기록들이 『조

순교자 시복재판록』 1·2를 간행하였다.
148) 홍연주, 「해제」, 『기해-병오박해 순교자 증언록 : 시복 재판기록』, 한국교회사연구소, 2004, 6쪽.
149) 한국교회사연구소, 『기해-병오박해 순교자 증언록 : 시복 재판기록』, 한국교회사연구소, 2004, 7쪽.
150) 홍연주, 「해제」, 『기해-병오박해 순교자 증언록 : 시복 재판기록』, 8쪽.
151) 『경향잡지』 514호, 1923년 3월 31일, 121쪽, 「별보 : 삼일긔구 반포」.
152) 『뮈텔주교일기』 1924년 3월 18일.
153) 山口正之, 「朝鮮基督敎史料 <己亥日記>」, 『靑丘學叢』 1, 1930 : 『한국천주교회사논문선집』 2, 한국교회사연구소, 1977, 228쪽.
154) 홍연주, 「해제」, 『기해-병오박해 순교자 증언록 시복 재판기록』, 9쪽.

제3장 선교, 시복, 신앙   175

선왕조실록』 가운데 『정조실록』·『순조실록』·『헌종실록』·『철종실록』에 수록되어 있으며, 조선총독부가 편찬한『고종순종실록』에도 천주교사 관계 기사가 다수 포함되어 있다"155)고 하였다. 천주교회사 연구가 진행되면서 교회 기록들과 함께 관찬 자료의 활용도 높아졌다. 기해·병오 순교자에 대한 뮈텔 주교의 조사·등사(謄寫)에 대해서는 김정환이 언급하였다.156) 그러나 뮈텔 주교가 발굴한 한국천주교회사 자료들을 일별하는데 목적을 두었기에 어떤 경로로 뮈텔이 조선정부측의 자료를 조사·등사하였는지, 등사한 내용은 어떤 것인지는 분석하지 않았다. 따라서 이러한 것들에 대한 추적이 필요하다. 또한 뮈텔 주교가 등사한 자료 중 일부가 『Documents relatifs aux Martyrs de Coree de 1839 et 1846』로 출판되었고,『경향잡지』에는 다른 형태로 게재되었으니 이에 대한 분석도 요구된다. 관찬 자료에 수록된 천주교 기록은 한국천주교회사를 한국사로 인식하는 중요한 근거가 되며, 한국천주교회사는 물론 한국사의 영역을 확장하고 깊이를 더하는 토대가 되기 때문이다.

2. 뮈텔의 규장각자료 등사(謄寫)

1922년 3월 31일(금) 뮈텔 주교는 순교자들에 대한 자료를 얻고 싶다며 규장각도서 열람 허가를 신청하러 조선총독부를 방문하였다. 책임자157)를 찾았으나 회의 중이었기에 만나지 못하고 1922년 4월 4일(화) 아침에 다시 총독부를 방문하였다. 책임자는 3일 이내에 열람 허가를 주겠다고 하였

---

155) 조광,『조선후기 천주교사 연구의 기초』, 경인문화사, 2010, 240쪽.
156) 김정환,「뮈텔 주교의 한국천주교회사 자료 발굴과 이해」,『한국사학사학보』 23, 2011.
157)『뮈텔주교일기』 1922년 4월 4일자에 의하면 책임자의 이름이 '마츠마가'인데 누구인지 알 수 없다.

는데, 허가는 그날 저녁에 나왔다.158) 다음날부터 뮈텔 주교는 도서관장 에하라[江原善槌]159)의 친절 속에 규장각 도서 열람을 시작하였다. 『헌종실록』1839년 분부터 열람하였는데 순교자 관련 내용들을 발견하고는 기록하였다.160) 1837년과 1838년 분 실록에서는 순교자 관련 사실을 찾지 못하였으나, 1846년 분에서는 많은 사실들을 찾아냈다. 순교자들에게 형을 선고한 재판소의 고문서들이 있는가도 문의하였는데 모두 소각되었노라고 하였다. 당시 도서관은 오전 7시부터 오후 4시까지 개관하였는데 뮈텔 주교는 도시락을 싸가지고 다니며 실록을 열람하였다.161)

뮈텔 주교는 『순조실록』1801(신유)년 분도 열람하려 한 것 같은데162) 열람하였는지는 알 수 없다. 신유박해에 대한 뮈텔 주교의 관심은 특히 <황사영백서>(黃嗣永帛書)와 관련이 있는 것 같다. 뮈텔 주교는 1894년 정부 문서들을 파기 소각할 때 <황사영백서> 원본을 찾아내 프랑스어로 옮겨 학계에 공개하였다.163) 또한 기해·병오박해 순교자의 시복 소송을 위해 관찬 자료를 찾아내고 그것을 번역하여 『경향잡지』에 게재한 것처럼, <황사영백서>와 <가백서(假帛書)>를 번역하여 '아륵산델황진ᄉ ᄉ영의빅셔'와 '가빅셔(거즛 복서)'라는 제목 아래 『경향잡지』 648호(1928년 10월 31일)부터164) 678호(1930년 1월 31일), 679호(1930년 2월 15일)부터165)

---

158) 『뮈텔주교일기』 1922년 4월 4일.
159) 1910년 조선총독부 총무부 문서과 屬, 1911·1921·1922년 경성전수학교 강사촉탁, 1920~1921년 조선총독부 총독관방 서무부 문서과 屬 종7훈8, 1922년 조선총독부 총독관방 참사관실 屬 종7훈8, 1923·1928·1929년 조선총독부 직속기관 중추원 조사과 촉탁 정7훈8.『조선총독부 및 소속 관서 직원록』 1910, 1911, 1920~1923, 1928~1929년도 : 국사편찬위원회 한국사데이터베이스[http://db.history.go.kr])
160) 『뮈텔주교일기』 1922년 4월 5일.
161) 『뮈텔주교일기』 1922년 4월 6일.
162) 『뮈텔주교일기』 1922년 4월 5일. 신유박해 순교자들 시복을 위한 자료 조사도 생각해 볼 수 있다.
163) 『한국가톨릭대사전』, 2891~2896쪽.
164) "이 백서(帛書면주에 쓴 편지)는 신유(1801)년에 치명하신 알렉산델 황진사 사

681호(1930년 3월 15일)까지 각각 수록하였다.

『헌종실록』에서 베낄 부분을 한국인 한병준(韓秉俊)166)에게 맡긴 뮈텔 주교는 4월 7일부터 『일성록』 1839년 분 열람을 시작하였다. 목록167)에 의하면 1839년 분은 15권이었는데 유실되고 3권(음력 8월의 75권, 음력 11월의 78권, 음력 12월의 79권)만이 남아 있었다.168) 그러나 『일성록』에는 『실록』에 언급되지 않은 순교자들의 이름이 적혀 있었기에 3권뿐이었지만 1839년 분 『일성록』은 가치가 컸다. 뿐만 아니라 1846년 분에는 김대건(金大建) 신부와 1846년 순교자들에 대한 많은 내용들이 수록되어 있었기에 뮈텔 주교는 순교자들에 대한 많은 귀중한 사실들을 발견했다고 기록하였다.169) 『헌종실록』과 『일성록』에서 1839년과 1846년 순교자들에

    영(嗣永)이 북경주교께 보내려 하던 유명한 편지라. 그 진서 본문과 그 번역을 독자제군께 소개하여 재미있게 열람케 하고자 하매…(중략)…이 백서는 그후 항상 포청에 보존되었더니 한 35년 전에 정부에서 모든 옛 문적을 불사를 때에 한 관인이 보매 이것은 곧 천주교에 관한 것인 줄을 알고 그 친구 천주교인 요셉 이건영(李健榮)씨에게 주어 인하여 민 주교께 돌아왔는데, 그 원본 백서는 교황께 바쳐 지금 로마부에 있도다."
165) "알렉산델 황진사가 토굴 속에 그와 같이 애써 기록한 비단 편지는 북경 주교께 보내지도 못하고 잡혔는데 조선 나라에서는 황 진사 편지에서 몇 구절씩 여기저기서 베껴 또한 면주에 써서 신유(1801)년 겨울에 북경에 사신을 보낼 때 특별히 진주사(陳奏使)로 하여금 그 편지를 청국 정부에 바쳤더니 다시 조선 정부로 돌려보낸 것이라…(중략)…이 가백서도 황 진사의 백서과 함께 포청에 있던 것인데 둘 다 함께 주교께 돌아온 것이라."
166) 1915년 5~12월 정만조(鄭萬朝)·정병조(鄭丙朝)·천엽창윤(千葉昌胤) 등 세 명의 촉탁과 함께 '고원' 신분으로 중추원 도서 해제 편찬작업에 참여하였다. 또한 『조선총독부관보』(1918년 1월 9일)에 의하면 1918년에는 조선어 편찬사무에 '고원'으로서 원고의 가인쇄를 담당하였다.(『조선舊慣 및 제도조사 연혁의 조사』 제2책 : 국사편찬위원회 한국사데이터베이스) 그리고 1927·1928년 조선총독부 서기 6급, 1929~1931년 조선총독부 서기 5급이었다.(『조선총독부 및 소속관서 직원록』 1927~1931년도 : 국사편찬위원회 한국사데이터베이스)
167) 조선총독부에서 1921년에 발행했다고 하는 『조선총독부 고도서 목록』인 것 같다.
168) 『뮈텔주교일기』 1922년 4월 7일.
169) 『뮈텔주교일기』 1922년 4월 10일.

대한 기록을 찾아낸 뮈텔 주교는, 1922년 4월 11일부터 『승정원일기』 열람을 시작하였다. 그리고 1939년 분 『승정원일기』를 열람하여 『일성록』에 기록되지 않은 순교자들에 대한 내용을 찾아냈다.[170]

거의 매일 종일토록 도서관에서 자료 찾는 일을 계속했던 뮈텔 주교는 4월 22일 『일성록』과 『승정원일기』 1866년 분 열람을 마치고 필사를 요구하였다.[171] 목록에서 『우포청등록』(右捕廳謄錄)과 『좌포청등록』을 발견했지만 1839년과 1866년 분은 한 달 것만 있었고 천주교회와 관련되는 것이 적었다. 1846년 분은 김대건 신부에 관해서는 매우 상세했지만, 그 외에는 『일성록』과 『승정원일기』에서 필사한 내용이었다. 그러나 뮈텔 주교는 혹시나 하여 『포청등록』에서 순교자를 언급한 두 페이지를 필사하도록 했다. 5월 8일부터 13일까지 뮈텔 주교는 필사관(筆寫官) 호영택(扈榮澤)과 함께 필사본을 원본 대조하였다. 필사본은 약 200페이지였는데 페이지당 12센트, 원본 대조는 1일 2엔 비율로 31엔을 필사관에게 지불하였다.[172] 뮈텔 주교는 필사본들에 대한 도서관 측의 확인을 마츠마야[173]에게 요청하였는데[174] 선례가 없으므로 확인해 줄 방법이 없다 하여 거절당하였다.[175] 그러자 뮈텔 주교는 필사자 호영택에게 그가 뮈텔 주교와 읽은 것들이 도서관의 어떤 책에서 필사한 것들이고, 또 필사한 것들이 원본과 일치한다는 것을 선언하고 서명할 것을 요청하였다. 호영택은 진실인 사실만을, 그것도 개인 이름으로 증명하겠다며 필사된 7책을 각각 증명하기 위해 그의 도장을 주겠노라고 뮈텔 주교의 요구를 받아들였다.[176]

이때 등사한 필사본 『일성록』 2책, 필사본 『승정원일기』 2책, 필사본

---

170) 『뮈텔주교일기』 1922년 4월 11·12일.
171) 『뮈텔주교일기』 1922년 4월 22일.
172) 『뮈텔주교일기』 1922년 5월 8·13일.
173) 비오 9세 훈장 수여자로 임명되었다.(『뮈텔주교일기』 1922년 4월 25·26일)
174) 『뮈텔주교일기』 1922년 4월 28일.
175) 『뮈텔주교일기』 1922년 5월 8일.
176) 『뮈텔주교일기』 1922년 11월 23일.

『헌종실록』 1책은 한국교회사연구소에 소장되어 있다. 『일성록』과 『승정원일기』 필사본은 각각 헌종 기해년(1839)과 병오년(1846)에 해당하는 내용이 수록되어 있다. 『일성록』 필사본은 기해년 21장, 병오년 40장이고, 『승정원일기』 필사본은 19장과 14장, 『헌종실록』은 11장 분량이다.177) 각각 다음과 같은 국한문 혼용 증명서가 수록되어 있다.

"朝鮮總督府 參事官 分室에 在한 日省錄 哲宗祖 己亥年 21장178)을 謄本하여 洋人이 考准하고 本文과 小許도 相違가 無함을 證明함. 大正 十年 十月 二十三日 京城府 明治町 二丁目 主敎 閔德孝 사인. 朝鮮總督府 參事官 分室 內 扈榮澤 도장."

뮈텔 주교는 이때 등사한 자료를 토대로 만든 『Documents』을 한 부 증정하러 1924년 조선총독부 학무국 과분실(課分室), 예전의 도서관을 방문하였다.179)

뮈텔 주교가 약 보름만에 조선정부 측 자료에서 순교자들의 기록을 찾아낼 수 있었던 첫 번째 요인은, 그가 오래 전부터 시복 업무에 참여한 때문이었다. 1877년 2월 뮈텔 주교는, 사제로 서품받은 즉시 조선 선교사로 임명되었고, 동시에 조선순교자들에 대한 시복 수속의 임무를 부여받았다. 1880년 11월 조선에 입국, 1882년 4월 26일 블랑(Blanc) 주교에 의해 시복판사로 임명된 이후 86회차(1885년 1월 27일)까지180) 증언 기록에 확인 서명을 하였다.181) 교황청 시성성에 있는 『기해·병오박해 순교자 증언록-시복재판 기록』에는 121회차까지의 내용이 있고, 절두산에는 2~105회차

---

177) 병인년 순교자 기록도 필사된 것이 있으리라 생각되는데 현재 소장 도서 목록 검색에서는 찾아지지 않는다.
178) 밑줄 그은 부분만 해당 자료에 대한 설명이 각각 다르다.
179) 『뮈텔주교일기』 1924년 2월 26일.
180) 1885년 5월 파리외방전교회 신학교의 지도자로 소환되었다.
181) 차기진, 「기해·병오 순교자 시복 조사 수속록」, 228쪽.

의 기록이 있다.182)

  1890년 제8대 조선교구장으로 임명되어 재입국한 뮈텔 주교는 '순교자들의 꽃을 피워라'를 문장 표어로 택하였다. 그리고 자료를 수집하고 순교자들의 기록을 책자로 간행하는 등 순교자들의 시복을 위해 노력하였다. 뮈텔 주교는 『기해일기』의 원본을 1905년에 교정 판본하였다. 책머리[卷首]에 "텬쥬강싱 일천구빅오년 대한광무구년 을ᄉ 활판 감목 민아오스딩 감쥰"이라 적혀 있다.183) 1929년 8월 1일 뮈텔 주교를 방문한 야마구치에 의하면, 그 책은 어떤 신자 집에 있던 것을 그대로 판본화(板本化)한 것이라고 뮈텔 주교가 설명했다고 한다. 또한 원본을 보고 싶다고 하자 원본대로 필사한 사본이라며 보여주었고, 그후 원본을 보고 싶다고 청하자 분실하였다고 한다.184)

  그런데 한국천주교회의 순교사를 잘 알고 있었다 할지라도 조선정부 측 기록에서 관련 자료를 찾아내기 위해서는 그 기록을 읽을 수 있어야 한다. 뮈텔 주교의 탁월한 한문 실력이 조선정부 측 기록에서 순교자들 기록을 찾아낼 수 있었던 두 번째 요인이었다. 1877년 11월 만주 요동 지방의 차쿠[岔溝]에 도착한 뮈텔은 3년 체류하는 동안 한문을 공부하였고, 조선에 들어와 은신 생활을 하는 중에도 조선말과 함께 한문을 겸하여 연구하였기에 어떤 한문책이든지 어려움 없이 읽었을 뿐 아니라 한문책을 읽는데 취미를 가지고 있었다. 그리고 축하식에도 한문 축사에 흥미를 가지고 읽었으며, 1925년의 기해・병오 순교자 시복식에 참여하러 갈 때도 몇 권의 한문책을 가져가 배 안에서 읽었다. 구식으로 제본한 한문책이 여기저기 가득 쌓여 있는185) 그의 사무실은 한학자의 서재와 같은 느낌을 주었다.186)

---

182) 홍연주, 「해제」, 『기해-병오박해 순교자 증언록 시복 재판기록』, 6쪽.
183) 山口正之, 「朝鮮基督敎史料 <己亥日記>」, 214쪽.
184) 山口正之, 「朝鮮基督敎史料 <己亥日記>」, 213~214쪽 ; 『뮈텔주교일기』 1929년 8월 1일.
185) 뮈텔 주교 소장 책 중에서 구체적으로 제목이 확인되는 한문 서적은 『정속신편』,

1929년 뮈텔 주교를 방문한 야마구치는 프랑스어 책들 사이에, 필요한 서적 명은 한자로 삽입되어 있는 뮈텔 주교의 서가를 보고 놀랐다. 그는 뮈텔 주교가 한국어뿐 아니라 중국어에도 정통하고, 한문을 자유자재로 쓸 수 있는 학식 풍부한 동양학자였다고 평가하였다.[187] 4년 동안 중국학을 공부하고 박사학위를 취득한[188] 베네딕도회의 브레허(Breher, Theodor) 신부가 뮈텔 주교에게 한국의 역사와 지리에 관한 한문 서적을 보여달라고 하였던[189] 것도 뮈텔 주교가 많은 책을 가지고 있었다는 것을 말해준다.

뮈텔 주교는 한국의 역사와 문화, 특히 천주교 관련 책과 자료들에 많은 관심을 두었던 것 같다. 1919년 파고다공원 근처에 있던 한국의 고서적을 파는 한림남(翰林南)서림에 가서 1839년의 『척사윤음』한 권을 1엔에 사서 함께 갔던 모리스 쿠랑(Maurice Courant)에게 선물하였다. 그것은 뮈텔 주교가 그러한 책을 알아볼 수 있는 식견이 있었고, 그러한 책들을 구입할 수 있는 곳을 알고 찾아가곤 했다는 것을 의미한다. 당시 뮈텔 주교는 그 서점에 여전히 가치 있는 많은 책들이 있다고 기록하였다.[190] 1894년 파리에서 출판된 모리스 쿠랑의 『조선서지』(朝鮮書誌)도 뮈텔의 도움에 힘입은 바 컸다.[191]

뮈텔 주교가 조선정부 측 자료를 등사할 수 있었던 세 번째 요인은 조선총독부와 뮈텔 주교의 일정 부분에서의 양해와 협력 관계에서 찾아진다.

『대학』, 『동사강목』, 『여사제강』 등이다.(『뮈텔주교일기』 1892년 7월 25일, 1911년 3월 23일, 1916년 2월 16일, 1923년 4월 16·17일 : 김정환, 「뮈텔 주교의 한국천주교회사 자료 발굴과 이해」, 167쪽)
186) 『경향잡지』770호, 1933년 11월 27일, 521~522쪽, 「민 대주교 각하의 향기로운 기억」.
187) 山口正之, 『朝鮮西敎史』, 東京 : 雄山閣, 1967, 293쪽.
188) 『뮈텔주교일기』 1921년 7월 7일.
189) 『뮈텔주교일기』 1921년 9월 23일.
190) 『뮈텔주교일기』 1919년 9월 5일.
191) 모리스 쿠랑, 이희재 옮김, 『한국서지』, 일조각, 1997, 4쪽 : 김정환, 「뮈텔 주교의 한국천주교회사 자료 발굴과 이해」, 168쪽.

뮈텔 주교가 열람한 『조선왕조실록』, 『일성록』, 『승정원일기』, 『포도청등록』은 당시 한국인들이 접근하기 어려운 기록들이었다.

일제는 한국에 통감부를 설치한 이후에 식민통치를 위한 기초 자료를 수집한다는 미명하에 조선왕실의 여러 기관에서 보유하고 있던 자료들을 규장각(奎章閣)으로 모았다.[192] 1910년 8월 일제의 대한제국 강점 이후 조선총독부 취조국이 규장각 도서를 인수하면서 한국정부의 자료들이 공개되기 시작하였다. 그러나 일반인들이 쉽게 이용할 수 있는 것은 아니었다. 1912년 4월 조선총독부 안에 참서관실이 설치되자 취조국에서 관리하던 규장각도서는 경복궁 밖 종친부 서고로 이관되었다. 이때 적상산사고본이 조선왕실에 기증되었다.[193] 조선총독부는 선원각(璿源閣)에 보관되어 있었던 『승정원일기』와 『일성록』 등도 점유하였다.[194] 또한 1914년 1월 태백산과 오대산 사고의 장서도 접수하였고,[195] 강화 정족산성 사고의 장서도 기록상으로는 이때 취조국이 다시 접수하였다. 일제는 그들 나름대로의 규장각도서 정리가 일단락되자 1921년에 『조선총독부 고도서목록』(朝鮮總督府古圖書目錄)이라는 제목으로 규장각 도서목록을 간행하였다.[196] 그리고 1922년 11월에 규장각도서를 조선총독부 학무국으로 이관하였다.

1924년 『실록』 등사로 인하여 발생한 일에 관한 기사가 신문들에 게재되었다. 그 내용은 다음과 같다. 1924년 3월 전주이씨 대동종약소(大同宗約所)에서 매일 이삼인씩을 창덕궁에 보내 실록(實錄)을 초(抄)하던 중 이

---

192) 서영희, 「통감부시기 일제의 권력장악과 규장각자료의 정리」, 『규장각』 17, 서울대학교 규장각, 1994, 99쪽 : 김정환, 「뮈텔 주교의 한국천주교회사 자료 발굴과 이해」, 153쪽.
193) 김태웅, 「일제강점기의 규장각」, 『규장각 그 역사와 문화의 재발견』, 서울대학교 출판문화원, 2009, 93쪽.
194) 김태웅, 「일제 강점 초기의 규장각 도서 해제 사업」, 『규장각』 18, 1995, 176쪽.
195) 오대산사고본 실록은 일본 도쿄제국대학으로 반출된 뒤였다.(김태웅, 「일제강점기의 규장각」, 86쪽)
196) 신용하, 「규장각도서의 변천 과정에 대한 일 연구」, 『규장각』 5, 1981, 73~75쪽.

왕직 장관 민영기(閔泳綺)가 중지시켰다.197) 전(前) 당관 이재극(李載克)이 무엇 때문에 허락하였는지 모르겠으나 실록은 비밀에 부치는 것이므로 자기는 실록 등사를 허락할 수 없다는 것이었다. 그러나 이재극에 의하면, 민병석(閔丙奭)이 이왕직 장관으로 그리고 고쿠부 쇼타로[國分象太郞]가 차관으로 있을 때 민병석이 고쿠부와 의논하여 종친부에 비치되어 있는 실록 등사를 승인하여 등사를 시작하였다. 그리고 그 후 자신이 이왕직 장관이 되자 종약소에 편의를 주기 위하여 이왕직 소장본 실록 등사를 공식으로 승인하여 종약소는 실록 등사를 계속하였다.198) 또한 "비록 예전에는 비밀로 하는 법규가 있었으나 이미 세태가 바뀌었고 일본에도 한 벌이 가 있고 총독부에도 가 있으니 비밀이 비밀되지 못한 것"이라 하였다. 뿐만 아니라 종약소에서 베껴가는 것은 이왕직 직원의 입회하에 국제문제, 정치문제에 관한 기록을 제외하고 베끼는데 새삼스럽게 왜 금지하는지 모르겠다고 하였다.199)

민병석은 1911년200), 이어 1919년 이재극, 1923년 민영기가 이왕직 장관이 되었고, 고쿠부 쇼타로가 이왕직 차관에 취임한 것은 1917년 1월이었다.201) 따라서 전주이씨 대동종약소에서 실록을 등사하기 시작한 것은 1917년 1월부터 1918년 사이였고, 1924년 3월까지 6~7년 동안 『실록』 등사는 계속되었다. 1928년 간행된202) 이능화(李能和)의 『조선기독교급외

---

197) 『시대일보』 1924년 5월 9일, 「親用金에 대하여 어명을 거역, 종약소에 하사하시는 돈을 이유 없이 마음대로 중지해, 민장관의 無嚴」.
198) 『시대일보』 1924년 5월 11일, 「이유 없는 실록의 등사 금지, 전장관의 실수로 밀고등사를 막아」 ; 『동아일보』 1924년 5월 11일, 「列朝實錄謄寫가 최근 이왕직내 충돌의 중요 원인」.
199) 『동아일보』 1924년 5월 11일, 「列朝實錄謄寫가 최근 이왕직내 충돌의 중요 원인」.
200) 『조선총독부관보』 1911년 2월 7일, 「任李王職長官, 敍高等官一等 勳一等子爵 閔丙奭」.
201) 국사편찬위원회 한국사데이터베이스와 『한국민족문화대백과사전』의 '민병기, 민병석, 이재극' 항 참조.
202) 원고 완성은 1925년.(김수태, 「이능화와 그의 사학 - 특히 '朝鮮基督敎及外交

교사』(朝鮮基督敎及外交史)도 이때『실록』등 관찬 자료를 열람한 것이라 여겨진다. 즉 몇몇 사람에게만 허용되던『실록』은 물론『일성록』과『승정원일기』까지 뮈텔 주교가 등사할 수 있었던 것은 등사하고자 한 내용이 천주교회와 관련된 것이기 때문이기도 하였지만, 한국천주교회와 조선총독부가 일정 부분 협력과 양해를 하였기에 가능하였다고 생각된다.

특히 3·1운동 이후 일제는 그리스도교 회유책을 적극 추진하였고, 천주교회도 이에 호응하였다. 1921년 5월 1일 사우어(Sauer, Bonifatius, 한국명 辛上院) 원산대목구장과 드브레드 서울대목구 보좌주교의 주교 서품식에 사이토[齋藤實] 조선총독과 미즈노[水野鍊太郎] 정무총감 등 조선총독부의 관리들이 참석하고, 1922년 4월 교황청에서 사이토와 미즈노 등에게 성 실베스텔(St. Sylvester) 훈장을 수여한 것은 조선총독부와 천주교회의 회유와 호응을 잘 보여주는 사례이다.[203]

경성제국대학이 설립되자 1928년부터 1930년까지 규장각도서는 경성제국대학 부속도서관에 이관되었다.[204] 그러나 이때도 한국인들에게는 규장각도서가 일절 열람되지 않고 경성제국대학 교수들에게만 열람되었다.[205] 그래서 규장각도서를 한국인들에게 개방 열람케 하라는 요구가 일어났다.[206] 경성제국대학은 태백산사고본을 저본으로 1929년 11월부터[207] 영인 작업을 시작하여 1933년 3월에 마무리하였다. 그러나 이때 출판한 것

史'를 중심으로 -」,『동아연구』4, 1984, 120쪽)
203) 윤선자,『일제의 종교정책과 천주교회』, 경인문화사, 2001의 "제4장 1920년대 일제의 기독교 회유정책과 천주교회의 조응(照應)" 참조.
204)『동아일보』1930년 9월 24일,「正宗創建의 규장각, 경성제대로 넘어가」.
205) 신용하,「규장각도서의 변천 과정에 대한 일 연구」, 78쪽.
206) "규장각 문고가 학무국의 보관에 있을 때에도 그를 열람하려는 사람은 반드시 학무국의 허락을 받았어야 하였다…(중략)…공중에 대한 공개를 꺼려 한다면 이는 자기모순에 陷하는 所以가 되고 말 것이 아닐가"(『중외일보』1930년 9월 26일,「사설 : 규장각의 古籍, 공개함이 당연」)
207) 언론에는 1930년 9월에야 영인계획에 대한 소식이 실렸다.(『동아일보』1930년 9월 2일,「6월 8일 城大서 李朝實錄을 印影計劃」)

은 30부에 불과했고, 그나마 대부분 일본으로 가져가고 국내에는 8부밖에 두지 않았다. 규장각 도서가 경성제국대학 부속도서관으로 이관되면서 '특별한 소개'를 통해 민간 학자들이 겨우 얻어 볼 수 있었던 기회마저 봉쇄되었다.208)

그동안 발굴된 자료들이 천주교 신자들의 입장을 반영한 자료들이었다면, 뮈텔 주교가 등사한 자료들은 박해를 주도한 조선정부의 입장이 반영된 것들이었다.209) 1922년 말 뮈텔 주교는 기해·병오 순교자들의 시복 소송을 위한 공문서 252페이지를 로마 교황청으로 발송했다.210) 뮈텔 주교가 조사하고 필사하고 프랑스어로 번역하여 보낸 조선정부의 관찬 자료들은 1925년의 한국순교자 시복에 큰 도움이 되었다. 즉 당시까지 치명하였다는 증명이 명백하지 않아 지연되고 있던 시복식이 훨씬 쉽게 진행될 수 있었기 때문이다.211)

뮈텔 주교는 1922년 조선왕조 측의 기록들을 열람한 이후에도 조선왕조 측 자료에 계속 관심을 기울였다. 1923년에는 창덕궁 안 장서각(藏書閣)을 방문하였다. 그러나 장서각에는 적상산사고의 『실록』이 이관되어 있을 뿐212) 뮈텔 주교가 찾고자 하는 역사와 행정에 관한 문헌들은 없다고 민영기 장관은 말하였다.213) 1931년 9월에는 조선대목구 설정 100주년을 기념하여 야마구치가 기획하여 샬트르성바오로수녀원 내 고아원에서 개최된

---

208) 김태웅, 「일제강점기의 규장각」, 97·99쪽.
209) 김정환, 「뮈텔 주교의 한국천주교회사 자료 발굴과 이해」, 155~156쪽.
210) 『뮈텔주교일기』 1922년 12월 12일.
211) "구한국 시대의 관청의 문적은 모두가 순한문으로 되었다. 민 주교께서는 조선 치명자의 사기를 조사하시기 위해 점심을 싸가지고 다니시며 그 문적을 수고로이 열람하여 치명자에 관한 사적을 발견하시는 대로 번역하여 놓으셨다. 이로 인하여 그때까지 치명하였다는 증명이 명백지 못하므로 지연되고 있던 시복식이 훨씬 더 용이하게 되었던 것이다."(『경향잡지』 770호, 1933년 11월 27일, 522쪽, 「민 대주교 각하의 향기로운 기억」)
212) 한영우, 『문화정치의 산실 규장각』, 지식산업사, 2008, 217쪽.
213) 『뮈텔주교일기』 1923년 4월 23일, 24일.

'조선공교회 사료 전람회'에 경성제국대학 측에서 전시한 포청의 보고서들에 관심을 기울였다. 특히 리델(Ridel, Félix Clair, 한국명 李福明)주교의 감옥 생활과 그의 심문을 보고한 1877년과 1878년의 보고서들, 주교와 함께 체포된 신자들에 대한 보고서들을 후에 참고하고자 대장번호(15.144-30번)를 적어두었다.[214]

3. 『Documents』의 규장각자료

1924년 1월 28일 홍콩 나자렛 인쇄소에서 『Documents relatifs aux Martyrs de Coree de 1839 et 1846』가 간행되었다. 그리고 그해 3월 18일의 교황 어전회의에 제출될 수 있도록 50부가 교황청으로 발송되었다.[215] 뮈텔 주교가 1923년 11월 12일 서울에서 쓴 서언은 다음과 같았다.

"오늘 발행된 '자료들'은 오랫동안 우리들의 연구대상이었다. 그러나 구한국 정부하에서는 그 자료들에 접근할 수 없었는데, 최근의 정부(필자 주 : 조선총독부)는 구한국의 모든 기록들을 조사하여 기록 보관소에 정리하도록 했다. 지난 해 봄, 정부는 무료로 그곳에서 연구하도록 나에게 허락하였다. 나는 1839년과 1846년의 순교자 82명의 소송에 중요한 증거들을 그곳에서 발견하는 행운을 갖게 되었다.

그 증거들은 1839년의 박해에 대한 일기인 '기해일기'(己亥日記)의 자료들을 완벽하게 확증해 줄 것이며, 소송에 근거가 될 것이다. 그러나 거기에는 옥사한 순교자들에 대한 내용은 없다. 모든 사형 집행이 승정원에 보고된 반면, 의금부는 다른 죄인들을 책임지고 있었다. 그런데 의금부 기록은 보관되어 있지 않거나 찾을 수 없었다. 겨우 몇 권이 남아 있다 : 순교자들의 순교 시기에 관련된 단 한 권이 있는데, 나는

---

214) 『뮈텔주교일기』 1931년 9월 27일.
215) 『뮈텔주교일기』 1924년 2월 11일.

거기에서 옥사한 순교자들에 관해 아무 것도 찾아낼 수 없었다.

이 '자료들'은 대개 손으로 쓴 약 50권 중에서 발췌한 것들이다. 사본은 원본과 검토하여 확인된 것으로 103장으로 구성되어 있다.

번역으로 말하면, 나는 어감 자체가 부합되도록 하기 위해 한문 어투를 따르면서, 가능한한 글자 그대로 번역하려고 노력했다. 어감이 텍스트의 의미를 표현하는데 더 알맞다고 여겨질 때에는 부정확한 표현도 포기하지 않았다.

하느님과 교회를 찬양하기 위해, 이 '자료들'이 우리 순교자들에 대한 중요한 소송에 만족스러운 성과를 앞당기는데 기여할 수 있기를!"

1922년 규장각자료 필사본들과 이 필사본들을 번역한 『Documents』은 순교자 시복을 위한 증거 자료로 제출하기 위해 만들어진 것이다. 145쪽 분량인 『Documents』은 서언, 목차에 이어 기해·병오 순교자 82명을 세례명과 법적인 이름을 병기하여 기록하였다. 그리고 『승정원일기』 1839년, 『일성록』 1839년, 『헌종실록』 1839·1846년, 『승정원일기』 1946년, 『일성록』 1946년 순으로 각 사서의 기록을 날짜순으로 기록하였다. 『Documents』에 수록된 조선정부 측 기록이 있는 기해 순교자는 53명,216) 병오 순교자는 9명이다.217) 기해 순교자 중 "Koune Agatha Kounenye Tjin-i 權女環伊"는 권진이(權珍伊)를, "Ri Agatha Kinye Kyeng-ryen 李女璽伊"는 이경이(李瓊伊)를 오기한 것이다. 먼저 기해 순교자에 대한

---

216) 范世亨, 羅伯多祿, 鄭牙各伯, 李光獻, 權女喜, 南明赫, 李女連熙, 權得仁, 李召史, 金女阿只, 韓女阿只, 朴女阿只, 金女業伊, 朴女喜順, 李光烈, 李女英喜, 許女季任, 李女梅任, 李女貞喜, 朴女成任, 南女累時河, 金女長金, 金女老沙, 元女貴任, 朴厚載, 朴女大阿只, 鄭夏祥, 劉進吉, 趙信喆, 南履灌, 金濟俊, 金女流璃代, 全女敬俠, 朴女鳳孫, 洪女今珠, 金女孝任, 金女孝珠,,崔昌洽, 趙女曾伊, 韓女榮伊, 權女珍伊, 李女瓊伊, 玄女敬連, 丁女情惠, 高女順伊, 李女榮德, 李女仁德, 朴宗援, 洪秉周, 洪永周, 孫女小碧, 李文祐(祜), 崔女榮伊.
217) 金大建, 玄錫文, 南景文, 韓履亨, 林致百, 金女任伊, 李女干蘭, 禹女述任, 鄭女鐵艶.

관찬 기록은 다음과 같다.

<표 1> 기해 순교자에 대한 관찬 기록

날짜	승정원일기	일성록	헌종실록	날짜	승정원일기	일성록	헌종실록
1839. 3. 5(4.18)	○			1839. 8.12(9.19)	○	○	
1839. 3.20(5. 3)			○	1839. 8.13(9.20)	○	○	
1839. 3.28(5.11)	○			1839. 8.14(9.21)	○	○	○
1839. 3.29(5.12)	○			1839. 8.15(9.22)	○	○	
1839. 4. 4(5.16)	○			1839. 8.16(9.23)	○	○	
1839. 4.12(5.24)	○		○	1839. 8.17(9.24)	○	○	
1839. 5.25(7. 5)			○	1839. 8.19(9.26)	○	○	○
1839. 6.10(7.20)	○			1839. 9.29(11. 4)	○		○
1839. 7. 3(8.21)			○	1839.10. 5(11.10)			○
1839. 7.25(9. 2)			○	1839.10.18(11.23)			○
1839. 7.26(9. 3)	○			1839.11.24(12.29)			○
1839. 7.28(9. 5)	○			1839.12.10(1840. 1.14)		○	
1839. 8. 5(9.12)		○		1839.12.11(1840. 1.15)		○	
1839. 8. 7(9.14)	○	○	○	1839.12.13(1840. 1.17)		○	
1839. 8. 8(9.15)	○	○		1839.12.16(1840. 1.20)		○	
1839. 8. 9(9.16)	○	○	○	1839.12.19(1840. 1.23)		○	
1839. 8.10(9.17)	○	○		1839.12.27(1840. 1.31)	○	○	
1839. 8.11(9.18)	○			1839.12.28(1840. 2. 1)	○	○	○

* (   )안의 날짜는 양력.

위의 기록 중 『헌종실록』과 『일성록』 및 『승정원일기』에 모두 기록이 있는 날짜를 검토하면 『일성록』과 『승정원일기』가 『헌종실록』에 기록되지 않은 많은 것들을 알려줌을 알 수 있다.

헌종 5년 8월 7일자 『헌종실록』에는 "命西洋漢范世亨等 設鞫嚴覈"고만 기록되어 있는데, 『일성록』에는 "左右捕廳啓言謹依 傳敎洋漢三名 更爲訊覈 而前日被捉 邪學罪人金濟俊及李女性禮等 有可問之端故與劉"이라 하여

좌우 포청에서 계를 올렸고 서양선교사가 3명이라는 것, 그리고 김제준과 이성례의 이름을 확인할 수 있다.『승정원일기』에는 "罪人梵世亨更推 刑問一次 訊杖第九度停刑 鄭牙各伯更推 刑問一次 訊杖第十三度停刑 劉進吉 丁夏祥 趙信哲等 招辭"라 하여 앵베르 주교와 샤스탕 신부가 어떠한 형벌을 받았는지를 알 수 있다.

헌종 5년 8월 19일자『헌종실록』에는 "誅邪學罪人南履灌·金濟俊·趙信喆·全女敬俠等九人 濟俊蠱于邪術 與崔京煥 各裝送其子於洋中者也"이라 기록하여 남이관·김제준·조신철 3명의 이름만 알 수 있는데,『일성록』에는 "該曹啓言 京囚邪學罪人 全女敬俠 許女季任 洪女今珠 金女孝任 金女琉璃代 朴女鳳孫 等 講習邪書一心蠱惑 罪人趙信喆學得邪書迷不知悟邀來洋漢一心崇奉 罪人南履灌締結劉丁師事洋人 金濟俊師事異類甘受凶法送穉子於屢萬里外竝不待時斬事推案報議政府詳覈 罪人全女敬俠等罪狀請以右律施行敎以竝依律 又啓言邪學罪人南履灌 金濟俊 趙信喆 全女敬俠 許女季任 洪女今珠 金女敎任 金女琉璃代 朴女鳳孫 等 當日西小門外不待時處斬"라 하여 이들 외에 전경협·허계임·홍금주·김효임·김유리대·박봉손의 이름을 확인할 수 있고, 서소문 밖에서 참수되었다는 그들의 순교에 대해서도 자세한 내용을 알 수 있다.『승정원일기』에는 "刑曹邪學罪人 南履灌·金濟俊·趙信喆·全女敬俠等 許女季任 洪女今珠 金女敎任 金女琉璃代 朴女鳳孫 等 當日西小門外不待時處斬"라 하여『일성록』과 같은 내용을 수록하고 있다.

헌종 5년 11월 24일자『헌종실록』에는 "誅邪學罪人崔昌洽·丁女情惠等七人"이라 기록하여 최창흡과 정정혜의 이름만 기록되어 있는데,『일성록』에는 "秋曹以殺獄罪人 及邪學罪人等 正刑啓 該曹啓言 邪學罪人 崔昌洽 丁女情惠 玄女敬連 高女順伊 趙女曾伊 韓女榮伊 李女榮德等 當日 西小門外 不待時斬"이라 하여 이들 외에 현경련·고순이·조증이·한영이·이영덕의 이름과 순교 장소가 서소문 밖이라는 것, 순교의 종류가 참수라는 것을 알려준다.『승정원일기』에는 "罪人 崔昌洽 丁女情惠 玄女敬連 高女順伊 趙

女曾伊 韓女榮伊 李女榮德 右律施行何如 判付啓 奉敎依右律施行爲良如敎"라 하여 『일성록』과 같은 내용을 알려준다.

헌종 5년 12월 28일자 『헌종실록』에는 "誅邪學罪人 洪永周等三人"이라 기록하여 홍영주만을 알 수 있는데, 『일성록』에는 "秋曹以邪學罪人 洪永周 李文祐 崔女榮伊等 處斬啓"라 하여 홍영주 외에 이문우와 최영이의 이름을 확인할 수 있다. 『승정원일기』에는 "邪學罪人 洪永周 等 沈惑邪學 依法處斷的只罪大明律 造妖書傳用惑衆者斬 洪永周 李文祐 崔女榮伊等 右律. 施行爲良如敎. 同日 刑曹 邪學罪人 洪永周 李文祐 崔女榮伊 當日 沙場 不待時斬事"라 하여 역시 『일성록』과 같은 내용이 수록되어 있다.

따라서 『일성록』과 『승정원일기』 중 하나에만 기록이 있을지라도 『실록』에서 간략하게 언급한 내용을 상세하게 알 수 있다. 헌종 5년 4월 12일 『헌종실록』은 "誅邪學罪人 李女·權得仁等九人"이라 기록하여 이녀와 권득인의 이름을 언급하였는데 이녀가 누구인지 알 수 없으니 이 자료에서는 권득인의 이름만 알 수 있다. 그런데 『승정원일기』에는 "刑曹啓目粘連, 邪學罪人李召史誦習邪書, 矢死靡變, 依法處斷. 又啓目粘連, 邪學罪人韓女阿只邪書妖像, 如得奇貨, 誦習蠱惑, 依法處斷. 又啓目粘連, 邪學罪人金女業伊傳襲甘心就戮, 誓不改革, 依法處斷. 又啓目粘連, 邪學罪人金女阿只一心崇信, 工浹骨髓, 遹伏刑戮, 實是至願, 依法處斷. 又啓目粘連, 邪學罪人南明赫邪巾邪服, 衣鉢有傳, 廢祭廢婚, 倫彝斁絶, 依法處斷. 又啓目粘連, 邪學罪人權得仁積年講習, 一心蠱惑, 手造邪具, 廣播凶徒, 依法處斷. 又啓目粘連, 邪學罪人朴女阿只晝宵講習, 一心崇奉, 抵死靡回, 依法處斷. 又啓目粘連, 邪學罪人李光獻崇奉醜像, 抵死不變, 依法處斷. 又啓目粘連, 邪學罪人朴女喜順敎授同黨, 晝宵沈溺, 依法處斷. ..... 刑曹 邪學罪人 李召史·權得仁·李光獻·南明赫·女阿只·女喜順·女阿只·女業伊·女阿只等當日西小門外不待時處斬事"라 하여 권득인 외에 이조이·한아기·김업이·김아기·남명혁·박아기·이광헌·박희순이 이름을 확인할 수 있으며 그들의 천주교 신

앙과 서소문 밖 참수도 알 수 있다.

이어 병오 순교자에 대한 조선정부 측 기록을 보면 다음 표와 같다.

〈표 2〉 병오 순교자에 대한 관찬 기록

날짜	승정원일기	일성록	헌종실록	날짜	승정원일기	일성록	헌종실록
1846. 윤5.8(6. 1)		○		1846. 윤5.22(7.15)		○	
1846. 5.20(6.13)	○	○		1846. 윤5.23(7.16)		○	
1846. 5.21(6.14)	○	○		1846. 윤5.26(7.19)		○	
1846. 5.24(6.17)			○	1846. 6.24(8.15)		○	
1846. 5.26(6.19)		○		1846. 6.25(8.16)	○	○	
1846. 5.27(6.20)		○		1846. 7. 3(8.24)		○	○
1846. 5.28(6.21)	○	○		1846. 7.15(9. 5)		○	
1846. 5.29(6.22)		○		1846. 7.25(9.15)	○	○	
1846. 5.30(6.23)		○		1846. 7.26(9.16)		○	
1846. 윤5. 3(6.26)		○		1846. 7.29(9.19)	○	○	
1846. 윤5. 4(6.27)	○	○		1846. 8. 1(9.20)	○		
1846. 윤5. 7(6.30)		○		1846. 8. 8(9.27)	○		

* ( )안의 날짜는 양력.

기해년과 마찬가지로 병오년의 기록 중『헌종실록』과『일성록』및『승정원일기』에 모두 기록이 있는 날짜를 검토하면『일성록』과『승정원일기』가『헌종실록』에 기록되지 않은 많은 것들을 알려준다.

헌종 12년(1946) 5월 20일『헌종실록』에는 "黃海監司金鼎集 以異樣人金大建捉囚事 令廟堂 使之嚴覈"만 기록되어 있는데,『일성록』에는 "今年四月十八日自京江 麻浦同乘林成龍船隻來到此地云搜其行裝則有不解旨義之諺錄小册一卷身上有紅錦囊一箇囊中有縫縺綿片二箇一畵人物一畵草形又有藍紬一片且頭髮有半削未長之痕明是異國邪學之類竝與船主林成龍沙工嚴壽等爲先枷囚本鎭而諺册與囊子及渠所納供之書堅封牒呈云彼人之越境潛行

船漢之同舟作伴事係變怪聞極驚駭旣是異樣人之邊鎭現捉則所當關飭水使使 之問情而此與異船邊情等事有異故金大建 林成龍 嚴壽等三漢今方捉致臣營 嚴加盤覈諺册囊子供書等屬盤覈時不無憑問之端姑爲留置敎以觀此狀辭大是 變怪己亥治邪不久而又有此異樣人潛越云者豈勝痛惋必有率來留接之類其所 窮覈之方令廟堂卽速稟處"이라 하여 김대건이 주교·신부의 편지를 가지고 황해로 가서 청나라 어부에게 부탁하여 청나라에 있는 주교·신부에게 전하 게 하고 포구로 나오다가 붙잡혔음을 알려준다. 또한 대신들이 묘당에서 회 의한 후 김대건을 서울로 잡아올려 문초하기를 청하였다는 것도 말해준다.

헌종 12년 7월 25일자『헌종실록』에는 "上御熙政堂, 引見大臣備局堂上, 命邪學罪人金大建梟首"라고 기록되어 있는데,『일성록』에는 "命邪學罪人 金大建梟首警衆 領議政權敦仁啓言金大建染邪之罪反國之律實不可一刻容 貸而登筵大臣諸…"라 하여 김대건 효수는 물론 영의정 권돈인이, 김대건의 천주교 믿음을 나라를 배반한 것으로 다스릴 것을 말한 내용도 수록되어 있다.

『일성록』은 1760년(영조 30)부터 1910년까지 151년간의 국정 일기이 며,『승정원일기』는 1623년(인조 1) 3월부터 1910년 8월까지 승정원에 기 록한 일기로 둘 다 필사본이다. 매일의 기록으로 일차적 사료라는 점에서 가치가 높다.『실록』에 실려 있는 결론이 나오기까지의 논의 과정이 구체 적으로 드러나 있다. 두 자료는 흡사한 모습을 보인다.

『Documents』에 수록된 82명 중 기해 순교자인 정아가다, 김바르바라, 한안나 등 3명을 제외한 79명이 1925년 7월 5일 시복되었다.

4. 『경향잡지』 수록 규장각자료

한국천주교회는 「조선치명자 사적에 대하여 중요한 참고문적」이라는 제목 아래 『경향잡지』 512호(1923년 2월 25일)~520호(1923년 6월 30일)에 기해순교자들, 521호(1923년 7월 15일)~538호(1924년 3월 31일)에 병오순교자들, 539호(1924년 4월 15일)~563호(1925년 4월 15일)에 병인순교자들 관련 조선정부 기록들을 수록하였다.218) 그리고 그것들이 1922년 뮈텔 주교가 등사한 조선왕조의 기록인 『헌종실록』·『일성록』·『승정원일기』로 순교자들의 순교 사실을 증거하게 될 것임과 프랑스어로 번역하여 로마로 보냈음을 밝혔다.

"한국 순교자들의 그 치명 사적에 대하여 참고할 중요한 문적이 필경 나라 사기에 적지 않게 실려 있을 줄을 벌써부터 짐작하고 사방에 광구하여 얻어 보기를 힘쓰던 중 작년 봄에 민 주교 각하께서 특별 허가를 얻어 가지고 이왕직 도서관에 친히 가서 나라 사기를 열람하시며 수탐하여 기해, 병오, 병인 3군난 시에 위주치명하신 주교신부와 여러 치명자들의 치명 사실에 대하여 유력하고 중요한 문적을 많이 얻어 등사하여 오실새 여러 날 동안 매일 점심을 싸가지고 관섭리 상거나 되는 도서관에 가서 종일토록 수고 드려 유조한 참고문적을 많이 얻으셨거니와 우리 주교께서 만일 한문에 능통치 못하셨다면 어찌 능히 이러한 보배 문적을 얻으셨으리오. 그 글에는 궁벽한 문자가 많으나 그러나 또한 궁심 역득하사 즉시 법어로 번역하여 로마부에 보내셨으니 이 문적은 한국 순교자들의 치명 사실을 조사하는데 유력한 증거가 되리로다…(중략)…참고문적은 여러 책에서 얻어낸 것이니,
　一. 日省錄. 일성록은 영조 36년부터 이왕 융희 4년까지 150년간 역대와 정사를 규장각에서 일기 편찬한 책이오

---

218) 『경향잡지』에 연재된 내용을 136쪽 분량의 『憲宗 己亥·丙午年 日省錄·承政院日記 譯文』으로 경향잡지사에서 발행하였는데 발행 시기는 표기되어 있지 않다.

二. 承政院日記. 승정원일기는 왕명을 받아 보관하는 관청에서 승지 6인이 있어 6조에 의하여 관방을 6처로 구별하고 올리고 내리는 정령과 정사를 다 일기 편찬한 책이오

三. 憲宗實錄. 헌종실록은 헌종대왕의 재위 15년간 정사를 기록한 책이러라.219)

그리고 『경향잡지』에 수록하는 이유는 "독자들로 하여금 선대 치명자들의 신덕과 용덕과 형벌을 인내하심과 마침내 사형을 감수하신 그런 놀라운 표양을 본받아 열심 수계하며 또한 이 치명자들이 미구에 복자와 성인으로 반포되어 그 영광이 금세에 드러나기를 열심히 기구"하게 하기 위해서, 즉 시복을 위해 기도하자는 것임을 분명히 하였다.

그런데 규장각자료에서 필사해 온 기록들을 번역하여 로마로 보낼 때는 날짜순으로 정리하였는데, 『경향잡지』에는 『일성록』·『승정원일기』·『헌종실록』의 기록을 모아 같은 날짜에 순교한 이들을 하나의 범주로 묶어 기술하였다. 주교 범세형, 신부 나백다록, 신부 정아각백에 대한 추국과 참수치명을 시작으로 기해 순교자 58명과 병오 순교자 9명의 순교 내용을 기록하였다. 먼저 기해 순교자에 대한 이름과 근거 자료를 『경향잡지』에는 다음과 같이 제시하였다.

○ 주교 범세형, 신부 나백다록, 신부 정아각백, 이냐시오 김제준, 바오로 정하상, 아오스딩 유진길, 가오로 조신철, 마리아 이성례(8위) : 문초(8월 7일) ⇒ 일성록
○ 범세형, 나백다록, 정아각백 : 추국(8월 8·9·12일)과 참수(8월 14일) ⇒ 일성록·승정원일기
○ 정하상, 유진길 : 추국(8월 9·12·13일)과 참수(8월 15일) ⇒ 일성록·승정원일기·헌종실록

---

219) 『경향잡지』 512호, 1923년 2월 25일, 87~88쪽, 「조선치명자 사적에 대하여 중요한 참고문적」.

○ 스바디아노 남이관, 김제준, 조신철, 아가다 전경협, 막달레나 허계임, 벨베두아 홍금주, 골롬바 김효임, 유릿다 김유리대, 막달레나 박봉손(9위) : 체포되어 형조로 이송(3월 5일), 추국(8월 9·12·13·15일), 결안(8월 16일), 참수(8월 19일)⇒ 일성록·승정원일기·헌종실록
○ 아오스딩 이광헌, 다미앙 남명혁, 베드로 권득인, 아가다 이조이, 막달레나 김아기, 발바라 한아기, 안나 박아기, 아가다 김업이, 루시아 박희순(9위) : 문초와 결안(3월 28·29일), 참수(4월 12일) ⇒ 승정원일기
○ 요안 이광렬, 안나 김장금, 김루시아, 남루시아, 막달레나 이영희, 데레사 이매임, 마리아 원귀임, 김말다, 박성임, 로사 김노사(8위) : 참수(6월 10일) ⇒ 승정원일기
○ 요안 박후재, 마리아 이연희, 발바라 이정희, 발바라 권희, 마리아 박큰아기, 아그네스 김효주(6위) : 서소문밖 참수(7월 26일) ⇒ 승정원일기
○ 원주 치명자(최해성) : 치명(7월 그믐경) ⇒ 승정원일기
○ 베드로 최창흡, 엘리사벳 정정혜, 분다 현경련, 발바라 고순이, 발바라 조중이, 막달레나 한영이, 막달레나 이영덕(7위) : 서소문밖 참수(11월 24일)⇒ 일성록·승정원일기
○ 아오스딩 박종원, 막달레나 손소벽, 마리아 이영덕, 아가다 권진이, 마리아 이성례, 아가다 이경이, 베드로 홍병주(7위) : 죄목 아룀(12월 11일), 결안(12월 13일), 참수(12월 27일) ⇒ 일성록·승정원일기
○ 바오로 홍영주, 요왕 이문우, 발바라 최영이(3위) : 죄목 아룀(12월 16일), 결안(12월 19일), 참수(12월 28일)⇒ 일성록·승정원일기
○ 전주 치명자(홍재영, 이조이, 최조이, 오예종) : 사형 죄목 아룀(4월 12일), 참수(12월 10일) ⇒ 일성록·승정원일기

조선왕조의 기록에 있다며 『경향잡지』에 언급한 기해 순교자는 58명이다. 먼저 거론할 순교자의 체포, 추국, 결안, 사형 죄목 그리고 참수 사실과

날짜를 간략하게 한글로 소개한 후 이어 해당 기록을 한문 원문으로 기록하고 바로 옆에 한글 번역하였다. 가장 먼저 수록한 앵베르 주교와 모방 신부 그리고 샤스탕 신부에 대한 기록은 다음과 같다. "주교와 신부 합 3위 기해 8월 8일, 9일, 12일 합 삼일 동안에 추국을 당하시고 14일에 참수치명하신 사실을 『일성록』과 『승정원일기』와 『헌종실록』에 기록한 것이 이와 같은데...(하략)"라고 기록하고 이어 "기해 8월 7일 또 좌우포청의 말로써 아뢰되 삼가 하교를 의지하여서 양놈 범세형 나베드로, 정야고보 3명을 다 금부에 이송할 뜻으로 감히 아뢰나이다....(하략)"라며 추국과 참수 내용을 수록하였다. 다른 순교자들도 이와 같이 소개하고 게재하였다.

그리고 교회 기록과 정부 기록이 달라 "김루시아 남루시아"와 "김말다 박성임"으로 표기하였다고 설명하였다. 즉 "『기해일기』에는 김루시아라 기록하였는데 나라 사기에는 남루시아로 기록되었으며, 김말다는 나라 사기에 박녀라 기록하였으니 어느 것이 옳은지 알 수 없으나 사람은 같다"고 하였다.220) 또한 『승정원일기』를 보면 "배교하는 자는 극히 적다. 형틀에 나아가기를 낙지(樂地)에 달아감같이 한다. 죽음으로써 영광을 삼는다"고 하였고,221) 10여 세 된 치명자도 형벌을 두려워하지 않고 믿음을 증거하였다고 하였다.222)

이어 병오 순교자 9명의 순교 기록은 『일성록』에 다음과 같이 기록되어 있다고 하였다.

○ 안드레아 김대건 : 체포(1846년 5월 20일), 문초를 청함(5월 21일), 해주감영장계 및 공초(5월 26일), 서울압송장계(5월 27일,

---

220) 『경향잡지』 518호, 1923년 5월 31일, 226~229쪽, 「조선치명자 사적에 대하여 중요한 참고문적」.
221) 『경향잡지』 522호, 1923년 7월 31일, 322~324쪽, 「조선치명자 사적에 대하여 중요한 참고문적」.
222) 『경향잡지』 523호, 1923년 8월 15일, 345~348쪽, 「조선치명자 사적에 대하여 중요한 참고문적」.

28일), 포청 공초(5월 30일, 윤5월 3·7·22·26일), 결안(7월 25일), 참수(7월 26일) ⇒ 일성록
- 가오로 현석문 : 체포와 공초(1846년 윤 5월 22·26일), 참수(7월 29일)
- 베드로 남경문, 요셉 임치백 : 치명(8월 1일)
- 노렌조 한이형, 마리아 이간난, 수산나 우술임, 데레사 김임이 : 치명(8월 1일)

병오년 기록은 김대건 신부에 초점이 모아져 있다. 그런데 김대건 신부가 체포되어 참수당하기까지 1846년 5월 20일부터 7월 26일까지의 내용은 『헌종실록』에도 기록되어 있다. 『헌종실록』에는 헌종 12년 5월 20일 김대건 체포, 6월 23일 이양선 외연도 정박, 7월 3일 외연도 이양선 문답기, 7월 15일 김대건 문제 논의, 7월 25일 김대건 효수 판결 등 『일성록』의 기록만큼은 아니지만 상당히 많은 내용이 수록되어 있다.

『경향잡지』에는 기해·병오 순교자 외에 1866년의 병인 순교자에 대한 조선정부의 기록도 정리 소개되었다. 병인 순교자 자료 조사는 1876년부터 시작되었고, 1884년 뮈텔 신부에 의해 본격적으로 자료 및 예비조사 작업이 시작되었다. 1885년 뮈텔 신부의 프랑스 귀국으로 중단되었다가, 1890년 뮈텔이 제8대 조선대목구장으로 임명되어 다시 입국하자 예비조사 작업이 본격화되었으며, 병인 순교자 877명의 전기가 1895년 『치명일기』로 간행되었다. 1901년 병인박해 순교자 29위의 '병인 순교자 시복 조사 수속록'을 예부성성에 제출하였다. 1918년 11월 13일 조사를 시작한 교황청은 그중 26위 한국 순교자를 교지지나(현 베트남) 순교자 20위와 함께 1918년 11월 13일 조사를 시작하였다.223) 이 소식을 접한 한국천주교회는 『경향잡지』에 417호(1919년 3월 15일)부터 430호(1919년 9월 30일)까지

---

223) 『경향잡지』 415호, 1919년 2월 15일, 49~50쪽, 「교황폐하께서 병인년 치명자들의 치명사적을 조사하시기 시작함」.

「병인일긔」난을 마련하여 26명 병인 순교자들의 순교 사적을 수록하였다. 그리고 1919년 7월 29일자 교황의 명령으로 병인 순교자 26명의 순교 사적을 조사하였다.224)

『경향잡지』에 수록한 병인 순교자에 대한 조선정부 측 자료는 『일성록』과 『승정원일기』이다. 그러나 대부분은 순교자들의 순교 사적이 『일성록』에 있는 것인지 『승정원일기』에 있는 것인지, 아니면 두 자료에 모두 있는 것인지를 분명하게 언급하지 않았다.

『고종실록』은 1930년에야 이왕직에서 간행하였으므로 『경향잡지』에 병인 순교자들의 순교 사적이 수록된 1923~1925년에는 관계가 없다. 『경향잡지』에 수록된 병인 순교자에 대한 조선정부 측 기록은 다음과 같다.

- 시메온 장 주교(장경일) : 공초(1866년 1월 15일) ⇒ 일성록
- 장경일, 도마 홍봉주, 장주교댁 하인 이선이, 정말구 회장 정의배, 최베드로 치장이 최형, 백신부 유도 마라이 유시도마리아, 전요안 승연이 전장운, 서신부 루수 서몰례, 김신부 베드로 항리고, 김뻬드루 : 포청에서 금부로 이송(1월 16일), 이선이 배교(1월 18일), 추국(1월 18·19·20일)
- 요안 남종삼, 도마 홍봉주 : 결안(1월 20일)
- 장주교, 백신부, 서신부, 김신부, 남요안, 홍도마(6위) : 새남터에서 참수(1월 22일)
- 전요안, 최베드로 : 결안(1월 23일), 참수(1월 24일)
- 요안 신신부, 미카엘라렉산델 박신부, 말구 정의배, 아럭수 우세영(우세필)(4위) : 죽이기를 명함(1월 25일), 참수(1월 26일)
- 안도니 안주교, 베드로 오신부, 루가 민신부, 루가 황석두(5위) : 충청도 수영으로 압송하여 죽이기를 명함(2월 7일), 수영으로 압송(2월 8일), 고마수영에서 참수(2월 14일)
- 김면호, 김문원, 이연식(3위) : 죽이기로 명함(8월 1·2일) ⇒ 승정

---

224) 『경향잡지』 464호, 1921년 2월 28일, 70~76쪽, 「복쟈됴사」.

원일기·일성록
○ 경성의 치명 장소 : 새남터, 당고개, 서소문밖, 양화진 강변, 좌포청과 우포청, 형조와 전옥과 금부.
○ 김중은, 박영래(2위) : 죽이기로 명함(9월 17일)
○ 최수, 김인길, 김진, 김진구(4위) : 양화진에서 치명(10월 5일)
○ 강명흠, 황기원, 이기주, 김녀(김진의 아내)(4위) : 양화진에서 치명(10월 10일)
○ 이용래, 원후정, 박성운(3위) : 양화진에서 치명(10월 14일)
○ 성연순, 원윤철(2위) : 양화진에서 치명(10월 18일)
○ 경상도 문경 : 이제현, 김예이, 김인이(3위) : 대구에서 치명(12월 16일)
○ 천주교 신자 및 신자가족 처형 요구 상소 : 특히 남승지와 홍봉주 : 부친, 처자식까지 처형 요구(1월 21·22·24일, 2월 6일)
○ 청국 정부와 조선 정부 간에 주고받은 프랑스 신부들 살해사건 관련 문서들
○ 척사윤음 : 7월 30일, 8월 2·3일.

고종 3년(1866) 1월 23일 『일성록』을 보면 "秋曹以罪人全長雲 崔炯不待時斬啓 該曹啓言 罪人全長雲·崔炯 締結異類 沈溺洋敎 刊出邪書 傳播煽動 罔念邦禁 一心蠱惑 全身薰染 堅如鐵石 雖遭慘刑 矢此靡悔 自顧所犯 萬死無惜 從實遲晩納招 依法處斷 不待時斬事 報議政府 詳覆抄啓 請並施行 敎以依律"이라 기록되어 있고, 『승정원일기』에는 "刑曹啓曰, 罪人全長雲·崔炯, 締結異類, 沈溺洋敎, 刊出邪書, 傳播煽動, 罔念邦禁, 一心蠱惑, 全身薰染, 堅如鐵石, 雖遭慘刑, 矢此靡悔, 自顧所犯, 萬死無惜, 從實遲晩納招, 依法處斷, 不待時處斬事, 報議政府, 詳覈抄啓, 並施行, 何如, 傳曰, 依啓"라 기록되어 상당히 비슷함을 알 수 있다. 즉 전장운과 최형이 천주교를 믿고 전파하였으니 국법에 의해 참수해야 한다는 내용이다.

고종 3년 8월 1일 『일성록』을 보면 "命邪學罪人金勉浩等梟警 議政府啓言 卽見左右捕廳所報 則邪學罪人 金勉浩金文遠李連植次第現捉到…(하략)"

라 기록되어 있고, 『승정원일기』에도 "議政府啓曰, 卽見左右捕廳所啓, 則 邪學罪人 金勉浩·金文遠·李連植, 次第捉得, 到底窮覈, 則金勉浩, 卽己亥邪 獄, 翼禮·應禮之弟, 而與鍾三·鳳周, 爛熳和應, 金文遠·李連植, 俱有眞贓實 因...(하략)"라 기록되어 두 자료 각각에서 김면호·김문원·이연식의 이름을 확인할 수 있다.

고종 3년 10월 4일 『일성록』을 보면 "命邪學罪人崔熻等竝梟警林泰洙遠 惡島定配 議政府啓言卽見右捕廳所報則邪學罪人崔熻金仁吉金振金鎭九...(하략)"라 기록되어 있고, 『승정원일기』에도 "右邊捕盜廳啓曰, 謹依議政府草 記批旨, 臣廳在囚邪學罪人崔熻·金仁吉·金振·金鎭九等四名, 出付摠戎陣, 林泰洙移送秋曹之意, 敢啓。傳曰, 知道"로 거의 같은 내용이 수록되어 있다. 또한 두 자료 모두에 최수·김인길·김진·김진구의 이름이 언급되어 있다.

『일성록』과 『승정원일기』의 내용이 상당히 비슷하다. 그것은 두 자료의 성격이 비슷하기 때문이고, 특히 1888년의 화재로 병인년 『승정원일기』가 불타버린 후 『일성록』 등을 토대로 개수되었기 때문이다. 1888년(고종 25) 승정원의 화재로[225] 1851(철종 2)~1888년(고종 25)의 『승정원일기』가 소실되었다가 관련 자료들을 토대로[226] 1890년에 개수를 마쳤기 때문에,

---

225) "승정원에서 아뢰기를, '우사당(右史堂)의 화재가 비록 즉시 진화(鎭火)되어 연소(延燒)되는 지경까지 이르지 않았으나 동쪽 사고에 보관한 것 외의 『일기』는 대부분 타 버렸으니 참으로 놀랍고 두렵습니다. 화재의 근본 원인을 해조(該曹)로 하여금 철저히 조사하게 하고 그때 해당 입직(入直) 검열(檢閱)과 주서(注書)는 신칙하여 금지시키지 못한 잘못을 면하기 어려우니 마땅히 엄하게 감처(勘處)해야 하나 본 원은 추고를 청하는 것 외에 달리 시행할 만한 벌이 없으니 어떻게 해야겠습니까?' 하니, 전교하기를, '즉시 진화하기는 했으나 『일기』가 많이 타 버렸으니 매우 놀랍고 통탄스럽다. 특별히 신칙하여 수습(收拾)하고 이어서 즉시 보충하도록 하라. 이 일이 우연히 발생한 것이나 사체(事體)와 관계되니 해당 검열(檢閱)과 주서(注書)는 모두 나문(拿問)하여 감처하도록 하라.'"(『고종실록』 고종 25년 3월 8일)
226) 영조대에도 승정원 화재로 『승정원일기』가 소실되어 각사초기(各司草記), 금부

1866년 기록은 『승정원일기』보다는 『일성록』의 기록이 상대적으로 일차적인 자료라 할 수 있다.

1922년 규장각도서를 조사, 등사한 것은 뮈텔 주교였지만, 그 등사본을 토대로 『경향잡지』에 기해·병오 순교자는 물론 병인 순교자까지 수록한 것은 한기근(韓基根, 바오로) 신부였을 것이다. 한기근 신부는 1914~1933년에 『경향잡지』의 주필이었다. 1925년에는 로마를 방문하여 뮈텔 주교 등과 함께 교황을 만났고 한국 순교자 79위 시복식에 참여하였다.227)

1922년 뮈텔 주교가 조사, 등사한 순교자는 기해·병오·병인 순교자이다. 그중 『Documents』에 수록된 조선정부 측 기록이 있는 기해 순교자는 53명, 병오 순교자는 9명이다. 『경향잡지』에 수록된 순교자는 기해 순교자 59명, 병오 순교자 9명, 병인 순교자 31명이다. 기해 순교자 중 『Documents』에 수록된 이아가다(6 : 『Documents』에 제시된 번호)·이발바라(21)·허바오로(58)·이베드로(59)·장요셉(60)·정쁘로다시오(61)·유베드로(62)·정아가다(63)·김발바라(64)·루시아(65)·한안나(66)·김발바라(67)·이가다리나(68)·조막달레나(69) 등 14명은 『경향잡지』에 소개되지 않았다. 반면 원주 순교자 최해성과 홍재영·이조이·최조이·오예종 등 전주 순교자는 『경향잡지』에만 수록되어 있다.

『경향잡지』는 1922년 규장각자료 필사본들을 토대로 내용을 편집하여 수록하였다. 그것은 첫째, 한국 순교자 시복을 위해 한국신자들이 기도해 주기를 바란 때문이었다. 둘째, 그에 더하여 한국신자들이 신앙 선조인 순교자들의 삶을 알고 본받아 참된 신앙인이 되기를 바란 때문이었다. 그래서 근거가 되는 관찬 자료들을 정확하게 낱낱이 기록하는데 관심을 둔 것

계목(禁府啓目) 등을 참조하여 개수된 적이 있었는데 고종대의 개수도 비슷하였을 것이다. 영조대의 『승정원일기』 개수에 대해서는 이근호, 「영조대 『승정원일기』 개수과정의 검토」, 『조선시대사학보』 31, 2004 참조.

227) 『뮈텔주교일기』 1925년 7월 4일 ; 『경향잡지』 581호, 1926년 1월 15일, 3~4쪽, 「잘돈녀왓슴니다」.

이 아니라, 관찬 자료들에 수록된 순교자들의 피체와 추국, 참수 내용을 신자들이 이해하기 쉽도록 편집하여 수록하였다. 즉 같은 날 체포되었거나 참수당한 사람들을 하나의 범주로 피체, 추국, 참수의 순서로 수록하였다. 또한 1925년의 시복 대상이 되지는 않았지만 병인 순교자들의 시복을 추진 중이었으므로 그들에 대한 관찬 기록도 수록하여 신자들이 알 수 있도록 하였다.

5. 맺음말

 1922년 뮈텔 주교는 『헌종실록』 등 규장각자료를 열람하고 순교자들의 순교 사적을 등사하였다. 기해·병오 순교자들의 시복을 위한 자료 보완을 위해서였다. 그런데 일반인들의 열람이 어려웠던 규장각자료를 뮈텔 주교가 열람, 등사할 수 있었던 것은 여러 가지 요인 때문이었다. 첫째로 그가 오래 전부터 한국 순교자들의 순교 사적을 조사해 왔기에 순교자들에 대한 해박한 지식이 있었고, 둘째로 한문 실력이 탁월하였으며, 셋째로 뮈텔 주교 등 한국천주교회 지도자들과 일제통치자들의 협력 관계가 있었기에 가능하였다.

 뮈텔 주교가 열람, 등사한 규장각자료는 『헌종실록』, 『승정원일기』, 『일성록』, 『추안급국안』이었다. 뮈텔은 이들 자료에서 당시 시복 수속이 진행 중이던 기해·병오 순교자들은 물론 병인 순교자들의 순교 사적도 조사, 등사하였다. 그것들은 자료별로 그리고 순교 사적이 수록된 시간 순으로 등사되고 묶여졌다. 뮈텔 주교는 등사한 자료들에서 기해·병오 순교자들의 순교 사적을 프랑스어로 번역, 출판하여 시복 조사에 보충 증거 자료가 될 수 있도록 하였다.

 뮈텔 주교가 등사한 규장각자료는 교회기관지 『경향잡지』에 수록되었다. 그러나 뮈텔 주교가 등사한 그대로 즉 자료별, 시간순 수록이 아니었다. 『헌종실록』, 『일성록』, 『승정원일기』의 기록을 정리하여 같은 날 체포되었거나 참수당한 순교자들을 하나의 범주로 묶어 그들의 체포, 추국, 참수 순으로 수록하였다. 『경향잡지』에 이것들을 수록한 것은 1925년의 기해·병오 순교자 시복을 위해 신자들의 기도가 필요한 때문이기도 하였지만 보다 중요한 이유는 순교자들의 순교 사적을 신자들이 알고 배우도록 하는 것이었다. 따라서 규장각자료의 순교 사적을 수록한 첫 호에 『헌종실록』, 『일성록』, 『승정원일기』가 무엇인지를 설명하고 이들 자료를 토대로 순교 사적을 수록한다고 한 후에는 각 순교 사적이 구체적으로 이들 자료 중 무엇인지를 기록하는 데는 소홀한 측면이 있다. 또한 1922년 필사본들을 불역(佛譯)한 『Documents』은 기해·병오 순교자들만 수록하였는데, 『경향잡지』에는 병인 순교자들의 순교 사적도 수록하여 이들에 대한 관심도 제고시켰다.

Ⅲ. 1925년 한국천주교회와 만국전교박람회

1. 머리말

1883년 보빙사(報聘使)로 미국을 방문 중이던 민영익(閔泳翊)이 보스톤 박람회(The American Exhibition of the Products, Arts and Manufactures of Foreign Nations)를 관람하고, 도자기·화병·주전자 등 갖고 있던 물건 몇 점을 비공식으로 출품하였다.[228] 한국인의 첫 세계박람회 관람이었다. 그리고 1884년 2월 21일자(음)『한성순보』제15호에 첫 번째 세계박람회라고 할 수 있는 1851년의 런던 만국박람회(The Great Exhibition of the Works of Industry of All Nations)가 소개되었다.[229] 이어 콜럼버스의 미국 '발견' 400주년을 기념하여 개최된 1893년의 시카고 박람회(World Columbian Exposition, Chicago)에 조선정부가 공식으로 물품을 출품하였고,[230] 1900년의 파리 박람회(Exposition Universelle et Internationale de Paris)[231]와 1902년의 하노이 박람회(Exposition Française et Internationale)에는 대한제국정부가 공식으로 물건을 출품하고 참가하였다. 이후 일제강점기 한국의 세계박람회 참가는 중단되었다.[232]

박람회란 온갖 물품을 전시, 진열하고 판매·선전·우열심사 등을 하여 생산물의 개량 발전 및 산업 진흥을 꾀하기 위해 여는 전람회를 말한

---

228) 이민식 역,『근대한미관계사』, 백산자료원, 2001, 220쪽.
229)『한성순보』1884년 2월 21일(음),「박람회설」.
230) 김영나,「'박람회'라는 전시공간 : 1893년 시카고 만국박람회와 조선관 전시」,『서양미술사학회논문집』13, 2000, 87~89쪽.
231) 국사편찬위원회,『한불관계자료-주불공사·파리박람회·홍종우』, 2001 참조.
232) 해방 후 1962년 시애틀 박람회(Century 21 Exposition)에 처음으로 참가하였다. (이민식,『세계박람회란 무엇인가?』, 한국학술정보, 2010, 67쪽)

다.233) 1922년 1월 6일에 교황으로 선출된 비오 11세(Pius XI : 1922~ 1939년 재위)는 이듬해 4월, 1925년에 성년(聖年, Holy Year)과 더불어 '만국전교박람회'(이하 전교박람회로 약칭)를 개최하겠다는 칙령을 내렸다.234) 박람회는 산업혁명 이후에 산업계몽을 목적으로 시작되었고 표방하는 슬로건이 국제주의인데,235) 물질이 아닌 세계적인 '전교'를 목적으로 만국박람회를 개최하고자 한 것이다. 교황의 만국박람회 개최 칙령은 전교성성장(傳敎聖省長)의 통첩에 의하여 전세계의 전교지역들에 통지되었다.236) 기해·병오 순교자들 자료 수집에 관심을 기울이고 있던 한국천주교회는 만국전교박람회 참가를 결정하고, 박람회를 준비하였다.

국치 이후 일제가 강점한 동안 한국은 만국박람회에 참가할 수 없었는데, 교회 차원이기는 하지만 1925년의 박람회에 참가하였다. 1925년의 전교박람회는 선교를 목적으로 하였지만, 전교지역의 각종 물품들이 전시되었다. 따라서 1925년 한국천주교회의 전교박람회 참가는 한국교회사는 물론 한국사에서도 의미를 갖는다. 이에 필자는 한국천주교회가 1925년의 전교박람회에 참가한 이유, 출품 물건들을 준비하는 과정, 출품 물품들이 무엇이었는가, 그리고 누가 전교박람회를 관람하였는지를 추적하고자 한다. 그리하여 전교박람회를 통하여 한국천주교회 나아가 한국이 국제무대에서 어떤 모습이었고, 그것은 무엇을 의미하는지를 파악하고자 한다.

---

233) 고려대학교 민족문화연구원,『고려대 한국어사전』, 2009, 2401쪽.
234)『경향잡지』534호, 1924년 1월 31일, 25~26쪽,「만국 전교 박람회 : 교황칙령의 대개」.
235) 주강현,『세계박람회 1851-2012』, 블루&노트, 2012, 9~10쪽.
236)『경향잡지』534호, 1924년 1월 31일, 25~26쪽,「만국 전교박람회 : 교황칙령의 대개」.

2. 한국물품 준비

1923년 4월 24일 교황 비오 11세는 1925년 성년대사(聖年大赦)를 반포할 때 바티칸에서 만국전교박람회도 개최하겠다는 칙령을 전교성성장 반 로쑴(Van Rossum)에게 내렸다.237) 열흘 후인 5월 3일 반 로쑴 추기경은 전세계의 전교지역 주교들에게 전교박람회를 통첩하였다.

"이 박람회는 오주 예수 그리스도께와 성교회에게 특별한 영광이 될 뿐 아니라 또한 각 지방 전교사업에 새로운 용력과 유조함이 되리니 대저 성년대사 때에 로마에 오는 모든 교우와 및 다른 허다한 사람들이 바티칸 궁궐에 벌여 놓은 만국 전교지방의 기념 물품을 목도할 때에는 마치 만국 전교사업의 일람표를 친히 봄과 같아 전교사들이 당한 바 수고와 환난과 국난 시에 치명 승전한 것과 발한 바 열성과 복음을 전한 효험과 및 죽는 그늘 속에 앉아 있는 외교인들에게 구령의 은혜 베푼 것을 낱낱이 보고 전교사업을 더욱 사랑하며 더욱 귀중히 여겨 자연 도와줄 마음을 발하리로다. 이러므로 귀 주교 맡은 지방의 기후와 지방의 성질과 인민의 생활과 민족의 성질과 또한 복음을 전하기에 조당되는 이단과 그 지방 풍속과 전교사업의 성적과 효험에 관한 모든 각종 물품을 로마에 보내 모든 관람자들로 하여금 각하의 전교지방을 목도함같이 드러내기를 바라나이다."238)

통첩에 의하면 전교박람회 개최 이유는 1925년 성년에 대사(大赦)를 받으려는 천주교 신자들은 물론 많은 일반인들이 로마를 방문할 것이니 그들에게 전세계 전교지방의 물건들을 관람케 하자는 것이었다. 그리하여 천주교의 세계적인 전교 상황, 순교하기까지 선교사들이 기울인 각 전교지역

---

237) 각주 236과 같음.
238) 『경향잡지』 534호, 1924년 1월 31일, 25쪽, 「만국 전교박람회 : 전교성성장의 통첩」.

에서의 전교 활동을 보고 느끼게 함으로써 사람들이 전교에 더 많은 관심을 기울이게 하고 후원할 수 있도록 하자는 것이었다.

전교성성장의 통첩이 있은지 4개월 후 한국천주교회는 『경향잡지』에 '만국 종교박람회'라는 제목으로 전교박람회 개최 소식을 다음과 같이 알렸다.239) 전교박람회를 1925년에 개최하는 이유는 미국 전례에 의하여 25년마다 성년으로 정하기에240) 바티칸을 찾는 이들이 많을 것이고, 또한 교황 비오 11세가 1925년에 만국 공교회의를 바티칸에서 개최할 것이기에 전 세계로부터 4,5천 명의 주교들(수행원 포함)이 참석할 것이기 때문이라고 하였다. 즉 많은 이들이 바티칸을 방문할 것이니, 그들에게 전 세계의 천주교 전교 상황을 보게 함으로써 자긍심을 갖게 하고 전교에 더욱 힘을 기울이는 계기로 삼자는 것이었다.

전교박람회 개최 목적이 불교나 이슬람교 국가, 개신교신자들이 많은 국가에서 천주교 선교가 얼마나 진척되었는지를 보이기 위한 것이니 전교지역만이 출품할 수 있다고 하였다. 물품 진열은 아시아, 아프리카, 아메리카, 오태리, 우라바 등 5개 지방으로 나누고, 아시아는 중국, 일본, 한국, 인도, 안남, 섬나,241) 면전242) 등으로 구분할 것이라 하였다. 그리고 상업·공업·농업·군사 장려를 목적으로 한 것이 아니므로 신기한 발명품이나 진

---

239) 『경향잡지』 525호, 1923년 9월 15일, 404~406쪽, 「로마에 만국 종교박람회」.
240) 왜 미국 전례에 의하여 25마다 성년으로 정하였다고 『경향잡지』에 기록하였는지는 알 수 없다. 교황 보니파시오 8세(1294~1303년 재위)가 1300년에 라테란 대성전에서 교회 역사상 최초의 성년을 선포하였는데, 이때 사용한 용어는 '희년'(Jubilaeum)이었다. 1500년경부터 '성년'(聖年, Holy Year)이라는 용어를 사용하고 있다. 1343년에 교황 클레멘스 6세(1342~1352년 재위)가 50년마다 희년을 거행한다고 정하였고, 1470년 교황 바오로 2세(1464~1471년 재위)는 '성년'이란 용어를 사용하도록 제안하면서 25년마다 거행하도록 하였는데 이 전통이 이후 계속되고 있다.(한국교회사연구소, 『한국가톨릭대사전』 7, 2004, 4535~4542쪽)
241) 暹羅. 오늘날 타이.
242) 緬甸. 오늘날 미얀마.

기한 기계가 아니라 전교지역의 천주교회가 어떻게 발전하고 전교의 결실이 어떠한지를 보여주는, 교회와 직접 관계있는, 적어도 영향있는 것들을 출품해야 한다고 하였다. 또한 영어, 프랑스어, 독일어, 이탈리아어, 스페인어 등 세계 공용어에 능통하고 출품 물품에 충분한 지식을 가진 이가 바티칸에 와서 출품한 물품들을 설명하고 감독해야 한다고 하였다. 더불어 출품한 물품들은 출품자 자비로 하고 박람회가 끝난 후 팔거나 회수해 갈 수 있다고 하였다.

당시 한국천주교회는 기해·병오 순교자 시복식을 준비하고 있었다. 한국천주교회는 1838년 말부터 순교자들에 대한 자료 수집을 시작하였고, 교황청 조사를 위한 교회 재판이 1882년 5월부터 서울에서 시작되었으며,[243] 1921년 교황청의 전(前) 예비회의, 1923년 5월 교황청의 예비회의가 개최되었다.[244] 한국천주교회는 한국이 전교지역에 해당하고, 1925년에 많은 한국순교자들이 시복될 것이기에 전교박람회에 참여할 필요가 있다고 생각하였다.[245]

경복궁을 비롯하여 왕릉 그리고 박물관을 자주 찾았던 뮈텔 주교는[246] 1923년 10월 15일 드브레드 부주교와 함께 근정전에서 거행된 조선부업공진회(朝鮮副業共進會) 개관식에 참석하였다.[247] 전교성성장의 통첩을 받은 이후 한국천주교회도 전교박람회 준비를 해야 했기에 조선부업공진회 개관식 참석은 당시 두 주교에게 의미가 있었을 것이다.

한국천주교회의 주교들은 전교박람회에 관한 것들을 협의하기 위해 서울에 모이기로 하였다.[248] 1924년 1월 8일부터 11일까지 서울대목구의 뮈

---

243) 차기진, 「기해·병오 순교자 시복 조사 수속록」, 『교회사연구』 12, 1997, 225~227쪽.
244) 『경향잡지』 514호, 1923년 3월 31일, 121쪽, 「별보 : 삼일긔구 반포」.
245) 「1924년 1월~4월」(Chronik, 1924 Nr. 5, pp.2~4), 『원산교구 연대기』, 한국교회사연구소 편, 함경도천주교회사간행사업회, 1991, 56~57쪽.
246) 『뮈텔주교일기』에는 이러한 곳들을 방문한 기록이 많이 있다.
247) 『뮈텔주교일기』 1923년 10월 15일.

텔 주교와 드브레드 부주교, 대구대목구의 드망즈 주교, 원산대목구의 사우어(Sauer, Bonifatius) 주교는 전교박람회 준비를 위한 회의를 여러 번 하였다.249) 그리하여 한국천주교회에서 출품할 물품을 60여 종으로 하고, 서울·대구·원산의 세 교구가 공동으로 큰 한국 전시실을 마련하며 나머지는 분담하기로 하였다. 그리고 각 교구에서 출품할 물품들 외의 물품의 구입과 포장·발송 등의 비용은 서울대목구 3, 대구대목구 2, 원산대목구 1의 비율로 하되 5,600엔을 초과하지 않도록 결정한250) 후 전교박람회에 관한 주일 교황사절의 회람에 회신하고, 한국천주교회의 프로그램도 발송하였다.251)

이어 세 주교는 공동 명의로 신자들의 협력을 요구하였다. 물품은 물론 많은 물건들을 바티칸으로 보내는데 필요한 비용이 적지 않다며, 금전·물품의 기부·기증자 방명록을 작성하여 박람회에 진열하였다가 교황에게 드려 직접 보게 할 것이니 적극적으로 협조해 달라고 하였다. 박해 때 사용했던 물건, 박해를 기념하는 물건, 순교자들의 물건 등 천주교 관련 물건들, 일반 물건으로는 기이하고 특이한 것을 요구하였다. 그리고 이러한 것들을 기증할 뜻이 있는 신자들은 먼저 각자의 본당신부나 드브레드 부주교에게 문의서를 보내고 답장을 받은 후 문의서는 3월 15일까지, 물품은 5월 15일까지 서울로 보내라고 하였다. 기증자는 자기 주소와 이름, 기증 물품의 용도·생산 지방·제조 지방을 기록하여 보내라고 하였다.252)

전교박람회 물품 준비부터 발송 책임은 드브레드 부주교에게 맡겨졌다. 뮈텔·드망즈·사우어 주교는 각각 서울·대구·원산 대목구를 책임맡고 있

---

248) 『드망즈주교일기』 1923년 12월 25일.
249) 『뮈텔주교일기』 1925년 1월 8일·11일 ; 『드망즈주교일기』 1925년 1월 7·8·11일 ; 「1924년 1월~4월」(*Chronik*, 1924 Nr. 5, pp.2~4), 『원산교구 연대기』, 56~57쪽.
250) 『뮈텔주교일기』 1924년 1월 11일.
251) 『드망즈주교일기』 1924년 1월 11일.
252) 『경향잡지』 534호, 1924년 1월 31일, 26~28쪽, 「만국 전교박람회 : 3주교 협의 결정사항」.

었기에, 서울대목구의 부주교 드브레드 주교가 전교박람회의 한국책임자가 되었다. 1900년 한국에 입국하였으므로 20여 년의 한국 선교 경험은 전교박람회를 위한 한국물품 준비에 충분한 것이었다. 드브레드 부주교는 1924년 3월 3일부터 8일까지 대구대목구를 방문하여 전교박람회에 출품할 물건들을 대구대목구장 드망즈 주교와 구체적으로 상의·점검하고,253) 드망즈 주교의 지시에 따라 대구대목구의 모든 본당과 공소들이 수록된 지도를 직접 작성하였다.254) 그런데 드브레드 부주교의 대구행에는 프와요(Poyaud, Gaston) 신부가 동행하기로 되어 있었는데, 지쳤다는 이유로 함께 가지 않았다.255) 당시 한국천주교회에는 1903년에 입국한 프와요 신부보다 먼저 한국에 입국하여 활동하고 있던 파리외방전교회 선교사들이 십여 명 있었다.256) 그런데 프와요 신부가 드브레드 부주교를 도와 박람회 일을 하게 된 것은 각지에서 본당을 맡아 한국인 신자들을 사목하고 있던 선교사들과 달리 그는 서울에서 재한국 일본인 사목을 담당하고 있었기 때문일 것이다. 3월 17일 드브레드 부주교는 사우어 주교를 방문하여 박람회에 출품할 원산대목구의 물품을 구체적으로 상의하였다.257) 이후에도 드브레드 부주교는 전교박람회 일로 백동의 베네딕도회 수도원을 여러 번 방문하였다.258)

전교박람회에 보낼 물품을 준비하고 있던 중 『동아일보』에 '종교박람회, 대사제(大赦祭)를 기회'라는 제목으로 전교박람회가 소개되었다. 그리

---

253) 『경향잡지』 537호, 1924년 3월 15일, 112쪽 「회보 : 유주교 대구 행차」.
254) 『뮈텔주교일기』 1924년 3월 8일.
255) 『뮈텔주교일기』 1924년 3월 3일.
256) 1924년 기준 프와요 신부보다 먼저 한국에 입국하여 활동 중인 파리외방전교회 선교사들은 다음과 같다. ( ) 안은 입국 연도. 공베르 형제(1900), 기낭(1895), 드뇌(1902), 드비즈(1894), 라크루(1894), 루블레(1900), 르메르(1887), 르장드르(1891), 멜리장(1902), 무세(1900), 미알롱(1896), 베르모렐(1888), 부이용(1893), 비에모(1892), 퀴를리에(1889), 타게(1898), 페네(1897), 푸아넬(1893) 신부.
257) 『뮈텔주교일기』 1924년 3월 17일.
258) 「1924년 4월~8월」(*Chronik*, 1924 Nr.8, pp.10~12), 『원산교구 연대기』, 61쪽.

스도교 외에 종교가 없다고 생각하는 구미인들에게 불교·이슬람교 등 유력 종교를 비롯하여 많은 종교들이 있다는 것을 알리고, 그리스도교 선교를 개척하고자 하는 것이 개최 목적이라 하였다. 또한 '동경 전'(東京 電)이라며, 일본 천주교회가 박람회를 위하여 도쿄[東京]교구에서는 신도(神道), 오사카[大阪]교구에서는 불교에 관한 물품을 분담 수집하여 출품할 것이라 하였다.259)

한국천주교회는 전교박람회에 출품할 물품을 준비하면서 신자들의 관심과 참여를 독려하였다. 로마통신에 의한다면서 바티칸의 전교박람회장에 세계의 물품들을 진열할 건축물은 12개인데 그중 한 곳이 전교지방에서 가져온 책들로만 진열될 것이고, 박람회가 끝난 후 그 책들은 한 곳에 모아져 영원히 보존되리라 하였다. 또한 교황이 매주일 오후 전교박람회 개최 예정 장소를 방문하여 의견을 피력하는 등 많은 관심을 두고 있다는 소식을 전하였다.260)

대구대목구는 대구대목구에서 준비한 물품들을 1924년 5월 31일 서울로 발송하였다.261) 원산대목구는 서울 백동의 베네딕도회 수도원에서 물품들을 준비하였다. 피정을 위해 서울에 왔던 퀴겔렌(Kögelgen, Canisus) 신부와 다페르나스(d'Avernas, Kanut) 신부도 상당 기간을 전교박람회에 출품할 전시품을 완성하기 위해 헌신했다.262) 서울대목구는 서울에 모인 물품들을 6월 10일에 소달구지를 이용하여 백동의 베네딕도회 수도원으로 옮겼다. 6월 11일 드브레드 부주교는 프와요 신부와 함께 베네딕도회 수도원을 방문하여, 그곳에 모인 서울·대구·원산 대목구의 출품 물품들에 대한 목록을 작성하고 꼬리표 다는 작업을 시작하였다.263) 각 물건에는 이

---

259) 『동아일보』 1924년 3월 27일, 「종교 박람회, 大赦祭를 機會」.
260) 『경향잡지』 539호, 1924년 4월 15일, 165~166쪽, 「바티칸궁궐 내에 박람회 준비」.
261) 『드망즈주교일기』 1924년 5월 31일.
262) 『원산교구 연대기』, 「1924년 4월~8월」(*Chronik*, 1924 Nr.8, pp.10~12), 61쪽.
263) 『뮈텔주교일기』 1924년 6월 11일.

름, 용도, 생산 지역, 기증자의 주소·이름 등을 양서264)로 인쇄하여 붙이고, 각 물품을 각각 싸고 궤짝에 넣었는데 칠백여 종 천여 점이었다.265) 기증자의 방명록도 만들어져 바티칸으로 발송되었다.266) 그런데 한국천주교회에서 마련한 물품들의 목록 작성과 꼬리표 다는 작업은 거의 한 달의 시간이 걸려, 발송하였다는 『경향잡지』의 기사267)와는 달리, 7월 6일경 마무리되었다.268) 7월 7일 드브레드 부주교가 포장된 물품의 확인작업을 마무리하였으니269) 발송은 그 이후였을 것이다. 그런데 7월 20일에 고베[神戶]를 출발하는, 무료로 바티칸까지 운송해주겠다는 기선에 한국천주교회는 준비한 물품들을 실을 수 없었다.270) 드브레드 부주교의 확인 작업 이후에도 고베에 도착하기까지 상당한 시간이 걸렸던 것 같다.

---

264) 전교성성장의 통첩에 언급된 영어, 프랑스어, 독일어, 이탈리아어, 스페인어 등 세계 공용어(『경향잡지』 525호, 1923년 9월 15일, 404~406쪽, 「로마에 만국 종교박람회」) 중 어떤 것이었는지는 알 수 없다. 서울대목구와 대구대목구는 프랑스를 모국으로 하는 파리외방전교회 선교사들이, 원산대목구는 독일을 모국으로 하는 베네딕도회가 선교를 담당하고 있었기 때문에 교황청이 위치한 이탈리아의 언어인 이탈리아어를 채택하지 않았나 생각된다.
265) "1월에 한국의 3개 교구의 주교들이 모임을 가졌는데, 여기서 '바티칸 전교박람회'에 출품할 전시품을 서울에 집결시키도록 결정되었습니다. 모든 교우들에게 현물로든 현금으로든 여기에 참여하도록 요청했습니다. 잘 진행되어 6월 말경 천여 개의 물품이 모아졌습니다. 이 물품이 든 상자들을 고베로 보내 지난 9월 12일 선적을 기다리고 있던 중, 심한 폭풍우로 이 모든 짐이 크게 파손되어 그런 상태에서는 발송이 불가능하다고 선박회사에서 통고해 왔습니다. 이 사고 소식을 듣고 한 명의 베네딕도회 신부가 즉시 현장으로 떠났는데, 그는 파손되지 않은 물건들을 로마로 보낼 수 있도록 최선을 다할 것입니다."(「서울교구 1924년도 보고서」, 『서울교구연보』 II, 한국교회사연구소, 1984, 207쪽)
266) 『경향잡지』 544호, 1924년 6월 30일, 281쪽, 「바티칸박람회에 물건 발송」.
267) 위와 같음.
268) 드브레드 주교를 도와 전교박람회 일을 하였던 프와요 신부가 1924년 7월 6일 저녁 만주로 떠났기에(『뮈텔주교일기』 1924년 7월 6일) 작업은 늦어도 7월 6일 오전에는 마무리되었을 것이다.
269) 『뮈텔주교일기』 1924년 7월 7일.
270) 「1924년 4월~8월」(*Chronik*, 1924 Nr.8, pp.10~12), 『원산교구 연대기』, 61쪽.

모든 것을 준비하여 발송한 한국천주교회는 이듬해에 개최될 시복식과 전교박람회를 기대하였다. 그런데 발송한 지 약 두 달 후인 9월 11일 고베의 심한 폭풍우로 한국천주교회에서 보낸 물품을 담은 14개 상자가 파손되었다는 9월 13일자 기선회사의 전보가 한국에서의 물품 발송지인 베네딕도회 백동수도원에 9월 16일에 전해졌다.271) 같은 날 뮈텔 주교도 베네딕도회 수도원의 로머(Romer, Anselm) 신부272)를 통하여 사정을 알게 되었다.273) 17일에 소식을 들은 드망즈 주교는 남은 것들을 건질 수 있다면, 22일에 서울에서 개최될 회의에서 반대 의견이 없는 한 다시 준비하여 보내자는 편지를 주교들에게 보냈다.274) 원산에서 사우어 주교도 드망즈 주교와 같은 내용의 전보를 받았다.275)

한국천주교회의 주교들은 1924년 9월 22일 주일교황사절 지아르디니(Giardini) 주교 주재276) 아래 회합하였다.277) 물품 훼손 상황이 보고되었을 것이고, 논의 결과 전교박람회 참가를 재확인하였을 것이다. 원산대목구의 물품 준비에 함께 하였던 크누트 신부가 고베로 가서 한국에서 보낸 상자들을 확인하였다. 바닷물에 5시간이나 잠겨 있었기 때문에 책, 의류, 인형 등은 완전히 훼손되었고 물품의 반 이상이 사용할 수 없는 지경이 되어 있었다. 크누트 신부는 훼손되지 않은 물품만 가려내어 한국으로 보내도록 하였다.278)

---

271) 전문은 "11일 폭풍우로 14개 상자의 전시품들이 크게 손상됨. 검사관은 [판독불가]을 하라고 함. 물품을 발송할 필요 없음: 전신 훈령. 산넬"이었다.(『드망즈주교일기』 1924년 9월 17일)
272) 1923년부터 서울 베네딕도수도원의 원장 직을 맡고 있었다.
273) 『뮈텔주교일기』 1924년 9월 16일.
274) 『드망즈주교일기』 1924년 9월 17일.
275) 『원산교구 연대기』, 「1924년 8월~12월」(*Chronik*, 1925 Nr.1, pp.18~20), 67쪽.
276) 1924년 9월 1일 한국에 도착하였다.(『드망즈주교일기』 1924년 9월 1일)
277) 『뮈텔주교일기』 1924년 9월 22일 ; 『드망즈주교일기』 1924년 9월 22일.
278) 『경향잡지』 551호, 1924년 10월 15일, 446쪽, 「박람회 물품 수침」;『원산교구 연대기』, 「1924년 8월~12월」(*Chronik*, 1925 Nr.1, pp.18~20), 67쪽.

10월 21일 14개의 상자들이 백동의 베네딕도회 수도원에 도착하였고, 이튿날 보험회사의 대리인이 피해를 확인하였으며, 23일에는 드브레드 부주교가 모든 것을 검사하고 사용할 수 있는 것과 바꾸어야 할 것들을 분류하였다.279) 그리고 조제(Jaugey, Joseph) 신부와 함께280) 보험회사로부터 받은 3,200엔을281) 가지고 새로운 전시품을 만들고 훼손된 많은 물품들을 복구하거나 교체하여 전교박람회에 보낼 준비를 다시 하였다.282) 12월 12일 드브레드 부주교와 조제 신부는 복구·구입한 새 짐들에 꼬리표를 달고 7월에 했던 것처럼 상자에 모두 담았다.283) 이렇게 두 번째로 한국천주교회에서 보낸 전시품들은 원래의 예정보다 최소 3개월이 지연되어 바티칸에 도착하였다.284)

3. 출품한 한국물품들

한국천주교회는 바티칸 전교박람회를 시카고 박람회나 파리 박람회와 비교하였다.285) 콜럼버스의 미국 발견 400주년을 기념하기 위해 개최된

---

279) 『뮈텔주교일기』 1924년 10월 23일.
280) 조제 신부는 1923년 3월 서울대목구 당가로 임명되어 1942년까지 활동하였다. (『한국가톨릭대사전』 10, 2004, 7704쪽) 따라서 당시 드브레드 주교를 도와 이 일을 하기에 적합한 인물이었다.
281) 『뮈텔주교일기』 1924년 11월 5·24일.
282) 『뮈텔주교일기』 1924년 11월 5·14·25일 ; 「1924년 8월~12월」(Chronik, 1925 Nr.1, pp.18~20), 『원산교구 연대기』, 67쪽.
283) 『뮈텔주교일기』 1924년 12월 12일.
284) 「1924년 8월~12월」(Chronik, 1925 Nr.1, pp.18~20), 『원산교구 연대기』, 67쪽. 1925년 4월 30일 로마에서 파리의 파리외방전교회 경리부로 돌아온 리우프레이(Rioufreyt) 신부는 바티칸에 한국의 전시품 상자들이 있다는 것을 알려주었다.(『뮈텔주교일기』 1925년 4월 30일)
285) 『경향잡지』 564호, 1925년 4월 30일, 184~186쪽, 「박람회의 박람회」.

1893년의 시카고 박람회는 한국이 공식으로 물품을 처음 출품한 박람회였다. 시카고 박람회의 공식 도록에는 '제조와 교양관'에 전시된 조선에서 출품한 모든 품목이 기록되어 있다. 그런데 1893년 5월 3일 시카고에 도착한 하물은 68개가 아니라 83개였다.[286] 따라서 전시된 68개 하물의 품목은 알 수 있지만 15개 하물의 품목은 무엇이었는지 알 수 없다.

시카고 박람회의 공식 도록에 의하면, 한국에서는 농산물·원예물·수산물·광산물·교통과 운수·공예와 제조품·교육·임산물 등의 분야에 출품했으며, 가축·기계·전기·미술관·민족학 분야에는 출품하지 않았다. 미술품이라고 부를 수 있는 품목은 출품하지 않았고 곡물이나 식품 등이 상당수 있었고 주로 남녀 의복과 같은 일상용품이나 수공예품이 주를 이루었다. 조총, 무관의 투구나 옷, 400여 년이 된 호준포 등도 있었다.[287] 박람회 사진을 보면 한국관으로 들어가는 입구에 가마, 찬장, 식기, 등으로 된 탁자, 짚신과 가죽 신발, 화로, 장기판, 연, 도자기류들이 있고, 전시실 안에 자수 병풍, 장군의 의복, 남성의 관복과 무인복 등이 있다.[288] 박람회가 끝난 후 한국물품들은 여러 박물관으로 보내졌는데, 피바디 박물관(해금·대금·옥저·가야금·장구 등 악기 9점과 의자 1점),[289] 스미소니언 박물관(화각함·주괴문 문갑·자수 보료·後綬·과거용 시권 5매·角帶 筆笠·십장생 무늬·나전 칠기장·활과 화살·발·목제 箭筒), 필드 뮤지엄(38점)[290] 등이었다.[291]

---

286) 김영나, 「'박람회'라는 전시공간 : 1893년 시카고 만국박람회와 조선관 전시」, 87쪽.
287) 시카고 박람회에 출품한 한국물품 목록(영문)은 김영나, 「'박람회'라는 전시공간 : 1893년 시카고 만국박람회와 조선관 전시」, 101~104쪽 참조.
288) 김영나, 「'박람회'라는 전시공간 : 1893년 시카고 만국박람회와 조선관 전시」, 89쪽.
289) 피바디 박물관에 있던 시카고 박람회 출품 물품 중 해금, 용고를 제외한 거문고, 당비파, 양금, 피리, 대금, 생황, 장구 등 8점이 2013년 9월 30일 한국으로 돌아왔다.(『연합뉴스』 2013년 9월 30일, 「미국에 간 조선 악기 120년만에 한국으로 귀환」 ; 『헤럴드경제』 2013년 9월 30일, 「120년 전 미국 '시카고 박람회' 갔던 국악기 돌아온다」)

일본은 시카고 박람회가 열리기 전부터 기부금을 내기로 결정, 63만엔을 시카고에 전달했다. 박람회는 일본 물품의 해외 선전, 국가 이미지 홍보에 좋은 기회였기 때문이다. 일본은 여러 국제박람회를 통해, 오랜 전통을 가진 섬세하고 미적 감각을 가진 나라, 그러면서도 서구의 산업 기술을 배워 발전하려는 나라라는 이미지로 자신을 인식시키는데 성공하였다.[292]

1900년의 파리 박람회에는 시카고 박람회에 이어 두 번째로 한국관이 설치되었다. 프랑스 건축가 페레(Ferret, M.)가 지은 한국관은 박람회의 중심가인 샹 드 마르스(Champ de Mars)에서 떨어진 슈프렌 가에 위치하고 있었다. 경복궁의 근정전(勤政殿)과 비슷한, 사각형에 기와를 이은 왕궁의 접견실 형태로 건립된 한국관에 전시된 물품들은 대부분 대한제국정부가 수집하여 보낸 것으로 다양한 인쇄물, 전통 악기, 금속과 목재가공, 4륜 마차 제조, 통상용 항해 물품, 왕과 황제의 의상, 한국 장군의 투구, 검과 군복, 검, 화살통과 도자기, 장롱, 자개장, 병풍, 금속제품, 금박을 입힌 목조불, 장식용 세공품 등 수공예품 중심이었다.[293]

파리 박람회가 끝난 후 목기, 악기, 의복, 군기, 사기, 유기 등은 여러 박물관에 기증되었다고 한다.[294] 한국관에 대한 모든 책임을 맡았던 들르 드

---

290) 1993년 8월 7일부터 11월 7일까지 대전 엑스포 박람회장 내 문예전시관에서 '시카고 엑스포 참가전시품 특별전'을 개최하고 누리저고리, 모시 도포, 버선, 결혼 예복, 갓, 혁화 초혜 등 복식류 18점과 호준포, 투구, 銅砲, 동채(지휘봉), 명주 모자(방한모) 등 군사용품류 8점, 채상, 방석 보료 등 주거용품 4점 등 필드 뮤지엄 소장품 24종 30점을 전시하였다.(『동아일보』 1993년 7월 15일, 「백년 전 조선 참가품, 1893년 시카고 박람회 대전엑스포서 다시 본다」 ;『동아일보』 1993년 11월 6일, 「93대전 엑스포 결산」)
291) 김영나, 「'박람회'라는 전시공간 : 1893년 시카고 만국박람회와 조선관 전시」, 92쪽.
292) 김영나, 「'박람회'라는 전시공간 : 1893년 시카고 만국박람회와 조선관 전시」, 81·85쪽.
293) 국사편찬위원회,『한불관계자료 - 주불공사·파리박람회·홍종우』, 221~223쪽.
294) 김영나, 「'박람회'라는 전시공간 : 1893년 시카고 만국박람회와 조선관 전시」, 95~96쪽.

글레옹 남작(Baron Delot de Gleon)은 한국의 주요 생산품을 모아 진열해 놓는 것 이외에 노점상, 공방, 술집, 장터 등 한국 서민들의 일상생활을 보여주는 제물포의 한 거리를 재현하고자 했는데295) 그가 죽고 후임자 미므렐 백작(Comte de Mimerel)은 민속 부문의 전시 기획을 철회하고 공공 부문의 전시만을 추진시켰다.296)

1925년의 전교박람회를 준비하면서 한국천주교회가 가장 참조로 한 것은 1900년의 파리 박람회였을 것이다. 그 이유는 당시 한국천주교회의 선교를 담당하고 있던 주교들이 프랑스를 모국으로 하는 뮈텔 주교와 드망즈 주교였기 때문이다.297) 뮈텔 주교와 드망즈 주교는 1880년과 1898년에 한국에 입국하였는데, 가끔 프랑스를 방문하였고 그들의 선교회가 위치한 프랑스를 비롯하여 세계의 정세에 깊은 관심을 가지고 있었다. 따라서 20여 년 전에 개최되기는 했지만 파리 박람회가 그들에게는 가장 친근한 박람회 사례였을 것이다.

한국천주교회는 전교박람회에 출품할 물품을 60여 종으로 정하였는데, 서울·대구·원산의 세 교구가 공동으로 큰 한국 전시실을 마련하고, 원산대목구는 한국의 주택 모형 제작을 책임맡아298) 베네딕도회 수도원의 목공소에서 용호정(龍虎亭)·양반의 여름 집·농부의 집 등 4개의 모형을 만들었다.299) 또한 형구(形具)들과 수많은 사진들과 앨범들을 제작하였

---

295) 국사편찬위원회, 『한불관계자료 - 주불공사·파리박람회·홍종우』, 191쪽.
296) 국사편찬위원회, 『한불관계자료 - 주불공사·파리박람회·홍종우』, 204~224쪽.
297) 원산대목구의 사우어 주교는 1921년 주교로 서품되었고, 뮈텔 주교와 드망즈 주교의 의견을 존중하였다.
298) 1910~1923년 숭공학교를 설립, 운영하였던 베네딕도회의 서울수도원에는 목공·철공·원예 등 7개의 작업장이 있었다. 1920년 설립된 원산대목구의 선교를 담당하면서 서울수도원은 1927년 함경남도 덕원으로 이전하였다.
299) 베네딕도수도원의 1924년 1월~4월 기록에는 "호궁(虎宮)에 있는 용호정(龍虎亭)('조선'과 대조적), 조선 양반의 여름 집, 농부의 집을 완성하였다"("1924년 1월~4월」(Chronik, 1924 Nr.5, pp.2~4), 『원산교구 연대기』, 56~57쪽)고 하였고, 1924년 4월~8월의 기록에는 4개의 모형이 만들어졌다고만 하여("1924년 4

다.300) 서울대목구와 대구대목구는 교우촌 지도, 금속활자판, 천주교 서적 등 30여 종을 교구 차원에서 준비하고, 다음과 같은 것들을 한국인 신자들에게 요구하였다.

1. 신주, 신주독,
2. 각종 조선 의복, 4절 의복, 한국정부 때에 문관의 복장, 문관의 조복(사모, 등에 학 그려진 관대, 각대), 무관의 복장, 무관의 조복(등에 범 그린 관대), 외인들이 제할 때 입는 제복 그런 것,
3. 중의 복색, 승의 복색, 중의 갓, 송락 그런 것,
4. 조선 갓 각종, 제주 갓, 팽당이 혹 패랭이 그런 것,
5. 각종 조선 관, 정자 관, 건, 망건, 포망 그런 것,
6. 각종 조선 신, 가죽신, 발막, 목화, 집신, 메투리, 부둑신, 개가죽신 그런 것,
7. 면주, 배 각종, 모시, 무명 그런 것,
8. 각종 조선 자리, 돗자리, 화문석, 왕골자리, 로전(갈자리), 방석 각종, 네모진 방석, 왕골 껍질로 만든 둥근 방석 그런 것,
9. 키, 행담 각종, 고리짝 각종, 바구니 각종, 광주리, 채독, 채반, 용수 그런 것,
10. 대로 만든 그릇, 대바구니, 대로 만든 반나 질그릇 그런 것,
11. 담뱃대 각종, 담배합 각종, 담배쌈지, 쥘쌈지 그런 것,
12. 놋이나 유기로 만든 그릇 각종, 타구, 재떨이, 양푼, 재아유기광명대 그런 것,
13. 조선 소반 각종, 두리반 그런 것,
14. 조선 숟가락 각종, 젓가락 각종 그런 것,
15. 조선 가락지 각종,
16. 은으로 만든 그릇, 노리개, 패물 그런 것,
17. 조선 악기, 비파, 거문고, 퉁소, 저, 피리, 소고, 북, 장고 그런 것,

월~8월」(Chronik, 1924 Nr.8, pp.10~12), 『원산교구 연대기』, 61쪽) 나머지 하나가 무엇인지 알 수 없다.
300) 『원산교구 연대기』, "1924년 4월~8월」(Chronik, 1924 Nr.8, pp.10~12), 61쪽.

18. 조선인의 도장, 인 그런 것,
19. 조선 종이 각종, 장지, 대장지, 백지 그런 것,
20. 조선 서책, 구식 사서삼경 그런 책,
21. 벼루 집, 벼루 돌, 연적, 먹 각종, 대필 각종, 소필 각종,
22. 병풍 각종, 좋은 그림 그린 병풍, 글씨 병풍 그런 것,
23. 조선 활, 정양 활, 활의 부속품, 화살, 전통, 활깍지 그런 부속품 겸하여,
24. 조선 창 각종, 삼지창 그런 것,
25. 조선 환도 각종,
26. 조선 칼 각종, 식칼, 주머니칼 그런 것.301)

한글로 필사된 『羅馬 朴覽會 朝鮮 出品者 物品 金品 氏名簿』302)에는 서울대목구, 대구대목구, 원산대목구 별로 기증한 물품과 기증자의 이름과 주소, 기부 액수와 기부자의 이름과 주소가 59장에 걸쳐 수록되어 있다. 물품의 목록과 수납자는 19장 39면에, 금품 기부자의 이름과 주소, 기부금은 40장 80면에 기록되어 있다. 필사된 날짜 표시가 없으므로 이 명부가 1924년 7월에 첫 번째로 발송할 때의 것인지, 12월에 다시 발송할 때의 것인지는 알 수 없다. 필사자의 이름도 기록되어 있지 않기 때문에 정확하게는 알 수 없으나, 첫 번째 발송 때의 것이라면 드브레드 부주교나 프와요 신부, 두 번째 발송 때의 것이라면 드브레드 부주교나 조제 신부일 것이고 그중에서도 드브레드 부주교일 확률이 높다.303) 필사본에 수록된 물품은 다음과 같다.

---

301) 『경향잡지』 534호, 1924년 1월 31일, 28~30쪽, 「바티칸 전교박람회에 보내기로 예비하는 물품 목록」.
302) 한국교회사연구소 소장.
303) 송란희, 「만국박람회와 근대 한국의 표상 연구 : 1925년 바티칸선교박람회를 중심으로」, 중앙대학교 예술학과 박사학위논문, 2024는 1925년 로마의 전교박람회를 조사하고 분석하였다..

△ 서울대목구 : 돌 담배합, 대로 만든 바느질 그릇, 실감는 실패, 천주십계 현판, 도장 인, 먹, 부시, 만세력, 동국문헌록, 규장전음, 의종 손익,304) 애암, 전복, 홍피, 치미로 만든 비, 소뿔 성수통, 조선 안경, 은제 조 걸상, 홍패, 별돈, 장승, 제웅,305) 애암, 납지게, 칠가지 지게, 수묵 고의적삼, 수묵 버선, 수묵 족계,306) 수묵 중절모, 성경구전, 씨야물 네 가락, 종이 승통이, 구한국 우표, 베 도포, 가죽신, 은장도 취아집, 풍잠,307) 먹통, 나무꾼 짚신, 소뿔로 만든 활깍지308), 놋쇠로 만든 숟가락, 은장도, 은 치아통, 은가락지, 뒤주식 허리띠, 부전309) 오쌍, 놋화로, 설면자,310) 잠견,311) 정승의 옥패, 문안 조복의 학, 학주렴, 석세배 바지, 망태, 시저, 시저통, 치룽,312) 용수, 고여시 숟갈, 풍잠, 당오시대 돈, 당백전, 당오, 은화, 엽전, 옛 도장, 밀집 당떡,313) 네모난 꼬깔관, 나무신 꺽두기,314) 뚜아리, 각정이, 바늘결의, 갑증세란비, 채보군이, 미투리, 곱돌대315), 치독, 중앙푼, 반병두리316), 포선317), 유건,318) 버들 동고리,319) 식도, 종대랭이, 중태기, 나무신, 묵기, 곱돌 담배대, 저고리, 유기 재떨이, 사기 담배대, 백동 담배대, 언문초보, 마룽알능, 도

---

304) 『醫宗損益』. 1868년(고종 5) 황도연(黃度淵)이 저술, 간행한 의서(醫書).
305) 짚으로 만든 사람의 형상.
306) 足械. 죄수를 가두어 둘 때 쓰던 형구(刑具).
307) 風簪. 망건(網巾)의 당 중앙에 꾸미는 지름 4cm 내외의 타원 또는 반달 모양의 장식물.
308) 활을 쏠 때 시위를 잡아당기기 위하여 엄지손가락의 아랫마디에 끼는 뿔로 만든 기구.
309) 장구의 줄을 조이는 축수.
310) 풀솜(실을 켤 수 없는 허드레 고치를 삶아서 늘여 만든 솜).
311) 蠶絹. 누에가 스스로 실을 토해 몸을 감싸고 만드는 집.
312) 싸리로 가로로 퍼지게 둥긋이 결어 만든 그릇. 채롱과 비슷하나 뚜껑이 없다.
313) 당에 올리는 떡을 총칭.
314) 당혜(唐鞋) 모양으로 만들어 기름에 결은 재래식 가죽신.
315) 곱돌로 만든 담뱃대.
316) 둥글고 바닥이 편평한 놋그릇.
317) 布扇. 상제가 외출할 때 얼굴을 가리기 위해 가지고 다니던 물건.
318) 儒巾. 유생들이 도포·창의에 쓰던 검은 베로 만든 실내용 관모.
319) 고리버들[杞柳]로 동글납작하게 만든 고리.

장, 각대, 도장, 엽전, 패물, 신주독, 장두,320) 참칼, 사또 신물, 연적, 옥패물, 연인패물, 엽전, 밀화단초, 당백, 백전, 반포 일필, 벼개모 한 쌍, 회신 한 켤레, 부툭신, 부채 한 개, 상투 동곳, 성주, 거문고, 보군이, 광주리, 관때.

△ 대구대목구 : 견피주의, 견피 보선, 견피 발뇌, 장대 감투, 짚신, 사냥꾼 차는 칼, 사냥꾼 통, 토지, 수저, 태박, 망사리, 빗창, 속옷, 점복껍질, 안경, 갈옷, 대퍼리, 국수신, 정당벌입, 우장, 해풍관, 털벌입, 오기구덕, 죽물 속, 바느질 상자, 죽침, 패랭이, 방립,321) 바구니, 석작, 삿갓, 용수, 채반, 소쿠리, 죽석, 지남철, 당백전, 선생복종, 성찰기략, 죽치, 광주리, 조리, 함박, 주걱, 유과세석, 부쇠, 부쇠쌈이, 주머니, 돗자리, 수저, 저범, 제복, 상복, 두건, 포망, 굴건, 때, 포선, 엄신,322) 신식 여자 노리개, 구식 여자 노리개, 옥돌, 훈장, 비녀, 대병풍, 촛대, 구식 은지환, 세초석, 생자, 나무로 만든 칠첩 반상기, 자개반, 유기로 만든 칠첩 반상기, 유기 대야, 유기 요강, 유기 타기, 백동 촛대, 백동 수저, 구리 주전자, 유기(중합 소합), 백동(향합 향로), 연죽(각종 담배대), 초석(큰 것 작은 것 작은 것), 문발, 자개반, 서 글씨, 산수 그림, 빗(월소, 진소, 세진소), 뿔로 만든 빗각통, 빗치기, 빗잠류, 부채(합죽선, 칠선, 아이들 것), 미선 각종, 고서, 옛 칼, 유기 타기, 연죽, 위패, 옛돈, 고물 요대, 고물 갓끈, 유기 수저, 유기 재떨이, 옛돈, 옛돈, 고물 비녀, 고물 유기 식기, 고물 초립, 문발, 고물 적은 칼, 옛돈, 고물 적은 칼, 고물 유기 여행숫, 선자, 옛돈, 옛돈, 백동 담배대, 유기 수저, 유기 담배합, 엽전, 고물(금관자 은관자), 표주박, 고물 군인화, 구식 주머니, 고물 비녀류, 엽전, 유기 요강, 날포(넣어두는 틀), 초석, 나무패(오십년 전 군난시 것), 옛돈, 짚신, 바디집,323) 비녀 세 개, 치통, 대필, 방석, 도복, 때, 건, 굴건, 토지촉내, 성찰기략, 고물의 철마, 수저, 고물 질그릇병, 유건, 엽전, 명주 마포, 백묵 짜는 바디, 부채, 묵기, 베짜는 북, 베 메는 솔, 베바지, 삼 쌈는 톱, 신골, 무명 잣는 가락, 합죽선, 정자관, 건, 망건, 포

---

320) 외출용 쓰개.
321) 方笠. 주로 상제가 밖에 나갈 때 쓰던 갓.
322) 상제(喪制)가 초상 때부터 졸곡(卒哭) 때까지 신는 짚신.
323) 바디[緯打具]를 끼우는 테.

망,324) 옹기 연적, 옹기 벼루, 정자관,325) 상립,326) 수저, 방립, 지남철, 주머니 부쇠, 죽석, 상립 쓰는 제주, 용수, 죽침, 소고리, 함박, 채반, 평양자, 석작, 바구리, 바느질상자, 조리, 광주리.

△ 원산대목구 : 놋주발, 대접, 장옷, 마화, 초화,327) 가죽 마른신, 장고, 백동 담배대.

  서울대목구에서 120개, 대구대목구에서 207개 이상,328) 원산대목구에서 8개 등 324개의 물품을 기증하였다. 기증한 물품을 보면 『경향잡지』 534호에 제시한 물품들이 상당히 많다. 그러나 신주독(神主櫝)은 있지만 신주는 없고, 문관의 옷은 있지만 무관의 옷, 승려의 옷은 없다. 조선 악기들도 목록에 상세히 제시되었지만 정작 기증한 품목에는 없고, 조선 서책도 교회 책자인 『선생복종』(善生福終)과 『성찰기략』(省察記略)을 포함하여 『만세력』, 『동국문헌록』, 『의종손익』, 『언문초보』, 『고서』329)가 전부이다. 천주교가 선교를 시작하면서 조선정부와 부딪친 가장 큰 이유가 유교와의 마찰이었다. 그런 만큼 유교 제사와 관련된, 유교 복색 즉 양반유생들의 의복과 관련된 물품들도 상당수 보인다. 신주독은 제사와 직접 관련되는 중요한 상징물이고, 포선·방립·엄신·포망 등은 상주(喪主)가 착용하는 것들이다. 그리고 유건·풍잠·정자관 등은 유생들이 사용하는 물건이다.

  명부에 수록된 물품은 대부분 신자들에게 물품 수집을 공고하면서 제시한 것들이다. 그런데 같은 명칭의 물건들이 상당수 보인다. 엽전·숟가락·담뱃대 등은 두 개 이상 보이는데 명칭은 같지만 모양이 다른 때문에, 그

---

324) 布網. 상제가 쓰는, 베로 만든 망건.
325) 程子冠. 선비들이 평상시에 머리에 쓰던, 말총으로 만든 관(冠).
326) 喪笠. 상제가 밖에 나갈 때 쓰던 갓.
327) 짚신.
328) '연죽'(각종 담대배)이라고 한 것, '고물 비너류'라고 되어 있는 항목은 물품이 정확하게 몇 개인지 알 수 없다. 따라서 이보다 많을 것이나 필사본에서는 정확한 개수를 확인할 수 없다.
329) 목록에 이렇게만 기록되어 있기에 정확하게 책 명이 무엇인지 알 수 없다.

리고 이미 신자들이 제출한 물품이기에 수록한 것이라 생각된다.

많은 비중을 차지하는 물품은 치롱·반병두리·동고리와 같은 한국인들이 일상생활에서 사용하는 물건들, 설면자·꺽두기·장두와 같은 한국인의 의류들로 이들은 파리 박람회에서는 비중이 상대적으로 낮았던 것들이다. 특히 담뱃대가 많다. 따라서 이들 일상 생활용품과 의류들은 유럽인을 포함하여 서구인들에게 전교지역 한국과 그곳에서 생활하는 한국인들의 가장 일반적인 모습을 정확하게 보여줄 수 있었다. 이러한 물품들은 전교지역 한국에서 한국인들이 어떤 옷을 입고 어떤 물건들을 사용하며 어떻게 생활하는지를 잘 보여준다. 그리고 그것들은 한국인을 이해하고 그 이해 위에서 더욱 활발한 선교를 가능하게 하는 토대였다.

이상의 물품들을 기증한 이들은 교구별로 보면 다음과 같다.

△ 서울대목구 : 장레오(인천부 산수정), 리왕익(이천군 낙양면 행율), 신유철(〃), 가정교육회(신천군 옹진면 월정리), 박요안(청주군 강외면 봉산리), 리도밍고(경성 의주통), 우야보고(평강군 고삽면 북평리), 이안드레아(인천부 화정), 하니고나오(인천부 사정), 장네오(인천부 산수정), 김바오로(파주군 천현면 갈악리), 한스더왕(평양부 전구리), 리스테파노(용인군 포악면 전대리), 박야고보(안성읍), 남요왕·안요셉(이상 부천군 영종면 중산리), 리비오·최스테파노(이상 이천군 산내면 송정리), 리마리아·손데레사·손야고보(이상 양평군 용문면 마룡리), 박성철(이천군 용포면 용두리), 삼초동청년회(신계군 고면 퇴율리), 손바오로(광주군 광주면 본당), 황중삼(강릉군 남양리), 조야고보·정말딩·리베드로·손로벨토·곽로벨토(강동군 만달면 대성리), 홍요안(수선군 수선면 신풍리), 김덕연(강서군 포리면 송호리), 민요안(양평군 갈산면 양근리), 김본시아노(이천군 낙양면 내락리), 은장동 공소(곽산군 도화면 현암리), 한요셉(인천부 내리), 김방지거(경성부 중림동), 리막달레나(고양군 지도면 행주외리), 김세시리아(개성읍), 리요셉·발바라(〃), 김마리아·김안드레아(이상 경성부 약현), 현동명(수원군 양감면 용소리), 최요왕·리안나(이상 곽산군 도화면 현암리), 김골롬바·김로사리아(평양

부 관후리), 리막달레나(평양부 진향리), 김마리아(평양부 상수구리), 한루시아(평양부 관후리), 김요셉(평양부 경저리), 정마리아(평양부 전구리), 부인회 일동(평양천주당 내), 김비리버 신부330)(춘천 고은리), 매신부331)(서산 가재).

△ 대구대목구 : 이안드레아 신부332)(제주 홍로), 주바오로 신부,333) 유 신부334)(김제군 수류면 화율리), 성모회원 일동(대구본당), 이막달레나(대구부), 김스더왕(달성 화원), 정바오로·이마티아·서베드로(이상 대구부), 박비오·리바울라·리아오스딩(이상 대구), 서발바라(달성 원대), 오누시아·리도로테아·리요왕·김오딜라(이상 대구부), 최마리아(달성 원대), 신네오·김요안(이상 대구부), 김바오로(달성 원대), 리누갈다·김요안·서말다·정노렌조·안다두(이상 대구부), 유모니카(경산읍), 최안당(대구부), 박야고보(달성 조암), 최다두·전요안·리마리아(이상 대구부), 구누시아(달성 비산), 한다두(언양), 손두식(양산 금산), 김베드로(금산군 진산면 지방리), 허가오로(통영군 광도면 황리), 최바오로(함양군 함양면 교산리), 최아오스딩(예천군 풍양면 풍신동), 박도마(금천군 대항면 항천리), 김누가(진안군 부리면 오산리), 박방지거(익산군 성당면 두동리), 리베드로(의성군 안계면 양구동), 최학림(마산부 완월동), 김베드로(금산군 진산면 지방리), 박루수(나주군 봉황면 옥산리), 리바오로(부안군 백산면 죽림리), 베드로(전주군 노돈면 내동리), 윤갑열(정읍 매대), 김바오로(전주 요동장리), 박바오로(정읍 구장리), 박아오스딩(순창 오룡촌), 김베드로(정읍 구장리), 조요안(김제), 조방지거(김제 시묵동), 김안드레아(순창 홀검이), 김마디아(정읍 구장리), 조요안(전주 마군리), 조방지거(김제 시묵동), 김안드레아(순창 홀검이), 박요안(정읍 녹골), 김안드레아(순창 홀검이), 조요안(전주 마군리), 서아오스딩(순창 아천리).

---

330) 김유룡(金裕龍, 빌리버) 신부.
331) 멜리장(Mélizan, P., 한국명 梅履霜) 신부.
332) 이필경(李弼景, 안드레아) 신부.
333) 주재용(朱在用, 바오로) 신부로 1922년부터 목포본당과 제주본당을 함께 맡고 있었다.
334) 뤼카(Lucas, L, 한국명 柳嘉鴻) 신부.

△ 원산대목구 : 정헬레나(원산부 명석동), 박마리아(〃), 전락풍(원산부 산제동).

이상이 필사본에 수록된 내용이다. 서울대목구, 대구대목구, 원산대목구의 순서는 알 수 있지만, 각 교구 안에서 기증자 표기는 어떤 순서로 하였는지 알 수 없다. 서울대목구 기증자들의 명단을 보면 기증자의 주소가 인천, 이천, 신천 순이다. 물품이 도착한 순서대로 기록한 것이 아닌가 생각된다. 대구대목구를 보면 대구본당, 대구부, 달성 화원, 대구부, 대구, 달성 원대, 그리고 다시 대구부 등으로 수록되어 일관성이 없다. 이는 곧 물품이 도착된 순서대로 기록한 때문이라 여겨진다.

서울대목구에서는 가정교육회, 삼초동청년회, (평양천주당) 부인회 등 3개 단체, 은장동공소, 그리고 40명의 개인(신부 2명)이, 대구대목구에서는 (대구본당)성모회원 일동과 63명(신부 3명)이, 원산대목구에서는 3명이 물품을 기증하였다. 전체적으로 4개 단체, 109명(신부 5명)이 물품 모집에 힘을 합하였다. 서울대목구보다 신자수가 적었음에도[335] 대구대목구에서의 물품 기부가 많은 이유는, 한국천주교회 차원에서 준비해야 할 물품들, 규모가 크거나 구하기 어려운 물품들을 책임맡은 때문이라 여겨진다. 또한 원산대목구는 서울이나 대구보다 신자수가 적고 대목구로 설립된 지 얼마 되지 않았을 뿐 아니라 베네딕도회 수도원 내의 목공소에서 한국 주택 모델, 각종 형구들을 제작하는 책임을 맡은 때문에 상대적으로 물품 기부가 적었다고 생각된다.

한편 서울대목구에서 황중삼·김덕연·현동명, 대구대목구에서 손두식·최학림, 원산대목구에서 전락풍은 천주교 세례명으로 표기하지 않은 것으

---

[335] 1924년 서울대목구의 신자수는 54,079명(「서울대목구 1924년도 보고서」, 202쪽), 대구대목구의 신자수는 32,061명.(「대구교구 1924년도 보고서」, 『천주교부산교구사자료집 교구연보』, 한국교회사연구소, 1984, 118쪽) 원산대목구는 1920년 약 8,800명.

로 보아 천주교 신자가 아니거나 아직 천주교 세례를 받지 않은 때문이라 여겨진다. 전교박람회에 출품할 물건들을 수집한다는 소식에, 또는 천주교 성직자나 신자들의 권유나 부탁으로 기증한 것이라 생각된다.

한편 금품 기부 상황을 보면, 서울대목구에서는 120명, 대구대목구에서는 995명, 그리고 원산대목구에서는 1명 등 1,116명이 기부하였다. 서울대목구의 기부 총액이 279원 52전이니 1인 평균 2원 3전 기부한 셈인데, 대구대목구도 비슷하다. 물품 기부 상황과 마찬가지의 이유로 대구대목구가 서울대목구보다 기부금도 많고, 원산대목구는 서울대목구·대구대목구보다 적다고 추측된다. 1인 기부 액수로는 원산대목구의 김요안이 100원으로 가장 많고, 최소 기부액은 2전이다.

전체적으로 최소 1,230명 이상의 신자들이 전교박람회를 위하여 물품이나 금품을 기부하였으니 한국천주교회 신자의 1% 이상이 전교박람회에 적극 직접 참여한 것이다.

4. 한국물품 전시

1924년 12월 21일 바티칸에서 전교박람회가 시작되었다. 그리고 교황이 전교박람회에 참석하였다는 소식이 『동아일보』를 통하여 한국 일반에 알려졌다.336) 이어 바티칸 궁궐 서편의 넓은 화원에 건축된 20여 개의 전시관에서 전교박람회가 열리고 있다는 내용이 『경향잡지』에 수록되었다. 전시관 건축비는 1923년 봄에 뉴욕과 시카고에 두 명의 주교가 임명된 것을 기념하여 뉴욕과 시카고의 신자들이 보낸 50만 달러로 충당되었다는 내용이었다.337) 이어 바티칸에서 개최되는 전교박람회가 시카고 박람회나 파

---

336) 『동아일보』 1924년 12월 27일, 「포교 博覽會에 羅馬法王 參列.」
337) 『경향잡지』 559호, 1925년 2월 15일, 66~67쪽, 「바티칸 박람회 개시」.

리 박람회에 비길 것이 아닐 만큼 대단하고 의미가 크다고 강조하였다. 파리 박람회와 같은 만국박람회는 각국의 산물, 제작물, 새롭게 발명한 기계 등을 진열하는데, 바티칸 전교박람회는 이런 것들은 물론 창립 이래 2천년 동안 세계 곳곳에서 그리스도교가 어떻게 발달하였는지를 명확하게 보여준다고 하였다. 그리고 그렇기 때문에 제1관 성지관, 제2관 로마관, 제3관 치명자의 관, 제4관 인류관, 제5관 서적관 등 그리스도교 관들을 진열하였는데 이것들이 바티칸 전교박람회의 총론, 서문과 같다고 하였다. 그리고 그 후에는 천주교회가 선교된 순서대로 각국 관을 진열하였다고 설명하였다.[338]

1925년 3월 17일 뮈텔 주교와 드망즈 주교는 부산을 출발, 시모노세키를 거쳐 고베에서 '콩피엔느'(Conpiegne) 호를 타고 4월 30일 프랑스에 도착하였다.[339] 그런데 당시 교회잡지는 두 주교의 로마행이 교황에게 각 교구의 상황을 알리는 것, 한국 순교자 시복식에 참석하기 위해서라고 하였다. 전교박람회를 구경하러 가는 것은 결코 아니라고 하였다.[340] 교황과의 만남도, 한국 순교자 시복식도, 전교박람회도 바티칸에서 있으니 앞 두 개의 목적을 우선적인 목적으로 할지라도, 1년여에 걸쳐 주교·선교사·한국인 성직자·한국인 신자들이 함께 참여해 보낸 물품들을 출품한 전교박람회에 가는 것도 의미가 있었다. 그런데 전교박람회 구경을 고국·고향을 방문하는 일, 어딘가를 여행하는 세속일과 같다고 함으로써 전교박람회의 의미를 정확하게 파악·전달하지 못하는 한계를 보였다.

뮈텔 주교와 드망즈 주교는 1925년 6월 20일 전교박람회장을 방문하였다. 중국관과 일본관을 구경하고 한국관을 찾았다. 그런데 한국물품들이 있어야 할 자리는 다른 것들로 채워져 있었고, 한국물품들은 전시되지 않았을 뿐 아니라 어떤 것은 포장도 뜯지 않은 채 사무실에 있었다. 사무실

---

338) 『경향잡지』 564호, 1925년 4월 30일, 184~186쪽, 「박람회의 박람회」.
339) 『뮈텔주교일기』 1925년 3월 16~18·21일, 4월 30일 ; 『드망즈주교일기』 1925년 3월 17·18·21일, 4월 30일.
340) 『경향잡지』 562호, 1925년 3월 31일, 121쪽, 「논설 : 양위 주교 로마 행차」.

한 구석에 한국 코너가 있을 뿐이었는데 정성을 기울인 큰 그림도, 교우촌 지도도, 금속활자판도, 책들도 보이지 않았다. 한마디로 한국에서 보낸 물품들은 소홀히 취급되고 있었다. 주교들은 서운했고 불쾌했다.341)

훼손된 물품을 정리, 교환하여 두 번째로 꼬리표 붙이는 작업을 드브레드 주교가 마무리한 것이 1924년 12월 12일이었다. 그래서 박람회가 시작되었을 때 한국천주교회에서 준비한 물품은 바티칸에 도착하지 않았다. 그러나 1925년 4월 30일 로마에서 파리외방전교회 파리본부로 온 성직자를 통하여 이미 한국물품들이 바티칸에 도착해 있다는 것을 전해 들었고, 그로부터 약 두 달이 지난 후 뮈텔 주교와 드망즈 주교는 전교박람회장을 방문하였기에 한국물품들이 이러한 취급을 당하고 있으리라고는 전혀 생각하지 못하였다.

한기근(韓基根) 신부도 전교박람회장을 방문하였다. 1924년 한국인 신부는 44명(서울 32, 대구 12)을 기록하였는데342) 1913년 5월부터 경향잡지사 사장을 맡고 있던 한기근 신부가 기해·병오 순교자 시복식에 한국인 신부 대표로 참가하기 위해 5월 1일 서울을 출발,343) 고베를 거쳐 바티칸에 도착한 것은 1925년 6월 30일이었다.344) 한기근 신부는 당시 바티칸으로 가는 사람들의 목적이 성년 전대사를 입기 위해서 그리고 전교박람회를 관람하기 위해서라고 하였다. 중국관 끝에 초라하게 진열되어 있던 몇 개의 한국 물건을 본 한기근 신부는 "전교박람회, 바티칸 궁궐 내 동산에 진열한 물품을 수차 열람하였으나 조선물품은 별로 말할 것 없도다. 유 주교께서 그렇게 애를 쓰시고 땀을 흘려가며 예비하여 보내셨건만 신호에서 수침한 연고로 인하여 기한이 지난 후 도착하였도다. 이러므로 조선관은 당초에 따로 진설한 것이 없고, 진설한 것이 있기는 있었으나 정한 시에

---

341) 『뮈텔주교일기』 1925년 6월 20일 ; 『드망즈주교일기』 1925년 6월 20일.
342) 『경향잡지』 548호, 1924년 8월 31일, 380쪽, 「조선 성교회 현상」.
343) 『경향잡지』 565호, 1924년 5월 15일, 198쪽, 「한신부, 로마를 향하여 떠나면서」.
344) 『뮈텔주교일기』 1925년 6월 30일.

도착치 아니하는 고로 다른 데 이용한 듯하며 청국관 끝 몇 칸에 몇 가지 조선 물건을 진열하였더라"라고 상황을 전하며 안타까워 하였다.345)

한국 순교자 시복식에 한국인 신자대표로 선출된 장면(張勉)과346) 그의 동생 장발(張勃)도 전교박람회를 관람하였을 것이고 초라하게 진열된 한국물품들을 보았을 것이다. 장면과 장발은 1925년 7월 1일 뉴욕에서 바티칸에 도착하였고347) 7월 5일의 한국 순교자 시복식에 참석하였다. 따라서 전교박람회장을 찾았을 것이다. 기낭(Guinand, Pierre) 신부도 한국물품들을 보았을 것이다. 1900년부터 용산예수성심학교 교장을 맡고 있던 기낭 신부는 본국 휴가 중348)인 1925년 7월 3일 바티칸에 도착, 이튿날 교황을 알현하고, 다음날의 시복식에 참석하였으니349) 그 사이 혹은 그 이후 전교박람회장을 찾았을 것이기 때문이다.

1925년 로마를 방문하여 성년 대사를 입은 사람들의 숫자는 단체 참배로 983차, 35만 9,810명이었다. 나라별로는, 이태리인 21만 2천명, 독일인 3만 9천여 명, 스페인인 1만 2천여 명, 프랑스인 1만 1천여 명, 영국과 아이레인 6천여 명, 고가슬납·서서·벨기에·헝가리인 각 5천여 명, 체코·네델란드·포르투칼인 각 3천여 명, 아메리카인 5,700여 명, 동양인 800여 명, 아프리카인 500여 명, 대양주인 300여 명이었다.350) 이들도 대부분 전교박람회장을 찾았을 것이고, 이들 외에 개인적으로 로마를 방문하고 박람회장을 찾은 이들도 많았을 것이다.

한국천주교회에서는 뮈텔 주교와 드망즈 주교, 한기근 신부와 장면·장

---

345) 『경향잡지』 573호, 1925년 9월 15일, 403쪽, 한신부, 「로마 여행 일기」.
346) 『경향잡지』 566호, 1925년 5월 31일, 232쪽, 「회보 : 장면씨로 대표자 선거」.
347) 『뮈텔주교일기』 1925년 7월 1일.
348) 프랑스로 휴가 가기 위해 1925년 2월 16일 용산역 출발.(『경향잡지』 560호, 1925년 2월 28일, 82~83쪽, 「진신부 법국 여행」)
349) 『뮈텔주교일기』 1925년 7월 3·4·5일 ; 『드망즈주교일기』 7월 4·5일.
350) 『경향잡지』 594호, 1926년 7월 31일, 331쪽, 「회보 : 작년 성년에 로마부에 참배인 수」.

발 형제, 그리고 휴가 중 시복식에 참석한 기낭 신부 등 6명이 박람회장을 찾았다.351) 물론 이들이 바티칸을 방문한 첫 번째이자 가장 중요한 목적은 기해·병오 순교자 시복식에 참석하는 것이었다. 그러나 그들은 그들도 물품을 준비하여 참가한 박람회를 관람하기 위해 전교박람회장도 방문하였다. 전 세계의 전교지역에서 출품하여 마련된 전교박람회장은 많은 것을 보여 주었을 것이다. 그러나 늦게 도착된 때문이라고는 하지만, 구석에 치우쳐 있는 한국물품을 보면서 한국천주교회의 구성원들은 전교지역 한국의 위치를 보았을 것이다. 특히 한기근 신부와 장면·장발은 일제의 식민지로 전락한 한국의 상황을 절감하였을 것이다.352) 그랬기에 이들 중 누구도 그 이후 전교박람회에 대하여 언급하지 않았다. 한기근 신부는 그의 유럽 여행을 『경향잡지』에 '로마 여행일기'라는 제목으로 오랜 동안 자세히 게재하였는데,353) 전교박람회에 대한 기록은 단 몇 줄뿐이다.354)

1925년 5월 파리에서 개최된 만국장식미술공예품박람회(Exposition Internationale des Arts Décoratifs et Industriels Modernes)에 담배합, 화병, 수함(手函) 등 3점의 나전칠기가 한국공예품이지만 일본관에 진열되었다.355) 한국이라는 존재가 없었다. 그러나 1925년의 전교박람회에 한국천

---

351) 이후에 한국인으로 또는 한국천주교회에서 선교활동을 펼친 외국인 선교사들이 전교박람회장을 찾았는지는 알 수 없다.
352) 교회잡지에도 '특정 국가의 식민지에 천주교 신자 몇 명'이라는 표기를 하였다. "통계를 종합하면 아시아에 있는 천주공교인 수는 다음과 같더라. 영국식민지 2,682,841 / 지나 2,208,800 / 불국 식민지 1,200,000 / 일본 84,401 / 조선 99,123 / 포도아 식민지 300,000 / 파사시리아 25,000 / 시베리아 149,689 / 토이기 시리아(불국위임통치) 560,000 / 팔레스티나(영국 위임통치) 28,421 / 이구라(동상) 17,760 / 합계 7,355,945".(『경향잡지』 552호, 1924년 10월 31일, 477쪽, 「회보 : 아시아의 천주교인」)
353) 566호(1925년 5월 30일)부터 615호(1927년 6월 15일)까지 거의 매호에 수록하였다.
354) 『경향잡지』 573호, 1925년 9월 15일, 403쪽, 한신부, 「로마 여행 일기」.
355) 『동아일보』 1926년 1월 7일, 「만국박람회에 入賞된 조선의 미술공예품, 불란서 파리에서 열린 만국미술공예품박람회에 조선서 출품한 라뎐칠긔 세 가지가 모

주교회는 일본천주교회의 식민지로서가 아니라 독립된 존재로서 참가하였다. 그러므로 한국천주교회는 물론 한국으로서도 1925년의 전교박람회 한국관과 한국물품 전시는 중요하였고 의미가 컸다. 그런데 발송 사고로 도착이 지연된 한국물품은 전시될 곳을 잃었고 소홀히 취급당함으로써 큰 아쉬움을 남겼다.

서양인 선교사는 물론 한국인 성직자들과 많은 한국인 신자들이 참여하여 준비하고, 바닷물에 빠져 복구하고 교체하여 다시 보낸, 즉 두 번에 걸친 한국천주교회의 노력들이 한 켠에 밀려나 있었던 것이다. 많은 노력을 기울인 만큼 실망도 컸다. 그러나 한국천주교회는 전교박람회보다는 한국 순교자 시복식에 가치를 두었고 중요한 의미를 부여하였기에, 이후 시복된 복자들에게 관심을 기울였고, 아직 시복되지 못한 순교자들 조사에 더 많은 노력을 기울였다.

한국물품 등 전교박람회에 전시된 전시품들은 1926년 비오 11세에 의해 라테란성당 옆 사도궁에 보관되었고, 이후 1963년 요한 23세가 바티칸에 건립한 선교민족박물관(Missionary Ethnological Museum)으로 옮겨졌다.[356] 그리고 1973년 바티칸 선교민족박물관에 한국실이 마련되었고,[357] 1983년 현재 한국관의 주 전시장에는 십계명판·제기·무구 등의 종교 관계 전시품과 경회루 모형·자개 제품·도자기 화병·병풍 등이, 부전시장에는 놋그릇·갓·옷 등이 진열되어 있었다.[358]

1925년의 전교박람회 이후 한국천주교회는 1950년의 성년 박람회에 참가하였다. 한국의 고미술품 10여 종을 출품하기로 하여 1949년 10월 6일

　　다 입상되어, 螺鈿漆器로 은상 金奉龍 동상 金成圭」.
356) 바티칸박물관 홈페이지(http://www.christusrex.org/www1/vaticano) "PONTIFICAL MONUMENTS, MUSEUMS AND GALLERIES"(2013년 11월 14일 검색) ;『평화신문』 2006년 2월 26일,「바티칸박물관 , 설립 500주년 맞아 각종 기념행사」;『가톨릭신문』 2007년 10월 7일,「바티칸박물관 내 선교민속박물관을 가다」.
357)『평화신문』 2000년 1월 16일,「교황청 민족박물관 '한국실' 확장」.
358)『경향신문』 1983년 8월 11일,「바티칸 박물관 한국관 등 보완하다」.

부터 3일 동안 명동성당에서 전람회를 열고 일반인들에게 공개하였다.359) 그리고 1950년 5월 15일 서울대목구의 노기남(盧基南) 주교, 대전지목구의 라리보(Larribeau, Adrien Joseph, 한국명 元京根) 주교, 윤을수(尹乙洙) 신부, 그리고 한국신자대표로 경향신문사 사장 한창우(韓昌愚) 등이 로마를 향해 김포공항을 출발하였다.360) 그러나 이 박람회는 한국전쟁이 발발하여 관심 밖으로 밀려났다.

5. 맺음말

국치 이후 일제가 강점한 동안 한국은 만국박람회에 참가할 수 없었는데, 교회 차원이기는 하지만 1925년 바티칸의 전교박람회에 참가하였다. 전교박람회는 선교를 목적으로 하였지만, 전교지역의 각종 물품들이 전시되었다. 따라서 1925년 한국천주교회의 전교박람회 참가는 한국교회사는 물론 한국사에서도 의미를 갖는다.

한국천주교회가 전교박람회에 참가한 이유는 교황 비오 11세의 칙령 때문이었다. 비오 11세는 1925년 성년대사를 반포할 때 바티칸에서 만국전교박람회도 개최하겠다고 하였다. 한국천주교회는 한국이 전교지역에 해당하고, 1925년에 많은 한국순교자들이 시복될 것이기에 전교박람회에 참여할 필요가 있다고 판단하였다.

한국천주교회는 출품 물품을 60여 종으로 하고, 서울·대구·원산의 세 교구가 공동으로 큰 한국 전시실을 마련하며 나머지는 분담하기로 하였으며, 30여 종은 신자들에게 기부를 요구하였다. 신자들의 기부품 중 많은 비중을 차지하는 것은 한국인들이 일상생활에서 사용하는 물건들, 한국인

---

359) 『자유신문』 1949년 10월 9일, 「로마 聖年 박람회, 한국서도 미술품 출품」.
360) 『경향잡지』 1023호, 1950년 6월 1일, 99쪽, 「회보 : 한국성년 참배단 로마에」.

들의 의류로 이들은 파리 박람회에서는 비중이 상대적으로 낮았던 것들이다. 이들 물품은 서구 그리스도교인들에게 전교지역 한국과 그곳에서 생활하는 한국인들의 가장 일반적인 모습을 정확하게 보여줄 수 있는 것들이었다. 우송 사고로 한국천주교회의 물품들은 두 번의 준비를 거쳐 원래의 예정보다 늦게 바티칸에 도착되었다.

한국천주교회에서는 한국 순교자 시복식에 참가한 뮈텔 주교와 드망즈 주교, 한기근 신부, 장면·장발 형제, 그리고 기낭 신부 등 6명이 박람회장을 찾았다. 그런데 한국물품들이 있어야 할 자리는 다른 것들로 채워져 있었고, 어떤 한국물품은 포장도 뜯지 않은 채 사무실에 있었다. 그러나 한국천주교회는 식민지 한국으로서가 아니라 독립된 존재로서 전교박람회에 참가하였다. 그리고 그때 출품한 물품들은 서구인들에게 한국을 알리고 이후 바티칸의 선교민족박물관에 한국실이 마련되는 토대가 되었다.

제4장
사회봉사와 의료계몽

I. 1880~1940년대 천주교회의
양로원 설립과 운영

1. 머리말

삼국시대부터 환과고독(鰥寡孤獨)은 사궁(四窮)이라 하여 사회정책적으로 보호되었고 특히 효와 경로가 강조되었다. 우리 역사상 양로(養老)에 관한 첫 기록은 신라 유리왕 5년(28)의 기사이다. 순행 중 얼어 죽을 지경에 처한 한 노인을 발견한 유리왕이 관리에게 명하여 늙고 병들어 자활할 수 없는 사람을 찾아 먹을 것을 주게 하였다.[1] 노인에 대한 배려는 이후 계속되었다. 고려 성종 8년(989) 노인 구호대책이 상당히 구체적이면서도 광범위하게 실시되었고, 이듬해에는 모든 백성에게 80세 이상의 노인을 극진히 모시라는 왕명이 내려졌으며,[2] 현종 2년(1010)에는 환과고독에게 의복과 식량이 지급되었다.[3] 조선시대에도 태종 4년(1403) 양민원(養民院)을 설치하여 부양자가 없는 노인을 보호하였고,[4] 세종 8년(1425) 양로법을 제정하였다.[5] 또한 세종 10년(1427) 기로소(耆老所)를 두었고,[6] 영

---

1) 『삼국사기』 제1권, 신라본기 1권.
2) "대체로 국가를 다스리는 데는 반드시 먼저 근본을 힘써야 한다. 근본을 힘쓰는 데는 효도가 제일이니…(중략)…시골의 우매한 백성들까지도 오히려 꾸준히 효도를 하려고 하는데 하물며 벼슬하는 신하들이야 자기 조상을 받드는 것을 게을리할 수 있겠는가. 능히 자기 집에서 효자가 된다면 반드시 국가의 충신으로 될 수 있을 것이다. 모든 관리와 평민들은 나의 말을 명심하라!"(『고려사』 세가 제3, 성종 경인 9년)
3) 『고려사』 권 80, 지 34 식화 3 진휼.
4) 『조선왕조실록』 태종 4년 8월 20일.
5) 『조선왕조실록』 세종 8년 7월 17일.
6) 『조선왕조실록』 세종 10년 2월 10일.

종 32년(1755) 기로과(耆老科)를 두어 60세 이상의 선비에게만 과거를 보게 하는7) 등 노인을 배려하였다.

그러나 태종 4년에 설치한 양민원에 노인들이 잘 모이지 않았던8) 것처럼 전통적인 경로효친사상에 바탕을 둔 가족생활은 시간이 흘러도 노인보호시설의 발달을 더디게 하였다. 1885년 블랑(Blanc) 주교가 종로에 기와집 한 채를 사서 노인들을 수용, 보호한 것이 우리 근대사에서 양로원의 시작이다. 이 양로원은 일제강점기를 거치면서 계속 운영되었고, 천주교회는 이후 몇 개의 양로원을 더 설립하였다.

그동안 양로원에 대해서는 주로 해방 이후 양로원의 설립과 운영을 사회복지의 측면에서 추적하였다. 근대시기 한국 최초의 양로원에 대해서는 교회사적인 측면에서 언급이 있다.9) 양로원이 설립되었다는 것, 그 양로원은 한국천주교회 최초의 양로원이었다는 내용이다. 그래서 그 양로원이 왜 설립되었는지, 이후 어떻게 운영되었는지, 그리고 또 다른 양로원을 설립한 것은 아닌가 등에 대해서는 연구되지 않았다. 이에 필자는 한국 근대사에서 처음으로 양로원을 설립, 운영한 천주교회의 양로원 설립의 과정, 운영의 실체를 밝혀보고자 한다. 특히 일제강점기에 양로원은 어떠한 양태로 존재하였는지, 일제의 양로원에 대한 인식은 어떠하였는지, 어떻게 운영되었는지를 추적하고자 한다.10) 이는 한국의 양로원 역사를 한말부터 정치하게 재구성하는 것으로 한국의 사회복지사는 물론 한국 근대사의 한 공

---

7) 『조선왕조실록』 영종 32년 7월 9일.
8) "양로법에 있어서는 태종께서 일찍이 노인들을 한 곳에 모아놓고 의식을 갖추어 길렀으나, 노인들이 나와 모이려 하지 않았습니다."(『조선왕조실록』 세종 8년 7월 17일)
9) 유홍렬, 「한국천주교보육원의 유래」, 『고종치하 서학 수난의 연구』, 을유문화사, 1962 ; 노길명, 『가톨릭과 조선후기 사회변동』, 고려대학교민족문화연구소, 1988 ; 한국샬트르성바오로수녀회, 『한국샬트르성바오로수녀회 100년사』, 분도출판사, 1991.
10) 개신교와 불교측에서도 양로원을 설립, 운영하였는데 이에 대해서는 별고(別稿)가 요구된다.

백을 메우는 데 작은 역할을 하기 바란다.

2. 블랑 주교의 양로원 설립

1884년 리델(Ridel) 주교에 이어 제7대 조선대목구장이 된 블랑 주교는 1885년 3월 15일 고아원을 설립하였다. 그리고 4개월 후인 7월 2일에는 서울 종로 동골(東谷, 현 관철동)에 기와집 한 채를 마련,11) 의지할 곳 없는 남녀노인들을 수용하였다.

"지난 3월, 불안한 상황에서도 우리는 서울에 고아원을 설치했습니다…(중략)…수용되어 있는 고아는 현재 60~70명입니다. 서울에서는 성모님의 보호 아래 매우 필요한 사업을 시작했는데 우리 주님의 마음에 드는 흡족한 것이라 믿고 있습니다. 이 집은 의지할 곳 없는 노인들을 위한 양로원입니다. 7월 2일 이후 이 집에 들어온 남녀 노인들의 수는 20여 명에 달하며, 현재 입원 신청자 수도 상당합니다. 그러나 이것도 고아원의 경우처럼 어떤 불행을 초래하지 않을까 하는 두려움 때문에 우리의 열성을 좀 조정해야 할 정도입니다. 그러나 동냥으로 연명하거나, 외교인 집에 살면서 죽을 위험에 처해 있어도 성사마저 받을 수 없는 불쌍한 노인들의 사정이 얼마나 딱한지요!"12)

무의무탁 노인들의 보호를 위해 양로원을 시작했다는 것인데, 이때는 아직 천주교 신앙의 자유가 조선조정으로부터 허락되지 않았었다. 따라서 천주교회는 고아원의 경우처럼 양로원이 일반인의 오해를 사지 않게 하기 위해 매우 신중한 태도를 취하였다. 고아들을 돌보는 천주교회의 모습이

---

11) 유홍렬, 「한국천주교보육원의 유래」, 『고종치하 서학수난의 연구』, 을유문화사, 1962, 531쪽.
12) C-R, 1885.

긍정적으로만 인식되지 않았다는 것은 1888년에 일어난 '영아매식'(嬰兒買食) 유언비어 사건13)에서 확인할 수 있다. "외국인이 영아를 매식하며 영아의 눈을 약으로 사용하기 때문에 한국인들이 그들에게 영아를 팔고 있다"는 유언비어가 서울에 나돌았고, 이에 민심이 동요되어 외국인과 선교사를 죽인다고 위협하게 되었다. 그런데 형조에서 그것을 사실로 인정하고 범인을 신고하라는 내용의 격문을 남대문에 게시하였다. 격문을 입수한 블랑 주교의 호소와 프랑스공사의 외교활동으로 유언비어의 장본인이 밝혀지고 사건은 해결되었다.14) 이러한 일이 일어난 것은 천주교회의 고아원 활동에 비판적인 여론이 있었다는 것을 의미한다. 블랑 주교가 염려한 것은 신앙의 자유를 얻지 못하였는데 양로원으로 인하여 천주교회가 부정적으로 인식되는 것이었다. 설립 이듬해인 1886년 블랑 주교는 파리외방전교회 본부에 보낸 보고서에서 양로원에 관해 다음과 같이 기록하였다.

"양로원은 계속해서 교우들과 외교인들로 꽉 차 있습니다. 성교회의 자녀가 되어 이 세상을 하직하는 노인들을 보며 우리는 위안을 받고 있으며, 다만 영양실조로 길에서 쓰러지지 않기 위해 양로원에 들어오는 노인들도 있습니다. 상황에 따라서 이 양로원 사업에 다른 목적을 첨가할 필요가 생겼습니다. 즉 이 양로원은 시약소를 겸하게 되었습니다. 젊을지라도 중한 환자라면 이 시약소에 입원시켜 치료해 주고 있는데, 환자들은 너무 가난한 자들이거나 의료인들의 부모 밑에서 임종 대세도 제대로 받을 수 없는 교우들입니다. 아! 좀 더 자유만 있다면 사랑하는 우리의 조선 사람들에게 얼마나 좋은 일을 베풀어 줄 수 있겠습니까! 거의 모든 이에게 잘 알려져 있는 우리 양로원은 입원을 원하는 사람들 모두를 받아들이지 못하는 것만이 안타까울 뿐입니다."15)

---

13) 개신교측에서도 같은 의심을 받았다.(한국기독교역사연구소, 『한국기독교의 역사』 I, 기독교문사, 1989, 247~248쪽 참조)
14) 최석우, 『한국천주교회의 역사』, 한국교회사연구소, 1982, 183~186쪽.
15) C-R, 1886.

즉 양로원은 천주교 신자이건 아니건 무의탁 노인들을 수용하였고 설립된 지 1년도 안되어 수용의 한계에 이르렀다. 천주교회가 설립한 양로원이었지만, 천주교 신자 노인들의 보호라는 교회 내적 의미를 넘어서서 비신자들에게까지 혜택 범위를 넓힌 것이다. 양로원은 많은 사람들에게 알려져 있었고, 많은 노인들이 들어오기를 희망하였다. 그러나 1886년 위 보고서를 쓸 때16)까지도 천주교 신앙의 자유가 보장되지 않았기에 활동에 제약이 많았다. 그럼에도 천주교회는 노인들의 건강문제를 전담할 시약소까지 부설함으로써 한국근대 노인복지사업의 효시를 이루었다.17) 시설에 수용된 고아들과 노인들의 질병을 돌보기 위해서는 의료문제에 무관심할 수 없었기 때문이었다.18) 시약소는 양로원의 노인들을 위해서뿐 아니라 일반 환자들의 치료를 위해서도 설립되었는데, 이는 천주교회 의료활동의 재개를 의미하였다. 천주교회는 이전부터 의료활동을 펼쳤는데 1866년의 박해로 모든 교회 활동이 탄압을 받음에 따라 의료활동도 중단했었다.

그런데 위 보고서는 설립 직후부터 양로원이 재원 부족을 겪게 되었다는 사실도 말해준다. 운영 재원 부족은 1887년 보고서에서 보다 분명하게 확인된다.

"우리의 사업은 계속 번창하고 있습니다. 재원이 부족하지 않았더라면 이 사업들은 곧 현저하게 발전되었을 것입니다. 처음에 양로원의 수용자를 33명으로 제한하였으나 그 수가 곧 넘쳤습니다. 현재 인원은 46명인데 계속 많은 신청자가 늘고 있어도 거절할 수밖에 없는 실정입니다."

설립 2년째 양로원에는 46명의 노인들이 수용되었다. 이는 33명을 수용

---

16) 한국천주교회는 그해의 교세보고를 늦어도 10월 중순에는 발송해야 했다.(최석우, 「파리외방전교회 연보 해재」, 『서울교구연보(I)』, 명동천주교회, 1984, 4쪽)
17) 노길명, 『가톨릭과 조선후기 사회변동』, 219쪽.
18) 한국샬트르성바오로수녀회, 『한국샬트르성바오로수녀회 100년사』, 182쪽.

하고자 하였던 천주교회의 계획보다 약 30%나 증원된 숫자였다. 노인들이 거처할 공간, 노인들을 돌볼 인적 자원, 그리고 노인들을 먹일 재원, 모든 것이 생각했던 것보다 훨씬 부족할 수밖에 없었다. 같은 해에 설립한 고아원은 성영회(La Société de la Saint-Enfance) 본부의 지원을 받을 수 있었지만, 양로원의 재정은 조선대목구가 모든 책임을 져야 했다. 성영회는 비그리스도교 문화권의 타종교인 부모에게서 출생한 아이들을 구원하고자 하는 목적으로 1843년 설립되었다. 조선대목구는 파리외방전교회를 통하여 1885년부터 1906년까지 성영회로부터 550,100프랑을 지원받았으니 매년 약 27,505프랑의 활동 지원금을 보조받은 것이다.[19] 고아들을 위한 재정은 성영회로부터 충당할 수 있었던 것이다.

그러나 노인들을 위한 재정은 조선대목구에서 마련해야 했는데, 조선대목구는 재정의 상당 부분을 전교회(Pontificium Opus a Propagatione Fidei)에 의존하였다. 1822년 프랑스 리용에서 시작된 전교회와 파리외방전교회는 전교회 창설 초기부터 밀접한 관계를 유지하였다. 전교회는 1885년부터 1906년까지 파리외방전교회 선교사들이 관할하고 있던 조선대목구에 754,591.25프랑을 재정 지원하였다.[20] 이 지원금은 대부분 성직자들의 생활비와 선교 활동을 위해 사용되었다. 즉 조선대목구로서는 고아원 재정은 성영회를 통하여 해결할 수 있었지만, 노인들을 위한 재원은 마련하기가 쉽지 않았다.

블랑 주교가 설립한 고아원과 양로원은 20여 명의 천주교 신자들이 보살피고 시중을 들었다. 그러나 고아원이나 양로원 운영은 천주교 신자들의 참여만으로 감당하기 어려웠다. 블랑 주교는 효율적인 운영방안을 모색하게 되었고, 고아원과 함께 양로원의 운영을 전담할 수녀회의 초빙을 생각하였다.[21] 1887년 7월 26일 블랑 주교는 프랑스의 샬트르성바오로수녀회

---

19) 장동하, 『개항기 한국사회와 천주교회』, 가톨릭출판사, 2005, 111쪽.
20) 장동하, 『개항기 한국사회와 천주교회』, 90~109쪽.
21) 한국샬트르성바오로수녀회, 『한국샬트르성바오로수녀회 100년사』, 184쪽.

원장에게 수녀 파견 요청 서한을 보냈다.

"조선 정부에서 최근 4,5년 동안 우리에 대하여 가진 호의를 이용하여 우리는 외교를 물론하고 불행한 조선 사람들을 조금이라도 돕고자 하는 목적으로 양로원을 시설하고 길가에 버린 바 되어 기한으로 죽음 외에 다른 희망을 갖지 못한 남녀 노인들을 거두어 수용하였으니 현재 양로의 수는 40명에 달하였나이다. 우리는 이 양로원과 동시에 영해원을 시작하여 서울 길가에 흔히 버린 바 된 불쌍한 고아들을 거두어 그들의 영혼과 육신을 함께 구하고자 하였으니 수용된 고아의 수효는 백 명을 넘나이다. 이만한 사업을 훈련 없는 교우들로 하여금 경영케 함에는 실로 곤란한 문제가 많은지라 그렇지 않다면 능히 2배의 아동을 수용할 수 있겠나이다. …(하략)"22)

블랑 주교가 이런 편지를 보낼 수 있었던 것은 1883년 7월 8일 일본 나가사키에서의 주교 성성식 때23) 고아들을 위해 일하는 수녀들을 보았기 때문인 것 같다.24) 일본 도쿄교구 제1대 교구장 오주프(Osouf) 대주교의 요청으로 1878년 5월 28일 하코다테[函館]에 도착한 샬트르성바오로수녀회의 세 수녀들은 도착하자마자 8명의 고아들을 탁아소에 받아들였다. 이후 수녀들은 고아원을 계속하였고25) 블랑 주교는 이를 보고 조선 교회의 고아원도 이러한 수녀회에 맡기는 것이 좋을 것이라 여겼던 것 같다.

블랑 주교의 바람은 1888년 7월 22일 4명의 샬트르성바오로수녀회 수녀들이 제물포에 도착함으로써26) 결실을 맺었다. 그런데 수녀회에서 조선 대목구에 파견한 수녀들은 4명이었고 그들의 임무는 한 명은 원장수녀, 한

---

22) 『경향잡지』 882호, 1938년 7월, 352~353쪽, 「경성바오로설정 50주년을 맞이하며 (1)」.
23) C-R, 1883.
24) 유홍렬, 『증보 한국천주교회사』 하, 가톨릭출판사, 1962, 1992, 290쪽.
25) 한국샬트르성바오로수녀회, 『한국샬트르성바오로수녀회 100년사』, 1109~1110쪽.
26) 유홍렬, 『증보 한국천주교회사』 하, 292쪽.

명은 고아 돌보기, 그리고 두 명은 중국인으로 연습 수녀였다. 고아원에는 수녀가 배정되었는데, 양로원에는 전담 수녀가 배정되지 않았다. 수녀회는 고아 돌보기를 그들이 해야 할 일로 생각하였던 것 같다. 블랑 주교가 수녀회에 보낸 편지는, 양로원도 언급하였지만 고아 양육에 비중이 두어졌기 때문인 것 같다. 샬트르성바오로수녀회는 아시아에서는 처음으로 1848년 홍콩에 수녀들을 파견하였고, 이어 1860년 베트남 사이공에 수녀들을 파견하였는데 모두가 고아들을 돌보기 위해서였다.27) 일본에서도 고아들을 돌보았던 수녀회는, 조선대목구에서도 그들을 초청한 이유가 고아 양육 때문이라고 생각하였을 것이다.

수녀들은 고아 돌보기에 주력하였고 양로원의 노인들을 위한 봉사활동은 펴지 못했다.28) 블랑 주교도 성당 건립에 주력함으로써 양로원은 고종의 유모 이 루시아의 딸인 원 수산나가 관리하였다. 1883년 6월부터 성당 부지 매입을 시작한 블랑 주교는 한불조약이 체결되자 이듬해인 1887년 12월부터 성당 정지작업을 시작하였고 1888년 10월 목조건물을 완공하였다. 그리고 1889년에는 주교관 겸 경리부로 사용할 2층 건물과 수녀원, 고아원 건축을 시작하였다.

3. 천주교 양로원 침체

1890년 2월 블랑 주교가 병사하고, 뮈텔(Mutel) 주교가 제8대 조선대목구장이 되었다. 양로원은 뮈텔 주교 취임 이후에도 계속 재정난을 겪었다. 1891년 뮈텔 주교는 양로원에 대하여 다음과 같이 파리외방전교회에 보고하였다.

---

27) 한국샬트르성바오로수녀회,『한국샬트르성바오로수녀회 100년사』, 1096·1104쪽.
28) 한국샬트르성바오로수녀회,『한국샬트르성바오로수녀회 100년사』, 184쪽.

"돌아가신 블랑 주교님이 세운 우리 양로원에는 이제 노인이 19명밖에 없습니다. 죽음이 빈 자리를 여럿 만들었는데 우리 재원으로는 그것을 보충할 수가 없습니다. 청원자가 너무 많습니다. 그들은 자리를 얻으려고 새 주교의 도착을 고대했었습니다. 그래서 나는 그들을 거절하지 않으면 안 되는 것이 가슴이 찢어지는 듯 괴로웠습니다. 그것이 우리로 하여금 많은 영혼을 구원할 수 있게 해주는 훌륭한 사업인데 말입니다."29)

1887년 46명이었던 노인들의 숫자가 1891년 19명으로 감소하였다. 절반 이하로 줄어든 것이다. 그 이유는 재정의 상당 부분을 본당 설립과 대성당 건립에 집중한 때문일 것이다. 1890년 뮈텔이 주교가 되었을 때 조선대목구의 본당은 9개였는데 1910년까지 36개로 증가하였다.30) 신앙 자유 허용은 신앙생활의 중심이 되는 본당 설립에 주력하게 하였고, 본당 설립은 성당 건축을 촉구하였다. 뮈텔 주교는 1891년 5월 신학교 건축 공사를 시작하였고,31) 야산과 민가를 매입하여 1891년 10월 (약현)성당 정초식을 하였으며,32) 1892년 5월 8일 (명동)대성당 정초식을 거행하였다.33) 약현성당은 1892년 9월 준공되었고,34) 명동대성당35)은 1898년 5월 준공되었다.36) 즉 뮈텔 주교는 취임 이후 본당 설립과 성당 건축에 주력하였고, 조선대목구 재원의 상당 부분을 성당 건립에 사용하였으므로 양로원에 많은 노인을 수용할 수 없었던 것이다.37)

---

29) C-R, 1891.
30) 서울대교구 교구총람 편찬위원회, 『서울대교구 교구총람』, 가톨릭출판사, 1984, 98쪽.
31) C-R, 1891.
32) 『뮈텔주교일기』 1891년 10월 27일.
33) 『뮈텔주교일기』 1892년 5월 8일.
34) 약현성당 100주년사 편찬위원회, 『약현본당 백년사(1891~1991)』, 가톨릭출판사, 1992, 19쪽.
35) 초기부터 '명동성당'과 '종현성당'의 용어는 혼용되었다.
36) 『뮈텔주교일기』 1898년 5월 29일.

조선대목구의 수익금은 1903년 6,602.22프랑, 1904년 8,705.73프랑, 1905년 9,805.00프랑이었는데 그중 전교회 지원금이 1903년 63.5%, 1904년 65.7%, 1905년 67.5%였고, 조선대목구에서 얻을 수 있는 순수한 재원은 1903년 2,712프랑, 1904년 3,749.46프랑, 1905년 5,000프랑이었다. 그리고 그 재원은 1903년 프랑스 선교사들과 한국인 사제들을 위한 선교지 원금으로 63.9%, 1904년 65%, 1905년 63.3%가 사용되었고, 이어 건물 유지 비용과 신축 건물 비용으로 사용되었다.38)

양로원은 수용 인원을 늘리지 않으면서 유지되었던 것 같다. 1892년 뮈텔 주교는 혼자서 양로원을 방문하여 미사를 드리고 성체강복과 병자성사를 주었으며 그곳에서 식사도 하였다.39) 강원도 이천본당의 뒤테르트르(Dutertre) 신부도40) 양로원을 방문하여 미사를 집전하였고,41) 명동본당 푸아넬 주임신부도 뮈텔 주교와 함께 양로원에서 식사를 하였다.42) 프랑스 공사관 직원 프랑댕(Frandin)은 양로원과 수녀들을 위해 24달러 10센트를 기부하였다.43)

재정난에 시달렸지만 어려움에 처한 노인들을 완전히 무시할 수는 없었

---

37) 당시 천주교회는 건물 이외에 부동산 매입에 주력하였다. 1912년부터 뮈텔 주교는 서울(경성)대목구의 재단법인을 추진하였는데 1920년 명동성당, 약현성당, 용산예수성심신학교만이 재단법인으로 등록되었을 때 자산총액이 877,22원이었다. 그리고 1924년 서울대목구 소속 모든 자산을 재단법인으로 등록하였을 때 자산규모는 1,947,417.11원이었고 당시 천주교회가 소유한 부동산의 대부분은 교회용지가 아니라 경작지였다.(윤선자, 『일제의 종교정책과 천주교회』, 경인문화사, 2001, 215~229쪽) 교회자산의 상당 부분이 부동산 취득에 사용되었던 것이다.
38) 장동하, 『개항기 한국사회와 천주교회』, 90~109쪽.
39) 『뮈텔주교일기』 1892년 1월 31일, 6월 11·19·29일, 7월 2일.
40) 1890년 조선대목구에 입국하여 경상도에서 선교활동을 펼치다 1892년 5월 이천본당 신부로 임명되었다. 아마도 이때 주교관을 방문하였다가 양로원에 들린 것 같다.
41) 『뮈텔주교일기』 1892년 6월 12일.
42) 『뮈텔주교일기』 1892년 6월 18일.
43) 『뮈텔주교일기』 1893년 8월 9일.

으므로, 양로원에는 간혹 새로운 식구가 들어왔다. 뮈텔 주교의 1893년 1월 30일자 일기에는 "오늘 진고개에 살던 가엾은 노인 한 명을 양로원에 받아들였다. 그의 남편은 3개월 전에 가난과 추위로 죽었다고 한다. 어제 교우들이 그 할머니를 발견하여 구제했다. 우리도 재원이 몹시 달리긴 하지만 그녀를 받아들였다"고 기록되어 있다.

그런데 1892년 10월 26일자 일기에는 "양로원 건물이 아직 팔리지 않았다"고 쓰여 있다.44) 또한 1893년 9월 9일자 일기에는 "양로원의 비품을 인쇄소 옆에 있는 집으로 옮겨 놓았다. 옛날 집은 3,500냥 즉 1,000달러 정도에 팔렸다"라고 기록되어 있다. 동골 양로원 건물이 팔렸고, 양로원의 비품이 정동에 있던 인쇄소 옆집으로 옮겨졌다는 것이다.45) 그리고 1895년 5월 21일자 일기에는 "일본인들이 진고개 위 우리 소유지 안의 통행로, 특히 양로원 앞을 어떻게 끊임없이 침해하는지 그[와타나베(渡邊)]에게 보여 주"었다고 기록되어 있다. 이러한 기록들은 동골에 있던 양로원이 진고개로 옮겨졌다는 것을 말해준다. 양로원을 명동성당과 명동의 수녀원 옆으로 이전하였는데 그 시기는 명동에 수녀원이 신축 준공된 1890년 9월 8일46) 이후였던 것 같다. 당시 수녀원 성당 왼편이 진고개로 통하는 문간이었다.

그런데 진고개의 양로원은 이웃한 일본인 때문에 어려움을 겪었다. 진고개(남촌)는 비만 오면 땅이 질퍽거린다 하여 붙여진 이름으로 그다지 좋은 거주지가 아니었다. 그런데 1882년부터 일본상인이 불법으로 근거지를 마련하였고, 식민지배가 뿌리를 내리면서 1920년대 말에는 불야성을 이루는 별천지가 되었다.47)

---

44) 『뮈텔주교일기』 1892년 10월 26일.
45) 한국샬트르성바오로수녀회, 『한국샬트르성바오로수녀회 100년사』, 185쪽.
46) 한국샬트르성바오로수도회 편, 『바오로 뜰안의 애환 85년』, 가톨릭출판사, 1974, 174~175쪽.
47) 최규진, 『근대를 보는 창』, 서해문집, 2007, 175쪽.

1895년 일본인들이 진고개 위 천주교회 소유지 안의 통행로, 특히 양로원을 침범한 사건이 일어났다.[48] 그들은 교회의 소유지 안으로 더러운 물을 흘려보내게 해달라고 요청하였다. 교회는 진고개에 하수도가 만들어질 때까지는 참겠는데, 만약 1년 안에 하수도가 만들어지지 않을 경우 더 이상은 용납하지 않겠다고 대답하였다.[49] 그리고 교회 소유지 안의 통행을 금한다는 벽보를 부치고 문지기를 두었는데, 일본인들은 통행을 금한다는 벽보를 보여주는 문지기에게 행패를 부렸다.[50] 또한 안성에서 양로원으로 쌀을 실어오던 말들이 그 통행로에 들어서자 통행로의 절반은 자신의 것이라 주장한 일본인이, 나무로 만든 하수도를 말들이 손상시키자 마부를 구타하였다. 곧 천주교회 측 사람들과 일본인들 사이에 큰 싸움이 벌어졌다.[51] 교회는 진고개 쪽으로 난 대문을 폐쇄해버렸다.[52]

진고개 토지분쟁은 1906년에도 일어났다. 진고개 쪽의 천주교회 소유 통행로를 일본인이 무단 점유한 것이다.[53] 일본인은 자신의 소유지 통행로로 교회 사람들이 다니는 것을 허용하겠으며, 교회에 손해배상을 하겠노라고 하였다. 그러나 그것이 일본인의 진심이 아니었으므로[54] 교회는 일본인의 제안을 거절하였다. 그렇지만 진고개에 큰불이 일어나자 이웃 일본인의 가재도구를 양로원 울타리 안으로 옮기게 하였고, 양로원의 문들을 모두 열어 놓게 하였다.[55] 진고개 토지분쟁은 오랫동안 시일을 끌다가 일본인의 승소로 판결이 났지만,[56] 1911년 정치 외교적인 방향에서 절충을

---

48) 『뮈텔주교일기』 1895년 5월 21일.
49) 『뮈텔주교일기』 1895년 5월 25일.
50) 『뮈텔주교일기』 1895년 5월 26일.
51) 『뮈텔주교일기』 1895년 5월 27일.
52) 『뮈텔주교일기』 1895년 5월 30일.
53) 『뮈텔주교일기』 1906년 5월 29일.
54) 『뮈텔주교일기』 1907년 3월 7일.
55) 『뮈텔주교일기』 1907년 10월 1일.
56) 이 소송에서 승소하기 위해 빌렘 신부로부터 안명근의 독립운동을 보고받은 뮈텔 주교가 안명근을 고발하였다.(윤선자, 「'韓日合倂' 前後 黃海道 天主敎會와 빌렘

보게 되었다.

양로원은 명맥을 이어갔다. 1913년 양로원에 교회 회장을 지냈던 노인이 들어왔다. 조카 집에서 비참하게 지냈던 그는 상처투성이가 되어 양로원으로 왔고,57) 약 한 달 후 양로원에서 사망하였다.58) 1914년의 『뮈텔 주교 일기』에도 양로원은 언급되어 있다.59) 그런데 1916년 양로원 이웃에 사는 일본인이 양로원 부지 매입을 희망하였다.60) 일본인 사목을 담당하고 있던 클랭프테르(Klenpeter, J.)61) 신부까지 동원하여 일본인은 뮈텔 주교에게 양로원 부지 매도를 요청하였는데, 뮈텔 주교는 거절하였다.62) 그리하여 양로원은 계속 운영될 수 있었다. 3·1운동이 일어났던 1919년 "양로원에서 30년이 넘게 지낸 조 아가다가 사망"했다는 기록63)은 뮈텔 주교의 조선대목구장 취임 이후에도 활발하지는 않았지만 양로원이 중단되지는 않았다는 것을 확인시켜준다.

4. 천주교 신자의 양로원 운영

1921년 한국천주교회는 기관지를 통하여 "양로원을 설시함은 무의무탁

신부」, 『한국근현대사연구』 4, 1996, 126쪽)
57) 『뮈텔주교일기』 1913년 8월 6일.
58) 『뮈텔주교일기』 1913년 9월 13일.
59) 『뮈텔주교일기』 1914년 7월 16일.
60) 『뮈텔주교일기』 1916년 10월 2일.
61) 파리외방전교회 선교사. 1893년부터 일본에서 사목활동을 펼치던 중 한국이 일본에 '병합'된 후 뮈텔 주교의 요청으로 한국 거주 일본인 신자들을 위해 그해 11월 한국에 도착하였다. 1911년 한국 거주 일본인 천주교 신자는 약 850명이었다.(한국가톨릭대사전편찬위원회 엮음, 『한국가톨릭대사전』, 한국교회사연구소, 2006, 8559쪽)
62) 『뮈텔주교일기』 1916년 10월 3일.
63) 『뮈텔주교일기』 1919년 7월 11일.

한 노인들을 거두어 얼마 남지 아니한 그 생명을 기르며 선종 예비를 타당히 시킴이오"64)라고 하여 양로원의 필요성을 강조하였다. 그리고 교회의 그러한 강조는 천주교 신자들을 통하여 결실을 거두었다. 1924년 4월 명동본당의 신자들이 불쌍한 이웃 형제들을 도울 목적으로 애긍회(哀矜會)를 조직하였다. 발기인은 김원식·김정현·안관석·윤태병·최진순·정남규(鄭南奎, 1886~?) 등이었다.

"…(전략)… 아, 우리 애긍회, 애긍회가 어찌 이렇게 늦었는고. 다른 문명한 나라와 같은, 다른 천주교가 흥한 나라의 자선회와 같은 활동력이 있어야 합니다. …(중략)… 활동력 있고 교우 된 본분을 아는 이는 힘자라는 대로 활동하여 봅시다. 교우 된 본분을 지켜봅시다. 잘 때가 지나고 깨어날 때가 되었습니다. 할 일 많은 우리 조선 천주교 남녀 교우는 힘을 합하여 천주를 위하여, 그 세우신 천주교회를 위하여, 불쌍하고 무의무탁한 여러 형제자매를 위하여 분투 노력합시다. 천주강생 1924년 4월. 발기인 베드로 최진순, 안드레아 안관석, 안드레아 김원식, 요셉 윤태병, 발나바 김정현, 요한 정남규."65)

정남규가 작성한 『애긍회 사업록』66)에는 돈이 없어 장례를 못 치루는 사람, 아픈 사람, 행려병자, 끼니를 굶는 신자들에게 금전적인 도움을 주었다는 내용이 자세히 기록되어 있다.

• 1925년 2월 1일 광희정(光熙町) 1정목 273번지 박명식 씨 부인 임 비리스다가 별세하였으나 가정형편이 극빈함으로 장례비 2원

---

64) 『경향잡지』 480호, 1921년 10월 31일, 460쪽, 「논설-조선 성교회의 기쁜 소식」.
65) 『경향잡지』 1224호, 1970년 3월, 41쪽, 정남규, 「1924년 애긍회 사업록」.
66) 1986년 12월 17일 아들 정인준이 절두산순교기념관에 기증하였다.(『절두산』 제27호, 1987년 1월 3일 ; 『경향잡지』 1432호, 1987년 7월, 97쪽, 정인준, 「6·25 순교자 유품 헌납을 촉구하며」; 윤선자, 『한국가톨릭 문화유산과 절두산 순교기념관』, 절두산순교기념관, 1999, 221쪽)

(圓)을 기부하다.
- 2월 10일 혜화동 전 회장 안경승 씨, 숙환으로 위중하나 복약할 도리가 없으므로 2원을 기부하다.
- 5월 7일 야고보 손경식은 노동 생활을 하다가 병에 걸려 대세를 받고 선종하였으나 매장할 비용이 없으므로 6원을 기부하여 매장하게 하다.
- 9월 22일 광희정 1정목 282번지 김상옥 마태오(30)씨는 대세받은 지 8일만에 선종하였으니 집안이 가난하므로 매장할 비용이 없기에 장례비 12원을 지출하여 매장케 하다.
- 12월 1일 강 마리아(약 80세)씨는 무의무탁한지라 거주할 곳이 없이 노상에서 방황하기에 영락정(永樂町) 1정목 30번지 김 릿다씨 집에 거처를 마련하여 주고 생활비조로 5원을 기부하다.…(하략)
- 1926년 1월 23일 광희정 1정목 77번지 한창석(베드로) 씨는 화재로 인하여 가옥 전부를 소실하여 길가에 방황하기에 전셋집을 장만하라고 10원을 기부하다.
- 1월 25일 방산정(芳山町) 4번지 22 방창근씨 딸 방 마리아는 개성지방 교우와 약혼하여 혼비조로 15원을 받았으나, 해당 지방 신부로부터 파혼 통지가 와서 부득이 혼배를 올리지 못하게 되었다. 이미 받은 혼비를 반환하게 되었으나 가난하므로 신부에게 5원을, 본 애긍회에서 10원을 기부하다.
- 3월 2일 영락정 1정목 30번지 김 릿다씨가 딸을 분만하였으나 냉방에 누워 식사도 제대로 못하는 등 형편이 말이 아니므로 3원을 기부하다.
- 4월 23일 견지동 24번지 이 마리아씨는 생존시에 본회에 20원을 기탁하고 내가 죽으면 이 돈으로 미사를 드려달라는 유언을 남겼는데 이제 그가 선종하였으므로 그의 유언대로 시행하다.…(하략)[67]

위 사업록을 보면 애긍회는 처음에 장례비용을 보조하는데 주력하였다는 것을 알 수 있다. 애긍회로부터 많은 이들이 도움을 받았는데 그만큼

---

[67] 『경향잡지』 1224호, 1970년 3월, 41~43쪽, 정남규, 「1925년 애긍회 사업록」.

경제적으로 어려웠던 이들이 많았던 것이다. 1926년 조선총독부 통계에 의하면, 하층민 5인 가족 노동자의 1달 생활비는 51원 65전이었다.[68] 이러한 생활비조차 마련할 수 없었던 이들에게 애긍회는 도움의 손길을 펼쳤다.

약 1년 10개월 동안 이러한 활동을 펼치던 애긍회는 1926년 11월 20일 황금정(현 을지로 1가) 2정목 93번지의 19칸짜리 집을 2,629원 20전에 매수하여 무의무탁한 병자 노인을 수용하기로 하였다.[69] 양로원을 설립한 것이다. 이때부터 정남규가 양로원을 운영해 나갔다. 그런데 『애긍회 사업록』에 의하면 1925년 12월 1일 81세의 강 마리아가 양로원의 첫 수용자로 받아들여졌다. 명동성당 옆에 있던 양로원의 노인들도 이곳으로 옮겨진 것 같다. 당시 명동성당에서는 세칭 '홍길동 집'이라 부르는 기와집에 의지할 데 없는 세 노인을 수용하고 있었는데[70] 양로원의 1927년 상황을 보면 4명이 새로이 증원되었다. 그동안 양로원에서 활동하던 고종의 유모 이 루시아의 딸인 원 수산나가 83세의 나이로 사망한 것도[71] 황금정에 양로원이 설립된 하나의 계기가 되었다고 여겨진다.

이후 양로원에는 가난한 사람,[72] 병든 몸으로 방황하는 이들이 수용되었다.[73] 노인들의 사망이 잇달아 묘지를 마련하였는데 1929년 2월 행려병

---

68) 『동아일보』 1926년 5월 16일.
69) 『경향잡지』 19224호, 1970년 3월, 43쪽, 정남규, 「1925년 애긍회 사업록」.
70) 『경향잡지』 1972년 6월, 「복음의 증인들 30 : 한국천주교 양로원의 선구자 명동 정남규(요한)회장의 일대기」, 26~31쪽.
71) 『뮈텔주교일기』 1926년 4월 17일 ; 『경향잡지』 588호, 1926년 4월 30일, 183~184쪽, 「회보-양로원 원 수산나의 선생복종」.
72) "2월 28일 약현성당 안에 거주하고 있는 용왕 김홍민(강당 회장)씨는 조석을 끓여 먹기조차 어려운 처지이므로 본회 양로원으로 모시고 매월 생활비를 기부하기로 결정하고 이사 비용 및 생활비조로 25원 40전을 기부하다."(『경향잡지』 1224호, 1970년 3월, 43쪽, 정남규, 「1927년 애긍회 사업록」)
73) "4월 16일 박거복씨의 모친 최 마리아(74세) 할머니가 병든 몸으로 노상에 방황하기에 양로원에 수용하고 생활비 6원 50전을 기부하다"(『경향잡지』 1224호,

자를 "본회 묘지에 매장"74)하였다는 기록으로 보아 그 이전에 마련한 것 같다. 다음의 <표 1>에서 볼 수 있듯이 1927년 3명, 1928년 6명이 '사망기타' 등으로 양로원을 나갔다. 사망이 모두의 퇴원 이유였다고 확언할 수는 없지만, 양로원에 수용된 이들이 무의탁 노인들이었다는 점에서 대부분 사망이 이유였다고 여겨진다.

〈표 1〉 1925~1950년 양로원 수용인원 및 재정

연도	前年殘數	신입人數	사망기타 퇴원수	연말현재	年人數	수입 (원.전)	지출 (원.전)	누계 (원.전)
1925		1	1		1	45.10	45.10	45.10
1926						2,824.72	2,824.72	2,869.82
1927		4	3	1	5	352.55	352.55	3,222.37
1928	1	7	6	2	12	470.99	470.99	3,693.36
1929	2	8	4	6	20	4,125.57	4,125.57	7,818.93
1930	6	3	6	3	23	478.48	478.48	8,297.41
1931	8	4	3	4	27	244.84	244.84	8,542.25
1932	4	6	4	6	33	827.78	827.78	9,370.03
1933	6	11	10	7	44	450.84	450.84	9,820.87
1934	7	10	3	14	54	439.67	439.67	10,260.54
1935	14	5	4	15	59	594.64	594.64	10,855.18
1936	15	9	7	17	68	1,100.00	1,100.00	11,955.18
1937	17	4	5	16	72	1,300.00	1,300.00	13,255.18
1938	16	13	9	20	85	1,600.00	1,600.00	14,855.18
1939	20	6	1	25	91	2,072.00	2,072.00	16,927.18
1940	25	5	10	20	96	3,100.00	3,100.00	20,027.18
1941	20	4	6	18	100	2,804.63	2,804.63	22,831.81

1970년 3월, 43쪽, 정남규, 「1927년 애긍회 사업록」) ; "12월 22일 베드로 김선제(金善濟)씨는 무의무탁한 신세로 길가에서 방황하면서 동사(凍死)할 것 같으므로 입원시키다".(『경향잡지』 1225호, 1970년 4월, 49쪽, 정남규, 「1929년 애긍회 사업록」)
74) 『경향잡지』 1225호, 1970년 4월, 48쪽, 정남규, 「1929년 애긍회 사업록」.

연도	前年 殘數	신입 人數	사망기타 퇴원수	연말 현재	年人數	수입 (원.전)	지출 (원.전)	누계 (원.전)
1942	18	9	7	20	109	2,389.71	2,389.71	25,221.52
1943	20	3	5	18	112	2,876.25	2,876.25	28,097.77
1944	18	5	12	11	117	3,931.50	3,931.50	32,029.27
1945	11	2	6	7	119	12,680.92	12,680.92	44,710.19
1946	7	32	10	29	151	152,762.07	152,762.07	197,472.26
1947	29	28	23	34	185	416,121.00	416,121.00	613,593.26
1948	34	34	29	39	224			
1949	39	28	24	43	267			
1950	43							

* 출전 : 윤선자,「정남규」,『교회와 역사』205, 1992년 6월, 19쪽.

　양로원을 설립한 애긍회는 노인들만 보살핀 것이 아니었다. 어머니의 약값 때문에 아버지에 의해 청나라 사람에게 60원에 팔렸다가 다시 기생집에 팔려간 소녀는, 몸값을 지불한 후 그녀의 부모에게 돌려보냈다.75) 아버지에 의해 13세에 술집에 팔린 천주교 신자는 오빠의 도움으로 수녀원에 피신하였는데, 애긍회가 술집에 약 400원을 주고 그녀를 수녀원에 위탁하였다.76) 불량배에게 속아 술집을 전전하던 천주교 여신자는, 애긍회에서 그녀의 몸값을 술집에 치른 후 신자 집에서 일할 수 있도록 하였다.77) 또한 애긍회는 극빈 학생에게 교복을 제공하고, 폐결핵 환자를 치료하고 세례를 받게 한 후 노인들에게 경문을 가르치게 하였다.78)
　처음에는 '양로원'이란 이름도 부르지 않고 몇 사람의 노인을 보살피기 시작하였는데, 의지할 곳 없는 노인들 사이에 양로원이 생겨서 자신들의 여생을 맡길 수 있다는 소문이 퍼지자 하루에도 두어 명씩 찾아와 그곳에

---

75)『경향잡지』1224호, 1970년 3월, 43쪽, 정남규,「1928년 애긍회 사업록」.
76)『경향잡지』1225호, 1970년 4월, 48~49쪽, 정남규,「1929년 애긍회 사업록」.
77)『경향잡지』1225호, 1970년 4월, 50~51쪽, 정남규,「1939년 애긍회 사업록」.
78)『경향잡지』1225호, 1970년 4월, 49쪽, 정남규,「1932년 애긍회 사업록」.

살게 해달라고 부탁하였다. 그러나 적은 시설과 경비로는 그렇게 할 수 없으므로 양로원은 천주교회 측과 절충하였다.79) 그리하여 1930년 3월 23일 양로원은 뚝섬 옆 골프장의 서북 높은 솔밭 속에 일본건축 1동을 신축하여 이전하였다.80) 황금정의 양로원이 비좁을 뿐 아니라 사람들의 방해가 많았기에 하왕십리 955번지의 가옥 25칸 480평을 매입하였다. 매입 자금은 황금정 건물을 팔면 갚기로 하고 서울대목구장 라리보(Larribeau, 한국명 元亨根) 주교로부터 3,554원을 빌려 마련하였다.81) 양로원은 명동본당의 애긍회 사업으로 되어 있었으나 정남규의 개인사업이나 다름없었다. 양로원의 재정적인 뒷받침은 거의 정남규 회장 혼자서 감당하였다. 양로원 설립 초기에는 기부금이 제법 들어왔으나 곧 급감하였고, 교회와 일제의 보조가 있었지만 매우 적었다. 정남규는 1923년 뮈텔 주교의 권유로 '경성구 천주교회 유지재단' 설립에 참여하고자 경성부 서기를82) 사직하였고, 명동본당 총회장으로 20여 년 동안 활동하였다.

1936년 11월 4일 양로원은 고양군 독도면 송정리 38번지에 건물을 신축, 이전하였다. 12월 17일 명동본당 비에모(Villemot, 한국명 禹一模) 신부 집전으로 약 1만원의 경비를 들인 신축 양로원의 축성식이 거행되었다. 명동본당에서 노기남 보좌신부, 하 신부, 포 신부, 윤태병·이경헌·김정현·김정희·이경화·이근용·정남규·경 마리아·김 루시아 회장 등이 참석하였고, 내빈으로 이희선·유형수·민윤식·김영수·김문수·정남식이, 자비회에서 김 마리아와 김두임, 청년회에서 조종국 등이 참석하였다.83) 1939년 이 양로원을 방문한 기자는 다음과 같이 묘사하였다.

---

79) 『조선일보』 1939년 4월 23일, 「今世의 聖徒, 鄭南奎氏 訪問記」.
80) 『동아일보』 1939년 4월 22일, 「자비로 양로원 건설, 거리의 천사 鄭南奎氏 美擧」.
81) 『경향잡지』 1225호, 1970년 4월, 49쪽, 정남규, 「1929년 애긍회 사업록」.
82) 최기영, 「정남규」, 『가톨릭대사전』 10, 한국교회사연구소, 2004, 7526쪽.
83) 『경향잡지』 1970년 4월, 50쪽, 정남규, 「1936년 애긍회 사업록」.

"건물의 외관은 시멘트를 발라 ○○○○○○○를 연상하게 되었으
니 유리문을 열어제치니 안은 순조선식으로 방과 마루가 있고 여섯 개
의 방은 벽 하나씩을 격하여 나란히 놓여 있었다.…(중략)… 집을 빙
둘러서 철망이 쳐있고 그 안이 양로원의 뜰인데 일천 육백여 평이라 한
다.…(중략)… 육십세 이상 여자만 이십사명을 수용하였다."84)

설립 이후 1937년까지 양로원에서 살다가 사망한 이들이 약 70명이었
다.85) 1939년 65세 이상의 노인 24명을 수용하고 있던 이 양로원을 조사
한 경기도 사회과장은, 자신이 조사한 두 개의 양로원은 독지가의 기부나
관청의 보조를 받아서 경영되고 있는데, 이 양로원은 정남규 혼자 운영해
가고 있다고 하였다. 그러나 혼자서 꾸려 가기에는 한계가 있었을 것이다.
<표 1>을 보면 교회 안팎에서 재정적인 도움이 있었다는 것을 알 수 있다.
1937년에는 세례를 받은 지 얼마 되지 않은 김 마리아 데레사가 양로원을
위해 4천원을 희사하였다.86) 24명 중에는 90세 이상의 노인도 두 명 있었
다. 신(神)의 뜻을 받들어 일부라도 실행해보고자 양로원을 경영한다고 말
한 정남규는 다른 사람들에게 자신의 활동을 알리고 싶어 하지 않았다.87)

정남규가 양로원을 운영하게 된 것은 『경향잡지』에 실린 이태리의 양로
원 기사를 보고 자신도 그러한 목적과 방법으로 같은 사업을 하겠다고 결
심한 때문이었다.88) 1913년 『경향잡지』에는 무의탁 남녀 노인을 봉양할
목적으로 1838년 프랑스에서 설립된 수녀회가 약 70년 후 5,793명의 수녀
를 기록하였고, 구미 호주와 아시아의 306개 양로원에서 46,913명의 노인
을 보살핀다는 소식이 게재되었다.89) 아마도 이 기사를 말하는 것이 아닌

---

84) 『조선일보』 1939년 4월 23일, 「今世의 聖徒, 鄭南奎氏 訪問記」.
85) 『경향잡지』 858호, 1937년 7월, 396~397쪽, 「회보 : 종현본당에 애긍회」.
86) 『경향잡지』 858호, 1937년 7월, 398~399쪽, 「회보 : 종현 양로원에 4천원 기부」.
87) 『동아일보』 1939년 4월 22일, 「자비로 양로원 건설, 거리의 천사 鄭南奎氏 美擧」.
88) 『경향잡지』 858호, 1937년 7월, 396~397쪽, 「회보 : 종현본당에 애긍회」.
89) 『경향잡지』 284호, 1913년 8월 31일, 365쪽, 「천주교회보 : 양로원」.

가 여겨진다. 1924년 이전 『경향잡지』에서 이태리의 양로원 기사는 찾을 수 없고, 위의 내용이 서양의 양로원을 소개한 유일한 기사이기 때문이다.

양로원은 천주교회와 밀접한 관계를 계속하였다. 양로원 안에는 네 칸 규모의 기도실이 있었고,[90] 1937년 명동본당 노기남 보좌신부가 양로원을 방문하여 각종 종교예절을 하였고,[91] 1939년에는 장호원본당 부이용 신부가 방문하여 고백성사와 미사를 집전하였다.[92]

1925년부터 정남규가 정치보위부에 의하여 납북 행방불명된 1950년까지[93] 이 양로원에는 약 260명의 노인들이 수용되었고, 1925년부터 1947년까지 613,593.26원의 재정이 투입되었다.

수용 인원을 보면 설립 직후부터 1933년까지는 연말 수용 인원이 한자리 숫자였다가, 1934년부터 10여 명을 기록하였고, 고양군에 양로원을 신축 이전한 이후에는 20명 이상을 헤아리기도 하였다. 새로 들어온 숫자는 왕십리로 이전한 이후부터 증가하였는데, 황금정의 양로원보다 왕십리의 양로원이 공간적으로 여유가 있었기 때문일 것이다. 그러나 해방이 될 때까지도 대개는 매년 받아들인 인원이 한자리 숫자였다. 그것은 수용이 문제가 아니라 그들을 보살필 재정을 충당하기 어려운 때문이었다. 사망기타 퇴원이라 하였지만 대부분은 사망 때문에 숫자 변화가 있었을 것이다.

수용 인원은 가장 적었을 때가 양로원을 정식으로 설립하기 이전인 1925년과 1927년 연말로 1명이다. 수용 인원이 가장 많았을 때는 1939년 연말로 25명이다. 이것이 해방 이전 정남규를 중심으로 운영되었던 천주교회 양로원의 수용 인원의 한계였던 것 같다.

---

90) 『조선일보』 1939년 4월 27일, 「今世의 聖徒③ 鄭南奎氏 訪問記」.
91) 『경향잡지』 1225호, 1970년 4월, 50쪽, 정남규, 「1937년 애긍회 사업록」.
92) 『경향잡지』 1225호, 1970년 4월, 50~51쪽, 정남규, 「1939년 애긍회 사업록」.
93) 安喆球, 「六二五戰亂의 순교자들」, 『가톨릭청년』 1965년 10월 ; 韓龍煥·徐相堯, 『福音의 證人』, 한국천주교중앙협의회, 1972 ; 『경향잡지』 1224호, 1970년 3월, 30~43쪽 및 1225호, 1970년 4월, 48~51쪽, 정남규, 「1924년 애긍회 사업록」 참조.

노인들을 수용하여 돌보는 외에 생활비 지급, 매장 등의 혜택을 준 이들도 적지 않았다. 1931년 경성구천주교회청년회연합회에서 발간한 『조선천주공교회 약사』에 의하면, "창립 이래 8년 동안에 8천여 원의 경비로 혹은 수용하고 혹은 생활비를 지급하며 혹은 약을 주고 죽은 후에 매장하여 준 인원이 오늘까지 96인에 달한다"[94]고 하였다.

<표 1>에서 수입을 보면 양로원 설립 이전 45원이었다가, 설립되던 해 2,824.72원으로 급증하였다. 이는 황금정 19칸짜리 집을 2,629원 20전에 매입한 때문이었다. 이 재원이 서울대목구[뮈텔 주교]에서 나온 것인지 명동본당 애긍회에서 나온 것인지는 알 수 없다. 다만 사업록을 보면 1930년 양로원을 이전하고자 왕십리에 가옥을 매입하였을 때는 서울대목구 라리보 주교로부터 차용하였다고 기록되어 있는 것으로 보아 애긍회가 황금정의 건물을 구입한 것이 아닌가 생각된다. 1929년 4,125.57원의 재정은 새로운 양로원 건물로 왕십리에 25칸 가옥을 3,554원에 매입한 때문이다. 그런데 사업록을 보면 1936년 고양군에 약 1만원의 경비로 양로원을 신축하였다고 기록되어 있는데 수입, 지출에는 그 액수가 누락되어 있다. 왕십리의 양로원 부지가 그 정도 액수에 팔린 것은 아닌가 생각된다. 그럼에도 수입지출에 그러한 내용이 없다는 것은 이상하다.

〈표 2〉 연도별 애긍사업비 내력

연도	장례비	약값	생활비(원.전)	기타(원.전)	합계(원.전)
1925	31.10	7.00	5.00	2(미사 1)	45.10
1926	85.52	13.50	25.00	20(미사), 2,629.20(가옥매수)	2,733.22
1927	63.60	14.50	171.60		249.26
1928	28.27	321.60			355.87
1929	62.50	475.69			538.19
1930	63.77	414.71			478.48

---

94) 경성구천주교회청년회연합회, 『조선천주공교회약사』, 1931, 60~61쪽.

제4장 사회봉사와 의료계몽 259

연도	장례비	약값	생활비(원.전)	기타(원.전)	합계(원.전)
1931	17.55	227.29			244.84
1932	41.85	340.10	445.77(토지대금)		827.78
1933	72	378.84			450.84
1934	36.35	403.32			439.67
1935	47.83	546.81			594.64
1936	114.30	848.51			962.81
1937					1,191.62
1938					1,561.97
1939					2,072.00
1940					3,100.00
1941					2,804.63
1942					2,389.71
1943					2,876.25
1944					3,931.50

* 출전 : 윤선자, 「정남규」, 『교회와 역사』 205호, 1992.6, 18쪽.

　양로원의 재정은 1935년까지 연평균 약 400~500원이었고, 수용 인원은 이러한 액수를 설명하기 어렵게 한다. 1927년에는 4명이 들어와 3명이 사망기타퇴원하여 연말에는 1명의 수용 인원을 기록하였는데 지출이 353.55원이었다. 그런데 1931년 연초 수용 인원은 8명, 새로운 수용자 4명, 사망기타퇴원 3명, 연말 4명의 수용 인원을 기록하였는데 그해의 지출은 244.84원으로 1927년보다 적다. 수용 인원만 생각한다면 1927년보다 1931년의 지출이 많아야 한다. 이는 양로원의 재정이 수용자를 위해서는 물론 도움을 필요로 하는 이들에게 쓰였다는 것을 의미한다. 1937년부터는 연 지출이 1,100원을 넘어섰고, 수용 인원이 25명이었던 1939년부터는 2,000원을 초과하였다.

　양로원의 재정이 가장 많이 사용된 곳은 양로원 부지와 건물 구입이었다. 이어 두 번째로 많은 비용이 필요한 부분은 약값이었다. 무의탁 노인들이고 가난하였기에 건강이 나빴던 양로원 수용 노인들의 약값은 매년 양로원 재정의 대부분을 차지하였다. 이어 재정은 장례 비용으로 사용되었다. 약값만큼은 아니었지만 장례 비용도 양로원 재정의 상당 부분을 차지하였다. 그런데 위의 <표 2>에는 식비와 부식비가 계산되어 있지 않다. 아마도 최소한의 먹을 것이 제공되지 않았나 여겨지는데 현재 남아 있는 자료로는 확인이 어렵다.

5. 메리놀회 선교사들의 양로원 설립

서울대목구에서 천주교 신자가 중심이 되어 양로원을 설립하고 운영하였던 것에 비해 평안도지역에서는 선교사들이 양로원을 설립, 운영하였다. 1920년 메리놀회가 한국에 진출, 관서와 해서 지방의 천주교 전교 활동을 담당하였다. 1925년 의주본당 메리놀회의 카시디(Cassidy, Joseph, 한국성 姜) 신부가 사가를 구입하여 양로원을 신설하였다. 평양지목구에서는 처음, 한국천주교회로는 두 번째로 설립된 양로원이었다. 1934년 부임한 파디(Pardy, Jacobus, 한국성 巴) 신부는 600여 원을 들여 한옥 50평을 증축하고 무의탁 남녀 노인 31명을 부양하였다. 1937년 양로원에는 31명이 살고 있었는데 설립부터 당시까지 수용 인원은 모두 70명이었고, 39명이 사망하였다. 1945년 3월 영원한 도움의 성모수녀회 의주분원이 설립되어 수녀들이 운영하였던 이 양로원은, 공산당에 의해 의주본당이 몰수당하기 직전 폐쇄되었다.[95]

영유양로원이 평양지목구의 두 번째 양로원으로 설립되었다. 1931년 영유본당에 부임한 할로란(Halloran, E., 한국성 河) 신부는 부임 즉시 양로원을 개설하여 고아원, 시약소와 함께 영유지방 자선사업의 핵심을 이루었

---

95) 평양교구사편찬위원회 편, 『천주교평양교구사』, 분도출판사, 1981, 481~486쪽.

다.96) 수용자가 사망하였을 때 본당의 신심단체가 장례 장비를 구비하여 안장해 줄 정도로 관심을 받았던97) 이 양로원은 1950년 영유본당이 침묵의 교회가 되면서 폐쇄당하였다.98) 1933년 마산본당의 캐롤(Carroll, J., 한국성 安) 신부가 양로원을 설립하였다.99) 이 양로원은 1941년 12월 메리놀회 선교사들이 일본의 적성국민으로 구금되기 직전까지 운영되었다.100)

1933년 8월 8월 진남포본당의 스위니(Sweeney, L., 한국성 徐) 신부가 양로원을 개설하고 의지할 데 없는 노인들과 걸인, 앉은뱅이, 맹인을 수용하였다. 1935년 진남포본당 양로원을 방문한 기자는 다음과 같이 양로원을 소개하였다.

> "진남포에 양로원이 있으나 그 존재를 아는 이는 극히 적다. 그것은 첫째 설립한 시일이 오래지 않했고 더구나 종교가인 일개인이 설립한 것이므로 …(중략)… 양로원도 씨[서이량(스위니)]의 경영으로 재작년 8월부터 시작하여 처음에는 수용자 7,8명에 불과하였으나 작년 10월에 사업을 확장하기 위하여 540원을 주고 인가(隣家)를 사서 39명의 노인과 불구자를 수용하였다고 한다. 그러나 작년도에 최고령자 기타 9인이 사망하였으므로 지금은 30명을 수용하고 있는데 7,8칸의 방이 좁아서 신도들 중에 윤갑열, 김아가다 양씨 집에 노인 두 사람과 고아 두 사람을 수용하고 있다고 한다. …(중략)… 양로원을 찾은즉, 남녀가 각각 딴 집으로 갈려 있는데 … (중략)… 30명 중에는 젊은 사람으로는 앉은뱅이, 소경 외에 물론 대부분은 노인들이었다. 그들 중에는 이상하게도 진남포 사람은 적고 멀리 강원도로부터 평안남도 그중에서도 황해도 사람이 많다. 사정을 물어본즉 모두 의지할 곳 없고 더욱 오랫동

---

96) 평양교구사편찬위원회 편, 『천주교평양교구사』, 413쪽.
97) 『경향잡지』 824호, 1936년 2월 26일, 127~128쪽, 「회보-망자를 위한 성심연맹회 열성」.
98) 평양교구사편찬위원회 편, 『천주교평양교구사』, 419쪽.
99) 평양교구사편찬위원회 편, 『천주교평양교구사』, 369쪽.
100) 평양교구사편찬위원회 편, 『천주교평양교구사』, 374쪽.

안 룸펜 생활을 하다가 들어온 이들이라 한다. 그러나 기자가 참으로 놀랜 것은 이들 중에 7명의 학생이 섞여 있는 것이다. 그는 모두 불구자의 부모를 따라 들어오거나 또는 부모가 없는 고아로서 들어온 소년 소녀로서 모두 해성학교와 성심학원의 1학년으로부터 4학년까지 학적을 두고 있다고 한다. 때는 마침 구정을 지난 뒤라 그들 고아에게는 비단 옷을 입히어 부자집 학생에게 지지 않았다. 공부도 상당히 잘하여 성적이 양호한 학생이 있다고 한다. 우리는 저들을 볼 때에 불구자와 늙은 부모는 인간의 처참한 한 장면을 보는 듯하였으나 학생을 볼 때에는 장래가 양양한 것을 느끼며 속으로 축복함을 마지 않았다. 이 양로원의 음식은 작년도만 해도 매 일요일마다 쌀밥과 고깃국을 주었으나 금년도에는 식구가 늘기 때문에 그렇게까지는 못하는 모양이다. 그래도 경비는 매월 1인당 4원가량이라고 하니 매월 120원 이상이오 특히 그들을 위하여 밥을 짓고 기타 모든 시중을 드는 수녀 두 사람의 공로는 큰 것이다."101)

7,8명이었을 때는 일요일이면 쌀밥과 고깃국을 먹을 수 있었던 양로원은 1935년 수용 인원이 늘어나자 그렇게까지는 할 수 없게 되었다. 1935년 2월 30명이었던 양로원의 수용 인원은 그해 9월 남자 28명, 여자 18명 합계 46명을 기록하였는데 그중에는 5개월 된 영아도 있었다.102) 이들을 위하여 진남포 여성동우회가 새해 선물로 백미(白米) 두 가마니와 현금 10원을 보냈다.103) 그러나 1935년 12월 스위니 신부가 떠나고 3~4개월만에 양로원은 운영난에 봉착했다. 이 소식이 전해지자 진남포부에서 양로원 운영 보조비로 400여 원을 보조하였다. 1933~1937년 양로원은 총 98명을 부양하였고, 1937년 58명이 수용되어 있었다.104) 1943년 12월 24일 성탄절

---

101) 『조선중앙일보』 1935년 2월 15일, 진남포지국 일기자, 「불행인의 낙원, 진남포 양로원, 노약 불구자 30여 명을 수용」.
102) 『조선중앙일보』 1935년 9월 7일, 「日復日 확장되는 진남포의 양로원 현재 수용 인원 노약 46명, 일반의 칭송 자자」.
103) 『동아일보』 1936년 1월 22일, 「鎭南浦養老院에 歲饌을 寄贈」.

을 맞아 양기섭(梁基燮) 신부가 양로원 돕기 운동의 일환으로 자선봉투를 돌린 결과 1천여 원이 모아졌다.105) 1946년 2월 15일 영원한 도움의 성모 수녀회 분원이 설치되면서 양로원을 보조하였는데106) 침묵의 교회가 되기 직전 공산당에 의해 폐쇄되었다.107)

1934년 1월 관후리본당의 코너스(Connors, Joseph, 한국성 權) 신부가 성당 내에 있던 성모학교 구 교사를 양로원사로 정하여 노인들을 돌보았다.108) 할머니들을 수용하였는데 재정은 본당신부 담당으로 하였고, 샬트르성바오로수녀회와 영원한 도움의 성모수녀회의 수녀들이 노인들을 보살피다가 1949년 폐쇄되었다.109)

평양지목구에서 여섯 번째로 평양 대신리본당 양로원이 1935년 1월 양기섭 신부에 의해 설립되었다.110) 양기섭 신부는 조선일보 평양지사에 도움을 청하여 양로원 돕기 운동을 보급하게 함으로써 평양 시내 유지들이 많은 금액을 양로원 신축에 희사하였다. 1936년 2월에는 평양 시내 긴찌오자[金千代座]극장에서 양로원 돕기 영화 감상회를 개최하여 평양 시내 지식인 사회에 양로원 돕기 붐이 일었다. 당시 평양 운수업계 중 하나인 '평안택시'가 비용을 절감하여 양로원에 1개월 동안 경상비를 보조하였고, 논재공소 신자들은 소비 절약 운동을 하여 모은 쌀을 양로원에 기부하였다.111) 이러한 노력의 결과 설립 반년만인 1935년 7월 양로원을 신축하고 50여 명의 노인들을 수용하였는데, 태평양전쟁 발발로 본당신부가 감금당

---

104) 『천주교평양교구사』, 353쪽.
105) 『경향잡지』 966호, 1944년 1월, 6쪽, 「회보-성탄봉투의 감격」.
106) 『천주교평양교구사』, 349~355쪽.
107) 『한국샬트르성바오로수녀회 100년사』, 936쪽.
108) 심홍보, 「한국천주교사회복지사」, 『사목』 248, 한국천주교중앙협의회, 1999년 9월.
109) 『천주교평양교구사』, 316쪽 ; 『한국샬트르성바오로수녀회 100년사』, 967쪽.
110) 『천주교평양교구사』, 322쪽.
111) 백병근, 「교회사회문화사업의 거목 양기섭 신부」, 『교회와 역사』, 한국교회사연구소, 2007년 11월, 14~15쪽.

하면서 폐쇄되었다.112)

　이처럼 천주교회의 신자와 성직자들이 설립, 운영하였던 양로원에 대하여 "평양교구에 1개의 양로원이 있고 23명이 수용"되어 있다는 기록이 1928년 『경향잡지』에 「조선 성교회 현상사업」(1927년 5월~1928년 5월)이라는 통계표로 처음 기록되었다.113) 명동본당 애긍회에서 시작한, 그리고 블랑 주교가 설립하였던 양로원을 이어받은 정남규가 책임을 맡고 있던 양로원은 한국천주교회의 사업으로 포함시키지 않았다. 1930년의 통계표(1929년 5월~1930년 5월)에도 평양지목구에 1개의 양로원에 22명 수용,114) 1931년 통계표(1930년 5월~1931년 5월)에도 평양지목구에 1개의 양로원에 20명 수용이라고 기록되어 있다.115)

　그런데 1931년 경성구천주교회청년회연합회에서 발간한 『조선 천주공교회 약사』에는 평양지목구에 1개, 그리고 서울대목구에 1개 등 한국천주교회에 2개의 양로원이 있다고 기록되어 있다.116) 그리고 1932년(1931년 5월~1932년 5월)의 교세통계표에는 서울대목구에 1개 양로원에 7명 수용, 평양지목구에 1개 양로원에 16명 수용이라고, 처음으로 정남규가 관할하고 있던 양로원이 기록되었다.117) 이어 1933년(1932년 5월~1933년 5월) 통계표에 서울대목구 1개 양로원에 9명 수용, 평양지목구 1개 양로원에 14명 수용이라고 되어 있다.118) 그리고 1935년(1934년 5월~1935년 5월) 통계표에는 서울대목구에는 1개의 양로원이 있고, 평양지목구에는 100명의 노인이 양로원에 수용되어 있다고 하였다.119) 그런데 그해 평양지목구

---

112) 『천주교평양교구사』, 332쪽.
113) 『경향잡지』 646호, 1928년 9월 30일, 428쪽, 「조선 성교회 현상사업」.
114) 『경향잡지』 697호, 1930년 11월 15일, 500쪽, 「조선 성교회 현상사업」.
115) 『경향잡지』 717호, 1931년 9월 15일, 401쪽, 「조선 성교회 사업현황」.
116) 경성구천주교회청년회연합회, 『조선천주공교회약사』, 92쪽.
117) 『경향잡지』 747호, 1932년 12월 15일, 549쪽, 「조선 성교회 사업현상」.
118) 『경향잡지』 767호, 1933년 10월 15일, 447쪽, 「전조선성교회 사업현상」.
119) 『경향잡지』 814호, 1935년 9월 27일, 566쪽, 「전조선성교회 사업일람」.

에서 발간한 잡지에는 평양지목구에 3개의 양로원이 있으며 77명이 수용되어 있다고 기록되어 있다.[120] 교세통계표는 5월 기준이고, 잡지가 발간된 것은 10월이니 그 사이에 변화가 있었다고도 할 수 있지만, 23명의 차이는 변화라기보다 한 자료의 오기라고 여겨진다. 그리고 그것은 평양지목구에서 발간한 잡지의 기록보다는 서울대목구에서 작성한 교세통계표의 기록이 자료의 측면에서 가치가 떨어진다고 생각된다. 당시 평양지목구의 선교책임자인 메리놀회의 선교사가 미국의 메리놀회 본부에 보낸 서한에 "현재 우리가 하는 위대한 일들 가운데 상당히 주목을 끄는 것으로는 자선사업과…(중략)…떠돌이와 장애인, 불쌍한 노인들의 은신처들은 평양과 진남포와 의주에서 관리들의 갈채를 받았다"[121]라고 하여 평양지목구에서 3개의 양로원을 운영한다는 것을 강조하였다. 이를 볼 때 평양지목구 발간 잡지에 수록된 수치가 정확하다고 여겨진다.

그런데 1936년 조선총독부 조사 자료에는, 평양지목구의 양로원만이 언급되어 있다. 1934년 말경 한국에는 9개 양로원에 142명이 수용되어 있는데 그중 의주천주교양로원에 22명, 진남포양로원에 34명이라 하였다.[122] 정남규가 운영하던 서울의 양로원은 천주교 양로원으로 조선총독부에 인식되지 않았다는 의미일 것이다. 그러나 천주교회는 정남규가 맡고 있던 양로원을 천주교 양로원으로 이해하였다. 그래서 1938년 교세통계표에 서울대목구 1개, 평양지목구 6개, 연길대목구 1개 등 8개의 양로원에 170명의 노인들이 있다고 하였다.[123] 그리고 1939년 교세통계표에서는 서울대목구에 1개의 양로원에 25명 수용, 연길대목구에 2개의 양로원에 10명이

---

120) 『가톨릭연구』 1935년 9·10월 합병호, 104쪽, 「朝鮮가톨릭 史的 展望」.
121) 「한국 평양사서함 23, 1935년 2월 21일」, J.E. 모리스 신부가 맥컬킨 신부에게 보낸 서한 : John E. Morris 지음, 이정순 엮음, 『목요안 신부』, 영원한도움의 성모수녀회, 1994, 395~396쪽.
122) 朝鮮總督府 學務局 社會課, 『朝鮮の社會事業』, 1936, 69~70쪽.
123) 『경향잡지』 889호, 1938년 11월 15일, 544쪽, 「조선천주교회 현세」.

수용되어 있다고 하였다.124) 평양지목구에 대한 기록이 빠져 있는데 한 자료에 의하면 1939년 서울의 파리외방전교회 관할 양로원에 13명, 관서지역 메리놀회 관할 양로원에 132명 등 총 145명의 노인들을 천주교 양로원에서 보호하고 있었다.125) 이외에 1935년 설립된 예수성심시녀회의 정녀들이 1936년 2월부터 무의탁 할머니를 돌보기 시작하여 1940년 9명, 1942년 24명, 1944년 22명, 1945년 31명을 양로원에 모셨다고 한다.126)

천주교회의 양로원 활동은 한국에서 처음으로 양로원을 시작하였다는 점에서 큰 의미를 찾을 수 있지만, 위에서 살펴본 것처럼 그렇게 활발했다고는 하기 어렵다. 1938년 8개였던 양로원은 1944년 5개로 감소하였다.127) 그런데 양로원 운영에 적극적이지 않았던 것은 한국천주교회만의 상황이 아니라 세계천주교회도 비슷하였다. 로마교황청 전교성성에서 1939년 가을 전교주일에 발표한 전교성성이 직접 관할하는 전교지대의 통계표를 보면, 천주교회의 각종 사업은 학교 45,701개교(학생 2,524,000명), 병원 800개소(병상수 4만대), 시료소 3,000개소, 고아원 2천개소, 양로원 54개소, 나병요양소 1백개소(수용환자 15,000명) 등이었다.128) 즉 고아원과 양로원을 비교해보면 월등하게 고아원에 천주교회의 관심이 기울어져 있음을 보여준다. 세계천주교회의 이러한 경향이 한국천주교회에도 비슷하게 작용하였다고 여겨진다. 한말·일제강점기 한국천주교회의 교세통계표를 보면 이러한 사실을 확인할 수 있다.

그럼에도 불구하고 한국천주교회가 펼친 양로원 활동은 한국 사회복지사는 물론 한국 근대사에 큰 의미를 준다. 1923년 1월 신문기록에 의하면 서울의 빈민, 즉 한 달에 30원 이하의 생활비로 살아가는 가난한 이들이

---
124) 『경향잡지』 913호, 1939년 11월 15일, 500~501쪽, 「조선천주교회 현세」.
125) 기독교대백과사전편찬위원회, 『기독교대백과사전』 11, 기독교문사, 1984, 50쪽.
126) 예수성심시녀회 60년사 편찬위원회, 『주님 손안의 연장』, 예수성심시녀회, 1996, 75쪽.
127) 한국교회사연구소, 『한국가톨릭대사전부록』, 1985, 324쪽.
128) 『경향잡지』 920호, 1940년 3월, 92쪽, 「회보-전교지대에 가톨릭 약진」.

3,526호 1만 5,048명이었다. 이는 서울 총인구 중 5%, 호구 수로는 6% 정도가 빈민인 셈이었다.129) 전국을 대상으로 하면 상황은 훨씬 심각하였다. 1932년 9월을 기준으로 조선총독부 사회과에서 전국의 요급 궁민을 조사하였는데, 그 결과를 『동아일보』는 '초근목피로 연명하는 그들'이라는 제하에 소개하였다.130) 궁민의 총 호수는 1,147,094호, 총인구의 27%였다.131)

그러나 일제강점기에 행해졌던 사회복지는 지속적인 은사금 위주의 공공복지였고, 사회복지의 수단화였다. 따라서 요보호계층의 수요에 즉응하는 사회복지를 구현하기 힘들었고, 사회복지제도 대부분이 각 시기 통치목적을 위한 수단으로 활용되었다.132) 조선총독부에 의하면 양로원은 '진휼구호(賑恤救護)'에 포함되었다. 1926년 조선총독부 사회과에서 60세 이상의 노인을 조사하였는데, 매년 2만원의 경비로 각 도에서 약 200명의 무의탁 노인들에게 식비로 매일 38전을 준 것은 매우 소극적인 구제책으로 유명무실하니 500명 이상을 구제할 양로기관을 설치하고자 하였다.133) 그러나 조선총독부 조사에 의하면 1933년 2월 현재 전국 사회사업기관은 372곳이었고 그중 양로사업기관은 6개였으며134) 58명이 수용되었을 뿐이었다. 일제통치자들은 양로원이 적은 이유를 "조선에서는 고래 경로의 미풍이 극히 왕성하여 일개인으로서 기자(耆者)를 보호 구제하고 있는 것이 적지 않은 실정으로, 비교적 그 필요성이 적어"135)라고 하였다.

---

129) 『동아일보』 1923년 1월 25일.
130) 『동아일보』 1932년 9월 8·10·11일.
131) 『동아일보』 1933년 1월 27일.
132) 안상훈·조성은·길현종, 『한국 근대의 사회복지』, 서울대학교 출판부, 2005, 144~145쪽.
133) 『동아일보』 1926년 8월 22일, 「양로원을 계획」.
134) 朝鮮總督府學務局社會課, 『조선사회사업요람』, 1934, 214~215쪽.
135) 朝鮮社會事業協會, 『社會事業講習會講演錄』, 1934, 552쪽.

6. 맺음말

1885년 블랑 주교가 양로원을 설립하여 무의탁 노인들을 수용하였다. 그런데 당시는 아직 천주교 신앙의 자유가 조선조정으로부터 용인되지 않았었기에 일반인의 오해를 사지 않도록 신중한 태도를 취하였다. 천주교회가 설립한 양로원이지만, 신자건 비신자건 수용 대상을 가리지 않음으로써 천주교 신자 노인들의 보호라는 교회적 의미를 넘어서서 비신자들에게까지 혜택 범위를 넓혔다. 이 양로원은 많은 사람들에게 알려져 있었고, 많은 노인들이 들어오기를 희망하였다. 천주교회는 노인들의 건강문제를 전담할 시약소도 부설함으로써 근대노인복지사업의 효시를 이루었다.

그러나 양로원의 재정은 한국천주교회에서 감당해야 했고, 노인들을 돌볼 전문가도 필요하였다. 그리하여 프랑스에서 수녀들이 파견되었지만 그들은 양로원보다 고아원에 관심을 기울였다. 블랑 주교에 이어 한국천주교회의 책임을 맡은 뮈텔 주교는 양로원보다는 본당 설립과 성당 건축에 관심을 두었다. 특히 그는 교회자산의 재단법인 등록을 위해 심혈을 기울였는데, 재단법인으로 등록된 천주교회의 자산 규모는 재정 부족을 호소하던 뮈텔 주교의 호소에 의아함을 갖게 한다. 더구나 교회 자산의 대부분은 경작지였다. 물론 블랑 주교는 신앙 자유가 인정되지 않은 상황에서 본당 설립이나 성당 건축이 어려웠고, 뮈텔 주교는 그를 뒤이어 본당 설립과 성당 건축을 해야 하는 상황이었다. 그러나 양로원에 보인 뮈텔 주교의 소극적인 관심은 아쉬움을 준다.

양로원은 천주교 신자들에 의해 계속될 수 있었다. 교회는 신자가 운영을 책임 맡고 있던 양로원에 부지매입비를 빌려준다거나 양로원을 방문하여 미사를 드리는 등 여러 가지로 도움을 주었다. 그것은 신자가 책임을 맡고 있는 양로원이지만 천주교회와 깊이 연결된 양로원이었다는 것을 말해준다.

평양지목구의 선교를 담당한 메리놀회는 뮈텔 주교 등 파리외방전교회 선교사들과 달리 양로원 설립에 많은 관심을 기울였다. 해방 때까지 서울대목구를 포함하여 파리외방전교회 선교사들이 활동한 지역에는 1개의 양로원만이 있었다. 그러나 메리놀회는 1925년부터 본당들에 양로원을 설립하여 6개까지 증가시켰다. 그 이유 중 하나는 메리놀회 선교사들의 선교 지역이 교육과 의료 등을 중심으로 활발하게 활동한 개신교 선교사들의 선교 지역인 때문이기도 하였을 것이다.

일제는 양로원에 그다지 관심을 기울이지 않았다. 그들은 도움을 필요로 하는 한국인들의 수요에 즉응하지 않았고, 사회복지제도는 대부분 식민통치의 차원에서 이용하였다. 따라서 한국천주교회의 양로원은 소규모였지만 일제강점기에도 여전히 한국인의 요구호에 즉응하였다는 점에서 또 하나의 의미를 부여할 수 있다.

Ⅱ. 1910년대 『경향잡지』를 통해서 전개한 천주교회의 의료계몽활동

1. 머리말

　　1906년 10월 19일 창간된136) 한국천주교회의 기관지 『경향신문』은 일제의 한국 강점 직후부터137) 폐간의 압박에 시달렸다. 1910년 9월 10일 일제는, 『경향신문』에 종교적인 내용만 수록해야 한다고 프랑스영사관을 통해 한국천주교회에 통고하였다.138) 10월 15일에는 『경향신문』의 편집 책임을 맡고 있던 드망즈(Demange, Florian) 신부에게 경시청 출두 소환장을 보냈다.139) 이어 순 종교잡지로 바꾸거나 보증금140)을 내야 한다고 협박하였다.141) 한국천주교회는 보증금을 내겠다고 하였는데, 일제의 목적은 보증금이 아니라 폐간이었다. 일제는 사전 검열을 조건으로 신문 발행을 허락하였다.142) 그러나 일제는 검열을 위해 천주교회에서 보낸 교정지에 수많은 줄을 그어 기사들을 삭제하였다.143) 일제의 검열 교정지를 받아

---

136) 1906년 5월부터 신문 창간과 담당자에 대한 일이 계획, 추진되고 있었다.(『뮈텔주교일기』 1906년 5월 3·4일)
137) 강점 이전에도 일제는 『경향신문』의 기사를 문제삼아 184호(1910년 4월 22일) 「금수같은 헌병과 보조원」이라는 기사가 치안을 방해했다며 발매 반포를 금지하고 압수하였다.(『뮈텔주교일기』 1910년 4월 25일 ; 『관보』 융희 4년 4월 26일, 「告示 : 내부고시 제39호」)
138) 『가톨릭신문』 1988년 6월 26일, 최석우, 「일제하 한국천주교회의 저항운동(13)」.
139) 『뮈텔주교일기』 1910년 10월 15일.
140) 『뮈텔주교일기』 1910년 12월 5일·8일.
141) 『뮈텔주교일기』 1910년 12월 5일.
142) 『뮈텔주교일기』 1910년 12월 9일.
143) 『뮈텔주교일기』 1910년 12월 28일.

든 한국천주교회는 『경향신문』 220호(1910년 12월 30일)를 마지막 호로 발간하였다.144) 이어 『경향신문』의 부록 『보감』을 『경향잡지』로 제호 변경하여 221호(1911년 1월 15일자 26면 분량)로 발행하였다.

한국천주교회는 일제의 압박 때문에 『경향잡지』를 종교잡지로 발행하겠다고 하였다.145) 그런데 『경향잡지』를 살펴보면 「각색문제」, 「관보적요」, 「법률문답」, 「위생」, 「학문」 등 종교적인 내용과 상당히 거리가 있는 '난'들이 수록되어 있다. 그 중 「각색문제」난의 상당 부분, 「학문」난의 일부분, 「위생」난은 전체가 질병·치료 방법·위생을 다루고 있다.

1910년대 한국에서는 약 50종의 잡지가 발행되고 있었는데,146) 『신문계』·『조선휘보』 등 9개 잡지에147) 수록된 위생 관련 기사를 분석한 연구자들은, 대부분의 잡지들이 식민 지배의 효과 선전이나 정책 소개 논조에서 벗어나지 않았다고 하였다.148) 『경향잡지』의 위생 기사 수록이, 사람들에게 의학 기초를 전달하기 위해서였다고 주장한 논문도 있다.149) 그런데 『경향잡지』의 「각색문제」난에 소개된 수많은 질병과 증상 중 학질·속에 열이 나는 것·해소만을 언급하였고, 치료 약재로 회양목·소금·감초·유황, 그리고 발표(發表)를 거론하였으며, 편집 방향이 민간요법을 향하고 있다고 주장하였다. 또한 「학문」난은 자연과학 지식 전달을 목적으로 하였기에 의학 관련 내용도 서양의학을 기준으로 서술하였고, 「위생」난은 기초

---

144) 220호는 1910년에 발간된 『보감』(169~219호)에 연재된 기사들의 목록을 수록하였기에, 일제가 문제삼을 내용은 없었다.
145) C-R-S, 1911.
146) 이중한, 「잡지」, 『한국민족문화대백과사전』, 1995 ; 정진석, 『한국잡지역사』, 커뮤니케이션북스, 2014, 40~42쪽.
147) 『조선휘보』, 『조선총독부월보』, 『조선총독부조사월보』(이상 조선총독부 발간), 『朝鮮及滿洲』, 『신문계』, 『서광』, 『반도시론』, 『여자계』, 『서북학회월보』.
148) 정혜경·김혜숙, 「1910년대 식민지 조선에 구현된 위생정책」, 『일제의 식민지 지배정책과 매일신보 : 1910년대』, 두리미디어, 2005.
149) 박승만, 「일제강점기 가톨릭교회의 지면을 통한 의료계몽활동 : 경향잡지와 가톨릭청년을 중심으로」, 『연세의사학』 23-2, 의학사연구소, 2020.

해부학과 소아위생을 전하였다고 하였다. 그리고 「각색문제」·「학문」·「위생」난들이 대중의 알고픈 지식, 조선총독부의 허락한 지식, 천주교회의 알리고픈 지식이 모두 만족하는 방향으로 전개되고 발전한 것이라 주장하였다. 그런데 이러한 주장들은 「각색문제」·「학문」·「위생」난의 내용을 거의 분석하지 않았기에 많은 한계와 아쉬움을 보인다.

필자는 1910년대 『경향잡지』에 수록된 질병·치료·위생 기사들을 분석하여, 천주교회의 의료계몽활동의 실상을 파악하고자 한다. 이는 1910년대 한국인들의 질병·치료방법·위생의 실제적인 모습을 추적하는 것인데, 『경향잡지』의 의료 관련 기사들은 한국인들과 함께 생활한 외국인 선교사들과 한국인 성직자들이, 그리고 신자들이 그들의 경험과 지식을 바탕으로 작성한 것이기 때문이다. 따라서 이 글은 그동안 일제 측 자료들을 토대로 이루어진 선행 연구들에서 놓쳐버린 한국인들의 질병과 위생의 실상을 파악하게 될 것이다.

2. 민간약재와 치료방법 제시

「각색문제」난은 종교잡지를 표방하고 발행한 『경향잡지』 221호(1911년 1월 15일)부터 313호(1914년 11월 15일)까지 3년 10개월 동안 계속되었다.150) 『경향잡지』의 다른 '난'들과 마찬가지로 「각색문제」난도 왜 시작하는지, 무슨 내용을 수록할 것인지, 왜 끝나는지에 대한 언급은 없다. '각색'(各色)이란 온갖 종류 또는 여러 종류를 뜻하는데, 「각색문제」난을 살펴보면 질병·질병의 매개체·약재들, 그리고 생활상식에 관한 내용이다.

국판 1/2면의 서너 줄 분량이지만 「각색문제」난에는 많은 질병과 증상, 치료 약재와 약재 사용방법이 자세히 설명되어 있다. 「각색문제」난에서

---

150) 305호(1914년 7월 15일)에는 「각색문제」난이 없다.

거론한 질병과 증상은 다음과 같다.

간혈병, 감기, 고창, 담 결릴 때, 답답증, 대소변 불통, 두근거림, 두통, 마른버짐, 면통, 목구멍이 부었을 때, 목이 쉴 때, 바람증, 방광의 열기, 복통, 상한증, 설사, 소아 복학, 소화불량, 손목발목 삐었을 때, 손에 동상, 손이 틀 때, 아편이나 독한 물건을 먹었을 때, 안질, 연주창, 열증, 오줌소태, 옴, 이질, 장부통, 장열, 종기, 체증, 치질, 치통, 토혈, 폐병(肺病 신음병), 풍습, 피곤할 때, 학질, 해소, 화상, 황달, 횟배.

이상의 질병·증상들을 선정하고 내용을 집필한 사람은 『경향잡지』의 책임자와 협력자들일 것이다. 『경향잡지』의 편집책임은 드망즈 신부에서, 1911년 4월 23일 멩(Meng, Jean Marie Georges) 신부로 변경되었고,[151] 1913년 5월 말부터는 한기근 신부가 맡았다.[152] 드망즈 신부가 『경향신문』의 발행·편집책임자였을 때 편집 실무는 김원영(金元永) 신부가 맡았는데,[153] 『경향잡지』로 변경된 이후에도 한국인 신부들의 적극적인 협력이 있었으리라 생각된다.[154]

「각색문제」난에 수록한 질병·증상의 선정 기준은 한국인들이 일상생활을 하면서 자주 겪는 질병·증상이었을 것이다. 외국인 선교사들과 한국인 성직자들은 많은 질병에 시달렸고, 신자들과 함께 생활하면서, 그리고 전국의 신자들을 자주 방문하면서 한국인들이 겪는 육체적인 질병과 통증

---

151) 드망즈 신부의 주교 임명 전보가 서울의 주교관에 도착하였다.(『뮈텔주교일기』 1911년 4월 23일 ; *Compte Rendu de la Société des M.E.P. de Seoul,*, 1911)
152) 『뮈텔주교일기』 1913년 5월 11·19·31일.
153) 조 광, 「경향신문의 창간 경위와 그 의의」, 『경향신문』 영인본, 1974, 6쪽 ; 최종고, 「한말 '경향신문'의 법률계몽운동」, 『한국사연구』 26, 한국사연구회, 1979, 117쪽.
154) 한국인 신부는 「각색문제」난을 시작한 1911년 15명이었고, 1914년에는 18명이었다.(한국가톨릭대사전편찬위원회, 『한국가톨릭대사전 부록』, 한국교회사연구소, 1985, 324쪽)

을 잘 알고 있었기 때문이다. 「각색문제」난의 내용 작성에는 신자들도 참여하였을 것이다. 한국천주교회 초창기부터 천주교 신자 의약인들은 약국을 운영하였고[155] 전통 한방의술로 환자들을 치료하고 시약했다.

「각색문제」난에서 가장 먼저 거론한 질병·증상은 "담 결릴 때와 손목·발목을 삐었을 때"였다. 긴급하고 위중한 것은 아니었지만, 많은 한국인들이 자주 고통받는 아픔이었다. 농업이 위주였던 당시 한국인들은 많은 육체노동을 하였고, 육체노동은 피로와 통증을 수반하였기 때문이다.

「각색문제」난에서 많이 언급한 질병·증상은 대소변 불통, 소화불량, 종기인데 약재·조제 방법·복용 방법 등을 다양하게 설명하였다. 대소변 불통의 치료 약재와 방법은, 대황(大黃 Rhubarba) 2돈을 끓는 물 반 근에 담갔다가 2시간 후에 짜서 2시간에 2냥씩 복용(294호), 흑축과 백축 5~8푼을 물에 타서 먹거나 설탕물과 환으로 만들어 복용, 또는 자황(雌黃 Gomime gitte) 말 5돈과 계피(桂皮 Cannelle) 말 2돈과 건강(乾薑 Gingembre) 말 2돈을 물 5돈과 설탕 3냥과 섞어 오동나무 열매 크기의 환으로 만들어 4시간마다 1개씩 복용이었다.(297호) 또한 노가주나무 열매나 잎 1냥을 끓는 물 1근에 30분 동안 담갔다가 3회로 나누어 복용(299호), 공이로 찧은 노가주나무 열매나 잎 8돈을 끓는 물 1근에 2시간 동안 담갔다가 0.5~2.5냥씩 1일 3회 복용(300호), 염초 1돈~1돈 8푼을 물 4~6냥에 타서 1냥씩 1일 3회 복용(313호)하라 하였다.

대소변 불통 치료 방법은 소화불량 치료에도 해당된다고 하였다. 그리고 약쑥 잎 2돈을 뜨거운 물 1사발에 담갔다가 식전에 복용(278호), 피마자기름 5돈~1냥을 더운 물·흰설탕·달걀노른자 등에 타서 식후 2시간에 복용(소아는 1~2돈, 대인은 3~4돈씩)(293호), 겨자(芥子 Moularde)를 3푼씩 하루에 3회 복용(298호)하는 것도 소화불량 치료 방법으로 소개하였다. 또한 민들레 생뿌리 즙 4근을 중탕으로 1시간 동안 끓인 후 식혀서 매

---

155) 방상근, 「조선후기 천주교회의 의료활동」, 『교회사연구』 53, 2018, 89~90쪽.

일 1~2푼씩 복용(302호), 민들레 잎이나 뿌리 8돈을 부드럽게 찧어 물 1사발과 1시간 동안 끓여서 매일 1~2.5냥씩 복용(303호), 민들레 생뿌리 즙을 화주나 독한 소주 1냥에 7일간 담갔다가 1~2돈씩 매일 2~3회 여러 달 복용(304호)하는 것도 소화불량 치료법으로 제시하였다. 약재의 명칭과 사용하는 약재의 부위와 양, 조제 방법, 복용하는 방법과 횟수까지 매우 자세히 설명하였다.

열이 날 때의 치료 방법으로는 설사하기가 강조되었다. 피마자기름 5돈~1냥을 더운 물·흰설탕·달걀노른자 등에 타서 식후 2시간에 소아는 1~2돈, 대인은 3~4돈씩 복용하여 설사(293호), 대황 2돈을 끓는 물 반 근에 담갔다가 2시간 후에 짜서 2시간마다 2냥씩 복용하여 설사(294호), 현명분(玄明粉 Sulfate de Soude(sol de glauber)이나 마그네슘(硫酸 Sulfate de Magnlsie) 2돈이나 4돈을 온수 1사발에 타 마시거나 흑축과 백축(黑丑, 白丑 Kaladana) 2.5냥을 소주 0.5근 4냥에 7일간 담갔다가 2~3돈씩 마심으로써 설사하라(296호)고 하였다. 또 다른 방법은 흑축과 백축 5~8푼을 물이나 설탕물에 타서 복용하거나, 자황(雌黃 Gomime gitte) 말 5돈과 계피 말 2돈과 건강 말 2돈을 물 5돈과 설탕 3냥과 섞어 환으로 만들어 4시간마다 1개씩 복용하라(297호)는 것이었다. 뿐만 아니라 찬 약과 사할 약을 먹기(307호), 염초(焰硝) 3푼 5리~5푼을 물 2냥에 타 복용함으로써 열을 발표(發表)시키(308호)는 방법도 있다고 하였다. 흑축과 백축의 사용 용량과 방법을 통해, 같은 약재일지라도 함께 사용하는 것들에 따라 분량과 조제 방법이 다르다는 것을 보여 주었다. 또한 "서양 약 마그네슘"을 소개함으로써 민간 약재 소개에만 머물지 않았다. 서양 약품을 살 수 있는 사람은 구입하여 사용하면 된다는 것이었다. 마그네슘 사용 방법은 언급하지 않았는데, 마그네슘을 구입할 때 설명서가 있거나 판매자로부터 설명을 들을 수 있었기 때문일 것이다.

소화불량, 대소변 불통, 열날 때의 증상은 모두 소화기병에 해당한다. 이는 당시 한국인들이 가장 많이 고통받고 있던 질병이 소화기병이었다는 것을 말해준다. 1886년 4월 작성된 알렌의 「조선정부병원 제1차년도 보고서」(H. N. Allen and J. W. Herson, *First Annual Report of the Korean Government Hospital Seoul*, R. Meiklejohn, 1886)는 소화불량 환자가 많다고 하였는데,156) 1904~1906년의 질병자와 사망자 수를 조사한 『통감부통계연보』(1907년 12월 발간)에서도 소화기병과 호흡기병의 비율이 매우 높은 것을 확인할 수 있다.157) 「각색문제」난에 소화기병 치료 설명이 많은 것은 1910년대에도 많은 한국인들이 소화기병을 앓고 있었고, 병원에서 치료받는 이들보다 경제적·지리적인 이유로 병원에 가지 못하는 이들이 훨씬 많았다는 것을 말해준다. 병원에 가지 못하는 많은 이들을 위해 「각색문제」난은 민간치료약재를 소개한 것이다.

종기 치료는 소금·참기름·돼지기름 각 2돈씩을 합해 종기에 붙이기(238호), 밀 1냥과 송진 14냥과 참기름 10냥과 적열병유(的列並油)158) 1냥을 섞어 고약으로 만들어 모든 종기에 바르기(243호), 기름 3냥과 비누 3냥과 밀 3냥과 돼지기름 3냥을 섞어 고약으로 만들어 종기에 사용하라 했다.(244호) 또한 간 마늘과 참기름을 섞어 종기에 붙이라 하였으며(281호), 마늘 1통을 잿불에 구워 종기에 붙이라 하였다(2983호). 마늘 외에는 기름을 이용하여 고약을 만들어 종기를 없애는 방법들이었다.

전염병인 학질과 이질의 치료 방법도 소개하였다. 학질은 알렌의 「조선정부병원 제1차년도 보고서」에서 가장 흔한 질병이었고,159) 이질은 대한

---

156) 황상익, 『근대 의료의 풍경』, 푸른역사, 2013, 344~345쪽.
157) 전염병, 발육 영양병, 피부 근육병, 골관절병, 순환기병, 신경계병, 호흡기병, 소화기병, 비뇨생식기병, 외과질환, 중독증 등 11개 질병균으로 분류하였는데 소화기병과 호흡기병이 전체 질병의 거의 절반이었다.(황상익, 『근대의료의 풍경』, 461~462, 464쪽).
158) 소나무 송진에서 추출한 테레빈유(turpentine).(김나영 박사의 도움으로 파악하였다 : 2021년 7월 16일)
159) 황상익, 『근대 의료의 풍경』, 344~345쪽.

제국정부가 1899년 8월 16일 발표한 「전염병 예방규칙」이 대상으로 한 6개의 전염병 중 하나였다.160) 1909년 말 조사에 의하면 전염병 중 가장 많은 환자와 사망자 수를 기록한 것은 두창이었고 이어 장티푸스와 이질이었다.161) 그런데 「각색문제」난에서 학질과 이질을 거론한 것은 당시 많은 사람들이 이들 전염병으로 고생한 때문이었다. 특히 천주교회의 기록에 의하면, 학질은 키니네에 의존하였지만,162) 많은 성직자들이 이질에 걸려 병원에 입원하였다.163)

학질 치료를 위해서는 회양목 잎을 말린 후 부수어 꿀에 개어 먹으라 하였고(222호), 금계랍도 효험이 없으면164) 아침 공복에 소금 2돈을 국에 넣어 먹으라 하였으며(239호), 약쑥 잎 2돈을 더운 물 1사발에 한참 담갔다가 차 마시듯 식전에 복용하라(278호) 하였다. 금계랍을 언급하면서도 회양목 잎, 약쑥 잎, 소금을 치료 약재로 소개한 것은 쉽게 구할 수 있고 오랫동안 사용해 왔으며 저렴한 때문이었다. 이질은 매우 자세히 증상을 설명하였는데, 창자 속에 소화 안된 것들과 대변이 맺혀 배가 아프고 대변이

---

160) 호열자, 腸窒扶斯(장티푸스), 赤痢(이질), 實布垤里兒(디프테리아), 發疹窒扶斯(발진티푸스), 痘瘡.(『고종실록』 광무 3년 8월 16일 ; 「관보」 광무 3년 8월 29일)
161) 호열자(환자 110명, 사망 81명), 장티푸스(801, 230), 이질(349, 84), 디프테리아(40, 15), 두창(1,853, 478), 발진티푸스(1, 0), 성홍열(15, 10).(내부 위생국 편, 『한국 위생 일반』, 1909, 12쪽)
162) 뮈텔 주교는 열이 나면 키니네를 복용하였는데(『뮈텔주교일기』 1899년 8월 22일) 대부분의 성직자들이 비슷했을 것이다.
163) 『드망즈주교일기』 1912년 6월 13일, 7월 26일 ; 『타벨라』 1912년 10월 30일 (『타벨라』 1912년 제7호, 12월 1일 : 『교회와 역사』 393호, 2008년 2월, 10쪽) ; 『타벨라』 1912년 12월 1일(『타벨라』 1913년 제8호, 1월 1일 : 『교회와 역사』 395호, 2008년 4월, 15~16쪽) ; 『타벨라』 1913년 6월 21일(『타벨라』 1913년 제2권 제2호, 7월 1일 : 『교회와 역사』 400호, 2008년 9월, 13쪽) ; 『드망즈주교일기』 1913년 10월 19·20일, 11월 2일 ; 『타벨라』 1913년 10월 20일, 11월 12일 (『타벨라』 1913년 제3권 제7호 : 『교회와 역사』 404호, 2009년 1월, 12~13쪽)
164) 가짜 금계랍이 팔리기도 했던 것 같다.(『경향잡지』 221호, 1911년 1월 15일, 121쪽, 「평론 : 약병의 거짓표」)

안 나오는 것으로 시작되니 설사해야 한다며, 피마자기름 5돈~1냥을 더운 물이나 흰설탕이나 달걀노른자에 타서 식후 2시에 복용하되 소아는 매회 1~2돈, 대인은 3~4돈씩 복용하라 하였다.

　질병의 매개체인 개미와 파리를 잡는 방법도 소개하였다.[165] 그런데 모기에 대한 언급은 없다. 학질 치료법을 3회나 소개하면서도 학질을 일으키는 모기에 대한 주의나 퇴치 방법은 언급하지 않았다. 모기가 학질의 매개체라는 것을 몰랐거나,[166] 모기 퇴치 방법을 알지 못한 때문이었다고 생각된다.

　「각색문제」난에서 언급한 질병·증상을 치료하기 위한 약재로는 다음과 같은 것들을 소개하였다.

　　　가래나무 잎, 감초, 건강(乾薑 Gingembre), 겨자(芥子 Moularde), 계피(桂皮 Cannelle), 그을음, 노가주나무의 열매와 잎, 달걀노른자, 대황(大黃 Rhubarba), 돼지기름, 마늘, 민들레 잎과 뿌리, 밀, 박하 잎, 백두구(白荳蔲), 백반(白礬), 비누, 생강, 석유, 소금, 소주, 송진, 수버들 껍질, 수수 술, 약쑥 잎, 염초(鹽硝), 용뇌(龍腦), 유황(硫黃), 원지(遠志), 자황(雌黃 Gomime gitte), 적열병유(的列並油), 정향(丁香), 주정(酒精), 참기름, 피마자기름, 현명분(玄明粉 Sulfat e de Soude(sol de glauber), 호두나무 잎, 화주(火酒 alcol), 회양목 잎과 뿌리, 후추가루, 흑축과 백축(黑丑, 白丑 Kaladana)[167]

---

165) 『경향잡지』 227호, 1911년 4월 15일, 163쪽, 「각색문제 : 개암이를 없이 하는 법」; 229호, 1911년 5월 15일, 212쪽, 「각색문제 : 파리 잡는 법」.
166) 학질에 대해서는 1890년대에도 신문에서 언급하고 치료약을 제시하였다.(『매일신문』 1899년 1월 5일, 「이틀 거리 학질에 유명이 신효한 보화단이라 하는 약을」) 그러나 학질과 모기를 연관한 기사는 1920년대에야 보인다.(『선봉』 1926년 7월 18일, 「여름에 주의할 것은 모기가 중매하는 학질-말라리아」 ; 『동아일보』 1929년 6월 23일, 「모기가 날라다 주는 무서운 질병, 그중에도 학질이 제일 많다」.
167) 흑축은 붉은 나팔꽃의 씨, 백축은 흰 나팔꽃의 씨.

대부분 주변에서 흔히 구할 수 있고, 경제적으로 큰 부담이 되지 않으며, 오랫동안 사용해온 것들이다. 1896~1899년 전남 강진 병영의 '박약국'(朴藥局)에서 판매한 약재 목록에서도 감초, 계피, 망초, 박하, 백반, 원지, 유황, 정향을 확인할 수 있다.168) 또한 1915년 조선총독부 경무총감부 위생과에서 발간한『조선위생풍습록』(朝鮮衛生風習錄)에도 한국인들이 오랫동안 사용한 민간치료약재로 마늘, 미나리, 밀가루, 생강, 석유, 소금, 소주, 유황 등이 언급되어 있다.169) 「각색문제」난에서 소개한 약재들은 한국인들이 오랫동안 사용한 것인데, 그것은 치료 효과가 입증되었다는 의미였다. 그래서『경향잡지』는「각색문제」난에 소개하는 것이 "좋은 약"이라고 강조하였다.170)

「각색문제」난에서 많이 소개한 약재는 소금, 소주, 돼지기름, 마늘, 참기름 등이다. 소금은 감기·눈병·목병·종기·풍습·토혈·학질 등의 치료에, 소주는 옴·횟배·소아 복학·설사·대소변 불통 치료와 열이 날 때, 몸을 강건케 하는 데 사용한다고 하였다. 기름 종류를 많이 소개하였는데 돼지기름은 동상·마른버짐·종기·화상 치료에, 참기름은 치통과 종기 치료에, 그리고 들기름은 질병의 매개체인 개미와 파리를 없애기 위해 다른 재료들과 함께 사용한다고 하였다. 마늘은 폐병(肺病 신음병), 종기, 횟배, 연주창, 버짐 치료에 좋다고 하였다. 소금, 소주, 마늘, 돼지기름은 주변에서 구하기 쉬운 것들이었는데,「각색문제」난은 많은 질병의 치료 약재로 소개하였고, 하나의 약재가 여러 질병·증상의 치료에 사용된다고 설명하였다.

건강(乾薑 Gingembre), 겨자(芥子 Moularde), 계피(桂皮 Cannelle), 대황(大黃 Rhubarba), 자황(雌黃 Gomime gitte), 현명분(玄明粉 Sulfat e de

---

168) 김덕진,「한말 의약 需要를 통해 본 약값과 질병 : 전라도 강진의 박약국 사례-」,『인문학연구』60, 조선대학교 인문학연구원, 2020, 112쪽의 <표 8>.
169) 조선총독부 엮음, 신종원·한지원 옮김,『조선위생풍습록』, 민속원, 2013, 157~181쪽.
170)『경향잡지』223호, 1911년 2월, 49쪽,「평론 : 목마르게 하는 약」.

Soude(sol de glauber), 화주(火酒 alcol), 흑축과 백축(黑丑, 白丑 kaladana)에는 서양 언어가 병기되었는데, 왜 이것들에만 서양 언어를 기록하였는지 알 수 없다. ingembre, Moularde, Cannelle, Rhubarba, Sulfat e de Soude (sol de glauber)은 프랑스어이고, alcol은 'alcool'의 오기인 것 같다. Gomime gitte와 kaladana은 어떤 언어인지 파악하기 어렵다.171)

1910년대 일제는 '효율' '위생' '개발'을 앞세우며 한국인들의 전통 의료 관행을 파괴, 해체, 변용하려 하였다.172) 한국인들의 민간치료법을 매우 부정적으로 기술한 『조선위생풍습록』은 인분, 소변, 동물의 분뇨 등을 언급하여 한국인들의 민간치료가 비문명적임을 강조하였다.173) 그러나 복통일 때 약쑥을 복용하고, "안병에 걸렸을 때는 염수로 세척"하며, "해수에 걸렸을 때는 분말로 한 유황을 따뜻한 탁주에 섞어서 복용(경남)"한다고 한국인들의 민간치료의 긍정적인 측면을 인정하였다.174) 일제가 아무리 부인할지라도 한국인들은 오랫동안 사용해온 약재와 치료 방법을 사용하고 있었으며, 「각색문제」난은 한국의 전통 치료법, 민간치료법을 소개하였다.

「각색문제」난은 약국 판매 약들도 소개하였는데 간유,175) 글리세린,176)

---

171) ( ) 속에 프랑스어와 한자를 표기하는 것이 "추가적인 설명이 필요한 경우"라 주장한 연구자도 있는데,(박승만, 「일제강점기 가톨릭교회의 지면을 통한 의료 계몽활동 : '경향잡지'와 '가톨릭청년'을 중심으로」, 89쪽) 왜 이들 몇 개의 약재에만 그러한 표기를 했는지는 설명하지 않았다.
172) 이형식, 「1910년대 조선총독부의 위생정책과 조선사회」, 『한림일본학』 20, 한림대학교 일본학연구소, 2012, 6쪽.
173) 신종원·한지원 옮김, 『조선위생풍습록』, 157~169쪽.
174) 신종원·한지원 옮김, 『조선위생풍습록』, 158~159, 161쪽.
175) 247호(1912년 2월 15일)에서는 일본 약국에서 판다고 하였는데, 그로부터 약 1년 후인 274호(1913년 3월 31일)에서는 모든 약국에서 판매한다고 하였다.
176) 자료에 가장 먼저 보이는 양 약국은 1898년 4월 개업한 박일근(朴逸根)의 재생(濟生)의원(=재생당약국)과 1894년 개업한 염진호의 양 약국.(이홍기, 「19세기말 10세기 초 의약업의 변화와 개업의」, 『의사학』 19-1, 대한의사학회, 2010, 351쪽)

금계랍, 마그네슘, 요도정기 등이다. 간유는 기운이 없을 때 강장케 하고 연주창 치료에 사용하며,177) 요도정기도 연주창에 좋은 약이고,178) 글리세린은 동상(凍傷) 치료에,179) 금계랍은 학질에,180) 마그네슘은 열이 날 때 해열을 위해 설사하는 데181) 사용한다고 하였다. 간유는 "肝油 Huile de foie de morne", 마그네슘은 "硫酸 Sulfate de Magnlsie", 요도정기는 "沃度丁幾 Teinture d'iode"라고 ( ) 속에 한자와 프랑스어를 병기하였고, 글리세린은 ( ) 속에 "glycerine"이라 프랑스어를 표기하였다. 키니네는 금계랍이라는 이름으로 들어왔기에 'Quinine'라는 서양 언어의 병기가 필요치 않다고 생각한 때문이라 여겨진다.

약국 판매 약들은 한국인들에 그렇게 낯설지 않았고, 효과도 좋았기에 「각색문제」난에서 소개하였다고 생각된다. 간유는 1907년 『황성신문』에 6개월,182) 1880년경 조선에 들어온 이후 학질 특효약으로 알려진183) 금계랍(金鷄蠟=키니네)은 『독립신문』에 1896년과 1897년에 5개월 동안 광고가 실렸다.184) 약국을 포함하여 매약상(賣藥商)185)은 1908년 말 3,840명

---

177) 『경향잡지』 247호, 1912년 2월 15일, 68쪽, 「각색문제 : 강장케 하는 약」; 274호, 1913년 3월 31일, 139쪽, 「각색문제 : 또 연주창에 약」.
178) 『경향잡지』 273호, 1913년 3월 15일, 116~117쪽, 「각색문제 : 연주창에 약」. 대한제국은 1900년 요도정기를 '양약(洋藥) 중 극약(劇藥)'으로 분류하였다. (「內部令 제27호 醫士규칙」, 광무 4년 1월 2일, 『고종실록』 광무 4년 1월 2일; 「관보」 광무 4년 1월 17일 ; 「각사등록 근대편」, 국사편찬위원회 한국사 데이터베이스 : 2021년 7월 31일 검색).
179) 『경향잡지』 245호, 1912년 1월 15일, 20쪽, 「각색문제 : 손 터진 것을 치료하는 법」.
180) 『경향잡지』 239호, 1911년 10월 15일, 452쪽, 「각색문제 : 학질 앓는 데 쓰는 약」.
181) 『경향잡지』 296호, 1914년 2월 28일, 91쪽, 「각색문제 : 열을 없이 하는 약」.
182) 간유 광고가 『황성신문』 1907년 6월 8일~12월 29일에 거의 매일 실렸다.
183) 금계랍은 1893년 이전 학질의 유일한 치료제로 알려져 있었다. (이홍기, 「19세기말 10세기 초 의약업의 변화와 개업의」, 350쪽)
184) 1896년 11월 7일~12월 26일과 1897년 3월 27일~5월 11일자에 '고샬기' 상회에서 금계랍을 광고하였다.
185) 19세기까지는 한국인 약상(藥商)이 거의 보이지 않고, 청·일본 등 외국인 약상이 약재와 가벼운 환약을 방문판매나 시장판매 하였다고 한다.(김덕진, 「한말 의

(한국인 3,265명, 일본인 575명)이었고 이는 인구 1만명당 4.31명꼴이었다.186) 매약상의 숫자는 1910년 9월 1일 3,869명(한국인 3,103명, 일본인 766명),187) 1911년 12월 말에는 3,601명(한국인 3,203명, 일본인 387명, 외국인 11명)으로 집계되어188) 큰 변화를 보이지 않았다. 1만명당 4명이라는 매약상의 숫자는 적다고 할 수 없지만, 신문들에 약품 광고들이 실렸으니 서양 약품은 구입할 수 있었다. 그러나 대부분의 한국인들은 서양 약품은 물론 한약재도 구입하기 어려웠다. 약재 원가의 5배 또는 그 몇 배였던189) 약값은 조선 후기부터도 일반 물가보다 비싼 편이었기 때문이다.190) 대부분의 질병이 가난과 연관되어 있었고,191) 사람들은 약을 구입할 수 없을 만큼 대부분 가난했다.

「각색문제」난은 각종 질병과 증상, 그리고 그 질병과 증상을 치료하기 위한 약재들과 조제 방법들을 매우 간략하게 그러나 다양하게 설명하여 한국인들의 질병 치료에 도움이 되고자 하였다. 정신적인 건강과 함께 육신의 건강을 지키기 위한 정보와 지식은 『경향잡지』가 계승한 『경향신문』이 창간 목적으로 강조하였던 '요긴한 지식'이었기 때문이다.

약 需要를 통해 본 약값과 질병 : 전라도 강진의 박약국 사례-」, 98쪽의 각주 16)
186) 한성부 179명(한국인 116, 일본인 63), 경기 419명(378, 41), 충북 290명(235, 55), 충남 288명(258, 30), 전북 332명(314, 18), 전남 447명(406, 41), 경북 453명(396, 57), 경남 433명(333, 100), 강원 235명(209, 26), 함북 155명(129, 26), 함남 182명(156, 26), 평북 258명(216, 42) 평남 136명(93, 43), 황해 147명(116, 31)이었다. 청국인 매약상도 9명이 있었다.(내부 위생국 편, 『한국 위생 일반』, 5~7쪽)
187) 조선총독부, 『제1차 조선총독부 통계요람』, 1911, 72~73쪽.
188) 조선총독부, 『조선총독부 통계연보 대정 원년』 1912, 315쪽.
189) 양정필, 「한약업자의 대응과 성장」, 『한의학, 식민지를 앓다』, 연세대학교 의학사연구소, 아카넷, 2008, 251쪽.
190) 김덕진, 「한말 의약 需要를 통해 본 약값과 질병 : 전라도 강진의 박약국 사례-」, 119쪽.
191) 황상익, 『근대 의료의 풍경』, 500쪽.

3. 전염병과 위생을 경고

해열·소변불통·장부통의 치료 약재와 복용 방법 소개를 마지막으로 「각색문제」난이 막을 내린지 1년 5개월여 후인 1916년 「학문」난에 전염병과 위생에 관한 내용들이 수록되었다. 「학문」난은 341호(1916.1.15)부터 366호(1917.1.31)까지 13개월 동안 연재되었는데 양력, 음력, 일식과 월식, 주야, 조수, 화산과 지진, 물·이슬·서리·안개·구름·비·눈·진눈깨비·싸래기눈·우박, 호박의 헛꽃을 따지 말 일, 전기에 대하여 설명하였다. 그리고 파리를 힘써 없이 할 일(348호), 위생에 주의할 일(357·358호), 공기(349·350·351·352호), 음식(359·360·361호), 운동(362호), 열(365·366호) 등 전염병과 위생에 대해서도 다루었다.

사람의 눈으로 볼 수 없는 미균(黴菌)이 파리의 발에 붙어 음식으로, 이어 사람의 입으로 옮겨져 전염병을 발생시키고 사람의 생명을 헤친다고 하였다. 그리고 파리는 더러운 곳을 쫓아다니므로 파리를 없애는 가장 좋은 방법은 '청결'이라고 주장하였다.[192] 「각색문제」난에서 "파리 잡는 법"을 설명하였지만(229호) 왜 잡아야 하는지 이유는 제시하지 않았다. 그러나 「학문」난에서는 파리 박멸 이유, 특히 봄철에 파리를 없애야 하는 이유까지 분명하게 설명하였다. 또한 각 집이 깨끗하면 동리가 깨끗하고, 각 동리가 깨끗하면 고을이 깨끗해진다면서 청결이 모두에게 연결되어 있다고 주장하였다. 「각색문제」난과 비교할 때 「학문」난은 국판 2~4면으로 분량이 크게 증가하였기에 자세한 설명이 가능하였다. 이유를 분명하게 설명하는 「학문」난은 독자들에게 충분한 이해와 공감을 주었을 것이다.

「학문」난은 신선한 공기가 위생에 도움된다고[193] 주장하였다.[194] 「각

---

192) 『경향잡지』 348호, 1916년 4월 30일, 191~192쪽, 「학문 : 파리를 힘써 없이 할 일」.
193) 신선한 공기와 위생의 관계에 대해서는 오래 전부터 언급되었다.(『황성신문』 1906년 1월 13일, 위생과장 민원식씨, 「寄書 위생문제要感」; 『대한매일신보』

색문제」난에서는 "제일 좋은 바람을 쏘이는 것"이 위생에 좋다고 했었는데,195) 「학문」난에서는 시골 공기가 신선하여 위생에 좋다고 하였다. 이러한 설명은 오랜 박해 시기를 거치면서 산중으로 숨어들었고, 그래서 산골·시골 중심으로 교우촌을 형성한 천주교 신자들의 삶의 공간을 긍정적으로 설명하는 것이기도 하다.

「학문」난은 "병에 걸리지 않기로 미리 방비함"을 위생이라 하였다.196) 따라서 항상 위생에 주의해야 하는데 특히 환절기에 조심해야 한다고 하였다.197) 그리고 '신체학'이란 단어를 사용하며 각자 위생에 주의할 것을 제시하였다. 즉 ① 장위(腸胃)가 건강하면 전염병의 미균이 번성할 수 없으니 장위를 튼튼하게 할 것, ② 소화에 부담되지 않도록 모든 음식은 익혀서 절조있게 섭취, ③ 잠은 사람의 "육신의 기계"를 쉬게 하므로 더운 방에서 7~8시간 자기, ④ 의복 청결, ⑤ 집안 청결이었다.

그런데 '신체학', '육신의 기계'라는 용어는 일제강점기의 신문잡지들에서 찾아보기 어렵다. '신체학'은 사람 몸의 구조를 과학적으로 연구하는 것이고, '육신 기계'는 사람의 몸을 기계적으로 인식하는 것이다. 이러한 인식은 사람의 몸을 정교한 기계로 인식한 하비(Harvey, W.) 등의 이론·증명198)을 거쳐 사람들에게 호응을 얻었다.199) 서양 의학서들을 받아들인

1909년 4월 16일, 「시사평론」)
194) 『경향잡지』 349호, 1916년 5월 15일, 216쪽, 「학문 : 공기」.
195) 『경향잡지』 274호, 1913년 3월 31일, 139쪽, 「각색문제 : 또 연주창에 약」.
196) 위생이란 단어는 『조선왕조실록』에서도 찾을 수 있다. "위생하는 약을 갖추 보내시와 몸에 얽힌 병을 가히 치료하겠사오니"(藥備衛生 可治纏綿之證 : 『세종실록』 세종 7년 11월 13일) ; "위생에 대한 은혜가 흡족하사 특수한 약을 내리심을 입사오매"(恩洽衛生 獲紆殊錫 : 『세종실록』 세종 23년 12월 17일). 일본 도쿄[東京] 한국유학생모임인 태극(太極)학회가 발간한 『태극학보』에서도 "위생법이란 병이 발생하기 전에 예방하는 것"이라 설명하였다.(朴相洛, 「위생문답」, 『태극학보』 5호, 1906년 12월 24일)
197) 『경향잡지』 357호, 1916년 9월 15일, 405쪽, 「학문 : 이 사이 위생에 주의할 일」.
198) 강신익, 「동서 의학의 신체관」, 『생명윤리』 3-2, 한국생명윤리학회, 2002, 47쪽.

조선에서도 이러한 인식이 영향을 미쳐 최한기(崔漢綺, 1803~1877)는 『신기천험』(身機踐驗, 1866)에서 사람의 몸을 기계라고 생각하여 '신기(身機)'라 하였다.200)

「학문」난은 "순사가 다니며 청결시키는 것을 까다롭다고 생각하지 말"고, 청결케 하는 것을 "각 사람의 본분으로 힘쓰"라 하였다.201) 일제 강점 이후 한국의 위생은 경찰조직이 담당하였고, 일제는 '위생경찰'202)을 통하여 한국인의 삶을 감시·통제하였다.203) 위생경찰은 통제의 측면에서 한국인의 위생을 인식하고 접근하였다. 일제는 1916년 9월 콜레라 환자들이 발생하자, 한국의 위생시설이 불완전하고 한국인들의 위생사상이 유치하기 때문에 개인들의 자제력·공덕심(公德心)에만 의뢰할 수 없다며 "위생상 다소의 압박을 가하"204)겠다고 협박하였다. 이런 상황이었으므로 「학문」난은 일제경찰의 통제를 "까다롭게 생각하지 말"라고 하였다. 그러나 그 이유는 일제의 통제가 두려운 때문이 아니라, 청결은 사람이 지켜야 할 본분이기 때문이라 하였다. 각자 청결해야 이웃들도 건강할 수 있다는 것이었다. 일제의 식민통치정책을 홍보하는 것도, 식민정책에의 협력을 강조하는 것도 아니었다.

일제는 강제 합병 이후 한국의 위생 문제를 전염병 방역으로 집중시켰다.205) 매년 전염병 환자 수와 사망자 수를 집계한 것도 그 때문이었다.

---

199) 재컬린 더핀, 신좌섭 옮김, 『의학의 역사』, 사이언스북스, 2006, 73~74쪽.
200) 김문용, 「서양의학의 수용과 신체관의 변화」, 『동양고전연구』 37, 동양고전학회, 2009, 356쪽 ; 이영찬, 「최한기의 기학적 인간 본질과 인성 덕목의 현대적 함의」, 『사회사상과 문화』 20-1, 동양사회사상학회, 2017, 8~9쪽
201) 『경향잡지』 357호, 1916년 9월 15일, 406~408쪽, 「학문 : 이 사이 위생에 주의 할 일」.
202) 위생경찰에 대해서는 정근식, 「식민지 위생경찰의 형성과 변화, 그리고 유산 : 식민지 통치성의 시각에서」, 『사회와 역사』 90, 한국사회사학회, 2011 참조.
203) 정혜경·김혜숙, 「1910년대 식민지 조선에 구현된 위생정책」, 81~82쪽.
204) 『매일신보』 1916년 9월 21일, 「사설 : 虎疫의 예방 박멸」.
205) 이형식, 「1910년대 조선총독부의 위생정책과 조선사회」, 8쪽.

그러나 전염병 환자와 사망자 수는 크게 감소하지 않았다. 일제는 호역(虎疫)이 습격하면 한국·한국인들의 피해는 일본과는 비교 안 될 정도로 클 것이라고 협박하였다.206) 콜레라의 발생도 전염도 그로 인한 피해도 모두 한국인들의 책임이라는 것이었다. 온갖 규제와 선전을 했음에도 일제가 방역에 성공한 전염병은 콜레라와 천연두뿐이었는데,207) 콜레라와 천연두가 전체 전염병 발생에서 차지하는 비중은 그리 높지 않았다.208)

「학문」난에서 전염병과 위생을 자세히 설명한 이유는 당시 콜레라 등 전염병이 유행하였기 때문이다. 1916년 일본에서 성행한 콜레라가 부산으로 유입되어 부산, 진주, 거문도, 인천 제물포 등에서 환자들이 생겨났고, 여기저기서 장티푸스와 이질도 유행하였다.209) 1916년 8월 22일 경북 방어진의 한 일본인이 "의사(疑似)호열자"에 걸려 부산 검역소에서 검사받았고,210) 8월 30일 부산 입항 관부연락선 고려환(高麗丸)의 탑승객이 의사호열자에 걸려 대전과 수원역에서 검역이 이루어졌다.211) 9월 5일에는 부산 입항 일지환(日枝丸)에 탑승한 일본인이 목포행 기차 안에서 의사호열자로 진단되어 같은 기차에 탑승한 86명이 검역을 받기 위해 하차하였다.212) 『매일신보』와 『부산일보』에서 '의사호열자'라고 하였지만 분명 콜레라였

---

206) 『매일신보』 1916년 9월 2일, 「사설 : 虎疫과 위생(再)」.
207) 대한제국정부가 1899년 8월 16일 공포한 <전염병 예방규칙>은 콜레라, 장티푸스, 이질, 디프테리아, 발진티푸스, 두창 등 6가지 전염병을 대상으로 하였는데, 1915년 6월 5일 일제가 공포한 <전염병 예방령>은 콜레라, 이질, 장티푸스, 파라티푸스, 두창, 발진티푸스, 성홍열, 디프테리아, 페스트를 대상으로 하였다. .
208) 신동원, 「일제하 한국인의 사망률 감소 원인에 관한 한 고찰-급성전염병 발생율, 사망률, 치명율을 중심으로-」, 『한국과학사학회지』 9-1, 1987, 121쪽.
209) 『경향잡지』 357호, 1916년 9월 15일, 406쪽, 「학문 : 이 사이 위생에 주의할 일」; 358호, 1916년 9월 31일, 431쪽, 「학문 : 이 사이 위생에 주의할 일(속)」.
210) 『매일신보』 1916년 8월 23일, 「울산에 호열자 발생, 내지인 어민 계집의 의사괴질, 총감부 위생과의 예방할 회의」.
211) 『매일신보』 1916년 9월 2일, 「수원 停留者 해방, 난리를 만난 수원군 백성, 검경을 마친 후 전부 해방」 ; 『부산일보』 1916년 9월 2일, 「콜레라 드디어 다가오다」.
212) 『부산일보』 1916년 9월 7일, 「열차 내에서 콜레라 발생, 대구에서 86명 정류」.

다. 9월 19일에는 인천에서 13명, 부천에서 10명, 군산에서 1명의 콜레라 환자가 발생하였고, 인천에는 첫 환자 발생 이후 "호열자 수 22명"이라는 기사가 실렸다.213)

당시 콜레라의 유행 상황은 교회 기록으로도 확인된다. 콜레라가 만연한 제물포 싸리재역이 폐쇄되었고,214) 제물포성당이 위치한 사동(寺洞) 거리가 격리되어215) 제물포성당으로의 통행이 금지되었다.216) 대구성당(현 대구 계산동성당)도 10일 동안 출입이 금지되었고,217) 로베르(Robert, A., 한국명 金保祿) 신부와 페셀(Peschel, P., 한국명 白鶴老) 신부는 그들이 탑승한 전차218)에서 콜레라 환자가 발생하여 부산격리소에 36시간 동안 머물렀다.219) 일제경찰은 대전을 사목 방문한 대구대목구장 드망즈 주교를 "전염병 유행지역인 대구에서 오는 사람"이라 기록하였다.220) 종현수녀원에서 돌보고 있던 100여 명의 아이들도 콜레라 예방접종을 해야 했다.221)

1916년의 콜레라 발병 이전에도 성직자, 수도자, 신자들은 전염병에서 자유롭지 못했다. 1911년 한반도와 지리적·교회적으로 밀접한 만주에서 파리외방전교회 선교사들이 페스트로 사망하였고,222) 종현수녀원에서는 열병으로 수녀지원자가 사망하고 프랑스인 수녀와 한국인 지원자들이 앓아누웠다.223) 1912년에는 콜레라로 일본인 신자가 사망하였고,224) 1914

---

213) 『부산일보』 1916년 9월 21일, 「각지의 콜레라 환자 수」.
214) 『뮈텔주교일기』 1916년 9월 21일.
215) 『뮈텔주교일기』 1916년 9월 22일.
216) 『뮈텔주교일기』 1916년 9월 26일.
217) 『드망즈주교일기』 1916년 9월 29일, 10월 1·10일.
218) 『부산일보』 1915년 11월 3일, 「부산전차 개통 당일 모습」 ; 『매일신보』 1915년 11월 3일, 「萊釜 전차 개통축하」.
219) 『드망즈주교일기』 1916년 10월 14·16일.
220) 『드망즈주교일기』 1916년 11월 3일.
221) 『뮈텔주교일기』 1916년 9월 26일.
222) 『뮈텔주교일기』 1911년 1월 20일, 2월 13일.
223) 『뮈텔주교일기』 1911년 4월 27·30일, 7월 23일. 열병은 장티푸스였던 것 같다.
224) 『뮈텔주교일기』 1912년 6월 12일.

년에는 종현수녀원에 성홍열225)이 유행하였다.226) 1915년 2월 제물포수녀원에서는 수녀들과 수녀들이 돌보는 아이들이 열병을 앓았고,227) 종현수녀원에서는 장티푸스에 걸린 수녀가 의사의 권유로 격리되었으며,228) 베네딕도회 수사도 장티푸스에 걸렸다.229)

「학문」난은 파리와 쥐가 전염병의 매개체라며 박멸을 주장하였다.230) 그런데 쥐는 "가장 무서운 전염병인 흑사병(黑死病 페스트)을 전염시키므로 무섭다"고 하였지만, 파리가 매개하는 구체적인 전염병은 언급하지 않았다. 그리고 전염병을 4가지로 분류하였다. ① 역질(痘瘡)·홍역(痲疹)·양독반은 바깥 피부로부터 병균이 전염되고, ② 흑사병은 대개 사람이 호흡할 때 병균이 코와 입으로 들어가서 전염되고, ③ 가슴병(肺結核 폐결핵, 토질병, 男음허화동, 女노점병)·염병·괴질은 병균이 입으로 들어가서 식통으로 창자로 들어가 전염되며, ④ 이질은 한국인들이 전염병으로 여기지 않지만231) 외국 의사들은 전염병으로 파악한다고 설명하였다.232) 두창·홍역·성홍열 외에는 모두 입을 통해 전염되는 전염병들이었다. 그래서 손

---

225) 1914년 겨울부터 1915년 봄까지 한국에서 성홍열이 크게 유행하였고, 경무총감부는 성홍열 예방을 위해 진단, 시체 검안 때 관할 경찰관이나 관련기관에 신고하도록 지시하였다.(『조선총독부관보』 1914년 12월 5일, 「경무총감부령 제11호」)
226) 『뮈텔주교일기』 1914년 1월 11일.
227) 『뮈텔주교일기』 1915년 2월 17일.
228) 『뮈텔주교일기』 1915년 2월 23일.
229) 『뮈텔주교일기』 1915년 8월 2·31일.
230) 『경향잡지』 348호, 1916년 4월 30일, 191~192쪽, 「학문 : 파리를 힘써 없이 할 일」.
231) 대한제국정부는 1899년 8월 29일 <적리예방규칙>(赤痢豫防規則)과 <디프테리아[實布坯里亞]예방규칙>을 시행하였는데(『조선왕조실록』 고종 36년 8월 29일) 당시 이질이 극성이었기 때문이고(『황성신문』 1899년 8월 15일, 「적리노성(赤痢爐盛)」), 이질의 위험성을 잘 알고 있었기 때문이다. 이질은 전염병으로 여기지 않는다는 「학문」난의 위 서술은 잘못된 것이다.
232) 『경향잡지』 358호, 1916년 9월 31일, 431~432쪽, 「학문 : 이 사이 위생에 주의할 일(속)」.

을 자주 씻고, 음식 섭취에 주의하라 하였다.233) 그리고 음식이 인간의 몸 안에서 소화 배설되는 과정을 서술하였다.234) 미균을 구분하여 된장·간장·초에 많이 있는 미균은 사람에게 해가 안 되고, 초는 조금씩 먹으면 이질에 쉽게 전염되지 않는다고 하였다.235) 이어 전염병 등 질병의 원인이 되는 기생충을 요충, 십이지장충, 회충, 도충(條蟲=寸蟲)으로 나누어 설명하고, 회충·촌충은 한국인에게 많은데 "촌충을 전에는 석류나무 뿌리나 비자로서 잡더니 지금은 불과 몇십 전만 허비하면236) 어렵지 않게 잡는다"고 하였다.237) 기생충 약이 개발되었고 비싸지 않으므로 쉽게 박멸할 수 있음을 강조한 것이다.

『경향잡지』 366호(1917년 1월 31일) 「학문」난의 마지막 문장에는 "(미완)"이라 표기되어 있다. 그런데 이것이 「학문」난의 마지막이었다. 계속되지 않은 이유에 대한 설명은 없다. 「학문」난은 전염병을 구체적으로 자세히 설명하고, 전염병 예방을 위한 위생을 강조하였다. 전염병에 걸리지 않으려면 전염병의 매개체인 파리와 쥐를 박멸해야 하고, 인체의 구조를 알고 음식이 잘 소화될 수 있도록 해야 한다고 주장하였다. 「각색문제」난은 질병에 걸린 후의 치료에 중점을 두었는데, 「학문」난은 전염병의 원인과 전염병 매개체, 그리고 전염병 예방을 설명하는데 주력하였다. 의료 계몽의 방향과 내용이 치료에서 예방으로 한 단계 나아간 것이라 할 수 있다.

---

233) 『경향잡지』 358호, 1916년 9월 31일, 432쪽, 「학문 : 이 사이 위생에 주의할 일(속)」.
234) 『경향잡지』 359호, 1916년 10월 15일, 454~456쪽, 「학문 : 음식」.
235) 『경향잡지』 360호, 1916년 10월 31일, 480쪽, 「학문 : 음식(속)」.
236) 『황성신문』 1899년 8월 9일~10월 7일자에 회충약 광고가 있고, 촌충약 광고는 『국민보』 1914년 1월 24일~4월 18일자 「표류상점 광고」에서 볼 수 있는데 '촌충약 75전'이라 되어 있다.
237) 『경향잡지』 361호, 1916년 11월 15일, 502~504쪽, 「학문 : 음식」.

4. 질병치료 전문가와 종교적 설명 강조

「학문」난이 미완으로 끝난 지 5개월 후인 1917년 6월 30일자 『경향잡지』 376호에 「위생」난이 마련되었다. 국판 1.5~3.5면 분량의 「위생」난은 성인 대상으로 27회, 잉부와 소아 대상으로 17회를 수록하였는데 559호(1925.2.15)까지 계속되었다.[238] 수록된 내용은 다음과 같다.

> 위생 개괄, 태양의 광, 사람의 골격, 피부, 음식 소화하는 기계, 염통, 허파, 배설기, 신경계, 오관[五官 : 후관(嗅官), 미관(味官), 성음(聲音), 시관(視官), 청관(聽官)], 하절 위생, 병을 전해주는 두 매개, 근일에 유행하는 독한 감기, 유행 독감에 주의사항, 추절 위생, 냉수 치료법, 각기 혹 각기병(脚氣 脚氣病), 채독은 십이지장충, 광견에게 물리고 치료 안 하면 참혹히 죽음,
> 소아 위생[부모 의무, 어린아이란, 유아 사망율, 잉부, 잉태 시초의 증상과 위생, 잉부의 위생(음식, 정신, 운동, 의복, 대소변, 청결, 의사 진찰과 치료 받아야 할 증세), 해산시 위생(해산 준비 : 방, 소변, 산파, 산후), 아이 태 자른 후, 산모의 산후, 산모 음식, 산모 미역국, 산모 돌봄, 어린이의 육신 기계, 소아 1년, 소아 2년, 젖, 소아의 의복, 모기장, 소아의 잠, 젖먹이는 횟수, 젖먹인 후, 젖의 호불호, 우유, 소아의 대소변, 소아의 목욕, 소아의 입청결, 소아의 우는 것]

성인 대상 내용은 생명의 시작과 건강, 위생법, 사람의 골격, 피부, 소화기, 호흡기, 배설기, 신경계, 오관, 질병의 매개체, 여름과 가을의 위생, 유행 독감, 냉수 치료법, 각기병, 채독, 광견병에 관한 것이다. 잉부와 소아

---

238) 437호(1920년 1월 15일)까지 연재되었는데 381호(1917년 9월 15일), 384·387·388·392·395·398·400·402·405-408·412·417·419·422·423·428·431·433·435·436호(1920년 12월 31일)에는 「위생」난이 없다. 그리고 1921년에 1회(465호, 1921년 3월 15일), 1924년에 2회(535호, 1924년 2월 15일 ; 542호, 1924년 5월 15일), 1925년에 1회(559호, 1925년 2월 15일)의 「위생」난이 수록되었다.

대상 내용은 잉부의 위생과 출산과 산후조리, 소아의 위생과 건강에 대한 것이다.

「위생」난은 「각색문제」·「학문」난과 달리 왜 「위생」난을 마련하는지 설명하였다. 즉 『경향잡지』는 천주교 신자들의 영신 위생은 물론 육신 위생도 돌보기 때문이라고 하였다.239) 성인(聖人)들은 부모·처자·돌봐야 할 사람 없이 산중에서 혼자 수도하므로 괴로움을 자청할 수 있고, 자기를 편태할 수도 있고, 창질에서 구더기가 기어나오면 다시 집어넣을 수도 있고, 좋은 음식에 먼지나 재를 섞어 먹었다. 그러나 부모·처자·돌봐야 할 이가 있는 사람은 육신이 강건해야 노동하여 부양할 수 있으므로 위생에 신경써야 한다는 것이었다.(378호) 또한 육신이 병들어 매우 아프면 신공을 열심히 하기 어려우므로 신공을 항상 잘 하기 위해 육신 위생을 돌보아야 한다고 하였다.(401호) 그리고 의원과 약은 병든 후에 쓰는 것이고, 위생법은 "당초에 병에 걸리지 않기로 미리 방비함"240)이니 "위생법을 잘 지켜 병에 걸리지 않으면 약이 필요치 않"다고 하였다.(376호)

「위생」난은 인간의 생명이 천주의 창조라 정의하면서 시작하였다. 즉 "천주가 각 사람에게 보배로운 생명을 주셨으니 이 생명을 잘 기르고 잘 보존하고 잘 호위하면 병 없이 오래 살 것이"며, 나쁜 공기를 마시거나 상한 음식이나 해로운 음식을 먹거나 과음과식하거나, 태양의 빛과 열 섭취·운동이 부족하거나, 심신이 과로하면 병을 자청해 빨리 죽고 비명에 죽는다고 하였다. 또한 사람과 모든 생물은 천주가 천지만물 중 가장 먼저 만든 태양의 빛을 받아야 생장한다고 하였다.241) 인간의 생명 등 천지만물이

---

239) 위생문제가 인간의 육체와 정신 모두에 해당한다는 주장은 일본유학생단체 태극학회에서 간행한 『태극학보』에서도 찾을 수 있다. (박상락, 「위생문답」, 『태극학보』 1907년 3월)
240) '학문' 난에서 언급했었다.(『경향잡지』 357호, 1916년 9월 15일, 405쪽, 「학문 : 이 사이 위생에 주의할 일」)
241) 『경향잡지』 376호, 1917년 6월 30일, 287~288쪽, 「위생」.

천주의 창조물임을 강조하여 종교적인 시각을 분명하게 드러냈다.

종교적인 측면에서 설명은 계속되었다. '사람의 골격'을 설명하는데도, 천주가 아담의 늑골로 여자를 만들어 남자의 늑골은 11대와 12대이고 여자의 늑골은 좌우 12대라 하는데, 천주가 아담의 늑골 하나를 빼낸 후 새 늑골 하나를 주었으니 남녀의 뼈는 각각 207개라고 하였다.242) 해산 때는 "고명한 의사와 산파의 치료를 받"되 주 성모께 의탁하여 보호하심을 구하라 하였다며243) 성모(聖母)도 언급하였다. 여러 신부들이 말하기를 고해 영성체하고 성모께 의지한 잉부는 모두 순산하였다는 것이다. 그러므로 신자들은 의술과 약 등 사람의 힘[人力]에만 의지할 것이 아니라, 천주와 성모께 의지하고 잉부를 위해 기도하는 것이 지극히 합당하다고 주장하였다.244) 인간의 노력을 인정하면서도 종교적인 측면을 강조한 것으로 『경향잡지』가 천주교회에서 간행하는 종교잡지임을 분명하게 드러낸 서술이다.

인간의 영혼과 육신의 관계를 "서로 긴절히 결합한 것"으로 보는 천주교회는245) 사람의 육신 어디에나 영혼이 존재한다고 주장하였다.246) 그리고 인간이 천여 가지 소리를 한꺼번에 들을지라도 분별할 수 있는 것은 인간의 육신 어디에나 존재하는 영혼의 판단 때문이라 하였다.247) 또한 천주가 모든 인간에게 육신 기계를 주시는데, 육신 기계가 정밀치 못하게 되거나 불구가 되는 것은 부모나 그 자신 때문이라고 주장하였다.248) 따라서 특별히 어린아이의 부모, 장차 부모가 될 사람은 소아위생에 각별히 주의하라 하였다. 어린아이는 "천주께 받은 큰 보배"이므로 잘 기르고 가르쳐 건강하고 거룩한 사람이 되게 하는 것이 부모의 본분이라는 것이었다. 그

---

242) 『경향잡지』 377호, 1917년 7월 15일, 311쪽, 「위생 : 사람의 골격」.
243) 『경향잡지』 418호, 1919년 3월 31일, 143쪽, 「위생 : 소아위생(속)」.
244) 『경향잡지』 421호, 1919년 5월 15일, 216쪽, 「위생 : 소아위생(속)」.
245) 『경향잡지』 387호, 1917년 12월 15일, 531쪽, 「사람의 행실론(속)」.
246) 『경향잡지』 383호, 1917년 10월 15일, 456쪽, 「위생 : 염통」.
247) 『경향잡지』 399호, 1918년 6월 15일, 264쪽, 「위생 : 청관(聽官)」.
248) 『경향잡지』 397호, 1918년 5월 15일, 215쪽, 「위생 : 시관((視官)」.

리고 어린이는 모태에 있을 때부터 출생 후 철나기까지를 말하는데, "인류 발달의 근원, 가족과 사회와 나라의 근원, 현세에는 교우 숫자를 증가시켜 교회를 확장, 후세에는 천국 성인의 숫자를 증가시키는 근본"이라 하였다. 따라서 어린이는 잉태된 순간부터 위생에 주의해야 한다면서 소아 위생249)을 거론하였다.250)

「위생」난은 1918년부터 한반도에 휘몰아친 "독한 감기" 즉 스페인독감251)도 거론하였다. 세계적으로 유행하는 이 병을 서양에서는 인플루엔자(유행독감)252)라 하는데 원인도 예방법도 치료법도 알지 못하는 전염병이라 하였다. 그러면서 이 병에 걸리면 "감기에 먹는 탕약을 복용하고 땀을 내며 이삼일은 밖에 나가지 말고 찬바람을 쐬지 말"고, '보음익기전(補陰益氣煎)'253)과 시교복령탕(柴翹茯苓湯)이라는 한약방문을 활용하라 하

---

249) 『대한흥학보』, 『서우』, 『서북학회 월보』, 『호남학보』, 『권업신문』, 『매일신보』 등에서도 잉부와 소아의 위생 및 소아 양육에 대한 내용의 일부를 찾을 수 있다.(『서우』 3-10호, 1907년 2월 1일~1907년 7월 1일, 김명준, 「가정학 譯述」 ; 『서북학회 월보』 1호, 1908년 6월 1일, 이규영, 「男女 及 小兒衛生의 最要注意」 ; 『대한흥학보』 8호, 1909년 12월 20일 : 9호, 1910년 1월 20일 : 11호, 1910년 3월 20일 : 12호, 1910년 4월 20일, 지성윤, 「소아의 양육법」 ; 『호남학보』 1호, 1908년 6월 25일, 李沂, 「가정학설」 : 3~9호, 1908년 8월 25일~1909년 3월 25일, 「가정학 속 : 소아의 衣食宿」 ; 『권업신문』 1914년 4월 26일, 5월 9일, 6월 14·21·28일, 7월 5일, 「가정학」 ; 『매일신보』 1919년 7월 16일, 「하계위생 위생비결(4) 차게 자지 말 것, 병인 처리의 주의, 어린아이의 위생」 ; 1919년 7월 19일, 「하계에 대한 위생문제 : 소아위생에 대한 주의」(창동병원장 熊本 醫學士, 申弼休씨 談))
250) 『경향잡지』 411호, 1918년 12월 15일, 「위생 : 소아위생」, 아오스딩 崔相勳, 551~552쪽.
251) 『부산일보』 1918년 10월 29일, 「내무성 풍사 훈령, 유행하는 스페인 독감」
252) 인플루엔자는 1889~1890년에 파이퍼(Richard Pfeiffer)가 발견했다. 『부산일보』는 "불국인이 발견"이라 하였고, 『매일신보』는 26년 전 북리(北里) 연구소에서 파이퍼가 발견했다고 하였다.(『부산일보』 1918년 10월 29일, 「인플루엔자 병원균 발견」 ; 『매일신보』 1918년 11월 9일, 「독감의 병원균, 북리연구소에서 발견」)
253) 한국전통지식포털에 의하면, "음허(陰虛)하여 외감(外感)에 감촉된 한열(寒熱),

였다. 또한 집안 청결, 방안 환기, 의복과 침구를 햇빛에 소독, 사람 많은 곳에 안 가기, 병자의 가래침과 오예물 등 소독, 의사에게 진찰받기라며 경시청 훈령254)을 실었다.255) 그리고 독감에 걸려 몸조리를 못하면 티푸스(열병)나 폐렴(肺炎 허파병)으로 변하기 쉽다며 주의사항도 언급하였다.256)

『부산일보』는 1917년 12월에 독감이 한반도에 들어왔다고 하였으며,257) 『매일신보』는 1918년 10월 11일 독감에 관한 첫 기사를 수록하였다.258) 서울대목구장 뮈텔 주교는 1918년 10월 20일부터 독감에 걸린 성직자, 수도자, 신학생, 신자들의 상황을 그의 일기에 기록하였다. 즉 용산신학교의 학생들이 독감에 걸렸고, 드뇌·라리보(Larribeau, A. J., 한국명 元亨根)·멜리장(Mélizan, P.)·클랭프테르(Klenpeter, 한국성 葛) 신부는 독감 때문에 미사를 드리지 못했다. 종현수녀원의 수녀들과 수녀들이 돌보는 아이들, 제물포본당학교의 선생수녀들도 독감에 걸렸다. 독감 때문에 일요일 미사 참석자 수가 크게 감소하였고, 지방에서도 많은 신자들이 성당에 가지 못했다.259) 대구대목구에서도 드망즈 주교와 많은 성직자들과 성유스티노신학교의 학생들 대부분이 독감에 걸렸다. 그래서 이듬해 4월까지 대구성당의 동굴 미사를 중단하였다. 전북 진안의 장재동공소에서는 신자들 중 1/3이 독감 때문에 찰고(擦考)를 하지 못했다.260)

해학(痎瘧)으로 생긴 변비(便秘) 및 외사침입(外邪侵入)을 치료하는 처방"으로 "생강 5편을 넣고 끓여 먹는다".(https://www.koreantk.com/ktkp2014/prescription/prescription-view.view?preCd=P0003910)(2021년 2월 20일 검색)
254) 1918년 10월 26일 경시청에서 훈령 발표.(『부산일보』 1918년 10월 30일, 「경시청도 풍사 훈령」)
255) 『경향잡지』 409호, 1918년 11월 15일, 503~504쪽, 「위생 : 근일에 유행하는 독한 감기」.
256) 『경향잡지』 410호, 1918년 11월 30일, 528쪽, 「위생 : 유행독감에 주의 사항」.
257) 『부산일보』 1917년 12월 9일, 「惡한 독감」.
258) 『매일신보』 1918년 10월 11일, 「평북 강계군에 악성의 유행병, 몹시 아픈 감기」.
259) 『뮈텔주교일기』 1918년 10월 20~22·24·27~28·30일, 11월 4·9·21일, 12월 3·9·30일.
260) 『드망즈주교일기』 1918년 10월 24~25일, 11월 1~2·18·20~22일, 12월 16·

1919년 1월경 진정 국면에 접어 들었던 독감은 그해 11월 초순부터 다시 유행하여 1920년 봄까지 많은 사상자를 냈다.261) 베네딕도수도원에서는 독감에 걸린 신부가 병자성사를 받았고, 성탄 자시 미사 참석자 수도 예년보다 적었다. 약현본당 신부도, 송도본당의 복사와 사무원도 독감에 걸렸다. 교회는 독감이 1920년에 접어들자 세력이 약해졌다고 기록하였다.262)

「위생」난은 환절기 특히 여름철과 가을철의 위생을 강조하였다. 환절기에 많은 병이 발생하므로 매년 언급하였지만, 위생 개념이 머릿속에 새겨지도록 또 거론한다고 하였다. 특히 서울에 파라티푸스(염병의 종류)가 성행하는데,263) 생선과 생나물이 질병의 제일 원인이라고 의사들이 말했다며 경고하였다. 또한 파리와 쥐가 "위생의 제일 원수"이니 박멸해야 한다고 하였다.264) 음식·침소·의복·집안 청결에 주의하고, 본인의 위생은 물론 소아의 위생도 책임져야 한다고 강조하였다.265)

질병의 가장 큰 매개체로 공기와 물도 거론하였다. 산중에 깨끗한 공기 가득하므로 산중에서 생활하는 신자들은 육신 건강에 좋을 뿐 아니라 수계하기에도 편하다고 주장하였다.266) 토질, 가슴병 등 전염병 환자들이 함

25일.
261) 김택중, 「1918년 독감과 조선총독부 방역정책」, 『인문논총』 74-1, 인제대학교 인문학연구원, 2017, 177~178쪽.
262) 『뮈텔주교일기』 1919년 12월 22·25·28일, 1920년 1월 1·9·26일 ; 『타벨라』 1920년 제3권 제5호 2월 1일(『교회와 역사』 415호, 2009년 12월, 10쪽)
263) 『매일신보』 1918년 6월 13일, 「전염병 유행, 파라티푸스와 장질부사가 치성」 ; 1918년 6월 15일, 「전염병에 주의, 파라티푸스가 많다」 ; 1918년 6월 18일, 「여자와 小兒에게 多한 파라티푸스병은 만연될 염려가 있다, 푸성귀를 주의하라」.
264) 『경향잡지』 401호, 1918년 7월 15일, 311~312쪽, 「위생 : 하절 위생」.
265) 『경향잡지』 428호, 1919년 8월 31일, 384쪽, 「위생 : 추절 위생」.
266) 「각색문제」난에서도 「학문」난에서도 신선한 공기가 위생에 좋다고 했었다.(『경향잡지』 274호, 1913년 3월 31일, 139쪽, 「각색문제 : 또 연주창에 약」: 349호, 1916년 5월 15일, 216쪽, 「학문 : 공기」)

부로 가래침을 뱉지 않도록 관청에서 법으로 사람이 많이 모이는 곳에 타구(唾具/唾口)를 두게 한 것은 위생을 위해서라고 하였다.267) 그리고 호열자(콜레라, 괴질)·티푸스(염병)·적리병 등 수인성 전염병은 물론 조충(鰷虫 촌백충)·회충·십이장충·토질충 등 기생충도 모두가 물로 전염하니 물과 모든 음식을 익혀 먹을 것을 강조하였다. 위생을 위해 수돗물을 사서268) 먹는 것이 좋다고도 하였다. 그러다 당시 대부분의 한국인들에게 수돗물은 그 값이 결코 저렴하지 않았다.269)

「위생」난은 의사[洋醫]의 존재를 부각시키고 육신의 질병 치료 전문가로270) 거듭 강조하였다. 즉 "의사는 항상 사람의 맥을 짚어 보기로 숙습하는 고로 다른 사람보다 맥 노는 것을 더 잘 알고"271) 있다(390호), 독감에 걸리면 즉시 의사에게 진찰받으라고 경시청에서 훈령272)하였다,273) 독감은 티푸스(열병)나 폐렴(허파병)으로 변하기 쉬우니 의사에게 즉시 진찰과 치료를 받으라,274) 잉부의 잉태 시초의 몸·정신·식성·본증의 변화와 구역증이 평상시보다 과하면 위태한 병이니 즉시 의사에게 진찰받고 치료해야 한다,275) "조선 사람은 뒤 굳는 것을 병으로 여기지 않지만 의사들을 매우

---

267) 『경향잡지』 403호, 1918년 8월 15일, 360쪽, 「위생 : 병을 전하여 주는 두 매개」.
268) 『매일신보』 1919년 11월 22일, 「수도요금 인상, 오할이 올라」 ; 『매일신보』 1922년 9월 29일, 「井水를 사용하여 수돗물을 공급, 값도 장차 싸지겠다」.
269) 『경향잡지』 404호, 1918년 7월 31일, 382~383쪽, 「위생 : 병을 전하여 주는 두 매개(속)」.
270) 신부는 "사람의 영혼에 필요하고", 의사는 "사람의 육신을 위하여 힘"쓴다고 천주교회는 설명하였다. 속인(俗人)에게 사람의 생명을 맡길 수 없었기에 오랫동안 신부가 의사였는데, 각각 전문이 되는 것이 좋겠다 하여 신부와 의사의 직무가 나뉘게 되었지만, 두 직무는 항상 관계가 깊다고 하였다.(『경향잡지』 546호, 1924년 7월 15일, 323쪽, 「미담 : 신부와 의사」)
271) 『경향잡지』 390호, 1918년 1월 31일, 47쪽, 「위생 : 五官」.
272) 1918년 10월 26일 경시청에서 훈령을 발표하였다.(『부산일보』 1918년 10월 30일, 「경시청도 풍사 훈령」)
273) 『경향잡지』 409호, 1918년 11월 15일, 503쪽, 「위생 : 근일에 유행하는 독한 감기」.
274) 『경향잡지』 410호, 1918년 11월 30일, 528쪽, 「위생 : 유행 독감에 주의 사항」.

해롭다고 생각하니", 변비가 여러 날 계속되면 의사에게 문의하여 치료를 받으라,276) 고명한 의사와 산파의 치료를 받고, 오래도록 후산이 안되고 피가 많이 나오거든 즉시 의사나 산파를 청하여 치료받게 하라,277) 산모의 대변이나 소변이 불통되는 지경에 이르거든 즉시 의사의 진찰과 치료를 받게 하라,278) 소아가 38도가량이면 음식 소화와 신경 기계를 조당하여 병이 나기 쉬우니 이런 경우에는 의사를 청하되 특별히 소아과 의사를 청하여 진찰과 치료를 받게 하라,279) 의술이 진보되어 사람의 건강을 진찰할 때 대소변을 검사하니 소아의 대변에 특별한 증세가 있거든 의사에 진찰을 청하라,280) 병독의 침입을 막기 위해 소아의 입 속과 입 주위를 소다수로 씻기는데, 소다는 의사에게 청구함이 가하다,281) 소아가 인후병이나 지후테리 병이 있어 울 때는 의사에게 진찰을 청하여 치료하라,282) 십이지장충(채독)에 걸리면 서양법대로 의술 공부한 의사에게 가서 병론을 하고 진찰을 청하면 약을 주며 먹는 법을 가르쳐 준다283)라며 계속하여 의사의 진료와 치료를 주장하였다.

　또한 잉부가 "불가불 의사의 진찰과 치료를 받아야 할 증세"로, 구역중과 구토증이 잉태 후 삼사 개월까지 연속할 때, 소화불량으로 항상 속이 거북하고 불편할 때와 대변 횟수가 너무 적고 대단히 불편할 때, 정신이 이상하고 반미치광이 같고 잠이 오지 않고 잡생각이 많을 때, 유종이 일어나 몸이 덥고 젖가슴이 홧홧하며 붉어지며 부을 때, 충치로 힘들 때, 경도(經度)가 멈추지 않을 때, 소변 불통 때, 가슴이 울렁거리고 답답하고 숨이

---

275) 『경향잡지』 414호, 1919년 1월 31일, 47~48쪽, 「위생 : 소아위생(속)」.
276) 『경향잡지』 416호, 1919년 2월 28일, 93~94쪽, 「위생 : 소아위생(속)」.
277) 『경향잡지』 418호, 1919년 3월 31일, 143~144쪽, 「위생 : 소아위생(속)」.
278) 『경향잡지』 421호, 1919년 5월 15일, 215쪽, 「위생 : 소아위생(속)」.
279) 『경향잡지』 424호, 1919년 6월 30일, 287쪽, 「위생 : 소아위생(속)」.
280) 『경향잡지』 430호, 1919년 9월 30일, 431~432쪽, 「위생 : 소아위생(속)」.
281) 『경향잡지』 434호, 1919년 11월 30일, 528쪽, 「위생 : 소아위생(속)」.
282) 『경향잡지』 437호, 1920년 1월 15일, 18쪽, 「위생 : 소아위생」.
283) 『경향잡지』 542호, 1924년 5월 31일, 237~238쪽, 「위생 : 채독은 십이지장충」.

찰 때를 구체적으로 거론하였다.284)

이처럼 「위생」난은 의사를 질병 치료 전문가로 계속 언급하고 주장하였다. 그런데 「위생」난은 "서양 법대로 의술을 공부한 의사"의 "즉시" 진료와 치료를 강조한 한편으로 한국의 전통 치료와 민간 치료 방법을 경계, 폄하하였다. 즉 한국 사람들은 미친개에게 물리면 마늘 뜸질을 하거나 비단벌레를 볶아서 가루로 만들어 술에 타 먹으면 낫는다고 하는데 믿을 수 없다,285) 소아 변비일 때 "마구 자기 주견으로 상약을 쓰지 말고 의사에게 문의함이 좋"고,286) 병이 들면 "무식한 구습으로 이것저것 상약을 하지 말고, 똑똑한 의사에게 진찰과 치료를 받"으라,287) 산모의 대소변이 불통되면288) "아무 이치도 없는 상약을 마구 쓰지 말지니, 이런 상약은 공연히 사람만 괴롭게 할 뿐 아니라 생사람을 죽게 하는 폐단이 있으니 아주 조심"해야 한다,289) 채독은 십이지장충290)으로, 치료 약은 "이것저것 상약 여러 가지인 중 흔히 경금(黑礬291) 물 들이는 재료)을 먹어서 혹 낫기도 하고 고치지 못하고 죽은 일도 많"다고292) 하였다. '상약(常藥)'은 "가정, 개인이 경험을 바탕으로 만들어 쓰는 약"이다. 그런데 상약이 아무 이치도

---

284) 『경향잡지』 416호, 1919년 2월 28일, 95~96쪽, 「위생 : 소아위생(속)」.
285) 『경향잡지』 503호, 1922년 10월 15일, 455쪽, 「유공한 발명자」.
286) 『경향잡지』 416호, 1919년 2월 28일, 94쪽, 「위생 : 소아위생」.
287) 『경향잡지』 416호, 1919년 2월 28일, 93~96쪽, 「위생 : 소아위생(속)」.
288) '각색문제' 난에서는 대소변 불통의 치료약재와 치료방법을 여러 번(299·300·302·303·304·313호) 소개했었다. 노가주나무 열매나 잎, 민들레 생뿌리즙, 염초 등.
289) 『경향잡지』 421호, 1919년 5월 15일, 215쪽, 「위생 : 소아위생(속)」.
290) '학문' 난에서 기생충의 종류를 말할 때 십이지장충을 언급했었다.(『경향잡지』 361호, 1916년 11월 15일, 503쪽, 「학문 : 음식」)
291) 담(痰)을 제거하고 풍(風)을 삭히며 열을 빼주고 습을 말리며 갈증을 풀어주고 진액(津液)을 생성하고 뼈를 튼튼하게 하며 통증을 가라앉히는 효능이 있는 약재.(한국전통지식포털(https://www.koreantk.com/ktkp2014/)[2021년 3월 10일 검색])
292) 『경향잡지』 542호, 1924년 5월 31일, 237쪽, 「위생 : 채독은 십이지장충」.

없고 사람을 죽게도 만든다며, 상약하는 것을 무식한 구습으로 폄하하였다. 전문가인 의사에게 질병을 치료받아야 한다는 것을 강조하기 위해서였을지라도, 상약을 부정적으로만 서술한 것은 한계이다. 상약은 많은 한국인들이 질병의 고통에서 해방되기 위해 오랜 동안 이용했던 것이고, 경제적·지리적인 이유 등으로 의사와 약국에 접근하기 어려운 상황에서 한국인들의 질병을 치료해 온 것이기 때문이다.

　병원과 의사의 숫자도 많지 않았다. 1910년 9월 1일 현재 한국에 있는 병원은 106개(관공립 24, 사립 78개 : 한국인 10개, 일본인 96개), 의사는 2,176명(한국인 1,806, 일본인 370)을 기록하였다.293) 2년 후인 1912년에는 145개 병원(관공립 22, 사립 123), 의사 수 2,167명(한국인 1725, 일본인 409, 외국인 33)으로 의사 수는 거의 변화가 없었다. 또한 당시 한국인들은 서양식 병원과 서양 의술을 펼치는 의사들에 익숙하지도 않았다.

　질병의 전문가 치료와 소아위생을 강조한「위생」난은, 의료 문제를 교회와 연계하여 계속 설명함으로써『경향잡지』가 종교잡지임을 보여주었다. 그리고 소아위생을 강조함으로써 어린이와 잉부에 대한 관심을 환기시켰으며, 한국인들의 민간진료방법을 폄하하는 한계를 드러내기는 하였으나 의사의 진료와 치료를 강조함으로써 한국인들이 의료혜택을 받을 수 있도록 하였다. 또한「위생」난에 수록할 내용의 순서를 제시하였고 그 이유를 설명하였으며,294) 두 번뿐이지만 "이 다음 호에는"이라고 하여 다음 호의 내용을 예고하였고,295) '소아위생' 부분은 "아오스딩 최상훈(崔相勳)"296)

---

293)『제1차 조선총독부 통계요람』, 72~73쪽.
294)『경향잡지』411호, 1918년 12월 15일, 552쪽,「위생 : 소아위생」.
295)『경향잡지』413호, 1919년 1월 15일, 24쪽,「위생 : 소아위생(속)」: 414호, 1919년 1월 31일, 48쪽,「위생 : 소아위생(속)」.
296) 1897~?. 1919년 5월 경성의학전문학교 졸업(『조선총독부관보』1919년 6월 24일,「휘보 : 학사」), 그해 6월 18일 의사면허(면허번호 323호) 취득(『조선총독부관보』1919년 7월 31일,「휘보 : 위생-의사면허」). 1922년 수원 남문 밖 제생당약방(濟生堂藥房) 안에 노동진찰소(勞動診察所)를 설치하여 가난한 이와 노동자

이라고 필자를 밝혔다. 질병 치료보다는 예방, 민간 치료보다는 전문가 치료를 강조한 「위생」난은 「각색문제」난과 「학문」난보다 한 걸음 더 나아간 의료 계몽의 방향이었다.

5. 맺음말

『경향잡지』의 「각색문제」·「학문」·「위생」난들은 1910년대 한국천주교회가 전개한 의료 계몽의 모습을 잘 보여준다. 종교적인 내용 수록만을 허용받은 『경향잡지』에는 일제식민정책이나 통치의 실상을 비판·비난하는 글을 싣기 어려웠다. 그러나 『경향신문』 창간 목적이었던 "요긴한 지식"을 "모든 사람이 알아듣기 쉽게" 실을 수는 있었다.

「각색문제」·「학문」·「위생」난에 수록된 의료지식은 천주교 신자들은 물론 당시 한국인들에게 요긴한 지식이었다. 한국에서 오랫동안 한국인들과 함께 생활하였던 외국인 선교사들과 한국인들을 괴롭혔던 질병들이 의료 계몽을 위한 '난'들을 마련하게 하였다. 이들 '난'에서 다룬 내용은 당시 한국인들이 겪고 있던 질병들과 그 질병의 치료 약재, 그리고 다양한 치료 방법들이다.

「각색문제」난은 각종 질병과 증상, 치료 약재들과 조제 방법들을 간략하게 그러나 다양하게 설명하여 질병 치료에 도움이 되게 하였다. 정신적

무료 진료(『동아일보』 1922년 10월 4일, 「勞動診察所 수원 남문 밧게 설립」), 1923년 3월 6일 경성 황금정 2정목 22번지의 자택에 노동진찰소를 개설하여 노동자 무료 진료(『매일신보』 1923년 3월 7일, 「무료 진단」 ; 『동아일보』 1923년 3월 10일, 「노동진찰소 최상훈씨 미거」 ; 『동명』 2권 11호, 1923년 3월, 13쪽). 위생을 주제로 많은 강연을 하였다.(『동아일보』 1920년 7월 30일, 「수원청년俱樂部 강연회」 ; 『동아일보』 1922년 6월 28일, 「조선청년회연합회 巡講團 안성에서 강연회」 ; 『매일신보』 1922년 12월 1일, 「청년연합 강연」 ; 『동아일보』 1923년 3월 26일, 「여자고학생상조회 주최 춘계대강연회」)

인 건강과 함께 육신의 건강을 지키기 위한 지식은 『경향잡지』가 계승한 『경향신문』이 창간 목적으로 강조하였던 "요긴한 지식"이었기 때문이다.

「학문」난은 전염병을 구체적으로 설명하고, 위생을 강조하였다. 「각색문제」난은 질병에 걸린 후의 치료에 중점을 두었는데, 「학문」난은 전염병의 원인과 전염병 매개체, 그리고 전염병 예방을 설명하는데 주력하였다. 『경향잡지』가 펼친 의료 계몽의 방향과 내용이 치료에서 예방으로 한 걸음 더 나아간 것이라 할 수 있다.

「위생」난은 질병 예방과 소아위생을 강조하였고, 교회와 연계하여 의료를 설명하였다. 소아위생을 강조함으로써 어린이와 잉부에 대한 관심을 환기시켰으며, 한국인들의 민간진료방법을 무시하고 폄하하는 한계를 드러내기는 하였으나 의사의 치료를 강조함으로써 한국인들이 전문적인 의료 혜택을 받을 수 있기를 바랬다. 이는 질병 치료의 대상을 구별하지 않았던 「각색문제」난이나 「학문」난에서 전개한 의료 계몽의 수준을 한 단계 끌어올린 것이고, 교회와 연계하여 설명함으로써 『경향잡지』가 전개한 의료 계몽의 특징을 분명히 한 것이었다. 그러나 시간이 흐르면서 비슷한 내용들을 되풀이하고, 1920년대에 발행된 각종 신문잡지들이 위생과 건강의 문제를 전문적으로 다루면서 1911년부터 시작된 『경향잡지』를 통한 한국 천주교회의 의료 계몽 활동은 1925년에 마무리되었다.

제5장

국내·외 견문기

Ⅰ. 1870~1900년대 파리외방전교회 선교사들이 본 서울과 전남

1. 머리말

조일수호통상조약 체결을 시작으로 조선/대한제국은 많은 나라들과 불평등한 근대적 조약을 체결하였고, 그 결과 많은 나라의 사람들이 여러 목적으로 조선/대한제국을 방문·상주하였다. 프랑스를 모국으로 하는 파리외방전교회 선교사들은 조선정부가 허용하지 않았지만 1836년 모방(Maubant) 신부의 입국[1]을 시작으로 조선/대한제국에 들어왔다. 아관파천에서 경운궁으로 돌아온 고종과 고종의 측근 세력은 1897년 10월 12일 대한제국 선포를 계기로 무너져가는 나라의 주권을 지키려 하였으나 1910년 8월 29일 국권을 완전히 강탈당하였다. 파리외방전교회 선교사들은 대한제국기에도 한반도에서 선교활동에 주력하고 있었다.

선교사의 가장 중요한 목적은 사람들의 영혼을 구하는 것이다. 파리외방전교회 선교사들은 조선(인)/대한제국(인)에 대한 지식도 언어에 대한 사전 준비도 없이, 넘치는 선교 의욕으로 선교 일선에 뛰어들었다. 그리고 입국 후에는 대부분 천주교 신자들과 접촉하였다.[2] 그러나 그들은 선교를 위해 정부 관리 등 다양한 직업의 많은 사람들을 만났고, 그들에게 맡겨진 선교구역을 정기적·비정기적으로 방문하였다. 따라서 선교사들이 조선

---

1) Dallet, Ch., *Histoire dr l'Eglise de Corée*, Parie: Victor Parmé, 1874 : 안응열·최석우 역주, 『한국천주교회사』 하, 분도출판사, 1980, 331~334쪽(이하 『한국천주교회사』 하, 00쪽으로 표시).
2) 김진소, 『천주교 전주교구사』 Ⅰ, 빅벨, 1998, 605쪽.

(인)/대한제국(인)을 어떻게 인식하였는가를 파악하는 것은 그 시대를 이해하는 또 하나의 통로이다.

이원순, 박찬식, 고석규, 최성환의 연구가 이러한 문제에 관심을 두었다.3) 선행 연구들은 전남지역에서 일어난 교안(敎案)들에 관심을 집중하여 교안 발생의 원인, 경과, 결과를 규명하였다. 그러나 교안에도 크게 영향을 미친 선교사들의 인식에까지는 연구의 폭을 확장시키지 않았다. 또한 선교사들은 각각 맡겨진 지역에서 활동하지만 교구청·교구장이 위치한 서울에 깊은 관심을 두었는데, 이에 대해서도 선행 연구들은 관심을 기울이지 않았다.

필자는 한국에서 가장 먼저 선교활동을 전개한 파리외방전교회 선교사들이 한국을 어떻게 인식하였는가를 서울과 전남지역을 중심으로 추적하고자 한다. 선교사들의 인식을 객관적·총체적으로 파악하기 위해서는 선교사들이 활동한 한반도의 모든 지역을 조사·분석해야 할 것인데,4) 이는 각 지역에 대한 개별 연구들이 추진된 이후에 가능하다. 따라서 필자는 종교적으로도 종교 외적으로도 중요한 위치를 차지하는 서울, 서울에서 지리적으로 멀리 떨어진 전남지역에 대한 파리외방전교회 선교사들의 인식을 살펴보고자 한다. 시간적으로는 대한제국기를 대상으로 하는데 1896년 지방제도의 개정으로 전라도가 전남과 전북으로 나누어졌기 때문에,5) 그리

---

3) 이원순, 「조선말기 사회의 대서교문제 연구: 교안을 중심으로」, 『역사교육』 15, 1973 ; 박찬식, 「구한말 전라도 지도지방의 교안」, 『국사관논총』 58, 1994 ; 박찬식, 「한말 천주교회와 향촌사회 – 교안의 사례 분석을 중심으로」, 서강대학교 사학과 박사학위논문, 1995 ; 고석규, 「20세기 자은도의 시련과 화해」, 『도서문화』 21, 목포대 도서문화연구소, 2003 ; 최성환, 「데예 신부 기록을 통해 본 대한제국기 목포항과 섬의 사회상」, 『한국학연구』 79, 2021.
4) 대한제국기에 활동한 파리외방전교회 선교사 수는 1897년 31명, 1898년 34명, 1899년 35명, 1900년 39명, 1901년 39명, 1902년 41명, 1903년 42명, 1904년 41명, 1905년 43명, 1906년 45명, 1907년 42명, 1908년 40명, 1909년 48명, 1910년 46명.(한국교회사연구소, 『한국가톨릭대사전』(부록), 1985, 322쪽)
5) 『고종실록』 건양 원년 8월 4일 ; 『관보』 건양 원년 8월 6일.

고 교회적으로는 1911년 4월 8일자 교황회칙에 의하여 대구대목구가 분리 설정된 이후에는 전남지역이 대구대목구에 속하여 전남지역과 서울이 분리되기 때문이다.

이러한 목적을 달성하기 위해 활용할 자료는 1911년 파리외방전교회의 한국선교책임자인 조선대목구장이 파리외방전교회 파리본부에 보낸 연례보고서인 *Compte Rendu de la Société des M.E.P. de Seoul(1878~1938)*, 대한제국기의 한국선교책임자인 뮈텔6)의 『뮈텔주교일기』(*Journal de Mgr. G. Mutel*) (1890~1932), 서울과 전남지역에서 활동한 선교사들이 조선대목구장에게 보낸 연례보고서, 선교사들과 조선대목구장이 주고받은 편지들이다. 연례보고서는 파리외방전교회 선교사들의 활동과 그들이 얻은 결과에 관한 기록인데, 선교활동 보고 전에 선교사들이 맡은 지방에서 일어난 정치적 사건들이 언급되어 있다. 선교사들이 조선대목구장에게 수시로 보낸 편지들에는 더 많고 자세한 정치적/사회적 사건들이 수록되어 있다.

2. 서울 - 교회·정치의 중심

서울에 관한 파리외방전교회 선교사의 첫 기록은 1874년 간행된 달레(Dallet, Claude-Charles)의 『한국천주교회사』(*Histoire de L'GLISE DE CORE*)』이다. 조선에서 활동한 파리외방전교회 선교사들이 선교회의 파리본부에 보낸 편지들과 각종 자료들을 토대로 작성한 달레의 『한국천주교회사』에는 서울이 다음과 같이 묘사되어 있다.

조정이 늘 있는 수도는 한양이라고 부른다…(중략)…보통 서울이라

---

6) 1854~1933년. 파리외방전교회 선교사. 한국 이름 민덕효(閔德孝). 1880년 한국에 입국. 제8대 조선대목구장(1890~1911년), 제8대 서울대목구장(1911~1933년).

고 부르는데, 그것은 큰 도시, 수도라는 뜻이다. 산으로 둘러싸이고, 한강 근처에 자리 잡은 큰 도시로, 높고 두터운 성벽으로 에워싸였으며, 매우 인구가 많으나, 설계가 잘되지 않았다. 꽤 넓은 몇 줄기의 도로를 제외하고는, 모두 꼬불꼬불한 좁은 길로 되어 있어 공기가 잘 통하지 않고, 발에 밟히는 것이라고는 오물뿐이다. 집들은 대개 기와를 입혔지만 낮고 좁다.7)

서울은 수도인데 한양이라고도 부르고 그 뜻은 큰 도시라는 묘사는, 파리외방전교회 선교사들의 서술이 아니라도 조선을 언급한 글들에서 얻을 수 있는 정보이다. 그런데 서울의 길들이 좁고 구불구불하며 오물이 가득하다는 표현은, 서울의 길을 걸었던 이들에게서 나온 내용을 근거로 한 것이라 생각된다. 달레가 『한국천주교회사』를 저술할 당시 서울을 걸었던 서양인, 달레가 입수할 수 있는 서양인의 기록은 파리외방전교회 선교사들이고, 그 선교사들의 기록이 대부분이었다. 달레의 기록을 통하여 1874년 이전에 서울을 경험한 파리외방전교회 선교사들은 서울을 무계획의 도시, 비위생적인 도시라고 인식했음을 알 수 있다.

(1) 교회행정의 거점

파리외방전교회 선교사들에게 서울은 교회행정의 측면에서 매우 중요한 곳이었다. 서울은 조선대목구장이 상주하는 교구청이 있는 곳으로, 조선/대한제국에 파견된 선교사들은 가장 먼저 서울에 위치한 교구청에 들러 그들의 도착을 알렸다. 대부분 사제서품을 받은 지 채 1년도 안되어 한국 선교지로 파견되었던 선교사들은 서울 도착 후 교구청에 한동안 머무르며 조선인/대한제국인 선생과 함께 한국어를 공부하였고, 서울 도착 1년 이내에 각 지방으로 파견되었다.8) 이후 서울 근교에서 활동한 선교사들은 종

---

7) 『한국천주교회사』 상, 67~68쪽.

종 교구청을 방문하였고, 서울에서 거리가 먼 지방에 파견된 선교사들도 매년 부활 후 2주일의 주간에 교구청에서 시행되는 선교사 피정을 위해 서울에 도착하였다.9) 파리외방전교회 선교사든 한국인 성직자든 대부분의 성직자들은 서울이나 서울 근교에 머무르며 활동하고 싶어 했다. 1893년 약현본당을 맡고 있던 두세(Doucet, Camille-Eugène)10) 신부의 편지에 의하면 로베르(Robert), 파스키에(Pasquier), 로오(Rault), 죠조(Jozeau) 신부 등이 서울 근처에서 활동하기를 희망하였다.11) 1901년 용산 예수성심신학교에서 전남의 무안 우적동(牛跡洞)본당으로 발령 난 김승연(金承淵) 신부는 서울을 떠나게 되어 매우 슬퍼했다.12) 교회행정을 포함하여 여러 면에서 서울이 중심이고 편리했기 때문일 것이다.

대한제국기 서울에는 조선대목구장 뮈텔 외에 사대문 안과 밖의 두 성당을 책임맡은 선교사 2명이 있었다. 1882년에 설립된 문안(종현)본당은 사대문 안을 담당하였고, 1891년 11월 9일에 설립된13) 문밖(약현)본당14)

---

8) 예를 들면, 드뇌 신부는 1902년 7월 23일 프랑스에서 사제서품을 받고, 1902년 9월 6일 한국에 입국하였는데, 9월 12일부터 방 주사의 지도 아래 한국어 공부를 시작하였다.(『뮈텔주교일기』 1902년 9월 6·12일) 그리고 1903년 6월경 무안 우적동본당에서 사목활동을 시작하고, 1904년 4월 14일 인천(현 답동)본당의 제4대 주임으로 부임하였다.(데예→뮈텔, 1903년 6월 27일, 목포 ; 『뮈텔주교일기』 1904년 4월 4일·14일)
9) 김정환, 『뮈텔 일기 연구』, 내포교회사연구소, 2015, 174쪽.
10) 1853~1917년. 파리외방전교회 회원. 한국 이름 정가미(丁加彌). 1877년 한국 입국. 종현(현 명동) 본당과 약현(현 중림동) 본당의 주임신부, 조선대목구 부주교로 활동.
11) 두세→뮈텔, 1893년 3월 27일, 약현(천주교중림동교회, 『성직자 사목서한과 약현 관계 자료』, 가톨릭출판사, 1991, 44쪽, 이하 『성직자 사목서한과 약현관계 자료』, 00쪽 표시)
12) 데예→뮈텔, 1901년 3월 16일, 목포. 이하 데예 신부가 뮈텔 주교에게 보낸 편지들은, 목포대학교 도서문화연구원에서 총서로 발간하기 위해 번역한 초안을 토대로 하였다. 이 번역 초안을 공유해 주신 목포대학교 최성환 교수께 감사드린다.
13) 『뮈텔주교일기』 1891년 11월 9일 ; 약현본당 100주년사 편찬위원회, 『중림동 약현성당 100주년사 자료집 : 약현본당 백년사: 1891~1991), 1992, 19쪽.

은 사대문 밖의 서울 지역과 경기도 일대, 송도, 황해도 백천 지역의 선교를 담당하였다.15)

1891년부터 1917년 4월까지 약현본당의 선교를 책임맡은 두세 신부는 대한제국 초기 서울의 상거래를 중국인과 일본인이 장악함으로써 한국인들은 일자리가 부족하여 살기 어렵다고 하였다.16) 실업과 생활고 때문에 많은 한국인들이 서울을 떠나는데,17) 생활이 어렵고 땔감 값이 너무 비싸 지독히 추운 겨울을 보낼지라도 서울에서 살 수 있는 사람들은 시골로 가려 하지 않는다고 하였다.18) 그러나 시간이 갈수록 서울에서 사는 것은 더욱 어려워졌고, 시골 농촌으로 옮겨간 이들이 많아졌다고 하였다.19) 종현(鐘峴)본당을 맡고 있던 푸아넬 신부는 서울에 물질문명의 새바람이 불어 닥쳐 성인영세자 수를 감소시킨다며20) 물질문명에 비판적인 태도를 보였다. 그러나 서울 사람들이 물질문명에 적극 호응하는 이유, 물질문명의 긍정적인 측면에 대해서는 언급하지 않았다.

두세 신부는 유럽인들의 생활이 한국인들에게 나쁜 영향을 미친다면서도, 유럽인과 유럽문화에 대한 한국인들의 경험과 인식 변화를 폄하하였다. 즉 프랑스인을 성인처럼 여겼던 한국인 신자들이, 그들의 눈으로 직접 프랑스인을 본 후에는 좋게 말하기는커녕 프랑스인들이 부끄러워할 얘기도 거리낌없이 한다고 하였다. 또한 일본에서 그랬던 것처럼, 공부를 조금

---

14) 1887년 제7대 조선대목구장 블랑 주교가 남대문 밖 수렛골(현 순화동)에 약현공소 시작.
15) 천주교중림동교회, 앞의 책, 1991, 19쪽.
16) 두세→뮈텔, 「1896년 약현본당 연말보고」, 1896년 7월 28일, 약현.(『성직자 사목서한과 약현관계 자료』, 85~86쪽)
17) 두세→뮈텔, 「1897-1898년 약현본당 연말보고」, 약현.(『성직자 사목서한과 약현관계 자료』, 107쪽)
18) *Compte Rendu de la Société des M.E.P. des choson*, 1897.
19) 두세→뮈텔, 「1899년 약현본당 연말보고」, 1899년 8월 1일, 약현.(『성직자 사목서한과 약현관계 자료』, 114쪽)
20) *Compte Rendu de la Société des M.E.P. des choson*, 1899.

하고 프랑스어를 몇 마디 알고 여행을 조금 다녀본 한국인들이 마치 대단한 존재인 양한다고 하였다.21) 뿐만 아니라 먹고사는 일이 급하기 때문에 한국인들의 생각이 차츰 종교에서 멀어지는데, 생계를 위해 고위층에게 잘 보이려고 예비자이면서도 세례를 받았다고 하거나 훌륭한 신자라고 하는 등 모든 수단을 동원한다고 하였다. 특히 서울에서는 시대가 바뀐 만큼 예전의 편견이 거의 사라졌지만, 대신 현재를 사는 일에 사람들이 몰두한다고 하였다.22)

선교사들은 서울 거주민들이 지방으로 옮겨가는 원인을 경제적인 어려움 때문이라 하면서도, 한 곳에 오래 머무르지 못하는 한국인들의 방랑벽을 이주 원인이라며, 이주의 경제적이고 현실적인 원인을 희석·왜곡하였다. 특히 하와이로 떠난 한국인들의 이주 원인은 넘치는 모험심 때문이라며, 하와이에 가면 고생할 것이고 서울에서 모범적인 신자의 삶을 살지 않았으니 그곳에서도 마찬가지일 것이라며 부정적인 태도를 보였다.23) 한국인들의 하와이 이주24) 원인을 1900년대 한국이 맞닥뜨린 상황과 함께 총체적·객관적으로 파악하지 않고, 이주자 개인의 모험심으로 돌린 것은 선교사들의 인식 한계이다.

서울 거주민들이 지방으로 이주하는 가장 큰 원인은 경제적인 어려움이었다. 그런데 파리외방전교회 선교사들은 그 원인을 한국인들의 방랑벽으로 돌리거나 외면하였다. 그러나 1911년 한국을 방문한25) 베네딕도회의

---

21) 두세→뮈텔, 「1902년 약현본당 연말보고」, 약현(『성직자 사목서한과 약현관계 자료』, 152~153쪽).
22) 두세→뮈텔, 「1903년 약현본당 연말보고」, 1903년 7월 1일, 약현(『성직자 사목서한과 약현관계 자료』, 162~163쪽).
23) 두세→뮈텔, 「1904년 약현본당 연말보고」, 1904년 6월 15일, 약현.(『성직자 사목서한과 약현관계 자료』, 173~175쪽)
24) 공식적인 하와이 이주는 1903년이고(방선주, 「한인 미국 이주의 시작 - 1903년 공식이민 이전의 상황진단」, 『미주지역 한인이민사』, 국사편찬위원회, 2003, 75쪽), 1898년 1월 8일 김청유(한약상) 등이 하와이 호놀룰루에 도착하였다.(이덕희 지음, 『하와이 이민 100년 그들은 어떻게 살았나?』, 중앙M&A, 2003, 16쪽)

아빠스 베버(Weber)는, 국력 신장과 세속적 부의 축적과 경제성장을 위해 노력하는 일본인들의 물질주의적 정신을, 한국인들이 경제적으로 피폐해진 원인으로 지적하였다. 그리고 그러한 상황이 선교 프로그램에 경제적인 것들을 보다 더 많이 수용할 것을 강요하고 있다면서26) 경제적인 측면을 강조하였다.

파리외방전교회 선교사들은, 한국인들이 일제의 한국 강점 이후에는 일본인들을 모방하려 하고, 더 이상은 선교사들이 필요 없다고 생각하며, 선교사들과 멀리하는 것이 '새 주인' 일본인들의 마음에 드는 행동이라 여긴다고 묘사하였다.27) 그런데 선교사들의 기록에는, 한국인들이 그런 행동을 하기까지의 상황, 그런 선택과 행동을 하게 된 한국인들의 사정을 고려한 흔적이 보이지 않는다. 그러한 것들을 조금 더 깊게 그리고 다각적으로 고민했다면 보다 바람직한 선교의 방향과 방법이 모색·제시되었을 것이고, 신자들은 물론 많은 한국인들의 전반적인 삶의 향상에 도움이 되었을 것이다. 그것이야말로 고통받는 한국인들을 위한 진정한 의미의 선교였기 때문이다.

서울에는 대목구장과 두 본당의 선교사들 외에 용산 예수성심신학교에서 활동하는 선교사들이 있었다. 1887년 3월 여주 부엉골에서 용산으로 이전한28) 예수성심신학교를 전담한 선교사는 1896년 3명, 1900년 2명, 1902~1907년 2명, 1908~1913년 3명이었다.29) 이들은 자주 교구청을 찾

---

25) 1911년 2월 21일 부산으로 입국, 서울 백동수도원에 도착하였고,(『뮈텔주교일기』 1911년 2월 21일) 그해 6월 24일 부산에서 출국. 2월 23일 독립문, 2월 25일 홍릉, 3월 4일과 8일 대한의원, 3월 11일 에커트 음악학교, 3월 14일 북묘, 3월 15일 동묘, 5월 2일 뚝섬 원예모범장, 5월 6일 일제공업학교 방문.(노르베르트 베버 지음, 박일영·장정란 옮김, 『고요한 아침의 나라』, 분도출판사, 2012, 50~356쪽. 이하『고요한 아침의 나라』, 00쪽)
26) 『고요한 아침의 나라』, 175~176쪽.
27) 두세→뮈텔, 「1911년 약현본당 연말보고」, 1911년 7월 19일, 약현.(『성직자 사목 서한과 약현관계 자료』, 224쪽)
28) C-R, 1887.

아가 조선대목구장과 신학교를 포함하여 많은 것들을 보고·의논하였고, 대목구장도 신학교를 자주 방문하였다. 많은 대화가 있었을 것이고, 그중에는 그들이 사는 서울의 다양한 면들에 대한 내용도 많았을 것인데 그런 기록은 찾을 수 없다.

그런데 1911년 한국을 찾은 베네딕도회의 아빠스 베버는 용산에 큰 관심을 보였다. 그는 인력거가 종횡무진하는 서울에서 일본인들이 무섭도록 상권을 장악해가고 있다고 서술하였다.30) 그리고 한국인들은 일본인들과 함께 살 수 없고 함께 살고 싶어 하지도 않기에, 신자들은 서울을 벗어나지 않으려고 백동(栢洞)의 베네딕도수도원 가까이로 온다고 하였다. 또한 파리외방전교회 선교사들이 점점 일본인들을 중심으로 생각하여 한국인들이 뒷전으로 밀리고 있다며31) 한국인들이 서울에서 완전히 내몰리지 않도록 베네딕도수도원이 위치한 백동에 한국인들의 거주지를 마련해주는 것이 베네딕도회에 주어진 과제라고 하였다.32)

베버는 또한 용산 거주 일본인이 만 명인데, 대부분은 군인이고 철도 종사자와 산업체 직원도 많다고 하였다.33) 그리고 일본인들이 용산을 시발점으로 하는 수도를 꿈꾼다면서, 용산역은 그런 의도를 가지고 만든 종착역이라 하였다.34) 일본인들은 1889년부터 용산지역에 거주하였고, 러일전쟁 이후 군용지 명목으로 용산과 이태원 일대에 300만 평의 토지를 강제 수용하는 등 그들의 세력을 확장시켰다.35) 파리외방전교회 선교사들은 용

---

29) 가톨릭대학교 신학대학 150년사 편찬위원회, 『가톨릭대학교 신학대학 150년사 : 1885~2005』, 가톨릭대학교 신학대학, 2007.
30) 『고요한 아침의 나라』, 59·67쪽.
31) 『고요한 아침의 나라』, 175~176쪽.
32) 『고요한 아침의 나라』, 67쪽.
33) 『고요한 아침의 나라』, 113~114쪽.
34) 『고요한 아침의 나라』, 489~490쪽
35) 한동수, 「서울 용산 지역의 도시화과정에 관한 연구 : 개항 이후부터 일제강점기를 중심으로」, 『한국도시설계학회지』 6-4, 2005, 28쪽.

산을 신학교가 있는 곳, 그리고 서울 안에서의 이동, 서울에서 지방으로 이동할 때 전차와 기차를 타는 곳으로만 의미를 부여하였다.36)

1836년부터 조선에 들어와 오랜 동안 상당수의 선교사들이 활동한 파리외방전교회의 선교사들과, 1908년 한국에 입국하여 교육 선교를 펼친 베네딕도회 선교사의 서울 인식은 이와 같이 차이를 보였다. 특히 베네딕도회 선교사는 용산을 중심으로 일본인들이 서울을 장악해간다고 파악하였는데, 파리외방전교회 선교사들의 기록에서는 그러한 내용을 찾기 어렵다. 오랜 기간 활동하였다고 정확하게 볼 수 있는 것도, 더 많이 볼 수 있는 것도 아님을 말해준다.

(2) 정치의 중심

서울은 선교사들에게 정치의 중심이기도 하였다. 한국 땅에 발을 딛고 선교활동을 펼친 선교사들에게 한국의 정치는 그들의 선교 대상인 한국인들의 삶과 밀접하게 관련되어 있었기 때문이다. 선교사들이 자주 그리고 밀접한 관계를 가졌던 서울 소재의 첫 번째 정치적 기관은 프랑스공사관/영사관이다. 파리외방전교회 선교사들은, 1888년 5월 서울에 도착하여 1906년 1월 프랑스공사관이 철수할 때까지 프랑스공사로 활동한 플랑시(Plancy), 그 이후에는 베르토(Berteau)37) 등 프랑스영사들과 긴밀한 관계

---

36) 1899년 5월 20일부터 동대문 ↔ 흥화문을 운행하는 전차가 정식 운행되었고, 선교사들은 5월 24일 시승하였다(『황성신문』 1899년 5월 19일, 「전차 운행」;『뮈텔주교일기』 1899년 5월 25일) 이후 전차는 선교사들에게 일상적인 교통수단이 되었다(김정환, 『뮈텔 일기 연구』, 166쪽) 또한 1899년 9월 18일 노량진 ↔ 인천(제물포)의 철도가 개통됨으로써, 선교사들은 전차를 이용해 종현에서 용산까지 이동한 후, 나룻배로 한강을 건너 노량진으로 가서 제물포행 기차에 탑승하였다(『뮈텔주교일기』 1900년 4월 16일). 그리고 제물포에서 출항하는 배를 이용하여 국내의 여러 항구로 이동하였다(『독립신문』 1897년 10월 5일, 「세창양행」).
37) 뮈텔 주교는 1906년 1월 6일 플랑시 공사가 떠나고 베르토가 그 임무를 이어받았다고 하였다(『뮈텔주교일기』 1906년 1월 6일)

를 유지하였다.

제8대 조선대목구장으로 임명된 뮈텔 주교는 1891년 2월 23일 서울의 교구청에 도착하였고, 다음날 플랑시 공사를 방문하였다.38) 이후 뮈텔 주교는 선교사들과 관련된 여러 문제들을 해결하기 위해 프랑스공사관을 자주 방문하였고, 프랑스공사 플랑시에게 도움을 요청하였다. 예를 들면 1891년 3월 8일 대구에서 로베르(Robert) 신부를 추방한 사건에39) 대한 보고서를 보내 배상을 요구하였고,40) 1901년 3월 27일 해서(海西)교안으로 어려움에 처해 있던 황해도의 신자들과 김문옥(金紋玉) 신부 고소 건에 대한 회답을 보냈으며,41) 1901년 5월 12일 뒤테르트르(Dutertre) 신부 관련 사건으로 플랑시 프랑스공사를 방문하였다.42) 프랑스의 국경일인 7월 14일에는 프랑스공사관에서 모임이 있었는데, 뮈텔은 1901년 7월 14일의 공식 접견 때 한국에서 활동 중인 파리외방전교회 선교사들을 소개하였다.43) 프랑스 현지의 정치 상황을 알기 위해서도 뮈텔은 프랑스영사관을 방문하였는데, 1906년 5월 11일의 프랑스영사관 방문은 5월 6일에 있었던 프랑스의 선거가 궁금해서였다.44)

대부분의 선교사들은 한국에 도착하여 곧 프랑스공사관을 찾았는데, 1905년 6월 15일 서울에 도착한 줄리앙(Julian) 신부는 다음날 프랑스공사관에 인사를 갔다.45) 1909년 2월 9일 도착한 뤼카(Lucas) 신부도 등록을 위해, 도착 다음날 프랑스영사관을 방문하였다.46) 선교사들의 여권 문제

---

38) 『뮈텔주교일기』 1891년 2월 24일.
39) 이에 대해서는 천주교 대구대교구, 『천주교 대구대교구 100년사 : 1911-2011 : 은총과 사랑의 발자취』, 천주교 대구대교구, 2012, 44~45쪽 ; 영남교회사연구소, 『대구의 사도 김보록(로베르) 신부 서한집』 1, 대건출판사, 1995 참조.
40) 『뮈텔주교일기』 1891년 3월 8일.
41) 『뮈텔주교일기』 1901년 3월 27일.
42) 『뮈텔주교일기』 1901년 5월 12일.
43) 『뮈텔주교일기』 1901년 7월 14일.
44) 『뮈텔주교일기』 1906년 5월 11일.
45) 『뮈텔주교일기』 1905년 6월 15·16일.

도 프랑스영사관을 통해 해결되었다. 1909년 1월 5일 뮈텔 주교는 라리보 (Larribeau) 신부의 여권을 부탁하기 위해 프랑스영사관을 방문하였다.47)

선교사들은 통감부/조선총독부 등 일제의 식민통치기구에도 관심을 기울였다.48) 을사조약 체결 이후 대한제국에는 대한제국 정부와 통감부가 병존하였기 때문이다. 프랑스를 모국으로 하는 파리외방전교회 선교사들은 1886년 한불조약의 체결로 치외법권을 획득하였다. 그리고 1889년 3월 9일 대한제국 내부 지방국장 정준시와 한국천주교회의 대표 뮈텔 주교가 맺은 교민조약을 통하여 신자들에 대한 지방관의 토색 차단과, 신자들 관련 재판에 이전보다는 공정을 기할 수 있게 되었다.49) 이어 1904년 6월 9일 프랑스공사와 대한제국 외부대신이 선교약조를 맺음으로써, 토지 매입과 가옥 건축 권리를 갖게 되었다.50)

조선/대한제국을 상대로 선교권을 획득, 확장시켜가던 선교사들은 1905년 11월 17일 을사조약이 체결되고 1905년 12월 21일 통감부 관제가 발표된51) 이후 대한제국 정부보다 일제의 움직임에 더욱 관심을 기울였다. 뮈텔 주교는 1906년 1월 6일 일기에 통감 이토 히로부미[伊藤博文]의 부임 예정일을 기록하고, 일본영사관 관원들이 소환되고 통감부 관원으로 대체될 것이라 기록하였다.52) 한국이 일본의 보호령이 되었고,53) 푸른 바탕에

---

46) 『뮈텔주교일기』 1909년 2월 10일.
47) 『뮈텔주교일기』 1909년 1월 5일.
48) 1909년 4월 3일의 동양척식회사 개원식에 초대를 받아 참석하였다(『뮈텔주교일기』 1909년 4월 3일)
49) 교민조약에 대해서는 최종고, 「한국에 있어서 종교 자유의 법적 보장 과정」, 『교회사연구』 3, 1981 ; 이원순, 「한불조약과 종교 자유의 문제」, 『교회사연구』 5, 1987 ; 박찬식, 「한말 교안과 교민조약 -교회와 국가의 관계를 중심으로」, 『교회사연구』 27, 2006 참조.
50) 『제국신문』 1904년 6월 6일, 「선교조약」.
51) 『대한매일신보』 1905년 12월 22일, 「통감부관제」.
52) 『뮈텔주교일기』 1906년 1월 6일.
53) 『뮈텔주교일기』 1906년 2월 1일.

일본 국가가 그려진 통감부 기가 일본공사관 앞의 기(旗) 게양대에 높이 걸렸다고 하였다.54) 또한 통감의 성대한 취임식에 초대받아 참석하였는데 친근감을 보인 이토 통감과 상당히 오랜 시간 이야기를 나누었다고 하였다.55)

뮈텔 주교는 통감부 설치에 한국인들은 감정이 좋지 않을 수밖에 없다면서도, 의병들의 투쟁은 "새로운 상황에 항거한다는 이유 외에는 다른 뚜렷한 목적이 없"다고 하였다. 그리고 많은 한국인들이 어떤 저항도 불가능하다고 생각하여 새로운 체제에 적응하려 강자인 일본인들이 후원하는 단체에 가입함으로써 생명과 재산을 보호받으려 한다고 하였다.56)

뮈텔 주교 등 선교사들은 거의 매년 1월 1일 통감부를 방문하였고,57) 통감부에서 개최되는 리셉션에 자주 참석하였는데,58) 한국을 방문한 일본 황태자를 위한 방명록에 기명하기 위해서도 통감부를 찾았다.59) 통감의 한국 방문을 역으로 마중 나갔고,60) 교회 관련 일들에 도움받기 위해 통감부를 방문하였으며,61) 신자들의 자위단 가입을 권유했다며 통감부 정책에 협조하는 태도를 보였다.62) 선교사들과 한국인 성직자들의 명단이 필요하다는 통감부의 요구에 순순히 응하였고,63) 토지와 가옥의 등기를64) 위해

---

54) 『뮈텔주교일기』 1906년 3월 3일.
55) 『뮈텔주교일기』 1906년 3월 28일.
56) C-R, 1906.
57) 명함을 남겼다(『뮈텔주교일기』 1908년 1월 1일, 1909년 1월 1일, 1910년 1월 1일)
58) 『뮈텔주교일기』 1906년 9월 12일, 11월 3일, 1909년 5월 15일, 7월 10일, 1910년 5월 17일.
59) 『뮈텔주교일기』 1907년 10월 18일. 황태자 요시히토[嘉仁]가 1907년 10월 16일 서울에 도착.
60) 『뮈텔주교일기』 1909년 6월 22일.
61) 『뮈텔주교일기』 1906년 6월 28일, 10월 16·25일.
62) 『뮈텔주교일기』 1908년 1월 10일.
63) 『뮈텔주교일기』 1908년 11월 19일.
64) 「토지가옥증명규칙」(1906년 10월 16일)은 거래계약을 관에서 증명하였고, 「토지가옥소유권증명규칙」(1908년 8월 1일)은 「토지가옥증명규칙」시행 이전 잠매되었던 외국인 소유 부동산을 (대한제국)정부가 공부(公簿)로 소유권 보존증명을 발급

통감부를 찾았다.65)

'한일합병조약'이 강제된 1910년 8월 22일, 통감부 기가 게양되었던 깃대에 날씨가 좋은데도 9시 30분까지 어떤 기도 게양되지 않았다고 뮈텔 주교는 그의 일기에 기록하였다.66) 통감부의 움직임에 관심을 기울이고 있었다는 것을 말해준다. 8월 29일 일기에는, 각 신문에 수록할 '한일합병' 관련 법령·포고문 등을 통감부에서 총지휘하고, '합병조약'이 통감부『공보』(公報)가 아닌『조선총독부 관보』제1호로 발표되었다며 일제의 통치기관이 통감부에서 조선총독부로 변경되었음을 주목하였다.67) 이어 대한이라는 국호가 폐지되고 조선이란 이름으로 대체되었으며, '대한' 칭호를 사용하던 신문들이 그 이름을 폐지하거나 다른 이름으로 바꾸었고,68) 조선총독부에서 제공하는 소식만을 보도해야 한다고 하였다.69)

'한일합병'에 대하여 선교사들은 을사조약 체결 때와 비슷한 반응을 보였다. 즉 일제의 '한국보호정책'이 '한일합병'에 이르렀고, 한국인들이 저항하지 않을까 두려웠는데 "다행히" 그런 일은 없었고 "평화롭게" 합병되었다고 하였다. 그리고 한국인들이 '한일합병'에 저항하지 않은 것은 일제의 엄격하고 치밀한 치안 때문이었겠지만, 한편으로는 한국인들이 체념한 때문이라며, 불가항력의 상황 앞에서 지혜롭게 굴복한 것이라 보았다.70) 국치에 대한 한국인들의 생각과 모습을 체념이라 하였을 뿐, 대한제국의 국권을 강탈한 일제와 일제침략자들의 행동에 대해서는 선교사들도 체념

하도록 규정한 것인데(『관보』 1908년 7월 20일, 「토지가옥소유권증명규칙에 관한 건」) 이에 대한 것들이 통감부를 통하여 이루어졌다.
65)『뮈텔주교일기』1908년 12월 24일, 1909년 3월 26일, 10월 20일, 12월 24일.
66)『뮈텔주교일기』1910년 8월 22일.
67)『뮈텔주교일기』1910년 8월 29일.
68) 예를 들면 1904년 7월 18일 창간된『대한매일신보』는 '한일합병조약' 체결 이후 『매일신보』로 전환되었는데 조선총독부의 기관지였고, 1898년 8월 창간된『제국신문』은 강제 폐간되었다.
69)『뮈텔주교일기』1910년 8월 30일.
70) C-R, 1910.

의 태도를 보였다. 일제의 한국 주권 침탈은 불의(不義)한 행위였고, 그 불의에 항거하는 것은 진정한 의미의 평화였으며, 한국인들이 필요로 하는 선(善)이었다. 그럼에도 선교사들은 침묵하였다. 한국을 강탈하여 새로운 통치자가 된 일제와의 협력이 한국 선교에 도움이 된다고 생각한 때문이었다.

3. 전남 - 외지고 배타적인 지방

전남은 서울(수도) 이외의 지역이기에 지방이다. 선교사들은 한반도의 이 지방 저 지방에서 선교활동을 펼쳤다. 대한제국기 전남지역에 상주하며 활동한 선교사는 데예(Deshayes Albert),[71] 투르뇌(Tourneux, Victor Louis),[72] 카다스(Cadras, Joseph François) 신부이고, 한국인 이내수(李迺秀)[73] 신부와 김승연 신부도 상주하였다. 대목구장 뮈텔 주교는 사목방문을 하였고, 몇몇 선교사들도 전남지역을 방문하였다. 이들의 기록을 통하여 전남지역을 어떻게 인식하였는가를 파악할 수 있다.

(1) 외지고 교통이 불편한 시골

한국천주교회사에서 천주교 신자들이 집단으로 거주하는 교우촌(教友村)이 형성된 것은 1791년(정조 15)의 진산(珍山)사건으로 천주교 박해가

---

[71] 1871~1910년. 파리외방전교회 회원. 한국 이름 조유도(曺有道). 1896년 한국 입국. 목포(현 산정동) 본당 초대 주임신부를 거쳐 1910년 원산본당 주임신부로 전임.
[72] 1880~1944년. 파리외방전교회 회원. 한국 이름 여동선(呂東宣). 1903년 한국 입국. 무안 우적동 본당, 계량(현 노안) 본당, 가실(현 낙산) 본당 주임신부로 활동.
[73] 1862~1900년. 조선대목구 신부. 1897년 12월 18일 뮈텔 주교의 주례로 여섯 번째 한국인 사제로 서품되었다. 목포(현 산정동) 본당 보좌, 무안 우적동 본당 초대 주임신부로 활동.

본격화된 이후였다. 각 교우촌은 1830년대 이후 선교사들이 방문하면서 공소(公所)74)로 되었고, 신앙의 자유가 이루어진 뒤에는 각 본당의 중심지로 발전하였다.75)

전라도에 위치한 공소들은 몇 개의 도를 순회하는 성직자들이 방문하였다. 1795~1801년 중국인 주문모(周文謨) 신부, 1837~1839년 샤스탕(Chastan) 신부, 1846~1849년 다블뤼(Daveluy) 신부, 1850~1861년 최양업(崔良業) 신부, 1862~1866년 리델(Ridel) 신부가 전라도 지역 공소들을 방문하였다. 리델 주교76)가 제작한 지도에 의하면 1860년대에는 전국 153개 지역에 공소가 있었는데, 전라도의 남부지역(현 전남지역)에는 곡성, 광주, 구례, 남평, 옥과, 장성, 창평, 해남에 공소가 있었다.77)

1866년 병인박해가 시작된 이후 10년 동안 선교사들의 전라도 지역 공소 방문은 중단되었다. 그러나 1874년에 간행된 달레의 『한국천주교회사』에서 전라도에 대한 선교사들의 관심을 읽을 수 있다. 전라도의 수부 즉 감사의 주재지는 전주이고,78) 좌도(左道) 21군, 우도(右道) 56군이라며, 각 부(府)·군(郡)이 서울에서 얼마나 떨어져 있는가에 관심을 두었다.79)

---

74) 1908년부터 나주본당(현 노안본당)에서 활동한 카다르 신부는 프랑스 전교회에 보낸 글에서, 공소라는 한국어에 상응하는 프랑스어를 찾지 못했다면서, 회장을 중심으로 조직된 신자단체를 뜻한다고 하였다.(카다르, 「카다르 신부의 편지」, 『가톨릭선교』1912년 2225호 : 부산교회사연구소, 『부산교회사보』116호, 2024년 겨울, 114쪽)
75) 『천주교 전주교구사』 I, 473쪽 ; 차기진, 「교우촌」, 『한국가톨릭대사전』 1, 한국교회사연구소, 1994, 624~625쪽.
76) 1869년 4월 27일 제6대 조선대목구장으로 임명되었다.
77) 『천주교 대구대교구 100년사 : 1911-2011: 은총과 사랑의 발자취』, 52쪽.
78) 『한국천주교회사』 상, 68쪽.
79) 오늘날의 전남지역에 해당하는 부·군은 다음과 같다. 좌도 : 순천 796리, 담양 676리, 장성 666리, 보성 성읍 851리, 낙안 786리, 창평 706리, 광양 성읍 821리, 옥과 666리, 구례 성읍 766리, 곡성 676리, 동복 726리, 화순 756리, 흥양 성읍 896리. / 우도 : 나주 성읍 740리, 광주 성읍 726리, 장흥 880리, 영암 성읍 810리, 영광 성읍 710리, 진도 성읍 1,026리, 강진 성읍 866리, 함평 770리, 남평 740리,

1877년 10월경 블랑(Blanc) 신부가 고산 어름골에 거처를 마련함으로써 처음으로 전라도에 선교사가 정착하였다.[80] 선교사들은 그들이 펼친 선교 활동을 연례보고서·편지 등으로 남겼는데, '1882~1883년'부터의 「교세통계표」도 남아 있다.[81] 전남지역에 파견된 선교사들과 서울의 교구청에 거주하는 뮈텔 주교와의 연락은 연례보고서·편지·전보 등을 통해서였다. 1897년 7월 목포에 도착한 데예 신부는 서울에서 보낸 편지를 12일 후에야 목포의 한국우체국을 경유하여 받아볼 수 있다고 하였다.[82] 그리고 목포는 제물포에서 20시간 거리로, 부산만큼이나 멀다고 하였다.[83] 목포 지방의 관습도 풍습도 잘 모르고, 몇 마디 한국말을 더듬거릴 뿐인데, 무언가를 할 수 있다는 희망도 없이 왜 멀리까지 와야 했는가 라고 혼잣말을 한다며[84] 데예 신부는 뮈텔 주교에게 하소연하였다.

그런데 1897년 10월 23일 서울 ↔ 목포 간 전선이 가설되었고,[85] 11월 1일 목포에 우체사(郵遞司)가 설치되었으며,[86] 1898년 2월 7일 무안전보사가 문을 열었다.[87] 목포에는 일본 우편국도 있었는데 1897년 11월 16일 일본영사관 내에 개국한 일본 우편국은 1899년 8월 영사관 내의 우편국을 분리하여 목포에 우편국 출장소를 설치하였다.[88] 개항된 목포에 근대적인

무안 796리, 해남 성읍, 890리.(『한국천주교회사』 상, 84~86쪽)
80) 『천주교 전주교구사』 I, 383~384쪽.
81) 1882년 이전 신도들의 분포를 밝힐 수 있는 자료는 없다.(『천주교 전주교구사』 I, 410쪽)
82) 데예→뮈텔, 1898년 7월 12일, 목포.
83) 데예→뮈텔, 1897년 10월 31일, 아천리.
84) 데예→뮈텔, 「1897-1898년 보고서(목포)」, 목포.
85) 『관보』 1897년 10월 25일, 「公州電報司와 전주전보사와 무안전보지사를 설치홈」.
86) 더불어 나주우체사는 광주군으로 이설되었다.(『관보』 1897년 11월 3일, 「농상공부령 제17호」) 그런데 1914년에 간행된 『木浦誌』와 이를 근거로 한 『목포시사』에는 목포에 위치한 '무안우체사'는 1897년 12월 25일, 무안전보사는 1898년 2월에 설치되었다고 기술하였다.(목포시·목포시사편찬위원회, 『다섯마당 목포시사』 1권, 2017, 512쪽)
87) 목포지편찬회, 『木浦誌』, 1914, 77쪽.

통신 시설들이 마련되고 있었으며, 갈수록 연락 시간도 단축되었다. 1901년 6월 무세(Mousset) 신부가 목포에서 4시 30분에 발송한 전보는 그날 8시 30분 서울의 교구청에 도착되었다.89) 걸린 시간은 3시간 40분이었다. 1907년 4월에는 목포에서 3시에 발송한 전보가 2시간 후인 5시경 서울의 교구청에 도착하였다.90)

한편 목포에서 활동한 선교사들은 목포에서 선편(船便)으로 인천(제물포)까지 이동하였고, 1899년 9월 18일 경인선의 노량진 ↔ 인천 구간이 개통된 후에는 철도를 이용하여 인천에서 노량진까지, 1900년 7월 5일 한강철교가 완공되고, 7월 8일 경인선 전 구간이 개통된 이후에는 제물포에서 서울(역)까지 기차를 이용하였다.91) 목포에서 제물포까지의 선편으로는 1897년 1월 6일부터 운행을 시작한 화륜선(火輪船)이 있었다.92) 인천을 출발한 화륜선 현익호(顯益號)와 창룡호(蒼龍號)는 목포항에 기항하였고,93) 일본 나가사키[長崎]까지 운행되었다.94) 그래서 1898년 8월 목포본당의 데예 신부는 주 2회 제물포에서 목포까지 운행하는 증기선이 있다고 하였다.95)

그럼에도 전남지역(제주도 포함)의 선교사들이 서울에 도착하기까지는 어려움이 많았다. 선교사들은 매년 서울에서 진행되는 선교사 피정에 참석하였는데, 1902년 전라도 지역의 신부들은 피정이 시작된 4월 12일에야 제물포에 도착하였다. 제주에서 출발하여 목포를 경유한 라크루 신부와 무

---

88) 『황성신문』 1899년 6월 21일, 「郵局增設」; 목포지편찬회, 『木浦誌』, 77쪽.
89) 『뮈텔주교일기』 1901년 6월 10일.
90) 『뮈텔주교일기』 1907년 4월 16일.
91) 『뮈텔주교일기』 1899년 9월 22일 ; 『황성신문』 1900년 7월 5일, 「기차전통 경인철도합자회사」.
92) 『독립신문』 1896년 12월 29일, 「현익환」.
93) 『독립신문』 1897년 3월 30일, 「세창양행」; 1897년 8월 28일, 「세창양행」.
94) 『독립신문』 1897년 11월 6일, 「세창양행 제물포」.
95) 데예→뮈텔, 1898년 8월 16일, 목포.

세 신부는 피정이 끝나기 전날인 4월 18일에야 서울의 교구청에 도착하였다. 뮈텔 주교는 제주, 목포, 전라도 지역의 선교사들이 피정 시작 전까지 도착하지 못한 이유는 춥고 북풍까지 세차게 불었기 때문이라 하였다.[96] 피정에 늦은 이유가 불편한 교통 때문이라 이해한 것이다. 1907년에도 제주와 목포의 선교사들은 피정 시작 전 서울의 교구청에 도착하지 못했다. 목포본당의 데예 신부, 우적동본당의 투르뇌 신부, 제주에서 활동 중인 라크루 신부와 타게(Taque) 신부가 4월 16일 목포에서 배에 탑승하였다고, 목포에서 3시에 보낸 전보를 뮈텔 주교는 5시경에 받았다. 그러나 4월 16일 목포에서 출발하는 배는 이미 떠났고, 그래서 선교사들은 4월 19일에야 배에 탑승한다는 내용의 전보가, 10시 10분 목포에서 발송되었고 뮈텔 주교는 11시 45분에 받아보았다. 선교사들은 4월 20일 서울의 교구청에 도착하였는데, 배를 놓친 것이 아니라 자리를 구하지 못해[97] 목포에서 늦게 출발하였고 그래서 교구청 도착도 늦었다. 목포에서 제물포까지 운행하는 증기선이 있었지만, 자주 운행되는 것이 아니었기에 이런 일들이 일어났다.

서울에서 전남지역으로 가는 것도 쉽지 않았다. 뮈텔 주교는 1905년 10월 18일부터 11월 13일까지 전남지역을 사목 방문하였는데, 10월 13일 세관에 들러 목포행 배가 언제 있는가를 알아보았다. 그리고 10월 17일에야 서울에서 11시 기차에 탑승하여 정오에 제물포역에 도착하였다. 그런데 목포행 배는 조수 때문에 먼 바다로 나가 있었다. 곤혹스러웠던 뮈텔 주교는, 마침 중국 베이징행 배를 타기 위해 (인천)세관의 대형보트를 이용하려던 지인의 배려로, 목포행 배에 탑승할 수 있었다. 목포행 배는 베이징행 배가 출항한 후 15시에야 제물포항을 출발하였고, 다음날 10시경 목포에 도착하였다.[98] 목포행 선편을 알아본 때로부터는 6일, 목포를 향해 서울의 주교관을 출발한 시간으로부터는 23시간만이었다.

---

96) 『뮈텔주교일기』 1902년 4월 12·13·15·18일.
97) 『뮈텔주교일기』 1907년 4월 15·16·20일.
98) 『뮈텔주교일기』 1905년 10월 13·16·17·18일.

전남지역의 첫 본당인 목포본당의 선교책임자로 임명되었지만, 목포에 머물 곳이 마땅치 않아 순창 아천리(阿川里)공소에 머물던 데예 신부는 1898년 7월 2일 목포에 도착하였고, 목포를 상당히 부정적으로 묘사하였다. 새롭게 열린 항구 목포는 중국과 마주 보고 있는데, 무너져가는 몇몇 초가집들이 있는 폐허지라고 하였다. 그리고 왜 이곳에 개항하려고 생각했는지 누구도 알지 못하고, 누구도 감히 말하려 하지 않는다, 탐사를 온 전함의 사령관은, 목포는 "바다의 수심이 비교적 고르고, 움직이는 모래가 없고, 사방에서 부는 바람을 막아주고, 일본과는 20시간, 중국과는 2일의 거리이기에 아주 좋은 조건을 지닌 곳"이라 하였다고 기록하였다.99)

데예 신부는 전남지역 내에서도 선교를 위한 이동이 불편하다고 호소하였다. 1898년 12월 12일 연례 성사집행 여행을 시작한 데예 신부는 눈이 내리고 북풍이 불어 추위 때문에 말을 탈 수 없었고, 그래서 첫 교우촌까지 3일 동안 눈길을 헤쳐 걸어갔다.100) 12월이므로 추웠을 것이고, 눈도 쌓였을 것이다. 목포에서 출발한 데예 신부가 첫 교우촌에 도착하기까지 3일 동안 눈길을 헤쳐 걸어갔다는 곳은 전북지역일 것이고, 목포에서의 거리는 상당하다. 목포본당으로 발령을 받았지만, 전북지역의 공소들도 책임 맡았고, 당시에는 목포본당이 위치한 전남지역보다 전북지역에 공소들이 더 많으므로, 목포에서 출발한 데예 신부의 선교여행은 지리적으로 거리가 멀었다. 사제서품 후 얼마 되지 않아 한국으로 파견되었고, 한국에 도착한 지 얼마 되지 않아 목포본당에 부임하였으니,101) 선교의 경험도 한국에 대한 지식도 전혀 없었던 데예 신부에게는 낯설고 힘든 여행이었을 것이다.

---

99) 데예→뮈텔, 「1898-1899년 보고서」(전라남도).
100) 데예→뮈텔, 「1898-1899년 보고서」(전라남도).
101) 1896년 6월 28일 사제서품. 1896년 10월 13일 한국 도착,(『뮈텔주교일기』 1896년 10월 13일) 1897년 5월 8일 신설 목포본당의 주임신부로 임명되었고(『뮈텔주교일기』 1897년 5월 8일) 1898년 7월 2일 목포에 도착(데예→뮈텔, 1897년 10월 31일, 아천리)

그런데 뮈텔 주교는 1897년 전라도 지역을 사목 방문하였을 때 하루에 100리를 걸었다.102) 1901년 2월 18일에는 4개월 반 동안의 사목 방문을 마치고 서울의 교구청에 도착하였는데, 사목 방문을 위해 이동한 거리는 5,625리였다. 뮈텔은 3,515리(62.5%)는 걷거나 말을 탔고, 2,110리는 배로 이동하였다.103) 1905년 전남지역을 사목 방문하였을 때는 10월 18일 목포에 도착하여104) 10월 23일 자은도, 10월 26일 하의도, 10월 29일 안창도로 이동하였고 이동하지 않은 날에는 이들 섬으로 찾아온 능매, 도초, 비금도, 상태도, 섭섬, 암태도, 진결, 진도, 하태도의 신자들에게 성사를 집행하였다. 그리고는 목포로 와서는 무안 사내[斜川]105) 우적동의 이내수 신부 묘소를 방문하고, 함평, 나주 삼룡공소, 영광 산호치공소, 장성 탑정공소까지 방문하였다.106) 엄청난 이동 거리였고 빠듯한 일정이었다. 데예 신부의 하소연이 당시 선교사들의 일반적인 이동 거리와 비교하면 빛을 잃을 뿐 아니라, 과장된 것이라고 해야 할 것이다.

(2) 외래문화 거부

외지고 서울에서 먼 전남지역에는 대한제국기에 목포본당, 우적동본당, 나주본당(→계량본당107)→노안본당108)) 등 3개의 본당이 설립되었다. 전남지역에의 본당 설립은 1889년 봄 전주본당과 금구 배재본당이 설립되면서부터였다. 조선대목구장109)은 전주본당과 배재본당을 맡고 있던 보두네

---

102) 『뮈텔주교일기』 1897년 1월 7일.
103) 『뮈텔주교일기』 1901년 2월 18일.
104) 『뮈텔주교일기』 1905년 10월 18일.
105) 무안문화원, 『마을역사 자료조사 : 몽탄면 보고회』, 2016, 75쪽.
106) 『뮈텔주교일기』 1905년 10월 20·23.·24·26·27·29일, 11월 2·4·5·6·11·13일.
107) 1935년 1월 15일 나주천주당에서 계량(桂良)천주당으로 명칭변경계 제출.(『조선총독부관보』 1935년 12월 13일, 「포교소명칭변경계」)
108) 언제 변경되었는지 알 수 없으나, 1957년 천주교회의 기관지에 '노안본당'이라 표기되었다.(『경향잡지』 1957년 3월, 86쪽, 「지방교회의 현상」)

(Baudounet) 신부와 베르모렐(Vermorel) 신부에게 전라도 남부의 도서 지역 선교도 희망하였다.110) 그러나 맡은 지역이 많았던 두 선교사는 전남의 도서 지역에까지는 선교활동을 펼치지 못했다.

뮈텔 주교는 1896년 10월 29일부터 1897년 1월 22일까지 약 세 달 동안 전라도 지역을 처음으로 사목 방문하였다.111) 1896년 12월 24일 금구 수류본당112)에 도착한 뮈텔 주교는 수류본당의 라크루 신부에게 목포천주당 설립을 위해 수류본당 신자들이 목포로 이주할 수 있으면 하라고 하였다.113) 그리고 1897년 5월 8일 선교사 피정이 끝나는 날 목포본당을 설립하고 데예 신부를 주임신부로 임명하였다. 뮈텔 주교는 전남지역 선교를 위해 목포본당을 설립하였다고 그의 일기에 기록하였다.114)

그런데 전남지역의 첫 번째 본당 설립지는, 전주와 함께 조선시대 전라도의 중심이었던 나주도, 전남 관찰부 소재지가 된 광주도 아니었다. 전남의 첫 번째 본당이 목포에 설립된 것은, 늦어도 1890년부터는 선교사들이 전라도 남부의 도서 지역 선교에 관심을 두었기 때문이다. 그리고 목포 개항이 이러한 선교사들의 생각을 본당 설립으로 이어지게 하였다.

목포 개항은 청일전쟁 후 일본이 조선정부를 압박하여 1894년에 맺은 「잠정합동조관」에 "전라도 연안에 하나의 통상항을 개설해야 한다"는 규정 때문이었다. 목포가 전라도 연안의 통상항으로 선택된 것은 목포가 지닌 항구로서의 지리적 장점 때문이었다. 1895년 주 경성 일본영사관의 우

---

109) C-R은 대목구장이 작성한다. 그런데 제7대 조선대목구장 블랑(Blanc, 白圭三) 주교는 1890년 2월 21일 사망하였고, 뮈텔이 제8대 대목구장으로 임명된 것은 1890년 8월 4일이었다. 뮈텔은 1891년 2월 19일 부산에 도착하였고, 2월 23일 서울 주교관에 도착하였다. 따라서 C-R, 1890을 뮈텔 교구장이 작성하였는지, 교구장서리 코스트(Coste) 신부가 작성하였는지 알 수 없다.
110) C-R, 1890.
111) 『뮈텔주교일기』 1896년 10월 29일, 1897년 1월 22일.
112) 1895년 금구 배재에서 금구 수류로 본당을 이전하면서 수류본당으로 명칭 변경.
113) 『뮈텔주교일기』 1896년 12월 24일.
114) 『뮈텔주교일기』 1897년 5월 8일.

치다 사다쓰지[內田定槌] 영사는, 목포항이 부산과 인천의 중간에 위치하고, 항내 물이 깊어 큰 배가 자유롭게 출입할 수 있으며, 주변이 섬으로 둘러싸여 있기에 풍파로 인한 재난을 입는 일이 없을 것으로 보았다. 또한 새로운 시가지를 건설하는데 적당한 부지가 있고, 영산강을 통해 육지로 연결되며, 배를 이용하여 나주와 무안에 닿을 수 있다고 하였다.115) 이러한 일제의 계획은 시간이 갈수록 보강되었고,116) 1897년 7월 3일 조선정부는 목포 개항을 요구하는 일제의 압박을 견디지 못하여 받아들였다. 그리고 각 관계국의 공사, 총영사, 영사들에게도 목포 개항을 알리고 10월 1일을 개항일로 결정하였다.117)

선교사들은 목포 개항을 알고 있었던 것 같다. 뮈텔 주교는, "당신이 아는 것처럼 목포는 10월 1일 유럽상권에 개방"된다고 데예 신부에게 편지를 보냈다. 그리고 목포항은 발전해나갈 것이고, 목포에 본당을 설립할 것이라고 다시 강조하였다.118) 그럼에도 순창 아천리에 머무르고 있던 데예 신부는, 목포에 직접 가보았는데 목포 사람들이 자신을 일본인, 중국인, 러시아인으로 생각할 뿐 영혼을 구하기 위해서 온 선교사라고는 생각지 못한다고 하였다. 그리고 목포에서 아천리까지 240리, 나주까지 110리, 광주까지 150리, 영암까지 60리, 병영까지 90리, 지도까지 120리, 무안까지 60리라며 목포를 기준으로 인근 지역들의 거리를 상세하게 언급하였다.119)

목포본당 주임신부로 임명된 지 약 1년이 지난 1898년 7월 2일 목포에 도착한 데예 신부는 목포지역에 상당히 부정적인 태도를 보였다. 그래서

---

115) 국사편찬위원회 편, 『주한일본공사관 기록』 11, 1994, 110~118쪽 ; 최성환, 「목포의 개항기」, 『목포시사』, 목포시·목포시사편찬위원회, 2017, 353~354쪽.
116) 국사편찬위원회 편, 앞의 책, 1994, 149~152쪽 ; 최성환, 「목포의 개항기」, 354쪽.
117) 『고종실록』 35권, 고종 34년 7월 3일 ; 「本浦甑南浦口岸開辦事件에 關혼 請議書」,(議政府贊政外部大臣臨時署理議政府贊政學部大臣 閔種默 → 議政府參政內部大臣 南廷哲), 1897년 7월 3일, 各部請議書存案, 『각사등록』 근대편.
118) 뮈텔→데예, 1897년 8월 11일, 서울.
119) 데예→뮈텔, 1897년 10월 31일, 아천리.

뮈텔 주교는 데예 신부에게, "새로운 나라에서 새롭게 자리잡는데 있어서 발생하는 근심과 어려움, 소동, 번거로움 속에 빠트리려는 심술에서"가 아니라 데예 신부의 능력과 자질 때문에 목포에 파견한 것이라 설명하였다.120) 본당 설립 당시 목포에는 35명의 천주교 신자들이 있었는데 모두 타지에서 온 사람들이었다.121) 목포본당만이 그 지역 출신 신자들이 없는 곳에 설립된 본당은 아니었다. 부산본당은 1890년 8월 조조(Jozeau) 신부를 주임신부로 개항장 부산에 설립되었는데 천주교 신자는 없었다.122)

목포본당에 이어 전남지역에 설립된 두 번째 본당은 무안 우적동본당이다. 1898년 9월 29일 배를 타고 목포본당에 도착한123) 이내수 신부는 1899년 5월 22일 우적동에 도착하였다.124) 이내수 신부는 1897년 12월 18일 사제서품을 받았는데125) 신학생 때부터 결핵으로 고생하였고, 서품 후에도 건강이 나빠 서울 양로원 등에서 요양하였고,126) 전북 완주군 성불(成佛)의 부모님 집에 머무르다127) 뮈텔 주교로부터 목포본당에 갈 것을 명받았다. 뮈텔 주교는 데예 신부가 동료 성직자들로부터 너무 멀리 떨어져 있고, 그 때문에 많은 어려움을 겪고 있기에 이내수 신부를 보낸다고 하였다. 그러면서 이내수 신부의 건강이 좋지 않고 목포는 소비 도시이므로 목포본당에서 최대 하루거리, 가능하면 60~80리 거리에 이내수 신부의 거처를 마련하라며 무안을 추천하였다. 그런데 데예 신부는 무안으로 이주할 수 있는 신자가 그의 선교관할구역에 두 명뿐이고, 그들도 옮겨갈

---

120) 뮈텔→데예, 1898년 8월 25일, 서울.
121) C-R, 1898.
122) 『천주교 대구대교구 100년사 : 1911-2011 : 은총과 사랑의 발자취』, 45~46쪽.
123) 이내수→뮈텔, 1898년 10월 1일, 목포 ; 송숙전 편집, 『우적동의 사제』, 전일실업출판국, 1998, 45쪽(이하 『우적동의 사제』, 00쪽 표시).
124) 이내수→뮈텔, 1899년 5월 27일, 우적동 ; 『우적동의 사제』, 49쪽.
125) 『뮈텔주교일기』 1897년 12월 18일.
126) 『뮈텔주교일기』 1897년 12월 19일, 1898년 4월 2일, 6월 21일.
127) 『뮈텔주교일기』 1898년 6월 27일.

지 알 수 없기에 무안에 교우촌을 이루기 어렵다며, 목포와의 사이에 나루가 있는 영암을 제안하였다.128) 그러나 이내수 신부의 임지는 무안으로 결정되었다.

1899년 1월 20일 데예 신부의 지시를 받은 신자 두 명이 목포에서 50리, 무안에서 20리, 삼영(공소)에서 20리, 배편으로 5리 거리인 우적동에 이내수 신부가 거처할 집을 마련하였다. 데예 신부는 그 집의 위치가 험하고 외진 산골이고, 나무가 울창하여 신부도 신자도 오래 살 수 없을 것 같다고 하였다. 또한 신자들이 우적동으로 이사하게끔 노력했으나 두 가족이 이주하였을 뿐이었는데, 편히 살려는 사람들은 낯선 곳으로 이사하려 하지 않은 때문이라 하였다.129) 그리고 그곳이 열악한 곳임에도, 의사가 이내수 신부를 그런 곳으로 보내지 말라고 했음에도, 이내수 신부를 그곳으로 보낸 이유는 목포본당에 두 명의 성직자가 할 일이 없기 때문이라 하였다.130) 즉 우적동본당 설립은 우적동에서 50리 거리인 목포본당에 상주하는 선교사 데예가 동료 성직자들로부터 너무 멀리 떨어져 있는 상황을 타개하기 위해서였다. 그런데 선교사들 간의 거리가 너무 멀어 선교사가 고립되는 상황을 만들지 않으려 성직자의 상주 장소 즉 본당을 결정한 것은 전남지역에서만이 아니었다.131)

목포에서 배를 타고 우적동에 도착한 이내수 신부는 마을 사람들로부터 냉대를 받았다. 마을 사람들은 이내수 신부의 도착을 싫어했다. 이내수 신부와 마주치지 않으려 이내수 신부의 집 쪽으로 되어 있던 싸릿문을 반대 방향으로 옮기기도 하였다.132) 마을 사람들은 이내수 신부에게 오지 않았

---

128) 데예→뮈텔, 1898년 8월 16일, 목포.
129) 데예→뮈텔, 1899년 1월 20일, 목포 법산 ;『우적동의 사제』, 59쪽.
130) 데예→뮈텔, 1899년 5월 5일, 목포본당 ;『우적동의 사제』, 61쪽.
131) 루블레 신부가 서울에서 160리나 되는 떨어진 곳에 고립되는 상황을 막기 위해 1900년 12월 작은 공베르 신부가 가라비에서 멀지 않은 진울에 은퇴 때까지 있기로 하였다.(두세→뮈텔, 1900년 12월 29일, 약현(『성직자 사목서한과 약현관계 자료』, 136쪽)

고, 이내수 신부는 선교 대상자들을 찾기 어려웠다.133) 외진 곳, 열악한 환경에서 선교하던 이내수 신부는 1900년 12월 20일 건강이 더욱 악화되어 사망하였다.134)

목포본당, 우적동본당에 이어 전남지역에 설립된 세 번째 본당은 나주본당이다. 1903년 10월 8일 한국에 도착하여135) 1904년 4월 14일 사내136)를 임지로 받은137) 투르뇌 신부는 4월 17일 제물포에서 목포행 배에 탑승하였다.138) 그런데 사내지역의 선교가 활발하지 않다고 생각하였는지, 나주로 본당을 옮기려 하였다. 투르뇌 신부는 50세대 300명이 사는 비옥한 평야 지대인 나주 남산에 정착하고 싶어 했다. 그런데 전남지역의 선임 선교사이자 목포본당을 맡고 있던 데예 신부는, 몇몇 신자들이 남산에 논을 매입하고 정착하러 올 수는 있겠지만 남산지역은 발전 가능성이 없고, 항구에서 17리, 목포에서 육로로 120리 거리라며 부정적인 의견을 보였다. 데예 신부는 3,500세대 1만 8,000명이 있고, 천주교에 반항적이지 않으며, 증기선이 정박할 수 있는 영포항이 7리 거리에 있고, 나주와 목포 사이에는 담양까지 뻗어 있는 평야가 있기에 상업이 발달하고 인근 지방도 비옥하다며 나주읍을 제안하였다. 그리고 나주읍이 아니라면 무안 사내를 떠날 필요가 없다고까지 하였다.139)

의견이 달랐던 투르뇌 신부와 데예 신부는 나주읍과 남산지역을 현장 방문하였고, 남산지역을 본당 설립지로 결정하였다. 나주읍은 1895년과

---

132) 이내수→뮈텔, 1899년 5월 27일, 우적동 ;『우적동의 사제』, 49쪽.
133) 이내수→뮈텔, 1900년 2월 9일, 우적동 ;『우적동의 사제』, 53쪽.
134) 이내수→뮈텔, 1900년 12월 29일, 우적동;『뮈텔주교일기』 1900년 12월 25일.
135)『뮈텔주교일기』 1903년 10월 8일.
136) 이내수 신부가 활동했던 우적동과, 투르뇌 신부가 임지로 받은 사내가 같은 곳인가를 알 수 없다.
137)『뮈텔주교일기』 1904년 4월 14일.
138)『뮈텔주교일기』 1904년 4월 17일.
139) 데예→뮈텔, 1906년 6월 8일, 사내(무안).

1905년의 의병항쟁으로 여전히 불안하고, 건물을 지으려면 건축자재를 19~20리 밖에서 가져와야 하며, 가장 가까운 교우촌도 20리 떨어져 있었기 때문이다. 또한 신자들은 생활비가 비싼 나주읍에서 생계를 유지하기 어려웠다. 계량공소140)의 신자들에게 선교사를 따라서 나주읍으로 이사할 수 있느냐 물었는데, 나주읍에 논이나 밭이 없으므로 갈 수 없다는 것이 신자들의 대답이었다.141)

1906년 8월 투르뇌 신부는 남산에 4,545평의 부지를 매입하고, 1907년 6월 남산으로 거처를 옮긴 후 본당 설립을 추진하였다. 그러나 남산 마을 유림들의 반대, 부지 소유자의 계약 파기로 인해 남산지역에의 본당 설립은 무산되었다. 그때 영광 법성의 한 신자가 집을 희사하였고, 투르뇌 신부는 법성으로 거처를 옮겨 본당 설립을 추진하였다.142) 데예 신부는 목포와 법성 간 정기 증기선이 있고, 남산보다는 법성이 좋다고 하였다. 그런데 대목구장 뮈텔 주교는 목포에서 법성까지의 거리가 멀다며 투르뇌 신부의 법성 정착에 동의하지 않았고,143) 좀 더 기다리며 신중하라 하였는데, 투르뇌 신부가 희사받은 법성의 집이 소유권 분쟁에 휘말렸다. 투르뇌 신부는 나주 계량을 본당 설립지로 최종 결정하였다.144) 1930년에 발간된『목포부사』는 나주본당이 1908년 목포본당에서 분설되었다고 하였는데145) 잘못된 서술이다. 목포본당이 담당할 선교구역과 나주본당이 담당할 선교

---

140)「1903-1904년 교세통계표」에 의하면 나주 계량에 신자 38명, 예비자 47명(천주교광주대교구,『광주대교구 50년사: 1937-1987』,「교세통계표」, 1990, 777~779쪽)
141) 투르뇌→뮈텔, 1906년 6월 11일(김경욱,「광주지역 가톨릭 도입과정과 노안본당의 역사 - 노안본당 100년사 -」, 광주가톨릭대학교 석사학위논문, 2016, 17쪽)
142) 투르뇌→뮈텔, 1908년 8월 9일(김경욱,「광주지역 가톨릭 도입과정과 노안본당의 역사 - 노안본당 100년사 -」, 19쪽).
143) 투르뇌→뮈텔, 1907년 6월 15일, 목포.
144) 투르뇌→뮈텔, 1908년 8월 9일(김경욱,「광주지역 가톨릭 도입과정과 노안본당의 역사 - 노안본당 100년사 -」, 20쪽)
145) 목포부청 편,『목포부사』, 목포부, 1930, 443쪽.

구역이 나뉜 것이다.

목포본당, 우적동본당, 나주본당에서 활동한 성직자들은 모두가 그들이 정착한 곳에서 환영받지 못했다. 마을 사람들은 외국인 선교사들뿐 아니라 한국인 성직자에게도 배타적인 태도를 보였다. 천주교는 그들에게 낯선 외래문화였고, 외국인 선교사도 한국인 성직자도 외래문화인 천주교를 선교하는 이방인들이었다. 그들의 낯섦은 천주교와 천주교를 선교하고 믿는 이들에게 배타적이고 부정적인 태도를 취하게 하였다.

1901년 7월 천주교 신자 9명이 지도군에서 관속(官屬) 10여 명에게 구타당하면서 시작된 지도교안(智島敎案)은 낯선 천주교에 대한 지역민의 배타성을 잘 보여준다. 제주교안 발생 직전 제주도를 떠나 잠시 목포본당에 와 있던 제주 한논본당의 주임신부 김원영(金元永) 신부가146) 자은도의 교우촌을 방문하여 사건을 조사하고 지도군수가 파견한 순검을 심문하였다.147) 그러자 지도군수는 자은도의 토착세력가들에게 김원영 신부와 신자들을 체포하라 지시하고 목포항 감리서, 경무서, 전라감영, 그리고 내부와 외부에 사건을 보고하였다. 데예 신부는 김원영 신부의 보고를 받은 후 뮈텔 주교에게 보고하였고, 자은도와 비금도·도초도를 방문하여 상황을 파악하고 관속들을 직접 처결하였다.148) 그리고 지도군수를 방문하였는데, 군수와 데예 신부의 복사가 언쟁을 벌인 끝에 데예 신부를 따라왔던 신자들이 지도군의 관속들에게 구타당하고 데예 신부도 손에 부상을 입었다.149) 데예 신부가 보낸 전보를150) 받은 뮈텔 주교는 주한프랑스공사에게 연락하였고, 프랑스공사는 대한제국의 외부대신에게 이 사건을 목포항 감리에게 조사하도록 요청하였다.151) 뮈텔 주교는 사건처리가 지연되자

---

146) 데예→뮈텔, 1901년 7월 28일, 목포.
147) 김원영→지도군수, 1901년 8월 2일 ; 데예→뮈텔, 1901년 8월 9일, 목포.
148) 『法案』 1492호, 「목포 曺敎師 逢辱始末」: 박찬식, 「구한말 전라도 지도지방의 교안」, 11쪽 ; 『황성신문』 1901년 9월 6일, 「잡보」.
149) 『뮈텔주교일기』 1901년 9월 5일.
150) 데예→뮈텔, 1901년 9월 5일, 목포.

목포본당을 방문하였고,152) 무안감리는 그제서야 관련자들에 대한 재판을 진행하여 피고들의 형량을 확정하였다.153)

데예 신부는 전남의 섬 주민들이 매우 배타적이라고 하였다. 데예 신부에 의하면, 섬마다 각각의 특성이 있는데, 이 섬과 저 섬의 관습이 달라 격렬한 파도처럼 서로 밀고 부딪쳤다. 주민들은 대부분 10대~15대 조(祖) 이전부터 계속하여 섬에 살고 있었으며, 많은 주민들이 한 번도 바다를 건너간 적이 없고, 풍문으로밖에는 육지의 소식을 알지 못했다. 섬 주민들은 말도 당나귀도 노새도 산양도 본 적이 없었다. 폭풍우 속에 살고 있었지만 쾌속 범선 이용을 두려워하였다. 육지 사람들에게 열등감을 느끼는 섬 주민들의 생각은 수평선만큼이나 한정되어 있었다. 또한 섬에 사는 부인들은 가축과 같은 생활을 하고 있었는데 교육을 받지 못한 그녀들은 낮이고 밤이고 불평없이 일했다.154) 데예 신부의 생각, 자신이 직접 방문한 경험을 토대로 이루어진 뮈텔 주교의 인식 모두가, 전남의 섬들은 교통이 불편하고 그곳에 사는 주민들은 오랜 동안 섬에서만 살았기에 외부 세계를 알지 못하고 거칠고 배타적이라는 것이었다.155)

---

151) 『法案』 1484호, 「智島敎人 피해사건에 관한 조회」, 1901년 9월 6일; 박찬식, 「구한말 전라도 지도지방의 교안」, 13쪽.
152) 『뮈텔주교일기』 1902년 8월 19일 ; 데예→뮈텔, 1902년 9월 14일, 목포.
153) 『뮈텔문서』 1902-131, 「지도교민피학사건범인 판결선언서」; 『法案』 1647호, 「附 1. 지도사건피고인 등의 판결선언서」; 「務安報牒」광무 5년 9월 23일 : 박찬식, 「구한말 전라도 지도지방의 교안」, 13쪽.
154) 데예→뮈텔, 「1902-1903년 목포지방 보고」, 목포.
155) C-R, 1904.

4. 맺음말

　타인의 시선에 비친 우리를 본다는 것은, 내가 나를 볼 때의 한계를 극복하는 방법 중 하나이다. 1836년부터 조선에 입국한 파리외방전교회 선교사들은 서울을 비롯하여 한반도의 이 지방 저 지방에서 선교활동을 펼쳤다.

　선교사들은 서울을 교회행정의 거점, 정치의 중심지로 생각하였다. 교구청이 위치한 서울에, 서울과 서울 인근 거주 선교사들은 자주 방문하였고, 지방 거주 선교사들도 매년 선교사 피정 때는 방문하였다. 서울에는 사대문 안과 밖에 각각 하나의 본당이 있었는데 선교사들은 서울 신자들의 신앙과 더불어 서울 사람들이 정세 변화에 어떤 태도를 취하는지에 관심을 기울였다. 그리고 용산은 신학교가 있는 곳으로 관심을 두었는데, 한국을 잠깐 사목 방문하였던 베네딕도회 선교사는 일본인들의 서울 공략이 용산을 중심으로 이루어진다고 간파하였다. 오랜 동안 생활한 파리외방전교회 선교사들은 미처 인식하지 못한 것이었다. 선교사들은 일제식민통치기관의 움직임에도 민감하였다. 통감부의 설치부터 일제의 침략과 힘을 느꼈고 일제에 협력하는 자세를 보였다.

　전남에 대한 선교사들의 인식은 외지고 교통이 불편한 시골, 그래서 정보가 부족하고 외래문화에 배타적인 곳이었다. 서울을 중심으로 하면 전남은 지리적으로 먼 지역이다. 선교사들은 교회적으로도 교회 외적으로도 서울을 중심에 두었고, 서울 인근에서 활동하고 싶어 했다. 전남에 파견된 선교사들은 전남의 외짐을 강조하였고, 교통 불편을 호소하였다. 또한 전남 지역의 사람들이 외래문화에 배타적이라고 하소연하였다. 그런데 목포본당 등 대한제국기에 전남지역에 설립된 본당들은 전남의 중심 지역에 위치하지 않았다. 개항하는 목포가 발전하리라 예상하고 목포에 본당을 설립했다는데, 선교사들의 기대와 달리 목포는 한국에서 수탈한 물품들을 일본으로 반출하기 위한 목적으로 개항된 항구였다. 우적동본당은 설립 당시에 선교사들도 인정한 시골이었다. 나주본당도 나주의 중심이 아닌 외진 곳에 설립되었다. 이들 본당에 주임신부로 파견된 선교사들은 본당이 위치한 지역민들에게 환영받지 못했다. 그런데 한국인 성직자도 냉대받은 것은 그 지역민들이 외진 곳에 살아 배타적인 때문이 아니라, 낯선 천주교 문화에 대한 거부였다. 이러한 모습은 전남지역에서뿐 아니라 대한제국의 거의 모든 지역에서 마찬가지였다. 따라서 전남지역이 지리적으로 서울에서 먼 것은 분명하지만, 그 때문에 외진 곳이고 배타적이라 보았던 선교사들의 시각은 합리적이고 타당한 것이었다고 하기 어렵다.

Ⅱ. 1925년 한기근 신부의 「로마여행일기」

1. 머리말

「로마여행일기」는 1925년 5월 11일 경성(京城)156)역을 출발하여157) 이 탈리아·프랑스·팔레스티나 등을 여행하고 12월 10일 경성의 종현(鍾峴) 성당으로 돌아온158) 한기근(韓基根, 바오로, 1867/1868~1939) 신부의 여 행기이다. 1920년대는 여행 기록의 홍수 시대였다고 할 수 있을 정도로 많 은 해외여행 기록들이 신문·잡지에 수록되었다. 많은 해외여행자들이 그 들이 탄 배 안의 우편이나 경유지의 우편을 통해 국내 언론사에 자신의 여행 기록을 보냈다.159) 김준연(金俊淵)은 「독일가는 길에」라는 제목으로 『동아일보』에 12회,160) 박승철(朴勝喆)도 같은 제목으로 『개벽』에 3회 연 재하였으며,161) 정석태(鄭錫泰)는 「양행 중 잡관 감상(洋行中 雜觀雜感)」

---

156) 1910년 9월 30일 발표된 일제의 '조선총독부지방관제'에서 한성부를 경성부로 고쳐, 일제강점기에는 이 이름이 사용되었고, 1945년 광복과 함께 경성부는 서울시로 개칭되었다.
157) 『경향잡지』 565호, 1925년 5월 15일, 198쪽, 「한 신부, 로마를 향하여 떠나면서」; 566호, 1925년 5월 31일, 225쪽, 「로마여행일기」(1).
158) 『경향잡지』 579호, 1925년 12월 15일, 540쪽, 「회보 : 한 신부 귀국」; 615호, 1927년 6월 5일, 255쪽, 「로마여행일기」(39). 「로마여행일기」에는 ( ) 안에 호수가 없는데 이 글에서는 이해를 위해 각주에 호수를 붙였다.
159) 차혜영, 「3post시기 식민지 조선인의 유럽 항로 여행기와 피식민지 아시아 연대론」, 『서강인문논총』 47, 서강대학교 인문과학연구소, 2016, 27쪽.
160) 『동아일보』 1921년 12월 15일(1)·12월 16일(2)·12월 17일(3)·12월 18일(4)· 1922년 1월 30일(1)·1월 31일(2)·2월 1일(3)·2월 2일(4)·2월 3일(5)·2월 4일(6)·2월 5일(7)자에 연재되었다.
161) 『개벽』 1922년 3월~5월.

으로 『별건곤』에 3회, 계정식(桂貞植)은 「인도양과 지중해-도구(渡歐) 수기」로 『동아일보』에 9회에 걸쳐 그들의 여행기를 수록하였다.162)

한기근 신부의 「로마여행일기」는 한국천주교회의 기관지 『경향잡지』에 약 2년 동안 게재되었다. 1925년 5월 31일(제566호)부터 1927년 6월 15일(제615호)까지 39회에 걸쳐서였다.163) 여기에 「로마를 향하여 떠나면서」라는 논설(1925년 5월 15일, 제565호)은 머리말, 「잘 다녀왔습니다」(1926년 1월 15일, 제581호)라는 글은 맺음말이라 할 수 있다.

「로마여행일기」는 1920년대에 넘쳐났던 많은 여행기들과 비교할 때 독특하다. 대부분의 유럽 여행기들은 저자가 유학생이었고, 작성 목적이 근대 문물과 제도·사상 등을 소개하는데 집중하였으며, 그들의 유학목적지인 독일·프랑스에 도착하기까지의 여정을 기록하는데 치중하였다. 그런데 「로마여행일기」의 저자는 천주교 성직자였고, 천주교 신자들의 신익(神益)을 위하여 천주교회의 기관지에 수록하는 것이 작성 목적이었으며,164) 여행한 곳은 이탈리아·프랑스·팔레스티나의 천주교 성지였다. 그래서 근대 문물과 제도·사상 등을 소개하는데 집중하였던 1920년대의 많은 여행기들과 상당한 차이가 있다. 따라서 「로마여행일기」를 분석함으로써 그동안 근대 문물·제도·사상의 측면에서만 추적하였던 1920년대 여행기에 대한 이해의 폭을 넓히고, 새로운 연구 영역을 만들어낼 수 있다. 「로마여행일

---

162) 『동아일보』 1926년 7월 17일(1)·20일(2)·26일(3)·27일(4)·31일(5), 8월 2일(6)·3일(7)· 7일(8)·9일(9).
163) 575호(1925년 10월 15일)~580호(1925년 12월 15일), 584호(1925년 2월 28일), 586호(1926년 3월 31일), 587호(1926년 4월 15일), 597호(1926년 9월 15일), 604호(1926년 12월 31일)에는 수록되지 않았다. 일본 4회(566· 567·568·569호), 항해 약 4회(570·571·572·173호), 이탈리아 7회(573·574· 581·582· 583·585·588호), 프랑스 11회(588·589·590·591·592·593·594· 595·596·598·599호), 팔레스티나 14회(600·601·602·603·605·606·607· 608·609·610· 611·612·613·614호), 귀국 항로 1회(615호) 분량이다.
164) 『경향잡지』 581호, 1926년 1월 15일, 3쪽, 「잘 다녀왔습니다」.

기」에도 재난 대비 훈련과 같은 근대적인 제도, 수에즈 운하·전기·승강기 등 근대 문물에 대한 기록들이 있다. 내용이 적지만 반근대주의 선서165)를 하였던 성직자가 기록한 것으로 의미 있고, 다른 여행기들과는 차이가 있기에 별고에서 분석하고자 한다.

2. 한국 순교자 시복식 참가 경위

한기근 신부는 1925년 5월 11일 로마를 향해 경성역을 출발하였다.166) 로마 교황청에서 거행될 '한국 순교자'167)들의 시복식(諡福式)에 한국인 신부 대표로 참가하기 위해서였다. 성년(聖年)이었던 1925년168) 교황청은 7회의 시성식(諡聖式), 그리고 한국 순교자들의 시복식을 포함하여 5회의 시복식을 예정하고 있었다.169)

기해(己亥)·병오(丙午) 박해 때 순교한 79위 한국 순교자들170)의 시복식은 파리외방전교회 로마 대표부에서 한국 순교자들의 시복 청원인 역할을 하고 있던 가르니에(Garnier, Eugène) 신부가171) 보낸 1924년 9월 29

---

165) 근대주의의 도전에 직면한 천주교회가 모든 성직자들에게 요구한 것. 이에 대해서는 윤선자, 「한말·일제강점기 한국천주교회와 근본주의」, 『한국종교연구』 10, 서강대학교 종교연구소, 2008, 1~6쪽 참조.
166) 『경향잡지』 566호, 1925년 5월 31일, 230쪽, 「회보 : 한 신부 발정시의 감상」.
167) 당시 한국천주교회가 이렇게 표기하였다.(『경향잡지』 565호, 1925년 5월 15일, 198·202쪽, 「논설 : 로마를 향하여 떠나면서」; 566호, 1925년 5월 31일, 230쪽, 「회보 : 한 신부 발정시의 감상」; 573호, 1925년 9월 15일, 391·398쪽, 「로마여행일기」(8) 등)
168) 1924년 12월 24일 성년은 시작되었다.(『경향잡지』 559호, 1925년 2월 15일, 67쪽, 「회보 : 로마에 성년 시작」)
169) 『경향잡지』 565호, 1925년 5월 15일, 198쪽, 「논설 : 로마를 향하여 떠나면서」.
170) 앵베르 주교, 모방 신부, 샤스탕 신부 등 3명의 프랑스인 선교사 포함.
171) 한국교회사연구소 역주, 『뮈텔주교일기』 7(1921~1925), 한국교회사연구소, 2008, 189쪽의 각주 139.

일 편지로 확인되었다. 한국 순교자들의 시복식이 1925년이 확실하다는 내용이었고172) 이 소식은 1924년 10월 31일 『경향잡지』 552호에 소개되었다.173) 1925년 3월 17일 서울대목구장 뮈텔(Mutel, Gustave Charles Marie, 한국명 閔德孝) 주교와 대구대목구장 드망즈(Demange, Florian, 한국명 安世華) 주교가 한국 순교자들 시복식에 참가하기 위해 부산을 출발하였다.174) 시복식이 1925년 6월 초에 있으리라는 소식을 접하였기 때문이다.175) 두 주교가 출발한 3월 17일, 『조선신문』(朝鮮新聞)에 한국 순교자들 시복식이 언급되었다. 앵베르(Imbert, Laurent Joseph Marius, 한국명 范世亨) 주교 외 2명과 한국인 신부 김대건(金大建, 안드레아, 1821~1846) 등 4명이 '한국 순교자'로 선정되고 복자로 서위(敍位)되어 로마 교황청에서 개최될 박람회에서 표창되기에 이들의 유골을 가지고 뮈텔, 드망즈, 한(韓) 신부 등 3명이 로마로 갈 것이라는 내용이었다.176) 『조선신문』 보다 일주일 전인 1925년 3월 10일 『매일신보』도 뮈텔이 순교자들의 유해를 바티칸으로 가져갈 것이라고 하였다.177) 『동아일보』 3월 19일도 뮈텔과 드망즈 그리고 '한 모(韓某)' 신부가 순교자 4명의 유골을 가지고 3월 18일에 출발했다고 보도하였다.178) 한국천주교회의 기관지 『경향잡지』는 1925년 3월 31일자에서 시복식 참가를 위한 두 주교의 출발을 알렸다.

---

172) 『뮈텔주교일기』 1924년 9월 29일.
173) 『경향잡지』 552호, 1924년 10월 31일, 457쪽, 「논설 : 명년에 거행될 복자 반포의 희소식」.
174) 『뮈텔주교일기』 1925년 3월 17일 ; 『드망즈주교일기』 1925년 3월 17일 ; 『경향잡지』 562호, 1925년 3월 31일, 121~122쪽, 「논설 : 양위 주교 로마 행차」.
175) 『드망즈주교일기』 1925년 2월 11일.
176) 『朝鮮新聞』 1925년 3월 17일, 「虐殺史を繙き尊く悲しき殉教者の血, 今度表彰される鮮人 基督教信者」.
177) 『매일신보』 1925년 3월 10일, 「暴政下에 희생된 순교자의 遺骨, 일분은 천주교당에 두고 일분은 로마 왕궁에 보내」.
178) 『동아일보』 1925년 3월 19일, 「천주교 순교자 表彰式, 오는 류월 로마에서 열리는, 조선서도 네 명이 참가할 터」.

『경향잡지』보다『조선신문』과『매일신보』에서 한국 순교자들의 시복과 한국천주교회의 시복식 참가를 먼저 알릴 수 있었던 것은 신문은 일간지였고『경향잡지』는 격주간지였기 때문일 것이다. 그런데 일간지일지라도 이러한 내용을 언급한 것은 3·1운동 이후 일제가 외국인 선교사들의 행동에 더욱 관심을 기울이고 있었으며,[179]『경향잡지』의 기사를 통해 한국인 신부의 시복식 참가도 예상하고 있었기 때문일 것이다. 특히 '한 신부', '한 씨 성을 가진 신부'라고 지칭할 수 있었던 것은 천주교회에 물어서 알 수 있었겠지만, 한기근 신부의 여권 신청을 통해서도 파악할 수 있었을 것이다. 일제강점기에 여권을 발급받은 한국인들은 많지 않았는데, 조선총독부로부터 여권을 발급받으려면 '이름, 본적지, 신분, 나이, 직업, 여행지, 여행 목적' 등을 신청 서류에 기재하여 제출하고[180] 상당 기간을 기다려야 했다.[181] 일제는 그들의 식민통치 실상이 외부에 알려지는 것을 원하지 않았기에 한국인들의 외국 여행을 어렵게 하였고, 여권 발급에 많은 제약을 가하였다.

『조선신문』은 시복 대상자를 4명으로, 시복 장소를 교황청에서 개최될 박람회라고 잘못 소개하였다.『동아일보』도 두 주교의 출발 날짜를 3월 18일로, 그리고 '한 모 신부'가 두 주교와 같이 출발하였다며 잘못된 내용을 보도하였다. 두 신문에서 뮈텔, 드망즈와 함께 교황청에 가는 '한 신부', '한 씨 성을 가진 신부'가 언급되었는데 한기근 신부였다. 당시 한국천주교회에는 46명의 한국인 신부와 64명의 서양인 신부가 있었는데,[182] '한

---

179) 이에 대해서는 윤선자,『일제의 종교정책과 천주교회』, 경인문화사, 2001의 제4장 '1920년대 일제의 기독교 회유정책과 천주교회의 조응' 참조.
180)『조선총독부관보』1910년 10월 15일,「외국 여권 규칙」.
181) 김도형,「한국 근대 旅行券(旅券)제도의 성립과 추이」,『한국근현대사연구』77, 한국근현대사학회, 2016, 45쪽.
182)『경향잡지』548호, 1924년 8월 31일, 380쪽,「조선 성교회의 현상」, 380쪽 ; 한국교회사연구소,『한국가톨릭대사전(부록)』,「9·3 한국천주교회의 교세통계 (1789~1983)」;『뮈텔주교일기』1924년 6월 15일.

씨 성을 가진 신부'는 한기근 신부뿐이었다.

한기근 신부가 한국인 신부 대표로 시복식에 갈 수 있었던 것은 그의 사제 서품이 상당히 빠르기 때문이었을 것이다. 한기근 신부는 한국천주교회의 7번째 사제 서품자였고, 1924년 12월 말 현재 그보다 사제서품이 빠른 한국인 신부는 1896년 4월 26일에 사제 서품을 받은 강도영(姜道永, 마르코) 신부와 정규하(鄭圭夏, 아우구스티노) 신부뿐이었다. 그런데 강도영 신부는 미리내본당, 정규하 신부는 풍수원본당의 주임신부로 활동 중이었고, 한기근 신부는 1913년 5월부터 경향잡지사의 제2대 사장 직무를 수행하고 있었다.183) 경향잡지사 사장 직무가 본당신부 직무보다는 상당 기간의 여행에 필요한 시간을 내기가 나았을 것이다. 뿐만 아니라 천주교 신자들에게 시복식 내용을 알리기에 『경향잡지』가 효율적이라고 생각되어 경향잡지사 사장 직무를 맡고 있던 한기근 신부가 선정되었을 것이다.

두 주교가 로마를 향해 출발하였을 때 한국 순교자들의 시복식 날짜는 확정되지 않았고, 한기근 신부는 시복식 날짜에 맞추어 한국을 출발하기로 되었다.184) 한국천주교회는 두 주교가 프랑스 마르세유에 도착한 1925년 4월 30일 한국 순교자들의 정확한 시복식 날짜를 알았다.185) 7월 5일에 한국 순교자 79위의 시복식이 거행될 것이라는 뮈텔 주교의 전보가186) 5월 5일 서울의 드브레드(Devred, Emile Alexandre Joseph, 한국명 兪世俊) 주교에게 전해졌다.187)

두 주교의 출발 약 두 달 후인 1925년 5월 11일 한기근 신부도 로마를 향해 출발하였다.188) 시복식에 참가하기 위해 한국에서 출발하는 유일한

---

183) 『뮈텔주교일기』 1913년 5월 11일.
184) 『경향잡지』 562호, 1925년 3월 31일, 124쪽, 「논설 : 양위 주교 로마 행차」.
185) 『뮈텔주교일기』 1925년 4월 30일 ; 『드망즈주교일기』 1925년 5월 3일.
186) 『경향잡지』 565호, 1925년 5월 15일, 198쪽, 「논설 : 로마를 향하여 떠나면서」.
187) 『경향잡지』 565호, 1925년 5월 15일, 193쪽, 「별보 : 기쁜 소식」.
188) 1884년 7월 10일 페낭(Penang) 신학교에 도착하였다가 건강 때문에 그해 12월 10일 페낭을 출국한(김정환, 『뮈텔 일기 연구』, 내포교회사연구소, 2015, 179~

한국인 성직자였고, 한국인 신자였다. 5월 11일 오후 부산에서 시모노세키[下關]행 배에 탑승한 한기근 신부는 이튿날 시모노세키에 도착하여 고베[神戶]로 이동하였고, 교토[京都]로 가서 한국인 신자들에게 성사를 주며 일주일 동안 일본에 머물렀다.[189]

5월 18일 한기근 신부는 앙브와즈(Amboise)에 탑승하여 고베를 출발하였다.[190] 당시 한국에서 유럽으로 가는 방법은 배를 타고 인도양을 건너는 것과, 시베리아 철도를 이용하는 두 가지였다. 1896년 러시아황제 대관식에 특명전권공사로 임명된 민영환(閔泳煥)은 4월 2일 인천에서 출발하는 배를 타고 상하이[上海], 런던, 베를린을 거쳐 49일 후인 5월 20일 모스크바에 도착하였다.[191] 1901년 프랑스 특명전권공사로 임명된 김만수(金晩秀)도 제물포에서 배를 타고 웨이하이[威海]→옌타이[煙台]→상하이→홍콩[香港]→사이공→콜롬보→지부티(Djibouti)→포트사이드(Port Said)→마르세유(Marseille)를 거쳐 53일만인 6월 6일 파리에 도착하였다.[192]

1908년 10월 24일 파리를 출발한 조선대목구장 뮈텔은 시베리아 횡단철도로 중국 안둥[安東 : 1965년 丹東으로 개칭]까지 이동한 후 배로 압록

180쪽 '<표 22> 페낭신학교 신학생 현황' 참조) 이후 40여 년만에 해외로 내딛는 발걸음이었다.
189) 한기근 신부→드브레드 주교, 1925년 5월 18일, 고베(『교회와 역사』 449호, 2012년 10월, 41~42쪽 ; 『경향잡지』 1925년 5월 31일, 225~230쪽, 「로마여행일기」(1) ; 566호, 1925년 5월 31일, 230쪽, 「회보 : 한 신부 발정시의 감상」; 568호, 1925년 6월 30일, 271~272쪽, 「로마여행일기」(3) ; 569호, 1925년 7월 15일, 303쪽, 「로마여행일기」(4).
190) 한기근 신부→드브레드 주교, 1925년 5월 22일, 상하이.(『교회와 역사』 450호, 2012년 11월, 41~42쪽) ; 『경향잡지』 570호, 1925년 7월 31일, 326쪽, 「로마여행일기」(5).
191) 민영환 지음, 조재곤 편역, 『해천추범』, 책과 함께, 2007, 27·34·51·62·160·206쪽.
192) 구사회, 「대한제국기 주불공사 김만수의 세계 기행과 사행록」, 『동아인문학』 29, 동아인문학회, 2014, 82~83쪽 ; 구사회, 「근대 전환기 조선인의 세계기행과 문명 담론」, 『국어문학』 61, 국어문학회, 2016, 87쪽.

강을 건너 신의주에서 기차를 타고 23일 후인 11월 15일 서울에 도착하였다.193) 경의선(京義線)이 1906년 4월에 개통되어 시베리아 횡단철도와 연계되었기 때문에194) 가능해진 행로였다. 1911년 10월 27일 압록강 철교가 준공되고195) 11월 1일 개통되어196) 중국 창춘[長春]까지의 철로가 완성되자 서울에서 파리까지의 여정은 11일로 단축되었다.197)

그러나 이후에도 한국에서는 많은 사람들이 일본으로 이동하여 그곳에서 출발하는 배를 타고 유럽으로 갔다. 상당한 시간을 단축할 수 있었음에도 시베리아 철도보다 배편을 이용한 것은, 결빙기에는 압록강 도항이 불가능하고 압록강 철교도 폐쇄되었기 때문이다.198) 여기에 국치 이후 일본과 러시아·소비에트 연방의 불편한 국제 관계가 영향을 미쳤다. 제1차 세계대전으로 시베리아 철도 이용이 중단되었고, 전후에도 석유와 석탄 매장을 기대한 일본군이 북(北)사할린에 계속 주둔하였기 때문이다. 1925년 1월 20일 일소(日蘇)기본조약 체결 이후에야 시베리아 철도 이용을 기대할 수 있었다.199) 시베리아 철도를 이용하면 도쿄[東京]에서 런던까지 15.5일이 걸리고 1등 여비 520원에 식비 160원을 합하여 680원의 경비가 계산되었다. 일본 우편선을 이용하면 52일이 걸리고 1등 여비 1,430원이었으

---

193) 『뮈텔주교일기』 1908년 10월 24일~11월 15일.
194) 김정환, 『뮈텔 일기 연구』, 내포교회사연구소, 2015, 164쪽.
195) 『신한민보』 1911년 11월 27일, 「압록강 철교 준공」.
196) 김창원, 「근대 개성의 지리적 배치와 개성상인의 탄생」, 『국제어문』 64, 국제어문학회, 2015, 40쪽.
197) 김정환, 『뮈텔 일기 연구』, 167쪽.
198) 압록강 철교가 개통된 지 한 달여 만인 1911년 12월 11일부터 이듬해 해방기까지 압록강 철교를 폐쇄하였다.(『매일신보』 1911년 12월 10일, 「압록강 철교 폐쇄」) 이후에도 상황은 같았으니 1922년에도 압록강이 결빙되어 11월부터 개폐를 중지하였다가 이듬해 4월 1일부터 재개하였다.(『매일신보』 1923년 3월 31일, 「압록강 철교의 개폐 개시」)
199) 『동아일보』 1925년 1월 10일, 「西伯利亞鐵道 復舊 準備 完了」; 『동아일보』 1925년 1월 23일, 「歐亞철도 연락」.

니,200) 시베리아 철도를 이용하면 배편을 이용하였을 때보다 시간은 1/4, 여비는 1/2 이상을 줄일 수 있었다.

일본을 출발한 한기근 신부는 5월 21일 상하이, 5월 26일 홍콩, 5월 30일 사이공, 6월 3일 싱가폴, 6월 9일 콜롬보, 6월 17일 지부티에 도착하였다.201) 이어 6월 21일 수에즈 운하(Suez Canal)를 지나 6월 22일 포트사이드, 6월 27일 프랑스 마르세유에 도착하였다. 서울에서 출발한 지 46일, 고베에서 앙브와즈에 탑승한 지 40일이었는데 각 항구에서의 체류 날짜를 제외한 행선(行船) 일자는 36일이었다.202)

3. 시복식 참가와 로마의 성당·성지 방문

6월 28일 한기근 신부는 시복식에 참가하기 위해 파리외방전교회 마르세유 대표부에 와 있던 제라르(Gérard, Edmond) 신부203)와 함께 로마를 향해 출발하였다. 그리고 6월 30일 파리외방전교회 로마 대표부에 도착하였고 그곳에서 뮈텔 주교와 드망즈 주교를 만났다. 로마 대표부는 수개월 전부터 시복 대상 한국 순교자들의 상본을 대·소 수만 장 인쇄하여 무료 보급하는 등 매우 분주하였다.204)

한기근 신부는 로마 대표부에서 장면(張勉)과 장발(張勃)도 만났는데, 두 사람은 미국 뉴욕에서 나폴리행 두이리오(Duilio)호에 탑승하여 6월 30

---

200) 『부산일보』 1925년 5월 17일, 「시베리아철도에 대하여」.
201) 『경향잡지』 570호, 1925년 7월 31일, 「로마여행일기」(5) ; 571호, 1925년 8월 15일, 「로마여행일기」(6) ; 572호, 1925년 8월 28일, 「로마여행일기」(7).
202) 『경향잡지』 573호, 1925년 9월 15일, 387~397쪽, 「로마여행일기」(8).
203) 봉천교구에서 선교하였고 당시 파리외방전교회 신학교에 있었는데 마르세유에 와 있었다. 만주에 있을 때 두 번 서울을 방문하였기에 한기근 신부와 안면이 있었다.(『경향잡지』 573호, 1925년 9월 15일, 397쪽, 「로마여행일기」(8))
204) 『경향잡지』 573호, 1925년 9월 15일, 398쪽, 「로마여행일기」(8).

일 로마에 도착하였다.205) 한국 순교자들의 시복식이 1925년에 확실하다는 가르니에 신부의 편지가 전해진 다음 달인 1924년 10월, 한국천주교회는 시복식에 참가할 한국인 신자를 구하였다. 한국인 신자들 중에도 로마에 다녀올 만한 자산가는 여러 명 있다면서 신자들의 시복식 참가를 독려하였다. 그러나 시간이 흘러도 시복식 참가 지원자는 없었다. 시복식에 참가하려면 부산에서 마르세유까지의 왕복 선가(船價) 900원, 로마 한 달 체류 식비 200여 원 등 1,200원이 필요했다.206) 거리가 멀고 많은 시간과 여비가 필요하기에 수백 명·수십명은 갈 수 없을지라도 3개 교구(서울·대구·원산)에서 2명씩이나 1명씩은 갈 수 있을 것 같았으나, 거의 10만 명 신자207) 중에 시복식 참가 희망자가 1명도 없음을 한국천주교회는 한탄하였다.208) 그런데 1925년 서울 5인 가족의 1달 최저 생활비는 60원이었고,209) 1,200원은 서울 5인 가족 20달의 최저 생활비에 해당하는 거액이었다.

더이상 시복식 참가 지원자를 기다릴 수 없었던 한국천주교회는 장면을 대표로 지명하였다. 한기근 신부 출발 전날인 1925년 5월 10일, 서울대목구 천주교 청년회 연합회에서 장면을 시복식 참가 대표로 선거하였던 것이다.210) 장면은 1925년 6월 4일 뉴욕의 맨해튼대학(Manhattan College)을 졸업하고 귀국 준비 중이었기에 외국어도 할 수 있었고, 경제적으로도

---

205) 한기근 신부→드브레드 주교, 1925년 7월 13일, 로마(『교회와 역사』 451호, 2012년 12월, 38쪽) ; 장면, 「친필연보」, 30쪽 ; 허동현 지음, 『건국·외교·민주의 선구 장면』, 분도출판사, 1999, 47·52~53쪽.
206) 『경향잡지』 552호, 1924년 10월 31일, 462~463쪽, 「논설 : 한국 순교자들이 복자로 반포되는 예절에 참예하러 갈 조선교우는 1인도 없을까」.
207) 1924년 5월 1일 현재 99,123명.(『경향잡지』 548호, 1924년 8월 31일, 380쪽, 「조선 성교회의 현상」)
208) 『경향잡지』 562호, 1925년 3월 31일, 124~125쪽, 「논설 : 양위 주교의 로마행차」.
209) 『동아일보』 1925년 9월 4일, 「물가와 노임의 반대 추세에 鑑하여」.
210) 『경향잡지』 566호, 1925년 5월 31일, 231~232쪽, 「회보 : 장면 씨로 대표자 선거」.

가능했기 때문이다. 한국 순교자들 시복식에 한국신자대표로 참석해 달라는 한국천주교회의 요청을 받은 장면은 컬럼비아대학(Columbia University in the City of New York)에서 미술 공부 중이던 동생 장발과 함께 로마로 출발하였다.211)

7월 4일 한기근 신부는 뮈텔 주교와 드망즈 주교, 기낭(Guinand, Pierre, 한국명 陳普安) 신부 등과 함께 교황청을 방문하여 교황 비오 11세(Pius XI, 1857~1939 : 1922~1939 재위)를 만났다. 그리고 강복을 요청하는 한국인 신부들의 연명 라틴어 편지212)를 전하고, 교황으로부터 '기념패'와 '성경 말씀 기록 쪽지'를 받았다. 교황은 "한국 성교회의 모든 거룩한 사업과 모든 신품과 모든 교우들에게 진심으로 강복"하였다.213)

한국 순교자들의 시복식 당일인 7월 5일 한기근 신부는 성 베드로 대성전214) 제의실에 도착하였고,215) 이어 뮈텔 주교 등과 함께 성 베드로 대성전으로 이동하였다. 그리고 10시부터 거행된 시복식에 기낭 신부, 장발과 함께 시복 대상 한국 순교자들의 가족 대표로 가족석에 앉았다. 장면은 '피곤함'으로 시복식에 참석하지 못했다.216) 기낭 신부는 당시 용산 예수성심신학교 교장이었는데 휴가를 위해 1925년 2월 16일 서울에서 출발했었다.217) 한국 순교자 79인을 복자로 반포하는 칙령이 반포되고,218) 다섯

---

211) 장면, 「친필연보」, 30쪽 ; 허동현 지음, 『건국·외교·민주의 선구 장면』, 47·52~53쪽.
212) 『경향잡지』 566호, 1925년 5월 31일, 231쪽, 「회보 : 교황폐하께 강복을 구함」.
213) 『뮈텔주교일기』 1925년 7월 4일 ; 『드망즈주교일기』 1925년 7월 4일 ; 한기근→드브레드 주교, 1925년 7월 13일, 로마(『교회와 역사』 451호, 2012년 12월, 38쪽) ; 『경향잡지』 573호, 1925년 9월 15일, 402쪽, 「로마여행일기」(8).
214) 성당·성지에 대한 표기가 여러 가지인데 이 글에서는 「로마여행일기」에 기록된 대로 표기한다.
215) 『뮈텔주교일기』 1925년 7월 5일 ; 『드망즈주교일기』 1925년 7월 5일.
216) 『경향잡지』 573호, 1925년 9월 15일, 398~399쪽, 「로마여행일기」(8).
217) 『뮈텔주교일기』 1925년 2월 16일 ; 『경향잡지』 560호, 1925년 2월 28일, 82쪽, 「회보 : 진신부주 법국 여행」. 1926년 9월 12일 용산 예수성심신학교로 돌아왔

곳에 걸려 있는 한국 순교자 그림들의 휘장이 벗겨졌다.[219]

만여 명이 참석한[220] 시복식이 끝난 후 한기근 신부는 한국 순교자들을 그린 다섯 개의 큰 그림[221]들을 하나씩 살펴보았다.[222] 제단 양옆에는 김효임(金孝任, 골룸바)과 동료 순교자 9위와 유대철(劉大喆, 베드로)의 그림, 대성전 문루 위에는 앵베르 주교, 모방(Maubant, Pierre-Philibert, 한국명 羅伯多祿) 신부와 샤스탕(Chastan, Jacques Honoré, 한국명 鄭牙各佰) 신부 참수 장면 그림, 제대 위에는 '영광'이라는 제목의 '79위 치명자 성상'[223] 그림이었다.[224] 파리외방전교회 로마 대표 가르멜 신부의 1925년 1월 5일 편지에 의하면, 화가가 한국 순교자들의 그림 윤곽을 잡았으며 곧 작업을 시작할 것이라고 하였으니[225] 그림 작업에 5개월여의 시간이 걸린 셈이다. 그러나 뮈텔 주교는 한국 순교자들의 얼굴이나 옷을 모르는 화가가 그린 그림들이 아쉬웠다.[226] 1925년 5월의 시성식부터 라디오와 확성기를 이용하였는데[227] 한국 순교자들의 시복식 때도 사용하였는지 알 수 없다. 시복식 날 오후, 한기근 신부는 교황이 참석한[228] 가운데 거행된 성

다.(『경향잡지』 598호, 1926년 9월 30일, 424쪽, 「회보 : 진신부 환귀」)
218) 『경향잡지』 571호, 1925년 8월 15일, 362~368쪽, 「별보 : 조선 치명 복자 시복식 반포와 고유서」.
219) 『경향잡지』 573호, 1925년 9월 15일, 398쪽, 「로마여행일기」(8).
220) 『경향잡지』 573호, 1925년 9월 15일, 399쪽, 「로마여행일기」(8).
221) 한기근 신부는 '상본'이라 하였는데(『경향잡지』 573호, 1925년 9월 15일, 398쪽, 「로마여행일기」(8)), 초상화를 그린 것이므로 여기서는 '그림'이라고 칭하겠다.
222) 한기근→드브레드 주교, 1925년 7월 13일, 로마(『교회와 역사』 451호, 2012년 12월, 38쪽) 장면은 아파서 참석하지 못했다.(『뮈텔주교일기』 1925년 7월 5일)
223) 이 그림은 『경향잡지』 572호, 1925년 8월 30일, 385쪽에 '시복일에 베드로 성당 성 베드로 어좌 제대 위에 걸어놓았던 79위 치명자 성상'이라는 제목으로 수록.
224) 조현범, 「제4장 순교복자의 탄생과 교회의 변화」, 『한국천주교회사』 5, 한국교회사연구소, 2014, 286~287쪽.
225) 『타벨라』 1925년 2월 9일 : 『교회와 역사』 453호, 2013년 2월, 12쪽.
226) 한기근→드브레드 주교, 1925년 7월 13일, 로마.(『교회와 역사』 451호, 2012년 12월, 39쪽)
227) 『경향잡지』 570호, 1925년 7월 31일, 325~326쪽, 「회보 : 시성식과 라디오」.

체강복식에서 뮈텔 주교의 주교관(主敎冠) 복사를 하였는데 2만여 명이 참석하였다.229)

시복식이 끝난 후 뮈텔 주교는 시복식과 성체 거동 소식을 서울에 알렸고,230) 드망즈 주교도 "커다란 기쁨, 시복식 거행, 교황의 온정에 넘치는 호의"라는 전문을 서울로 발송하였다.231) 한국천주교회는 『경향잡지』에 한국 순교자들의 시복식 관련 기사와 사진들을 수록하였다. 「새로 나신 복자를 향하는 축문」(570호, 1925년 7월 31일)을 시작으로, 「조선 복자 시복식에 민 주교께서 강복 거행」, 「앵베르, 모방, 샤스탕, 김대건 4명 얼굴 새긴 복자 동판」(사진), 「한국 순교자 시복식 반포와 고유서」(이상 571호, 1925년 8월 15일), 「종현 대성당 3일 기구 특별 반포」, 「시복일에 베드로 대성당 베드로 어좌 제대 위에 걸어 놓았던 79위 치명자 성상」(사진), 「강복 증서」(이상 572호, 1925년 8월 31일), 「한국 순교자 시복일 저녁 예절에 교황폐하께옵서 운좌를 타시고 베드로 대성당에 임하시는 광경」(사진)(573호, 1925년 9월 15일) 등의 기사와 사진이었다.

특히 많은 사진을 수록한 것은 시복식에 대한 큰 관심이었고, 그로 인한 구독자 수 증대를 기대한 것이었다. 19세기 후반 근대 문물로 한국에 수입된 사진은 1920년대에 다양한 시청각 매체를 통하여 확산되었다.232) 『경

---

228) 교황 참석 사진이 『경향잡지』 573호, 1925년 9월 15일, 399쪽, 「로마여행일기」(8)에 '한국 순교자 시복일 저녁 예절에 교황 폐하께옵서 운좌를 타시고 베드로 대성당에 임하시는 광경'이라는 제목으로 게재.
229) 『뮈텔주교일기』 1925년 7월 5일 ; 『드망즈주교일기』 1925년 7월 5일 ; 한기근 →드브레드 주교, 1925년 7월 13일, 로마(『교회와 역사』 451호, 2012년 12월, 37쪽) ; 『경향잡지』 571호, 1925년 8월 15일, 353쪽, 「회보 : 조선 복자 시복식에 민 주교께서 강복 거행」; 573호, 1925년 9월 15일, 399~400쪽, 「로마여행일기」(8).
230) 『뮈텔주교일기』 1925년 7월 5일.
231) 『드망즈주교일기』 1925년 7월 5일.
232) 김정환·유단비, 「식민지 조선에서 사진의 대중화 과정에 관한 연구-1920~30년대 신문 담론을 중심으로-」, 『인문콘텐츠』 35, 인문콘텐츠학회, 2014, 124·

향잡지』도 「외방전교회의 모든 주교」(468호, 1921년 4월 30일)라는 제목의 사진 게재를 시작으로 1921년에 4장, 1922년에 3장, 1923년에 2장, 1924년 2장의 사진을 수록하였다. 그런데 시복식이 있었던 1925년에는 37장으로 크게 증가시켰고, 1926년에도 14장의 사진을 수록하였다. 사진이 주는 호소력과 효과가 컸기 때문일 것이다. 그러나 구독자 수는 증가하지 않았고,[233] 잡지 제작비 상승은 감당하기 어려웠다. 사진 수록은 1927년 5장, 1928년 7장, 1929년 3장으로 감소하였다.

한국 순교자들 시복식은 장면과 장발의 귀국 환영회를 알리는 천주교회 밖 신문의 기사에서도 언급되었다. 시복식 50일 후인 1925년 8월 25일자 『시대일보』에 "지난 7월 5일 이태리 로마에서 거행된 조선 천주교 순교자 시복식에 참석한 후 돌아왔으며"라고 시복식이 언급되었다.[234] 9월 30일자 『동아일보』에는 순교자 시복 경축 기념식이 언급되었다.[235] 『시대일보』 1926년 3월 4일자에는, 뮈텔 주교와 드망즈 주교, 신도대표 장면과 장발, 그리고 신부대표 한 씨가 1925년 7월 5일 로마에서 개최된 한국 순교자 79위 시복식에 참가하였다는 내용이 수록되었다.[236] 병인년(丙寅年 : 1866) 순교자들이 시복되었다고 잘못 기록하였지만, 한기근 신부의 시복식 참가를 보도하였다.

7월 6일 한기근 신부는 뮈텔 주교와 드망즈 주교, 장면과 장발 등 24명과 함께 교황청을 방문하여 교황을 만났다. 이때 한기근 신부가 가져온, '경성 천주교 청년회'의 강복을 요구하는 '상소문'[237]을 한국천주교회 신

132쪽.
233) 1925년 말 현재『경향잡지』의 구독자는 수백 명을 증가시켜야 6,000명이 된다고 하였다.(『경향잡지』 581호, 1926년 1월 15일, 5쪽, 「잘 다녀왔습니다」)
234) 『시대일보』 1925년 8월 25일, 「張氏 兄弟 錦衣 歡迎, 미국 뉴욕서 대학을 마치고」.
235) 『동아일보』 1925년 9월 30일, 「치명자 시복식」.
236) 『시대일보』 1926년 3월 4일, 「前丙寅 天主敎徒의 虐殺과 羅馬의『諡福式』— 대교주의 영예로운 신분으로 조선서 참렬한 민 교주는 귀임, 虐殺 事實 調査 蒐輯 中」.

자대표 장면이 교황에게 봉정하였다. 교황은 전교와 자선에 힘쓰고 하느님의 영광을 드러내라며 강복 증서238)를 주었다.239) 교황을 만난 후 한기근 신부 등 25명은 교황청을 나와 기념사진을 찍었다.240)

7월 7일부터 9일까지 3일 동안 한국 순교자들 시복 감사 미사가 로마의 예수성당에서 봉헌되었다. 한기근 신부는 7월 7일 뮈텔 주교가 집전한 미사에서 차부제(次副祭)241)를 맡았고, 7월 8일 드망즈 주교가 집전한 미사에서도 차부제를 담당하였다.242) 그리고 7월 9일 전교성성장 반 로쑴(Van Rossum) 추기경이 집전한 미사에 참석하였다. 7월 8일의 미사 강론은 드망즈 주교가 프랑스어로 하였기에 내용 파악에 문제가 없었다.243) 7일과 9일의 미사 강론은 예수회 신부들이 이탈리아어로 하였지만 라틴어244)와 프랑스어 단어들이 많이 섞여 있었고 한국에 관한 내용이었기에 한기근 신부는 이 강론의 내용 파악에도 어려움이 없었다.245)

---

237) 상소문의 내용은 『경향잡지』 566호, 1925년 5월 31일, 231쪽, 「회보 : 상소문」에 실려 있다.
238) 『경향잡지』 572호, 1925년 8월 30일, 386쪽, 「강복증서」; 574호, 1925년 9월 30일, 425쪽, 「회보 : 교황강복증서 수여식」.
239) 『뮈텔주교일기』 1925년 7월 6일 ; 한기근 신부→드브레드 주교, 1925년 7월 13일, 로마(『교회와 역사』 451호, 2012년 12월, 38쪽 ; 『경향잡지』 573호, 1925년 9월 15일, 402~403쪽, 「로마여행일기」(8).
240) 『경향잡지』 573호, 1925년 8월 15일, 403쪽, 「로마여행일기」(8). 기념사진은 조현범, 「제4장 순교복자의 탄생과 교회의 변화」, 『한국천주교회사』 5, 한국교회사연구소, 2014, 290쪽에 수록되어 있다.
241) 사제품을 받기 위한 준비 단계로 대품(大品 : 차부제품, 부제품, 사제품) 중 하나로 1972년까지 존재.
242) 『뮈텔주교일기』 1925년 7월 7·8일.
243) 뮈텔 주교가 감준하여 1910년 6월 성서활판소에서 간행된 그림 교리서 『요리강령』은 프랑스 파리 본느 출판사(Bonne Press)에서 출판한 프랑스어 책을 한기근 신부가 번역한 것이다.(김나원, 「한국 근대 초기 기독교 삽화 연구」, 홍익대 석사학위논문, 2013, 41쪽)
244) 라틴어 성서인 불가타 역본 복음서를 번역하였다.
245) 『뮈텔주교일기』 1925년 7월 9일 ; 한기근→드브레드 주교, 1925년 7월 13일,

이후 한기근 신부는 파리외방전교회 본부를 향해 출발한 뮈텔 주교를246) 비롯하여 시복식에 참석하였던 파리외방전교회의 신부들 대부분이 떠났지만 파리외방전교회 로마 대표부에 남았다. 그리고 성요왕대성당,247) 성마리아대성전,248) 성아릭수성당,249) 성요왕 라테라노대성전, 성제(聖梯)성당, 성노렌조성당, 천신들의 성모성당, 성요왕과 성바오로 성당 등 로마의 많은 성당들을 방문하였는데 당시 로마에는 193개의 성전·성당이 있었다.250) 성바오로 대성전은 그의 본명 주보성인의 성전이기에 찾아가 미사를 드리고자 하였으나 숙소인 파리외방전교회 로마 대표부에서 거리가 멀어 포기하였다. 자동차로 왕복하면 비용이 많이 들기 때문이었다. 대신 바오로 사도가 순교한 '성 바오로의 트리폰타나(세 샘)' 성지를 방문하였다.251) 또한 기낭 신부와 함께 성 갈리스도 카타콤바(LE CATACOMBE DI SAN CALLISTO)252) 성지를 방문하여 성녀 세실리아 제대에서 미사를 봉헌하였다.253) 에마르(Eymard, Peter Julian) 신부의 시복식과 성체강복에도 참가하였는데 한국 순교자들 시복식 때보다 참석자들이 많았다.254)

로마.(『교회와 역사』 451호, 2012년 12월, 37쪽)
246) 『뮈텔주교일기』 1925년 7월 10일.
247) 『경향잡지』 582호, 1926년 1월 31일, 38쪽, 「로마여행일기」(12)에 사진 '로마부에 성 요왕 대성당' 수록.
248) 『경향잡지』 583호, 1926년 2월 15일, 62쪽, 「로마여행일기」(12)에 사진 '로마부에 성 마리아 대성당' 수록.
249) 『경향잡지』 583호, 1926년 2월 15일, 60~61쪽, 「로마여행일기」(12).
250) 『경향잡지』 574호, 1925년 9월 30일, 419쪽, 「로마여행일기」(9).
251) 『경향잡지』 581호, 1926년 1월 15일, 19쪽, 「로마여행일기」(10).
252) 2010년까지 확인된 로마의 카타콤바는 51개인데, 갈리스도 카타콤바에 2011년 8월 살레시오회의 한국인 신부가 상주.(『경향신문』 2011년 12월 1일, 「천국, 영원한 삶 소개에 보람」 ; 『한겨레』 2011년 12월 7일, 「참수 순간에도 신앙 고백한 '동굴 속 성녀'」)
253) 한기근 신부→드브레드 주교, 1925년 7월 13일, 로마(『교회와 역사』 451호, 2012년 12월, 38쪽) ; 『경향잡지』 583호, 1926년 2월 15일, 61~63쪽, 「로마여행일기」(12).
254) 한기근 신부→드브레드 주교, 1925년 7월 13일, 로마.(『교회와 역사』 451호,

바티칸 박물관과 바티칸 도서관도 방문하였는데 도서관에서는 약 40년 전 로마의 한 성당 중수 때 기부한 한국 신자들의 성과 세례명이 기록된 자료도 볼 수 있었다.255) 원산대목구의 선교를 맡고 있던 베네딕도회의 성 안셀모신학교도 여러 번 방문하였는데 방학 중이라 학생들을 만나지는 못하였다.256) 전교박람회도 돌아보았는데, 한국에서 보낸 물품들이 청국관 끝에 초라하게 진열되어 있었고,257) 관람객도 순례자들도 손꼽을 정도였다.258)

오랜 항해와 시복식 참가 등으로 피곤이 겹쳐 3일 동안 아팠던259) 한기근 신부는 7월 24일 로마를 출발하였다.260) 파리를 향해 가는 도중에 있는 성지들을 방문하고자 먼저 아시시(Assisi)에 도착하였다. 그리고 성 프란치스코와 성녀 글라라 관련 사적지들을 방문하고, 프란치스코 성인의 생애가 기록된 『꽃송이』261)를 언급하였다.

4. 프랑스의 성모 발현지들과 성인들의 생가 방문

이탈리아 아시시를 출발하여 플로렌스를 거쳐 7월 29일 한기근 신부는

2012년 12월, 38쪽).
255) 『경향잡지』 581호, 1926년 1월 15일, 18쪽, 「로마여행일기」(10).
256) 『경향잡지』 582호, 1926년 1월 31일, 39쪽, 「로마여행일기」(11).
257) 『경향잡지』 573호, 1925년 9월 15일, 한 신부, 403쪽, 「로마여행일기」; 윤선자, 「일제강점기 한국천주교회와 만국전교박람회」, 『교회사학』 10, 수원교회사연구소, 2013 참조.
258) 한기근→드브레드 주교, 1925년 7월 13일, 로마.(『교회와 역사』 451호, 2012년 12월, 38쪽)
259) 한기근 신부→드브레드 주교, 1925년 7월 21일, 로마.(『교회와 역사』 451호, 2012년 12월, 40쪽)
260) 『경향잡지』 585호, 1926년 3월 15일, 107쪽, 「로마여행일기」(13).
261) 류 류시아노 프란치스코, 『성 방지거 오상의 꽃송이』, 1892년.(한국교회사연구소 소장)

안남(安南)과 라오스(Laos)에서 선교하던 두 명의 신부와 함께 프랑스 그르노블(Grenoble)의 라 무르(La Mure)에 도착하였다. 이후 10월 9일까지 약 70일 동안 프랑스에 머무르면서 1925년에 시성·시복된 프랑스인 성인 성녀·복자들의 생가 등 순례, 프랑스의 성모 발현지들 방문, 파리외방전교회 본부를 비롯하여 파리의 성당 등을 찾아보았다. 그는 "주의 발현, 성모의 발현, 유명한 성인성녀를 많이 주는" 것은 천주가 베푸는 은혜라고 역설하였다.262)

프랑스에서 한기근 신부가 가장 먼저 찾은 곳은 라 무르에 있는 복자 에마르의 생가였다. 한기근 신부는 방명록에 "텬쥬 강생 一九二五년 七월 二十九일에 조선 경성교구 바오로 한 신부는 조선인 모든 신품과 모든 잡지 독자와 및 십여만 명 조선인 교우들을 대표하여 복자 베드로 유리오 에마르의 탄생하시고 또한 거룩히 사시고 거룩히 돌아가신 이 집을 참배하였노라"라고 한국어로 쓰고 서양어로 간략하게 번역하였다.263) 한기근 신부는 7월 12일 로마에서 거행된 에마르 신부의 시복식에 참가했었다.264)

에마르 복자에 이어 한기근 신부는 1925년 5월 17일에 시성된 소화 데레사(Thérèse, Marie Françoise) 수녀와265) 5월 31일에 시성된 비안네(Vianney, Jean Baptiste Marie) 신부266)의 사적지를 찾았다. 비안네 성인은 한기근 신부가 성직자였기에, 소화 데레사 성녀는 『경향잡지』에 연재할 만큼 한국천주교회의 관심이 큰 성인이었기 때문일 것이다.

파리로 가는 길에 있었던 아르스(Ars)의 성당을 방문한 한기근 신부는 비안네 신부가 사용했던 "헤어지고 검소한 수단, 쓰시던 갓, 다른 의복, 순갈, 그릇" 등에 감동하였다. 그리고 사방에서 오는 고해자들에게 매일 10~

---

262) 『경향잡지』 589호, 1926년 5월 15일, 200쪽, 「로마여행일기」(15).
263) 『경향잡지』 588호, 1926년 4월 30일, 180~182쪽, 「로마여행일기」(14).
264) 각주 254 참조.
265) 『경향잡지』 566호, 1925년 5월 31일, 238쪽, 「예수의 소화」.
266) 『경향잡지』 571호, 1925년 8월 15일, 354쪽, 「회보 : 성요안 세자, 마리 비안네」.

18시간 고해성사를 주었다는 사실에 특히 감동하였다.267) 자신이 신부였기에 더욱 그랬을 것이다. 소화 데레사 성녀가 살았던 리지외(Lisieux)의 생가·수녀원·성당·묘소는 기낭 신부와 함께 방문하였다.268) 그리고 데레사 성녀가 공부했던 베네딕도회 수녀원의 방명록에 국한문으로 기록하였는데, 기낭 신부는 한글로 방명록을 작성하였다.269) 소화 데레사에 대한 한국천주교회의 관심은 『경향잡지』에 약 6년 동안 성녀의 생애, 기도문, 편지 등을 수록할 정도였다.270) 관련 사진도 1925년에 14장, 1926년에 3장, 1927년에 1장 등 18장이나 수록하였다. 같은 기간 시복식 관련 사진은 베드로 대성당을 포함하여 8장이었다.

1925년에 시성·시복된 3명의 프랑스 성인과 복자의 사적지를 찾았던 한기근 신부는 프랑스의 4대 성모 발현지271) 중 라 살레트(La salette), 루르드, 파리를 방문하였다. 『경향잡지』에 '라 살렛 지방에 성모 발현', '성모가 라 살렛 산상에 발현하사 막시민과 멜라니아에게 훈계하시던 형상이라', '성모 라 살렛 산에 발현하였다가 다시 하늘로 올라가시는 형상'이라는 제목으로 세 장의 사진이 수록되었는데272) 자동차로 가기에도 어렵고

---

267) 『경향잡지』 590호, 1926년 5월 31일, 221~223쪽, 「로마여행일기」(16).
268) 『경향잡지』 598호, 1926년 9월 30일, 422~423쪽, 「로마여행일기」(23).
269) 『경향잡지』 599호, 1926년 10월 15일, 439쪽, 「로마여행일기」(24).
270) 「로마여행일기」의 연재가 시작된 566호(1925년 5월 31일)부터 641호(1928년 7월 15일)까지 '예수의 소화'라는 제목으로 소화 데레사 성녀의 자서전을 번역하여 게재하고, 이어 641호~660호(1929년 4월 30일)까지 '예수의 소화, 교훈과 감상', 661호(1929년 5월 15일)에 '예수의 소화, 성녀 데레사의 만든 기구문', 663호(1929년 6월 15일)부터 696호(1930년 10월 31일)까지 '예수의 소화, 서간(초록)', 697호(1930년 11월 15일)부터 704호(1931년 2월 28일)까지 '예수의 소화, 그 별세 후'라는 제목으로 5년 9개월 동안 수록.
271) 1830년 11월 27일 파리의 성 빈첸시오 아 바오로 사랑의 딸 회.(한기근 신부는 '원선시오 수녀원'이라 표기) 성당, 1846년 9월 16일 라 살레트, 1858년 2월 11일 루르드, 1871년 1월 17일 퐁맹(pontmain)(『가톨릭신문』 2011년 8월 14일, 「성모 발현과 그 메시지들」)
272) 『경향잡지』 589호, 1926년 5월 15일, 202쪽 ; 590호, 1926년 5월 31일, 223쪽

위태로운 이곳을 방문한273) 한기근 신부가 가져온 것들이라 생각된다. 한기근 신부는 파리외방전교회 본부에서 가까운 곳에 위치한 파리의 성모 발현지 '성 원선시오 수녀원 성당'도 찾아가 한참 동안 기도하였다. 그리고 한국의 천주교 신자들이 모시는 '성모 무염 원패'가 이곳에 발현한 성모상을 모본으로 만든 것이라 설명하였다.274)

루르드(Lourdes)의 성모 발현지 마사비엘 동굴(Grotte de Massabielle)도 방문한275) 한기근 신부는 『루르드 성모 역사』276)를 통해 믿음의 눈으로만 보았는데 직접 보니 즐겁고 감동적이라고 하였다.277) 루르드 성전 안에 한국천주교회의 주교와 신부의 표적이 있다는 것을 알고 갔던 그는 대제대 오른쪽 제대들 중 한 제대 간에서 리델, 드게트(Deguette, Victor Marie, 한국명 崔鎭勝), 블랑 등 성직자들이 기록한 옥석판을 찾았다. 1875년에 큰 풍파를 만난 세 성직자가 살아나면 루르드 성전에 옥석판을 바치겠다고 허원(許願)한 것을 실행한 것이었다. 석판 첫 줄에는 '성총을 가득히 입으신 마리아여, 네게 하례하나이다'라는 말을 라틴어로 "AVE MARIA GRATIA PLENA"라 기록하고, 두 번째 줄에는 한문으로 "아리마복이신(亞利瑪福爾申)"이라고 기록하고, 다음 줄부터는 성모께 허원하고 은혜받은 사정, 연도, 직책, 이름을 기록하였다. 석판의 3~11줄에 라틴어로 기록된 내용은 "죠션 반도 젼교ᄉ들이 무염 동녀 마리아의 보호ᄒ심으로 바다의 험악ᄒ 위험 즁에서 살아나셔 이러ᄒ 은혜를 긔억ᄒ고 감사ᄒᄂ 표로

; 591호, 1926년 6월 15일, 252쪽.
273) 한기근 신부→드브레드 주교, 1925년 8월 10일, 파리(『교회와 역사』 452호, 2013년 1월, 37쪽) ; 『경향잡지』 589호, 1926년 5월 15일, 201~206쪽, 「로마여행일기」(15).
274) 『경향잡지』 593호, 1926년 7월 15일, 298쪽, 「로마여행일기」(19).
275) 『뮈텔주교일기』 1925년 8월 15일 ; 한기근 신부→드브레드 주교, 1925년 8월 24일, 파리(『교회와 역사』 452호, 2013년 1월, 38쪽).
276) 김한수, 『루르드 성모 역사』, 명치천주당, 1923. 542쪽 분량. 한국교회사연구소 소장.
277) 『경향잡지』 596호, 1926년 8월 31일, 372쪽, 「로마여행일기」(22).

이 옥석판을 루르드 성전에 두게 ᄒᆞ여 허원을 시힝ᄒᆞ엿더라. 一八七六년. 죠션 감목 비륵스 리쥬교, 젼교사 베드루 치신부, 젼교사 요왕 빅신부"라고 『경향잡지』에 번역 수록되었다.278) 그리고 14~16줄에 리델, 드게트, 블랑 선교사의 이름, 석판의 오른쪽에는 "성총을 가득히 입으신 마리", 왼쪽에는 "아여 네게 하례하나이다"라고 기록되어 있었다.279)

한기근 신부가 프랑스의 성모 발현지들을 찾은 것은 한국천주교회의 성모 신심과 관계가 있다. 창설 직후부터 한국천주교회에는 성모 공경이 활발하였고, 1836년경에는 매괴회(玫瑰會)가 설립되었다.280) 1838년에는 제2대 조선대목구장 앵베르 주교가 '성모 마리아'를 조선천주교회의 주보로 정해줄 것을 교황청에 요청하여, 교황 그레고리오 16세(Gregorio XVI : 1831~1846 재위)가 성 요셉을 주보로 함께 모실 것을 조건으로 1841년에 '성모무염시잉모태(聖母無染始孕母胎)'를 주보로 승인하였다.281) 1887년 간행된 『한국교회 지도서』에는 성모성심회·매괴회가 교회의 공식 신심회로 승인되었다.282) 이처럼 한국천주교회의 깊은 성모 신심이 한기근 신부의 성모 발현지 방문에 영향을 미친 것이다.

한기근 신부는 시복식을 향해 출발하면서 더위가 극심하여 선객 중에 죽는 사람도 간혹 있다고 한다며 무사히 갔다가 돌아올 수 있기를 성모 마

---

278) 『경향잡지』 595호, 1926년 8월 15일, 346쪽, 「로마여행일기」(21).
279) 3번째 줄부터 11번째 줄에 "COREANE PEMINSVLE MISSIONARII / DE ANGVSTIIS / ET PERICVLIS IN MARI GRAVISSIMIS / IMMACVLATAE MARIAE VIRGINIS / AVXILO EREPTI / TANTI BENEFICII MEMORES / IN BASILICA LAPVRDENSI / EX VOTO / LAPIDEM HVNC IN SIGNVM / PONI CVRAVERVNT / MDCCCLXXVI". 필자는 루르드 거주 이 데레사 씨에게 이 석판 사진 촬영을 부탁하여 2017년 7월에 입수하였다. 이 데레사 씨께 감사드린다.
280) 방상근, 「매괴회」, 『교회와 역사』 257호, 1996년 10월, 7~12쪽.
281) 샤를르 달레 저, 안응렬·최석우 역, 『한국천주교회사』 하, 분도출판사, 1980, 136쪽.
282) 방상근, 「성모성심회」, 『교회와 역사』 263호, 1997년 4월, 8~12쪽.

리아께 기도하였다.283) 항해 중 선객 1명이 사망한 후에는 자신의 건강에 이상 없음을 "주 성모께 감사"하였고,284) 긴 항해 후 마르세유에 도착해서는 "누만리 해로를 무사 발섭함은 주, 성모의 특은"이라고 하였다.285) 또한 무사 귀국하기를 마르세유 호위 성모 성당의 성모께 기도하였고,286) 귀국 후에는 무사히 다녀옴을 "주 대전에 감사하며, 바다의 별이신 성모께 사례"하였다.287) 한기근 신부는 예수 성심이 발현한 빠레르 모니알(Paray le Monial) 성지에도 가고 싶었으나 여비 때문에 포기하였다.288)

8월 2일 파리에 도착한289) 한기근 신부는 9월 28일까지290) 파리외방전교회 본부 겸 신학교의 3층291) 48번방에 머물렀다. 본부 겸 신학교는 한국을 포함하여 동양 선교지들에 파견된 선교사들이 공부하고 선교의 꿈을 키운 곳이었다. 어떤 방에는 "이 방은 아무 순교복자가 거처하시던 방이라"고 새긴 대리석판이 벽에 붙어 있었는데 한국에서 순교한 주교와 신부가 사용한 방에도 같은 문구의 대리석판이 있었다. 한국에서 순교한 주교와 신부들의 물건(충청도 공주 마곡사에서 찾은 성물과 안성 미리내 산에서 얻은 성작)도 볼 수 있었다.292) 한기근 신부가 본부 겸 신학교에 머무

---

283) 『경향잡지』 565호, 1925년 5월 15일, 199~202쪽, 「논설 : 로마를 향하여 떠나면서」.
284) 『경향잡지』 573호, 1925년 9월 15일, 392·395쪽, 「로마여행일기」(8).
285) 『경향잡지』 573호, 1925년 9월 15일, 397쪽, 「로마여행일기」(8).
286) 『경향잡지』 599호, 1926년 10월 15일, 441쪽, 「로마여행일기」(24).
287) 『경향잡지』 581호, 1926년 1월 15일, 4쪽, 「잘 다녀왔습니다」.
288) 『경향잡지』 589호, 1926년 5월 15일, 200~201쪽, 「로마여행일기」(15).
289) 『뮈텔주교일기』 1925년 8월 7일 ; 『경향잡지』 591호, 1926년 6월 16일, 250쪽, 「로마여행일기」(17).
290) 한기근 신부→드브레드 주교, 1925년 9월 28일, 파리(『교회와 역사』 452호, 2013년 1월, 38~39쪽) ; 『경향잡지』 599호, 1926년 10월 15일, 440쪽, 「로마여행일기」(24).
291) 『경향잡지』 571호, 1925년 8월, 352쪽에 「파리외방전교회 신학교와 설명」이라는 제목으로 사진이 실렸다.
292) 『경향잡지』 591호, 1926년 6월 15일, 252쪽, 「로마여행일기」(17).

는 동안 두 번의 선교사 파견식이 거행되었다. 9월 14일 13명 선교사, 9월 21일 10명의 선교사 파견식에 모두 참석하였던 한기근 신부는 2시간여 동안 진행된 예식을 매우 상세하게 설명하였다.293) 한국 파견 선교사들도 같은 의식을 거쳤을 것이기에 감동스러웠다. 9월 21일 파견식의 주인공 10명 중 2명의 선교사가 한국으로 파견되었다.294)

파리에 머무는 동안 한기근 신부는 자신들의 성당이 없어 파리외방전교회 본부 겸 신학교의 성당을 빌려 드리는 아르메니아 예절 대미사에 여러 번 참석하였다.295) 그리고 파리의 많은 성당들을 방문하고 그 느낌을 전했다. 파리 성모성당은 세계에서 여덟 번째로 넓다고 하였으며, 승전성모성당은 한국천주교회에도 조직되어 있는 성모성심회 본부라고 언급하였다. 한국 순교복자들의 3일 기도가 거행되었던 성 프란치스코 사베리오 성당을 비롯하여 성 슐피스성당, 성녀 막달레나성당, 성 디니오시오성당도 방문하였다. 예수성심성당은 파리 시가 눈 아래에 펼쳐 있어 종현성당에서 서울 시내를 내려다보는 것과 비슷하다고 설명하였다. 그리고 서양의 큰 성당에는 각국 말 고해소가 있는데 한국어는 물론 일본어·중국어 등 동양어 고해소가 없는 것은 서양에 동양인 신자들이 많지 않은 증거라 하였다.296)

한기근 신부는 이탈리아와 프랑스를 기차로 여행하면서 도시는 물론 시골에도 가득한 성당들을 부러워하였다. 신자들이 많고 열심이기 때문이라며 한국에도 각처에 성당이 가득하기를 소망하였다.297) 『조선농민』에 실

---

293) 『뮈텔주교일기』 1925년 9월 14·21일 ; 『드망즈주교일기』 1925년 9월 21일 ; 『경향잡지』 592호, 1926년 6월 30일, 273쪽, 「로마여행일기」(18) ; 미조 리베 지음, 『착한 목자 조셉 빌토 신부』, 내포교회사연구소, 2017, 62~63쪽.
294) 1925년 11월 13일 한국에 도착한 베르트랑(Bertrand, Jules, 1897~?) 신부와 몰리마르(Molimard, Joseph, 1897~1950) 신부이다.(『경향잡지』 578호, 1925년 11월 30일, 520쪽, 「회보 : 새 신부 양위 도착」)
295) 『경향잡지』 591호, 1926년 6월 15일, 253쪽, 「로마여행일기」(17).
296) 『뮈텔주교일기』 1925년 8월 11·12·15일 ; 『경향잡지』 593호, 1926년 7월 15일, 295~297쪽, 「로마여행일기」(19).
297) 『경향잡지』 581호, 1926년 1월 15일, 5쪽, 「잘 다녀왔습니다」; 588호, 1926년

린 「세계 각국의 전원 인상기」에도 "농촌에 있는 사람으로서 천주교 믿지 않는 사람이 별로 없는 듯하다. 그래서 교회 뾰족집이 한 10리에 하나씩은 있다. 일요일이면 모두 교회로 모이는 것도 퍽도 부럽다"고 하였다.[298]

5. 팔레스티나 성지 순례

9월 28일 한기근 신부는 팔레스티나(Palestina) '성지 조배'를 위해[299] 베쉘(Béchel, Emile) 신부[300]와 함께 파리에서 마르세유행 기차에 탑승하였다.[301] 그리고 파리외방전교회 마르세유 대표부에서 팔레스티나행 배를 기다린 지 10일 만인[302] 10월 9일 앙드레 레봉(Andre Lebon)호에 승선하였다. 10월 15일 포트사이드에 도착하였고,[303] 이어 하이파(Haifa)행 기차에 탑승하여 수에즈 운하를 건너고 간다라(Kantara East) 정거장에서 기차를 갈아탄 후 10월 16일 하이파에 도착하였다.[304] 하이파의 갈멜(Carmel) 수도원[305] 옆에 마련되어 있는 성지 참배자들을 위한 여관에서 하루를 지

4월 30일, 182쪽, 「로마여행일기」(14).
298) 천주공교회 신부 한기근, 「세계 각국의 田園印象記 – 恐獨病에 마음 못놋는 佛蘭西의 전원」, 『조선농민』 제3권 제8호, 1927년 8월 10일.
299) 『경향잡지』 577호, 1925년 11월 15일, 498쪽, 「회보 : 한 신부 소식」.
300) 『1925~1927 예루살렘 카사노바의 숙박록』에 한기근 신부 바로 위에 같은 날 도착, 국적 프랑스, 종교 가톨릭으로 기록되어 있다.
301) 한기근 신부→드브레드 주교, 1925년 9월 28일, 파리.(『교회와 역사』 452호, 2013년 1월, 38~39쪽) ; 『경향잡지』 599호, 1926년 10월 15일, 440쪽 「로마여행일기」(24).
302) 『경향잡지』 599호, 1926년 10월 15일, 440~442쪽, 「로마여행일기」(24).
303) 『경향잡지』 577호, 1925년 11월 15일, 498쪽, 「회보 : 한 신부 소식」; 600호, 1926년 10월 30일, 463쪽, 「로마여행일기」(25).
304) 『경향잡지』 601호, 1926년 11월 15일, 488쪽, 「로마여행일기」(26).
305) 천주교회 최고(最古)의 수도원으로 한기근 신부가 방문하였을 때 본래의 수도원은 터만 남아 있었고, 그 옆에 1836년에 복원한 수도원(Monastery of Our Lady

냈306) 한기근 신부는 10월 17일 팔레스티나의 나자렛(Nazareth)에 도착하였다.307) 이후 10월 26일까지 10일 동안 팔레스티나 성지를 순례하였는데, 이탈리아 26일, 프랑스 70일과 비교하여 머문 시간은 짧았지만, 「로마여행일기」에는 이탈리아 7회, 프랑스 11회보다 많은 14회 분량을 수록하였다. 팔레스티나에 대한 그의 감동이 컸고, 한국의 천주교 신자들에게 전해 주고 싶은 내용이 많았다는 의미일 것이다.

팔레스티나를 "예수의 기념적 자취가 있는 예루살렘과 그 근처",308) "천주 진교의 발원지, 예수가 탄생하고 장성하고 많은 성적(聖蹟)을 행하고 전교하고 수난 때에는 성혈을 흘리고 죽고 묻힌 가장 거룩한 성지"309)라고 설명한 한국천주교회는 『보감』과 『경향잡지』에 종종 팔레스티나 소식을 전하였다.310)

팔레스티나를 그리스도교 성지로 순례한 첫 한국인은 노정일(盧正一)이었다. 그는 스코틀랜드, 프랑스, 이탈리아 등을 여행하고 예루살렘을 성지순례하여311) "구미 각국과 유대의 성지 등 근동 각지를 답파한 첫 한국

of Mount Carmel)이 있었다.(『경향잡지』 601호, 1926년 11월 15일, 488~489쪽, 「로마여행일기」(26) ; 김상원 신부 제공 자료)
306) 『경향잡지』 601호, 1926년 11월 15일, 489쪽, 「로마여행일기」(26).
307) 『경향잡지』 602호, 1926년 11월 30일, 511쪽, 「로마여행일기」(27).
308) 『경향잡지』 552호, 1924년 10월 31일, 476~477쪽, 「회보 : 팔레스티나 성지에 두 성전 축성」.
309) 『경향잡지』 600호, 1926년 10월 30일, 463쪽, 「로마여행일기」(25), 463쪽.
310) "팔레스티나 살드 촌 희랍교인 1,500여 명이 희랍교를 버리고 성교회에 돌아온"(『보감』 109호, 1909년 제3권, 35쪽, 「천주교회보 : 졸단 향측(向側)」) ; "팔레스티나에 있는 갈멜산 수도원 소유지가 위태하게"(『경향잡지』 353호, 1916년 7월 15일, 353쪽, 「천주교회보 : 곳듸 전하의 약전」) ; "팔레스티나와 아라비아 사람들".(『경향잡지』 342호, 1916년 1월, 40쪽, 「잡지의 잡지 : 시내산」)
311) 『동아일보』 1921년 5월 28일, 「7년 만에 한양성에」 ; 『매일신보』 1921년 5월 28일, 「猶太의 聖地까지 踏破한 조선 사람의 노정일 씨」 : 『신한민보』 1921년 7월 14일, 「노정일 씨의 필업 귀국」 ; 『개벽』 19호, 1922년 1월 10일, 문학사 노정일, 「세계일주 산 넘고 물 건너」.

인"이었다.312) 1921년 5월 9일에 귀국한313) 그는 5월 24일 평양기독교청년회 주최의 강연회에서 '성지 순례의 소감'이라는 제목으로,314) 5월 31일 중앙기독교청년회에서는 '성지 순례의 실감(實感)'이란 연제로 강연하였다.315) 『개벽』에는 「예루살렘 성지의 순례 여행」을 포함하여 노정일의 기행문을 연재한다고 하였는데 기행문 연재가 3회로 중단되어316) 예루살렘 성지 순례 내용은 알 수 없다.

「로마여행일기」는 팔레스티나를 성지 순례한 한국인의 첫 기록이다. 한기근 신부가 팔레스티나를 성지 순례한 것은, 팔레스티나가 천주교의 발원지이고 예수가 탄생 및 성장하고 많은 성적(聖蹟)을 행하며 전교하고 죽고 묻힌, 가장 거룩한 성지이기 때문이었다.317) 천주교회는 팔레스티나 성지 주관 권리 되찾기를 희망하였고,318) 성지 참배를 장려하였다.319) 많은 천주교 신자들이 예루살렘 성지를 순례하였는데, 천주교 성직자였기에 또한 4복음서를 번역하였기에 팔레스티나는 한기근 신부에게 더욱 의미 있고 방문하고 싶은 장소였을 것이다. 한기근 신부는 1906년부터 1910년까지 라틴어 성서인 불가타 역본 복음서들의 한글 번역에 참여하였고,320) 뮈텔 주교와 함께 4복음서의 번역 원고를 교열하였다.321) 이 번역 원고는

---

312) 『매일신보』 1921년 5월 28일, 「猶太의 聖地까지 踏破한 조선 사람의 노정일 씨」.
313) 『동아일보』 1921년 5월 19일, 「노정일 군 환영회」; 5월 28일, 「7년만에 한양성에」.
314) 『동아일보』 1921년 5월 28일, 「평양 기독교 청년회 강연회 : 성지 순례의 소감 (노정일)」.
315) 『매일신보』 1921년 6월 2일, 「蟬聲의 獨唱으로 제이일의 노정일 씨 강연회장에서」.
316) 『개벽』 19·20·21호에는 필자가 노정일로 표기되어 있는데, 22호(1922년 4월 1일)~26호(1922년 8월 1일)에는 필자가 "엠.에(M.A), 一愚"로 되어 있다.
317) 『경향잡지』 600호, 1926년 10월 30일, 463쪽, 「로마여행일기」(25).
318) 『경향잡지』 574호, 1925년 9월 30일, 418쪽, 「로마여행일기」(9).
319) 『경향잡지』 600호, 1926년 10월 30일, 464쪽, 「로마여행일기」(25).
320) 한기근→뮈텔, 1906년 7월 7일, 8월 12일, 9월 21일, 1907년 2월 12일, 적은동.
321) 1910년 6월 1일 마태오복음의 교열이 끝났고, 7월 7일 4복음서의 교열 작업이 마무리되었다.(『뮈텔주교일기』 1910년 6월 1일, 7월 7일)

1910년 12월 한국천주교회의 첫 한글 4복음서 『ᄉᆞᄉᆞ셩경』(四史聖經)으로 성서활판소에서 간행되었다.322) 1922년에 성서활판소에서 간행된 『종도행전』(宗徒行傳)도 한기근 신부 번역이었다.323) 따라서 그가 번역한 4복음서와 『종도행전』에 언급된 장소들을 순례한다는 것은 한기근 신부에게 큰 의미가 있었다. 마르세유로 항해 중 크레타(Creta)섬을 멀리 바라보면서도 『종도행전』과 바오로의 편지에 언급된 곳이라며 감격할324) 정도였다.

기대감과 더불어 불안한 마음도 있었다. 1291년 십자군이 떠나고 1516년부터 이슬람교도들이 지배하다가 1917년부터 영국이 군부·위임통치하던325) 팔레스티나에는 이슬람교도들이 많아 성지 순례에 위험이 많으리라 생각했기 때문이다.326) 그의 불안감은 예루살렘을 성지 순례하고 온다며 포트 사이드 항구에서 승선한 신부들을 만난 후 해소되었다. 마다가스카르(Madagascar) 동편의 '레위니옹'(Réunion)섬과 '모리셔스'(Mauritius)섬에서 전교하던 두 신부는 예루살렘에 여러 수도회가 있고 성지 순례에 그다지 어려움이 없다고 하였다.327) 한기근 신부가 도착하였을 때 팔레스티나는 위험하지 않았고, 많은 천주교 신자들이 거주 중이었으며, 33개의 수도회·수녀회가 성당들을 건립하고 학교·병원·기숙사·고아원 등을 운영하고 있었다.328)

---

322) 한기근 신부는 인쇄된 『사사성경』을 뮈텔 주교로부터 1910년 12월에 받았고(한기근→뮈텔, 1910년 12월 21일, 적은동), 오자(誤字)가 있는 부분을 교정하여 1911년 8월 뮈텔 주교에게 보냈다.(한기근→뮈텔, 1911년 8월 1일, 적은동)
323) 1책 123쪽 분량으로 한국교회사연구소·가톨릭대학교 성신교정 도서관·행주본당 소장.
324) 『경향잡지』 573호, 1925년 9월 15일, 397쪽, 「로마여행일기」(8).
325) 영국이 1917년 12월~1920년 7월 군부 통치, 1920년 7월~1948년 5월 위임 통치.(홍미정, 「영국의 팔레스타인 위임통치와 시온주의 프로젝트」, 『한국이슬람학회논총』 25-2, 한국이슬람학회, 2015, 114쪽)
326) 『경향잡지』 600호, 1926년 10월 30일, 464쪽, 「로마여행일기」(25).
327) 『경향잡지』 573호, 1925년 9월 15일, 396~397쪽, 「로마여행일기」(8).
328) 『경향잡지』 600호, 1926년 10월 30일, 464쪽, 「로마여행일기」(25).

성모와 성 요셉의 고향, 예수가 강잉(降孕)·장성·생활한 나자렛에서 성모 영보 성전(Basilica of the Annunciation), 유년 예수 성전(Basilica of Jesus the Adolescent), 성모 전율 경당(Church of Our Lady of the Fright), 그리스도의 식상(食床) 등을 찾아본 후 한기근 신부는 카사노바(Casa Nova)에서 머물렀다. 카사노바는 교황이 팔레스티나 성지 순례를 장려하기 위해 각 성지에 마련하게 하고 무료로 유숙하게 한 숙소였다. 예루살렘에는 8일, 나자렛에는 3일, 베들레헴, 가파르나움, 그 외 각 성지에는 1일씩 무료 유숙할 수 있었는데 모두 프란치스코회 수사들이 관리하고 있었다. 한기근 신부는 프란치스코회가 팔레스티나 성지를 지키면서 순교한 이들도 있어 공이 많다고 설명하였다.329) 김상원 신부에 의하면, 팔레스티나 성지의 순례자 숙소는 성지 순례가 권장되던 비잔틴 시기부터 운영되었는데 대부분 수도원 내의 손님방(guesthouse)이었다. 1217년부터 팔레스티나 성지를 관리하였던 프란치스코회는 1291년 십자군이 떠난 후에도 성지를 지키려고 남았다. 그리고 오스만 터키가 쇠퇴하면서 성지 순례자가 증가하자 유럽의 많은 국가들이 자국의 수도원을 건립하였고, 프란치스코회도 순례자를 위한 새로운 숙소를 마련하고 'Casa Nova'(새 집)라고 불렀다. 이후 '카사노바'는 프란치스코회가 운영하는 순례자 숙소를 의미하는 고유명사가 되었다.330)

10월 18일 나자렛을 출발한 한기근 신부는 갈릴레아 가나(Cana in Galilee)촌331)을 방문하고 티베리아(Tiberias)에 도착하였다. 그리고 예수가 여러 번 강론하고 많은 영적(靈蹟)을 행한 제네사렛 호수에서 막달라·

---

329) 『경향잡지』 600호, 1926년 10월 30일, 464쪽, 「로마여행일기」(25).
330) 2018년 10월에 팔레스티나 성지를 순례한 김영권 신부께 부탁하여, 한기근 신부의 예루살렘 카사노바 숙박 기록을 찾을 수 있었다. 예루살렘 거주 김상원 신부(작은 형제회)께서는 한기근 신부의 숙박 기록을 찾아주셨고, 필자의 문의 사항들에도 친절하게 답해 주셨다. 두 신부님께 감사드린다.
331) 프란치스코회에서 1883년에 기념 성당 건립.(정양모·이영헌, 『이스라엘 성지 어제와 오늘』, 생활성서사, 1988, 2010(2판), 2017(2판 4쇄), 195~198쪽)

벳사이다 등 복음서에 기록된 마을들을 찾았는데 가파르나움(Capernaum) 외에는 흔적도 없었다.332) 티베리아 카사노바에서 하루를 묵은 한기근 신부는 10월 19일 예루살렘에 도착하여333) 예루살렘 카사노바334)의 27호 방을 배정받았다.335)

십자군 때까지는 천주교에서 팔레스티나에 성전들을 건축하고 소유하였는데, 이후 천주교 신자들이 떠나고 이슬람교도들이 팔레스티나를 소유하면서 예수 성묘(무덤) 성전(Basilica of the Holy Sepulcher)의 일부를 제외하고는 모든 성전을 헐어버렸다.336) 한기근 신부는 예루살렘의 예수성묘(무덤) 성전을 팔레스티나에서 가장 거룩하고 중요한 성전이라고 하였다. 이 성전도 천주교회가 건축하여 천주교회 소유였는데 한기근 신부가 방문하였을 때는 천주교회와 동방 정교회들(그리스 정교회·아르메니아 정교회·곱트 정교회), 그리고 이슬람교회가 공동 소유하고 있었다.337) 그래서 예수의 성묘(무덤), 예수가 십자가상에 못 박히시던 자리, 예수가 탄생하신 자리는 누구든지 참배하고 구경할 수 있었지만 미사나 예절은 소유

---

332) 『경향잡지』 603호, 1926년 12월 15일, 534~537쪽, 「로마여행일기」(28) ; 605호, 1927년 1월 15일, 7~8쪽, 「로마여행일기」(29).
333) 『경향잡지』 605호, 1927년 1월 15일, 8쪽, 「로마여행일기」(29).
334) 김상원 신부에 의하면, 예루살렘의 '카사노바'는 1847년에 건립되었고, 1910년에 건물이 확장되어 오늘날 200여 침대 규모이다. 현 주소는 Casa Nova in Jerusalem, CASANOVA STREET, NEW GATE, P.O.B. 1321, 9101301 JERUSALEM ISRAEL.
335) 한기근 신부의 예루살렘 숙박 기록은 「1925~26, 1927 Casa-Nova」라고 표기한 노트에서 찾을 수 있었다. 이 숙박 기록의 2924번째 방문자로 "세례명은 Paulo, 성은 Han, 국적은 Coreanus, 종교는 Catholique, 방 번호는 35, 숙박 일수는 22일"이라 기록되어 있다. 방 번호와 숙박 일수는 카사노바 측에서 기록하였으리라 생각되는데 착오가 있다.
336) 『경향잡지』 603호, 1926년 12월 15일, 535쪽, 「로마여행일기」(28).
337) 『경향잡지』 605호, 1927년 1월 15일, 9쪽, 「로마여행일기」(29). 한기근 신부가 보았던 이 성당은 1927년에 발생한 지진으로 많은 부분이 파괴되었다.(정양모·이영헌, 『이스라엘 성지 어제와 오늘』, 48쪽)

권을 가진 교파에서만 할 수 있었다.338)

　4세기부터 교의 신학과 전례에서 의견이 달랐던 동방 교회와 서방 교회는 정치·경제·사회적으로도 분쟁이 컸다. 로마를 중심으로 한 서방 교회와 콘스탄티노플을 중심으로 한 동방 교회는 1054년부터 본격적으로 갈라지기 시작하였고, 예수 성묘(무덤) 성전 내의 소유권과 관할권은 1757년 대강 마련되었고, 1852년에 법률상으로 확정되었다.339) 그리하여 여러 교파가 소유권을 갖고 있었던 예수 성묘 성전에는 이슬람교 순사들이 성전 정문 안에 밤낮 유숙하며 출입을 통제하고, 교파들간에 일어나는 시비를 판결하였다.340) 또한 예수가 수난 전에 '건립 성체 하시던 집'은 이슬람교인 소유가 되어 천주교 신자가 참배하려면 입장료를 내고 신을 벗고서야 들어가 참배할 수 있었다.341) 예루살렘의 '고교 성전'(대성전) 터에는 십자군 때 성모 자헌 성전이 건축되었는데 그 후 이슬람교인들이 모스크 오말(Mosque Omar)로 바꾸어 놓아 입장료와 덧신세 등을 주고서야 들어갈 수 있었다.342) 예수의 발자취가 박힌 돌이 있는 곳에도 들어가려면 입장료가 필요했고,343) 성지 주일 날 예수가 나귀를 타고 들어오시던 금문(金門, porta aurea)은 이슬람교인 소유가 되어 들어갈 수 없었으며,344) 베들레헴의 예수 성탄 자리도 그리스 정교회 소유였기에 미사나 예절은 못하고 참배만 하였다.345) 나자렛 성지만 천주교회가 모든 권리를 가지고 있었다.346)

---

338) 『경향잡지』 606호, 1927년 1월 31일, 32쪽, 「로마여행일기」(30).
339) 정양모·이영헌, 『이스라엘 성지 어제와 오늘』, 49~50쪽.
340) 『경향잡지』 605호, 1927년 1월 15일, 9쪽, 「로마여행일기」(29).
341) 『경향잡지』 607호, 1927년 2월 15일, 55쪽, 「로마여행일기」(31).
342) 『경향잡지』 609호, 1927년 3월 15일, 107쪽, 「로마여행일기」(33).
343) 『경향잡지』 610호, 1927년 3월 31일, 131쪽, 「로마여행일기」(34).
344) 『경향잡지』 608호, 1927년 2월 28일, 80쪽, 「로마여행일기」(32). 성문은 1530년 터키군에 의해 봉쇄되었고, 1540년 슐레이만에 의해 성벽이 보수되면서 완전히 폐쇄되었다.(정양모·이영헌, 『이스라엘 성지 어제와 오늘』, 28쪽)
345) 『경향잡지』 613호, 1927년 5월 15일, 213~214쪽 「로마여행일기」(37).
346) 『경향잡지』 603호, 1926년 12월 15일, 535쪽, 「로마여행일기」(28).

한기근 신부는 예수 성묘(무덤) 성전 외에도 성모 선종 성전, 엑세 호모 성전, 구세주 성전, 오주 예수의 임종 성전 등 예루살렘의 중요 성당은 거의 참배하며 기도하였고, 갈릴래아 사람들아 교당(Viri Galilaei)과 내가 천지를 조성하신 경당도 방문하였다.347) 예수를 십자가에 못 박아 세웠던 갈바리아 산,348) 예수가 예루살렘 성을 바라보시고 우시던 자리349)를 찾았고, 각국 언어 '천주경' 판들이 있는 '하늘에 계신 문원(門院)'도 방문하였는데 동양 언어로는 한문 천주경이 있을 뿐이었다.350) 요한복음 5장 1∼16절이 각국 언어로 붙어 있는 그리스 정교 신학원의 면양못(Pool of Bethesda) 옆집 벽 위에서는 한국어를 찾을 수 있었다. 한국인이 철필로 쓴 것을 샤르즈뵈프 신부가 가져와 붙여 놓은 것이었다.351) 또한 예수가 건립 성체하고 겟세마니 동산으로 가실 때 건넜던 세드론 시내(Valley of Kidron), 예수가 나자로를 부활시킨 베타니(Bethany), 예수가 성지 주일 날에 왔던 베파제(Bethphage),352) 그리고 베들레헴의 예수 성탄 굴·성부 안나 성전353)을 참배한 한기근 신부는 10월 26일 팔레스티나 성지 순례를

---

347) 『경향잡지』 607호, 1927년 2월 15일, 55쪽, 「로마여행일기」(31) ; 608호, 1927년 2월 28일, 81∼82쪽, 「로마여행일기」(32) ; 610호, 1927년 3월 31일, 130∼132쪽, 「로마여행일기」(34) ; 611호, 1927년 4월 15일, 156쪽, 「로마여행일기」(35).
348) 『경향잡지』 606호, 1927년 1월 31일, 33쪽, 「로마여행일기」(30).
349) 『경향잡지』 610호, 1927년 3월 31일, 132쪽, 「로마여행일기」(34). 이곳에 프란치스코 수도회가 1955년 성당(Dominus Flevit Church)을 건립하였다.(정양모·이영헌, 『이스라엘 성지 어제와 오늘』, 85쪽)
350) 『경향잡지』 611호, 1927년 4월 15일, 155쪽, 「로마여행일기」(35). 한글 '주님의 기도'는 제2차 바티칸 공의회 폐막식 후 예루살렘을 성지 순례한 부산교구 초대 교구장 최재선(崔再善, 요한, 1912∼2008) 주교가 기증.(김상원 신부의 블로그 : blog.daum.net/terrasanta/17464774) 2008년 12월경 한국의 개신교 목사가 개신교용 기도문으로 바꿔서, 2009년 천주교용 기도문 타일판이 다른 쪽 벽면에 걸렸다.(정양모·이영헌, 『이스라엘 성지 어제와 오늘』, 88쪽)
351) 『경향잡지』 608호, 1927년 2월 28일, 83쪽, 「로마여행일기」(32).
352) 『경향잡지』 612호, 1927년 4월 30일, 179∼180쪽, 「로마여행일기」(36).
353) 『경향잡지』 613호, 1927년 5월 15일, 213∼214쪽, 「로마여행일기」(37) ; 614호, 1927년 5월 31일, 230쪽, 「로마여행일기」(38).

마무리하고 포트 사이드로 출발하였다.354)

팔레스티나의 중요한 성지는 모두 참배하였다지만, 시간과 여비 때문에 다볼(Tabor)산은 바라만 보고 그 산 밑으로 지나갔고, 산 중에 있는 성 요한 세자의 집터도 참배하지 못하였으며, 요르단강과 여리고도 멀리서 바라보았다.355) 팔레스티나로 가기 위해 파리에서 떠날 때 고베 행 배표를 구입하였던 한기근 신부는, 당시 동양으로 가는 배가 2주일마다 있었으므로 시간과 여비가 충분했다면 팔레스티나에 더 머물 수 있었을 것이다. 그러나 기회가 있고 할 수가 있다면 팔레스티나 성지를 다시 여행하고 그 여행일기도 쓰고 싶다며 아쉬움과 함께 「로마여행일기」를 마무리하였다.356)

6. 맺음말

「로마여행일기」는 프랑스의 파리·라 무르·리지외·라 살레트·루르드·아르스, 이탈리아의 로마·아시시·플로렌스, 그리고 팔레스티나의 성지·성전들을 순례한 기록이다. 4복음서와 『종도행전』을 번역할 정도로 프랑스어와 라틴어에 어려움이 없었던 한기근 신부는 한국 순교자들의 시복식에 한국인 성직자 대표로 참가하기 위해 여행을 시작하였다.

그는 첫 여정으로 로마에 도착하여 한국 순교자들 시복식에 참가하였고, 시복식 후 감사 미사에 참가하였으며, 이어 로마의 많은 성당들을 참배하였고 카타콤바를 방문하였다. 두 번째 여정은 프랑스였다. 프랑스에서는 비안네 신부, 소화 데레사 수녀, 에마르 신부의 생가 등을 순례하였는데, 한국 순교자들이 시복된 1925년에 시성·시복된 이들이었다. 그가 머물렀던 파리외방전교회 본부 겸 신학교도 순교복자들의 숨결이 느껴지는 곳이

---

354) 『경향잡지』 614호, 1927년 5월 31일, 232쪽, 「로마여행일기」(38).
355) 『경향잡지』 614호, 1927년 5월 31일, 232쪽, 「로마여행일기」(38).
356) 『경향잡지』 615호, 1927년 6월 15일, 255쪽, 「로마여행일기」(39).

었다. 동양 선교를 목적으로 창설된 파리외방전교회의 선교사로 순교한 이들이 선교를 준비하며 생활했던 곳이기 때문이었다. 라 살레트·루르드·파리의 성모 발현지들을 방문한 것은 한기근 신부의 성모 신심과 더불어 한국천주교회의 깊은 성모 신심 때문이었다. 그리스도교 문화권인 이탈리아와 프랑스의 성당들을 참배하면서, 도시는 물론 시골에도 가득한 성당들을 바라보면서, 비 그리스도교 문화권의 천주교 성직자 한기근 신부는 한없는 부러움을 느꼈다.

이탈리아와 프랑스에 이어 한국으로 돌아오는 길에 10일 동안 여행하였던 팔레스티나는 한기근 신부에게 최고의 성지 순례지였다. 4복음서와 『종도행전』에 언급된 장소들을 직접 찾아가 본다는 것은 감동과 감격이었다. 그는 예루살렘·베들레헴·나자렛에서 예수와 성모와 사도들의 자취를 확인하고 기도하였으며 미사를 봉헌하였다. 그가 방문하였을 때 팔레스티나의 많은 성지들은 여러 교파가 공동 소유하고 있었다. 그래서 참배는 할 수 있지만 미사나 예절은 할 수 없는 곳이 있었고, 입장료를 내고서야 들어갈 수 있는 곳도 있었다. 모스크로 바뀌어 있는 성지도 있었기에 안타까웠다. 이탈리아·프랑스에서와 마찬가지로 팔레스티나에서도 시간과 비용 때문에 가지 못한 곳들이 많았지만, 그럼에도 한기근 신부는 천주교회의 중요한 성지들을 참배하고 「로마여행일기」로 기록하였다. 「로마여행일기」는 비 그리스도교 문화권인 한국의 천주교회 성직자가 기록한 첫 그리스도교 성지 순례기이다.

Ⅲ. 1933년 천주교신학생 김필현의 유럽행 여행기 속 아시아 경유지 기록

1. 머리말

1933년 9월 6일 사리원역357)을 출발한 김필현(金必現, 루도비코)은 그해 10월 29일 이탈리아 로마의 울바노대학(Collegium Urbanum)358)에 도착하였다. 그리고 약 1년 후인 1934년 10월부터 1935년 5월까지 평양지목구에서 간행한 『가톨릭연구』에 「로마 영성(永城)으로」라는 제목으로 7회에 걸쳐 그의 여행기를 게재하였다. 김필현의 여정은 박용옥(朴瓏玉, 디모테오), 휴가차 미국으로 귀국하는 메리놀회 선교사 크레이그(Craig, Hugh, 한국명 奇厚根)359) 신부와 함께였다.

김필현은 평양지목구 신학생으로 용산 예수성심신학교에서 철학과 1학기를 공부하였고,360) 1930년 4월 1일 제2대 평양지목구장으로 임명된 모리스

---

357) 사리원역은 경의선 구간에 있고, 경의선은 1905년 12월 1일 전체 노선이 개통되었다.(『서우』 11호, 1907년 10월 1일, 「京義鐵道의 沿路槪況」)
358) 교황 울바노 8세(Urbanus VIII : 재위 1623~1644)가 선교사업을 위해 1627년에 설립.
359) 1899~1980. 메리놀회 소속 한국 선교사. 미국 출생, 1925년 5월 사제 서품, 그해 10월 한국 입국, 1926년 5월부터 평남 순천군 은산(殷山)본당 초대 주임. 1933년 휴가차 본국 귀국.(한국교회사연구소, 『한국가톨릭대사전』 11, 2006, 8548쪽)
360) 1933년 3월 6일 소신학교를 제1회(동성상업학교 제8회)로 졸업하고(『경향잡지』 753호, 1933년 3월 15일, 107쪽, 「회보 : 동성상업학교 졸업식」), 곧이어 용산 예수성심신학교(대신학교)에서 철학과를 시작하여 그해 6월 23일 하기방학을 맞았다.(『경향잡지』 760호, 1933년 6월 30일, 278쪽, 「회보 : 용산대신학원에 하기방학」)

(Morris, John Edward, 한국명 睦怡世) 신부의 평양지목구 성직자 양성정책에 따라 울바노대학에 유학하였다. 김필현과 박용옥의 울바노대학 유학은 한국인 신학생으로서는 1919년 대구대목구 신학생들에 이어 두 번째였다. 대구대목구 성유스티노신학교의 송경정(宋庚正, 안토니오)·전아오(全俄奧, 아우구스티노) 신학생은 1919년 11월 24일 대구대목구장 드망즈 주교와 함께 대구를 출발하여361) 1920년 1월 20일 로마에 도착하였다.362) 송경정·전아오의 입학 이후 드망즈 주교는 대구대목구의 더 많은 신학생들을 울바노대학에 유학 보내고자 하였으나363) 뜻을 이루지 못하였고, 1922년에 송경정은 결핵에 걸려 귀국하였고,364) 전아오는 협심증으로 울바노 콜레지오(기숙 신학원)에서 사망하였다.365) 그로부터 10여 년 후인 1933년 평양지목구의 신학생366) 김필현·박용옥이 울바노대학에 유학하였다.

일제강점기에 일본 외의 다른 나라를 여행한 한국인들이 몇 명이었는지 대한 통계는 발견할 수 없지만,367) 조선총독부의 여권증명을 받고 도항(渡航)한 한국인의 숫자는 『조선총독부통계연보』에서 찾을 수 있다. 조선총독부가 발급한 한국인의 여권은 1911~1923년에 수천 개를 헤아렸다가 이후 수백 개로 줄어들었고, 김필현·박용옥이 여권을 발급받은 1933년에는 74개를 기록하였다.368) 1933년 해외 도항 한국인은 49명이었는데 도항

---

361) 『드망즈주교일기』 1919년 11월 24일.
362) 『드망즈주교일기』 1920년 1월 20일.
363) 『드망즈주교일기』 1920년 1월 21일, 1922년 3월 22일, 5월 13일.
364) 『드망즈주교일기』 1922년 3월 22일.
365) 『드망즈주교일기』 1922년 5월 13일. 송란희, 「첫 로마 유학 신학생 연구-대구대목구 송경정과 전아오의 사료를 중심으로-」, 『교회사연구』 56, 한국교회사연구소, 2020.
366) 1933년 평양교구 소속의 신학생은 대신학생 3명, 소신학생 25명.(『경향잡지』 767호, 1933년 10월 15일, 444~447쪽, 「전조선 성교회 사업 현상」[1932.5.1.~1933.5.1.])
367) 조성운 지음, 『식민지 근대 관광과 일본 시찰』, 경인문화사, 2011, 111쪽.

목적은 상업 19명, 학문 연구 10명, 가사 8명, 포교 5명, 시찰 4명, 기타 3명이었다.369) 도항 목적이 학문 연구인 10명의 유학 장소는 구주제국(歐洲諸國) 4명, 북미합중국 5명, 버마 1명이었는데,370) 구주제국 유학생 4명 중에 김필현·박용옥이 있었다.

김필현의 울바노대학 유학은 신학을 공부하기 위해서였고, 여행기 작성은 "고국 동포의 부탁을 받"371)은 때문이었다. 평양지목구의 전교회장 대상 '종교 연구 강습회'가 김필현의 출발 후인 1933년 9월 28일부터 시작되었지만, 김필현은 평양지목구 신학생이었으므로 이 강습회를 알았을 것이다. 이 강습회의 강의안을 인쇄한 『가톨릭연구강좌』가 1934년 1월에 간행되었고, 제1권 제7호부터 『가톨릭연구』로 제호를 변경하였는데372) 김필현의 여행기 「로마 영성으로」는 제1권 제10호부터 게재되었다.

김필현이 유학할 장소, 출발부터 도착까지의 행로는 평양지목구장이 결정하였다. 김필현은 정해진 항로를 따라 가며 보고 듣고 느낀 것들을 일기

---

368) 1911년 2,635개, 1912년 4,266, 1913년 3,454, 1914년 4,519, 1915년 5,063, 1917년 6,835, 1918년 4,736, 1919년 6,279, 1920년 4,282, 1921년 3,771, 1922년 2,580, 1923년 2,841개, 1924년 210, 1925년 150, 1926년 515, 1927년 426, 1928년 513, 1929년 223, 1930년 127, 1931년 124, 1932년 85, 1933년 74개. (『조선총독부통계연보』 1911~1933, 「외국여권 下付數」)
369) 『조선총독부통계연보』, 1933, 「해외 도항자 종류별」, 65~66쪽.
370) 1911~1933년 학문 연구를 목적으로 도항한 한국인은 1911년 2명, 1912년 1명, 1913년 4명, 1914년 13명, 1915년 4명, 1916년 13명, 1917년 6명, 1918년 1명, 1919년 7명, 1920년 17명, 1921 31명, 1922년 54명, 1923년 43명, 1924년 40명, 1925년 43명, 1926년 60명, 1927년 65명, 1928년 46명, 1929년 37명, 1930년 39명, 1931년 31명, 1932년 18명, 1933년 10명.(『조선총독부통계연보』, 1911~1933, 「외국여권 下付數」)
371) 『가톨릭연구』 제2권 제5호, 1935년 5월, 72쪽, 울바노대학 金必現, 「로마 永城으로 (7회)」.
372) 『가톨릭연구』 제1권 제7호, 1934년 7월, 「社告 : 본지는 제호 가톨릭연구강좌를 금후로는 강좌 2자를 빼고 가톨릭연구라 개제하였으니 下諒하시압」. 왜 변경하는지 설명 없음.

체 형식으로 기록하였다. 3·1운동 이후 일제가 한국인의 요구를 일정 부분 반영한 언론정책으로 많은 신문·잡지들이 발간되었고, 그 신문·잡지들에 수많은 여행기들이 수록되었다. 종교계에서 발행한 신문·잡지들에도 여행기들이 실렸는데, 한국천주교회의 기관지 『경향잡지』에도 한기근 신부의 여행기가 「로마여행일기」373)라는 제목으로 1925년부터 2년여 동안 게재되었다. 20세기 전반기 한국인들의 외국 유학은 매우 적었고, 천주교 신학생의 외국 유학도 마찬가지였다. 필자는 김필현의 여행기에 수록·표현된 것이 무엇인가를 살펴보고자 한다. 그가 보고 듣고 느낀 것을 1920년대의 유럽 유학생들인 김준연(金俊淵),374) 박승철(朴勝喆),375) 김현준(金賢準),376) 계정식(桂貞植)377) 등의 여행기, 한기근 신부의 1925년 여행기, 김필현보다 4달여 전에 서구로 여행한 이순탁(李順鐸)378) 교수의 여행기

---

373) 경성 출발→고베→상하이→홍콩→사이공→싱가포르→콜롬보→지부티→수에즈운하→포트사이드→마르세유 도착까지 40일.(윤선자, 「한기근 신부의 '로마여행일기'」, 『교회사연구』 53, 2018 참조)

374) 1895~1971. 1920년 도쿄[東京]제국대학 법학부를 졸업하고(『동아일보』 1920년 8월 16일, 「김준연 군 환영회」), 독일 유학을 위해 1921년 10월 4일 고베[神戶]를 출발, 11월 14일 이탈리아 나폴리에 도착. 「독일 가는 길에」라는 제목으로 『동아일보』 1921년 12월 15·16·17·18일에 4회에 걸쳐, 같은 제목으로 1922년 1월 30·31일, 2월 1·2·3·4·5일에 7회에 걸쳐 연재.

375) 1897~?. 와세다[早稻田]대학 졸업.(김원극·노정일·박승철·현상윤 지음, 서경석·김진량 엮음, 『식민지 지식인의 개화 세상 유학기』, 태학사, 2005, 166쪽) 1922년 1월 8일 일본 고베를 출발, 2월 17일 프랑스 마르세유에 도착. 「독일 가는 길에」라는 제목으로 『개벽』 21호(1922년 3월 1일), 22호(1922년 4월 1일), 23호(1922년 5월 1일)에 여행기 수록.

376) 1898~1950. 1922년 4월 9일 나주에서 출발하여 5월 9일 일본 모지[門司], 상하이, 홍콩을 거쳐 5월 22일 싱가포르에 도착.(김현준, 「독일 가는 길에」, 『신생활』 9, 1922년 9월)

377) 1904~1974. 1923년 11월 11일 도쿄를 출발하여 12월 22일 프랑스 마르세유 도착. 「인도양과 지중해, 渡歐手記」라는 제목으로 『동아일보』 1926년 7월 17·20·26·27·31일, 8월 2·3·7·9일에 9회에 걸쳐 연재.

378) 1897~?. 1922년 3월 교토[京都]제국대학 경제학부 졸업, 1923년 4월 연희전문학교 상과 교수가 되었고(「이순탁 교수 연보」, 『한국경제학보』 4-2, 연세대학교

와도 비교·참조하여 천주교 신학생 김필현의 여행기가 갖는 특징이 무엇인가를 살펴보려는 것이다.

2. 종교시설 방문과 관찰

김필현의 여정은 다음과 같았다.

> 9월 6일 사리원역 출발 / 9월 8일 10:30 부산 부두 출발 (昌慶丸), 18:30 일본 시모노세키[下關] 도착, 19:00 시모노세키 출발 (長水丸), 19:15 모지[門司]항 도착, 21:30 모지 항 출발 (棒名丸) / 9월 11일 8:30 중국 상하이[上海] 도착, 9월 12일 13:00 상하이 출발 / 9월 15일 7:00 홍콩 도착, 9월 30일 11:00 홍콩 출발 (香取丸) / 10월 4일 16:30 싱가포르 도착, 10월 5일 싱가포르 출발 / 10월 6일 22:50 페낭 도착, 10월 7일 새벽 페낭 출발 / 10월 11일 8:30 콜롬보 도착, 밤 콜롬보 출발 / 10월 18일 새벽 아덴 항 도착, 14:15 아덴 출발 / 10월 23일 10:30 포트사이드 항 도착, 포트사이드 항 출발 / 10월 27일 이탈리아 나폴리 항 도착 / 10월 28일 8:40 폼페이 / 11:40 아말피 / 16:30 나폴리 숙소 / 10월 29일 10:15 나폴리 역 출발, 4시간 후 로마 도착, 15:20 울바노 대학 도착.

김필현은 천주교 신학생으로서 탑승한 배가 기항하는 곳마다 그곳의 천주교 성당 등을 찾았다. 첫 번째 기항지인 일본에서는 모지[門司]에만 약 2시간 동안 머물렀는데, 성요셉 성당을 참배하고 주임신부·전도사와 짧게

경제연구소, 1997, 113~114쪽) 안식년을 맞아 1933년 4월 24일 부산을 출발하여 1934년 1월 20일 부산에 돌아오기까지 세계여행.(李順鐸 著, 『(最近)世界一周記』, 京城 : 漢城圖書, 昭和 9 : 이순탁, 『최근 세계일주기 : 일제하 한 경제학자의 제국주의 현장 답사』, 학민사, 1997)

한국과 일본의 교회에 대한 이야기를 하였다.379) 구체적으로 한·일 교회의 무엇을 이야기하였는지는 알 수 없다. 일본의 천주교 성당 방문 내용을 언급한 20세기 전반기 한국인의 여행기는 한기근 신부의 「로마여행일기」뿐이다. 한국인 신부대표로 한국 순교자들의 시복식 참여가 여행 목적이었고, 경향잡지사 사장으로서였기 때문인지 한기근 신부의 여행기는 대부분 종교적인 내용이다. 한기근 신부는 일주일간 일본에 머물렀는데, 그가 방문한 고베[神戶]·교토[京都]·오사카[大阪]의 모든 성당들이 화려하고 깨끗하다며 한국 신자들도 일본처럼 성당을 깨끗하게 꾸미기를 희망하였다.380)

모지에서 출발한 배가 중국 상하이에 도착하였다. 김필현은 프랑스 조계381)에 있는 서가회(徐家滙) 성이냐시오 대성당을 참배하였는데 본당신부가 성당 건축, 상하이의 천주교 신자수 등을 설명하였다. 대·소 신학교, 예수회가 설립 관리하는 천문대, 고아원, 박물관, 공예소, 자모당, 성요셉성당, 서회 사범학교, 루이쓰 소학교, 주교관 등도 구경하였는데382) 김필현은 이들에 대한 자신의 느낌을 표현하지 않았다. 하루라는 짧은 시간에 많은 종교 시설들을 방문하였으니 자세히 볼 수 없었을 것이다. 또한 그 시설들에 대한 자료를 미리 입수하여 공부하지 않았다면 설명도, 자신의 느낌이나 의견 표명도 어려웠을 것이기 때문이다. 1925년 한기근 신부는 상하이에서 2일간 머물렀는데 당가(當家)에만 머물러 서가회 대성당, 천문대도 구경하지 못했다.383)

상하이에 이은 기항지 홍콩[香港]에서 김필현은 미국 메리놀회 신부의 안내로 화남 대수도원(대신학교)을 방문하였다. 수도원 설립 과정을 들었

---

379) 『가톨릭연구』 제1권 제10호, 1934년 10월, 73쪽, 울바노대학 金必現, 「로마 永城으로(1회)」.
380) 『경향잡지』 569호, 1925년 7월 15일, 303쪽, 한기근, 「로마여행일기」(4).
381) 프랑스조계는 상하이의 수위구[徐滙區]와 루완구[蘆灣區].
382) 『가톨릭연구』 제1권 제11호, 1934년 11월, 53쪽, 울바노대학 金必現, 「로마 永城으로 (2회)」.
383) 『경향잡지』 571호, 1925년 8월 15일, 347쪽, 한기근, 「로마여행일기」(6).

고, 그곳 신학생들과 처음 만났지만, 라틴어로384) 두 나라의 교회에 대하여 이야기하였다. 김필현은 그것을 "민족감과 국경을 초월한 가톨릭 신민적 교제"385)라 하였다. 한국과 홍콩의 교회에 대해 구체적으로 무엇을 말했는지는 알 수 없다. "미국 메리놀회"라고 수도회의 본부가 위치하는 국가 명을 제시하였는데, 당시 한국에 들어와 활동하고 있는 선교회들을 프랑스 파리외방전교회, 독일 베네딕도회, 미국 메리놀회, 아일랜드 골롬반회라고 수도회 명칭에 국가 명을 넣어 불렀던 때문이지 않을까 싶다. 나자렛 출판소와 베타니 병원386)도 방문하였는데 나자렛 출판소는 엄청난 규모로 동양 천주교회의 중심이고, 베타니 병원은 "간호하는 수녀들의 정성과 사랑의 사업"이라며 찬탄하였다.387) 샬트르성바오로수녀회가 운영하는 시약소들이 있었을 뿐, 병원은 없었던 한국천주교회의 상황과 비교할 때 베타니 병원은 한국천주교회의 신학생 김필현에게 놀라움이었다. 한기근 신부는 홍콩에서도 당가만을 방문하였기에388) 별다른 언급을 하지 않았다.

싱가포르에서 김필현은 성요셉 성당을 참배하였는데, 프랑스 파리외방전교회 신부가 관할하는 성당이라며 홍콩에서와 마찬가지로 성당 관할 수도회, 그 수도회의 본부가 위치하는 국가 명을 제시하였다. 대·소 신학교와, 성모 성당, 성녀 소화 데레사 성당도 방문하였다. 성모 성당은 중국인이 모든 비용을 맡아 운영하였고, 성녀 소화 데레사 성당에는 인부들의 부

---

384) 소신학교 "5년 동안 매일 2시간씩, 그리고 18개월 동안 오로지 라틴어만 공부하며, 중등교육과정에 따라 프랑스어, 영어까지 공부.(이원순,『(사제 성소의 작은 못자리) 소신학교사』, 한국교회사연구소, 2007, 100쪽)
385)『가톨릭연구』제1권 제11호, 1934년 11월, 54쪽, 울바노대학 金必現,「로마 永城으로 (2회)」.
386) 파리외방전교회가 운영하던 홍콩의 나자렛 인쇄소와 베타니 요양소에 대해서는 윤선자,「한말·일제강점기 파리외방전교회 홍콩 대표부와 한국천주교회」,『한중인문학연구』44, 2014 참조.
387)『가톨릭연구』제1권 제11호, 1934년 11월, 55쪽, 울바노대학 金必現,「로마 永城으로 (2회)」.
388)『경향잡지』571호, 1925년 8월 15일, 349~350쪽, 한기근,「로마여행일기」(6).

주의로 천정에서 떨어진 돌기둥에 성직자가 사망한 성당 건립 애화(哀話)를 조각한 화강석 비문이 있었다.389)

김필현은 이슬람교 교당이 "엄청나고 굉장"하다고 하였다.390) 이슬람교는 1890년대부터 한국의 신문들에 소개되었지만 1930년대까지 한국에는 이슬람교 신자도 종교건물도 없었다. 천주교 신학생이지만 이슬람교에 부정적이지 않았다. 한편 천주교 성당으로 오해할 수 있는 영국 성공회 회당이 7~8개소인 것은 싱가포르가 "영국의 영지라는 것을 첫눈에 짐작"하게 한다고 하였다. 종교건물에서 영국의 싱가포르 지배, 영국제국주의의 싱가포르 침략을 생각한 것은, 한국의 곳곳에 건립된 일본 신사(神社·神祠)와 같다고 느꼈기 때문일 것이다.391) 성공회를 비판한 것이 아니라 싱가포르를 지배하는 영국제국주의를 지적하였다. 한기근 신부는 싱가포르에서도 당가에만 들렀었다.392)

김필현은 이어지는 항로에서 도착한 콜롬보에서 성녀 루시아 성당과 대주교관을 방문하고 가톨릭대학을 구경하였다.393) 그러나 방문한 곳들에 대한 자신의 생각은 표현하지 않았다. 한기근 신부는 콜롬보의 대주교관과 성프란치스코 수녀회를 방문하였다.394) 한편 계정식과 이순탁은 콜롬보에서 불타(佛陀)의 치아를 보존한 불아사(佛牙寺)를 방문하였다.395) 천주교

---

389) 『가톨릭연구』 제2권 제1호, 1935년 1월, 80~81쪽, 울바노대학 金必現, 「로마 永城으로 (3회)」.
390) 『가톨릭연구』 제2권 제1호, 1935년 1월, 80쪽, 울바노대학 金必現, 「로마 永城으로 (3회)」.
391) 1933년 전국에 51개의 신사(神社 : 神道의 神殿)와 215개의 신사(神祠 : 神社로 공인받지 못한 소규모 小社)가 있었다.(윤선자, 「일제의 신사(神社) 설립과 조선인의 신사(神社) 인식」, 『역사학연구』 42, 2011, 121쪽)
392) 『경향잡지』 573호, 1925년 9월 15일, 387쪽, 한기근, 「로마여행일기」(8).
393) 『가톨릭연구』 제2권 제3호, 1935년 3월, 69쪽, 울바노대학 金必現, 「로마 永城으로 (5회)」.
394) 『경향잡지』 573호, 1925년 9월 15일, 390~391쪽, 한기근, 「로마여행일기」(8).
395) 『동아일보』 1926년 8월 2일, 계정식, 「인도양과 지중해, 渡歐手記 (6)」; 이순탁,

신학생 김필현과 천주교 성직자 한기근 신부는 천주교 성당과 수녀회 등을, 유학생 계정식과 이순탁 교수는 불교 사적지를 찾았다. 콜롬보에 기항한 것은 같지만, 각자의 관심이 무엇인가에 따라 방문 대상이 달라졌음을 보여준다.

아덴에서 김필현은 아덴 성당과 성프란치스코 성당을 방문하였다. 성프란치스코 성당의 신부는 이슬람교신도가 4천여 명인 아덴에서 천주교 선교는 매우 어렵다고 하였다.396) 두 성당을 방문하였지만 김필현은 이곳에서도 그의 느낌을 서술하지 않았다.

말라카397)와 페낭에는 상륙하지 않았지만398) 말라카를 지나면서는 일본천주교회를, 페낭을 지나면서는 한국천주교회를 김필현은 생각하였다. 살인죄로 추방당한 무사 야지로[彌次郎]가 말라카 섬에서 전교하던 성프란치스코 하비에르(Franciscus Xivier)에게 세례를 받고, 하비에르 성인과 함께 1549년 8월 15일 가고시마[鹿兒島]에 도착하여399) 일본천주교회의 문을 열었다고 설명하였다. 또한 페낭신학교(Collège Général de Pensng)에서 공부한 한국 신학생들이 성직자가 되어400) 한국천주교회를 위해 많

『최근 세계일주기 : 일제하 한 경제학자의 제국주의 현장 답사』, 72~75쪽.
396) 『가톨릭연구』 제2권 제4호, 1935년 4월, 87~88쪽, 울바노대학 金必現, 「로마 永城으로 (6회)」.
397) Malaca. 말레이반도 남부 서안에 위치.
398) 김필현이 탑승한 배가 말라카를 옆으로 지나쳐 항해하였고, 페낭에는 밤늦게 도착하여 이튿날 새벽에 떠났기 때문이다.(『가톨릭연구』 제2권 제2호, 1935년 2월, 51~52쪽, 울바노대학 金必現, 「로마 永城으로 (4회)」) 이순탁도 배가 기항하지 않아 말라카에 상륙하지 못했다.(이순탁, 『최근 세계일주기 : 일제하 한 경제학자의 제국주의 현장 답사』, 56쪽)
399) 『가톨릭연구』 제2권 제2호, 1935년 2월, 51쪽, 울바노대학 金必現, 「로마 永城으로 (4회)」.
400) 1881~1884년 페낭신학교에 21명이 유학하여 7명 병사, 4명 자퇴, 10명은 귀국하여 용산예수성심신학교에 편입, 사제로 서품되었다. 1896년 서품 강성삼(姜聖參, 라우렌시오)·강도영(姜道永, 마르코)·정규하(鄭圭夏, 아우구스티노) 신부, 1897년 서품 이내수(李迺秀, 아우구스티노)·김성학(金聖學, 알렉스)·한기근 신

은 일을 하고 있다고 하였다.401) 이순탁은 페낭에 상륙하였는데 이슬람교 사원을 구경하였다.402) 페낭신학교, 한국천주교회와 페낭의 관계에 대한 언급이 없는 것은 그가 그러한 내용을 알았을 가능성이 적고, 관심도 없었기 때문일 것이다.

최종 기항지인 이탈리아 나폴리에서 김필현은 그동안 지나온 지역들과는 다른 광경을 보았다. 광장에는 큰 십자가가 있었고, 여기저기에 천주교 성상(聖像)들이 있었으며, 화려한 성모상에 촛불을 켜놓은 곳이 많았다. 길에서는 많은 주교, 신부, 신학생들을 보았다.403) 천주교회의 중심 이탈리아임을 실감했다. 나폴리 대성당을 방문하였는데 웅장했고, 내부 장치는 아름다웠으며, 제대에 모신 금강석 성모상은 눈부셨다.404) 이순탁은 나폴리 대성당에서 젠나로(Gennaro) 성인의 기적을 듣고 송도 선죽교(善竹橋)를 생각하였으며, 과학으로 설명할 수 없는 현상을 기적이라 하여 과학자도 과학 밖에 두려는 것 같다며 상당히 길게 설명하였다.405) 김필현의 여행기에는 젠나로 성인의 기적에 대한 언급이 없는데, 이유는 알 수 없다.

김필현은 홍해와 시나이산을 성서와 함께 설명하였다. 홍해는 "옛날 이스라엘 백성들이 이집트 군병의 추격을 받아 홍해 앞에 이르렀는데 모세가 지팡이로 갈라놓았"406)다고 하였다. 한기근 신부도 김필현과 같은 내

부, 1899년 서품 김원영(金元永, 아우구스티노)·홍병철(洪秉喆, 루가) 신부, 1900년 서품 김문옥(金紋玉, 요셉)·김승연(金承淵, 아우구스티노) 신부.
401) 『가톨릭연구』 제2권 제2호, 1935년 2월, 52쪽, 울바노대학 金必現, 「로마 永城으로 (4회)」.
402) 이순탁, 『최근 세계일주기 : 일제하 한 경제학자의 제국주의 현장 답사』, 57쪽.
403) 『가톨릭연구』 제2권 제5호, 1935년 5월, 70쪽, 울바노대학 金必現, 「로마 永城으로 (7회)」.
404) 『가톨릭연구』 제2권 제5호, 1935년 5월, 71쪽, 울바노대학 金必現, 「로마 永城으로 (7회)」.
405) 이순탁, 『최근 세계일주기 : 일제하 한 경제학자의 제국주의 현장 답사』, 107~109쪽.
406) 『가톨릭연구』 제2권 제4호, 1935년 4월, 88쪽, 울바노대학 金必現, 「로마 永城

용으로 홍해를 설명하고, 홍해가 성서 역사로도 세계 역사로도 유명한 기념의 바다라고 하였다.407) 이순탁은 홍해의 지리적 위치, 명칭의 유래, 날씨 등만을 언급하였고,408) 김준연은 홍해가 덥다고만 강조하였다.409) 김필현은 시나이산을 "모세가 10계판을 받은 산, 천주의 자취가 남은 산"410)이라 하였다. 한기근 신부는 천주가 십계를 반포한 시나이산이라 하였다.411) 이순탁도 하나님께로부터 모세가 십계를 받은 산이라며, 구약을 뒤적이며 시나이산을 감격스럽게 바라보았다.412) 김준연도 "모세가 하느님께 십계판을 받았다는 시나이산"이라 하였다.413) 모두가 시나이산을 성서의 내용으로 설명하였다.

　천주교 신학생이지만 성당 등 천주교 관련 장소, 홍해와 시나이산에 대한 김필현의 설명은 상당히 간략하다. 김필현의 여행기를 보면, 그의 설명은 그가 방문한 곳의 성직자들의 설명, 그가 탑승한 배의 갑판장의 설명, 그리고 그 자신의 지식에 토대한다. 그런데 김필현은 방문한 장소들에 대한 사전 자료 수집도, 방문한 곳에서의 자료 수집도 거의 없었던 것 같다. 사전 지식이라면 『경향잡지』에 수록된 한기근 신부의 여행기인데, 한기근 신부는 상하이·홍콩·싱가포르에서 당가에만 들렀기에 이들 지역에 대한 설명이 없다. 갑판장의 설명은 특정 종교 신자만을 대상으로 하지 않았을 것이므로 갑판장으로부터 기항하는 모든 곳의 천주교 사정을 들을 수도 없었을 것이다. 이러한 이유들 때문에 천주교 신학생이지만 방문한 지역들

　　으로 (6회)」.
407) 『경향잡지』 573호, 1925년 9월 15일, 394~395쪽, 한기근, 「로마여행일기」(8).
408) 이순탁, 『최근 세계일주기 : 일제하 한 경제학자의 제국주의 현장 답사』, 78~79쪽.
409) 『동아일보』 1922년 1월 30일, 김준연, 「독일 가는 길에 (1)」.
410) 『가톨릭연구』 제2권 제4호, 1935년 4월, 89쪽, 울바노대학 金必現, 「로마 永城으로 (6회)」.
411) 『경향잡지』 573호, 1925년 9월 15일, 395쪽, 한기근, 「로마여행일기」(8).
412) 이순탁, 『최근 세계일주기 : 일제하 한 경제학자의 제국주의 현장 답사』, 79쪽.
413) 『동아일보』 1922년 1월 31일, 김준연, 「독일 가는 길에 (2)」.

의 천주교 관련 장소들에 대한 설명이 간략했다고 여겨진다. 홍해와 시나이 산에 대한 언급이 상당히 짧은 것은 그의 여행기가 게재될『가톨릭연구』의 독자층이 대부분 천주교 신자라고 생각하였기 때문일 것이다.

3. 피부색과 문명·야만

태어난 곳, 생활했던 곳을 떠난 여행에서 만나는 것은 사람들, 사람들이 오랜 시간에 걸쳐 만들어놓은 것들 - 문화 - 이다. 김필현은 그가 만난 사람들의 인종과 피부색에 상당한 관심을 보였다. 상하이는 각국 인종 전람회관과 같고,414) 검둥이415) 인도인 순사들은 기운 세고 직무에 충실한 상하이의 명물이라 하였다.416) "…(라)고 한다"라는 표현을 하였는데, 그 내용을 누군가에게서 들었거나 어떤 책에서 보았다는 뜻이다. 인도인은 "수염이 사납게 난 험살스러운 꼴"이고, 중국인은 "본색을 감추지 못하는 엄울하고 수상한 행동"을 하였는데, 둘 다 동료인 박용옥의 물건을 훔쳐갔다고 김필현은 기술하였다.417) 박용옥의 물건을 훔쳐 갔기 때문에 인도인과 중국인을 그렇게 표현하였겠지만, 오해와 편견에 의한 서술이라 여겨진다.

'검은' 피부색에 대한 김필현의 서술은 싱가포르에서도 계속된다. "세계 각국 인종의 잡거지"이지만 싱가포르인 대부분이 중국인이라 하였다.418)

---

414) 『가톨릭연구』 제1권 제11호, 1934년 11월, 52쪽, 울바노대학 金必現, 「로마 永城으로 (2회)」.
415) '둥이'는 "그러한 성질이 있거나 그와 긴밀한 관련이 있는 사람"의 뜻을 더하는 접미사.
416) 『가톨릭연구』 제1권 제11호, 1934년 11월, 53쪽, 울바노대학 金必現, 「로마 永城으로 (2회)」.
417) 『가톨릭연구』 제2권 제1호, 1935년 1월, 78쪽, 울바노대학 金必現, 「로마 永城으로 (3회)」.

그러면서도 싱가포르 부두의 순사, 세관리, 송영객 모두가 "까마둥이"였고, 검은 얼굴들을 처음 보기 때문에 "일종의 공포심"을 느꼈는데, "오동빛같은 얼굴에 흰 이빨이 더욱 무서웠다"고 하였다. 또한 싱가포르 시가에는 "보기에 무서운 깜둥이뿐"이고, "깜둥 양반들이 구석구석이 모여 서서" 그들에게 손가락질하며 중얼거리기에 무서웠다고[419] 하였다. 김필현에게 싱가포르는 "검은 나라, 낯선 풍속"이었다.[420]

이순탁은 싱가포르인의 약 7할이 중국인이고 마래인(馬來人 : 말레이인), 인도인 등 생김생김과 의복이 형형색색이라 싱가포르는 "세계 인종의 박람회"라 하였다.[421] 중국인, 마래인, 인도인 등 국가 명으로 사람들을 표현하였지만 피부색은 거론하지 않았다. 계정식은 혼혈아가 많은 싱가포르를 세계인종전람회장이라 할 수 있는데 대부분 아세아 인종이라 하였다.[422] 박승철은 싱가포르 마래인의 얼굴이 검고, 싱가포르 원주민은 눈과 하얀 이[齒] 외에는 숯처럼 검다고 하였다.[423] 한기근 신부는 싱가포르 사람들을 마래인 혹은 흑인이라 하였고,[424] 사이공 대성당에 들어갔을 때도 가장 눈에 띄는 이들이 인도인, 아프리카인, 마래인인데 얼굴이 검기 때문이라 하였다.[425]

김필현은 상하이에서 본 인도인 순사, 싱가포르의 마래인들을 "검둥이,[426] 까마둥이, 깜둥이,[427] 깜둥 양반"이라 하였다. 인도·스리랑카 등

---

418) 『가톨릭연구』 제2권 제2호, 1935년 2월, 50쪽, 울바노대학 金必現, 「로마 永城으로 (4회)」.
419) 『가톨릭연구』 제2권 제1호, 1935년 1월, 79쪽, 울바노대학 金必現, 「로마 永城으로 (3회)」.
420) 『가톨릭연구』 제2권 제2호, 1935년 2월, 49쪽, 울바노대학 金必現, 「로마 永城으로 (4회)」.
421) 이순탁, 『최근 세계일주기 : 일제하 한 경제학자의 제국주의 현장 답사』, 53쪽.
422) 『동아일보』 1926년 7월 31일, 계정식, 「인도양과 지중해, 渡歐手記 (5)」.
423) 『개벽』 21호, 1922년 3월 1일, 박승철, 「독일 가는 길에 (1)」.
424) 『경향잡지』 573호, 1925년 9월 15일, 387쪽, 한기근, 「로마여행일기」(8).
425) 『경향잡지』 572호, 1925년 8월 31일, 375~376쪽, 한기근, 「로마여행일기」(7).

남아시아에 거주하는 사람들을 지칭하는 것으로 한국인의 피부색과 비교할 때 그들의 피부색이 더 검고 어두운 때문이었다.

한국인들과 다른 피부색의 사람들이 한반도에 왔을 가능성의 근거로 처용설화428)가 언급되었지만429) "지나치게 도식적이거나 비약적인 논리에 기초한 발상"으로 여겨져 설득력을 잃었다.430) 고려시대에는 대식국인(大食國人) 즉 아라비아인들이 고려에 와서 물품을 바쳤다는데431) 그들의 외모에 대한 설명은 없다. 조선 태조 3년(1394) 섬라곡(暹羅斛)의 사절 장사도(張思道) 등이 칼·갑옷·구리그릇과 "흑시 이인"(黑厮 二人)을 바쳤다는데432) '흑시'는 검은 하인·노예로 번역할 수 있다. 얼굴을 포함하여 피부색이 검었다는 뜻으로 생각된다.

백인은 대개 서양 사람으로 표기되었다. 선조 때 서양 사람 마리이(馬里伊) 등이 조선에 표류하였다는데 그들의 외모에 대한 설명은 없다.433) 효종 4년(1653) 배 한 척이 깨져 제주 해안에 닿았는데 "어느 나라 사람인지 모르겠으나…(중략)…38인이…(중략)…파란 눈에 코가 높고 노란 머리에 수염이 짧았"434)다. 고종 1년(1864) 2월 함경감사의 보고에 의하면, 두만

---

426) 『동아일보』에서도 이 단어를 찾을 수 있다.(『동아일보』 1929년 11월 30일, 「백인의 子가 검둥이, 흑인의 子가 백인, 쿠바서 생기는 일」)
427) 『별건곤』에서도 이 용어를 사용하였다.(『별건곤』 6호, 1927년 4월, 「平信徒의 手記」; 11호, 1928년 2월, 「隨感隨想, 요새 요때에 새로히 생각키워지는 일들 : 鄭秀日-통방울이의 엇던 넉두리」; 34호, 1930년 11월, 「모던-福德房(舊모던)」)
428) 『삼국사기』 권 제11 신라본기 제11, 헌강왕 5년 3월.
429) 처용이 서역인으로 실존 인물일 가능성을 제시.(이용범, 「처용설화의 일고찰- 唐代 이슬람상인과 신라」, 『진단학보』 32, 진단학회, 1969)
430) 임영애, 「'서역인'인가 '서역인 이미지'인가 : 통일신라미술 속의 서역 인식」, 『미술사학연구』 236, 한국미술사학회, 2022, 52쪽.
431) 『고려사』 권5 세가 권 제5, 현종 15년 9월 ; 현종 16년 9월 ; 세가 권 제6 정종 6년 11월.
432) 『조선왕조실록』 태조 3년 7월 5일.
433) 『조선왕조실록』(선조수정실록) 선조 15년 1월 1일.
434) "碧眼高鼻, 黃髮短鬚".(『조선왕조실록』 효종 4년 8월 6일)

강 건너편에서 "이상한 생김새의 사람들이 나타났는데, 5명 중 3명은 눈이 깊이 들어가고 코가 오뚝하며 눈동자는 푸르고 머리털은 붉고…(중략)…. 생김새나 복장으로 보아 서양인인 듯하"435)였다. 고종 8년(1871) 4월 8일 경기감사의 보고에, 제부도(濟扶島)에서 "눈이 움푹하고 콧마루는 높으며 눈썹과 머리털은 누르스름한 서양 사람"을 만났다.436) 서양 사람은 '파란 눈, 노란 머리, 높은 코'를 가졌다고 설명하였는데 피부색에 대한 언급은 없다.

조선 중기 전란(戰亂)과 관련하여 조선에 파병된 이들 중 조선인들보다 검은 피부색을 가진 이들이 있었는데『조선왕조실록』에는 '해귀'(海鬼)라 기록되어 있다. 선조 31년(1598) 명나라의 원군(援軍) 팽유격(彭遊擊=彭信古)이 데려온 "얼굴 모습이 다른 신병(神兵)"은 파랑국(波浪國 : 포르투칼) 사람437)이었다. 해귀(海鬼)라고도 하였는데 노란 눈동자에 얼굴과 온몸은 검었고, 턱수염과 머리카락은 곱슬이었다.438) 임진왜란 때의 의병장 조경남(趙慶男)이 기술한『난중잡록』(亂中雜錄)에도 해귀의 모습이 "검고, 눈이 붉고, 머리카락은 솜털 같"439)았다. 1614년경 편찬된 이수광의『지봉유설』(芝峯類說)에는 명의 원군으로 파견된 유정(劉綎)이 데려온 해귀의 얼굴빛이 검은 칠을 한 듯 매우 검었는데, 그 얼굴 모습이 귀신 같았으므로 해귀라고 이름붙440)였다. 1693년에 제작된 신경(申炅)의『재조번방지』

---

435) "豆滿江越邊, 有異樣人現形是如爲去乙 …(중략)… 深目高準, 晴碧毛紅 …(중략)… 似是西洋之人是乎旀"(『사료 고종시대사』고종 1년 2월 날짜 미상)
436) "目深準高 眉髮焦黃 衣服俱黑 的是洋人"(『고종실록』고종 8년 4월 8일)
437) 포르투칼의 식민지·지배지역에 있던 아프리카인·인도인·이슬람교도 계통의 민족이나 노예라 주장.(신동규,「풍신수길의 조선침략과 포르투칼 관계에 대한 고찰」,『사총』78, 고려대학교 역사연구소, 2013, 158쪽)
438)『조선왕조실록』선조 31년 5월 26일.
439) 趙慶男,『亂中雜錄』권 3, 무술년(1598) 8월 27일(민족문화추진회 편,『국역 대동야승』6, 민족문화추진회, 1973) : 신동규,「풍신수길의 조선침략과 포르투칼 관계에 대한 고찰」, 156쪽 ; 황인규,「임진왜란 의승군의 봉기와 전란의 충격」,『한국불교사연구』2, 한국불교사학회 한국불교사연구소, 2013, 309쪽.

(再造藩邦志)에는 유정이 거느린 군사 중에 해귀 수십명이 있었는데 얼굴이 새까매서 귀신같았다고 하였다.441) 조선인들보다 검은 피부색을 가진 이들을 귀신같았다고 한 것은 다름을 인정하지 않고, 부정적으로 표현한 것이다. 왜곡된 인식이라는 아쉬움이 남는다.

19세기 후반에는 한국인들보다 검은 피부색의 사람들을 오귀자(烏鬼子)로도 칭하였다. 고종 3년(1866) 7월 11일 평양의 신장포구(新場浦口)에 온 제너럴셔먼호에는 20명이 탑승해 있었는데, 영국인 토마스(Tomas, Robert Jermain)와 덴마크인 이팔행(李八行)442) 등 서양인 5명, 청국인 13명, 오귀자(烏鬼子) 2명이었다.443) 이러한 내용은 1788년에 제작된 『동문휘고』(同文彙考), 순조~고종 연간에 제작된 『용호한록』(龍湖閒錄), 박주대(朴周大)의 『나암수록』(羅巖隨錄)에도 게재되어 있다. 그리고 『별건곤』 1936년 1월호에도 언급되었는데, "烏鬼子(馬來土人)"이라 하여444) 마래 원주민의 피부색이 검기 때문에 오귀자라고 한 것임을 알려준다.

20세기 전반기에 한반도 거주 외국인은 1910년 12,694명,445) 1933년 42,626명(남 33,731명, 여 8,895명)을 기록하였다.446) 이 숫자가 기록된 『조선총독부통계연보』에 만주국 및 중화민국인, 기타의 외국인으로만 나

---

440) 이수광, 『지봉유설』 권1, 災異部, 人異南晚星(『지봉유설(상)』, 을유문화사, 1994) : 신동규, 「풍신수길의 조선침략과 포르투칼 관계에 대한 고찰」, 155쪽.
441) 申炅, 『再造藩邦志』 권 2, 1593년 2월조.(민족문화추진회 편, 『국역 대동야승』 9, 민족문화추진회, 1977) : 신동규, 「풍신수길의 조선침략과 포르투칼 관계에 대한 고찰」, 155쪽 ; 황인규, 「임진왜란 의승군의 봉기와 전란의 충격」, 309쪽)
442) 『고종실록』 고종 3년 11월 5일.
443) 『고종시대사』 고종 3년 7월 13·18일, 8월 22일.
444) 『별건곤』 36호, 1931년 1월 1일, 翠雲生, 「辛未洋擾」.
445) 1924년 36,981명, 1925년 47,460명, 1926년 46,541명, 1927년 51,323명, 1928년 53,322명, 1929년 58,146명, 1930년 69,109명, 1931년 38,124명, 1932년 39,151명.(조선총독부, 『조선총독부통계연보』, 각 년도)
446) 한국인은 20,205,591명, 일본인은 543,104명.(조선총독부, 『조선총독부통계연보』 1933년)

누어져 있기 때문에 '기타의 외국인'들이 누구인지 그리고 그들의 피부색이 어떠했는가는 알 수 없다. 그러나 42,000여 명 외국인들 대부분은 피부색이 한국인들보다 하얗고 밝은 편이었을 것이다. 대부분 구미제국의 선교사들·상인들이었기 때문이다. 김필현이 만난 외국인은 천주교 선교사들이 대부분이었을 것인데, 그들의 피부색은 대개 하얀색이었다. 따라서 김필현이 남아시아에서 마주한, 한국인들보다 검은 피부색의 사람들은 생경(生硬)하였고, 그래서 자신보다 검은 피부색 얼굴의 싱가포르 사람들을 "처음 보기 때문에" 공포심을 느꼈다. 유학을 준비하면서 김필현은 "미지의 현실"에 여러 날 동안 힘들었다고 하였다.447)

그런데 남아시아 원주민들의 검은 피부색에 대한 김필현의 공포감은, 문명과 야만에 대한 인식으로 이어졌다. 원주민들은 볼수록 이상하고, 용모와 차림차림은 "야만 종족의 본색"을 벗지 못한 것으로 생각되었다.448) 용모와 차림차림이 어떠했기에 야만 종족이라 했는지는 알 수 없다. 한국인·일본인·중국인들과 다르고, 그동안 그가 한국에서 보았던 외국인들과 달랐던 것은 분명하다. 그런데 유럽인들과 미국인들도 한국인들과는 용모가 달랐다. 한국인들과 다른 용모이기에 이상하고 야만 종족이라 한다면, 한국에서 활동 중인, 한국인보다 하얀 피부색의 서양 선교사들도 야만 종족이다. 그러나 김필현을 비롯하여 당시 한국인들은 서양인을 야만 종족이라 생각하지 않았고, 문명의 선두주자라 생각하였다. 처음으로 보기 때문에, 피부색 등 용모의 다름을 공포·이상함·야만 종족의 본색으로 생각하고 표현한 것은 김필현의 여행기에 보이는 아쉬움이자 한계라고 해야 할 것이다.

이러한 아쉬움은 벳다족에 대한 설명에서도 보인다. 김필현은 콜롬보

---

447) 『가톨릭연구』 제1권 제10호, 1934년 10월, 72쪽, 울바노대학 金必現, 「로마 永城으로(1회)」.
448) 『가톨릭연구』 제2권 제2호, 1935년 2월, 52쪽, 울바노대학 金必現, 「로마 永城으로 (4회)」.

최초의 신민족은 '싱하레스'(Singhalese) 종족이고, 남인도에서 이주한 '타밀(Tamil)인', 화란인, '벳다'라는 미개 야만 등 콜롬보의 종족은 잡동사니라고 하였다.449) 이순탁은 콜롬보의 인종이 "다양다종"하다면서 "아라비아에서 이주한 무어인, 남양에서 건너온 칼레이인·인도인·영국인 등" 김필현이 언급하지 않은 인종들도 열거하였는데450) 벳다족에 대한 언급은 없다. 계정식은 스리랑카의 최초 식민자인 싱하레스가 가장 많고, 그 외에도 많은 혼혈종이 있는데 콜롬보에서 중국인은 볼 수 없다고 하였다.451) 김필현은 벳다족을 "미개 야만" 족이라 하였는데, 다른 이들의 여행기에서는 그러한 표현이 보이지 않는다. 기관장에게서 들었거나, 세계의 여러 인종들을 설명한 책을 읽은 때문일 것이라 생각된다.

피부색을 포함한 용모에 의한 김필현의 야만 종족 인식은 원주민들의 행동과 풍속도 야만으로 인식하게 하였다. 곧 자신의 생각이 잘못이었음을 밝혔지만, 말레이 원주민들이 바나나 나무 잎사귀에 싼 음식을 손가락으로 집어 먹는 모습이 원시시대를 상상케 하고, 미개명의 행동이라고 김필현은 서술하였다. 원주민들이 손가락으로 음식을 집어 먹는 것은 그들의 종교법452)에 따른 것이고, 경제적인 여유가 있을지라도 1등이나 2등 선실에 들어가지 않고 갑판 위에 마련한 천막 속에 있는 것도 그들의 종교법을 지키기 위해서였다.453)

---

449) 『가톨릭연구』 제2권 제3호, 1935년 3월, 69~70쪽, 울바노대학 金必現, 「로마 永城으로 (5회)」.
450) 이순탁, 『최근 세계일주기 : 일제하 한 경제학자의 제국주의 현장 답사』, 70쪽.
451) 『동아일보』 1926년 8월 3일, 계정식, 「인도양과 지중해, 渡歐手記 (7)」.
452) 말레이에는 15세기경 이슬람이 유입되었고, 이슬람법 또는 샤리아가 일반법으로 확고한 위치를 점하였다. 1874년의 빵꼬르조약(Treaty of Pangkor)과 함께 말레이반도에 대한 영국의 식민 지배가 본격화되었는데, 이슬람 자체에는 별다른 영향을 미치지 못했다.(소병국, 「법제사적 관점에서 본 이슬람과 말레이시아 문화적 정체성」, 『외법논집』 33-4, 2009.11, 80·84·87쪽)
453) 『가톨릭연구』 제2권 제2호, 1935년 2월, 52쪽, 울바노대학 金必現, 「로마 永城으로 (4회)」.

김필현은 자신과 박용옥에게 일본사람이라고 소리 지르는 것, 그들이 탄 인력거를 따라오며 돈을 달라고 애걸하는 (콜롬보)아이들의 행동을 "미개한 주민의 풍습"이라 하였다. 또한 장사꾼들이 종선을 타고 배 두루에 돌아다니며 줄을 올려 배 안의 손님이 청하는 물품을 건네고 손님들은 물건값을 내려보내는 모습이 옛날 이야기로 듣던 "문명인과 야만인 사이의 물물교환" 같다454)고 하였다. 그리고 1만 명의 영국인이 수백만 명의 콜롬보 원주민을 지배하는 것은 "무형의 무기와 권위" 즉 문명이라고 하였다.455) 그런데 장사꾼과 손님 사이의 매매행위가 문명인과 야만인 사이의 물물교환과 같다면, 장사꾼은 야만인이고 손님은 문명인이라는 것이다. 장사꾼은 대개 원주민일 것이고, 유럽행 선박이었으니 손님은 유럽인들이 많았을 것이다. 물건을 팔고 사는 행위는 경제 행위이지 문명적인 것도 야만적인 것도 아니다. 장사꾼들은 배에 탑승할 수 없고, 손님들은 배에서 내릴 수 없으므로 밧줄에 물건과 돈을 넣어 오르내리는 방법으로 매매를 한 것이다. 그리고 영국인이 콜롬보 원주민을 지배하는 것은 무형의 무기와 권위인 문명이 아니라 군함과 대포를 앞세운 제국주의 무력 침략이었고, 그 무력 침략의 결과인 제국주의 지배였다. 한기근 신부는 콜롬보가 인도와 마찬가지로 영국령이라고만 기술하였다.456)

김필현은 콜롬보에서 아이들이 돈을 달라고 한 행동을 미개한 주민의 풍습이라 하였다. 그런데 무수히 달려들어 '따바키 따바키' 하는, 신사 양복을 입은 이탈리아 나폴리의 '연초 걸인'의 모양은 한국의 걸인이 돈을 청하는 것과는 "색다른 구걸"로 이탈리아의 담배값이 비싼 때문이라 하였다.457) 한국에서 전근대 시기에 걸인은 떠돌아다니면서 구걸하는 '불쌍한'

---

454) 『가톨릭연구』 제2권 제3호, 1935년 3월, 69쪽, 울바노대학 金必現, 「로마 永城으로 (5회)」.
455) 『가톨릭연구』 제2권 제3호, 1935년 3월, 70쪽, 울바노대학 金必現, 「로마 永城으로 (5회)」.
456) 『경향잡지』 573호, 1925년 9월 15일, 390쪽, 한기근, 「로마여행일기 (8)」.

이들로 국가적 시혜·연민의 대상이었다. 그러나 일제강점기에 걸인들의 행위는 '질병화'·'범죄화'되었다.458) 1920년대 한국에서는 식민 농업정책의 결과 농촌의 궁핍화로 농촌빈민이 대거 이농하였고, 그 가운데 많은 걸인들이 생겨났다. 1932년 9월 현재 걸인 총수는 163,753명(한국인 163,725명, 일본인 14명, 중국인 14명)이었는데 곡창지대인 전북, 부자가 많이 사는 삼남에 걸인이 많았다.459) 돈을 달라고 했던 콜롬보의 아이들의 구걸 행위는 생존을 위한 몸부림이었고, 한국의 걸인들도 생존을 위해 구걸하였다. 그러나 이탈리아인들의 담배 구걸 행위는 기호품을 얻기 위한 것으로, 생존을 위한 몸부림이었던 콜롬보의 아이들이나 한국 걸인들의 행동보다 긍정적으로 평가하기 어렵다. 그런데 김필현은 생존을 위한 구걸 행위를 미개한 주민의 풍습으로, 이탈리아인의 담배 구걸 행위는 담배값이 비싼 때문이라고 서술하여 한계를 보였다.

4. 제국주의 침략과 경제발전

김필현은 식민지 한국에서 태어났고 성장하였다. 그가 탑승한 배가 기항하는 곳에서, 지나쳐가는 곳들을 바라보면서 그곳에 사는 사람들의 삶에 관심을 보였다. 그 관심은 사람들의 삶에 큰 영향력을 행사하는 정치와 경제였다.

김필현은 일본에 약 3시간[9월 8일 18:30~21:30] 동안 머물렀는데, 모

---

457) 『가톨릭연구』 제2권 제5호, 1935년 5월, 71쪽, 울바노대학 金必現, 「로마 永城으로 (7회)」.
458) 정근식, 『한국의 노숙인, 그 삶을 이해한다는 것』, 서울대학교출판문화원, 2012, 379쪽.
459) 『동아일보』 1933년 1월 28일, 「全朝鮮의 걸인 총수 16만 3천여인 조선의 곡창으로 빈부 현격한 전라, 경상에 최다」.

지의 어디를 보아도 일본의 풍족함을 느낀다며 탄복하였다.460) 또한 모지 항에서 탑승한 일본 우선(郵船) 봉명환(棒名丸)461)이 약 1만 톤이라며 배의 구조와 설비를 찬탄하였다.462) 그러나 일본이 물질 면에서는 발달하였으나, 다른 사람들을 무시하는 듯 축음기에 맞추어 요란하게 떠드는 일본인들의 행동은 "문명한 백성이라는 체면의 손상"이라 비판하였다.463)

이순탁도 당시 일본의 국부(國富)가 세계 4~5위이고, 외국 무역을 위한 일본 상선(商船)이 척(隻) 수로 세계 3위, 톤 수로 세계 5위라며 부러워하는 자신의 마음을 한탄하였다.464) 김현준도 그가 탑승한 상근환(箱根丸)이 상당히 크고 흡연실·목욕실·수영장·도서실·식당·침실·운동장 등을 서양식으로 만들어 놓았는데, 흡연실에는 여러 가지 오락기구·유희물 등이 가득하고, 운동장에는 콜캣·환투(丸投) 등 여러 종류의 실내운동기구가 구비되어 있다며, 그래서 그 배 안은 "20세기 문명 생활의 축도(縮圖)"라고 하였다.465) 박승철도 1만 톤 규모의 일본 우선 길야환(吉野丸)이 오락실[遊戲室]·끽연실[煙房]·제빙실(製氷室)·식당·의국(醫局)·세탁소[洗濯店]·목욕탕[沐浴店]·주점·이발소 등을 갖추었다고 하였다. 그러나 승객·선원 700여 명이 탑승하였기에 매일 사건이 일어난다고 하였다.466) 1920~

---

460) 『가톨릭연구』 제1권 제10호, 1934년 10월, 74쪽, 울바노대학 金必現, 「로마 永城으로 (1회)」.
461) 봉명환이 모지에서 출발하는 유럽행 일본우선이었음은 『부산일보』 기사에서도 확인된다.(『釜山日報』 1933년 5월 3일, 「今岡勞動代表 船中で長逝, 棒名丸で 渡歐の途 香港出發後に發病」)
462) 『가톨릭연구』 제1권 제10호, 1934년 10월, 73쪽, 울바노대학 金必現, 「로마 永城으로 (1회)」.
463) 『가톨릭연구』 제2권 제1호, 1935년 1월, 78쪽, 울바노대학 金必現, 「로마 永城으로 (3회)」.
464) 이순탁, 『최근 세계일주기 : 일제하 한 경제학자의 제국주의 현장 답사』, 34~35쪽.
465) 『신생활』 9, 1922년 9월, 112쪽, 김현준, 「독일 가는 길에」.
466) 『개벽』 21호, 1922년 3월, 73쪽, 박승철, 「독일 가는 길에 (1)」.

1930년대 유럽행 일본 배에 탑승한 한국인들은 배의 규모와 설비에서 일본의 부강함을 보았고, 부러워하였다.

일본의 국력은 중국 상하이에서도 확인되었다. 김필현은 1932년의 상하이사변으로 가옥과 방축 등이 무너진 황포강 어구 우쑹[吳淞] 항의 모습이 전쟁 때를 말하는 듯하다고 하였다.467) 그리고 상하이의 각 조계는 중국 정부의 주권이 미치지 않는 독립적·자치적인 곳인데, 약 2만명의 일본인 대다수는 공동조계에 거주한다고 하였다.468) 그러나 한국인들이 어디에 거주하는지는 언급하지 않았다. 1920년대에 공동조계보다 프랑스조계에 많이 거주하던 상하이의 한국인들은 상하이사변과 만주사변 등으로 인해 1932년 이후 프랑스조계보다 공공조계에 더 많이 거주하였다. 상하이의 한국인들은 1931년 프랑스조계 497명, 공공조계 268명, 중국인지역 91명 었는데(총 856명), 1935년에는 프랑스조계 706명, 공공조계 986명이었다.469) 김필현은 보잘 것 없던 상하이가 중국 제1의 상업지, 홍콩에 이어 중국 제2의 번화지가 된 것은 아편전쟁 이후 외국인에게 개항된 후 각국 사람들이 모여든 때문이라 하였다. 그러나 밤이면 타락한 사람들의 온갖 추태가 연출되는 모양이라며 상하이의 어두운 면도 언급하였다.470) 외적인 발전을 인정하였지만, 그에 부수되는 부정적인 모습도 지적한 것이다.

이순탁도 우쑹 포대가 중국 국토 보전의 모든 책임을 지고 있는데 일본군 필사의 포격으로 점령되었음을 설명하였다.471) 공동조계는 인구·문화

---

467) 『가톨릭연구』 제1권 제10호, 1934년 10월, 74쪽, 울바노대학 金必現, 「로마 永城으로 (1회)」.
468) 『가톨릭연구』 제1권 제11호, 1934년 11월, 52쪽, 울바노대학 金必現, 「로마 永城으로 (2회)」.
469) 손과지, 『상해한인사회사 : 1910-1945』, 한울아카데미, 2001, 63쪽.
470) 『가톨릭연구』 제1권 제11호, 1934년 11월, 52쪽, 울바노대학 金必現, 「로마 永城으로 (2회)」.
471) 이순탁, 『최근 세계일주기 : 일제하 한 경제학자의 제국주의 현장 답사』, 39~42쪽.

시설·교통 등 상하이의 중심으로, 외국 관공서·은행·상점·공장 등이 있고, 상하이는 국제 관계의 측면에서 중요하다고 하였다.472) 1921년 11월 8일 상하이에 도착한 김준연은 모든 한국인들의 생명을 위해 헌신적으로 노력하는 동포들이 많기 때문에 상하이를 사랑한다며, 윤현진(尹顯振)의 묘소를 참배하고, 평소 경모하던 안·김·여(安金呂) 등을 만났다.473) 박승철은 상하이의 한국인들이 곤궁하게 살고 사상은 좌경하다고 하였다.474) 김현준475)도 한국인들과 연고가 많은 곳이기에 상하이라는 말을 들으면 한국인들은 "무슨 느낌을 품게 된"다고 하였다.476) 계정식은 선배들이 많이 있는 곳이라 하였다.477)

1920년대의 여행기들은 상하이를 한국인과 연계하여 설명하였는데, 김필현과 이순탁이 작성한 1930년대의 여행기들은 상하이사변을 설명할 뿐 상하이와 한국인들과의 관계는 언급하지 않았다. 윤봉길 의거 이듬해인 1933년, 일제의 식민지로 전락한 한국에서 발행되는 신문·잡지들에서 상하이를 한국인들과 연계하여 언급하기는 어려웠을 것이라 생각된다.

김필현은 상하이의 발전이 외국과의 교역 때문이라 하였는데, 구체적인 외국을 지목하지는 않았다. 그런데 홍콩의 발전은 영국과 연계하여 설명하였다. 홍콩의 거리마다 "영국 주권의 색채가 농후"하여 "옛날 동양에서 영국의 침략정책이 컸던 것을 알 수 있었"는데 해적의 소굴이었던 홍콩이 백년도 안 되어 동양 제일의 무역항이 된 것은 영국 정책 때문이라며 놀라워하였다. 그리고 "옹색한 살림살이, 초가집, 흰 옷 입은 사람들"의 한국에서

---

472) 이순탁, 『최근 세계일주기 : 일제하 한 경제학자의 제국주의 현장 답사』, 38쪽.
473) 『동아일보』 1921년 12월 16일, 김준연, 「독일 가는 길에 (2)」.
474) 『개벽』 21호, 1922년 3월, 박승철, 「독일 가는 길에 (1)」.
475) 1922년 4월 9일 나주를 출발하여 경성, 부산을 거쳐 4월 14일 도쿄 도착, 5월 6일 도쿄 출발, 5월 9일 모지, 5월 10일 상하이, 5월 15일 홍콩, 5월 22일 싱가포르에 도착.(『신생활』 9, 1922년 9월, 김현준, 「독일 가는 길에」)
476) 『신생활』 9, 1922년 9월, 113쪽, 김현준, 「독일 가는 길에」.
477) 『동아일보』 1926년 7월 20일, 계정식, 「인도양과 지중해, 渡歐手記」.

성장하였기에 홍콩의 여러 시설과 문화 발전이 부럽다고 하였다. 또한 홍콩의 "빗물을 받아 모으는" 기관이 한국의 수리조합 저수지와 같다고 하였다.478) 1908년 옥구 서부 수리조합(沃溝西部水利組合)을 시작으로479) 한국에는 많은 수리조합들이 설립되었다. 그런데 일제의 수리사업은 대지주를 위주로 하여 중·소 지주와 자작 농민, 자소작 농민들에게는 많은 농사비와 수세를 부담지웠다. 그리하여 산미증식계획기간인 1920~1930년대 초 거의 모든 수리조합지역에서 끊임없이 수리조합 반대운동이 일어났다.480) 즉 한국의 수리조합 저수지는 일본제국주의 수탈의 상징이었다. 그런데 부족한 음료수를 해결하기 위해 설치한 홍콩의 저수 기관이 한국의 수리조합과 같다고 한 것은 겉모양만을 설명한 것으로 아쉬움이 남는 서술이다. 아덴에서도 마찬가지였다. 석회암으로 만든 아덴의 큰 못(=탱크)이 한국의 수리조합 저수지와 같은 것이라 하였는데, 아덴의 탱크도 아덴 시민들에게 음료수를 제공하기 위한 것이었다. 한국인의 삶을 황폐화시키는 수탈의 상징인 수리조합 저수지와 같다고 한 것은 외관만을 말한 것이었다.481)

아덴 항을 떠나면서는 수없이 날아오는 갈매기와 새매들을 보며 "공중에 흑백색의 선전 삐라를 던진 듯"하다고 김필현을 표현하였다.482) 소신학교 때인 1929년 11월 광주학생운동이 일어났고, 김필현은 그 두 달 전인 1929년 9월 용산 예수성심신학교(대신학교)에서 분리된 백동(현 혜화동)

---

478) 『가톨릭연구』 제1권 제11호, 1934년 11월, 54~56쪽, 울바노대학 金必現, 「로마 永城으로 (2회)」.
479) 행정안전부 국가기록원, 『일제문서해제 - 수리조합 편-』, 2009, 106~109쪽.
480) 김용달, 『농민운동』, 한국독립운동사편찬위원회·독립기념관한국독립운동사연구소, 2009, 130~131쪽 ; 김영규, 「일제강점기 철원군 수리조합 연구」, 『강원문화사연구』 16, 강원향토문화연구회, 2016, 142쪽.
481) 『가톨릭연구』 제2권 제4호, 1935년 4월, 88쪽, 울바노대학 金必現, 「로마 永城으로 (6회)」.
482) 『가톨릭연구』 제2권 제4호, 1935년 4월, 88쪽, 울바노대학 金必現, 「로마 永城으로 (6회)」.

의 소신학교 2학년으로 편입하였다. 1929년 12월 2일 광주학생운동 격문이 서울의 각 학교에 배포되었다.483) 신학생 김필현도 그러한 상황을 보았을 것이고, 그래서 이런 표현을 하였을 것이다.

이순탁도 "작은 어촌으로 바위산 불모지대이던" 홍콩이 발전한 것은 "동양 통상의 중추 요지가 되리라고 간파"한 영국인의 "날카로운 안목"과 "개척"이라 하였다. 그러나 발달된 홍콩의 모든 상권이 중국인에게 있다고 하였다.484) 홍콩의 경제 실권자가 누구인가에 관심을 둔 것은 이순탁이 경제학자였기 때문일 것이다. 김준연은 난징[南京]조약으로 홍콩이 99년 조차권의 영령(英領)이 되었다고 하였다.485) 박승철도 심산궁곡의 도로가 콘크리트이고, 산 위에서 아래까지 전기가 설비된 홍콩은 대영제국의 위엄을 말한다고 하였다.486) 김현준도 황무지였던 홍콩이 발달한 것은 아편전쟁의 결과 홍콩을 획득한 영국인의 "비상한 노력" 때문임을 소학생도 안다고 하였다. 그리고 서양인이 대부분이리라 생각했는데, 홍콩 주민의 대부분은 중국인이라고 하였다.487) 계정식도 마적 소굴 홍콩을 통상의 요지가 되리라 간파한 영국이 1842년 난징조약에 의해 영령으로 만들었으며, 이후 인근까지 통치지역을 확대하고 99년 조차권을 획득하여 도로를 만들고 수도를 설치하고 나무를 심어 홍콩의 풍토(風土)를 크게 변화시켰다며 감탄하였다.488) 그러면서도 홍콩 항에 많은 나라의 선박들이 각자 국기를 날리며 왕래하는 것이 한국인인 자신으로서는 슬프다고 하였다.489)

1920년대에도 1930년대에도 홍콩은 유럽행 한국인 여행자들이 영국의

---

483) 김성민, 『(1929년) 광주학생운동』, 역사공간, 2013, 243쪽.
484) 이순탁, 『최근 세계일주기 : 일제하 한 경제학자의 제국주의 현장 답사』, 45~47쪽.
485) 『동아일보』 1921년 12월 17일, 김준연, 「독일 가는 길에 (3)」.
486) 『개벽』 21호, 1922.3·1., 74~75쪽, 박승철, 「독일 가는 길에 (1)」.
487) 『신생활』 9, 1922년 9월, 113~114쪽, 김현준, 「독일 가는 길에」.
488) 『동아일보』 1926년 7월 27일, 계정식, 「인도양과 지중해, 渡歐手記 (4)」.
489) 『동아일보』 1926년 7월 26일, 계정식, 「인도양과 지중해, 渡歐手記 (3)」.

힘을 실감하는 곳이었다. 여행자들은 홍콩에서 위력적인 영국을 만났다. 그리고 이어지는 항로인 싱가포르와 콜롬보에서도 대영제국의 힘을 실감하였다. 홍콩·싱가포르·콜롬보에 대한 영국의 제국주의 통치 능력에 감탄하였다.490) 일제의 식민통치를 겪고 있던 한국인들의 여행기에 드러난 한계였다.

김필현은 싱가포르가 영국의 식민지로 되기까지의 과정을 길게 설명하였다. 즉 싱가포르 원주민이 통치하다가 섬라국에 편입되었고, 이후 유불(柔佛)491)의 주단(朱丹)492)이 관리하였는데, 1819년 영국 동인도회사에서 파견한 영국장교 래플스(Raffles., T.S)가 싱가포르의 발전을 예견하여 연 60만불493)에 유불의 주단으로부터 영국 통치로 만들었다, 그래서 싱가포르는 말라카, 페낭 등과 함께 해협 식민지494)가 되었으며,495) 영국은 "동양 침략의 패왕"이다,496) 그리고 싱가포르의 번창은 연 10억불의 석광(錫鑛)497)과 고무 무역 때문이498)라는 것이다. 한편 김필현은 영국이 장악한

---

490) 우미영,「근대지식청년과 渡歐 40여 일의 문화지정학 – 1920~30년 독일 유학생의 渡歐記를 중심으로 –」,『어문연구』 41-4, 한국어문교육연구회, 2013, 262~263쪽.
491) Johor. 말레이시아 남부.
492) 술탄. 이순탁은 "말레이어로는 왕을 살턴[sultan]이라 한다"고 함.(이순탁,『최근 세계일주기 : 일제하 한 경제학자의 제국주의 현장 답사』, 53쪽)
493) 이순탁은 6만불이라 하였다.(이순탁,『최근 세계일주기 : 일제하 한 경제학자의 제국주의 현장 답사』, 53쪽)
494) 영국은 1918년 싱가포르, 1825년 말라카에 영국의 거점을 확보한 이후 '해협 식민지'(Straits Settlements)를 구축.(박상현,「식민주의와 동아시아 식민국가의 정치경제-통합비교를 위한 시론」,『사회와 역사』 111, 한국사회사학회, 2016, 19쪽)
495)『가톨릭연구』제2권 제2호, 1935년 2월, 50쪽, 울바노대학 金必現,「로마 永城으로 (4회)」.
496)『가톨릭연구』제2권 제1호, 1935년 1월, 81쪽, 울바노대학 金必現,「로마 永城으로 (3회)」.
497) 주석.
498)『가톨릭연구』제2권 제2호, 1935년 2월, 50쪽, 울바노대학 金必現,「로마 永城으로 (4회)」.

싱가포르에서 일본인이 어별원(魚鼈園)을 운영하고 있으며, 싱가포르 거주 일본인들이 마래 방언에 익숙한 것에 놀랐다.499) 영국이 지배하는 싱가포르에서 나름의 이권을 챙기고 있는 일본인의 모습은 한국을 침략하여 식민지배하고 있던 일본인들과 달랐다. 일본어와 일본 역사를 강요하여 한민족의 사상을 말살하고 일본화하는데 매진하는 조선총독부의 통제하에서 생활했던 김필현에게, 마래 방언에 익숙한 일본인의 모습은 놀라움을 주기에 충분했다.

계정식도 1819년 영국 동인도회사에서 파견한 래플스가 싱가포르의 유망함을 알고 유불의 주단에게 일시금 60불과 연불 2만4천불에 매수하였다고 설명하였다.500) 한편 김준연은 싱가포르의 경제권을 중국인이 장악하고 있다며, 중국인들의 지식이 구미인보다 유치하고 생활 수준도 저열(低劣)하겠지만, 경제활동은 백절불굴이라며 감탄하였다. 중국인이 상하이의 상권도 잃지 않았다고 생각했는데, 홍콩·싱가포르·말레이반도의 페낭을 보니 남양 방면의 상권을 중국인이 모두 쥐고 있다고 하였다. 그리고 정치적으로 멸망한 민족은 다시 자립할 수 있지만, 경제적으로 멸망한 민족은 다시 자립할 수 없으니, 지금은 중국이 빈약하지만 다시 설 수 있다고 하였다.501) 이순탁도 싱가포르가 영국의 극동 및 남양 무역의 요충지로 번창하는데 상권은 홍콩과 마찬가지로 거의 중국인이 가졌다고 하였다.502) 김필현과 계정식은 영국의 싱가포르 획득에 관심을 두었는데, 김준연과 이순탁은 싱가포르의 상권이 누구에게 있는가에 관심을 두었다. 정치와 경제의 관계를 언급하였고, 경제적인 자립의 중요성을 강조하였다. 영국의 아시아 침략과 지배는 정치적인 지배인 것처럼 보이지만 경제적인 이권 획득이고

---

499) 『가톨릭연구』 제2권 제1호, 1935년 1월, 80쪽, 울바노대학 金必現, 「로마 永城으로 (3회)」.
500) 『동아일보』 1926년 7월 31일, 계정식, 「인도양과 지중해, 渡歐手記 (5)」.
501) 『동아일보』 1921년 12월 18일, 김준연, 「독일 가는 길에 (4)」.
502) 이순탁, 『최근 세계일주기 : 일제하 한 경제학자의 제국주의 현장 답사』, 53쪽.

경제적인 지배였다.

　김필현은 기항하지 않고 지나쳐간 페낭의 경제에도 관심을 표명하였다. 페낭에 대한 내용은 기관장에게서 들은 것이지만, 어떤 내용을 기록하는가는 김필현의 결정이었다. 김필현은 섬라국의 속국인 '제다'국의 영토 페낭이 1786년 영국 동인도회사에 매수되어[503] 1837년까지 해협식민지의 정청지(政廳地)로서 유명한 무역항이었고, 정청이 싱가포르로 옮겨간 후에도 연 3억만 프랑의 무역액을 기록한다고 하였다. 그리고 페낭을 포함하여 말레이반도의 고무 산출액이 전세계 산출액의 50% 이상인데, 1870년경 커피 흉년으로 영국의 경제정책이 큰 타격을 입자 1876년 위컴(Wickham, Henry)이 브라질에서 고무종자 7만개를 몰래 런던으로 가져와 '큐'(kew) 식물원, '석란도' 식물원을 거쳐 싱가포르에서 1881년 첫 열매를 수확하였다. 이후 구미 각국의 급속한 과학 발달로 고무가 공업용·교통기관용으로 사용되자 고무값이 상승하였고 고무 재배도 증가하여 1928년 29만 7천톤의 고무를 산출하였는데 당시 전세계 산출 총액이 65만 3천톤이었다고 하였다.[504] 이순탁도 "네델란드령 말라카에 대항하는 말레이반도의 무역지"로 페낭을 영국이 캐다(kedah) 국으로부터 매수하였다며 주석과 고무 재배를 언급하였다. 그리고 주석·고무에 버금가는 수출품이 식용유, 대당용유(代糖用油) 등으로 사용되는 야자 열매인데 구미 각국에서 고가에 경쟁적으로 수입해 간다고 하였다. 더불어 이러한 것들을 이용할 줄 모르는 원주민이 불쌍하다고 하였다.[505]

　김필현은 콜롬보의 연혁도 페낭과 마찬가지로 기관장에게서 들었다. 작

---

[503] 『가톨릭연구』 제2권 제2호, 1935년 2월, 52쪽, 울바노대학 金必現, 「로마 永城으로 (4회)」.
[504] 『가톨릭연구』 제2권 제3호, 1935년 3월, 67~68쪽, 울바노대학 金必現, 「로마 永城으로 (5회)」.
[505] 이순탁, 『최근 세계일주기 : 일제하 한 경제학자의 제국주의 현장 답사』, 56·58~59쪽.

은 마을 콜롬보는 1517년 포르투칼의 침략을 받았고, 1656년 네델란드, 1796년 영국의 지배를 받게 되었는데, 1869년 영국인들은 커피 유행병이 돌자 커피 대신 홍차를 재배하여 연 2억근을 산출하였다는 것이었다.506) 계정식도 한촌(寒村) 콜롬보가 1517년 포르투칼령, 1656년 네델란드령, 1796년 영국령이 되었고, 인도양 무역의 요지라고 하였다.507) 이순탁도 콜롬보의 중요 산업이 "제다업(製茶業) 소위 Ceylon tea"라고 하였다.508) 김준연도 콜롬보에서 연 2억근의 차가 산출된다고 하였다.509)

인도양의 동남아시아 항구들은 거의 영국과 프랑스의 식민지로 개발된 항구도시였다.510) 홍콩과 해협식민지(피낭·말라카·싱가포르)는 영국령이었고, 베트남·캄보디아·라오스 등은 프랑스 식민지, 필리핀은 미국의 식민지였다. 김필현이 탑승한 배는 영국이 지배하는 곳들에 정박하였고, 프랑스 식민지와 필리핀을 거치지 않았다. 그래서 그의 여행기에는 영국의 아시아 지배에 대한 내용만 언급되었다.

콜롬보를 출발한 김필현은 아덴을 거쳐 수에즈운하를 지나갔다. 여행자들은 수에즈운하에 들어가면서 유럽의 경지 내로 들어갔다고 생각했다.511) 김필현은 수에즈운하를 지도에서 보았는데,512) 아시아와 유럽의 거리를 4천리513) 단축하여 경제상·군사상·사회상 공적이 크고, 영국·프랑

---

506) 『가톨릭연구』 제2권 제3호, 1935년 3월, 69쪽, 울바노대학 金必現, 「로마 永城으로 (5회)」.
507) 『동아일보』 1926년 8월 3일, 계정식, 「인도양과 지중해, 渡歐手記 (7)」.
508) 이순탁, 『최근 세계일주기 : 일제하 한 경제학자의 제국주의 현장 답사』, 71쪽.
509) 『동아일보』 1921년 12월 18일, 김준연, 「독일 가는 길에 (4)」.
510) 차혜영, 「3post시기 식민지 조선인의 유럽 항로 여행기와 피식민지 아시아연대」, 『서강인문논총』 47, 서강대학교 인문과학연구소, 2016, 28쪽.
511) 우미영, 「근대지식청년과 渡歐 40여 일의 문화지정학 - 1920~30년 독일 유학생의 渡歐記를 중심으로 - 」, 265쪽.
512) 『가톨릭연구』 제2권 제4호, 1935년 4월, 89쪽, 울바노대학 金必現, 「로마 永城으로 (6회)」.
513) 이순탁은 3,000~4,000마일을 단축하였다고 함.(이순탁, 『최근 세계일주기 : 일제하 한 경제학자의 제국주의 현장 답사』, 81쪽) 따라서 한자를 병기하지 않았

스의 공동 경영이라 하였다.514)

　여행기들에서 수에즈운하 설명은 상당히 비슷하다. 이순탁은 카이로 방문을 위해 튜픽(Tewfik)에 상륙하였으므로 수에즈운하를 지나지 못했다. 그러나 1887년 국제협약으로 영구중립지대가 되어 상선이든 군함이든 언제나 자유롭게 통과할 수 있으며, 운하 공사 때 영국이 직·간접으로 방해하였지만 당시 수에즈운하는 영·불의 공동 경영이라고 설명하였다.515)

　김준연과 계정식도 수에즈운하가 유럽과 아시아 간의 항정(航程)을 3천 리(浬)516) 내지 4천 리 단축하였고, 세계적으로 경제·군사·사회적 공헌이 크고, 1913년 운하 통과 배는 약 5천 척, 약 2천만 톤이며, 현재 영·불 양국의 공동 경영이며, 배의 톤수에 따라 세금이 부과되고, 1887년의 조약으로 영구중립지대가 되었으므로 상선이든 군함이든 통과할 수 있다고 자세히 기록하였다.517) 박승철도 수에즈운하가 경제적으로뿐 아니라 각 방면에서 유럽인에게 유익을 주었다고 하였다.518)

　수에즈운하의 지중해쪽 출입구인 포트 사이드는 여행자들에게 '유럽에 도착'이라는 생각을 하게 하였다.519) 포트 사이드 항의 원주민 행상들이 김필현에게 그곳의 명물이라고 한 물건들의 상표를 보니 일본 것이었고, 상점과 백화점에 진열된 상품들도 거의 일본 것이었다.520) 1920년대 내내

　　지만 이때의 리는 哩. 1마일은 약 1.6km.
514) 『가톨릭연구』 제2권 제4호, 1935년 4월, 90쪽, 울바노대학 金必現, 「로마 永城으로 (6회)」.
515) 이순탁, 『최근 세계일주기 : 일제하 한 경제학자의 제국주의 현장 답사』, 79~81쪽.
516) 1해리는 1.852m.
517) 『동아일보』 1922년 2월 3일, 김준연, 「독일 가는 길에 (5)」; 『동아일보』 1926년 8월 7일, 계정식, 「인도양과 지중해, 渡歐手記 (8)」.
518) 『개벽』 23호, 1922년 5월, 박승철, 「독일 가는 길에 (3)」.
519) 우미영, 「근대지식청년과 渡歐 40여 일의 문화지정학 - 1920~30년 독일 유학생의 渡歐記를 중심으로 -」, 266쪽.
520) 『가톨릭연구』 제2권 제4호, 1935년 4월, 90쪽, 울바노대학 金必現, 「로마 永城으로 (6회)」.

만성적인 불황에 시달렸던 일본경제는 1931년 12월 금본위제를 포기하면서 엔화 가치가 하락하고 그로 인해 수출가격이 하락하면서 1932년 하반기부터 회복세로 바뀌었다.521) 일본은 면직물과 잡화를 중심으로 세계시장에 활발히 진출하였는데 1930~1932년 수출총액의 약 8%, 1933년 이후에는 9~10%가 잡화였다. 1930년대 잡화 수출 품목은 메리야스 생지, 메리야스 제품(샤쓰, 장갑, 양말), 면수건, 깔개류, 법랑 철기, 자전거, 알루미늄 제품, 전구, 보온병, 성냥, 죽제품, 칠기, 도자기, 솔, 단추, 인조진주, 완구, 양산, 매듭류, 화문석, 합판, 셀룰로이드제품, 고무신 등이었다.522) 김필현이 행상, 상점, 백화점에서 본 일본 물건은 이런 잡화들이었을 것이다. 그런데 1920년대에 이 곳을 지나간 한기근 신부는 포트 사이드 항과 수에즈 운하가 영국 영지라 하였고,523) 계정식은 물품을 고가로 강매하고 걸인이 많은 포트사이드가 구주 항로 중 가장 불량한 곳이라 하였다.524) 1920년대와 1930년대의 차이를 읽을 수 있다. 한편 김필현은 포트 사이드가 세계적인 석탄 산지로 영국이 연 150만톤을 캐어간다고도 언급하였다.525)

김필현은 그의 항로의 마지막인 이탈리아의 나폴리에 도착하였다. 그리고 "무솔리니의 유명한 검둥저고리 파시스트 군대의 위기늠름한 행진"을 보았다.526) '검둥저고리 파시스트군대'는 1919년 3월에 결성된 무솔리니의 '검은 셔츠단'(Comicia Nera, Black shirts)을 말하는데 검은 셔츠를 제

---

521) 상품의 해외 수출액이 1931년 1억 4천 6백만원이었는데, 1932년 14억 9백만원, 1933년 1~5월은 6억 6천 5백만원을 기록.(『大阪朝日新聞』1933년 6월 7일, 「社 說 : 國際會議と日本の立場, 各國の日本商品仇敵視」)
522) 서정익, 「세계대공황기(1929~1936년) 일본의 무역구조와 무역정책」, 『응용경제』 5-1, 한국응용경제학회, 2003, 62~63쪽.
523) 『경향잡지』 573호, 1925년 9월 15일, 340쪽, 한기근, 「로마여행일기」(8).
524) 『동아일보』 1926년 8월 7일, 계정식, 「인도양과 지중해, 渡歐手記 (8)」.
525) 『가톨릭연구』 제2권 제4호, 1935년 4월, 90쪽, 울바노대학 金必現, 「로마 永城으로 (6회)」.
526) 『가톨릭연구』 제2권 제5호, 1935년 5월, 72쪽, 울바노대학 金必現, 「로마 永城으로 (7회)」.

복으로 입고 다녔기에 붙여진 이름이다.527) 이탈리아 및 독일의 파시스트
화는 언론을 통해 한국에도 알려져 있었다.528) 김필현이 파시스트에 대해
얼마나 알고 있었는지는 알 수 없지만, 무솔리니의 '파시스트 군대의 위기
늠름한 행진'이라는 표현은, 당시 김필현이 파시스트에 부정적이지는 않았
음을 말해준다.

5. 맺음말

　김필현의 여행기는 종교 관련 장소들, 방문한 지역에 거주하는 사람들,
1930년대 서구 제국주의 세력의 아시아 지배에 대한 내용으로 이루어져
있다. 김필현은 탑승한 배가 기항하는 곳마다 천주교 관련 장소들을 찾았
고 천주교 인사들과 대화하였다. 그러나 구체적으로 어떤 이야기를 나누었
는지, 방문한 장소들에 대한 구체적인 설명은 대부분 찾을 수 없다. 김필현
이 방문한 지역들의 천주교 관련 장소들을 1925년 한기근 신부는 찾지 않
았고 언급하지도 않았다. 1920년대에 20대였던 한국인 유학생들의 여행
기, 1930년대 이순탁 교수의 여행기에는 콜롬보에서의 불교 사적지에 대
한 설명이 있을 뿐 김필현이 방문한 천주교 관련 장소들에 대한 내용은 없
다. 김필현은 이슬람교 교당과 성공회 회당을 언급하였고, 지나쳤지만 말
라카는 일본천주교회와, 페낭은 한국천주교회와 관련하여 설명하였다. 홍
해도 성서의 내용으로 서술하였는데, 다른 여행기들에서는 찾아볼 수 없는
내용들이다. 방문한 장소들에 대한 사전 지식도, 방문한 곳에서의 자료 수
집도 거의 하지 못한 천주교 신학생 김필현의 여행기가 갖는 첫 번째 특징

---

527) 로버트 O. 팩스턴, 손명희·최희영 옮김,『파시즘』, 교양인, 2005, 141·151쪽
528) 차혜영,「1930년대 자본주의 세계체제 전환과 동아시아 지역 패권의 지정학 :
　　　이순탁의 '최근세계일주기'를 중심으로」,『비교한국학』 24-3, 국제비교한국학
　　　회, 2016, 339쪽.

이다.

　김필현은 여행 중 만난 사람들에게 깊은 관심을 보였다. 그가 만난 사람들은 여러 인종이었고, 한국인들보다 어둡고 검은 피부색을 가졌다. 그들을 처음 보았기에 공포감을 느꼈는데, 김필현은 로마 유학을 준비하면서 미지의 여행에 대한 두려움에 휩싸였다. 그런데 남아시아 원주민들의 검은 피부색에 대한 김필현의 두려움은 문명과 야만에 대한 생각으로 이어져 원주민들의 용모와 차림차림을 야만 종족의 본색을 벗지 못한 것이라 서술하는 한계를 보였다. 콜롬보 아이들의 구걸 행위를 미개한 주민의 풍습, 남아시아 원주민 장사꾼과 승객들의 매매행위를 문명인과 야만인 사이의 물물교환으로 생각한 것도 마찬가지였다. 그런데 한기근 신부의 여행기를 포함하여 1920년대의 여행기들에서도, 1930년대 이순탁의 여행기에서도 이런 인식은 보이지 않는다. 처음으로 보기 때문에, 피부색 등 용모의 다름을 공포, 이상함, 야만 종족의 본색으로 생각한 것은 김필현의 여행기에 그려진 두 번째의 특징이자 아쉬움이다.

　김필현은 탑승한 배가 기항하는 곳, 지나쳐간 곳들에 사는 사람들의 삶에 큰 영향을 미치는 정치와 경제에도 깊은 관심을 두었다. 탑승한 일본 우선의 규모와 설비에 감탄하였는데, 이는 유럽행 일본 우선에 탑승한 한국인들의 공통된 인식이었다. 상하이에서는 상하이사변을 언급하고 조계지를 언급하였는데, 이순탁의 여행기도 마찬가지였다. 1920년대의 여행기들은 상하이와 한국과의 관계에 관심을 두었다. 당시는 대한민국임시정부가 수립된 지 얼마 되지 않았고, 많은 독립운동가들이 상하이에서 활동하고 있었기 때문일 것이다.

　홍콩·싱가포르·콜롬보에서는 경제발전에 놀라워하며 영국의 통치정책에 감탄하였다. 이들 지역에서 한국인 여행객들은 김필현과 마찬가지로 대영제국의 힘을 실감하였다. 그런데 부족한 음료수를 해결하기 위해 만든 홍콩과 아덴의 저수 기관을 수탈의 상징인 한국의 수립조합 저수지와 같다고 한 것은 겉모습만의 서술로 한계이다. 기항하지 않은 페낭의 경제에도 관심을 기울여 영국의 해협식민지가 되기까지의 과정, 말레이반도의 주석·고무 재배, 콜롬보의 차 산출 등을 언급하였다. 그런데 인도양의 동남아시아 항구들은 거의 영국과 프랑스의 식민지로 개발된 항구였고, 김필현이 탑승한 배는 영국이 지배하는 곳들에 정박하였고 지나갔기에 영국제국주의의 아시아 지배에 대한 내용만을 서술하였다.

 김필현이 아시아 지역의 경제 상황에 관심을 두고 서술한 것은, 천주교 신학생이지만 세계 대공황으로 더욱 힘들어지던 한국의 경제 현실을 한국교회와 그의 주변 사람들의 삶에서 직·간접으로 겪었기 때문일 것이다. 그리고 소신학교가 남대문상업학교 을조로 편제되어 경제 관련 과목들도 공부한 것이 요인으로 작용하였을 것이다.

〈참고문헌〉

1. 문서 자료

『고려사』, 『고종시대사』, 『삼국사기』, 『승정원일기』, 『일성록』, 『조선왕조실록』, 『각사등록』.

『관보』, 『조선총독부관보』

『가톨릭신문』, 『가톨릭연구』, 『가톨릭청년』, 『개벽』, 『경향신문』, 『경향잡지』, 『공립신보』, 『大阪朝日新聞』, 『대한매일신보』, 『독립신문』, 『동아일보』, 『마산일보』, 『매일신문』, 『매일신보』, 『별건곤』, 『釜山日報』, 『서우』, 『시대일보』, 『신생활』, 『신한국보』, 『신한민보』, 『朝鮮新聞』, 『조선일보』, 『조선중앙일보』, 『중외일보』, 『평화신문』, 『한겨레』, 『헤럴드경제』, 『황성신문』

『드망즈주교일기』(Journal de Mgr. F. Demange, 1911~1937) : 한국교회사연구소 역주, 『드망즈주교일기』, 가톨릭신문사, 1987.
『뮈텔주교일기』(Journal de Mgr. G. Mutel, 1890~1932) : 한국교회사연구소 역주, 『뮈텔주교일기』 7(1921~1925), 한국교회사연구소, 2008.
Compte Rendu de la Société des M.E.P. de Seoul (1878-1938) : 한국교회사연구소, 『서울교구 연보(I), 1878~1903』, 한국교회사연구소, 1984. / 『서울교구 연보(II), 1904~1938』, 한국교회사연구소, 1987.
Compte Rendu de la Société des M.E.P. de Taikou (1912-1940) : 부산교구가편찬위원회 편, 한국교회사연구소 역주, 『천주교부산교구자료집 제1집 교구연보』, 천주교부산교구, 1984.
『TABELLA』: 윤종국 번역, 『교회와 역사』383호(2007년 4월)~451호(2012년 12월).

『뮈텔문서』(파리외방전교회 선교사들과 한국인 성직자의 서한) :
데예→뮈텔/뮈텔→데예(1896-1909), 투르뇌→뮈텔(1906-1908), 이내수→뮈텔

(1898-1900), 김원영→지도군수(1901)

한기근 신부가 뮈텔 주교에게 황주본당에서 보낸 편지들 :
한기근 신부→뮈텔 주교, 1906년 9월 21일, 적은동 / 한기근 신부→뮈텔 주교, 1907년 2월 12일, 적은동 / 한기근 신부→뮈텔 주교, 1907년 8월 7일, 적은동 / 한기근 신부→뮈텔 주교, 1907년 9월 21일, 적은동 /한기근 신부→뮈텔 주교, 1910년 2월 11일, 적은동 / 한기근 신부→뮈텔 주교, 1910년 12월 21일, 적은동 / 한기근 신부→뮈텔 주교, 1911년 8월 1일, 적은동.

한기근 신부가 드브레드 주교에게 보낸 편지들 :
한기근 신부→드브레드 주교, 1925년 5월 18일, 고베(오전 9시)(『교회와 역사』449호, 2012년 10월, 41~42쪽) / 한기근 신부→드브레드 주교, 1925년 7월 13일, 로마(『교회와 역사』451호, 2012년 12월, 38쪽)

울바노대학 金必現, 「로마 永城으로 (1회)」, 『가톨릭연구』제1권 제10호, 1934년 10월 ; 「로마 永城으로 (2회)」, 『가톨릭연구』제1권 제11호, 1934년 11월 ; 「로마 永城으로 (3회)」, 『가톨릭연구』제2권 제1호, 1935년 1월 ; 「로마 永城으로 (4회)」, 『가톨릭연구』제2권 제2호, 1935년 2월 ; 「로마 永城으로 (5회)」, 『가톨릭연구』제2권 제3호, 1935년 3월 ; 「로마 永城으로 (6회)」, 『가톨릭연구』제2권 제4호, 1935년 4월 ; 「로마 永城으로 (7회)」, 『가톨릭연구』제2권 제5호, 1935년 5월.

오메트르 신부가 조선 손골에서 싱가포르의 경리부장 파트리아 신부에게 보낸 1864년 9월 21일자 편지.(『上敎友書』35, 수원교회사연구소, 2012 여름)
『羅馬 朴覽會 朝鮮 出品者 物品 金品 氏名簿』, 필사본, 1책, 1924.
「이순탁 교수 연보」, 『한국경제학보』4-2, 연세대학교 경제연구소, 1997.

대구가톨릭대학교 부설 영남교회사연구소, 『대구대교구 초대교구장(1911-1938) 안세화주교 공문집(대구대교구 설정 100주년 기념 기초자료집③)』, 영남교회사연구소, 2003.

대구가톨릭대학교 부설 영남교회사연구소, 『(초대부터 6대까지) 교구장 공문 및 문서』, 대구가톨릭대학교 부설 영남교회사연구소, 2006.
도산안창호기념사업회, 『미주 국민회 자료집』18 : 대한인국민회 하와이·시베리아·만주지방총회, 경인문화사, 2005.
독립기념관한국독립운동사연구소, 『중국신문안중근의거기사집』, 2010.
독립운동사편찬위원회 편, 『독립운동사자료집』6(3·1운동사자료집), 독립유공자사업기금운용위원회, 1984.
滿州日日新聞, 『安重根事件公判速記錄』, 大連:滿州日日新聞社, 1910.
수원교구50년사편찬위원회, 『수원교구50년사 자료집4 : 수원교구 교세통계표』, 천주교수원교구, 2019.
약현성당 100주년사 편찬위원회, 『중림동 약현성당 100주년사 자료집 : 약현본당 백년사(1891~1991)』, 가톨릭출판사, 1992.
약현성당100주년사 편찬위원회, 『약현성당100주년사 기념자료집 제3집 : 성직자 사목서한과 약현 관계 자료』, 천주교중림동교회, 1991.
영남교회사연구소, 『대구의 사도 김보록(로베르) 신부 서한집』1, 대건출판사, 1995.
임충신·최석우 역주, 『최양업 신부 서한집』, 한국교회사연구소, 1984.
조선총독부 엮음, 신종원·한지원 옮김, 『조선위생풍습록』, 민속원, 2013.
朝鮮總督府 法務課, 『妄動事件處分表』, 大正9年 1月.
천주교원주교구문화영성연구소, 『풍수원에서 온 편지 : 정규하 아우구스티노 신부 서한집』, 한국교회사연구소, 2019.
천주교중림동교회, 『성직자 사목서한과 약현 관계 자료』, 가톨릭출판사, 1991.
천주교중림동교회, 『약현본당의 공소와 교세통계표(1891-19991)』, 가톨릭출판사, 1991.
춘천교구 교회사연구소, 『강원도 프랑스 선교사 서한집II : 부이수 신부 편』, 2015.
한국교회사연구소 편, 『자료로 본 천주교 인천교구사 제2집 : 파리외방전교회 선교사 서한문』, 한국교회사연구소, 1988.
한국교회사연구소 역편, 『함경도선교사서한집II :안변(내평)본당 편 : 1887-1921』, 함경도천주교회사간행사업회, 1995.
한국교회사연구소 역편, 『함경도 선교사 서한집』I, 한국교회사연구소, 1995.

한국교회사연구소, 『기해-병오박해 순교자 증언록 : 시복 재판기록』, 한국교회사연구소, 2004.
한윤식·박신영, 『조선교회 관례집』(부산교회사연구소 연구총서 12), 부산교회사연구소, 2013.
행정안전부 국가기록원, 『일제문서해제 - 수리조합 편-』, 2009.

2. 인터넷 자료

공훈전자사료관(e-gonghun.mpva.go.kr) : 朝鮮騷擾事件關係書類, 독립유공자공훈록.
국사편찬위원회 한국사데이터베이스(db.history.go.kr) : 삼일운동 데이터베이스, 직원록자료, 일제감시대상인물카드, 한민족독립운동사자료집,
국가기록원 독립운동 관련 판결문
    (http://theme.archives.go.kr/next/indy/viewMain.do)
언양성당 홈페이지(http://eonyang.pbcbs.co.kr/main/index.asp)
작은형제회 홈페이지(http://www.ofmkorea.org/ofmkhistory_1)
천주교 홍콩교구 홈페이지(http://www.catholic.org.hk)
한국전통지식포털(https://www.koreantk.com/ktkp2014.)
國立公文書館 アジア歴史資料センタ :
    https://www.jacar.archives.go.jp/das/meta/C12120237300

3. 사전

고려대학교 민족문화연구원 편찬, 『고려대 한국어사전』, 2009.
기독교대백과사전편찬위원회, 『기독교대백과사전』11, 기독교문사, 1984.
上智大學 編, 『カトリック大辭典』, 東京: 富山房, 1940.
한국가톨릭대사전 편찬위원회, 『한국가톨릭대사전』1~12, 한국교회사연구소, 1994~2006.
한국교회사연구소, 『한국가톨릭대사전』(부록), 1985.

4. 단행본

가톨릭대학교 신학대학 150년사 편찬위원회, 『가톨릭대학교 신학대학 150년사 : 1885-2005』, 가톨릭대학교 신학대학, 2007.
慶尙北道警察部 編, 『暴徒史編輯資料 高等警察要史』, 慶尙北道警察部, 1934.
京城天主敎靑年會聯合會 編, 『朝鮮天主公敎會 略史』, 京城天主敎靑年會聯合會, 1931.
顧衛民, 『中國天主敎編年史』, 上海 : 上海書店出版社, 2003.
국무총리소속 일제강점하 강제동원피해진상규명위원회 조사1과, 『제주도 군사시설 구축을 위한 노무·병력동원에 관한 조사』, 국무총리소속 일제강점하 강제동원피해진상규명위원회, 2007.
국사편찬위원회, 『한불관계자료-주불공사·파리박람회·홍종우』, 2001.
기록정보서비스부 기록편찬문화과, 『국가기록원 일제문서해제 -행형편-』, 대전: 기록정보서비스부 기록편찬문화과, 2012.
김계유, 『여수·여천발전사』, 여수 : 반도문화사, 1988.
김성민, 『(1929년) 광주학생운동』, 역사공간, 2013.
김용달, 『농민운동』, 한국독립운동사편찬위원회·독립기념관한국독립운동사연구소, 2009.
김원극·노정일·박승철·현상윤 지음, 서경석·김진량 엮음, 『식민지 지식인의 개화세상 유학기』, 태학사, 2005.
김원모, 『근대 한국외교사 연표』, 단국대출판부, 1984.
김정환, 『뮈텔 일기 연구』, 내포교회사연구소, 2015.
김진소 지음, 『전주교구사』I, 빅벨, 1998.
내부 위생국 편, 『한국위생일반』, 1909.
노기남 저, 『나의 회상록』, 가톨릭출판사, 1968.
노길명, 『가톨릭과 조선후기 사회변동』, 고려대학교 민족문화연구소, 1988.
노르베르트 베버 지음, 박일영·장정란 옮김, 『고요한 아침의 나라』, 분도출판사, 2012.
대구관구대신학원 편, 『성유스티노신학교 : 1914-1945』, 대구관구대신학원, 2013.
모리스 쿠랑, 이희재 옮김, 『한국서지』, 일조각, 1997.
木浦府廳 編, 『木浦府史』, 목포부, 1930.

목포시·목포시사편찬위원회,『다섯마당 목포시사』1권, 2017.
목포지편찬회,『木浦誌』, 1914.
무안문화원,『마을역사자료조사 : 몽탄면 보고회』, 2016.
미조 리베 지음,『착한 목자 조셉 뷜토 신부』, 내포교회사연구소, 2017.
민영환 지음, 조재곤 편역,『해천추범』, 책과 함께, 2007.
민족문화추진회 편,『국역 대동야승』6, 민족문화추진회, 1973.
박강성,『안중근 선생 공판기』, 경향잡지사, 1946.
박경목,『식민지근대감옥 서대문형무소』, 일빛, 2019.
박명규,『국민·인민·시민』, 소화, 2009.
부산교회사연구소,『부산교회사보』116호, 2024년 겨울.
山口正之,『朝鮮西敎史』, 東京:雄山閣, 1967.
샤를르 달레 저, 임충신·최석우 역,『한국천주교회사』상·중·하, 분도출판사, 1980.
샬트르성바오로수도회,『바오로 뜰안의 애환 85년』, 가톨릭출판사, 1974.
─────────,『한국샬트르성바오로수녀회 100년사』, 분도인쇄소, 1991.
샬트르성바오로수녀회125년사편찬위원회,『한국샬트르성바오로수녀회 125년사』, 샬트르성바오로수녀회, 2014.
서울대교구 교구총람 편찬위원회,『서울대교구 교구총람』, 가톨릭출판사, 1984.
성골롬반외방선교회 지음, 박경일·안세진 편역,『극동 : 천주교 선교사들이 기록한 조선인의 신앙과 생활』, 살림, 2017.
손과지,『상해한인사회사 : 1910-1945』, 한울아카데미, 2001.
송숙전 편집,『우적동의 사제』, 전일실업출판국, 1998.
신승하,『중국근대사』, 대명출판사, 2000.
안상훈·조성은·길현종,『한국 근대의 사회복지』, 서울대학교 출판부, 2005.
안응열·최석우 역주,『한국천주교회사』상·중·하, 분도출판사, 1980.
안종철·김준·정장우·최정기,『근현대의 형성과 지역사회운동』, 새길, 1995.
예수성심시녀회 60년사 편찬위원회,『주님 손안의 연장』, 예수성심시녀회, 1996.
오기백 신부,『한국선교 60년』, 성골롬반외방선교회 한국지부, 1993.
오영환·박정자 지음,『순교자의 땅 : 해외편』, 가톨릭출판사, 2012.
요시다 유타카 지음, 최혜주 옮김,『병사의 눈으로 본 근대일본 : 일본의 군대』,

논형, 2005.
왕림본당사편찬위원회·한국교회사연구소 편, 『천주교 왕림(갓등이)교회 본당 설립 100주년 기념집』, 1999.
外務省通商局 編, 『香港事情』, 東京 : 啓成社, 1917.
유홍렬, 『증보 한국천주교회사』하, 가톨릭출판사, 1962.
윤병석 역편, 『安重根傳記全集』, 국가보훈처, 1999.
─── 역주, 『1세기만에 보는 희귀한 안중근전기』, 국학자료원, 2010.
윤선자, 『일제의 종교정책과 천주교회』, 경인문화사, 2001.
이덕희 지음, 『하와이 이민 100년 그들은 어떻게 살았나?』, 중앙M&A, 2003.
이민식 역, 『근대한미관계사』, 백산자료원, 2001.
이민식 지음, 『세계박람회란 무엇인가』, 한국학술정보, 2010.
李順鐸 著, 『(最近)世界一周記』, 京城 : 漢城圖書, 昭和 9 : 이순탁, 『최근 세계일주기 : 일제하 한 경제학자의 제국주의 현장 답사』, 학민사, 1997.
이완희, 『한반도는 일제의 군사요새였다-이완희 PD의 일본군 전쟁기지 탐사보고』, 나남출판, 2014.
이원순, 『(사제성소의 작은 못자리) 소신학교사』, 한국교회사연구소, 2007.
장동하, 『개항기 한국사회와 천주교회』, 가톨릭출판사, 2005.
재컬린 더핀, 신좌섭 옮김, 『의학의 역사』, 사이언스북스, 2006.
정근식, 『한국의 노숙인, 그 삶을 이해한다는 것』, 서울대학교출판문화원, 2012.
____, 『한말 법령체계 분석(연구보고 91-14)』, 한국법제연구원, 1991.
____, 『통감부 법령체계 분석(연구보고 95-7)』, 한국법제연구원, 1995.
____, 『조선총독부 법령체계 분석』, 한국법제연구원, 2003.
정양모·이영헌, 『이스라엘 성지 어제와 오늘』, 생활성서사, 1988, 2010(2판), 2017(2판 4쇄).
정진석, 『한국잡지역사』, 커뮤니케이션북스, 2014.
조 광, 『조선후기 천주교사 연구의 기초』, 경인문화사, 2010.
조선총독부, 『조선총독부 통계요람』, 1911.
조선총독부 학무국 사회과, 『조선사회사업요람』, 1934.
──────────────, 『朝鮮の社會事業』, 1936.
조성운 지음, 『식민지 근대관광과 일본시찰』, 경인문화사, 2011.

존 루카치 저, 이종인 역, 『히틀러와 스탈린의 선택 : 1941년 6월』, 책과 함께, 2006.
朝鮮總督府 編, 『朝鮮の統治と基督教』, 朝鮮總督府, 1921(1923년 개정 4판), 2014.
주강현, 『세계박람회 1851-2012』, 블루&노트, 2012.
주철희, 『일제강점기 여수를 말한다』, 흐름출판사, 2015.
천주교광주대교구, 『광주대교구 50년사 : 1937-1987』, 광주 : 빛고을출판사, 1990.
천주교대구대교구, 『천주교 대구대교구 100년사 : 1911~2011 : 은총과 사랑의 자취』, 대구 : 천주교 대구대교구, 2012.
최규진, 『근대를 보는 창』, 서해문집, 2007.
최기영, 『대한제국시기 신문연구』, 일조각, 1991.
최석우, 『한국종교운동사-천주교-한국현대문화사대계』V, 고대 민족문화연구소, 1981.
_____, 『한국천주교회의 역사』, 한국교회사연구소, 1982.
_____, 『한국교회사의 탐구』, 한국교회사연구소, 1982.
_____, 『한국교회사의 탐구』III, 한국교회사연구소, 2000.
평양교구사편찬위원회, 『천주교 평양교구사』, 왜관 : 분도출판사, 1981.
한국교회사연구소, 『황해도천주교회사』, 한국교회사연구소, 1984.
――――――, 『한국가톨릭대사전(부록)』, 한국교회사연구소, 1985.
――――――, 『원산교구 연대기』, 함경도천주교회사간행사업회, 1991.
――――――, 『황해도 천주교회사』, 한국교회사연구소, 1995.
한국기독교역사연구소, 『한국기독교의 역사』I, 기독교문사, 1989.
한영우, 『문화정치의 산실 규장각』, 지식산업사, 2008.
한용환·서상요, 『복음의 증인』, 한국천주교중앙협의회, 1972.
허동현, 『건국·외교·민주의 선구 장면』, 분도출판사, 1999.
황상익, 『근대의료의 풍경』, 푸른역사, 2013.

Edward Fischer, *Light in the Far East : Archbishop Harold Henry's Forty-Two Years in Korea*, New York : Seabury Press, 1976 : 에드워드 핏셔 지음, 백선진 옮김, 『현 하롤드 대주교 일대기 : 동방의 빛』, 광주:빛고을출판

사, 1989.
John E. Morris 지음, 이정순 엮음, 『목요안 신부』, 영원한 도움의 성모수녀회, 1994.
KELOON, LOUIS EDWARD, 『THE FOUNDATION OF THE CATHOLIC MISSION IN HONG KONG, 1841~1894』, Hong Kong : UNIVERSITY OF HONG KONG, 1998.
L'eglise Catholique dans l'empire Japonais 大日本帝國內 公教會, TYPIS TENSHI-IN, SAPPORO, 1935.
Societe des Missions Etrangeres de Paris, Imprimerie de Nazareth : Catalogue 1924~1925, Hong Kong : Nazareth, 1925.

5. 논문

강신익, 「동서 의학의 신체관」, 『생명윤리』3-2, 한국생명윤리학회, 2002.
구사회, 「대한제국기 주불공사 김만수의 세계기행과 사행록」, 『동아인문학』29, 동아인문학회, 2014.
_____, 「근대전환기 조선인의 세계 기행과 문명담론」, 『국어문학』61, 국어문학회, 2016.
김경남, 「韓末 日帝의 鎭海灣要塞 建設과 植民都市 開發의 變形」, 『항도부산』28, 부산광역시사편찬위원회, 2012.
김경욱, 「광주지역 가톨릭 도입과정과 노안본당의 역사 - 노안본당 100년사 -」, 광주가톨릭대학교 석사학위논문, 2016.
김나원, 「한국 근대 초기 기독교 삽화 연구」, 홍익대 석사학위논문, 2013.
김덕진, 「한말 의약 수요를 통해 본 약값과 질병 : 전라도 강진의 박약국 사례-」, 『인문학연구』60, 조선대학교 인문학연구원, 2020.
김도형, 「한국 근대 旅行券(旅券)제도의 성립과 추이」, 『한국근현대사연구』77, 한국근현대사학회, 2016.
김문용, 「서양의학의 수용과 신체관의 변화」, 『동양고전연구』37, 동양고전학회, 2009.
김상태, 「경성의학전문학교 학생들의 3·1운동 참여 양상」, 『한국민족운동사연구』100, 한국민족운동사연구회, 2019.

김수태, 「이능화와 그의 사학 - 특히 『조선기독교급외교사』를 중심으로 -」, 『동아연구』4, 1984.
─────, 「메리놀외방전교회의 진출과 활동」, 『부산교회사보』22, 부산교회사연구소, 1999.
─────, 「1930년대 평양교구의 가톨릭운동」, 『교회사연구』19, 한국교회사연구소, 2002
김연지, 「1914년 경상남도 지방행정구역의 개편과 성격」, 『역사와 세계』31, 효원사학회, 2007.
김영규, 「일제강점기 철원군 수리조합 연구」, 『강원문화사연구』16, 강원향토문화연구회, 2016.
김영나, 「'박람회'라는 전시공간 : 1893년 시카고 만국박람회와 조선관 전시」, 『서양미술사학회논문집』13, 2000.
김인덕, 「일제시대 여수지역 강제연행에 대한 고찰」, 『역사와경계』67, 부산경남사학회, 2008.
김정인, 「일제 강점 말기 황국신민교육과 학교 경영」, 『역사교육』122, 역사교육연구회, 2012.
김정환, 「뮈텔 주교의 한국천주교회사 자료 발굴과 이해」, 『한국사학사학보』23, 2011.
김정환·유단비, 「식민지 조선에서 사진의 대중화 과정에 관한 연구－1920~30년대 신문 담론을 중심으로－」, 『인문콘텐츠』35, 인문콘텐츠학회, 2014.
김종철, 「김택영(金澤榮)의 '안중근전(安重根傳)' 입전(立傳)과 상해(上海)」, 『한중인문학연구』41, 2013.
김창원, 「근대 개성의 지리적 배치와 개성상인의 탄생」, 『국제어문』64, 국제어문학회, 2015.
김태웅, 「일제 강점 초기의 규장각 도서 해제 사업」, 『규장각』18, 1995.
─────, 「일제강점기의 규장각」, 『규장각 그 역사와 문화의 재발견』, 서울대학교출판문화원, 2009.
김택중, 「1918년 독감과 조선총독부 방역정책」, 『인문논총』74-1, 인제대학교 인문학연구원, 2017.
도면회, 「서평 : 일제하 변호사의 독립운동 변호는 어디까지 가능했을까? - 한인섭 저,『식민지 법정에서 독립을 변론하다』(경인문화사, 2012)」,『한국 독립운동사연구』49, 한국독립운동사연구소, 2014.
리영일,「리동휘성재선생」,『한국학연구』5별집, 인하대학교 한국학연구소, 1993.
박걸순,「朴殷植의 歷史認識과 大東史觀」,『국학연구』11, 국학연구소, 2006.
박상현,「식민주의와 동아시아 식민국가의 정치경제-통합비교를 위한 시론」,『사회와 역사』111, 한국사회사학회, 2016.
박승만,「일제강점기 가톨릭교회의 지면을 통한 의료계몽활동 : 경향잡지와 가톨릭청년을 중심으로」,『연세의사학』23-2, 의학사연구소, 2020.
박찬식,「구한말 전라도 지도지방의 교안」,『국사관논총』58, 1994.
반병률,「러시아혁명 전후시기 계봉우(桂奉瑀)의 항일민족운동, 1919~1922:기독교민족주의자에서 사회주의자로」,『한국학연구』25, 인하대학교한국학연구소, 2011.
방상근,「조선후기 천주교회의 의료활동」,『교회사연구』53, 2018.
방선주,「한인 미국이주의 시작 – 1903년 공식이민 이전의 상황진단」,『미주지역 한인이민사』, 국사편찬위원회, 2003.
裵京漢,「中國亡命시기(1910~1925) 朴殷植의 언론활동과 중국 인식: '향강잡지', '국시보', '사민보'의 분석」,『동방학지』121, 연세대학교국학연구원, 2003.
문혜진,「1930-1945년 신궁대마의 배포와 가정제사」,『한국문화인류학』48-2, 한국문화인류학회, 2015.
배현숙,「조선에 전래된 천주교 서적」,『한국교회사논문집』1, 한국교회사연구소, 1984.
백병근,「교회사회문화사업의 거목 양기섭 신부」,『교회와 역사』, 한국교회사연구소, 2007년 11월.
山口正之,「朝鮮基督教史料 <己亥日記>」,『靑丘學叢』1, 1930 :『한국천주교회사논문선집』2, 한국교회사연구소, 1977.
서영희,「통감부시기 일제의 권력장악과 규장각자료의 정리」,『규장각』17, 서울대학교 규장각, 1994.
서정익,「세계대공황기(1929~1936년) 일본의 무역구조와 무역정책」,『응용경제』5-1, 한국응용경제학회, 2003.

소병국,「법제사적 관점에서 본 이슬람과 말레이시아 문화적 정체성」,『외법논집』 33-4, 2009.11.
송란희,「첫 로마 유학 신학생 연구-대구대목구 송경정과 전아오의 사료를 중심으로-」,『교회사연구』56, 한국교회사연구소, 2020.
신동규,「풍신수길의 조선침략과 포르투칼 관계에 대한 고찰」,『사총』78, 고려대학교 역사연구소, 2013.
신동원,「일제하 한국인의 사망률 감소 원인에 관한 한 고찰-급성전염병 발생율, 사망률, 치명율을 중심으로-」,『한국과학사학회지』9-1, 1987.
신용하,「규장각도서의 변천과정에 대한 일연구」,『규장각』5, 1981.
신운용,「한국 가톨릭계의 안중근기념사업 전개와 그 의미」,『역사문화연구』41, 한국외국어대학교 역사문화연구소, 2012.
신주백,「일제강점하 전적지 시설조사」, 일제강점하강제동원피해진상규명위원회, 2007.
_____,「1945년도 한반도 남서해안에서의 '본토결전' 준비와 부산, 여수의 일본군 시설지 현황」,『군사』70, 국방부 군사편찬연구소, 2009.
심홍보,「한국천주교사회복지사」,『사목』248, 한국천주교중앙협의회, 1999년 9월.
안영길,「耕齋 李建昇의 삶과 문학」,『우리文學研究』39, 우리문학회, 2013.
安喆球,「六二五戰亂의 순교자들」,『가톨릭청년』1965년 10월.
양정필,「한약업자의 대응과 성장」,『한의학, 식민지를 앓다』, 연세대학교 의학사연구소, 아카넷, 2008.
여진천,「이본백서의 성격과 내용 비교」,『黃嗣永帛書와 異本』, 국학자료원, 2003.
_____,「황사영백서 이본에 대한 비교 연구」,『교회사연구』28, 한국교회사연구소, 2007.
오영환,「파리외방전교회 극동 대표부 탐방 보고」,『교회사학』7, 수원교회사연구소, 2010.
王元周,「안중근과 중국-청위( )의 저서 '安重根'을 중심으로」,『동아시아의 지식 교류와 역사 기억』, 동북아역사재·동아시아사연구자포럼, 2008.
우미영,「근대지식청년과 渡歐 40여 일의 문화지정학 - 1920~30년 독일 유학생의 渡歐記를 중심으로 - 」,『어문연구』41-4, 한국어문교육연구회, 2013.

유홍렬, 「한국천주교보육원의 유래」, 『고종치하 서학 수난의 연구』, 을유문화사, 1962.
윤광선, 「3·1운동과 대구신자들」, 『교회와역사』103, 한국교회사연구소, 1984.1.
윤병석, 「안중근의사 전기의 종합적 검토」, 『한국근현대사연구』9, 1998.
_____, 「해제 안중근 전기전집(安重根傳記全集)」, 윤병석역편, 『安重根 傳記全集』, 국가보훈처, 1999.
_____, 「안중근의사의 하얼빈의거의 역사적 의의」, 『한국학연구』21, 인하대학교 한국학연구소, 2009.
_____, 「안중근전기의 종합적 검토」, 『1세기만에 보는 희귀한 안중근전기』, 국학자료원, 2010.
_____, 「계봉우의 민족운동과 한국학」, 『한국학연구』22, 인하대학교 한국학연구소, 2010.
윤선자, 「정남규」, 『교회와 역사』205, 1992년 6월.
_____, 「'한일합병' 전후 황해도 천주교회와 빌렘 신부」, 『한국근현대사연구』4, 1996.
_____, 「1910년대 일제의 종교규제법령과 조선천주교회의 대응」, 『한국근현대사연구』6, 한국근현대사학회, 1997.
_____, 「3·1운동기 천주교회의 동향」, 『역사학연구』11, 호남사학회, 1997.
_____, 「1915년 '포교규칙' 공포 이후 종교기관의 설립 현황」, 『한국기독교와 역사』8, 한국기독교역사학회, 1998.
_____, 「안중근의 애국계몽운동」, 『역사학연구』15, 전남사학회(현호남사학회), 2000.
_____, 「일제하 종교단체의 경제적 기반 확보 과정」, 『한국근현대사연구』24, 한국근현대사학회, 2003.
_____, 「1940년대 전시체제와 제주도천주교회」, 『한국독립운동사연구』25, 한국독립운동사연구소, 2005.
_____, 「일제의 신사(神社) 설립과 조선인의 신사(神社) 인식」, 『역사학연구』42, 2011.
_____, 「중국인 저술 '안중근전기' 연구」, 『교회사학』9, 수원교회사연구소, 2012.
_____, 「일제강점기 한국천주교회와 만국전교박람회」, 『교회사학』10, 수원교회

사연구소, 2013.
_____, 「1925년의 한국 천주교 순교사 시복과 규장각 자료」, 『한국근현대사연구』 64, 한국근현대사학회, 2013.
_____, 「한말·일제강점기 파리외방전교회 홍콩 대표부와 한국천주교회」, 『한중인문학연구』44, 2014.
_____, 「한기근 신부의 '로마여행일기'」, 『교회사연구』53, 2018.
醫學博士 鄭錫泰, 「民族保健의 恐怖時代, 肺病 療養所의 設置 提議」, 『삼천리』제2호, 1929년 9월 1일.
이근호, 「영조대 『승정원일기』개수과정의 검토」, 『조선시대사학보』31, 2004.
이상욱, 「'보감'과 '경향잡지'의 '법률문답'을 통한 천주교회의 법률계몽운동」, 『가톨릭교육연구』3, 대구효성가톨릭대학교 교육연구소, 1988.
이상일, 「안중근의거에 대한 각국의 동향과 신문 논조」, 『한국민족운동사연구』 30, 한국민족운동사학회, 2002.
이석원, 「수리산 교우촌(공소)의 변화 과정과 역사적 의의」, 『교회사학』6, 수원교회사연구소, 2009.
이송섭, 「한국천주교회의 회장에 대한 고찰 : '한국천주교회 지도서'들을 중심으로」, 부산가톨릭대학교 석사학위논문, 2013.
이승연, 「1905~1930년대 초 일제의 酒造業 정책과 조선 주조업의 전개」, 『한국사론』32, 서울대 국사학과, 1994.
이승일, 「조선호적령 제정에 관한 연구」, 『법사학연구』32, 한국법사학회, 2005.
이영석, 「구한말 내한 독일인의 한국 이해 -오페르트, 묄렌도르프, 분쉬의 경우」, 『독일어문학』37, 한국독일어문학회, 2007.
이영춘, 「중국에서의 포르투칼 '선교 보호권' 문제 및 조선 대목구 설정에 관한 연구」, 『민족사와 교회사』, 최석우 신부 수품 50주년 기념 사업위원회 엮음, 한국교회사연구소, 2000.
이영찬, 「최한기의 기학적 인간 본질과 인성 덕목의 현대적 함의」, 『사회사상과 문화』20-1, 동양사회사상학회, 2017.
이용범, 「처용설화의 일고찰- 唐代 이슬람상인과 신라」, 『진단학보』32, 진단학회, 1969.
이원순, 「조선말기사회의 對西敎 문제 연구 : 敎案을 중심으로 한」, 『역사교육』

15, 1973.

이형식, 「1910년대 조선총독부의 위생정책과 조선사회」, 『한림일본학』20, 한림대학교 일본학연구소, 2012.

이홍기, 「19세기말 10세기 초 의약업의 변화와 개업의」, 『의사학』19-1, 대한의사학회, 2010.

임계순, 「19세기 후반기 국제 항구도시, 홍콩의 서양인사회」, 『중국사연구』44, 중국사학회, 2006.

임영애, 「'서역인'인가 '서역인 이미지'인가 : 통일신라미술 속의 서역 인식」, 『미술사학연구』236, 한국미술사학회, 2022.

장동하, 「개항기 조선교구 인쇄소 연구」, 『가톨릭 신학과 사상』57, 신학과 사상학회, 2006.

_____, 「빌렘(Wilhelm, 홍석구) 신부의 활동과 對韓認識 : 1883년부터 1895년까지」, 『인간연구』13, 가톨릭대학교 인간학연구소, 2007.

정용욱, 「홍보, 선전, 독재자의 이미지 관리-1950년대 이승만의 전기」, 『세계정치』28-2, 2007년 가을·겨울.

정태헌, 「근대주의의 허상과 식민지적 근대」, 『한국의 식민지적 근대 성찰』, 선인, 2007.

정혜경·김혜숙, 「1910년대 식민지 조선에 구현된 위생정책」, 『일제의 식민지 지배정책과 매일신보 : 1910년대』, 두리미디어, 2005.

조 광, 「경향신문의 창간 경위와 그 의의」, 『경향신문』영인본, 1974.

_____, 「安重根 연구의 현황과 과제」, 『한국근현대사연구』12, 2000.

조동걸, 「北愚 桂奉瑀의 생애 및 연보와 저술」, 『한국학논총』19, 국민대학교한국학연구소, 1997.

조현범, 「제4장 순교복자의 탄생과 교회의 변화」, 『한국천주교회사』5, 한국교회사연구소, 2014.

차기진, 「기해·병오 순교자 시복 조사 수속록」, 『교회사연구』12, 1997.

_____, 「최양업 신부의 생애와 선교활동의 배경」, 『교회사연구』14, 한국교회사연구소, 1999.

차혜영, 「3post시기 식민지 조선인의 유럽 항로 여행기와 피식민지 아시아 연대론」, 『서강인문논총』47, 서강대학교 인문과학연구소, 2016.

_____, 「1930년대 자본주의 세계체제 전환과 동아시아 지역 패권의 지정학 : 이순탁의 '최근세계일주기'를 중심으로」, 『비교한국학』24-3, 국제비교한국학회, 2016.
천주공교회 신부 韓基根, 「세계 각국의 田園印象記－恐獨病에 마음 못놋는 佛蘭西의 전원」, 『조선농민』제3권 제8호, 1927년 8월 10일.
최기영, 「미주지역 민족운동과 洪焉」, 『한국근현대사연구』60, 2012.
최석우, 「파리외방전교회 연보 해제」, 『서울교구연보(I)』, 명동천주교회, 1984.
최선혜, 「1940년대 천주교회의 한국 선교와 대한민국 정부 수립 - 메리놀외방전교회의 활동을 중심으로」, 『교회사연구』47, 한국교회사연구소, 2015.
최성환, 「목포의 개항기」, 『목포시사』, 목포시·목포시사편찬위원회, 2017.
_____, 「데예 신부 기록을 통해 본 대한제국기 목포항과 섬의 사회상」, 『한국학연구』79, 고려대 한국학연구소, 2021.
최영옥, 「김택영의 안중근 형상화 검토- '安重根傳'의 이본 검토를 중심으로-」, 『동양한문학연구』35, 동양한문학회, 2012.
최원규, 「한말 일제초기 토지조사와 토지법 연구」, 연세대학교 사학과 박사학위논문, 1994.
崔鍾庫, 「韓末『京鄕新聞』의 法律啓蒙運動」, 『한국사연구』26, 한국사연구회, 1979.
한동수, 「서울 용산지역의 도시화과정에 관한 연구 : 개항 이후부터 일제강점기를 중심으로」, 『한국도시설계학회지』6-4, 2005.
한상권, 「안중근의거에 대한 미주한인의 인식」, 『한국근현대사연구』33, 2005.
한시준, 「中國人이 본 安重根 -朴殷植과 鄭沅의 '安重根'을 중심으로-」, 『충북사학』11·12, 2000.
_____, 「안중근에 대한 중국학계의 연구성과와 과제」, 『한국근현대사연구』59, 2011년 겨울.
한윤식, 「뮈텔 주교의 '서울대목구 지도서(Directorium Missionis de Seoul, 1923)' 연구」, 『교회사연구』37, 2011.
홍미정, 「영국의 팔레스타인 위임통치와 시온주의 프로젝트」, 『한국이슬람학회논총』25-2, 한국이슬람학회, 2015.
홍연주, 「해제」, 『기해-병오박해 순교자 증언록 : 시복 재판기록』, 한국교회사연구소, 2004.
홍태영, 「프랑스 공화주의의 전환 : 애국심에서 민족주의로」, 『사회과학연구』 20-1, 서강대학교 사회과학연구소, 2012.
황민호, 「일제의 식민지 언론정책과 법률 관련 논설의 경향-1895~1945년까지의 잡지자료를 중심으로-」, 『정신문화연구』26-2, 한국학중앙연구원, 2003 여름.
_____, 「한국근대 잡지의 법학관계 논설 기사목록」, 『법사학연구』28, 한국법사학회, 2004.
황인규, 「임진왜란 의승군의 봉기와 전란의 충격」, 『한국불교사연구』2, 한국불교사학회 한국불교사연구소, 2013.
황재문, 「안중근의 문학적 형상화 양상 연구 : 주체-타자 관계에 대한 분석을 중심으로」, 『국문학연구』15, 2007.

〈게재지〉

『경향잡지』의 「관보적요」 분석
(『교회사연구』 44, 한국교회사연구소, 2014, 245~284쪽)

1940년대 일제의 한국천주교회 통제 양상
(『교회사연구』 57, 한국교회사연구소, 2020, 113~155쪽)

제1차 세계대전과 한국천주교회의 3·1운동
(『한국독립운동사연구』 69, 한국독립운동사연구소, 2020, 5~48쪽)

한말·일제강점기 파리외방전교회 홍콩 대표부와 한국천주교회
(『한중인문학연구』 44, 한중인문학회, 2014, 389~415쪽)

일제강점기 안중근전기(傳記)들에 기술된 안중근의거와 천주교 신앙
(『교회사학』 11, 수원교회사연구소, 2014, 213~248쪽)

1925년의 한국 천주교 순교자 시복과 규장각자료
(『한국근현대사연구』 64, 한국근현대사학회, 2013, 38~68쪽)

일제강점기 한국천주교회와 만국전교박람회
(『교회사학』 10, 수원교회사연구소, 2013, 203~231쪽)

910년대 『경향잡지』를 통해서 전개한 한국천주교회의 의료계몽활동
(『교회사학』 19, 수원교회사연구소, 2021, 243~279쪽)

한말·일제강점기 천주교회의 양로원 설립과 운영
(『한국학논총』 31, 국민대학교 한국학연구소, 2009, 415~448쪽)

대한제국기 파리외방전교회 선교사들이 본 서울과 전남
(『서울과 역사』 117, 서울역사편찬원, 2024., 136~174쪽)

한기근 신부의 「로마여행일기」
(『교회사연구』 53, 한국교회사연구소, 2018, 199~239쪽)

1933년 천주교신학생 김필현의 유럽행 여행기 속 아시아 경유지 기록
(『교회사연구』 61, 한국교회사연구소, 2022, 421~461쪽)

〈찾아보기〉

ㄱ

가르니에(Garnier) 338, 345
가실본당 55
가정교육회 225
『カトリック大辭典』(가톨릭대사전) 130
『가톨릭신문』 32
『가톨릭연구』 45, 369, 371, 380
『가톨릭연구강좌』 371
『가톨릭청년』 17, 18
갈멜(Carmel) 359
갓등이본당 장안공소 85
강 마리아 251, 252
강군평(姜君平) 62
강도영(姜道永) 82, 131, 341, 377
강명흠 199
강본분도(岡本芬道) 65
강붕해(姜鵬海) 62, 63
강석호(姜錫鎬) 12
강성삼(姜聖參) 131, 377
강원신사 53
강윤식(姜允植) 65
『강자(強者)의 권리경쟁(權利競爭)』 6
갤러거(Gallagher) 52
검은 셔츠단(Comicia Nera, Black shirts) 399

게라티(Geraghty) 52
게랭(Guérin) 105
『격몽요결』 84
겸이포제철소 45
겸이포(兼二浦)본당 45, 46
경 마리아 255
경성천주교청년회 349
경성구천주교회유지재단 255
경성구천주교회청년회연합회 258, 264
경성여자고등보통학교 78
경성의학전문학교 79
『경성일보』 99, 100
경성제국대학 184-186
경성학당(京城學堂) 12
경주본당 54
「경통(敬通)」 89, 90
『경향신문』 6-8, 11, 34, 270, 271, 273, 282
계량본당(계량천주당) 23, 60, 325
계명(啓明)학교 63-67, 88
계봉우(桂奉瑀) 153, 154, 155
계정식(桂貞植) 337, 372, 377, 381, 386, 391, 393, 395, 397-399
고강순(高江順) 60
고관오(高冠吾) 162
고군삼(高君三) 55

『고서』 222
고순이 189, 195
고영희(高永喜) 12
『고종순종실록』 175
고청룡(高靑龍) 60
고쿠부 쇼타로[國分象太郞] 183
골롬반외방선교회(골롬반회) 36, 41, 69, 70, 116, 375
공베르(Gombert) 106, 123, 329
공주감옥 75, 76
관후리본당 263
광업법 12
광주대교구 40
광주지목구 36, 41, 42, 53, 68, 70
『교남교육회잡지』 12, 13
『교회법전』 133
구룡(九龍)천주당 22
구산공소(龜山公所) 81
「국민회보」 80
군산분감 75, 76
권득인 190, 195
권보생 13
권영조(權永兆) 43
권진이(權珍伊) 187, 195
권희 195
그리자르(Grisard) 121, 126
『극동 : 천주교 선교사들이 기록한 조선인의 신앙과 생활』 52
극동대표부 115, 116
『근세역사』 143, 148, 156, 171
기낭(Guinand) 122, 229, 230, 233, 346, 354
기로소(耆老所) 237
기요(Guillot) 106, 109
『기해(己亥)·병오(丙午)박해 순교자들의 행적』 118
『기해·병오박해 순교자 증언록-시복재판 기록』 173
『기해일기』 173, 180, 186, 196
길렌(Gillen) 50, 51, 54
김 릿다 251
김 마리아 255
김 마리아 데레사 256
김 마태오 42
김경두(金慶斗) 90
김교영(金敎永) 81
김구정(金九鼎) 92
김규희(金奎熙) 12
김기량(金耆良) 118
김남식(金南植) 62
김녀(김진의 아내) 199
김노사 195
김대건(金大建) 131, 173, 192, 196, 197, 339, 348
김덕연 225
김두임 255
김루시아 195, 196, 255
김만수(金晩秀) 342
김말다 195, 196
김면호 198, 200
김명제 46
김문수 255

김문옥(金紋玉) 315, 378
김문원 198, 200
김바르바라 192
김삼만(金三萬) 85, 86, 87, 88
김상옥 251
김선문(金善文) 85, 86, 87
김선제 253
김성학(金聖學) 377
김승연(金承淵) 309, 319, 378
김아가다 261
김아기 190, 195
김양홍(金洋洪) 47, 48, 69
김업이 190, 195
김여춘(金汝春) 85-87
김영구(金榮九) 55, 56
김영수 255
『김영은 일지』 42
김영호(金永浩) 44, 65-67, 69
김예이 199
김용문(金用文) 81
김운식(金云植) 82
김원식 250
김원영(金元永) 85, 88, 273, 332, 378
김유리대 189, 195
김인길 199, 200
김인이 199
김임이 197
김장금 195
김재석(金在石) 48, 49
김정현 250, 255

김정희 255
김제본당 48
김제준 189, 194, 195
김종국(金鍾國) 63, 64, 65, 67
김종군(金鍾郡) 63, 64, 67
김준연(金俊淵) 336, 372, 379, 391, 393, 395, 397, 398
김중은 199
김중현(金仲鉉) 62, 63
김진 199, 200
김진구 199, 200
김진소 92
김창현(金昌鉉) 48, 55, 56
김택영 158-160, 167, 171
김택영(金澤榮) 156
김필현(金泌現) 44, 45, 369-371, 373-381, 385-388, 390, 391, 393-397, 399-401
김하구(金河球) 164
김하정 92
김학구(金學九) 86
김현묵 84
김현준(金賢準) 372, 389, 391, 393
김홍민 252
김효임(金孝任) 189, 195, 347
김효주 195
김후상 48
꼴랭(Colin) 36
『꽃송이』 352

ㄴ

나바위[羅岩]본당 88
나백다록 194
『나선소자전』(羅鮮小字典) 132, 137, 138
나자렛 인쇄소 117, 128-137, 186, 375
나자렛 피정의 집 128
『나자렛의 1924-1925년 인쇄 목록』 130, 131
나주 삼룡공소 325
나주공소 42
나주본당(나주천주당, 현 노안본당) 41, 320, 325, 330-332, 335
나주우체사 321
나폴리 대성당 378
『난중잡록』(亂中雜錄) 383
남 마태오 88
남경문 197
남 루시아 195, 196
남명혁 190, 195
남산본당(남산성당) 54, 55
남상인(南相仁) 64, 65
남원천주당 56
남이관 189, 195
남종삼 198
내평본당 102
넬리간(Neligan) 52, 56
노기남(盧基南) 43, 46, 53, 54, 116, 232, 255, 257
노정일(盧正一) 360, 361

논재공소 263

ㄷ

다블뤼(Daveluy) 320
다이버 52
다카하시[高梁]여자정교원양성소 61
다페르나스(d'Avernas) 211
달레(Dallet) 307, 320
대구감옥 75, 76
대구교도소 67
대구대목구 36, 42, 68-70, 105-107, 109, 122, 127, 134, 307, 370
『대구대목구 지도서』 132, 134, 137, 139
대구대목구 천주공교청년회 32
대구본당(대구성당) 23, 55, 287, 294
『대동위인 안중근전』 151, 153, 165, 171
『대동학회월보』 12
대신리본당 44
대표부 119
대한독립단 파견대 구월산대 83
대한독립단 황해지단 83
『대한자강회월보』 12
대화본당 49
더 필드 어파『The Field Afar』 41
덕원대목구 68
덕원면속구 36, 42, 69
데예(Deshayes) 309, 319, 321, 323, 324, 326, 327, 329, 330-333
델랑드(Deslandes) 37, 46, 54, 55

델빈(Delvin) 51
도슨(Dawson) 50, 51, 62, 63
도일(Doyle) 52
도쿄교구 211, 243
도쿄대목구 119
「독립선언서」 80, 92
『독립신문』 22
『독립운동선구 안중근선생 공판기』 144
『동국문헌록』 222
『동몽선습』 84
동성(東星)상업학교 63, 64
『동양평화론』(東洋平和論) 144, 145, 171
두세(Doucet) 122, 310, 312, 309
뒤테르트르(Dutertre) 246, 315
드게트(Deguette) 355, 356
드뇌(Deneux) 91, 94, 103, 124, 126, 309
드망즈(Demange) 91, 97, 99-101, 105, 106, 110, 121, 127, 128, 132, 137, 149, 209, 213, 217, 227-229, 233, 270, 273, 287, 294, 339, 340, 346, 349, 350, 370
드브레드(Devred) 106, 133, 184, 208-210, 210, 212, 214, 219, 228, 341, 342, 348, 357
디그아이어(Deguire) 53
디어리(Deery) 52

ㄹ

라리보(Larribeau) 232, 255, 258, 294, 316
『라마 박람회 조선 출품자 물품 금품 씨명부』(羅馬 朴覽會 朝鮮 出品者 物品 金品 氏名簿) 219
라이언 63
라크루(Lacrouts) 106, 110, 124, 322, 323, 326
래플스(Raffles) 394, 395
런던 만국박람회 204
로(Rault) 120, 125
로마 대표부 344, 351
로머(Romer) 213
로베르(Robert) 123, 287, 309, 315
로오(Rault) 309
『루르드 성모 역사』 355
루블레 329
루세이(Rouselle) 118, 128
뤼카(Lucas) 54, 102, 107, 125, 315
류흥모(柳興模) 22
르 비엘(Le Viel, E) 120, 121, 126
르레드(Lereide) 106, 109
를뢰(Leleu) 37, 55, 125
리델(Ridel) 186, 239, 320, 355, 356
리브와(Libois) 117, 118
리샤르(Richard) 37, 54, 125, 126

ㅁ

마라발(Maraval) 120
마렐라(Marella) 44

마리(Marie) 119
마산본당 41, 127, 261
마츠나가 다케요시[松永武吉] 98
마카오 대표부 116, 117
『만고의수 안중근젼』 153, 163, 165, 171
만국장식미술공예품박람회 230
만국전교박람회 30, 205, 206
『만세력』 222
망간(Mangan) 51
매괴(玫瑰)학교 60, 61
매괴회(玫瑰會) 356
매긴(Maginn) 52, 53
매리난(Marinan) 52
맥간(McGann) 52
맥고완(McGowan) 52
맥폴린(Mʻcpolin) 50-52, 59, 63
멀컨(Mulkern) 50, 51
메리놀외방전교회(메리놀회) 36, 40, 41, 44, 45, 70, 116, 135, 260, 265, 266, 269, 374, 375
멕카티(McCarthy) 51
멜리장(Mélizan) 294
멩(Meng) 106, 109, 273
명동본당(명동대성당) 245, 264
모나한(Monaghan) 50, 51
모니에(Monnier) 128, 129
모리스(Morris) 44, 369
모리스 쿠랑(Maurice Courant) 181
모방(Maubant) 125, 196, 305, 338, 347, 348

모슬포비행장 62
목지도(牧之島) 공립보통학교 66
목포본당(현 산정동본당) 319, 324-332
몰리마르(Molimard) 36, 125, 126
무세(Mousset) 44, 54, 322
무안우체사 321
무안전보사 321
『문답대한신지지』(問答大韓新地誌) 6
문밖(약현)본당 309
문안(종현)본당 309
뮈가비르(Mugabure) 157
뮈텔(Mutel) 55, 56, 81, 83, 85, 88, 94, 97, 99, 101, 102, 104, 109, 122, 157, 176, 178, 180, 181, 185, 197, 201, 202, 208, 209, 217, 227-229, 233, 244-246, 249, 255, 258, 268, 277, 294, 307, 315-319, 321, 323, 325-328, 331, 339, 340, 342, 347, 349
미리내[美里川]본당 82, 341
미알롱(Mialon) 122, 123
미즈노 렌타로[水野鍊太郎] 31, 184
민병간(閔丙侃) 46
민병석(閔丙奭) 183
민영규(閔泳奎) 12
민영기 183, 185
민영익(閔泳翊) 204
민영환(閔泳煥) 342
민윤식 255

민형식(閔衡植)　12

ㅂ

바로(Barraux)　37
바티칸 도서관　352
바티칸 박물관　352
박 마르코　93
박거복　252
박노익(아우구스티노)　88
박복룡(朴福龍)　87
박봉금(루시아)　46
박봉손　189
박선제(朴善濟)　87
박성운　199
박성임　195, 196
박성행(朴聲行)　83
박승철(朴勝喆)　336, 372, 381, 389, 391, 393, 398
박아기　190, 195
박영래　199
박용옥(朴瓏玉)　44, 45, 369, 370, 380, 387
박용화(朴鏞和)　12
박우철　20
박은식(朴殷植)　158, 160-168, 171
박재수(朴在秀)　43
박종원　195
박큰아기　195
박후재　195
박희순　190, 195
반 로쑴(Van Rossum)　206, 350

반상루(潘湘轝)　162
발안(發安)심상소학교　84
방 마리아　251
방창근　251
배곶공소　88
배재본당　325
백남희　20
범세형(范世亨)　188, 194
베네딕도회　69, 70, 116, 311, 334, 352, 375
베네딕도회 수도원　210, 211, 213, 217, 225
베드로 대성당　354
베르모렐(Vermorel)　326
베르몽　55
베르사유회담　110, 114
베르토(Berteau)　314
베르트랑(Bertrand)　37, 54
베버(Weber)　312, 313
베쉘(Béchel)　359
베알(Beal)　128
베타니 요양소　117, 118, 119, 120, 138, 139, 375
변태우(邊太佑)　62, 63
『보감』　7, 9, 13, 16, 30, 34, 271, 360
보댕(Bodin)　106, 107, 110
보두네(Baudounet)　325
보드뱅(Beaudevin)　37, 54
보성본당　48, 56
보스톤 박람회　204

부르노 르페(Bruno Lepeu)　118
부산본당　328
부안본당　47
부이수　105, 109
부이용(Bouillon)　61, 123, 257
분쉬(Wunsch)　121
불로(Boulo)　106, 109, 112
빌토　358
브레(Bret)　122
브렌난(Brennan)　52, 53
블랑(Blanc)　131, 179, 238-240, 242-244, 264, 268, 310, 321, 355, 356
비산본당　55
비안네(Vianney)　353, 367
비에모(Villemot)　81, 88, 103, 109, 123, 126, 255
비오 11세(Pius X) 교황　205, 206, 232
빌렘(Wilhelm)　119, 249

ㅅ

사랑리공소　88
사리원본당　46
사베리오(Xaverius)　128
『ᄉᄉ셩경』(四史聖經)　362
사우어(Sauer)　184, 209, 210, 213
사이온지[西園寺公望]　96
사이토[齋藤實]　184
삼림령　9
삼초동청년회　225

『삼한의군참모중장 안중근전』　166
『상재상서』(上宰相書)　131
상하이[上海] 대표부　117
상하이사변　390, 391, 401
샤르즈뵈프(Chargeboeuf)　23, 92, 366
샤스탕(Chastan)　189, 196, 320, 338, 347, 348
샬트르성바오로수녀원　185
샬트르성바오로수녀회　243, 244, 263, 375
서대문감옥　75, 76, 80, 81, 82, 86
서대문형무소　60
서몰례　198
서병익(徐丙翼)　48, 103, 104
『서북학회월보』　12, 13
서울대목구　36, 42, 68, 70, 105, 109, 134
『서울대목구 지도서』　127, 132-134, 137, 139
서울대목구장서리　43
『서울프레스』　99, 100
서정도(徐廷道)　92
서정수(徐廷秀)　64, 65, 67
석종관(石鐘寬)　48
선교민족박물관　231, 233
『선생복종』(善生福終)　222
섬라(暹羅)　129
섭천예　165, 171
성 갈리스도 카타콤바　351
성 바오로의 트리폰타나(세 샘)　351
성 원선시오 수녀원 성당　355

성모병원(聖母病院) 127, 138
성모성심회 356
성모 영보 성전 363
성모학교 263
성서 활판소 130, 362
성심학원 262
성안셀모신학교 352
성연순 199
성영회 242
성요셉성당 103, 109
성유스티노신학교 64, 66, 91, 92, 100, 294, 370
『성찰기략』(省察記略) 222
성프란치스코 하비에르(Franciscus Xivier) 377
세키야 데이자부로[關屋貞三郎] 99
소세덕(蘇世德) 22
소화 데레사(Thérès, Marie Françoise) 353, 354, 367
라이언(Ryan) 62
손경식 251
손두식 225
손소벽 195
송경정(宋庚正) 370
송남호(宋南浩) 55
송도본당 295
송병준(宋秉畯) 12
수류본당 326
수에즈운하 397, 398
순천(順川)본당 44, 45
순천천주당 56

스넬(Snel) 53
스미소니언 박물관 215
스위니(Sweeney) 51, 56, 62, 63, 261, 262
스즈키 요타로로[鈴木要太郎] 32
승전성모성당 358
『승정원일기』 174, 178, 179, 182, 184, 187-196, 198, 200-202
시카고 박람회 204, 215, 216, 226
『신기천험』(身機踐驗) 285
신의주본당 44
신의주분감 75, 76
신정용길(新井龍吉) 61
신태윤(申泰允) 80, 81
신태의(申泰義) 80, 81
신태휴(申泰休) 12
싱가포르 대표부 117
싱어(Singer) 37

ㅇ

아몽(Hamon) 37, 41
아편전쟁 393
안경덕(安敬德) 85, 86, 87
안경승 251
안관석 250
안대동본당 48
안명근(安明根) 147, 249
안법(安法)학교 60
안변본당(安邊本堂) 102
안병찬 161
안세화 109

『안열사중근 참회변』 159
안응칠(安應七) 157
『안응칠역사』 143, 145, 171
안정근(安定根) 155
『안중근』(安重根) 143, 146, 153, 163, 168, 169, 171
『안중근사건공판속기록』 144, 149, 163
『안중근외전』 158
『안중근 자서전』 144, 145
『안중근전』(安重根傳) 145, 156-171
안태훈 152, 160, 162, 164, 167
안학만 20
앙상(Anchen) 55
『애국혼』 163, 171
애긍회(哀矜會) 250, 252, 254, 258
앵베르(Imbert) 173, 189, 196, 338, 339, 347, 348, 356
약현본당(약현성당) 81, 88, 103, 245, 252, 295, 309-312
양기섭(梁基燮) 263
양민원(養民院) 237, 238
『언문초보』 222
언양본당 43
에마르(Eymard) 351, 353, 367
에하라[江原善槌] 176
여수본당 48, 55, 56, 59, 60
여순감옥 161, 170
연길대목구 42, 68, 69, 134
연길지목구 36, 68
영광 산호치공소 325

영광본당 48
영원한 도움의 성모수녀회 263
영유본당 260
영유양로원 260
영천본당 54, 55
영천천주당(영천천주교회) 22, 47
예루살렘 카사노바 364
예수 성묘(무덤) 성전 364, 366
『예수 성심의 타벨라』 136
예수성당 350
예수성심시녀회 266
예수성심신학교 91, 93, 97, 136, 137, 309, 312, 392
예천본당 43
오귀자(烏鬼子) 384
오메트르 119, 130
오브라이언(O'brien) 50, 51, 52
오사카[大阪]교구 211
오세아(O'Shea) 49
오수프 119
오예종 195, 201
오주프(Osouf) 243
오쿠야마 센조[奧山仙三] 98
옥구 서부수리조합 392
옥포본당 48
올란(Holhann) 119, 120, 128
와끼다 아사고로오[協田淺五郎] 59
왕림(갓등이)교회 85, 88
왜관본당 54
요코하마 인쇄소 130
용산 예수성심신학교 229, 369

용평본당 54
우드(Woods) 51
우세영 198
우술임 197
우적동(牛跡洞)본당 309, 325, 328, 330, 332, 335
우즈(Woods) 56
우치다 사다쓰지[內田定槌] 326
『우포청등록』 178
울바노대학 44, 369-371
원 수산나 244, 252
원산대목구 134, 352
원산분감 75, 76
원윤철 199
원주본당 124
원후정 199
월슨(Wilson) 92
유년 예수 성전 363
유대철(劉大喆) 347
유봉진 80
유재옥(劉載玉) 45, 46
유진길 194
유형수 255
윤갑열 261
윤광선 91
윤기옥(尹奇玉) 62
윤봉길 의거 391
윤예원(尹禮原) 49
윤을수(尹乙洙) 232
윤태병 250, 255
윤현진(尹顯振) 391

은이[隱里]공소 82
은장동공소 225
은행정리공소 88
『의종손익』(醫宗損益) 220, 222
의주(義州)본당 103
의주천주교양로원 265
이 마리아 251
이간난 197
이건승(李建昇) 167, 172
이경만(李景萬) 23
이경이(李瓊伊) 187, 195
이경헌 255
이경화 255
이광렬 195
이광헌 190, 195
이근상(李根湘) 12
이근용 255
이근풍(李根豊) 12
이기수(李基守) 48
이기순(李基順) 47
이기주 199
이기풍(李基豊) 79
이남숙(李南淑) 90, 91
이내수(李迺秀) 325, 328-330, 377
이능화(李能和) 183
이리성당 56
이매임 195
이문우 190, 195
이민두(李敏斗) 48, 55, 56, 57, 59, 60
이민보호법 12

이민화(李敏和)　12
이삼경자(伊森慶子)　61
이상화(李尙華)　47
이선이　198
이성례　189, 194, 195
이순모(李順模)　83, 84
이순탁(李順鐸)　372, 377-379, 381,
　　386, 389-391, 393-398, 400, 401
이연식　198, 200
이연희　195
이영덕　189, 195
이영희　195
이용래　199
이윤문(李允文)　80, 81
이응범(李應範)　62, 63
이재극(李載克)　183
이정희　195
이제현　199
이조이　190, 195, 201
이종순(李鍾順)　104
이천본당　246
이토 히로부미[伊藤博文]　143, 163
이팔행(李八行)　384
이희선　255
인천본당　103
일본대목구　119
일본조합교회　22
『일성록』　174, 177-179, 182, 184,
　　187, 188, 190-196, 198-202
일신병원　83
일진회　60

『1839·1946년 자료집』(Documents
　　Relatifs aux Martyrs de Corée de
　　1839 et 1846)　136
『1839년 조선 서울에서 일어난 박해
　　에 관한 보고』　173
임 비리스다　251
임치백　197
임현차랑(林賢次郞)　48, 59

ㅈ

자비회　255
자천(慈川)본당　46
장경일　198
장면(張勉)　229, 230, 233-345, 349
장발(張勃)　229, 230, 344, 346, 349
장사도(張思道)　382
장서각(藏書閣)　185
장성 탑정공소　325
장성천주당　48
장순도(張順道)　55
장안공소　87, 88
장재동공소　294
장호원본당　61, 257
『재조번방지』(再造藩邦志)　383
전경협　189, 195
전교박람회　205, 226
전교회　242, 246
전동본당　48
전락풍　225
전아오(全俄奧)　370
「전염병 예방규칙」　277

전장운　198, 199
전주 적십자병원　67
전주교도소　67
전주본당　47, 48, 55, 325
전주지목구　36, 42, 47, 68, 69, 70
정규하(鄭圭夏)　93, 105, 131, 341
정남규　250, 252, 255-257, 264
정남식　255
정대호(鄭大鎬)　163
정만조(鄭萬朝)　177
정병조(鄭丙朝)　177
정석태(鄭錫泰)　336
정수길(鄭水吉)　43
정 아가다　192
정아각백　194
정원(鄭沅)　168-171
정육(程涓)　168, 169, 171
정의배　198
정정혜　189, 195
정준시　316
정하상(丁夏祥)　131, 194
제라르(Gérard)　344
제르라(Gerlach)　119
제물포성당　287
제주 홍로본당　23
제주교안　332
조병호(趙秉鎬)　12
『조선 교회 관례집』　127, 130, 131, 132
『조선 순교자들에 대한 보고서』　173
『조선 천주공교회 약사』　258

『조선의 통치와 기독교』(朝鮮の通治と基督敎)　95
『조선기독교급외교사』(朝鮮基督敎及外交史)　183
조선대목구　36, 116, 185
조선대목구장　157
조선부업공진회　208
『조선서지』(朝鮮書誌)　181
『조선소요사건상황』(朝鮮騷擾事件狀況)　95
『조선왕조실록』　182
『조선위생풍습록』(朝鮮衛生風習錄)　279
『조선총독부 고도서목록』　182
『조선총독부관보』　19
조신철　189, 194, 195
조인환(曺仁煥)　49
조제(Jaugey)　214, 219
조조(Jozeau)　328
조종국　255
조중이　189, 195
조호시[淨法寺五郞]　99
『종도행전』(宗徒行傳)　362, 367
종현(鐘峴)본당　49, 78, 310
『좌포청등록』　178
죠조(Jozeau)　309
주문모(周文謨)　320
『주일 훈화집』　137, 139
주재용(朱在用)　48
주호(周浩)　162
줄리앙(Julian)　315

중앙기독교청년회　361
『증보판 기해일기』　173
지도교안(智島敎案)　332
『지봉유설』(芝峯類說)　383
지아르디니(Giardini)　213
지일(芝日)천주당　22
진고개 토지분쟁　248
진남포 여성동우회　262
진남포본당　261
진남포양로원　265
진명여자고등보통학교　60

ᄎ

차인범(車仁範)　84
차희식(車喜植)　83
『척사윤음』　181
천안본당　53
천엽창윤(千葉昌胤)　177
『천자문』　84
『천주교회보』　117
『초등대한역사』(初等大韓歷史)　6
『초등소학수신서』(初等小學修身書)　6
최 마리아　253
최경팔(崔敬八)　85, 86, 87
최덕홍(崔德弘)　48
최민순(崔玟順)　47
최상훈(崔相勳)　299
최수　199, 200
최양업(崔良業)　118, 131, 320
최영이　190, 195

최익찬(崔益燦)　46
최재선(崔再善)　46, 47
최정숙(崔貞淑)　78, 79
최조이　195, 201
최준표　83
최진순　250
최진옥　46
최창흡　189, 195
최학림　225
최한기(崔漢綺)　285
최해성　195, 201
최형　199
최희원　83
『추안급국안』　174, 202
춘천지목구　36, 42, 53, 68, 69, 70
『치명일긔』　197

ᄏ

카넬(Canelle)　106, 107, 109
카다스(Cadars)　54, 106, 319
카사 노바(Casa Nova)　363
카시디(Cassidy)　260
카와바타 토요타로우[川端豊太郎]　84
칸(Kane)　51
캐롤(Carroll)　51, 261
코너스(Connors)　263
코르데스　55
콜리어(Collier)　52
쿠삭(Cusack)　51
퀴겔렌(Kögelgen)　211
퀸란(Quinlan)　52, 53

크누트   213
크레이그(Craig)   369
크렘프(Kremff)   122, 124, 125
크로스비(Crosbie)   52, 53
클랭프테르(Klenpeter)   249, 294

ㅌ

타게(Taque)   55, 323
태극(太極)학회   284
『태극학보』   284
토마스 쿠삭(Thomas Cusak)   56, 57
토마스(Tomas, Robert Jermain)   384
토지가옥증명규칙   12
토크뵈프(Toqueboeuf)   37, 55
『통감』   84
통영본당   55
투르   132
투르뇌(Tourneux)   121, 123, 125, 319, 323, 330, 331

ㅍ

파디(Pardy)   260
파르트네(Parthenay)   112, 125, 126
파리 박람회   204, 214, 216, 217, 226, 233
파리 성모성당   358
파리외방전교회   115, 269, 287, 305, 306, 334, 351, 375
파리외방전교회 본부   240, 351, 355, 357, 358, 367
파스키에(Pasquier)   120, 121, 125, 309
파이에(Paillet)   54
파트리아(Patriat)   119, 130
팔레스티나(Palestina)   359, 360, 361, 363, 366
팽유격(彭遊擊=彭信古)   383
페낭신학교   377, 378
페네(Peynet)   107, 121, 122, 124, 125, 128
페레(Ferret)   216
페레올(Ferréol)   118, 173
페셀(Peschel)   128, 287
펠릭스(Felix)   41
평양감옥   75, 76
평양기독교청년회   361
평양지목구   36, 42, 44-46, 68-70, 134, 265, 269, 369, 371
평양지목구감목대리   45
평전배균(平田配均)   61
포교규칙   15, 18, 19, 23, 24
『포도청등록』   182
포리(Faurie)   122, 126
폴리(Polly)   124
푸아넬(Poisnel)   78, 246, 310
풍수원본당   93, 341
프란치스코회   363
프랑댕(Frandin)   246
프로망투(Fromentoux)   37
프와요(Poyaud)   102, 210-212, 219
플랑시(Plancy)   314, 315
피바디 박물관   215

피숑(Pichon) 112

ㅎ

하노이 박람회 204
하비(Harvey) 284
하성구(河成九) 62, 63
하야사카 규베이[早坂久兵衛] 47
하양본당 41
하와이 한인기독청년회 152
『한국가톨릭지도서』 134
『한국교회 공동지도서』 132-134, 137, 139, 356
『한국의 천주교』 135-137
『한국천주교회사』 307, 320
『한국통사』 160
한기근(韓基根) 201, 228-230, 233, 273, 336, 338, 340, 347, 349, 350, 352-354, 356, 357, 359, 361, 364, 366, 367, 372, 374, 375, 377-379, 381, 387, 399-401
한논본당 332
한림남(翰林南)서림 181
한병준(韓秉俊) 177
『한불자전』(韓佛字典) 130
한아기 190, 195
한안나 192
『한어문전』(韓語文典) 130
한영규(韓榮圭) 82
한영기 48
한영이 189, 195
한이형 197

한창석 251
한창우(韓昌愚) 232
할러(Haller) 36, 37
할로란(Halloran) 260
함양본당 43
함흥대목구 36, 69
해성(海星)학교 90, 91, 262
해주감옥 75, 76
『향항사정』(香港事情) 118, 128
허계임 189, 195
허봉학(許鳳鶴) 62, 63
허일록(許日錄) 55
헐리히(Herlihy) 52
헤이워드(Hayward) 52, 53
헨리(Henry) 41, 42, 50, 51, 57
현 하롤드 42, 51, 52
현경련 189, 195
현동명 225
현석문 173, 197
『형법대전』 9, 34
호영택(扈榮澤) 178
홍금주 189, 195
홍병주 195
홍봉주 198, 199
홍석구(洪錫九) 154, 161, 169
홍순일 92
홍영주 190, 195
홍용호(洪龍浩) 44, 45
홍재영 195, 201
홍종표 151, 152, 165, 171
홍콩 대표부 116, 117, 119, 120

홍콩지목구　115, 116
화산리본당　65, 69
화수리주재소　87
화원본당　55
황기원　199
『황사영백서』(黃嗣永帛書)　135, 136,
　　　137, 138, 176
황석두　198
황중삼　225
황해도감목대리　46
황현(黃玹)　158
『회장직분』　134

윤선자

전남대학교 사학과 교수로 재직 중이다. 전남대학교 사학과에서 학사·석사 학위를 받았고, 국민대학교에서 문학박사학위를 받았다. 한국 근·현대사 전공자로 한국독립운동사와 한국근대천주교회사 연구에 주력하였다. 《일제의 종교정책과 천주교회》(2001), 《한국근대사와 종교》(2002), 《영원한 대한민국임시정부의 요인 김철》(2010), 《대한독립을 위해 하늘을 날았던 한국 최초의 여류비행사 권기옥》(2016), 《나주독립운동사》(2015, 공저), 《여성독립운동사 자료총서 1 : 3·1운동 편》(2024, 공저) 등의 저서와 〈1910년대 '경향잡지'를 통해서 전개된 한국천주교회의 의료계몽활동〉(2021), 〈광주여자고등보통학교 학생들의 광주학생독립운동 참여〉(2023), 〈대한제국기 파리외방전교회 선교사들이 본 서울과 전남〉(2024) 등의 논문이 있다.

20세기 한국사회와 천주교회
―대한제국기·일제강점기를 중심으로―

2025년 02월 3일 초판 인쇄
2025년 02월 10일 초판 발행

지 은 이   윤선자
발 행 인   한정희
발 행 처   경인문화사
편 집 부   김지선 한주연 김한별 양은경
마 케 팅   하재일 유인순
출 판 신 고   제406-1973-000003호
주   소   경기도 파주시 회동길 445-1 경인빌딩 B동 4층
대 표 전 화   031-955-9300   팩   스   031-955-9310
홈 페 이 지   http://www.kyunginp.co.kr
이 메 일   kyungin@kyunginp.co.kr

ISBN 978-89-499-6841-4 93910
값 34,000원

* 저자와 출판사의 동의 없는 인용 또는 발췌를 금합니다.